PHILOSOPHIE SPÉCULATIVE À L'ACADÉMIE DE BERLIN

MÉMOIRES 1745-1769

BIBLIOTHÈQUE DES TEXTES PHILOSOPHIQUES
NOUVELLE SÉRIE
Fondateur : Henri GOUHIER Directeur : Emmanuel CATTIN

BEAUSOBRE BÉGUELIN EULER FORMEY
LAMBERT MAUPERTUIS MÉRIAN
PRÉMONTVAL SULZER

PHILOSOPHIE SPÉCULATIVE À L'ACADÉMIE DE BERLIN

MÉMOIRES 1745-1769

Choix de textes introduits et édités
par
François **DUCHESNEAU**, Daniel **DUMOUCHEL**,
Angela **FERRARO** et Christian **LEDUC**

PARIS
LIBRAIRIE PHILOSOPHIQUE J. VRIN
6, Place de la Sorbonne, Ve

2022

Imprimé en France

ISSN 0249-7972
ISBN 978-2-7116-3092-9

www.vrin.fr

ABRÉVIATIONS

HAR *Histoire de l'Académie royale des sciences et des belles-lettres.*

NMAR *Nouveaux mémoires de l'Académie royale des sciences et des belles-lettres.*

MAR *Mémoires de l'Académie royale des sciences et des belles-Lettres*[1].

Enc. J. Le Rond d'Alembert et D. Diderot, *Encyclopédie, ou Dictionnaire raisonné des sciences, des arts et des métiers, par une société de gens de lettres*, Paris, A. Le Breton, L. Durand, A. C. Briasson, M. A. David, 1751-1772.

AT R. Descartes, *Œuvres*, éd. C. Adam et P. Tannery, Paris, Vrin, 1964-1974.

GP G. W. Leibniz, *Die philosophischen Schriften*, hrsg. von C. I. Gerhardt, Hildesheim, Olms, 1960-1961.

GM G. W. Leibniz, *Mathematische Schriften*, hrsg. von C. I. Gerhardt, Hildesheim, Olms, 1971.

A G. W. Leibniz, *Sämtliche Schriften und Briefe*, Akademie-Ausgabe, Berlin, Akademie-Verlag/Walter de Gruyter, 1923-…

Essay J. Locke, *An Essay concerning Human Understanding*, ed. P. H. Nidditch, Oxford, Clarendon Press, 1975.

Essai J. Locke, *Essai philosophique concernant l'entendement humain*, trad. fr. P. Coste, Paris, Vrin, 1989.

1. Dans ces trois cas, l'année de référence du volume est suivie de l'année de publication entre crochets. Dans le texte des mémoires que nous rééditons dans cet ouvrage, la pagination de l'édition originale est insérée en marge.

GW C. Wolff, *Gesammelte Werke*, hrsg. von J. École, H. W. Arndt, C. A. Corr, J. E. Hofmann, M. Thomann, Hildesheim, Olms, 1962-…

O P. L. Moreau de Maupertuis, *Œuvres* [1768], Hildesheim, Olms, 1965.

OP É. Bonnot de Condillac, *Œuvres philosophiques*, éd. G. Le Roy, Paris, P.U.F., 1947.

OO L. Euler, *Opera omnia*, Bâle, Birkhäuser, 1911-…

PS J.-H. Lambert, *Philosophische Schriften*, hrsg. von H.-W. Arndt *et al.*, Hildesheim, Olms, 1965-…

AA I. Kant, *Gesammelte Schriften*, Berlin, Georg Reimer/Walter de Gruyter, 1900-…

INTRODUCTION

On constate ces dernières années un regain d'intérêt pour la Classe de philosophie spéculative de l'Académie royale des sciences et des belles-lettres de Berlin, tant sur les plans doctrinal et méthodologique que sur celui du développement de la pensée moderne. Il est remarquable qu'après la publication au milieu du XIXe siècle de la célèbre reconstruction de Christian Bartholmèss[1], cette portion de l'histoire soit restée aussi peu explorée. Exception faite de quelques mémoires – dont ceux que Jean Bernard Mérian rédigea à propos du débat suscité par la question de Molyneux[2] – et pour un certain nombre de textes relatifs aux concours – notamment ceux qui se rapportent à la *Preisfrage* de 1763[3] – les spécialistes des Lumières européennes ne lui avaient pas porté beaucoup d'attention. Certes, des contributions ont porté sur l'Académie de Berlin et son histoire, mais la Classe de philosophie spéculative ne fut pas l'objet d'attention précise[4].

On convient aujourd'hui qu'il existe de nombreuses raisons d'envisager l'Académie de Berlin, ses mémoires et ses concours, comme un objet

1. C. Bartholmèss, *Histoire philosophique de l'Académie de Prusse depuis Leibniz jusqu'à Schelling, particulièrement sous Frédéric-le-grand*, Paris, Franck-Ducloux, 1850-1851.

2. J. B. Mérian, *Sur le problème de Molyneux*, postface de F. Markovits, Paris, Flammarion, 1984.

3. Voir notamment le recueil d'articles édité par J.-P. Paccioni, *La* Preisfrage *de 1763 à l'Académie de Berlin*, *Astérion*, 9, 2011, https://journals.openedition.org/asterion/2088.

4. A. Harnack, *Geschichte der Königlich Preussischen Akademie der Wissenschaften zu Berlin*, Berlin, Auftrage der Akademie, 1900. Plus récemment, deux autres ouvrages se sont ajoutés : W. Hartkopf, *Die Berliner Akademie der Wissenschaften : Ihre Mitglieder und Preisträger 1700-1900*, Berlin, Akademie Verlag, 1992 ; C. Grau, *Die Preussische Akademie der Wissenschaften zu Berlin*, Heidelberg, Spektrum, 1993.

de recherche à part entière[1]. Premièrement, une telle étude éclaire les transformations et même la genèse de plusieurs concepts et débats philosophiques au XVIIIe siècle. Cela signifie, par exemple, penser à nouveaux frais l'héritage de Descartes, de Locke et de Malebranche, aussi bien que de Leibniz et de Wolff; ou encore aller aux racines des doctrines de Kant et de Hegel, d'une part, de celles des Idéologues et de Maine de Biran, d'autre part. L'occasion se présente aussi d'approfondir la connaissance de certaines figures éminentes de la pensée des Lumières qui ont participé à divers titres à la vie intellectuelle de l'Académie, tels Samuel Formey, Moses Mendelssohn et Johann Gottfried Herder, ou bien encore Pierre Louis Moreau de Maupertuis et Étienne Bonnot de Condillac. En second lieu, les mémoires et les réponses aux concours offrent un témoignage, assez exceptionnel pour l'époque, de croisements entre diverses traditions, notamment francophones et germanophones. À ce propos, il est significatif que certains membres de l'Académie, dont Jean Bernard Mérian, Johann Georg Sulzer et Jean Henri Lambert, aient été d'origine suisse, donc bilingues, et que ce soit en bonne partie grâce à eux que les échanges entre les deux cultures se soient souvent déroulés de façon aisée. Les membres de l'Académie, comme ce fut le cas de Nicolas Béguelin et de Leonhard Euler, ont souvent des intérêts pluri- ou interdisciplinaires, en sorte que leurs mémoires de métaphysique sont étroitement liés à des contributions en sciences expérimentales et en mathématiques.

La présente édition est issue d'un tel mouvement de remise en valeur des travaux de philosophie à l'Académie de Berlin. Tout en fournissant certaines informations sur le cadre historique et théorique des travaux académiques, elle se propose de rendre plus facilement accessible et d'introduire par un appareil critique une sélection de mémoires de philosophie figurant dans la première série des volumes annuels publiés par l'Académie sous le titre *Histoire de l'Académie royale des sciences et des belles-lettres* (1745-1769). Ces mémoires projettent un éclairage utile sur l'orientation méthodologique de la philosophie en contexte académique, et sur la volonté de concilier des pensées apparemment opposées (Leibniz et Newton, Descartes et Locke) dans un esprit d'harmonisation définissant l'éclectisme. L'intérêt se concentre par ailleurs sur la nécessité de recourir à la métaphysique en science et d'approfondir les réquisits fondamentaux d'une science de la nature qui subsume les données de l'expérience externe sous des lois. En troisième lieu, les académiciens philosophes empruntent le chemin qui mène de la métaphysique classique à la psychologie,

1. Un premier bilan a été dressé par C. Leduc et D. Dumouchel, « Introduction », *La philosophie à l'Académie de Berlin au XVIIIe siècle*, *Philosophiques*, 42/1, 2015, p. 7-10.

participant ainsi à un mouvement caractéristique des Lumières; ils envisagent le dépassement de la partition wolffienne entre psychologie empirique et rationnelle et participent, corrélativement, à l'élaboration d'une esthétique philosophique.

L'HISTOIRE DE L'ACADÉMIE

L'*Académie royale des sciences et des belles-lettres* – suivant l'appellation qui lui fut conférée lors de la réforme réalisée sous Frédéric II, roi de Prusse, en 1744 – comportait quatre classes: initialement désignées comme physique, mathématique, philosophique et philologique [1], elles sont spécifiées en tant que Classes de philosophie expérimentale, de mathématiques, de philosophie spéculative et de belles-lettres à l'article premier du Règlement de l'Académie [2]. La Classe de philosophie spéculative lui était spécifique et contribuait à la distinguer des grandes académies créées au siècle précédent, la Royal Society à Londres et l'Académie royale des sciences à Paris, voire à ses homologues plus récentes, telle l'Académie impériale des sciences à Saint-Pétersbourg. La vocation de servir les belles-lettres lui était également propre et la différenciait de ses homologues scientifiques.

Dans son incarnation antérieure, désignée comme *Société des sciences* (*Sozietät der Wissenschaften*), l'Académie réalisait le projet de Leibniz, qui en avait été le premier président, lors de sa fondation en 1700. Il est aisé de constater que l'objectif de cette société n'avait pas été alors de contribuer particulièrement au développement d'une philosophie dite spéculative, mais surtout aux mathématiques, aux techniques et à ce que l'on désignait depuis Bacon et Boyle comme la «philosophie expérimentale», c'est-à-dire aux savoirs d'observation et d'expérimentation portant sur les phénomènes de la nature physique, avec une insistance marquée sur les applications pratiques [3]. De cette orientation témoignait la

1. Voir HAR, 1745 [1746], Table non paginée.

2. Voir HAR, 1746 [1748], p. 3-4: «L'Académie demeurera comme elle est, divisée en quatre Classes. 1. La Classe de Philosophie expérimentale comprendra la Chimie, l'Anatomie, la Botanique; et toutes les Sciences qui sont fondées sur l'expérience. 2. La Classe de Mathématiques comprendra la Géométrie, l'Algèbre, la Mécanique, l'Astronomie; et toutes les Sciences qui ont pour objet l'étendue abstraite, ou les Nombres. 3. La Classe de Philosophie spéculative s'appliquera à la Logique, à la Métaphysique, et à la Morale. 4. La Classe des Belles Lettres comprendra les Antiquités, l'Histoire, et les langues».

3. Voir à ce sujet, M. R. Antognazza, *Leibniz. An Intellectual Biography*, Cambridge, CUP, 2009, p. 387-388, citant et traduisant G. W. Leibniz, *Die Werke*, hrsg. von O. Klopp,

devise proposée par Leibniz : *Theoria cum praxi*, tout comme les mémoires qu'il adressait au roi de Prusse au sujet de cette Société des sciences. Ainsi écrivait-il :

> J'ai conseillé d'abord la fondation de la Société des sciences, car je regarde les sciences comme les véritables protectrices de l'espèce humaine, qui nous apprennent à connaître les merveilles de Dieu et sont la source de tous les arts et du bien-être des hommes. Mais, pour que l'on ne s'arrête point à la simple spéculation, j'ai bien humblement dit que l'*objectif* de la Société, outre les études astronomiques, historiques, philologiques et autres curiosités, était aussi les *realia*, comme les médicaments, la chimie, l'économie et la mécanique, et surtout l'éducation de la jeunesse [...] [1].

Certes, aux membres représentant les sciences expérimentales et les mathématiques s'en ajoutaient aussi d'autres, spécialistes de philologie et d'études orientales, d'une part, intéressés à l'histoire de l'Allemagne et à la langue allemande, d'autre part. La présence de ces derniers s'expliquait essentiellement par le but de satisfaire les visées politiques du roi de Prusse Frédéric Ier. Mais la distinction des méthodes et des objets de la recherche philosophique et de la recherche scientifique avait été maintenue en toile de fond du projet d'Académie des sciences à Berlin durant sa première période. Les publications de l'Académie d'alors témoignent clairement des finalités à poursuivre et des orientations principalement scientifiques à privilégier. À la suite de sa création, la Société des sciences avait privilégié le latin pour la diffusion de ses travaux, et dans les sept tomes des *Miscellanea Berolinensia*, publiés entre 1710 et 1744, la philosophie n'avait occupé qu'une place très limitée [2].

L'existence de la Classe de philosophie spéculative ne fut pas une acquisition pérenne. Si elle fut créée lors de la restructuration voulue par Frédéric II, une nouvelle réforme survenue au début du XIXe siècle

Hanover, Klindworth, 1864-1884, X, p. 299 : « Such a princely society must not be directed at mere curiosity or lust for knowledge and fruitless experiments [...] more or less as occurs in Paris, London, and Florence. [...] On the contrary, one must orientate the entire enterprise from the very beginning toward utility and must think of such examples from which the princely founder will have reason to expect glory and the commonwealth abundance. The aim should thus be to unite *theoria cum praxi*, and to improve not only the sciences and the arts but also the country and its people, agriculture, manufacture and trade, and, in a word, the food supply ».

1. Cité dans G. W. Leibniz, *Œuvres*, éd. A. Foucher de Careil, VII, p. 279-280. Sur la conception que Leibniz se faisait de la fonction des académies, voir son *Mémoire pour des personnes éclairées et de bonne intention* (1692), en annexe de G. W. Leibniz, *Dialogues sur la morale et la religion*, éd. P. Rateau, Paris, Vrin, 2017, p. 159-174.

2. Un seul mémoire d'histoire de la philosophie semble y figurer. Voir J. Brucker, « De vestigiis philosophiæ Alexandrinæ in Libro Sapientiæ », *Miscellanea Berolinensia*, VI, 1740, p. 150-179.

consacra l'Académie de Berlin aux sciences, en diminuant significativement l'importance de ses composantes philosophiques et littéraires. Ainsi peut-on sans doute considérer que l'œuvre associée à la Classe de philosophie spéculative de l'Académie de Berlin s'est presque entièrement accomplie durant la seconde moitié du XVIIIe siècle, qu'elle a correspondu à une phase marquante de l'*Aufklärung* et qu'elle s'est estompée lorsque ce mouvement philosophique est arrivé à son terme.

Les réalisations philosophiques à porter au compte de l'Académie de Berlin furent cependant majeures durant cette période faste. L'Académie accueillit en son sein un impressionnant groupe de philosophes, recrutés à travers l'Europe savante, aptes à la réflexion et à la critique à l'endroit de l'héritage des philosophies antérieures. Or, ces académiciens étaient essentiellement tournés vers le développement de savoirs philosophiques nouveaux, en parallèle, pourrait-on dire, des développements majeurs des sciences de la nature et des mathématiques, voire des belles-lettres, à la même époque, et souvent en interrelation avec les représentants de ces disciplines dans les autres classes de l'Académie. La philosophie qu'il s'agissait d'édifier par-delà les clivages d'école, devait s'inspirer jusqu'à un certain point des thématiques et des approches privilégiées dans la Classe de belles-lettres, mais surtout des méthodologies scientifiques à l'œuvre au sein des Classes de philosophie expérimentale et de mathématiques : pour certains membres, elle devait en effet s'appuyer sur des inférences factuelles, d'une part, et sur un usage de l'analyse conceptuelle apparenté aux pratiques mathématiques nouvelles, en particulier l'analyse algébrique et le calcul, d'autre part. Dans certains cas, les académiciens berlinois combinaient les compétences scientifiques et philosophiques, voire réalisaient aussi des travaux importants en sciences et en mathématiques. Chez d'autres, l'intérêt pour l'érudition et les arts poétiques, et même pour les questions d'esthétique et de littérature, ont alimenté leurs travaux philosophiques.

L'Académie mobilisa ainsi les talents de philosophes marquants à leur époque, tant membres qu'associés. De ce nombre, pour la période qui concerne le présent volume, ont notamment figuré Maupertuis, La Mettrie, Fontenelle, Condillac, Diderot, Wolff, Euler, Formey, Lambert, Mérian, Sulzer, Béguelin, Lagrange. De nombreux liens unissaient ces philosophes à l'intelligentsia française de Prusse, ainsi qu'aux intellectuels émigrés de France, de Suisse et des régions limitrophes. Mais le réseau de communication, d'échange et d'influence qu'ils tissèrent et régirent fut proprement européen. En son site, l'Académie joua par ailleurs un rôle non négligeable dans l'évolution des doctrines, méthodes et problématiques au sein de la philosophie allemande, en fournissant à ces développements un cadre plus large, reflétant la pratique philosophique à l'échelle européenne. Ses activités, les mémoires qu'elle publie, les concours qu'elle organise sur des sujets de philosophie, commandent l'attention du monde savant et font l'objet d'analyses et de discussions. De fait, Mendelssohn, Herder, Eberhard, Kant et d'autres figures dominantes de la philosophie allemande ne laissèrent pas de rédiger pour ces concours des essais qui traduisaient des développements charnières de leur propre pensée.

La production philosophique attribuable à l'Académie fut quantitativement et qualitativement marquante. D'abord, les mémoires publiés impressionnent par leur nombre. Pas moins de 220 mémoires et discours sont parus dans les trois séries de volumes annuels, séries respectivement intitulées *Histoire de l'Académie royale des sciences et des belles-lettres* (1745-1769), *Nouveaux Mémoires de l'Académie royale des sciences et des belles-lettres* (1770-1786) et *Mémoires de l'Académie royale des sciences et des belles-lettres* (1786-1804) [1]. Ces mémoires sont rédigés en français, langue d'usage et de communication à l'Académie depuis la réforme de 1744 et principale langue savante en Europe à cette époque. Le choix du français comme langue officielle de travail fut l'objet de discussions, mais s'imposa surtout en raison de la formation littéraire du roi, empreinte de la tradition française, et de préjugés négatifs véhiculés à l'encontre des productions littéraires et philosophiques en allemand [2]. Il est vrai qu'après le décès du monarque éclairé en 1786, des auteurs ont traité des mêmes sujets dans des publications en allemand, accroissant ainsi la diffusion de leurs œuvres. Une série complémentaire de mémoires en allemand, sous le titre *Sammlung der deutschen Abhandlungen* donna aussi lieu à publication annuelle de 1788 à 1803 et reflète davantage le contexte intellectuel de la fin du XVIIIe siècle en Allemagne, qui privilégie désormais, à la suite de Mendelssohn, Herder et Kant, la langue nationale dans les productions philosophiques.

Outre la présentation des mémoires, la Classe de philosophie spéculative fut la première en Europe à lancer des concours sur des thèmes et des problèmes relevant de la discipline philosophique. On a pu relever 18 concours de la sorte tenus durant la période s'étendant de 1745 à 1807 [3]. Les questions proposées reflétaient de façon remarquable les préoccupations et les antagonismes dominants au sein de la philosophie des

1. Les abréviations pour ces trois séries, ainsi que pour plusieurs autres sources primaires, sont données en début de volume.

2. Frédéric II rassembla ses considérations à ce sujet dans son ouvrage *De la littérature allemande*, Berlin, Decker, 1780.

3. La liste en est fournie à la fin de cette introduction.

Lumières. Certains parmi les principaux philosophes du siècle ont concouru et produit des mémoires à cet effet, par exemple Condillac, Mendelssohn, Kant et Herder. Le cas de Herder est particulièrement intéressant. Il remporta le prix en 1770 pour son *Abhandlung über den Ursprung der Sprache* (*Mémoire sur l'origine du langage*); en 1775 pour les *Ursachen des gesunkenen Geschmacks bei den verschiedenen Völkern, da er geblühet* (*Causes du déclin du goût chez les divers peuples où il a fleuri*); et en 1780 pour *Vom Einfluß der Regierung auf die Wissenschaften, und der Wissenschaften auf die Regierung* (*De l'influence du pouvoir politique sur les sciences et des sciences sur le pouvoir politique*). En outre, à l'occasion du concours sur les facultés de l'âme, il soumit un mémoire en deux versions assez différentes (à la fin de 1774 et à la fin de 1775), mémoire qu'il publia en 1778 sous le titre *Vom Erkennen und Empfinden der menschlichen Seele* (*De la connaissance et du pouvoir de ressentir de l'âme humaine*).

L'Académie fut aussi le théâtre de controverses célèbres, en particulier autour de la pertinence de la notion de monade, de l'invention du principe de la moindre action et de la théorie des forces vives. Sur les concours, sujets au plus haut point dignes d'intérêt, une grande partie de la documentation, lorsqu'elle subsiste encore, est restée à ce jour inédite, constituée de manuscrits dans les archives de la *Berlin-Brandenburgische Akademie der Wissenschaften*. La plupart du temps, seul le texte du gagnant du concours était publié – plus rarement accompagné des accessits – de sorte que souvent les autres *Preisschriften* restent à documenter.

Quelque interprétation s'impose eu égard à la méconnaissance actuelle, à tout le moins partielle, de ce corpus auquel se rattachent les mémoires appartenant à la première série dont nous donnons ci-dessous une nouvelle édition. L'histoire de la philosophie pour des périodes postérieures au XVIIe siècle s'est progressivement déclinée selon des perspectives « nationales ». Ainsi, par exemple, a-t-on fait fond sur l'empirisme britannique, en omettant les courants osmotiques qui liaient celui-ci aux méthodes prévalant dans les travaux français ou allemands à la même époque. De même une philosophie allemande, essentiellement rédigée en allemand, s'est constituée autour et à partir de l'œuvre de Kant, philosophie que l'on a tendu à étudier pour elle-même indépendamment d'un contexte plus large, pourtant essentiel à son interprétation. Et même quand les études tentent de contextualiser la pensée kantienne, elles négligent souvent son rapport à l'Académie de Berlin, pourtant d'intérêt majeur pour en comprendre l'évolution. De manière plus générale, force est de constater que les philosophes de l'*Aufklärung* suivent les activités de l'Académie, même si peu de recherches ont fait ressortir cet état de fait : à preuve, le périodique *Allgemeine Deutsche Bibliothek* (1765-1806), dirigé par Friedrich Nicolai, auquel participaient aussi Mendelssohn et Lessing, rendait compte régulièrement des travaux des académiciens. Quant aux philosophes des Lumières françaises, qui songerait, hormis quelques rares interprètes [1], à les confronter à leurs correspondants et interlocuteurs outre-Rhin, dont ils ont néanmoins tiré grand profit ? Pourtant, l'*Encyclopédie* de Diderot et d'Alembert fournit ici un exemple représentatif, puisque des articles découlent des travaux des académiciens de Berlin en philosophie spéculative ou y réfèrent. Le véritable révélateur des limitations affectant notre connaissance du corpus berlinois tient, par contraste, à la façon dont l'étude de l'œuvre de Leibniz n'a pu se transformer qu'en prenant en compte une perspective plus globale, manifestement transnationale et inter-linguistique qui est celle que nous privilégions en soulignant l'apport historique des académiciens philosophes. Ainsi, retracer les transformations de la pensée leibnizienne au XVIIIe siècle oblige le chercheur à passer par l'analyse du traitement qui lui a été réservé par les philosophes de l'Académie de Berlin, tout autant que par les représentants de l'école wolffienne : il s'agit là d'une médiation essentielle grâce à laquelle Leibniz a pu exercer une influence particulière sur la philosophie kantienne et postkantienne d'une part, sur les traditions de l'Idéologie, du spiritualisme et du positivisme en France, d'autre part.

Le désintérêt historique à l'égard de la philosophie spéculative des Académiciens berlinois, qu'il s'agit désormais de contrer, a pu aussi résulter d'un soupçon d'artificialité insinué à l'encontre d'un corpus rédigé pour l'essentiel en langue étrangère en Allemagne et produit dans un milieu académique régi par des conventions formelles particulières d'échange et de communication. À l'encontre de ces réserves mal fondées, nous estimons que ces penseurs méritent qu'on leur rende meilleure justice : il importe tout particulièrement de démontrer leur importance réelle dans le développement de la philosophie moderne.

1. Voir par exemple A. Charrak, *Contingence et nécessité des lois de la nature au XVIIIe siècle. La philosophie seconde des Lumières*, Paris, Vrin, 2006; *id.*, *Empirisme et théorie de la connaissance. Réflexion et fondement des sciences au XVIIIe siècle*, Paris, Vrin, 2009.

LA CLASSE DE PHILOSOPHIE SPÉCULATIVE

L'ajout d'une Classe de philosophie spéculative exige des explications supplémentaires, sachant que l'Académie de Berlin est la seule académie d'importance à couvrir des sujets métaphysiques, logiques, moraux et esthétiques. Rappelons que de la division originale de 1700, seules les classes de sciences expérimentales et de mathématiques demeurent en l'état après le renouvellement des années 1740 : les études germanistes et la philologie sont désormais intégrées aux belles-lettres. Cependant, la philosophie spéculative n'avait pas d'équivalent et constitue ainsi une implantation novatrice. Il faut d'ailleurs redire que cette situation sera limitée dans le temps et ne prévaudra que durant la deuxième moitié du XVIIIe siècle. Même si la Classe de philosophie spéculative existe officiellement jusqu'en 1834 et qu'il s'y fait, en principe du moins, des travaux philosophiques jusqu'à la fin du XIXe siècle, ses activités diminuent grandement après 1804. À partir de cette date, les *Abhandlungen der Königlichen Preussischen Akademie der Wissenschaften zu Berlin* (1804-1900) incluent quelques mémoires de la classe spéculative, principalement de Frédéric Ancillon et de Friedrich Schleiermacher, ce dernier y occupant d'ailleurs le poste de secrétaire. Elle organise toujours des concours, dont le plus connu porte sur la perception immédiate interne, dont l'accessit fut attribué à Maine de Biran en 1807. Cependant son rôle n'est plus du tout central et les travaux de l'Académie portent désormais presque exclusivement sur la physique, les mathématiques, l'histoire et la philologie. Après la mort de Schleiermacher, la philosophie est jumelée à l'histoire pour constituer une même classe en 1834, mais force est de constater que les travaux proprement spéculatifs y sont à peu près absents. Autrement dit, la philosophie spéculative n'a véritablement été active à l'Académie de Berlin que durant une soixantaine d'années.

Dans les textes officiels du renouvellement de l'Académie en 1744, on trouve très peu d'explications sur ce qui a motivé la création de cette nouvelle classe. L'intérêt de Frédéric II pour les lettres et la philosophie constitue certainement l'une des raisons de ce changement, bien qu'il ne soit jamais question de justifier son établissement de façon explicite. Dans un discours intitulé *De l'utilité des sciences et des arts dans un État*, Frédéric II fait certes mention des dialecticiens qui ont été « les foudres des erreurs et des superstitions » et il semble vraisemblablement légitimer le fait que la philosophie spéculative doive prendre place au sein d'une académie [1]. Pourtant, les exemples donnés sont ceux de Bacon, de Descartes et de Newton qui ont permis le développement de la physique, et non directement ceux de la métaphysique ou de la morale.

De même, les règlements de l'Académie ne comportent pas d'éclaircissements plus précis. Selon la division des classes, on énonce simplement que la philosophie spéculative s'occupera de logique, de métaphysique et de morale [2]; comme s'il allait de soi qu'une académie dût couvrir ces domaines de la même manière qu'elle produit des travaux sur la mécanique, l'anatomie ou la géométrie. Une telle inclusion est *a fortiori* surprenante, compte tenu du fait que les disciplines dites spéculatives étaient étudiées dans les universités et les écoles, et non dans une institution de recherche scientifique. Il est vrai qu'il n'existe pas encore d'université à Berlin, alors qu'à la même période de nouvelles universités sont fondées en Allemagne, particulièrement à Halle (1694) et à Göttingen (1734). Il est toutefois difficile d'établir que la classe de philosophie spéculative servit à pallier l'absence d'une institution universitaire berlinoise, laquelle fut fondée, comme on le sait, par Wilhelm von Humboldt en 1809.

À défaut d'indications plus explicites, une comparaison avec la description des trois autres classes pourra néanmoins être utile. D'abord, la philosophie spéculative fut à l'évidence conçue par opposition à la philosophie expérimentale. La distinction des deux approches remonte au moins à Bacon et aux « philosophes expérimentaux » (*experimental philosophers*) du XVIIe siècle, en particulier Boyle, Cavendish et Hooke. En revanche, en mettant en avant l'importance de la science expérimentale, ces auteurs avaient dévalorisé corrélativement les sources spéculatives du savoir. Au XVIIIe siècle, les Newtoniens ont récupéré cette critique : ils associent principalement le travail spéculatif à l'élaboration d'hypothèses métaphysiques inadmissibles sur le plan scientifique. Dans sa préface aux *Philosophiæ naturalis principia mathematica* de Newton, Roger Cotes fait justement la distinction entre la science véritable, basée sur l'expérimentation et le calcul, et les hypothèses spéculatives à la manière de celles qu'on trouve chez les Cartésiens [3]. Les Encyclopédistes soutiennent en général une position similaire qui vise encore une fois à accorder la primauté à l'expérimentation [4]. Un premier constat nous

1. Frédéric II, « De l'utilité des sciences et des arts dans un État », NMAR, 1772 [1774], p. 14-15.

2. *Histoire de l'Académie royale des sciences et des belles-lettres depuis son origine jusqu'à présent*, Berlin, Haude et Spener, 1750, p. 99.

3. R. Cotes, "Preface to the Second Edition", *The Principia*, ed. I. B. Cohen, Berkeley, University of California Press, 1999, p. 386.

4. J. Le Rond d'Alembert, « Expérimental », Enc., VI (1751), p. 299-300.

apparaît donc manifeste: la division des classes expérimentale et spéculative à Berlin est certainement tributaire d'une conception déjà ancienne, mais cette récupération ne se fait pas au détriment de l'une par rapport à l'autre. Une académie se doit ainsi d'exploiter autant les outils expérimentaux que spéculatifs dans l'élaboration des savoirs.

Selon les règlements, on comprend que la philosophie expérimentale s'appuie entièrement sur l'expérience sensible et comprend des disciplines comme la chimie, l'anatomie et la botanique. On pourrait ainsi présupposer, toujours par opposition à la méthode expérimentale, que la philosophie spéculative relève du seul raisonnement *a priori*. À la lecture des mémoires spéculatifs, force est néanmoins d'admettre que l'expérience, en particulier la sensation interne, joue un rôle important dans les travaux des académiciens. Qu'il s'agisse de ceux qui puisent davantage leur inspiration de l'empirisme de Locke et de Condillac, par exemple Maupertuis et Mérian, ou de l'école wolffienne, à l'instar de Formey et de Sulzer, il est clair qu'à la connaissance rationnelle doivent nécessairement se joindre des sources *a posteriori*. Sur le plan méthodologique, la principale différence entre les travaux des deux classes vient somme toute de l'usage exclusif des connaissances sensibles que doivent faire les premiers, alors que les seconds concilient les apports *a priori* et *a posteriori*. Soulignons que de nombreux mémoires de philosophie spéculative se donneront d'ailleurs pour tâche de réfléchir au fondement métaphysique des sciences empiriques. L'élaboration d'une métaphysique de la nature chez des académiciens comme Maupertuis, Euler et Béguelin se comprend par conséquent à partir de cette situation institutionnelle spécifique dans laquelle les sciences naturelles et la philosophie se côtoient et exercent sans aucun doute une influence réciproque.

La distinction entre philosophie spéculative et mathématiques est également révélatrice. Les travaux de part et d'autre ont ceci en commun qu'ils portent sur des objets et des propriétés qui dépassent la connaissance strictement empirique. Les objets des mathématiques sont l'espace abstrait et les nombres, et comprennent, selon une définition traditionnelle, non seulement la géométrie et l'arithmétique, mais aussi l'astronomie, l'optique et la mécanique. Pour sa part, la philosophie spéculative s'éloignerait complètement des connaissances sensibles en considérant « des objets qui n'ont plus aucune propriété des corps » [1]. Les objets respectifs des deux classes sont différents, mais celles-ci participent toutes les deux d'un effort de dépassement des seules données de l'expérimentation. Or, si

1. P. L. Moreau de Maupertuis, « Des devoirs de l'académicien », HAR 1753 [1755], p. 516.

les mathématiques et la philosophie spéculative partagent cette caractéristique, plusieurs académiciens considèrent qu'elles emploient néanmoins des méthodes opposées, la première étant de type synthétique et démonstratif, la seconde davantage analytique et descriptive. Cette distinction méthodologique est d'ailleurs l'objet du célèbre concours de 1763 dont le premier prix fut décerné à Mendelssohn et l'accessit à Kant. Notons toutefois que certains membres de l'Académie furent davantage favorables au rapprochement des disciplines : ce fut le cas de Wolff, malgré sa distinction des types de connaissances, mais aussi de Lambert qui soutint qu'il existe une continuité formelle entre les approches géométrique et métaphysique.

Finalement, la spécificité de la philosophie spéculative peut s'évaluer à la lumière de ses rapports avec les belles-lettres. Selon leur acception classique, les belles-lettres s'occupent pour l'essentiel des antiquités, de l'histoire et des langues. La question se pose donc de savoir si la philosophie spéculative tire parti du travail des historiens et des philologues. On sait qu'à la même période, en particulier en Allemagne, certains, par exemple Christian Thomasius et Jakob Brucker, défendent l'idée que l'histoire de la philosophie fait partie intégrante de la philosophie. Empruntant une orientation similaire, on remarque que plusieurs mémoires ont une portée à la fois historique et théorique, les plus connus étant certainement ceux que Mérian consacre au problème de Molyneux. Pour sa part, François-Vincent Toussaint soutient même explicitement un rapprochement entre la philosophie et les lettres [1]. Sans orienter la philosophie spéculative de manière à ce qu'elle ait nécessairement recours à l'histoire et aux lettres, il faut admettre que plusieurs académiciens proposent de les joindre et d'adopter ainsi une perspective pluridisciplinaire.

En réalité, la définition et l'apport de la philosophie spéculative à Berlin n'ont pas été déterminés à l'avance : il s'agissait de permettre des réflexions métaphysiques, morales ou méthodologiques de manière à pouvoir les relier aux travaux des autres classes. Cette articulation peut à l'évidence recevoir des interprétations différentes : Formey propose par exemple une lecture fondationnaliste de la métaphysique qui justifierait par la même occasion sa présence dans l'institution. Puisqu'elle constitue la « mère des autres sciences » [2], les savants doivent pouvoir s'y rapporter pour comprendre les premiers principes des objets dont ils s'occupent.

1. F. V. Toussaint, « Qu'il faut combiner ensemble les lettres et la philosophie », HAR, 1769 [1771], p. 412-426.

2. « Préface », HAR 1745 [1746], p. IX.

D'autres académiciens conçoivent plutôt le rapport entre métaphysique et sciences naturelles de façon inverse : Euler soutient qu'une cosmologie rationnelle s'élabore nécessairement sur la base des acquis de la physique.

Dans l'histoire du concept de philosophie spéculative, la situation qui prévaut à l'Académie de Berlin pendant la seconde moitié du XVIIIe siècle a également une dimension significative. Au milieu du siècle, il n'est pas exagéré d'affirmer que la connaissance spéculative est grandement dépréciée, voire évacuée du discours philosophique. L'interprétation qu'en ont donnée les philosophes expérimentaux, entre autres les Newtoniens et les Encyclopédistes mentionnés précédemment, en constitue une preuve éloquente. La critique de la spéculation va de pair avec le rejet d'un type abstrait et systématique de métaphysique, auquel on préfère une approche empirique et analytique, à la manière des philosophies de Locke et de Condillac. En Allemagne, la connaissance spéculative est également l'objet de remises en question substantielles. Étonnamment, les objections sont souvent l'œuvre de penseurs s'inscrivant pour une bonne part dans la tradition leibnizienne et wolffienne, et qu'on aurait pu croire favorables à la spéculation philosophique. Pourtant, Alexander Gottlieb Baumgarten nous met en garde contre les connaissances qui n'incitent pas à l'action et ne permettent pas de considérer l'implication pratique de nos perceptions [1]. La spéculation est d'après lui inerte et laisse l'esprit dans un état d'indifférence normative qui n'est pas souhaitable. Georg Friedrich Meier renchérit sur cette position : le problème principal de la pensée spéculative est qu'elle recherche des vérités qui n'ont aucun impact sur notre vie pratique et ne servent nullement au perfectionnement des mœurs. Les exemples qu'il cite sont assez révélateurs : tenter de répondre à la question de savoir comment les monades s'articulent les unes ou autres ou de déterminer la manière dont un point géométrique se situe dans l'espace vide sont des spéculations inutiles [2]. Elles concernent les parties strictement théoriques de la métaphysique et des sciences dont il faut pouvoir se débarrasser. Meier soutient même que certaines connaissances spéculatives nuisent aux savoirs utiles [3]. De la sorte, l'ajout d'une Classe de philosophie spéculative, de surcroît dans une académie scientifique, ne semblait pas s'imposer de

1. A. G. Baumgarten, *Metaphysica*, § 669, trad. fr. L. Langlois *et al.*, Paris, Vrin, 2019, p. 256.

2. G. F. Meier, *Vernunftlehre*, Halle, Gebauer, 1752, § 247, p. 364. Il n'est pas inintéressant de comparer le point de vue de Meier avec celui que Maupertuis exprime à la même période devant les membres de l'Académie de Berlin : « Des devoirs de l'académicien », HAR, 1753 [1755], p. 516.

3. *Vernunftlehre, op. cit.*, § 258, p. 379.

façon évidente à l'époque, et pouvait apparaître comme une faiblesse du programme scientifique de l'Académie de Berlin.

La fin du XVIIIe siècle sera cependant l'occasion de réinvestir dans la connaissance spéculative et de lui donner de nouvelles orientations. En 1775, Johann Nikolaus Tetens publie son *Über die allgemeine speculativische Philosophie* (*Sur la philosophie spéculative générale*) et juge qu'une recherche ontologique sur les principes de la connaissance est toujours nécessaire et que celle-ci fait partie d'une approche spéculative. On pense évidemment aussi à la conception kantienne à laquelle revient principalement le mérite, du moins en Allemagne, de redonner à la philosophie spéculative une portée originale et positive. Les parties spéculative et pratique de la raison pure seront les principaux objets de la philosophie transcendantale, bien que Kant donne une priorité à la seconde sur la première. Ce point fera l'objet de réflexions cruciales dans la postérité kantienne, en particulier chez Fichte et Hegel, qui voudront à leur tour repenser le spéculatif et son rapport à la philosophie pratique. Or, à notre avis, la présence d'une classe de philosophie spéculative à Berlin n'est pas étrangère à cette évolution et à cette revalorisation à la fin du siècle. D'ailleurs, au lieu d'opposer connaissances théoriques et pratiques, il est clair que les travaux de l'Académie de Berlin pensent ces deux domaines comme complémentaires. La publication des mémoires et l'organisation des concours autour de sujets spéculatifs ont certainement aidé à imposer l'idée que les connaissances empiriques, pratiques et spéculatives se soutiennent mutuellement.

La répartition des mémoires

Bien que les règlements énumèrent les objets de la classe de philosophie spéculative, les mémoires publiés à partir des années 1740 ne se partagent pas exactement selon les domaines annoncés. On constate notamment que la logique et la méthodologie sont rarement l'objet principal d'une contribution, si l'on exclut bien entendu le concours de 1763, sachant qu'il concerne aussi la métaphysique, la morale et la théologie. La plupart des mémoires portent ainsi sur la métaphysique et la morale, du moins durant les décennies que couvre notre volume. On peut alors se poser la question de savoir quelle conception se faisaient les académiciens de ces disciplines, en particulier de la métaphysique qui étudie les fondements et les premiers principes de la connaissance et des choses.

En cette période, la doctrine de Wolff reste dominante et sert toujours de cadre de référence. On sait l'influence majeure que la philosophie wolffienne exerce sur les Lumières allemandes, et même au-delà, en particulier sa division des parties de la métaphysique, récupérée par Baumgarten et Kant. D'après cette division, la métaphysique comprend quatre principaux domaines : l'ontologie, qui est la science générale des choses et de leur possibilité, et trois sous-disciplines que sont la cosmologie générale, la psychologie (empirique et rationnelle) et la théologie naturelle [1]. Si l'ontologie, en tant que *metaphysica generalis*, porte sur les choses en tant que possibles en général, les trois autres, considérées comme *metaphysicæ speciales*, se concentrent sur des objets particuliers, à savoir respectivement le monde, l'âme et Dieu.

À l'Académie de Berlin, cette division semble avoir un certain poids, même si l'on y ajoute des éléments qui sont spécifiques aux travaux de la Classe de philosophie spéculative [2]. Pour dégager un tableau d'ensemble, il est toutefois indispensable de répertorier les sujets traités par les académiciens berlinois afin d'identifier quelles parties de la métaphysique furent principalement étudiées. Dans un premier temps, quelques mémoires se consacrent à des problèmes de philosophie première ; toutefois, ils le font la plupart du temps en considérant des propriétés particulières et en utilisant des outils qui relèvent des sous-domaines spécifiques de la métaphysique, comme la psychologie ou la métaphysique de la nature. Par exemple, Mérian consacre plusieurs mémoires à la question de l'individuation des êtres, mais son argumentaire est principalement tiré d'un examen psychologique des facultés de l'esprit et ne détermine aucunement ce qui fonde la discernabilité des choses indépendamment de la perception. Pour sa part, Lambert propose certes des considérations générales sur les mondes intellectuels et physiques, mais il le fait dans ses mémoires en prenant pour cadre des analyses ciblées portant sur le concept de sublime ou d'ordre. La seule exception serait la série de mémoires que Pierre Le Guay de Prémontval rédige sur la théologie de l'être et qui ont manifestement pour prétention de constituer un système des premiers principes ontologiques. En définitive, on peut dire que l'ontologie est un sujet plutôt rare et que la manière dont il est abordé ne saurait être comparable à la production contemporaine de l'école wolffienne [3].

1. C. Wolff, *Discursus præliminaris,* § 92, GW I, 1, pars I, p. 41.

2. Voir par exemple : J. B. Mérian, « Discours sur la métaphysique », HAR, 1767 [1769], p. 460.

3. Notons quand même que Formey rédige des ouvrages dont le contenu voire la forme se fondent sur le corpus wolffien, mais qui ne relèvent pas de son travail académique : S. Formey,

Il existe une quantité non négligeable de publications portant sur la cosmologie. La contribution la plus importante est certainement celle de Nicolas Béguelin qui réfléchit aux principes métaphysiques des sciences dans de nombreux mémoires et qui tente de concilier la métaphysique de la nature avec la physique newtonienne. Maupertuis et Euler présentent également des travaux en matière de cosmologie. Ils abordent des questions relatives aux constituants de la matière, aux notions de force et d'action, au finalisme naturel et à la réalité de l'espace et du temps. Ces productions sont à mettre en rapport avec la situation institutionnelle de la philosophie spéculative berlinoise. Par exemple, Euler contribue d'abord et avant tout aux mathématiques et à la mécanique, mais tente parallèlement de réfléchir à certains principes de la physique sur la base de raisonnements métaphysiques.

L'une des caractéristiques les plus marquantes des travaux de la Classe de philosophie spéculative réside dans l'importance accordée à la psychologie. La très grande majorité des mémoires ont pour objet la connaissance du moi, les facultés de l'esprit, l'interaction entre l'âme et le corps, etc. Qu'il s'agisse des mémoires de Mérian sur l'aperception, de Sulzer sur les sentiments agréables ou des contributions de Louis de Beausobre et de Formey sur les songes, la folie et l'imagination, l'abondance des textes ayant trait à des sujets de psychologie est frappant. Cette abondance n'est toutefois pas étonnante. Si certains se réclament d'une forme de wolffisme, à la manière de Formey, et auraient donc tendance à considérer les problèmes de psychologie en complément des principes ontologiques et cosmologiques, plusieurs refuseraient une telle approche. Influencés par Locke et Condillac, et plus tardivement par Hume, de nombreux académiciens envisagent la métaphysique sous un prisme épistémologique et cognitif et s'interdisent d'assujettir la psychologie à un système ontologique. La source principale de connaissance demeure, d'après eux, la perception interne et immédiate que nous avons de nos facultés, jugements et volontés. De la tradition wolffienne, ils retiennent tout de même l'idée qu'une métaphysique de l'esprit doit nécessairement prendre appui sur la psychologie empirique, discipline qui est d'ailleurs destinée à prendre de plus en plus d'importance au XVIIIe siècle.

La théologie naturelle fait finalement l'objet de quelques mémoires, dont ceux consacrés à *Théologie de l'être* de Prémontval tout juste mentionnés, et un certain nombre de publications ayant trait à la démonstration de l'existence de Dieu. Il serait toutefois difficile de considérer que

La belle wolffienne, Leyde, Neaulme, 1741-1753; *id.*, *Elementa philosophiæ seu Medulla wolfiana*, Berlin, Haude et Spener, 1746.

la Classe de philosophie spéculative contribue largement aux domaines théologique et religieux. Maupertuis avance d'ailleurs une explication pour rendre compte du peu de mémoires théologiques, voire de l'absence d'une classe qui s'y consacrerait. D'après lui, si le projet de création d'une telle classe avait été discuté, il fut rapidement décidé qu'on ne pouvait réserver à un seul groupe de réfléchir à la vérité de la religion chrétienne et à la conversion des infidèles : « Notre règlement moderne ne charge aucune classe en particulier de cette occupation : mais ne peut-on pas dire que toutes y concourent? » [1]. Autrement dit, toutes les classes apportent des preuves de l'existence de Dieu et de la religion : par exemple, les sciences expérimentales nous font percevoir les merveilles de l'ordre et de la fécondité de la nature, à partir desquelles on peut inférer l'origine divine de la création. Sans adopter le point de vue de leur président, on remarque que les philosophes spéculatifs n'ont généralement pas fait de la théologie un objet de recherche privilégié; on peut même dire qu'ils ont pour la plupart préféré se pencher sur d'autres problèmes métaphysiques et moraux.

CONCOURS ET CONTROVERSES

Le concours sur les monades

Le concours sur les monades fut le premier proposé par la classe de philosophie spéculative. Objet de discussion dès le début de 1745, il fut officiellement décidé le 9 juin 1746. La question posée était la suivante :

> On demande, qu'en commençant par exposer d'une manière exacte et nette la doctrine des Monades, on examine si d'un côté elles peuvent être solidement réfutées et détruites par des arguments sans réplique; ou si de l'autre on est en état, après avoir prouvé les Monades, d'en déduire une explication intelligible des principaux phénomènes de l'Univers, et en particulier de l'origine et du mouvement des corps [2].

L'Académie comptait en son sein des partisans de la philosophie de Leibniz, tels Wolff et Formey, et des adversaires de celle-ci dont le chef de file était Euler. La question mise au concours reflétait l'importance du thème des principes de la philosophie naturelle pour des philosophes encore profondément marqués par l'échange survenu trois décennies plus

1. P. L. Moreau de Maupertuis, « Des devoirs de l'académicien », HAR 1753 [1755], p. 521.

2. A. Hartnack, *Geschichte der Königlich Preussischen Akademie der Wissenschaften zu Berlin*, *op. cit.*, II, p. 305.

tôt entre Leibniz et Clarke. La théorie physique pouvait-elle se passer de fondements métaphysiques, comme le laissaient entendre certaines interprétations de la mécanique newtonienne dans son application aux phénomènes de l'univers? À l'inverse, ne devait-on pas surmonter les apories surgissant dans la conception des éléments des corps et dans l'interprétation des forces fondamentales de l'ordre physique, en faisant appel aux ressources d'une monadologie inspirée de la métaphysique leibnizienne?

Suivant l'analyse du concours que fournit Mérian dans son *Éloge de Monsieur Formey*, la volonté de Frédéric II avait été que l'on pût discuter de toutes questions philosophiques « sans esprit de parti et sans déférer à des noms ou à des autorités quelconques » [1]. Or le débat fut mal engagé puisqu'au lieu de remettre la décision à la Classe de philosophie spéculative tout entière, on la confia à un comité où primait le parti d'Euler, directeur de la Classe de mathématiques. Celui-ci, contrevenant aux règles convenues, publia sous le sceau de l'anonymat, des *Gedancken von der Elementen der Cörper* (*Pensées sur les éléments des corps*), où il attaquait vivement la doctrine des monades [2]. Par la suite, Euler développera de façon détaillée ses critiques à l'égard de la monadologie dans ses *Lettres à une princesse d'Allemagne* [3]. Le philosophe Formey, secrétaire de l'Académie, réagit alors en publiant à son tour de façon également anonyme des *Recherches sur les éléments de la matière*, ouvrage dont la rédaction avait été révisée par Wolff lui-même et qui fit par la suite l'objet d'une traduction en allemand [4]. Dans un contexte de controverse largement diffusée, la commission de l'Académie, parmi les trente mémoires reçus, couronna finalement, le 1er juin 1747, le mémoire de l'anti-leibnizien Johann Heinrich Gottlob Justi [5]. Cette décision fut évidemment mal accueillie par le clan leibnizien. Sans doute sur les instances de Maupertuis, soucieux de désamorcer la controverse, l'Académie décida alors de publier le mémoire primé en versions allemande et française, accompagné d'une sélection des

1. J. B. Mérian, « Éloge de Monsieur Formey », MAR, 1797 [1800], p. 66.

2. L. Euler, *Gedancken von der Elementen der Cörper*, Berlin, Haude & Spener, 1746.

3. Voir en particulier les Lettres CXXV à CCXXXII, dans L. Euler, *Lettres à une princesse d'Allemagne sur divers sujets de physique et de philosophie* [1768-1772], nouvelle édition, Paris, Courcier & Bachelier, 1812, II, p. 47-85.

4. S. Formey, *Recherches sur les éléments de la matière*, s.l, s.n., 1747.

5. Les pièces du concours n'ont pas été conservées dans les archives de l'Académie. Vingt-cinq d'entre elles nous sont connues par le mémorandum d'Euler qui s'y rapporte. Voir L. Euler, *Différentes pièces sur les monades*, OO, Series tertia, II, p. 416-429.

mémoires pro et anti monades qui avaient été soumis [1]. Publiée sans nom d'auteur, la plus remarquable pièce de cet ensemble est sans conteste *Les Monades. Dissertation*, texte soumis anonymement par Condillac et qui constituera une ébauche partielle de son *Traité des systèmes* (1749) [2].

Le jugement rétrospectif de Mérian, lui-même anti-wolffien avéré, sur la controverse orchestrée à l'occasion du concours, et reflétée dans les arguments exposés par les divers auteurs, semble particulièrement révélateur :

> En général il semble avoir régné un malentendu dans cette dispute, en partie faute d'avoir approfondi les vraies idées de Leibniz, en partie par je ne sais quel air de mystère dont plusieurs Leibniziens affectaient de les voiler, croyant par là leur donner du relief, mais dont leurs adversaires se prévalurent contre eux. Ce fut d'attribuer à Leibniz un sentiment qui n'était ni ne pouvait être le sien, celui de composer les corps et la matière, en les prenant pour des êtres réels, de les composer, dis-je, de substances simples, vraiment immatérielles, comme de parties constituantes de ces corps et de cette matière, qui cependant n'ont point d'existence véritable et proprement dite dans la vraie théorie de Leibniz, où les corps ne sont que des phénomènes, et la matière qu'un terme général pour désigner ce que ces phénomènes ont de commun [3].

Somme toute, Mérian avalise une interprétation idéaliste de la doctrine des monades qui ressemble à celle qu'ont endossée récemment certains historiens anglo-américains de la philosophie, tels Robert Adams et Daniel Garber [4]. Selon Mérian, les Leibniziens qui avaient participé au concours se seraient fourvoyés en tentant, à la suite de Wolff, de transposer la monade, substance immatérielle, en une monade physique, susceptible de servir de composant élémentaire de corps dotés essentiellement par ailleurs de caractéristiques extensives. Sans doute peut-on contester cette déformation du concept de monade et l'interprétation réaliste de la nature extensive des corps qui la sous-tend, et soutenir, au plus près des textes leibniziens mêmes, qu'on doit au contraire attribuer un caractère de raison suffisante ontologique aux monades dotées de perception et d'appétition par rapport aux corps. Car, d'un point de vue leibnizien, les propriétés fondamentales de ceux-ci résident dans les effets géométriquement et donc

1. Voir *Dissertation qui a remporté le prix proposé par l'Académie royale des sciences et belles-lettres sur le système des monades avec les pièces qui ont concouru*, Berlin, A. Haude & J. C. Spener, 1748.

2. Voir E. Bonnot de Condillac, *Les Monades*, ed. L. L. Bongie, Oxford, Voltaire Foundation, 1980.

3. J. B. Mérian, « Éloge de Monsieur Formey », *op. cit.*, p. 67.

4. Voir à ce sujet, les analyses et critiques de R. Arthur, *Monads, Composition, and Force. Ariadnean Threads Through Leibniz's Labyrinth*, Oxford, OUP, 2018.

abstraitement représentables d'un jeu de principes d'action, et ces principes requièrent de poser l'existence réelle de monades, représentant de véritables sujets de force [1].

La controverse sur le principe de la moindre action

Parmi les controverses scientifiques et philosophiques de l'époque des Lumières, celle qui concerne la découverte du principe de la moindre action est l'une des plus connues, mais aussi des plus tumultueuses. Elle fut certes plus courte que d'autres disputes, telles les polémiques sur la force vive, la figure de la terre ou la gravitation newtonienne, qui s'étalèrent effectivement sur plusieurs décennies; il n'empêche que les débats sur la moindre action furent intenses et menèrent à des conséquences souvent tragiques. Il faut dire que Maupertuis et Euler en avaient fait une affaire qui impliquait la réputation de l'Académie de Berlin dans son ensemble, puisque les travaux de son président étaient d'après eux remis en cause.

La controverse fut déclenchée par la publication d'un article de Samuel König dans lequel celui-ci formule des objections à l'endroit du principe de la moindre action de Maupertuis. Étudiant de Johann Bernoulli et de Wolff, König avait été formé dans des milieux intellectuels favorables à la pensée métaphysique et scientifique de Leibniz. Il enseigna lui-même les mathématiques à Émilie du Châtelet, à une période pendant laquelle il fit aussi la connaissance de Maupertuis et de Voltaire. En 1749, il reprend contact avec Maupertuis à l'occasion de la publication d'un mémoire portant sur le principe de la moindre action [2]. Maupertuis y reprend des résultats présentés quelques années auparavant à l'Académie de Paris sur l'application du principe de la moindre action en statique et en dynamique. En désaccord avec les analyses de Maupertuis, plus précisément sur la fonction fondamentale conférée à l'action, König lui soumet un manuscrit qui inclut ses critiques et dans lequel il tente de montrer que le calcul de l'action doit se faire en prenant en considération la force vive leibnizienne.

1. Il n'est pas sans intérêt que Mérian, se référant aux notes de lecture d'Euler sur les mémoires soumis, reconnaisse que le seul candidat à n'avoir pas tenté de faire dériver le concept de la monade leibnizienne vers une notion de monade physique ait été Samuel König, auteur de la dissertation intitulée *Systema mundi*, lequel aurait précisément adopté la lecture que nous avons qualifiée d'idéaliste. Voir J.B. Mérian, « Éloge de Monsieur Formey », *op. cit.*, p. 67 : « Entre les pièces qui concouraient, il y en eut une dont l'auteur avait parfaitement saisi ce point de vue, et l'avait, de l'aveu même de M. Euler, très ingénieusement développé ».

2. P.L. Maupertuis, « Les lois du mouvement et du repos déduites d'un principe métaphysique », HAR, 1746 [1748], p. 267-294. Le contenu du mémoire sera reproduit dans l'*Essai de cosmologie* paru en 1750.

Maupertuis fut d'abord honoré qu'on s'intéressât à sa découverte et fit même en sorte que son auteur fût admis à l'Académie. Maupertuis l'aurait d'ailleurs encouragé à publier le texte, ce qui fut fait deux ans plus tard [1].

Après la publication de l'article, ce qui inquiéta par-dessus tout Maupertuis fut toutefois un extrait d'une lettre inédite de Leibniz à Hermann de 1707 que König cite et prétend authentique. L'extrait comprend des explications concernant l'action d'une manière qui correspond à celles qu'avait produites Maupertuis, à la différence que Leibniz inclut le calcul de la force vive dans celui de l'action. En effet, Leibniz énoncerait avant Maupertuis que l'action est obtenue par la multiplication de la masse d'un corps, de sa vitesse et de l'espace parcouru (mvs), mais ajoute que cette équation se réduit finalement au produit du temps par la force vive (mv^2) [2]. En revanche, Leibniz ne soutiendrait pas que l'action est toujours la moindre, mais que sa quantité est minimale ou maximale selon les masses et les vitesses concernées. Étant donné cette probable formulation antérieure du principe d'action, Maupertuis demanda alors à König de fournir l'original de la lettre de Leibniz dont il aurait obtenu copie. Malheureusement, les recherches ne permirent pas de le retrouver, puisque Samuel Henzi, qui aurait été apparemment en possession d'une version latine écrite par Leibniz, était mort décapité, et ses biens égarés. Une bonne partie de la controverse portera par conséquent sur l'authenticité de cette lettre.

Maupertuis chargea l'Académie de se saisir de l'affaire et demanda à l'assemblée, à la tête de laquelle se trouvait Euler, de décider si la lettre était ou non authentique. Le jugement de l'assemblée fut formel : non seulement Maupertuis est bel et bien l'auteur du principe et n'avait donc pas plagié Leibniz, mais on y déclare que la lettre a été forgée par König dans le but manifeste de nuire au président de l'Académie. Dans un rapport qui accompagne le jugement, Euler détaille les arguments qui prouveraient que la lettre est fausse, en particulier les erreurs qu'elle contiendrait et qui laisseraient donc croire qu'elle a été produite par König [3]. À la suite de ce verdict, on décida d'expulser ce dernier, sanction tout à fait unique à l'époque. N'ayant plus d'alliés au sein de l'institution, König en conclut que la seule manière de répondre à ces accusations et de rétablir sa réputation était de se tourner vers l'opinion publique : il publia donc en 1752

1. S. König, « De universali principio aequilibrii et motus in vi viva reperto, deque nexu inter vim vivam et actionem, utriusque minimo, dissertatio, continuata et finita », *Nova acta eruditorum*, mars 1751, p. 162-176.

2. S. König, *Appel au public, du jugement de l'Académie royale de Berlin, Sur un fragment de Lettre de Mr. De Leibnitz*, Leyde, Luzac, 1752, p. 47.

3. *Jugement de l'Académie Royale des sciences et belles lettres*, Berlin, 1752.

un *Appel au public* dans lequel on trouve de nombreuses pièces qui permettent de comprendre la controverse : un argumentaire visant à contrer les conclusions du jugement, mais aussi à montrer que l'assemblée n'avait ni les pouvoirs ni les compétences pour se pencher sur cette question; des lettres que König avait échangées avec d'autres académiciens pour montrer sa bonne volonté depuis le début de cette histoire; finalement, la version complète de la lettre de Leibniz à Hermann, accompagnée d'autres lettres de la même époque qui visent à démontrer que le contenu de l'extrait est conforme aux principes de la dynamique leibnizienne. L'idée qu'on l'accuse d'avoir forgé la lettre répugne particulièrement à König et témoigne d'après lui de ce que des raisons non scientifiques, mais politiques sont à l'origine de sa condamnation.

L'année qui suivit donna lieu à plusieurs autres répliques de la part des personnes concernées. L'intervention la plus célèbre est toutefois venue de Voltaire qui considère que Maupertuis abusa de son pouvoir en s'attaquant ainsi à König. Il publie la *Diatribe du docteur Akakia* en 1753 dans laquelle il ridiculise l'œuvre de Maupertuis et prend par la même occasion la défense de l'ancien précepteur de Du Châtelet [1]. Ce geste fut la principale cause de sa rupture avec Frédéric II qui jugea que Voltaire avait abusé de ses privilèges en publiant le pamphlet, lequel s'attaquait de surcroît à son Académie. Puis, la dispute perdit en force, König et Voltaire désormais chassés de Berlin et Maupertuis retiré pour un temps à Saint-Malo à cause d'une santé faiblissante.

La postérité a principalement donné raison à Maupertuis et à Euler. Les physiciens et mathématiciens ont presque tous repris la formulation qu'ils donnent du principe de la moindre action et sur laquelle les travaux de Lagrange et de Hamilton se basent dans la constitution du calcul des variations. Les historiens des sciences et de la philosophie négligent ainsi la possible source leibnizienne pour comprendre l'origine historique du principe. À supposer que la lettre à Hermann soit authentique, il est vrai que l'interprétation de Leibniz s'inscrit dans une conception de la dynamique qui est étrangère aux travaux scientifiques contemporains. La controverse sur le principe de la moindre action est néanmoins instructive à plusieurs égards. Au-delà de la confrontation entre des intérêts personnels et souvent malveillants, elle constitue en quelque sorte le prolongement d'autres polémiques et discussions à l'Académie entre doctrines divergentes, celles des Leibniziens et Newtoniens en particulier. À l'instar des concours sur les monades ou sur l'optimisme, s'affrontent des courants et arguments qui sont difficilement compatibles. Par exemple, Euler considère que la force

1. Voltaire, *Diatribe du docteur Akakia médecin du Pape*, Rome, 1753.

vive leibnizienne constitue une hypothèse métaphysique qui nuit à l'intelligibilité des principes mécaniques, tandis que König soutient au contraire sa fonction primordiale pour en assurer la comprehension. Par ailleurs, il s'agit d'une controverse non seulement scientifique, mais aussi publique dans laquelle les questions de censure, de plagiat et de liberté d'expression entrent manifestement en jeu [1].

Le concours de l'année 1763

Consacrée à la question de l'évidence et de la certitude des vérités métaphysiques, la *Preisfrage* pour l'année 1763 est non seulement l'une de plus célèbres parmi celles qui ont été proposées par la Classe de philosophie spéculative, mais représente aussi l'un des aspects de l'histoire de l'Académie de Berlin les plus traités dans la littérature. Son statut éminent s'explique pour au moins deux raisons.

1) En plus d'être une interrogation centrale pour l'époque, la *Preisfrage* présente un intérêt théorique majeur. En effet, elle se rattache à la question fondamentale de la méthode en philosophie et, plus précisément, au débat autour de la *mathesis universalis*, qui avait été réactivé justement par le wolffisme et ses opposants (Maupertuis et Christian August Crusius en tête). Voici la question telle qu'elle fut annoncée le 4 juin 1761 :

> On demande si les vérités de la Métaphysique en général, et en particulier les premiers principes de la Théologie naturelle et de la Morale, sont susceptibles de la même évidence que les vérités mathématiques, et au cas qu'elles n'en seraient pas susceptibles, quelle est la nature de leur certitude, à quel degré elles peuvent parvenir, et si ce degré suffit à la conviction [2].

Il ne faut pas s'étonner que ce soit Sulzer, disciple modéré de Wolff, qui ait formulé la question, ni que celle-ci rappelle les termes dont s'était servi Maupertuis dans son *Examen philosophique de la preuve de l'existence de Dieu employée dans l'Essai de cosmologie* que nous publions dans ce volume. En effet, la conjoncture était finalement favorable à une opération de la sorte, étant donné l'affaiblissement des controverses entre wolffiens

1. Toutefois, un véritable débat scientifique et épistémologique sur le principe de la moindre action eut lieu entre académiciens de Paris et de Berlin en parallèle, pourrait-on dire, de la querelle véhémente sur la priorité d'invention que l'histoire a principalement retenue. Voir à ce sujet : F. Duchesneau, « Échanges entre académiciens de Paris et de Berlin au sujet du principe de la moindre action », dans P. Girard, C. Leduc et M. Rioux-Beaulne (dir.), *Modernités et académies scientifiques européennes*, Paris, Classiques Garnier, à paraître.

2. Sur la formulation allemande de la question, voir P. Basso, « Deutlichkeit, évidence et certitude dans les réponses anonymes », dans *La* Preisfrage *de 1763 à l'Académie de Berlin*, *op. cit.*, https://doi.org/10.4000/asterion.2101.

et anti-wolffiens. D'une part, Wolff était décédé en 1754 et ses héritiers ne constituaient plus un bloc homogène ; d'autre part, Maupertuis était mort en 1759 et Crusius avait cessé de s'occuper de philosophie. Bien entendu, les anciens chefs de file exerçaient toujours leur influence, mais le champ de bataille n'était plus aussi nettement partagé que dans les années précédentes. De plus, les membres de l'Académie – Formey, Beausobre, Mérian, Beguélin et même Prémontval – avaient alimenté la discussion sur cette question dans leurs mémoires, mais sans trouver de solutions pérennes. La conjoncture de l'époque permit ainsi de reprendre ces problèmes afin d'y apporter des réflexions et éclaircissements plus rigoureux.

2) L'issue du concours fut favorable à deux auteurs célèbres qui allaient jouer un rôle significatif dans le développement de la pensée allemande : Mendelssohn, qui eut le prix, mais surtout Kant, qui eut l'accessit. Parmi une trentaine de textes adressés au secrétaire Formey, l'*Abhandlung über die Evidenz in metaphysischen Wissenschaften* (*Traité sur l'évidence dans les sciences métaphysiques*) de Mendelssohn et l'*Untersuchung über die Deutlichkeit der Grundsätze der naturlichen Theologie und der Moral* (*Recherche sur l'évidence des principes de la théologie naturelle et de la morale*) de Kant s'étaient également démarquées, en obtenant le même nombre de votes. Le *Traité* de Mendelssohn est appréciable pour la qualité de son style et pour une certaine interprétation du wolffisme qui ne l'empêche pas, entre autres, de prôner le recours à l'analyse. Cependant, il demeure peu original et ne va guère en profondeur, ce qui explique sans doute pourquoi il sut faire consensus et convaincre en dernière instance Sulzer de trancher en sa faveur [1]. Il ne fait aucun doute que la *Recherche* de Kant innove davantage : sur le plan général de l'histoire de la philosophie, elle fait époque dans le débat méthodologique et, du point de vue de l'évolution interne à la pensée kantienne, elle constitue une prémisse de la philosophie critique. À noter notamment que la section *Discipline de la raison pure* de la *Critique de la raison pure* s'appuie fortement sur les résultats de la *Recherche* de 1763.

Or, la réponse de Kant est souvent considérée comme ayant donné le coup de grâce au wolffisme [2]. On ne saurait d'ailleurs nier que son souci de distinguer la méthode philosophique de la méthode mathématique

1. Voir M. Mendelssohn, *Abhandlung über die Evidenz in metaphysichen Wissenschaften*, Berlin, Haude und Spener, 1764.

2. Pour une approche de l'écrit kantien dans le contexte du concours, voir G. Tonelli, « La disputa sul metodo matematico nel Settecento e la genesi dello scritto kantiano sull'evidenza », *Da Leibniz a Kant*, Napoli, Prismi, 1987, p. 79-107.

s'apparente aux propos de Crusius et que le newtonianisme de Maupertuis a pu stimuler sa quête d'une nouvelle forme d'empirisme. Des études récentes ont toutefois remis en question cette généalogie qui privilégie le lien du kantisme avec l'anti-wolffisme. On met plutôt l'accent sur le fait que Kant n'a pas été non plus étranger à l'influence de Wolff dont la lecture lui a été profitable. Les deux auteurs auraient même partagé un projet commun, consistant à purifier le langage métaphysique pour en réduire l'obscurité [1]. Wolff avait effectivement insisté sur les différences entre la métaphysique et les mathématiques, sur le rôle préliminaire de l'analyse par rapport à la démonstration, ainsi que sur la valeur de l'expérience. Pour celui-ci, c'était la métaphysique (ou plus exactement l'ontologie) qui fondait la certitude mathématique, et non l'inverse. Il s'agit de nuances de la pensée wolffienne qui sont tout à fait susceptibles d'avoir nourri la réflexion des participants au concours, d'autant plus que, dans les années immédiatement précédentes, elles avaient été mises en valeur par Formey. Bien qu'il semble parfois soutenir des positions contradictoires – car, sur certains points, il tombe d'accord avec les anti-wolffiens – ce fervent wolffien s'était surtout efforcé de restituer la complexité d'une pensée appauvrie par la vulgate [2].

NOTICES DE CONTRIBUTEURS
À LA CLASSE DE PHILOSOPHIE SPÉCULATIVE

Louis de Beausobre

Né à Berlin en 1730, Louis de Beausobre est le fils d'Isaac de Beausobre, pasteur très réputé de son temps et auteur d'une importante *Histoire critique de Manichée et du Manichéisme* (1734-1739). L'estime que, depuis sa jeunesse, Frédéric II nourrissait pour ce ministre protestant fit qu'à la mort de celui-ci, survenue en 1738, il assigna une pension pour l'éducation du fils. Il semble toutefois que le roi finit par s'apercevoir que les qualités de son protégé n'étaient pas à la hauteur des soins prodigués : il commença alors à l'appeler « le petit Beausobre » afin de mieux le distinguer de son père. Quoi qu'il en fût, Louis bénéficia d'une excellente

1. Voir S. Buchenau, « Notions directrices et architectonique de la métaphysique. La critique kantienne de Wolff en 1763 », dans *La* Preisfrage *de 1763 à l'Académie de Berlin*, *op. cit.*, https://doi.org/10.4000/asterion.2136.

2. Voir T. Prunea-Bretonnet, « La méthode philosophique en question. L'Académie de Berlin et le concours pour l'année 1763 », *Philosophiques*, 42/1, dir. C. Leduc et D. Dumouchel, *La philosophie à l'Académie de Berlin au XVIIIe siècle*, 2015, p. 107-130.

formation, dont la première partie (1748-1749) s'acheva par un cours de philosophie dirigé par Formey qui allait demeurer pour lui une figure de référence et un ami. Pendant ses études académiques à Francfort-sur-l'Oder, il assista aux leçons données par Baumgarten et il approfondit en même temps sa connaissance de la pensée wolffienne. En 1752, le jeune Beausobre quitta l'Allemagne pour un séjour à Paris qui dura environ deux ans et dont l'issue majeure fut la mise au point de ses premiers ouvrages : deux *Dissertations philosophiques* (1753), dont l'une portait sur la nature du feu, l'autre sur l'apport des mathématiques à la philosophie; et le *Pyrrhonisme raisonnable* (1754), republié l'année suivante sous le titre de *Pyrrhonisme du sage* : cet ouvrage se voulait une tentative d'apprivoiser le scepticisme; il fut néanmoins brûlé par décision du Parlement de Paris en 1759. Il y eut ensuite un *Essai sur le bonheur* (1758), qui envisageait dans une perspective stoïcienne la question de la balance des biens et des maux à la suite du tremblement de terre de Lisbonne, ainsi que des travaux d'économie, à savoir des *Nouvelles considérations sur les années climatériques* (1757) et une *Introduction générale à l'étude de la politique, des finances et du commerce* (1764) qui connut plusieurs réimpressions jusqu'à la fin du XVIIIe siècle ainsi que des traductions en allemand et en italien. L'attitude très fébrile de Beausobre et la multiplicité de ses intérêts poussèrent Formey à remarquer chez lui un effet d'éparpillement intellectuel qui l'aurait amené à travailler plus en surface qu'en profondeur. Cependant, si l'on se penche sur l'activité de l'auteur dans le cadre de l'Académie, où il fut reçu en 1755, il devient possible de nuancer ce jugement. Exception faite pour sa première intervention dans la Classe de belles-lettres avec un mémoire intitulé *Réflexions sur les changements des langues vivantes par rapport à l'orthographe et à la prononciation* (1755), on remarque beaucoup de cohérence dans l'ensemble des mémoires que Beausobre a lus et publiés au sein de la Classe de philosophie spéculative. Son apport au développement de la psychologie en tant que science dans la seconde moitié du XVIIIe siècle ne saurait être sous-estimé. Beausobre a en effet travaillé tout au long de sa carrière sur ce que l'on pourrait appeler les phénomènes de l'âme : la folie, les songes, le pressentiment, les idées obscures, la certitude, l'enthousiasme. On rapporte qu'afin de connaître davantage les plus extraordinaires de ces états, il essaya d'en faire lui-même l'expérience, notamment en consommant du café en quantité immodérée. De tels excès, ainsi que la faiblesse de sa constitution, furent vraisemblablement à l'origine d'une attaque d'apoplexie dont il fut victime en 1782 et qui le laissa hémiplégique pendant les derniers mois de sa vie. Il eut juste le temps de se marier pour la troisième fois, avant de mourir, de façon assez prématurée, à l'âge de 54 ans.

Mémoires de Beausobre

« Réflexions sur la nature et les causes de la folie. Premier, second et troisième mémoire », HAR 1759 [1766], p. 390-432.

« Réflexions sur la nature et les causes de la folie. Quatrième et cinquième mémoire », HAR 1760 [1767], p. 302-325.

« Réflexions philosophiques sur les songes. Premier mémoire », HAR 1762 [1769], p. 429-440.

« Réflexions sur le pressentiment », HAR 1766 [1768], p. 401-410.

« Réflexions sur la nature et la nécessité des idées obscures », HAR 1768 [1770], p. 411-418.

« Réflexions philosophiques sur la certitude », NMAR 1776 [1779], p. 360-370.

« Sur l'enthousiasme », NMAR 1779 [1781], p. 352-360.

Nicolas de Béguelin

Originaire de l'évêché de Bâle, Nicolas de Béguelin (1714-1789) poursuivit une formation en sciences et en jurisprudence à Bâle, où il eut l'occasion de fréquenter les Bernoulli et de se lier d'amitié avec Émer de Vattel qui allait jouer un certain rôle dans le développement du leibnizianisme en Suisse[1]. Il se fit connaître de Wolff et de Formey et, par l'intermédiaire de Vattel, entra au service de la diplomatie prussienne auprès de l'électeur de Saxe. Puis, Frédéric II lui confia la place de précepteur auprès de son neveu, le prince héritier, futur Frédéric-Guillaume II. Il fut reçu à l'Académie en 1747 sur proposition de Maupertuis. Il subit, sans doute pour ses opinions pacifistes, une forme de disgrâce de la part du roi qui lui retira son préceptorat et le tint éloigné de la cour. En 1771, il soutint la recommandation de nommer Mendelssohn à l'Académie, nomination qui se heurta au véto royal. En 1775, malgré la recommandation expresse de d'Alembert, qui trouvait en lui « l'heureuse alliance de l'esprit philosophique avec l'esprit mathématique »[2], le roi refusa de lui accorder la direction de la Classe de philosophie spéculative, devenue vacante en 1775, qui échut à son ami Sulzer. À la mort de Frédéric II en 1786, le nouveau monarque, reconnaissant envers le maître qui l'avait formé, l'anoblit et lui accorda la direction de la Classe de

1. Concernant Béguelin, la principale étude est celle de P. Dumont, *Nicolas de Béguelin, 1714-1789. Fragment de l'histoire des idées philosophiques en Allemagne dans la seconde moitié du XVIIIe siècle*, Neuchâtel, Imprimerie Attinger Frères, 1907.

2. Cité par P. Dumont, *Nicolas de Béguelin, 1714-1789, op. cit.*, p. 17.

philosophie spéculative, puis la présidence de l'Académie. Il fut notamment à l'origine du concours lancé en 1791 sur les progrès de la métaphysique depuis Leibniz et Wolff, pour lequel Kant rédigea un manuscrit de réponse et dont l'accessit fut décerné à Karl Leonhard Reinhold. Pour l'essentiel, l'œuvre de Béguelin ne consiste que dans les importants mémoires qu'il présenta à l'Académie : 11 à la Classe de mathématiques, portant notamment sur le calcul des probabilités et sur celui des déterminants; 28 à la Classe de philosophie expérimentale, sur l'embryologie, l'optique et la théorie de la lumière, ainsi que sur la météorologie, et 20 à la Classe de philosophie spéculative, auxquels il convient d'ajouter six rapports lus aux assemblées publiques de l'Académie [1]. Les mémoires de philosophie soumis par Béguelin traitent principalement de l'usage des principes architectoniques en métaphysique, de la raison suffisante dans l'estime des probabilités, des fondements de la mécanique, de la théorie des sensations, des éléments ou unités de la nature (reconsidération de la doctrine des monades), et de la conciliation possible entre la physique de Newton et une métaphysique inspirée de Leibniz.

Mémoires de Béguelin

« Sur l'art de connaître les pensées d'autrui à l'aide de la métaphysique », HAR 1750 [1752] p. 448-457.

« Premier mémoire sur les principes métaphysiques », HAR 1755 [1757], p. 405-423.

« Deuxième mémoire sur les principes métaphysiques », HAR 1755 [1757], p. 424-447.

« Recherches métaphysiques sur les forces des fluides qui se perdent en mécanique », HAR 1756 [1758], p. 425-449.

« Sur la découverte des lois d'un chiffre de feu M. le prof. Hermann, proposé comme indéchiffrable », HAR 1758 [1765], p. 369-389.

« Troisième mémoire sur les principes métaphysiques », HAR 1761 [1768], p. 325-340.

« Sur l'éternité du monde », HAR 1762 [1769], p. 419-428.

« Remarques et observations sur les couleurs prismatiques et sur l'analyse physique et métaphysique de la sensation des couleurs en général », HAR 1764 [1766], p. 297-363.

1. Voir la « Table des mémoires » de Nicolas de Béguelin par ordre chronologique, *ibid.*, p. 205-208.

« Essai d'une conciliation de la métaphysique de Leibnitz avec la physique de Newton, d'où résulte l'explication des phénomènes les plus généraux et les plus intéressants de la nature », HAR 1766 [1768], p. 365-380.

« Sur l'usage du principe de la raison suffisante dans le calcul des probabilités », HAR 1767 [1769], p. 382-412.

« De l'usage du principe de la raison suffisante dans les lois générales de la mécanique », HAR 1768 [1770], p. 367-383.

« Sur deux propriétés des corps qui semblent incompatibles. L'inertie et la tendance au changement d'état », HAR 1769 [1771, p. 335-343.

« Conciliation des idées de Newton et de Leibnitz sur l'espace et le vide », HAR 1769 [1771], p. 344-360.

« Sur l'indifférence d'équilibre et le principe de choix », NMAR 1770 [1772], p. 247-257.

« Application du principe de la raison suffisante à la démonstration d'un théorème de M. Fermat sur les nombres polygonaux, qui n'a point encore été démontré », NMAR 1772 [1774], p. 387-414.

« Sur la variabilité des notions morales, attachée à la diversité des systèmes psychologiques », NMAR 1774 [1776], p. 428-438.

« Recherches sur les unités de la nature, premier mémoire », NMAR 1778 [1780], p. 279-298.

« Sur les unités de la nature, deuxième mémoire », NMAR 1779 [1781], p. 319-342.

« Essai sur les justes bornes qu'on doit assigner aux spéculations métaphysiques », NMAR 1780 [1782], p. 381-398.

« Réflexions sur les plaisirs et les peines de la vie, comparées à l'égard du nombre, des fréquents retours et de la multitude des genres », MAR 1786-1787 [1792], p. 481-490.

Leonhard Euler

Leonard Euler (1707-1783) est né à Bâle et était destiné, comme le fut son père, à une carrière de pasteur. Ses liens avec les Bernoulli lui permirent toutefois de s'initier très jeune aux mathématiques; il fut notamment formé par Johann Ier Bernoulli qui découvrit rapidement les talents de son élève. Ces relations lui permirent d'être admis à l'âge de vingt ans à l'Académie de Saint-Pétersbourg où il produisit ses premiers travaux. Euler est certainement le plus prolifique des mathématiciens du XVIIIe siècle, ayant contribué de manière significative à la plupart des disciplines formelles : ses travaux sur les fonctions algébriques et transcendantes, l'analyse des séries, le calcul intégral et les équations différentielles, la géométrie des surfaces courbes et la théorie des graphes ne sont que ses principaux apports. Il faut aussi noter ses contributions importantes à la mécanique, l'astronomie physique, l'optique et l'acoustique. Étant donné l'instabilité politique en Russie, Euler accepta en 1741 l'invitation de Frédéric II à se joindre à l'Académie de Berlin et à participer à son renouvellement. Il y restera jusqu'en 1766 lorsqu'il décide finalement de retourner à Saint-Pétersbourg pour y terminer sa carrière. L'implication d'Euler dans l'institution berlinoise a peu d'équivalent à l'époque, tant par le nombre de mémoires qu'il publie que par sa participation aux tâches administratives et scientifiques. Pendant ses années berlinoises, il fut directeur de la Classe de mathématique et de l'Observatoire; au départ de Maupertuis, il devient directeur administratif de l'Académie avec approbation de Frédéric II. Outre de nombreux mémoires, Euler publie à la même époque des ouvrages importants en mathématiques (*Methodus inveniendi lineas curvas maximi minimive proprietate gaudentes*, 1744; *Introductio in analysin infinitorum*, 1748; *Institutiones calculi differentialis*, 1755). Il participe également à la Classe de philosophie spéculative et s'intéresse aux questions de métaphysique de la nature, en particulier à la réalité de l'espace et du temps, à l'inertie, à l'origine de la force, aux lois du mouvement et à la constitution de la matière. Il participe activement à l'organisation du concours sur les monades, au point de publier de manière anonyme, avant même l'annonce des résultats, un texte qui critique fortement le système métaphysique de Leibniz et de Wolff (*Gedancken von der Elementen der Cörper*, 1746). Lors de la controverse sur le principe de la moindre action, il se range du côté de Maupertuis et s'oppose ainsi à König; il est à l'origine d'attaques souvent haineuses à l'endroit de ce dernier, ce qui fera dire à Condorcet dans son éloge qu'il a fallu « compter un grand homme parmi les ennemis d'un savant malheureux et persécuté ». C'est toutefois dans ce contexte qu'il publia des mémoires qui permirent de mieux comprendre la formalisation et l'application universelle du principe de la moindre action. Plusieurs de ses réflexions métaphysiques, épistémologiques et théologiques sont reprises et parachevées dans ses *Lettres à une princesse d'Allemagne* (1768-1772) qui demeurent l'introduction le plus accessible à ses théories scientifiques et philosophiques.

Mémoires d'Euler[1]

« Sur la nature des moindres parties de la matière », HAR 1745 [1746], p. 28-32.

« Réflexions sur l'espace et le temps », HAR 1748 [1750], p. 324-333.

« Recherches sur l'origine des forces », HAR 1750 [1752], p. 419-447.

« Essai d'une démonstration métaphysique du principe général de l'équilibre », HAR 1751 [1753], p. 246-254.

« Sur le principe de moindre action », HAR 1751 [1753], p. 199-218.

« Recherches sur la connaissance mécanique des corps », HAR 1756 [1758], p. 131-153.

Jean Henri Samuel Formey

Jean Henri Samuel Formey (1720-1797) est né et mort à Berlin. Il fit ses études au Collège français où il revint comme enseignant, d'abord de rhétorique (1737), puis de philosophie (1739). Cette nomination le poussa à renoncer à ses fonctions ecclésiastiques de pasteur, acquises en 1736, après qu'il eut rapidement parcouru les trois degrés prévus par l'Église protestante (proposant, candidat et ministre). Par la suite, il lui resta néanmoins un certain goût de la prédication. Esprit infatigable, il mena une existence longue et heureuse, rythmée par la jouissance de plaisirs modérés. Comme le rappelle Mérian, il y a peu de genres dans lesquels Formey ne se soit exercé et il s'avère difficile de parcourir son œuvre qui, seule, remplirait une bibliothèque entière. Il participa à la publication de différents périodiques savants, dont la *Bibliothèque germanique*, la *Bibliothèque critique*, la *Bibliothèque impartiale*, l'*Abeille du Parnasse* et les *Annales typographiques*, ce qui contribua à répandre son nom et à multiplier ses relations au sein de la République des Lettres. De nombreux ouvrages d'autres auteurs furent traduits par ses soins et accompagnés de préfaces et de remarques de sa main. En plus d'entreprendre un tel travail d'éditeur, il se démarqua par sa veine encyclopédique. À partir de 1742, il commença à travailler à un dictionnaire qui aurait pu concurrencer le projet de Diderot et d'Alembert, mais qui finit plutôt par confluer avec leur *Encyclopédie*, de sorte que « les papiers de Formey » contribuèrent grandement à en combler les lacunes et rattraper les retards. De son temps, il était considéré comme le « grand ressort » de l'Académie, en raison des postes-clés qu'il occupa en son sein : membre de la Classe de philosophie

1. Les mémoires mentionnés ne furent pas tous lus à la Classe de philosophie spéculative, mais comprennent des considérations métaphysiques qui justifient ici leur mention.

spéculative depuis le renouvellement de l'institution (1744), il devint l'historiographe de celle-ci en 1745 et son secrétaire perpétuel en 1748. En 1789, il succéda aussi à Béguelin en tant que directeur de la Classe de philosophie spéculative. Malgré la pluralité de ses intérêts et de ses charges, la philosophie demeura toujours sa discipline favorite. Quant à l'orientation doctrinale, il accordait sa préférence à la tradition leibnizienne et plus précisément à la pensée de Wolff, avec qui il entretint une relation personnelle en plus de tisser des liens avec les représentants majeurs de son parti. Sans être un prosélyte aveugle, il mit au service du wolffisme toutes ses qualités de vulgarisateur. Ainsi, son ouvrage sans doute le plus célèbre, la monumentale *Belle Wolffienne* (1741-1753), s'attacha à rendre pour la première fois accessible en français la pensée du philosophe allemand. En se lançant dans une telle entreprise, Formey voulait emboîter le pas de son homologue français, Fontenelle, modèle insurpassable qui constitua néanmoins pour lui une source d'inspiration durable, y compris par sa conception des éloges d'académiciens. Au nombre des tâches qu'il effectua en tant que secrétaire, on compte également la tenue de la correspondance, la responsabilité des discours aux séances publiques ainsi que la traduction et l'édition des mémoires. Ses propres mémoires abordent divers sujets mais se trouvent principalement liés à trois domaines : la psychologie (avec une attention particulière pour les phénomènes liés à l'imagination et une ouverture remarquable à l'esthétique), la morale (concernant des sujets classiques, tels que la conscience, la liberté, le bonheur, le devoir), la métaphysique et la théologie (comportant des réflexions sur les fondements de l'union psychophysique, les preuves de l'existence de Dieu et la vie après la mort).

Mémoires de Formey

« Essai sur les songes », HAR 1746 [1748], p. 317-334.

« Les preuves de l'existence de Dieu, ramenées aux notions communes », HAR 1747 [1749], p. 341-364.

« Examen de la preuve qu'on tire des fins de la nature, pour établir l'existence de Dieu », HAR 1747 [1749], p. 365-384.

« Réflexions sur la liberté », HAR 1748 [1750], p. 334-355.

« Examen de l'usure suivant les principes du droit naturel », HAR 1749 [1751], p. 401-415.

« De l'obligation de se procurer toutes les commodités de la vie, considérée comme un devoir de la morale », HAR 1750 [1752], p. 21-30.

« De la conscience », HAR 1751 [1753], p. 3-29.

« Examen philosophique de la liaison réelle qu'il y a entre les sciences et les mœurs », HAR 1753 [1755], p. 397-416.

« De l'étendue de l'imagination », HAR 1754 [1756], p. 365-382.

« Réflexions sur les allégories philosophiques », HAR 1755 [1757], p. 448-460.

« Discours sur le véritable principe de la grandeur d'âme », HAR 1756 [1758], p. 475-484.

« Réunion des principaux moyens employés pour découvrir l'origine du langage, des idées et des connaissances des hommes », HAR 1759 [1766], p. 367-377.

« Ébauche du système de la compensation », HAR 1759 [1766], p. 378-389.

« Analyse de la notion du goût », HAR 1760 [1767], p. 287-301.

« Réflexions sur les spectacles », HAR 1761 [1768], p. 424-438.

« Nouvelles considérations sur l'union des deux substances dans l'homme, ou sur le commerce de l'âme et du corps », HAR 1764 [1766], p. 364-373.

« Discours sur ces questions : Quel est le degré de certitude dont sont susceptibles les preuves tirées de la considération de cet univers pour démontrer l'existence d'une divinité ? Et quelle est la meilleure manière de faire usage de ces arguments a posteriori, pour établir cette importante vérité ? », HAR 1765 [1767], p. 435-449.

« Considérations sur ce qu'on peut regarder aujourd'hui comme le but principal des académies, et comme leur effet le plus avantageux », HAR 1767 [1769], p. 367-381.

« Considérations sur ce qu'on peut regarder aujourd'hui comme le but principal des académies, et comme leur effet le plus avantageux : second discours », HAR 1768 [1770], p. 357-366.

« Sur la culture de l'entendement », HAR 1769 [1771], p. 321-334.

« Considérations sur l'Encyclopédie, en tant que faisable, faite, ou à faire », NMAR 1770 [1772], p. 51-56.

« Discours sur la question : Pourquoi tant de personnes ont si peu de goût, ou même un si grand éloignement, pour tout ce qui demande l'exercice des facultés intellectuelles et une certaine contention d'esprit ? Et comment on pourrait rectifier leurs idées à cet égard ? », NMAR 1772 [1774], p. 375-386.

« Projet d'une Encyclopédie négative », NMAR 1773 [1775], p. 14-18.

« Essai sur les récréations », NMAR 1773 [1775], p. 315-324.

« Considérations sur un sommeil extraordinaire », NMAR 1774 [1776], p. 10-22.

« Les physionomies appréciées », NMAR 1775 [1777], p. 388-413.

« Examen de la question : Si toutes les vérités sont bonnes à dire ? », NMAR 1777 [1779], p. 333-354.

« Recherches sur les anciennes procédures contre les prétendus sorciers », NMAR 1778 [1780], p. 299-311.

« Essai sur la morale des auteurs », NMAR 1782 [1784], p. 363-403.

« Considérations philosophiques sur les *Tusculanes* : Introduction », NMAR 1783 [1785], p. 343-348.

« Considérations philosophiques sur les *Tusculanes* : Fin de l'introduction », NMAR 1783, [1785], p. 349-359.

« Considérations philosophiques sur les *Tusculanes* : Considérations sur la *1ère Tusculane*. De la Mort », NMAR 1784 [1786], p. 355-390.

« Sur la meilleure manière d'instruire les sourds et les muets. Rapport concernant la controverse entre M. l'Abbé de l'Épée, et M. le Libraire Nicolaï sur ce sujet », NMAR 1785 [1787], p. 47-52.

« Considérations philosophiques sur les *Tusculanes* : Considérations sur la *2e Tusculane*. De la Douleur », NMAR 1785 [1787], p. 221-262.

« Considérations philosophiques sur les *Tusculanes* : Considérations sur la *3e Tusculane*. Des Afflictions », NMAR 1786 [1788], p. 251-272.

« Sur le respect dû aux Souverains », NMAR 1786 [1788], p. 279-286.

« Traité de morale élémentaire (et son introduction) », MAR 1786-1787 [1792], p. 534-576.

« Sur les rapports entre le savoir, l'esprit, le génie et le goût », MAR 1788-1789 [1793], p. 371-393.

« Considérations sur le fanatisme », MAR 1792-1793 [1798], p. 7-14.

Johann Heinrich Lambert

Johann Heinrich Lambert (1728-1777) est né à Mulhouse, alors ville libre d'Empire, alliée depuis le XVIe siècle à la Confédération helvétique. Quittant l'école à douze ans, autodidacte, il occupe plusieurs emplois dans sa jeunesse, notamment celui de précepteur à Corin, époque pendant laquelle il parfait ses connaissances scientifiques. Tissant de plus en plus de liens avec la communauté savante, il publie des ouvrages remarqués (*Die freie Perspective*, 1759 ; *Photometria*, 1760 ; *Cosmologische Briefe*,

1761). Ses *Lettres cosmologiques* explicitent l'hypothèse de la nébuleuse, avancée au départ par Thomas Wright et Kant. Lambert est également reconnu pour être parvenu à d'importants résultats en mathématiques, entre autres en théorie de la perspective ainsi que sur les fonctions hyperboliques, pour sa preuve de l'irrationalité de π et pour des travaux préliminaires sur l'espace non euclidien. Il rejoint la toute nouvelle Académie des sciences de Bavière en 1759. En raison d'une réputation grandissante, Euler décide de l'inviter à Berlin; il est élu par l'assemblée de l'Académie en 1761, décision entérinée en 1765 par Frédéric II. Initialement, les rapports entre Lambert et le souverain de Prusse furent difficiles, ce qui explique en partie pourquoi son intégration officielle comme membre régulier prit un certain temps [1]. Durant la dernière décennie de sa carrière, la place de Lambert devient de plus en plus marquante et son activité se poursuit de façon soutenue, alors qu'il se tourne vers des sujets logiques et métaphysiques. Il publie deux ouvrages importants : d'une part, le *Neues Organon* (1764) qui constitue une contribution majeure à la méthodologie du XVIIIe siècle : il y défend la thèse d'une réduction analytique des connaissances à des concepts simples et propose une théorie des apparences qu'il nomme phénoménologie. C'est aussi à partir de cette date qu'il entretient une correspondance avec Kant et formule des objections à la *Dissertation inaugurale* de celui-ci. Il publie, d'autre part, l'*Anlage zur Architectonic* (1771) qui se veut le prolongement métaphysique et systématique du nouvel organon visant à répertorier les concepts et principes fondamentaux de toutes les sciences. Sa production à l'Académie de Berlin est importante, mais Lambert publie peu dans la Classe de philosophie spéculative. Les mémoires qu'il y présente permettent néanmoins d'apporter des compléments intéressants à ses ouvrages philosophiques. Il existe par ailleurs un manuscrit de réponse au concours de 1763 sur les évidences géométrique et métaphysique dans lequel Lambert opte pour une position originale par rapport à celles de Mendelssohn et de Kant.

Mémoires de Lambert

« Observations sur quelques dimensions du monde intellectuel », HAR 1763 [1770], p. 421-438.

« Discours de M. Lambert », HAR 1765 [1767], p. 506-514.

« Examen d'une espèce de superstition ramenée au calcul des probabilités », NMAR 1771 [1773], p. 411-420.

1. « Éloge de Lambert », NMAR 1778 [1780], p. 84.

« Essai de taxéométrie ou sur la mesure de l'ordre », NMAR 1770 [1772], p. 327-342.

« Second essai de taxéométrie ou sur la mesure de l'ordre », NMAR 1773 [1775], p. 347-368.

Pierre Louis Moreau de Maupertuis

Issu d'une famille malouine récemment anoblie, Pierre Louis Moreau de Maupertuis (1698-1759) se détourne tôt d'une carrière militaire pour se consacrer aux mathématiques, à la physique et à l'histoire naturelle. Il est nommé membre de l'Académie royale des sciences de Paris en 1723 et membre associé de la Royal Society de Londres en 1729. Partisan de la mécanique newtonienne, il tente de l'imposer en France contre ce qui subsiste alors de la physique héritée de Descartes. En astronomie, le débat fait rage sur la figure de la Terre selon l'une et l'autre théorie. Contre la thèse de Jacques Cassini, Maupertuis soutient, dans son *Discours sur les différentes figures des astres* (1732), l'avis de Huygens et de Newton, selon lesquels la Terre serait un sphéroïde aplati aux pôles. Cette question doit être tranchée empiriquement. Sous l'égide de l'Académie des sciences, deux expéditions sont organisées afin de mesurer respectivement la courbure des arcs de méridien près de l'Équateur et près du Pôle Nord. Maupertuis dirige l'expédition de Laponie en 1736-1737. Les mesures prises semblent confirmer la thèse newtonienne, dont Maupertuis se fait le propagandiste (voir *La Figure de la Terre*, 1738). Sans doute ne faut-il pas négliger le fait qu'à partir de 1729 Maupertuis s'est par ailleurs trouvé lié avec les Bernoulli de Bâle auprès desquels il s'est formé au calcul infinitésimal et a reçu certains éléments de l'héritage philosophique et scientifique de Leibniz. Il entretient aussi des relations suivies avec Émilie du Châtelet auprès de laquelle il introduit en 1739 son ami le physicien leibnizien Samuel König, autre disciple de Johann Ier Bernoulli. Celui-ci joua un rôle manifeste dans l'empreinte leibnizienne que présentent les *Institutions de physique* de la marquise. À l'instigation de Voltaire, Frédéric II, peu après son accession au trône en 1740, fait appel à Maupertuis pour assumer la présidence de l'Académie qu'il est en train de réformer. Après diverses péripéties occasionnées par la guerre que la Prusse livre à l'Autriche, Maupertuis rejoint Berlin en 1745 et est officiellement nommé à la présidence de l'Académie en 1746. Depuis 1740, Maupertuis élaborait une nouvelle théorie du mouvement et de l'équilibre des systèmes de plusieurs corps dont la pierre d'assise se trouva formulée en tant que principe de la moindre action dans un mémoire à l'Académie des sciences de Paris (1744). Il ajouta par la suite des composantes importantes à son œuvre scientifique en s'intéressant particulièrement aux principes de l'organisation, de la génération et de l'hérédité des êtres vivants dans divers essais dont les versions finales paraîtront sous les titres *Vénus physique* (1745) et *Système de la nature* (1754). En 1751, débuta la controverse relative à la priorité d'invention du principe de la moindre action qui se déchaîna à l'Académie après la publication d'une note par König dans les *Acta eruditorum* évoquant la priorité de Leibniz et une lettre présumée de ce dernier susceptible d'étayer ce point. L'Académie, travaillée par Euler et Frédéric II, prit le parti de Maupertuis contre König, soutenu par Voltaire et auteur d'un célèbre *Appel au public* [1]. Académicien berlinois, Maupertuis se voua à parfaire son œuvre philosophique : d'où la publication d'ouvrages tels que *Réflexions philosophiques sur l'origine des langues* (1748), *Essai de philosophie morale* (1749), *Essai de cosmologie* (1750), recueil de *Lettres* (1752), auxquels il convient d'ajouter deux éditions de ses *Œuvres* (1752, 1756). Dans les volumes annuels de l'Académie figurent des éloges, des discours, des réponses, et certaines pièces constituant des mémoires de philosophie spéculative.

Mémoires de Maupertuis

« Les lois du mouvement et du repos, déduites d'un principe de métaphysique », HAR 1746 [1748], p. 267-294.

« Réponse à un mémoire de M. d'Arcy inséré dans le volume de l'Académie royale des sciences de Paris pour l'année 1749 », HAR 1752 [1754], p. 293-298.

« Des devoirs de l'académicien », HAR 1753 [1755], p. 511-521.

« Dissertation sur les différents moyens dont les hommes se sont servis pour exprimer leurs idées », HAR 1754 [1756], p. 349-364.

« Examen de la preuve de l'existence de Dieu employée dans l'*Essai de cosmologie* », HAR 1756 [1758], p. 389-424.

Jean Bernard Mérian

Jean Bernard Mérian (1723-1807) est né à Liestal (Suisse). Il étudia la philologie et la philosophie à l'Université de Bâle où il obtint le doctorat à l'âge de dix-sept ans. À quatre reprises, il se présente à des concours pour occuper une chaire d'enseignement, mais toutes ces tentatives échouent. Il quitte alors Bâle pour Amsterdam afin d'occuper un poste d'instituteur.

1. S. König, *Appel au public du jugement de l'Académie royale de Berlin sur un fragment de lettre de Mr. de Leibnitz*, Leyde, Luzac, 1752.

Lié à Johann Bernoulli, il fait par son entremise la connaissance de Maupertuis qui lui propose de devenir membre de l'Académie de Berlin. Il rejoint la Classe de philosophie spéculative en 1750 et devient le directeur de la Classe des belles-lettres en 1771, poste qu'il occupera jusqu'en 1797. Lors de la controverse sur le principe de la moindre action, il prend avec ardeur le parti de Maupertuis et tente de disqualifier l'*Appel au public* de König. On peut certainement ranger Mérian du côté des opposants à Leibniz et à Wolff; il rejette en particulier le principe leibnizien des indiscernables dont il est question dans plusieurs de ses textes. Son approche est empiriste et éclectique, même s'il inscrit ses travaux au sein de la métaphysique et des réflexions spéculatives. Sa production philosophique est essentiellement composée de mémoires lus et publiés à l'Académie de Berlin. Ses premières contributions portent sur le problème de l'aperception et l'on peut à certains égards les mettre en rapport avec la position ultérieure que prendra Kant dans la *Critique de la raison pure*. Il est également resté célèbre pour une série de mémoires sur le problème de Molyneux. En 1797, il est nommé secrétaire perpétuel en remplacement de Formey qui décède la même année. Vers la fin de sa carrière, il s'intéresse à la pensée de Hume, dont il avait d'ailleurs traduit de nombreux textes en français, mais aussi à une comparaison entre les philosophies de Leibniz et de Kant, à l'une comme à l'autre desquelles il oppose une approche empiriste et éclectique. Ses mémoires jouirent d'une diffusion importante et plusieurs furent traduits en allemand par Michael Hissmann. Il est discuté dans la pensée française plus tardive, en particulier chez Maine de Biran et Victor Cousin.

Mémoires de Mérian

« Mémoire sur l'apperception de sa propre existence », HAR 1749 [1751], p. 416-441.

« Mémoire sur l'apperception considérée relativement aux idées, ou, sur l'existence des idées dans l'âme », HAR 1749 [1751], p. 442-477.

« Dissertation ontologique sur l'action, la puissance et la liberté : première et seconde dissertations », HAR 1750 [1752], p. 459-485 et p. 486-516.

« Réflexions philosophiques sur la ressemblance », HAR 1751 [1753], p. 30-56.

« Examen d'une question concernant la liberté », HAR 1753 [1755], p. 417-430.

« Sur le principe des indiscernables », HAR 1754 [1756], p. 383-398.

« Sur l'identité numérique », HAR 1755 [1757], p. 461-475.

« Parallèle de deux principes de psychologie », HAR 1757 [1759], p. 375-391.

« Sur le sens moral », HAR 1758 [1765], p. 390-413.

« Sur le désir », HAR 1760 [1767], p. 341-351.

« Sur la crainte de la mort. Sur le mépris de la mort. Sur le suicide », HAR 1763 [1770], p. 355-406.

« Discours sur la métaphysique », HAR 1765 [1767], p. 450-474.

« Sur la durée et sur l'intensité du plaisir et de la peine », HAR 1766 [1768], p. 381-400.

« Sur le problème de Molyneux », mémoire I, NMAR 1770 [1772], p. 258-267 ; mémoire II, NMAR 1771 [1773], p. 367-389 ; mémoire III, NMAR 1772 [1774], p. 414-428 ; mémoire IV, NMAR 1774 [1776], p. 439-452 ; mémoire V, NMAR 1775 [1777], p. 414-427 ; mémoire VI, NMAR 1777 [1779], p. 355-370 ; mémoire VII, NMAR 1779 [1781], p. 343-351 ; mémoire VIII, NMAR 1780 [1782], p. 399-413.

« Analyse de la dissertation sur l'origine du langage [par M. Herder] qui a remporté le prix en 1771 », NMAR 1781 [1783], 379-417.

« Sur l'universalité de la langue française. Précis de la dissertation allemande de Mr. Schwab, qui a partagé le Prix de 1784 », NMAR 1785 [1787], p. 371-399.

« Nicholas Béguelin : Réflexions sur les plaisirs et les peines de la vie, comparés à l'égard du nombre, des fréquents retours, et de la multitude des genres. Avec des observations de M. Mérian », MAR 1786/87 [1792], p. 481-490.

« Sur le phénoménisme de David Hume », MAR 1793 [1797], p. 417-437.

« Parallèle historique de nos deux philosophies nationales », MAR 1797 [1800], p. 53-96.

« Éloge de M. Formey », MAR, 1797 [1800], p. 49-82.

André Pierre Le Guay de Prémontval

André Pierre Le Guay de Prémontval (1716-1764), fils de bourgeois parisiens, était destiné à une carrière dans la magistrature ou au service de l'Église. Au sortir de l'adolescence, ses intérêts le portèrent plutôt vers la philosophie qu'il pratiqua sur le mode du pyrrhonisme à l'encontre des directives du père René-Joseph Tournemine dont il avait sollicité l'avis, et vers les mathématiques dont il donna des leçons publiques en vue d'assurer sa subsistance [1]. À compter de 1744, après avoir publié un premier ouvrage philosophique, *L'esprit de Fontenelle*, accompagné de sa future épouse, Marie Anne Victoire Pigeon d'Osangis, il s'exile en Suisse, puis en Allemagne et aux Pays-Bas, où il vit pour l'essentiel de travaux d'édition. Ainsi publie-t-il des *Mémoires* (1749), un texte de polémique, *Panagiana panurgica, ou le faux évangéliste* (1750), puis en 1751-1752, un traité sur *La monogamie* dans lequel il dénonce les arguments historiques et philosophiques favorables à la polygamie. En 1746, séjournant alors à Bâle, il s'était converti au protestantisme et avait régularisé sa situation conjugale. En 1749, le couple s'établit à La Haye. C'est alors que les relations de son épouse se mobilisent en faveur du couple. Samuel König intervient en faveur de l'homme de lettres auprès de Maupertuis, président de l'Académie de Berlin et, alors que Marie Anne Pigeon devient lectrice de la princesse Wilhelmine de Hesse-Kassel, Prémontval est nommé à l'Académie en 1752. Cette nomination ne rencontra pas la faveur des Wolffiens qui tendirent à lui « attacher ce ridicule de [s]'être érigé tout à coup en Spéculatif, et en Métaphysicien, sans y avoir jamais pensé » [2]. Prémontval n'aura alors de cesse de guerroyer contre la métaphysique de Wolff et contre la théodicée leibnizienne. Sa stratégie consistait à dénoncer le caractère circulaire des définitions et la nature aporétique des démonstrations sur lesquelles reposaient ce qu'il percevait comme des dogmes métaphysiques. Il s'en prit même aux arguments finalistes concernant le principe ordonnateur de l'univers, articulés au principe de la moindre action, que Maupertuis avait développés dans l'*Essai de cosmologie*. Le secrétaire perpétuel de l'Académie, Formey, fut tout particulièrement la cible de ses mises en cause frénétiques. Il lut ainsi plusieurs mémoires aux séances de l'Académie, que l'on décida de ne pas publier. Il en fit alors l'objet d'une série de publications indépendantes : *Le Diogène de d'Alembert ou Diogène décent. Pensées libres sur l'homme et sur les principaux objets de la connaissance de l'homme* (1754) ; *De Dieu et de la religion. Suite du Diogène décent* (1754) ; *Pensées sur la liberté tirées d'un ouvrage qui a pour titre : protestations et déclarations philosophiques sur les principaux objets des connaissances humaines* (1754) ; *Du hasard sous l'empire de la providence* (1755). À ces ouvrages firent suite les *Vues philosophiques ou Protestations et déclarations sur les principaux objets des connaissances humaines* (1761). En marge des exposés de sa philosophie, Prémontval se

1. Sur A. P. Le Guay de Prémontval et sa philosophie, on peut consulter L. Strickland, *The Philosophical Writings of Prémontval*, Lanham, Lexington Books, 2018.

2. A. P. Le Guay de Prémontval, *Vues philosophiques ou protestation et déclarations*, 2e éd., Berlin, Chez Joachim Pauli, 1761, I, p. 276.

mit à contester les usages faits du français comme langue savante en Allemagne, y compris par ses collègues de l'Académie : parurent à cette fin les deux volumes de son *Préservatif contre la corruption de la langue française* (1759 et 1764). Malgré ses outrances provocatrices, huit mémoires de Prémontval figurent dans les volumes annuels de l'Académie. Outre la mise en cause de notions primordiales de l'ontologie et de principes métaphysiques postulés par Wolff, raison suffisante et continuité, on y trouve l'exposé d'une conception originale du rapport entre infini réel et infini mathématique, les arguments de base d'une conception analogique du lien entre Dieu et les autres êtres de la nature, et une théorie du rapport de l'âme et du corps, appelée « psychocratie », laquelle présume l'action réelle des monades sur leurs corps.

Mémoires de Prémontval

« Deux pièces en forme d'essais, concernant, l'une le principe de la raison suffisante et l'autre la loi de continuité », HAR 1754 [1756], p. 418-439.

« Remarque sur cette définition de M. Wolff du mot *aliquid*; *aliquid est cui aliqua notio respondet*. § 54 de l'Ontologie, p. 41 », HAR 1754 [1756], p. 440-443.

« La théologie de l'être, ou chaîne d'idées de l'être jusqu'à Dieu », HAR 1755 [1757], p. 476-504.

« La théologie de l'être, ou chaîne d'idées de l'être jusqu'à Dieu [suite et fin] », HAR 1757 [1759], p. 405-430.

« De la notion de l'Infini : discours mêlé de réflexions, amenées par le sujet même, sur les cas où l'usage des définitions se trouve en défaut, et sur un alphabet des pensées humaines seul capable d'y suppléer », HAR 1758 [1765], p. 443-460.

« De la Psychocratie; ou de l'empire et du gouvernement de l'âme sur la multitude des êtres, simples comme elle, mais d'une nature inférieure à la sienne, dont le corps est composé. Quatrième Hypothèse sur l'union de l'Âme et du Corps », HAR 1764 [1766], p. 374-414.

« Suite de la Psychocratie; ou de l'empire et du gouvernement de l'âme sur la multitude des êtres, simples comme elle, mais d'une nature inférieure à la sienne, dont le corps est composé. Quatrième Hypothèse sur l'union de l'Âme et du Corps », HAR 1761 [1768], p. 341-370.

« Fin de la Psychocratie », HAR 1761 [1768], p. 371-420.

Johann Georg Sulzer

Johann Georg Sulzer (1720-1779), né à Winterthour (Suisse), mort à Berlin, compte parmi les académiciens philosophes berlinois les plus marquants. Après des études de théologie et de philosophie à Zurich, au cours desquelles il subit l'influence de Johann Jakob Bodmer, il exerça des fonctions de précepteur à Maschwanden et à Magdebourg, puis de professeur de mathématiques au Collège Joachim de Berlin. Il entre à l'Académie des sciences et des belles-lettres en 1750 et il y dirigera la Classe de philosophie spéculative à compter de 1776. Ses travaux et ses publications s'orientent vers la psychologie philosophique, l'esthétique et l'éthique. Ainsi, les mémoires qu'il a consacrés à la typologie des sentiments agréables et désagréables, au concept de génie et à l'énergie manifestée dans les productions de l'art, traduisent des vues profondes et originales, en modulation des doctrines de la connaissance, propres à la philosophie des Lumières. Il est aussi connu pour avoir traduit, en 1755, les *Enquiries on Human Understanding* de Hume en allemand et pour avoir assuré un lien étroit entre les philosophes de l'Académie et des représentants majeurs de l'*Aufklärung* philosophique, tels que Lessing, Nicolai et Mendelssohn. Il publie, en 1771 et 1774, les deux tomes d'une *Allgemeine Theorie der schönen Künste* (*Theorie générale des beaux-arts*), composée comme une encyclopédie : cet ouvrage fera l'objet de multiples appropriations et critiques – en particulier parmi ces dernières, celles de Herder et de Goethe – en relation au développement des esthétiques préromantiques allemandes. Les contributions de Sulzer à la philosophie de l'art se signalent par leur importance, leur qualité et l'influence qu'elles ont exercée auprès des contemporains et de la postérité [1].

Mémoires de Sulzer

« Recherches sur l'origine des sentiments agréables et désagréables », mémoire I : « Théorie générale du plaisir », HAR 1751 [1753], p. 57-75 ; mémoire II : « Théorie des plaisirs intellectuels », HAR 1751 [1753] p. 76-100 ; mémoire III : « Des plaisirs des sens », HAR 1752 [1754], p. 350-372 ; mémoire IV : « Des plaisirs moraux », HAR 1752 [1754], p. 373-390.

1. L'édition savante des œuvres complètes de Sulzer est en cours de réalisation sous la direction d'Élisabeth Décultot et de Hans Adler. Voir https://www.izea.uni-halle.de/en/research/d-critical-editions/edition-of-the-collected-writings-of-johann-georg-sulzer.html.

« Essai sur le bonheur des êtres intelligents », HAR 1754 [1756], p. 399-417.

« Recherche sur un principe fixe, qui serve à distinguer les devoirs de la morale de ceux du droit naturel », HAR 1756 [1758], p. 450-456.

« Analyse du génie », HAR 1757 [1759], p. 392-404.

« Analyse de la raison », HAR 1758 [1765], p. 414-442.

« Explication d'un paradoxe psychologique : Que non seulement l'homme agit et juge quelquefois sans motifs et sans raisons apparentes, mais même malgré des motifs pressants et des raisons convaincantes », HAR 1759 [1766], p. 433-450.

« Réflexions philosophiques sur l'utilité de la poésie dramatique », HAR 1760 [1767], p. 326-340.

« Observations sur les divers états où l'âme se trouve en exerçant ses facultés primitives, celle d'apercevoir et celle de sentir », HAR 1763 [1770], p. 407-420.

« Sur l'apperception, et son influence sur nos jugements », HAR, 1764 [1766].

« De l'énergie dans les ouvrages des beaux-arts », HAR 1765 [1767], p. 475-492.

« Observations sur l'influence réciproque de la raison sur le langage et du langage sur la raison », HAR 1767 [1769], p. 413-438.

« Considérations psychologiques sur l'homme moral », HAR 1769 [1771], p. 361-380.

« Développement de la notion de l'être éternel », NMAR 1770 [1772], p. 268-276.

« Observations sur quelques propriétés de l'âme comparées à celles de la matière : pour servir à l'examen du matérialisme », NMAR 1771 [1773], p. 390-410.

« Sur l'immortalité de l'âme, considérée physiquement », mémoires I et II, NMAR, 1775 [1777], p. 359-387 ; mémoire III, NMAR, 1776 [1779], p. 349-359 ; mémoires IV et V, NMAR, 1777 [1779], p. 313-330.

QUESTIONS PHILOSOPHIQUES MISES AU CONCOURS PAR L'ACADÉMIE [1]

1746. On demande, qu'en commençant par exposer d'une manière exacte et nette la doctrine des Monades, on examine si d'un côté elles peuvent être solidement réfutées et détruites par des arguments sans réplique ; ou si de l'autre on est en état, après avoir prouvé les Monades, d'en déduire une explication intelligible des principaux phénomènes de l'Univers, et en particulier de l'origine et du mouvement des corps.

1751. Les Événements de la bonne et de la mauvaise fortune dépendant uniquement de la volonté, ou du moins de la permission de Dieu, on demande, si ces événements obligent les hommes à la pratique de certains devoirs, et quelle est la nature et l'étendue de ces devoirs ?

1755. On demande l'examen du Système de Pope, contenu dans la proposition : Tout est bien. Il s'agit : 1. De déterminer le vrai sens de cette proposition, conformément à l'hypothèse de son auteur. 2. De la comparer avec le Système de l'Optimisme, ou du choix du meilleur, pour en marquer exactement les rapports et les différences. 3. Enfin d'alléguer les raisons qu'on croira les plus propres à établir ou à détruire ce Système.

1758. On demande si la vérité des principes de la Statique et de la Mécanique est nécessaire ou contingente [2].

1759. Quelle est l'influence réciproque des opinions du peuple sur le langage et du langage sur les opinions. Après avoir rendu sensible, comment un tour d'esprit produit une Langue, laquelle Langue donne ensuite à l'esprit un tour plus ou moins favorable aux idées vraies, on pourrait rechercher les moyens les plus praticables de remédier aux inconvénients des Langues.

1763. On demande, si les vérités métaphysiques en général et en particulier les Premiers principes de la Théologie naturelle et de la Morale sont susceptibles de la même évidence que les vérités mathématiques, et au cas

1. D'après le relevé fait par Adolf Harnack jusqu'au décès de Frédéric II, *Geschichte der Königlich Preussischen Akademie der Wissenschaften zu Berlin*, Berlin, Reichsdruckerei, 1900, II, p. 305-310. Nous y avons ajouté les concours dont les volumes annuels MAR font état jusqu'en 1804.

2. Ce concours, annoncé pour 1756, prolongé à 1758, fut par la suite abandonné : voir NMAR 1770 [1772], p. 25 : « Ce Prix différé jusqu'en 1760, n'a pas été donné ». A. Charrak, *Contingence et nécessité des lois de la nature au XVIII*^e^ *siècle*, Paris, Vrin, 2006, p. 121-136, analyse le contenu de certains des mémoires qui furent soumis.

qu'elles n'en soient pas susceptibles, quelle est la nature de leur certitude, à quel degré elle peut parvenir, et si ce degré suffit pour la conviction.

1768. Si l'on peut détruire les penchants qui viennent de la Nature, ou en faire naître qu'elle n'ait pas produits? Et quels sont les moyens de fortifier les penchants lorsqu'ils sont bons, ou de les affaiblir lorsqu'ils sont mauvais, supposé qu'ils soient invincibles?

1768. L'Éloge de Leibniz.

1771. En supposant les hommes abandonnés à leurs facultés naturelles, sont-ils en état d'inventer le langage? Et par quels moyens parviendront-ils d'eux-mêmes à cette invention? On demanderait une hypothèse qui expliquât la chose clairement, et qui satisfît à toutes les difficultés.

1775. Quelles sont les causes de la décadence du goût chez les différents peuples?

1776. Examen des deux facultés primitives de l'âme, celle de connaître et celle de sentir.

1779. Dans toute la nature on observe des effets; il y a donc des forces. Mais ces forces, pour agir, doivent être déterminées, cela suppose qu'il y a quelque chose de réel et de durable, susceptible d'être déterminé, et c'est ce réel et durable qu'on nomme force primitive et substantielle. En conséquence l'Académie demande: Quelle est la notion distincte de cette force primitive et substantielle qui, lorsqu'elle est déterminée, produit l'effet? Ou en autres termes: quel est le *Fundamentum virium*? Or, pour concevoir comment cette force peut être déterminée, il faut ou prouver qu'une substance agit sur l'autre, ou démontrer que les forces primitives se déterminent elles-mêmes.

1780. Quelle a été l'influence du Gouvernement sur les Lettres chez les nations où elles ont fleuri? Et quelle a été l'influence des Lettres sur le Gouvernement?

1780. Est-il utile au Peuple d'être trompé, soit qu'on l'induise dans de nouvelles erreurs, ou qu'on l'entretienne dans celles où il est?

1784. Qu'est-ce qui a fait de la langue française la langue universelle de l'Europe? Par où mérite-t-elle cette prérogative? Peut-on présumer qu'elle la conserve?

1785. Quelle est la meilleure manière de rappeler à la raison les nations, tant sauvages que policées, qui sont livrées à l'erreur et aux superstitions de tout genre?

1786. Une théorie claire et précise de ce qu'on appelle «Infini» en Mathématique.

1787. Quels sont dans l'état de nature les fondements et les bornes de l'autorité des parents sur les enfants? Y a-t-il de la différence entre les droits du père et ceux de la mère? Jusqu'à quel point les lois peuvent-elles étendre ou limiter cette autorité?

1796. On demande : Quels sont les progrès réels de la Métaphysique en Allemagne depuis le temps de Leibniz et de Wolff?

1801. Démontrer d'une manière incontestable l'origine de toutes nos connaissances, soit en présentant des arguments non employés encore, soit en présentant des arguments déjà employés, mais en les présentant avec une clarté nouvelle et une force victorieuse de toute objection [1].

1803. L'appréciation morale de l'action peut-elle entrer en considération, quand il s'agit d'établir et d'appliquer une loi pénale? Et, si elle y entre, jusqu'à quel point peut-elle y entrer?

1805. Déterminer avec précision la nature de l'Analyse, et de la méthode analytique, en philosophie; rechercher, s'il est des moyens d'en assurer et d'en faciliter l'usage; et détailler ces moyens, s'il y en a.

F. DUCHESNEAU, D. DUMOUCHEL,
A. FERRARO et C. LEDUC

1. L'énoncé de ce sujet proposé est précédé de l'attendu suivant: MAR 1798 [1801], p. 12 : «L'importante question de l'*origine de nos connaissances*, agitée de tout temps, a été discutée de nos jours plus vivement que jamais. Elle est certainement d'un grand intérêt, et il serait à souhaiter que les preuves pour et contre fussent portées à un degré de perfection et d'évidence qui pût mettre les philosophes en état de prendre un parti décidé sur cet objet, sans tomber dans un syncrétisme, qui en substituant l'indifférence à l'intérêt, demeurerait infructueux pour les progrès de la philosophie. L'Académie n'entre point dans les idées de ceux qui regardent comme démontré avec l'évidence mathématique, qu'une partie de nos connaissances prend son origine uniquement dans la nature même de notre entendement; elle est persuadée, au contraire, qu'on a fait contre cette opinion des objections essentielles, jusqu'à présent demeurées sans réponses satisfaisantes, tout comme elle est persuadée qu'il y a des preuves très fortes en faveur de l'opinion qui déduit toutes nos connaissances de l'expérience, quoique, peut-être, ces preuves n'aient pas encore été mises dans leur vrai jour».

PREMIÈRE PARTIE

ACADÉMIE, SCIENCES ET PHILOSOPHIE

DES DEVOIRS DE L'ACADÉMICIEN [1]

PRÉSENTATION

Le présent discours a un statut différent des mémoires, discours de réception et éloges habituellement publiés par l'Académie. D'une part, il s'agit d'une pièce qui porte sur l'ensemble de l'institution et ne saurait donc être considérée comme appartenant à l'une ou l'autre des classes. Maupertuis propose ses réflexions, en tant que président, sur le renouvellement de l'institution, en particulier sur la récente division des classes et la création de la Classe de philosophie spéculative, mais aussi sur sa conception de la recherche académique de manière globale. D'autre part, il s'agit d'un des premiers textes à proposer ce genre de réflexions. Plusieurs volumes de la même période sont certes accompagnés de courtes introductions historiques, rédigées par Formey [2] – à la manière des présentations produites par Fontenelle dans les volumes de l'Académie des sciences de Paris –, et qui comprennent parfois de tels propos. Toutefois, Maupertuis vise en l'occurrence à donner une vision d'ensemble de l'Académie et à proposer sa compréhension de la recherche menée dans l'institution qu'il préside. D'autres académiciens voudront par la suite imiter ce geste en s'exprimant sur les avantages et l'utilité des académies, en

1. Ce discours fut lu dans l'Assemblée publique du 18 juin 1750 et il a déjà été imprimé dans le Volume intitulé, *Histoire de l'Académie depuis son origine*. Mais sa place naturelle est dans les *Mémoires*; et le Volume de l'année à laquelle il appartient l'aurait fourni, sans une maladie considérable que M. *de Maupertuis* eut dans ce temps-là, et qui fit perdre de vue cet objet. C'est pour suppléer à cette omission que nous le plaçons ici, comme un des morceaux les plus intéressants que l'Académie puisse conserver [note originale]. HAR 1753 [1755], p. 511-521.

2. Formey a également rédigé une préface pour le premier volume de la nouvelle série de mémoires, laquelle comprend des considérations similaires à celles qu'on trouve dans le présent mémoire de Maupertuis : HAR 1745 [1746], p. I-XI.

particulier, évidemment, de celle de Berlin [1]. Il s'agit ainsi d'un écrit programmatique qui rappelle plusieurs éléments contenus dans les règlements de l'Académie, mais qui fournit aussi quelques suggestions aux académiciens pour la conduite de leurs futurs travaux.

En même temps, bien que Maupertuis intervienne en tant que président de l'Académie et ait manifestement pour intention de s'exprimer au nom de l'institution, on constate rapidement qu'il s'est ici inspiré de son propre parcours scientifique et intellectuel. Les sujets et exemples qu'il aborde sont ceux sur lesquels il travaille à l'époque ou a travaillé antérieurement lorsqu'il était à l'Académie des sciences de Paris de 1732 à 1744. Trois exemples sont assez manifestes : le premier concerne les considérations au sujet de l'application de la géométrie à la mesure des phénomènes de la nature. Il est notamment question des lois de la réflexion et de la réfraction auxquelles Maupertuis s'est intéressé, recherche qui a notamment conduit à la formulation du principe de la moindre action [2]. Ses travaux sur la figure de la Terre, qui l'ont rendu célèbre au sein de la communauté européenne des savants, sont également mentionnés et viennent appuyer l'idée selon laquelle les mathématiques servent à l'explication des phénomènes. On sait que Maupertuis n'a jamais publié de mémoires de mathématique pure, contrairement à Euler et d'Alembert, de sorte que sa conception de la géométrie et de l'arithmétique est pour l'essentiel appliquée.

Le deuxième exemple se rapporte à la caractérisation de la philosophie spéculative. La définition qu'il donne de la métaphysique est assez commune – on la trouve notamment chez Descartes [3] – et stipule qu'elle a pour objet les êtres spirituels, Dieu et les esprits, ainsi que les corps en tant qu'ils se rapportent aux perceptions que nous en avons. Mais l'insistance qu'il met sur la centralité de l'Être suprême fait sans conteste penser à l'*Essai de cosmologie* qui paraît en 1750, l'année même où le discours est prononcé. Il s'agit pour l'essentiel de montrer que le principe de la moindre action suppose une cause finale qu'on doit nécessairement trouver en Dieu. Maupertuis répondra à certaines objections dans l'*Examen philosophique de la preuve de l'existence de Dieu* que nous publions dans le présent volume. Il est cependant indéniable qu'il a voulu saisir l'occasion du

1. En particulier, les *Considérations sur le but principal des académies* de Formey, en deux mémoires (HAR 1767 [1769], p. 367-381 et HAR 1768 [1770] p. 357-366), le deuxième étant publié dans le présent volume.

2. P. L. Moreau de Maupertuis, « Accord de différentes lois de la nature qui avaient jusqu'ici paru incompatibles », *Histoire de l'Académie royale des sciences* [*de Paris*], 1744 [1748], mémoires, p. 417-426, reproduit : O IV, p. 16-17.

3. Descartes, *Principes*, « Préface », AT IX-2, p. 14.

discours sur les devoirs de l'académicien pour définir la philosophie spéculative et la métaphysique selon ses propres conceptions.

Les considérations sur les langues et la langue universelle renvoient finalement aussi à des publications qui sont assez contemporaines, soit les *Réflexions philosophiques sur l'origine des langues et la signification des mots* [1] et la *Dissertation sur les différents moyens dont les hommes se sont servis pour exprimer leurs idées* [2]. Ce dernier écrit est particulièrement pertinent pour comprendre les quelques allusions faites par Maupertuis au projet de langue universelle. On remarque qu'il n'y est pas défavorable, sachant que plusieurs langages formels existent déjà, par exemple en mathématiques, mais que plusieurs raisons le poussent à émettre d'importantes réserves quant à sa mise en pratique. Dans tous les cas, l'héritage leibnizien est clairement affirmé par Maupertuis qui voudra par ailleurs étendre la mathématisation aux phénomènes de l'esprit dans son *Essai de philosophie morale* (1749) [3].

En ce qui concerne la philosophie spéculative, il semble que les conseils de Maupertuis aient été mis en pratique par plusieurs académiciens dans les années qui suivirent. En effet, plusieurs mémoires s'intéresseront aux objets indiqués par Maupertuis, principalement Dieu, l'esprit et ses facultés ainsi que les corps, considérés dans leur rapport à notre faculté de les percevoir et de les connaître. D'ailleurs, la circonspection qu'on devrait conserver dans l'étude des esprits a également été suivie de façon générale par les académiciens. La plupart des mémoires de psychologie se basent sur les données de l'expérience et renoncent très souvent à répondre à des questionnements trop dogmatiques concernant l'âme, son immortalité ou son rapport réglé aux mouvements du corps. Le mémoire de Maupertuis constitue dès lors une pièce essentielle pour comprendre la manière dont la philosophie et la science étaient conçues et pratiquées à l'Académie dans les années qui en suivirent la parution.

Christian LEDUC

1. P. L. Moreau de Maupertuis, O I, p. 253-309.
2. P. L. Moreau de Maupertuis, HAR 1754 [1756], p. 349-364.
3. P. L. Moreau de Maupertuis, O I, p. 171-252.

MAUPERTUIS

DES DEVOIRS DE L'ACADÉMICIEN

Messieurs. Lorsque j'entreprends ici de parler des Devoirs de l'Académicien, je n'aurais qu'à dire ce que vous faites, pour avoir presque dit ce que vous devez faire : et j'aurais pu donner cette forme à mon Discours, si je n'avais eu à craindre un air d'ostentation qu'on aurait pu me reprocher, malgré le peu de part que j'ai à votre gloire et à vos travaux. Je parlerai donc ici des Devoirs de l'Académicien en général : si vous y trouvez votre Éloge, ceux qui ne sont pas de ce Corps y trouveront ce qui peut les rendre dignes d'en être.

Mais avant de parler de Devoirs à des hommes libres, tels que sont les Citoyens de la République des Lettres; quelle est donc la Loi qui les peut obliger? Pourquoi le Philosophe renoncera-t-il à cette liberté à laquelle il semble qu'il ait tout sacrifié pour s'assujettir à des Devoirs? Pour se fixer à
512 des occupations réglées et d'un certain | genre? Il faut sans doute qu'il y trouve quelque avantage; et cet avantage quel est-il?

C'est celui que les hommes retirent de toutes les Sociétés : c'est le secours mutuel que se prêtent tous ceux qui en sont les membres [1]. Chaque société possède un bien commun, où chaque particulier puise beaucoup plus qu'il ne contribue.

Qu'un homme qui s'applique aux Sciences, veuille se suffire à lui-même; qu'il ne veuille emprunter d'aucun autre les connaissances dont il a besoin; quand même je supposerai qu'il ait tout le Génie possible; avec

1. Argument qu'on retrouve chez Locke (*Two Treatises of Government*, II, § 88, ed. P. Laslett, Cambrige, CUP, 1988, p. 324-325; *Lettre sur la tolérance*, éd. par R. Klibansky, Paris, P.U.F., 1965, p. 73), mais aussi, à l'époque de Maupertuis, dans l'article « Devoir » de l'*Encyclopédie* : Enc. IV (1754), p. 917.

quelle peine, avec quelle lenteur, ne fera-t-il pas ses progrès ! Quel temps ne perdra-t-il pas à découvrir des vérités qu'il aurait connues tout d'abord, s'il eût profité du secours d'autrui ? Il aura épuisé ses forces avant que d'être arrivé au point d'où il eût pu partir. Combien celui qui, aidé des lumières de ceux qui l'ont devancé et de celles de ses Contemporains, réserve toute sa vigueur pour les seules difficultés qu'ils n'ont pas résolues, combien celui-là n'est-il pas plus en état de les résoudre ?

Tous ces secours qu'on trouve dispersés dans les ouvrages et dans le commerce des Savants, l'Académicien les trouve rassemblés dans une Académie ; il en profite sans peine dans la douceur de la Société ; et il a le plaisir de les devoir à des Confrères et à des Amis [1]. Ajoutons-y ce qui est plus important encore; il acquiert dans nos assemblées cet Esprit académique [2], cette espèce de sentiment du vrai, qui le lui fait découvrir partout où il est, et l'empêche de le chercher là où il n'est pas. Combien différents Auteurs ont hasardé de systèmes dont la discussion académique leur aurait fait connaître le faux ! Combien de chimères qu'ils n'auraient osé produire dans une Académie !

Je ne vous ai cité ici, MM. que les avantages immédiats que chaque académicien trouve dans son Association à une Académie : c'était par ceux-là que je devais commencer en parlant à des Philosophes. Il y en a d'autres, qui, s'ils ne sont pas des moyens directs, doivent être | de puissants motifs **513**
pour exciter les gens de Lettres : c'est la Protection dont les Souverains honorent les Académies, et les grâces qu'ils répandent sur ceux qui s'y distinguent. Ici la nôtre a un avantage qu'aucune autre ne peut lui disputer. Je ne parle point de la magnificence avec laquelle le Roi récompense vos travaux, ni du superbe Palais qu'il vous destine : il emploie des moyens plus sûrs pour la gloire de son Académie. Ces Ouvrages que nous avons si

1. L'idée selon laquelle la recherche scientifique est laborieuse et même stérile quand elle est menée de façon isolée, mais beaucoup plus féconde et efficace lorsqu'elle se fait dans une académie, n'est pas nouvelle et se trouve notamment chez Fontenelle : « Préface sur l'utilité des mathématiques et de la physique », *Histoire de l'Académie royale des sciences*, année 1699, Paris, Martin *et al.*, 1732 (3e éd.), p. XIX.

2. L'esprit académique est une expression qu'on retrouvera dans plusieurs mémoires et discours ultérieurs qui visent à caractériser le travail scientifique collectif. Il s'oppose par ailleurs à l'esprit de système que Condillac avait désormais remis en question (*Traité des systèmes* [1749], OP I, p. 119-217) et que Maupertuis évoque dans sa *Lettre VII. Sur les systèmes*, O II, p. 257-264.

souvent admirés dans des jours tels que celui-ci, seront des Monuments éternels de l'estime qu'il a pour elle, et du cas qu'il fait de ses occupations [1].

Voilà, MM. les avantages que chaque Académicien retire du corps dont il fait partie: voilà les motifs qui le doivent exciter dans la carrière des Sciences: et combien puissamment ne doivent pas agir sur vous tant de motifs réunis! Les Devoirs mêmes que l'Académie vous impose sont-ils autre chose que ce que l'Amour seul des Sciences vous ferait faire? Trouveriez-vous trop de contraintes dans l'Académie de l'Europe la plus libre?

Tous les Phénomènes de la Nature, toutes les Sciences Mathématiques, tous les genres de Littérature, sont soumis à vos recherches: et dès là cette Compagnie embrasse un champ plus vaste que la plupart des autres Académies [2]: mais il est certains Sanctuaires dans lesquels il n'est permis à aucune de pénétrer: votre Fondateur même, tout sublime et tout profond qu'il était, tout exercé qu'il était dans ces routes, n'osa y conduire ses premiers disciples. Les Législateurs de toutes les Académies, en leur livrant la Nature entière des Corps, leur ont interdit celle des Esprits, et la spéculation des premières causes: un Monarque qui a daigné dicter nos lois; un Esprit plus vaste, plus sûr peut-être aussi de votre prudence, n'a rien voulu vous interdire.

Quant à notre Discipline Académique, il n'y a aucune Académie dans l'Europe dont les Règlements exigent si peu. Car il ne serait pas juste de
514 faire entrer dans cette comparaison des Sociétés sur lesquelles | ni l'œil ni les bienfaits du Souverain n'ont jamais aucune influence.

Notre académie embrasse dans quatre Départements toutes les Sciences. Chaque Classe concourt avec égalité au progrès de chacune: cependant la diversité de leurs objets admet la diversité dans la manière de les traiter.

La première de nos Classes, celle de la *Philosophie Expérimentale*, comprend toute l'histoire naturelle, toutes les connaissances pour lesquelles on a besoin des yeux, des mains, et de tous les sens. Elle considère les corps de l'Univers revêtus de toutes leurs propriétés sensibles; elle compare ces propriétés, elle les lie ensemble, et les déduit les unes des autres. Cette science est toute fondée sur l'Expérience. Sans elle le raisonnement toujours exposé à porter à faux se perd en systèmes qu'elle dément. Cependant l'Expérience a besoin aussi du raisonnement; il épargne au

1. Frédéric II participe effectivement aux travaux de l'Académie de Berlin, en plus de s'être activement investi dans son renouvellement. Prenons-en pour preuve l'ode qu'il publie à ce sujet: « Le renouvellement de l'Académie des sciences » HAR 1747 [1749], p. 5-8.

2. L'étude des belles-lettres et de la philosophie spéculative ne fait pas partie des domaines couverts par les autres académies scientifiques de l'époque. À ce sujet, voir l'introduction à ce volume.

Physicien le temps et la peine; il lui fait saisir tout à coup certains rapports qui le dispensent de plusieurs opérations inutiles; et lui permet de tourner toute son application vers les phénomènes décisifs [1].

Que le Physicien s'applique donc à examiner soigneusement les Expériences faites par les autres : qu'il n'ait pas plus d'indulgence pour les siennes propres : qu'il n'en tire que des conséquences légitimes : et surtout, qu'également éloigné de l'ostentation qui fait produire le Merveilleux, et du Mystère qui tient caché l'Utile, il les expose à ses Confrères avec toutes leurs circonstances.

Nous voyons plus d'un Académicien que je pourrais citer ici pour modèle; qui connaissent également l'art de faire les Expériences les plus délicates, et celui d'en tirer les conséquences les plus ingénieuses : qui malgré les plus grandes occupations, et les occupations les plus utiles de la Cour et de la Ville, trouvent des heures pour nous donner d'excellents ouvrages, et sont les premiers et les plus assidus dans nos Assemblées [2].

| Notre Classe de *Mathématique* est la seconde. La première considérait **515**
les corps revêtus de toutes leurs propriétés sensibles : celle-ci les dépouille de la plupart de ces propriétés pour faire un exemple plus sévère et plus sûr de celles qui y restent. Les corps ainsi dépouillés ne présentent plus au Géomètre que de l'Étendue et des Nombres : et ceux que des distances immenses mettent hors de la portée de plusieurs de ses sens, n'en paraissent que plus soumis à ses spéculations et à ses calculs [3].

La Géométrie, qui doit son origine à son utilité, et que les premiers Géomètres appliquèrent avec tant de succès aux besoins de la vie, ne fut ensuite pendant plusieurs siècles qu'une spéculation stérile, et une espèce de jeu d'esprit. Trop bornée à ses abstractions elle se contentait d'exercer son art sur des bagatelles difficiles, et n'osa le porter jusqu'aux phénomènes de la Nature [4]. L'heureuse révolution qui s'est faite presque de nos

1. Dans l'*Examen philosophique*, Maupertuis analyse le travail que l'esprit effectue sur les sensations afin de produire des idées : HAR 1756 [1758], p. 393-394.

2. Au sein de l'historiographie, la Classe de philosophie expérimentale n'est pas la mieux documentée par comparaison, notamment, avec la Classe de mathématique. Au milieu du XVIIIe siècle, les académiciens les plus notables de cette classe sont le médecin Johann Theodor Eller (1689-1760), les chimistes Andreas Sigismund Marggraf (1709-1782) et Johann Heinrich Pott (1692-1777) et le botaniste Johann Gottlieb Gleditsch (1714-1786). Béguelin et Lambert se joignent également à cette classe, mais seront actifs plus tardivement.

3. Dans l'*Examen philosophique*, Maupertuis propose le critère de réplicabilité pour caractériser les idées des sciences mathématiques : HAR 1756 [1758], p. 394-395.

4. Le jugement de Fontenelle est plus mitigé au sujet du rapport entre mathématique et pratique : bien qu'il soit nécessaire de les employer pour expliquer les phénomènes de la nature et constituer une mathématique mixte, la recherche en mathématique pure n'est pas à négliger, sachant qu'elle conduit très souvent à des applications pratiques : « Préface sur l'utilité des mathématiques et de la physique », *op. cit.*, p. IX-X.

jours dans les Sciences, la rendit plus audacieuse. On vit la Géométrie expliquer tous les phénomènes du Mouvement, et quelle partie n'est-ce pas de la Philosophie Naturelle? On la vit suivre le Rayon de la Lumière dans l'espace des Cieux, à travers tous les corps qu'il pénètre, calculer toutes les Merveilles qui naissent de ses réflexions et de ses réfractions: soit pour nous faire découvrir des objets que leur immense éloignement dérobait à nos yeux, soit pour nous rendre sensibles ceux qui par leur extrême petitesse ne pouvaient être aperçus. On vit le Géomètre déterminant par des dimensions exactes la grandeur et la figure du Globe que nous habitons, marquer au Géographe la véritable position de tous les lieux de la Terre, enseigner au Navigateur des Règles sûres pour y arriver[1]. On vit les Sciences Mathématiques s'appliquer à tous les Arts utiles ou agréables.

La marche du Géomètre est si déterminée, ses pas sont, pour ainsi dire, si comptés, qu'il ne reste que peu de conseils à lui donner.

Le premier c'est, dans le choix des sujets auxquels il s'applique, d'avoir
516 plus en vue l'utilité des Problèmes que leur difficulté. Combien | les Géomètres, s'il est permis de les appeler de ce nom, ont perdu leur temps dans la recherche de la Quadrature d'une Courbe qui ne sera jamais tracée[2]!

Le second conseil, c'est, dans les Problèmes physico-mathématiques, que le Géomètre résout, de se ressouvenir toujours des abstractions qu'il a faites: que ses solutions ne sont justes qu'autant qu'il n'y aurait dans les corps que ce petit nombre de propriétés qu'il y considère: et que comme il n'y a peut-être point dans la Nature de corps qui soient réduits à ces seules propriétés, il doit sur ceux qui ont été les objets de ses calculs, consulter encore l'expérience, pour découvrir si des propriétés dont il a fait abstraction, ou dont il a ignoré la présence, n'altèrent pas les effets de celles qu'il y a conservées[3].

En suivant ces conseils, le Géomètre mettra son art à l'abri du reproche d'inutilité: et le justifiera aux yeux de ceux qui pour ne le pas connaître assez, lui imputent des défauts qu'il ne faut attribuer qu'à l'usage malhabile qu'on en fait.

1. Ces exemples renvoient tous à des champs qui ont occupé Maupertuis dans ses écrits scientifiques; l'optique: *Accord de différentes lois de la nature* (1744), O IV, p. 3-28; la géodésie: *Discours sur les différentes figures des astres* (1732), O I, p. 81-170; la géographie: *Éléments de géographie* (1742), O III, p. 1-67.

2. L'exemple de l'inutilité d'une démonstration de la quadrature d'une courbure est répété ailleurs par Maupertuis et s'accompagne de cas qui concernent d'autres sciences, comme la recherche de la pierre philosophale en chimie ou du mouvement perpétuel en physique, des recherches qui doivent être interdites pour éviter les régressions en sciences: *Lettre sur le progrès des sciences*, O II, p. 431.

3. P. L. Moreau de Maupertuis, *Examen philosophique*, HAR 1756 [1758], p. 400.

La Classe de *Philosophie Spéculative* est la troisième. La *Philosophie expérimentale* avait examiné les corps tels qu'ils sont; revêtus de toutes leurs propriétés sensibles. La Mathématique les avait dépouillés de la plus grande partie de ces propriétés. La Philosophie Spéculative considère des objets qui n'ont plus aucune propriété des corps.

L'Être suprême, l'Esprit humain, et tout ce qui appartient à l'Esprit est l'objet de cette science. La Nature des corps mêmes, en tant que représentés par nos perceptions, si encore ils sont autre chose que ces perceptions, est de son ressort[1].

Mais c'est une remarque fatale, et que nous ne saurions nous empêcher de faire : que plus les objets sont intéressants pour nous, plus sont difficiles et incertaines les connaissances que nous pouvons en acquérir! Nous serons exposés à bien des erreurs, et à des erreurs bien dangereuses, si nous n'usons de la grande circonspection dans | cette science qui considère les 517
Esprits. Gardons-nous de croire qu'en y employant la même méthode, ou les mêmes mots qu'aux sciences mathématiques, on y parvienne à la même certitude. Cette certitude n'est attachée qu'à la simplicité des objets que le Géomètre considère, qu'à des objets dans lesquels il n'entre que ce qu'il a voulu supposer.

Si je vous expose ici toute la grandeur du péril des spéculations qui concernent l'Être suprême, les premières Causes, et la Nature des Esprits, ce n'est pas, MM. que je veuille vous détourner de ces Recherches. Tout est permis au philosophe, pourvu qu'il traite tout avec l'Esprit philosophique, c'est-à-dire, avec cet Esprit qui mesure les différents degrés d'Assentiment : qui distingue l'évidence, la probabilité, le doute[2] : et qui ne donne ses spéculations que sous celui de ces différents aspects qui leur appartient.

Si la plupart des objets que la Philosophie spéculative considère, paraissent trop au-dessus des forces de notre Esprit, certaines parties de cette science sont plus à notre portée. Je parle de ces Devoirs qui nous lient à l'Être suprême, aux autres Hommes, et à nous-mêmes : de ces lois auxquelles doivent être soumises toutes les Intelligences; vaste champ, et le plus utile de tous à cultiver! Appliquez-y vos soins et vos veilles : mais

1. La philosophie spéculative porte donc principalement sur la métaphysique et a pour objets Dieu, l'âme et la nature en tant que celle-ci est rapportée à nos perceptions. Sur cette conception de la philosophie spéculative à l'Académie de Berlin, voir l'introduction au volume et C. Leduc, « Speculative Philosophy at the Berlin Academy » *Natural Philosophy : Tradition and Innovation in the Academic Milieu, in* A. Sangiacomo (ed.), *History of Universities* XXXIII/2, Oxford, OUP, 2020, p. 175-200.

2. Cette typologie est très certainement inspirée de l'*Essay* de Locke : *Essay*, 4.15 et 4.16, p. 654-668.

n'oubliez jamais, lorsque l'évidence nous manquera, qu'une autre lumière aussi sûre encore doit vous conduire.

La quatrième de nos Classes réunit tous les différents objets de deux célèbres Académies d'un royaume où l'abondance des grands hommes les a tant multipliées [1]. Je parle de notre Classe de *Belles-lettres*, qui comprend les Langues, l'Histoire et tous les genres de Littérature : depuis les premiers Éléments de cet art qui apprend à former des sons et des signes pour exprimer les pensées, jusqu'à l'usage le plus étendu qu'on en peut faire [2].

518 | Cet Art le plus merveilleux de tous, le plus utile sans doute, fut dans ses commencements sans doute un art très simple. Le peu de besoin que sentirent les premiers hommes, n'exigea pas un grand nombre de mots ni de signes pour les exprimer. Ce ne fut qu'après le succès de ce premier essai qu'ils désirèrent de se communiquer les idées moins communes, et qu'ils commencèrent à connaître les charmes de la conversation. Combien fallut-il de temps, combien s'écoulèrent de siècles avant qu'ils sussent peindre aux yeux la conversation même ?

La première Langue des hommes s'était déjà vraisemblablement diversifiée, lorsqu'ils passèrent de la parole à l'Écriture. Les Familles étant devenues des Nations, chacune par des suites différentes d'idées se forma non seulement des mots différents, mais des manières de s'exprimer différentes : les langues vinrent de cette diversité ; et tous ces enfants d'un même Père si dispersés, et après tant de générations, ne purent plus lorsqu'ils se retrouvaient se reconnaître ni s'entendre.

Un beau projet serait, non de les faire revenir à leur Langue paternelle, la chose n'est pas possible, mais de leur former une Langue plus régulière que toutes nos langues qui ne se sont formées que peu à peu, plus facile et qui pût être entendue de tous.

Ce Problème qui a été plus d'une fois proposé, fut l'objet de notre Académie dès sa naissance : un habile homme entreprit l'ouvrage [3] : un plus habile le regarda comme possible, et ne l'entreprit pas [4]. Ce n'est pas ici le lieu d'exposer les pensées qui me sont venues sur ce sujet [5].

1. Maupertuis réfère certainement à l'Académie française, fondée en 1634, et à l'Académie royale des Inscriptions et des Belles-lettres, fondée en 1663.

2. Voir : P.L. Moreau de Maupertuis, *Dissertation sur les différents moyens dont les hommes se sont servis pour exprimer leurs idées*, O III, p. 433-468.

3. Solbrig [note originale]. David Solbrig est membre externe de la Société des sciences de Berlin à partir de 1721.

4. Leibniz [note originale].

5. Les principales difficultés que voit Maupertuis dans le projet leibnizien d'une langue universelle sont, d'une part, qu'une langue formelle est comprise dans les faits par un nombre restreint de locuteurs, comme le sont l'algèbre et la musique, et, d'autre part, que les idées

La multiplicité des objets de notre quatrième Classe ne me permet pas non plus de donner pour chacun des règles ni des conseils. | Je me bornerai à 519
faire connaître la raison du choix de la langue dans laquelle nos Ouvrages paraissent, s'il est encore nécessaire de prouver que ce que celui qui est l'Âme de notre Académie a ordonné, était le plus convenable.

L'Utilité des Académies ne se renferme pas dans les limites de chaque Nation. Une Académie possède de ces hommes destinés à éclairer le monde entier; toutes les Nations doivent avoir part à leurs découvertes; et il faut les leur communiquer dans la langue la plus universelle. Or personne, je crois, ne refusera cet avantage à la nôtre, qui semble être aujourd'hui plutôt la langue de l'Europe entière que la langue des Français [1].

Si quelque autre pouvait lui disputer l'universalité, ce serait la Latine. Cette langue, il est vrai, est répandue partout: mais morte, et partout réservée pour un petit nombre de Savants, on n'est sûr de la bien parler qu'autant qu'on emploie des Phrases entières des anciens Auteurs: et dès qu'on s'en écarte, on forme un jargon hétérogène dont l'ignorance seule empêche de sentir le ridicule.

Il se trouve encore pour justifier le choix de notre langue d'autres raisons qui ne sont pas moins fortes: ce sont la perfection de la langue même, l'abondance que nos progrès dans tous les arts et dans toutes les Sciences y ont introduite, la facilité avec laquelle on peut s'y exprimer avec justesse sur toutes sortes de sujets, le nombre innombrable d'excellents Livres écrits dans cette langue. Si les Grecs et les Latins nous ont donné les premiers modèles, ces modèles ont été surpassés dans plusieurs genres, et dans tous tellement multipliés que nos Ouvrages peuvent aujourd'hui servir de modèle aux écrivains de toutes les Nations.

Si l'on peut faire un reproche à notre langue, c'est celui qu'on fit à la langue des Romains, lorsqu'après avoir atteint sa plus grande perfection,
| elle vint à perdre sa noble simplicité pour cette subtilité vaine qu'on 520
appelle si improprement *Bel Esprit*.

Certaines gens ne sauraient encore pardonner à un Auteur Français d'avoir refusé le *Bel Esprit* aux Allemands [2]. S'ils savaient mieux ce qu'on entend d'ordinaire par *Bel Esprit*, ils verraient qu'ils ont peu lieu de se plaindre. Ce n'est le plus souvent que l'art de donner à une pensée

exprimées dans ces langues sont également limitées, d'où la possibilité qu'elles soient claires et simples : *Dissertation*, HAR 1754 [1756], p. 362.

1. Il est à noter que le concours de l'Académie de Berlin de 1784 portera sur l'universalité de la langue française en Europe.

2. D. Bouhours, *Les entretiens d'Ariste et d'Eugène*, Paris, Mabre-Cramoisy, 1671, p. 223-224.

commune un tour sentencieux : *c'est*, dit un des plus grands hommes de l'Angleterre, *l'art de faire paraître les choses plus ingénieuses qu'elles ne sont*[1].

Quelques auteurs Allemands se sont vengés en refusant aux Français l'Érudition et la Profondeur[2]; la vengeance aurait été plus juste, si nous abandonnant le *Bel esprit*, ils s'étaient contentés de dire que nous en faisons trop de cas. Mais si ces Auteurs entendent par l'Érudition qu'ils refusent aux Français un fatras de citations Latines, Grecques, et Hébraïques, un style diffus et embarrassé, on leur saura gré du reproche, et l'on s'applaudira du défaut.

Cette netteté et cette précision qui caractérisent les Auteurs Français, dépendent sans doute autant du génie de la langue, que la langue a dépendu elle-même du tour d'esprit de ceux qui l'ont parlée les premiers et qui en ont posé les règles. Mais ce sont ces avantages qui la rendent si universelle, qui font qu'un Monarque dont le goût est le suffrage le plus décisif la parle et l'écrit avec tant d'élégance, et veut qu'elle soit la langue de son Académie.

J'ai parcouru ici toutes les différentes Sciences auxquelles nous nous appliquons : et n'ai point parlé d'une qui fut un des principaux objets de cette Compagnie lors de son établissement.

Le premier Règlement de la Société Royale portait, qu'une de ses
521 Classes devait s'appliquer *à l'Étude de la Religion et à la conversion* | *des Infidèles* : Article plus singulier par la manière dont il était présenté qu'il ne l'est peut-être en effet. Notre règlement moderne ne charge aucune Classe en particulier de cette occupation : mais ne peut-on pas dire que toutes y concourent ?

Ne trouve-t-on pas dans l'étude des Merveilles de la Nature, des preuves de l'Existence d'un Être suprême ?

Quoi de plus capable de nous faire connaître sa sagesse, que les Vérités Géométriques ; que ces Lois éternelles par lesquelles il régit l'Univers ?

La Philosophie spéculative ne nous fait-elle pas voir la nécessité de son Existence[3] ?

Enfin l'étude des Faits nous apprend, qu'il s'est manifesté aux hommes d'une manière encore plus sensible ; qu'il a exigé d'eux un culte, et le leur a prescrit.

1. Bacon [note originale].

2. J. F. Cramer, *Vindiciæ nominis germanici contra quosdam obtrectatores gallos*, Amsterdam, Wetstein, 1694.

3. Voir *Essai de cosmologie*, O I, p. 42-43.

CONSIDÉRATIONS SUR CE QU'ON PEUT REGARDER AUJOURD'HUI COMME LE BUT PRINCIPAL DES ACADÉMIES ET COMME LEUR EFFET LE PLUS AVANTAGEUX [1] (SECOND DISCOURS) [2]

PRÉSENTATION

Comme son titre l'indique, ces *Considérations* furent précédées d'une première partie lue à l'Académie de Berlin en 1767. Formey mentionne que la longueur habituelle d'une allocution académique n'aurait pas permis de rassembler l'ensemble de ses propos en une seule allocution ; on constate cependant que les deux discours sont assez différents, le premier décrivant le développement des sciences qui permit l'avènement des académies, alors que le deuxième propose plutôt un plaidoyer en leur faveur [3]. Résumons dans un premier temps le contenu du premier discours : sont d'abord indiquées quelques réflexions sur l'histoire des académies, en les distinguant d'autres institutions qui partagent des finalités similaires, en particulier des universités et des écoles. Formey suit au départ le contenu de l'article « Académie » de l'*Encyclopédie*, rédigé par d'Alembert [4], tout en prenant ses distances par rapport à ce dernier. Par exemple, il ne juge pas que l'Académie palatine, instaurée par Charlemagne, doive être considérée comme la première académie scientifique, tant ses travaux ont peu à voir

1. Lu dans l'Assemblée publique du 28 janvier 1768 [note originale]. HAR 1768 [1770], p. 357-366.

2. Voyez le premier dans le Tome précédent, p. 367 et suivantes [note originale].

3. Il est à noter que l'essentiel de ces deux discours sera repris dans le supplément à l'*Encyclopédie* par l'ajout d'un nouvel article : Académies (avantages des) », *Supplément à l'Encyclopédie, ou Dictionnaire raisonné des sciences, des arts et des métiers,* Amsterdam, Rey, 1776, I, p. 93-99.

4. J. L. R. d'Alembert, « Académie », Enc. I, p. 52.

avec le genre d'approche et de travail qu'exige une telle institution[1]. Formey avance ensuite une interprétation qu'on ne trouve pas dans l'article de d'Alembert, mais qui rejoint tout de même certaines affirmations du *Discours préliminaire* à l'*Encyclopédie* : ce serait à Descartes qu'on doit une nouvelle conception et pratique des sciences, reposant pour l'essentiel sur la recherche de la vérité, et non sur le désir de se conformer à une quelconque autorité[2]. D'après Formey, Descartes a été l'instigateur de l'esprit académique, non seulement par sa méthode et ses maximes, mais encore par son ouverture aux critiques et objections. Il y aurait donc eu deux révolutions nécessaires à la constitution des académies, une première par la nouvelle approche scientifique de Descartes qui put se débarrasser du dogmatisme de la scolastique, la deuxième lorsque les sectateurs cartésiens se mirent à douter des principes de leur maître et à constituer dès lors une véritable communauté scientifique. La philosophie et la science telles que pratiquées dans une académie ne sauraient ainsi être dogmatiques, mais bien critiques[3]. Le premier discours ne fournit cependant pas une réponse définitive à la question de savoir quel est le but des académies ; il se conclut par quelques constats, dont le fait que les êtres humains ont un besoin naturel de s'associer, et qu'une académie constitue un corps dont l'organisation doit être exemplaire pour mieux permettre l'avancement des savoirs.

C'est par conséquent dans le deuxième discours, que nous publions ici, que Formey donne une réponse à ce qui est annoncé dans le titre. Par rapport aux justifications avancées avant lui par Fontenelle ou Maupertuis sur l'utilité des académies, Formey défend une idée plutôt inattendue : d'après lui, la justification des académies n'a plus besoin de se faire à l'aide d'arguments soutenant qu'elles permettent une meilleure division du travail scientifique ou de plus grandes collaborations ; il semble désormais acquis que l'institution académique constitue l'endroit idéal de production du savoir. À ces finalités doit maintenant s'ajouter une nouvelle obligation : combattre ce que Formey nomme les demi-savants. Même si l'expression serait désormais d'usage courant, Formey propose d'en donner une définition qui s'ajuste aux besoins de son exposé. Le demi-savant est celui qui n'évalue pas correctement le degré de connaissance qu'il possède. Au contraire, un savant est quelqu'un qui estime à sa juste

1. « Considérations sur ce qu'on peut regarder aujourd'hui comme le but principal des académies » HAR 1767 [1769], p. 370-371.

2. *Ibid.*, p. 373 ; *Discours préliminaire*, Enc. I, p. 26.

3. À ce sujet, Formey rejoint les propos de Maupertuis dans ses « Devoirs de l'académicien » que nous publions dans le présent volume : P. L. Moreau de Maupertuis, HAR 1753 [1755], p. 512.

portée et valeur le savoir dont il a la maîtrise. Par exemple, un mycologue est un savant au sens plein, même s'il ne connaît de la botanique que les fonctions et structures organiques des champignons, tant et aussi longtemps qu'il ne prétend pas se prononcer sur des problèmes qui se situent au-delà de son champ de spécialisation, ni ne dévalorise les autres domaines. À l'évidence, c'est dans une académie qu'un savant reconnaît adéquatement les limites de ses compétences, puisqu'il s'entretient et échange fréquemment avec une communauté de spécialistes et qu'il comprend « le goût qui doit régner dans leurs propres productions, l'approbation qu'elles donnent à celles des autres ».

Cependant, pour Formey, le XVIIIe siècle n'est malheureusement pas celui de la philosophie et du savoir authentiquement scientifique, mais plutôt du demi-savoir et du dénigrement mutuel des expertises. Le défaut principal du demi-savant est de considérer que sa connaissance est universelle et ne nécessite pas d'autres apports ; le géomètre affirme trop souvent que la métaphysique est inutile, alors que le métaphysicien juge le calcul extérieur à ses analyses. Parmi les causes qui seraient à l'origine de cette situation, Formey note le rôle des journaux et dictionnaires qui favoriseraient à son époque la diffusion du demi-savoir. Le défaut principal de ces productions serait qu'elles laissent croire que chacun peut devenir savant après en avoir terminé la lecture, quand la philosophie et la science exigent bien davantage. Il est pourtant étonnant que Formey identifie ces types de contributions comme véhicules du demi-savoir, puisqu'on sait qu'il participa à des entreprises de même genre. Pendant de longues années, il s'est occupé de périodiques de recensions, en particulier la *Nouvelle bibliothèque germanique* (1746-1759) et la *Bibliothèque impartiale* (1750-1758) ; par ailleurs, il travailla à un projet d'encyclopédie, dont Diderot et d'Alembert s'inspirèrent, et rédigea même un *Dictionnaire instructif*[1]. Il semble toutefois que les affirmations contenues dans les *Considérations* ont pour objectif premier de valoriser la publication des mémoires, issus du travail scientifique propre à une académie, ainsi que les ouvrages publiés par les académiciens, lesquels sont très souvent le prolongement théorique des mémoires.

1. Les rapports de Formey avec les Encyclopédistes se sont détériorés après qu'il eut transmis ses manuscrits à Diderot et d'Alembert (*Discours préliminaire*, Enc. I, p. XXXVIII) ; cet antagonisme explique en partie la critique que Formey soulève ici à l'égard des dictionnaires et encyclopédies. La publication du *Dictionnaire instructif* (Halle, Gebauer, 1767) se veut d'ailleurs une réaction à l'*Encyclopédie*. Voir également le compte rendu d'un mémoire ultérieur de Formey sur ce sujet : « Considérations sur l'Encyclopédie, en tant que faisable, faite, ou à faire », NMAR 1770 [1772], p. 51-56.

Le discours de Formey fait partie des quelques contributions qui visent à réfléchir sur la manière dont il faudrait produire les connaissances scientifiques et philosophiques à l'Académie de Berlin. Par exemple, la mention du caractère fondamental de l'ontologie est certainement une manière de réitérer l'importance de la Classe de philosophie spéculative au sein de l'institution berlinoise. Formey avait déjà formulé des remarques similaires sur l'organisation et les finalités des académies dans des introductions aux volumes de mémoires, mais aussi dans son *Histoire de l'Académie* qui paraît lors du renouvellement de l'Académie [1]. Notons que d'autres académiciens se prononceront sur ces mêmes questions par la suite, le plus notable étant certainement Christian Garve qui prononce un *Discours sur l'utilité des académies* à la fin des années 1780 [2]. Les positions de ce dernier recoupent par endroits celles de Formey, mais s'en distancient également, en particulier quant à la place de la philosophie spéculative que Garve juge désormais inutile pour la recherche académique.

Christian LEDUC

1. « Histoire de l'Académie », dans *Histoire de l'Académie Royale des sciences et belles lettres, depuis son origine jusqu'à présent*, Berlin, Haude et Spener, 1751, p. 1-44.

2. C. Garve, « Discours sur l'utilité des académies », MAR, 1788-89 [1793], p. 460-468.

FORMEY

CONSIDÉRATIONS SUR CE QU'ON PEUT REGARDER AUJOURD'HUI COMME LE BUT PRINCIPAL DES ACADÉMIES ET COMME LEUR EFFET LE PLUS AVANTAGEUX (SECOND DISCOURS)

Il y a un an, Messieurs, que j'ai déjà eu l'honneur de Vous entretenir sur ce sujet [1]. Les bornes qui conviennent à nos discours académiques ne me permirent pas d'achever ces Considérations; je n'indiquai pas même l'objet principal que j'y ai en vue, ce but auquel je crois que les Académies doivent surtout tendre, cet effet que je regarde comme le plus avantageux qu'elles puissent procurer dans l'état présent des choses. Il a fallu préalablement montrer d'où nous sommes partis en fait de Science, et voir jusqu'où nous sommes arrivés. Nous sommes partis de l'ignorance qui est naturelle à l'homme; ses ténèbres ont été insensiblement dissipées par les travaux d'une longue suite de siècles : on a observé les phénomènes; on a cherché leurs causes, | et l'on est parvenu à en connaître un certain nombre. **358**
Mais, tandis que ce passage de l'ignorance à la science s'opérait avec la plus grande lenteur, et par des efforts qui le plus souvent n'étaient que des tâtonnements, il survint une espèce de maladie épidémique de l'esprit humain, qui arrêta tout court l'activité des recherches, et qui retint pendant une autre suite de siècles les hommes au point où ils étaient arrivés, dans la fausse et folle persuasion qu'ils ne pouvaient pas aller plus loin, et qu'il n'y avait aucune question qui ne fût actuellement décidée.

1. S. Formey, « Considérations », premier discours, HAR 1767 [1769], p. 369-380.

Vous comprenez, Messieurs, que je parle du règne de la Scolastique. Les Docteurs angéliques, subtils, illuminés, n'ignoraient rien; ils avaient la science infuse et universelle; ils la communiquaient à leurs disciples, qui la transmettaient à d'autres, toujours la même; à peu près comme ce talent enfoui qu'on retire de la Terre tel qu'il lui a été confié. Avec des Cieux de cristal on n'avait pas besoin du Système de Copernic et de l'Astronomie de Newton. Avec des qualités occultes, on était dispensé de connaître les lois de la Nature, la composition des masses, le mécanisme de l'organisation. Avec des distinctions on se débarrassait de toutes ces difficultés : il n'y avait point de nœud Gordien dont leur redoutable tranchant ne vînt à bout[1].

Une pareille situation aurait pu durer toujours, et il est surprenant qu'elle ait pris fin, puisque l'orgueil et la paresse, les deux penchants les plus chers à l'homme, y trouvaient également leur compte. Cependant un rayon d'évidence perça; les yeux se dessillèrent, quoiqu'après une longue et opiniâtre résistance : on eut honte du faux savoir, on comprit qu'il était pire que l'ignorance : et ce sont certainement les Académies qui, depuis leur établissement, ont le plus contribué, soit à défricher les terres incultes, soit à arracher les ronces et les épines de dessus celles qui en étaient couvertes. On n'admet plus aucun fait sans des preuves de fait; on n'affirme plus aucune proposition sans des preuves de raisonnement. Quand les unes ou les autres de ces preuves manquent, on suspend son
359 jugement; ou si l'on hasarde des | décisions, elles sont vigoureusement relancées, personne n'étant plus d'humeur à voir par les yeux d'autrui et à se rendre à la simple autorité de qui que ce soit.

Que reste-t-il donc à faire, Messieurs? Je ne Vous tiendrai pas en suspens aujourd'hui, et je me hâte de vous dire que, selon moi, les Académies ont une nouvelle tâche à remplir, une nouvelle révolution à opérer; tâche peut-être plus difficile que les précédentes, révolution à laquelle je prévois les obstacles les plus puissants, si tant est qu'ils ne soient pas insurmontables. L'ennemi que la Science a aujourd'hui en tête, et qui partage avec elle l'empire des Lettres, ou plutôt qui l'a presque usurpé et envahi tout entier, c'est le *demi-savoir*. Qu'est-ce que ce demi-savoir. Que peuvent et que doivent faire les Académies pour l'extirper? Je ne crois pas, Messieurs, que ces objets soient indignes de votre attention.

1. Cette interprétation de la philosophie scolastique, héritée en bonne partie de la lecture qu'en donnaient des auteurs du XVIIe siècle, était désormais courante à l'époque. Voir *Discours préliminaire*, Enc. I, p. XXIII-XXVII.

Le demi-savoir est une expression connue et reçue [1], mais dont je me propose de fixer le sens relativement à mon but. J'en fais donc un terme générique, par lequel j'entends tout degré de connaissance qui n'est pas exactement apprécié par ceux qui le possèdent. Ainsi le mot de *demi* n'est employé que pour abréger. Divisons le savoir en cent portions : celui qui en a dix, et celui qui en a quatre-vingt-dix, s'ils croient l'un et l'autre avoir les cent, sont des demi-savants : ils prennent la partie quelconque pour le tout.

Il s'ensuit donc d'abord de là que je n'appelle pas demi-savants ceux qui, ne sachant que certaines choses ne savent que ces choses-là. Ce sont au contraire les Citoyens les plus estimables de la République des Lettres. Le savoir universel n'existe point : les savants qu'on a décorés de cette épithète, sont ceux qui ont le mieux senti combien peu elle leur convenait. Si vous possédez un champ que vous avez bien cultivé, je vous regarderai comme un bon Laboureur, et je vous donnerai les éloges que vous méritez incontestablement; mais, si vous prétendez être un | Seigneur, un Prince, **360**
je me moquerai de votre vanité. Le Botaniste est un Savant, quoiqu'il ne soit pas Chimiste; et le Chimiste un Savant, quoiqu'il ne soit pas Botaniste. Celui qui n'est exactement au fait que des champignons est un Savant, quoiqu'il ignore le reste de la Botanique; il en est de même du Métallurgiste, quoique toutes les opérations du Laboratoire Chimique ne soient pas son fait. En un mot, celui qui sait bien une chose, est savant quant à cette chose-là; et n'est point un demi-savant s'il ne s'arroge rien au-delà. En faisant allusion à un Proverbe qui n'est pas assez noble pour le citer, je dis que, si chacun faisait son métier, les Sciences seraient mieux cultivées.

Ces hommes simples et modestes sont le petit nombre ici, tout comme en Morale et dans la Société : on ne rencontre de toutes parts que des gens à prétentions : il s'agit de les caractériser, et, pour ainsi dire, de les nuancer.

La première nuance, mais si obscure qu'elle ne mérite pas d'arrêter longtemps nos regards, c'est celle qu'offrent des gens qui n'ont que la teinture d'une seule science, et qui croient y primer, y exceller. Cette illusion est rare dans les Sciences exactes, telles que la Géométrie et toutes ses dépendances. Mais elle est commune dans les autres Sciences, telles que la Métaphysique, la Morale, le Droit naturel, la Politique : tout fourmille de gens qui s'annoncent et s'affichent pour savoir le fin, si j'ose m'exprimer ainsi, et avoir le secret de ces sciences, tandis qu'ils ne font qu'y balbutier.

1. Cette expression viendrait d'un ouvrage du jésuite Louis Bertrand Castel qui critique les positions de Rousseau, notamment sur le rapport entre la science et la société : *L'Homme moral opposé à l'homme physique de Mr R****, Toulouse, 1756, p. 242-244. Formey en fait la recension dans la *Bibliothèque impartiale* (Göttingen et Leyde, Luzac, 1756, XIV, I, p. 62-82).

Ne les tirons pas davantage de leur obscurité, et considérons ceux qui possèdent en effet une Science, et y ont même pris un vol aussi élevé qu'elle le permet. La hauteur de ce vol leur fait quelque fois tourner la tête; et alors ils donnent aisément dans l'une ou l'autre de ces deux chimères, c'est de croire leur Science unique, ou de la croire universelle. Ils croient leur Science unique, lorsque toutes les autres s'apetissent et s'anéantissent
361 presque à leurs yeux. À quoi | bon les spéculations du Métaphysicien, dit le Géomètre? À quoi bon les calculs du Géomètre, dit le Métaphysicien? Et ainsi des autres. Ils croient leur Science universelle, lorsqu'en admettant la réalité, l'utilité des autres sciences, ils veulent les subordonner à celle qu'ils professent, dont les principes sont, à leur avis, primitifs et irrésolubles. Cependant il n'y a qu'une Science première, c'est l'Ontologie; et quiconque méconnaît ses droits, eût-il résolu les plus importants problèmes des plus hautes Sciences, n'est qu'un demi-savant[1]; il n'est surtout qu'un demi-Philosophe, ou pour mieux dire, il n'est point Philosophe, puisqu'on ne l'est pas en tant qu'on s'est approprié les connaissances qui sont du ressort de la Philosophie, mais en tant qu'on a cet esprit philosophique, qui est pour le vrai Savant ce qu'est l'Art de la Tactique pour un grand Général. Cependant il n'est point du tout surprenant qu'un homme qui s'est dévoué à une Science, qui en a fait son seul objet pendant toute sa vie, en ait la plus haute idée, la regarde comme unique ou comme universelle : c'est là une des faiblesses les plus naturelles de l'homme. On a bien vu à Paris un Maître à danser, le fameux Marcel, qui parlait de son art comme s'il donnait le branle à la Société, à l'État; et pour peu qu'on l'eût fâché, il aurait peut-être ajouté, aux Planètes et à toutes les Sphères[2].

Les nuances précédentes ne sont que partiales : en voici une générale, dominante, qui donne à ce siècle le ton de couleur auquel il est reconnaissable, et le demeurera probablement aux yeux des siècles à venir. On aime à l'appeler le siècle de la Philosophie : sans nier entièrement l'assertion, je l'appellerais volontiers le siècle du demi-savoir. Il s'agit de justifier ce que j'ose avancer : et c'est à quoi je vais travailler.

La première révolution opérée dans l'esprit humain, vous l'avez vu, Messieurs, a été de lui faire secouer le joug du faux savoir. Descartes,

1. Sur la base des travaux de Wolff, Formey insiste sur la primauté de l'ontologie dans ses mémoires : « Examen de la preuve qu'on tire des fins de la nature pour établir l'existence de Dieu », HAR 1747 [1749], p. 370-371 et p. 378; « Réflexions sur la liberté », HAR 1748 [1750], p. 343-344. Soulignons que cette affirmation le distingue de ses collègues qui n'ont pas la même définition de l'ontologie et ne lui font pas jouer le même rôle. Par exemple : J. B. Mérian, « Sur l'identité numérique », HAR 1755 [1757], p. 463.

2. Maître à danser célèbre de Paris, Marcel est notamment tourné en ridicule par Rousseau dans le livre II de l'*Émile*.

Newton, Leibniz, les Académies; voilà les instruments de cette révolution[1]. Et je ne puis m'empêcher de remarquer qu'aucun Ouvrage n'a peut-être été plus efficace à cet égard que cette partie des | mémoires de 362
l'Académie des Sciences de Paris qui porte le nom d'Histoire, et que M. de Fontenelle a faite pendant un demi-siècle d'une manière qui doit lui mériter une reconnaissance immortelle de la part de nos derniers neveux[2]. C'était là la bonne route : il fallait y rester; on aurait été bien loin. Mais elle était trop simple et trop sérieuse pour fixer tout ceux qu'on invitait à y marcher, et surtout la Nation volage aux yeux de laquelle on la traçait.

Deux secours prétendus par lesquels on voulut étendre et faciliter les études, vinrent plutôt en détourner, et égarèrent les hommes dans toutes sortes de sentiers, dont les uns ne mènent au but que par de longs circuits, et les autres y font entièrement tourner le dos. Je parle des Journaux et des Dictionnaires. Je n'en ferai pas l'histoire qui remplirait des Volumes. Je n'en contesterai pas les avantages, à les prendre dans la simplicité de leur origine et dans les limites de leur destination. Mais, bon Dieu! à quoi ces premiers commencements n'ont-ils pas conduit? Une comparaison exprimera ce que j'en pense. Quelqu'un souhaite de la pluie pour arroser son champ; un nuage se forme, grossit, et en crevant au-dessus le submerge. Voilà précisément l'effet du déluge des deux sortes de productions que nous venons de nommer[3]. Cependant, et c'est ce qui les a tant multipliées, rien n'égale l'avidité avec laquelle elles ont été reçues; et quoiqu'elles souffrent actuellement quelque discrédit, il se passe peu d'années où l'on n'en voie éclore de nouvelles. D'où vient cette vogue? De l'espérance qu'on a conçue de devenir savant par ces lectures, sans essuyer la longueur et la sècheresse des études proprement dites. Aussi le savoir a-t-il germé et pullulé de toutes parts. Mais quel savoir! Lisez ces Écrits qui ont paru depuis le commencement de ce siècle, ou pour ne pas vous demander l'impossible, lisez-en seulement les titres; et vous verrez qu'au lieu d'un petit nombre de vrais savants qui seraient le sel de la terre, cette terre est couverte de légions innombrables de demi-savants, qui ne sont pas seulement dignes d'en être appelés le fumier, matière certainement plus

1. S. Formey, « Considérations », premier discours, HAR 1767 [1769], p. 374.

2. La mention de Fontenelle n'est évidemment pas étonnante, tant la forme et le contenu des volumes de l'Académie de Berlin s'inspirent du travail de celui-ci à l'Académie des sciences de Paris. Rappelons que Fontenelle et Formey furent tous les deux secrétaires perpétuels de leurs institutions respectives.

3. Ce jugement est également exprimé dans l'article « Journal » de l'*Encyclopédie* : « Nous avons maintenant en France une foule de journaux ; on a trouvé qu'il était plus facile de rendre compte d'un bon livre que d'écrire une bonne ligne, et beaucoup d'esprits stériles se sont tournés de ce côté » (Enc. VIII, p. 897).

363 précieuse que leurs | Écrits. Tout regorge d'Essais, d'Examens, de Recherches, de Dissertations et de Traités; les presses gémissent, le papier enchérit, et le savoir diminue en raison de ces progrès : il est relégué dans les Cabinets de quelques Adeptes, qui ne s'empressent pas à le produire au grand jour, connaissant et méprisant la frivolité du siècle.

Je ne puis taire ici une chose trop vraie, ce me semble, pour que personne de ceux qui m'écoutent puissent la désavouer, ou me blâmer de l'avoir dite. Il est fâcheux que des hommes de la plus grande célébrité, et qui ont à bien des égards illustré les temps et les lieux où ils ont vécu, préfèrent au ton de la décence celui d'une plaisanterie dont on est à la fin excédé, et qui donne le plus souvent dans le bas, dans le trivial. Se jouant également de tous les sujets, ne mettant aucune différence entre les plus importants et les plus légers, ou plutôt se plaisant à noyer par préférence les premiers dans des flots de ridicule, ils introduisent un genre de burlesque qui, à ce que j'espère, fera une fin aussi ignominieuse que celui du siècle passé. On distinguera les chefs-d'œuvre de ces écrivains de leurs productions manquées; ou bien, au lieu que de semblables écarts étaient autrefois supportés, quand on pouvait les intituler *juvenilia*, on fondera l'indulgence pour eux sur le titre de *senilia*.

Mais, en attendant, voici le mal désolant qui en résulte. C'est qu'il y a une foule de subalternes, de véritables goujats, qui, voulant se mettre au ton de ceux qu'ils prennent pour leurs chefs et leurs modèles, barbouillent, salissent, infectent le papier, d'inutilités, d'indécences, d'horreurs. À la vue de ce bouleversement des lois, de cette dépravation des mœurs, qui déshonorent la République des Lettres, ne serait-ce point le cas de dire comme un de ceux qui y ont figuré avec le plus d'éclat : Vive l'ignorance ! Qu'elle revienne ! Ou allons la retrouver parmi les sauvages ? Point du tout. Ne nous jetons pas d'une extrémité dans l'autre. Vive seulement, vive le bon esprit et la saine Philosophie ! Mais où les rencontrer ? Qui nous les procurera ? Je pourrais faire ici plus d'une réponse; mais je suis borné par
364 | l'énoncé de mon sujet à charger les Académies de cette fonction. Il ne reste qu'à faire voir qu'elles doivent s'en acquitter, et comment elles peuvent le faire ?

Elles doivent s'en acquitter. On a appelé les plus sages d'entre les anciens Philosophes, les Apôtres de la raison. Cela est fort bien dit : c'est un titre que les vrais Philosophes sont en droit de revendiquer dans tous les temps. Il n'en faudrait qu'un seul dans un siècle, ou du moins dans un État, pour y répandre les clartés les plus salutaires, si la sagesse qui a toujours son prix en elle-même, l'avait toujours aux yeux des hommes. Mais on l'a presque continuellement vue la victime, tantôt de l'ignorance et de la barbarie, tantôt du faux zèle et de la superstition, jusqu'à ce qu'enfin la voilà devenue le jouet de la frivolité et de la malignité. Quand un seul homme voudrait résister à un pareil torrent, il ne ferait que troubler le repos de ses jours, sans contribuer au bonheur de ses contemporains : s'il évitait la ciguë, au moins boirait-il l'absinthe à longs traits. Si la chose est faisable, ce n'est qu'à des Corps, à des Compagnies, qu'elle est réservée. L'union des forces les augmente. Quand de semblables Corps jouissent de la considération qui leur est due, ils peuvent être le soutien de la bonne cause dans l'étendue de leur sphère et de leur vocation. L'Église veille au dépôt sacré de la Religion; les Tribunaux au maintien des Lois : c'est aux Académies à faire régner un savoir épuré, solide, fécond en fruits précieux, qui donne, pour ainsi dire, la chasse au demi-savoir, comme on l'a donnée précédemment au faux savoir. Il faut précipiter dans l'abyme de l'opprobre et de l'oubli toutes les vaines productions de notre âge, comme on y a précipité les productions maussades, d'abord de la Scolastique, et ensuite de la pédanterie, qui étaient révérées dans les âges précédents. Les Académies n'ont point de devoir plus essentiel à remplir, de tâche plus glorieuse à exécuter [1]. Qu'ont-elles à faire pour y réussir?

D'abord, et j'avoue que ce premier article ne dépend pas entièrement d'elles, il convient qu'elles soient composées d'hommes également éclairés et bien intentionnés, qui n'aient d'autre but que la | vérité et le bien **365**
public. Quelle que soit d'ailleurs la Science particulière à laquelle ils s'attachent, le concours et le concert d'Académiciens de cet ordre produira l'effet désiré. On admirera, on aimera, on respectera, on imitera des hommes dévoués par état à étendre les limites des connaissances humaines; lorsqu'on verra qu'exempts de partialité, de passion, de vues ambitieuses et intéressées, de jalousies et de discordes, chacun d'eux ressemble à la diligente abeille, qui porte fidèlement à la ruche un miel qu'elle a recueilli sur les plantes les plus salutaires. Pourrait-on nier que si les Académies étaient et avaient toujours été telles, on verrait revivre dans chacune d'elles l'Aréopage le plus imposant et le plus efficace? Que sont-elles effectivement? L'éloge ni la satire ne seraient ici à leur place. Je les crois cependant, en les prenant telles qu'elles sont, en état d'influer beaucoup sur l'extirpation du demi-savoir : et c'est à quoi je les invite.

Pour ne pas multiplier les moyens dont elles peuvent se servir dans cette vue, je me restreins à en indiquer deux; le goût qui doit régner dans leurs propres productions, l'approbation qu'elles donnent à celles des autres. Au premier regard, les Académiciens peuvent composer deux sortes d'ouvrages, les Mémoires qu'ils font entrer dans les Recueils

1. Ces propos recoupent ceux de Maupertuis : P. L. Moreau de Maupertuis, « Devoirs de l'académicien », HAR 1753 [1755], p. 512-513.

académiques, et les Livres qu'ils publient séparément. Il est de leur dignité et de celles du Corps auquel ils ont l'honneur d'appartenir, que ces Écrits soient d'abord consacrés à la vérité, et ensuite soumis aux lois de la décence, *verum ac decens*, deux conditions qu'a déjà exigées un des plus beaux Génies et des plus judicieux Aristarques de l'Antiquité. Il ne s'agit pas de proscrire le goût, et de négliger les ornements qui rehaussent un sujet sans l'altérer ni le dégrader [1]. On peut être un Écrivain solide et agréable, sans être froid, sec, pédant. Des hommes célèbres ont très heureusement saisi ce juste milieu. S'il n'existait pas, cela serait fâcheux; mais, dans le cas d'opter, un Académicien ne devrait-il pas être tout décidé ?

Quand les membres d'une Académie se seront prescrits de semblables
366 lois, ils n'en dispenseront pas assurément les autres, ils ne | donneront leur attache qu'à des Écrits marqués au même coin de la vérité et de la décence. Le public littéraire est naturellement disposé à consulter les Compagnies savantes, et à regarder leurs réponses comme des décisions, des Oracles. Voilà une grande avance : il ne s'agit que de réaliser l'attente publique, et de rendre effectivement des Oracles, autant que cela convient à des bouches mortelles. Il s'agit d'encourager et de diriger ceux en qui se trouvent réunies les lumières et les bonnes intentions, de dissuader et de détourner avec douceur ceux à qui les talents manquent, de réprimer, d'écraser s'il le faut, ceux qui associent l'incapacité à l'indolence et à la turpitude. Un demi-siècle d'une semblable Dictature sagement exercée par une Académie, produira les changements les plus avantageux dans l'étendue des contrées sur lesquelles son exemple a une influence immédiate, et ne pourrait qu'être utile à tout le reste du genre humain.

La nôtre, Messieurs, a les plus grandes facilités pour y réussir. Elle a pour Chef, un Protecteur, un Monarque éclairé et vraiment connaisseur, qui voit et veut le bien de ses peuples, et qui y rapporte tous ses desseins, toutes ses opérations. La durée de sa vie, celle de son Règne, sont celle de notre gloire et de notre bonheur. Ce jour où nous célébrons l'anniversaire de sa naissance [2], n'est une Fête, un jour solennel, que parce que nous y faisons éclater nos sentiments et retentir nos vœux : il ressemble d'ailleurs parfaitement à tous les autres, puisqu'il n'y en a aucun où nous ne soyons pénétrés des mêmes sentiments, où nous ne formions les mêmes vœux.

1. Formey fut l'auteur de nombreux mémoires sur la question du goût : « Analyse de la notion de goût », HAR 1760 [1767], p. 289-301 ; « Pourquoi tant de personnes ont si peu de goût » NMAR 1772 [1774], p. 375-386 ; « Sur les rapports entre le savoir, l'esprit, le génie et le goût », MAR 1788-1789 [1793], p. 371-393.

2. Le discours fut lu quelques jours après le 24 janvier, date d'anniversaire de naissance de Frédéric II.

DEUXIÈME PARTIE

ONTOLOGIE OU PHILOSOPHIE PREMIÈRE

DISSERTATION ONTOLOGIQUE SUR L'ACTION, LA PUISSANCE ET LA LIBERTÉ

PRÉSENTATION

Comme le remarquait déjà Christian Bartholmèss, ce mémoire de Mérian, qui comporte deux dissertations, se démarque des deux qui le précèdent sur l'aperception en raison de son contenu plus métaphysique que psychologique [1]. Et pourtant le texte n'est pas sans lien avec les autres étant donné les soucis cognitifs et méthodologiques dont il est aussi porteur. Dans la première dissertation, qui est ici présentée, Mérian revient sur certaines des grandes questions que les philosophes se sont posées autour de la liberté [2]. Par rapport à ce qu'ont fait ses prédécesseurs, il se place pour ainsi dire en amont; il s'agit en effet de définir l'action et la passion pour montrer ensuite que la notion de liberté s'identifie à celle de puissance. À cet effet, il faut passer en revue les opinions des sectes les plus importantes: les partisans des causes occasionnelles, de l'harmonie préétablie et de l'influence physique. Aussi, un tel travail de dépouillement se présente dès le début comme un travail sur le langage: il est question de « débrouiller le chaos des malentendus, des équivoques, et des vétilles de

1. C. Bartholmèss, *Histoire philosophique de l'Académie de Prusse depuis Leibniz jusqu'à Schelling, particulièrement sous Frédéric-le-grand*, Paris, Franck-Ducloux, 1850-1851, II, p. 43. Les deux mémoires en question sont les premières contributions de Mérian à la Classe de philosophie spéculative: « Mémoire sur l'apperception de sa propre existence », HAR 1749 [1751], p. 416-441; « Mémoire sur l'apperception considérée relativement aux idées, ou, sur l'existence des idées dans l'âme », HAR 1749 [1751], p. 442-477. Le mémoire sur l'aperception de soi est reproduit plus loin dans ce volume.

2. Ce mémoire peut sans doute être considéré comme une réaction au mémoire de Formey intitulé *Réflexions sur la liberté* (HAR 1748 [1750], p. 334-355), qui défend des thèses différentes, y compris celle selon laquelle le dogme de la liberté d'indifférence est insoutenable et inutile dans la lutte contre le fatalisme.

grammaire », de « faire le triage des expressions ambiguës », et de « donner à chaque chose son vrai nom ». La conclusion du mémoire confirme l'importance de cet aspect de la réflexion de Mérian. L'auteur consacre en effet trois pages à rendre raison *a posteriori* de sa démarche, ce qui laisse penser que le problème de la liberté ne constitue qu'un cas d'étude qui pourrait s'inscrire dans une théorie plus générale. Rien ne semble empêcher par ailleurs de parler d'un intérêt avéré pour le sujet : il suffit de rappeler la participation de Mérian, avec Prémontval et Sulzer, au jury du concours de l'Académie pour 1759, consacré à l'influence réciproque des opinions du peuple et du langage [1].

Mérian semble suivre de près la suggestion donnée par Maupertuis dans ses *Réflexions philosophiques sur l'origine des langues* (1748), et ce au moins sur trois points. 1) C'est d'abord l'idée d'une étude comparée des langues actuelles et anciennes qui affleure à nouveau ici. Selon Maupertuis, le jargon des peuples sauvages nous éclairerait davantage que les langues actuelles sur les opérations de notre esprit : car, au lieu d'exprimer nos propres idées, nous répétons une infinité de mots imbus des préjugés des autres et nous pouvons passer une vie entière sans nous soucier d'approfondir leur véritable signification [2]. Sans avoir l'ambition de faire un dictionnaire des défauts qui affectent les langues (entreprise qui dépasse d'ailleurs les capacités d'une seule personne), Mérian déplore l'usage de verbes actifs pour désigner les facultés de l'âme et les mouvements des corps qui sont en fait passifs, usage issu de croyances de type animiste et du style qui était propre aux orientaux. 2) Comme Maupertuis déjà, Mérian s'inscrit dans le sillage de Berkeley lorsqu'il réfléchit d'une manière plus générale sur le fonctionnement de la langue : il mobilise la référence aux *Principes de la connaissance humaine* (1710) quant à la force de l'habitude dans l'emploi irréfléchi des mots – semblable à celui des signes algébriques – et quant au fait que nous nous servons constamment de termes qui ne suscitent pas d'idées claires. Bien entendu, Mérian ne va pas jusqu'à critiquer, comme l'avait fait Maupertuis, le jugement de réalité que nous portons sur le monde extérieur, critique

1. Sur les différents aspects de l'implication de Mérian dans le concours de 1759, voir A. Lifschitz, *Language and Enlightenment. The Berlin Debates of the Eighteenth Century*, Oxford, OUP, 2012, p. 120-122.

2. P. L. Moreau de Maupertuis, *Réflexions philosophiques sur l'origine des langues et la signification des mots*, § III, O I, p. 261. Il est à remarquer cependant que la voie comparatiste est finalement abandonnée par Maupertuis en faveur de la méthode conjecturale.

d'inspiration berkeleyenne qui avait valu à ce dernier l'accusation de scepticisme [1].

3) Cependant, les deux demeurent d'accord sur les prémisses de cette prise de position radicale : ils conviennent du fait que les habitudes langagières sont à l'origine de nombreuses difficultés philosophiques, étant donné que les sciences se ressentent fortement du langage qu'elles emploient. Selon Maupertuis,

> ce que nous appelons nos sciences dépend si intimement des manières dont on s'est servi pour désigner les perceptions, [...] que les questions et les propositions seraient toutes différentes si l'on avait établi d'autres expressions des premières perceptions [2].

Or, pour Mérian, le « désordre » qui règne dans le langage a infecté les sciences, notamment les sciences spéculatives. Au lieu de démonter les préjugés cristallisés dans la langue, les philosophes de l'Antiquité ont bâti dessus, les ont embellis et ont par conséquent échoué à expliquer les phénomènes qu'ils prétendaient éclaircir. Les philosophes modernes, quant à eux, ont hérité de tout cela. Plus spécifiquement, c'est l'importation en métaphysique de termes utilisés dans les sciences de la nature qui mérite d'être pointé du doigt. Selon Mérian, on ne fait pas assez attention aux limites des sciences ; avec les spéculations transcendantales, on puise à tort dans la physique et dans la mécanique. Il s'agit d'une préoccupation qui se déploiera ensuite sur un terrain plus proprement méthodologique, lorsque Mérian prendra position contre l'usage de la méthode mathématique en philosophie et qu'il s'attachera à mieux définir comment on peut emprunter des outils à la physique [3].

Dans ce mémoire de 1750, la rigueur méthodologique empiriste se veut à l'œuvre lorsque Mérian se penche sur l'origine des idées [4]. Il commence par les idées de dépendance, de liaison et de passivité, car nous avons tous pâti avant d'agir : nous faisons d'abord l'expérience de situations qui dépendent de quelque chose d'autre que de nous-mêmes et qui sont liées les

1. *Ibid.*, § XXVI-XVIII, p. 280-283. Pour approfondir la question, on peut lire R. Mercier, « Maupertuis et les problèmes du langage », *Annales de Bretagne et des pays de l'Ouest*, 83/4, 1976, p. 763-769.

2. P. L. Moreau de Maupertuis, *Réflexions philosophiques sur l'origine des langues*, § XII, O I, p. 267-268.

3. J.-B. Mérian, « Discours sur la métaphysique », HAR 1765 [1767], p. 450-474.

4. L'adhésion à l'approche empiriste des questions de langage est confirmée par le précis de l'ouvrage ayant remporté le prix pour 1759, que Mérian publie dans la *Nouvelle Bibliothèque Germanique*, XXV, octobre-décembre 1759, p. 267 : « On observe très bien qu'il faut procéder par la voie de l'expérience, et qu'avant d'avoir recueilli un nombre suffisant d'observations, il ne faut point se presser de faire des systèmes ».

unes aux autres. Il s'agit d'un point théorique délicat qui aux yeux de certains lecteurs, dont Maine de Biran, a pu apparaître en contradiction avec les données de l'expérience auxquelles Mérian avait su se tenir dans son premier mémoire de 1749[1]: soutenir que l'état primitif de l'être intelligent est un état de passion reviendrait à produire un écart entre la philosophie qui s'attache à établir des lois ontologiques *a priori* comme du point de vue d'une intelligence supérieure et celle « bien plus modeste » qui repose sur la pratique de l'observation des phénomènes de son propre esprit, c'est-à-dire sur l'introspection[2]. Dans la suite du mémoire, le caractère de l'action se précise comme négation de celui de la passion. L'action est un état indépendant de ceux qui précédent et le principe d'un nouvel état, ce qui implique qu'une action ne saurait produire une autre action à proprement parler. En examinant les actes, Mérian prend enfin en considération la puissance d'agir. Il y a une notion de la force comme source des changements qui arrivent aux substances, laquelle lui semble pouvoir très bien s'y appliquer. Il n'est pas question de la force identifiable à un effort continuel à produire du changement, selon la définition de Leibniz et de Wolff, mais de l'idée qui dérive du sentiment de l'effort que nous faisons en voulant produire quelque changement, comme Maupertuis l'avait suggéré. Il faut, en effet, que le pouvoir d'agir soit en même temps celui de n'agir pas. Or, d'après Mérian, qui souhaite éviter de tomber dans le fatalisme, la liberté n'est autre chose que cette puissance d'agir ou de ne pas agir[3]. Sans cette puissance ou cette liberté, rien ne serait par ailleurs possible, le possible supposant une puissance suffisante pour le produire, ce qui implique que tout ce qui est concevable n'est pas possible pour autant[4]. Mérian parvient ainsi à la conclusion que si Dieu n'existait pas, rien ne serait possible. Et pourtant il tient à préciser que Dieu lui non plus n'est pas entièrement libre, vu qu'il pâtit de sa nature : de son point de vue,

1. J.-B. Mérian, « Sur l'aperception de sa propre existence », HAR 1749 [1751], p. 416-441.

2. Selon Maine de Biran, on ne saurait pas dire que l'état primitif d'un être intelligent soit un état de passion (ce ne serait même pas le cas de la statue de Condillac bornée au sens de l'odorat). Voir F. Azouvi et B. Bærtschi, *Maine de Biran et la Suisse : avec des textes inédits de Biran et des extraits de la correspondance d'Ernest Naville*, *Cahiers de la Revue de théologie et de philosophie*, 12, 1985, p. 31-32.

3. Par ailleurs, agir sans liberté impliquerait contradiction dans la perspective de l'auteur. La distinction *réelle* entre l'action et la passion, que présuppose la définition même de la liberté, est cruciale à cet égard.

4. Pour une comparaison entre l'argumentation de Mérian et celle de Kant à l'encontre du possible logique, voir S. Chauvier, « Concevabilité et possibilité : Kant ou Kripke », *Les Études Philosophiques*, 84, 2008, p. 7-28, notamment n. 2, p. 27.

la seule différence entre l'homme et Dieu réside dans le fait que rien d'extérieur ne saurait agir sur ce dernier.

Après avoir ainsi essayé de développer les notions de l'action, de la puissance et de la liberté, Mérian en fait l'application dans sa seconde dissertation [1]. En abordant premièrement la théorie de l'entendement et de la volonté, il met au jour le rapport entre la liberté et la pensée. Or l'une présuppose l'autre à un certain degré : pour agir, il faut être capable de voir deux partis opposés, également éligibles, avant de se déterminer pour l'un ou pour l'autre [2]. Bien entendu, il s'agit là d'une *conditio sine qua non* de la liberté, non pas de la liberté elle-même. En effet, on pourrait concevoir une sorte de machine spirituelle, perfectionnée dans son genre, et pourtant entièrement passive et dépendante. C'est plutôt du côté de la volition que l'action s'avère concevable : tous les changements de l'univers doivent s'analyser en termes de volitions, bien que les moyens par lesquels cela se produit demeurent inconnus et se soustraient à notre emprise. Mérian prône donc l'identification entre agir et vouloir, d'une part, et la définition de la liberté comme *puissance de vouloir*, d'autre part : tout être libre peut vouloir et ne pas vouloir ce qu'on lui propose, pouvoir appelé communément liberté d'*indifférence* [3]. L'auteur du mémoire regrette donc les erreurs commises sur ce sujet par les autres philosophes, dont Anthony Collins et Locke lui-même, qui avaient osé plaisanter au sujet de la liberté de vouloir, quitte à devoir se contredire au moment de décider ce qui rend l'homme digne de punition. En somme, les principes de la première dissertation sont appliqués au système de l'univers. Afin de rendre son propos intelligible, Mérian propose de partager les êtres en deux portions jointes entre elles : A) les êtres finis liés dans un système, et B) un être infini extramondain. La dépendance de A par rapport à B se laisse concevoir de deux manières : soit l'existence de B entraîne celle de A par une nécessité de conséquence, soit B donne l'être à A par une volition libre. Or la seule dépendance admettant la liberté est cette dernière : dans un tel cadre, si la portion A comporte des intelligences douées de la puissance de vouloir (que B possède à un degré illimité), ces intelligences seront des agents dépendant de B quant à leur existence mais libres dans leurs volitions.

Angela FERRARO

1. J.-B. Mérian, « Seconde dissertation sur l'action, la puissance et la liberté », HAR 1750 [1752], p. 486-516.
2. *Ibid.*, p. 493.
3. *Ibid.*, p. 497.

MÉRIAN [1]

DISSERTATION ONTOLOGIQUE SUR L'ACTION, LA PUISSANCE ET LA LIBERTÉ

Depuis que les philosophes disputent, (et en quel temps n'ont-ils pas disputé ?) la matière de la liberté fait un des principaux sujets de leurs divisions. La question ; si l'homme est libre ? dès qu'elle s'éleva, parut intéressante à tous les spéculatifs. On a écrit de gros volumes, où chacun décide selon les notions qu'il s'est formées ; et ces notions une fois supposées la plupart des décisions sont justes. Nous sommes libres, nous ne le sommes pas, nous savons ou nous ignorons si nous le sommes, selon que nous définissons la liberté.

Je les laisserai disputer sans toucher à leur controverse, et sans m'embarrasser, si dans le système de l'univers, ou hors de ce système, dans la première origine des êtres, il y a de la liberté, ou s'il n'y en a nulle part ? Dans les réflexions que j'ai l'honneur d'assujettir à votre examen, je ne me propose que de fixer l'état de la question. Qu'est-ce que la liberté ? Et que demande-t-on, lorsqu'on demande ; s'il y a des substances libres ? Voilà l'objet de mes recherches. Elles se renferment dans l'ontologie, et ne passent point les bornes du monde abstrait.

Si l'âme humaine entend et veut ? Si elle sent l'impression des motifs ? Ce n'est pas ce dont il s'agit de décider. On en convient de toute part. Si on
460 ne désirait rien de plus pour la liberté, la dispute | serait bientôt terminée ; mais en quoi de tout cela peut résider la liberté ? Quels doivent être les états qu'on peut appeler libres, par opposition avec ceux qui ne le sont point ? C'est là, dis-je, le grand article à discuter.

1. HAR 1750 [1752], p. 459-485.

Je reprendrai la chose de plus haut, en considérant, quelle doit être la différence réelle entre action et passion, supposé qu'il y ait en effet une telle différence. Ce sujet me conduira par une liaison naturelle à analyser les notions de la puissance, que toute action présuppose, et enfin à la liberté, qui n'est autre chose que cette même puissance. J'appliquerai mes spéculations non seulement à la théorie particulière de l'entendement et de la volonté, mais encore aux vues les plus générales, et qui embrassent le système entier de l'univers.

Je ne cherche point à me distinguer par des opinions paradoxes; et si on ne trouve rien dans cet écrit que de fort naturel et de fort simple, je me féliciterai d'avoir atteint le but que je m'étais proposé. Pourvu que par le tour que je donne à mon sujet, je puisse réussir à débrouiller le chaos des malentendus, des équivoques, et des vétilles de grammaire, dont on l'obscurcit, à faire le triage des expressions ambiguës, et à donner à chaque chose son vrai nom, je me croirai suffisamment payé de mon peu de travail.

Plusieurs de mes confrères, dont les noms et les mérites font honneur à cette illustre compagnie, ont traité avant moi la matière de la liberté, et se sont distingués dans cette carrière par la pénétration et la subtilité qui leur sont propres, et à laquelle je n'oserais aspirer. Ils ont l'esprit trop juste et trop philosophique pour soupçonner, que je puisse ou que je veuille me faire une réputation aux dépens de celle dont ils jouissent à si juste titre. D'ailleurs ils ne peuvent manquer de s'apercevoir, combien mon plan est différent, de celui qu'ils ont suivi; et ils seront les premiers à convenir qu'il est avantageux au progrès des sciences de considérer le même sujet dans tous les différents jours qu'il peut recevoir.

| Nous nous sentons assujettis à des états ou à des façons d'être, qui ne **461**
viennent manifestement pas de nous-mêmes. Nous trouvons aussi en nous des suites régulières et constantes de ces états, suites dont nous ne saurions empêcher le cours une fois commencé. Dès que j'ouvre les yeux, je ne suis plus maître de voir ou de ne pas voir la lumière et les objets qui la réfléchissent. De pareilles observations nous ont fait sentir notre dépendance. Ces situations, nous sommes-nous dit, ne dépendent pas de nous; elles dépendent de quelque chose qui n'est pas nous, et elles sont liées les unes aux autres.

Voilà l'origine des idées de dépendance, de liaison, et de *passivité.* Nous avons pâti avant que d'agir, et nous nous en sommes plutôt aperçus.

Il s'ouvre ici un vaste champ à spéculations. Tout ce qui est lié dans l'univers, soit dans la coexistence, soit dans la succession nous cache ses liens. Les nœuds que nous croyons apercevoir, sont noués eux-mêmes par des nœuds imperceptibles. Les organes qui tombent sous nos sens dépendent d'organisations plus subtiles qui ne sont visibles qu'à travers le microscope; et à mesure que cet instrument se perfectionne, on peut s'attendre à en découvrir toujours de nouvelles. Il en est de même d'une chaîne d'états qui se suivent. Une intelligence supérieure y pourra voir des états moyens qui seront les chaînons des chaînons apparents, et des états moyens entre ces états moyens, dans une progression à laquelle nous ne voyons point de terme.

Apercevons-nous en effet aucune connexion dans la nature; ou le tout se réduit-il à des suites de phénomènes indépendants et détachés les uns des autres? S'il en est ainsi, d'où nous vient l'idée de connexion? Si nous n'avions sur chaque cas qu'une seule observation, y aurions-nous jamais songé? Mais la répétition de ces cas peut-elle prouver ce que chacun d'eux en particulier ne prouve point? Enfin, si ces phénomènes avaient paru dans
462 un ordre renversé, nos notions | ne seraient-elles pas en raison inverse de ce
qu'elles sont à présent? Nous disons que la solution du continu produit la douleur, parce qu'elle la précède; si elle la suivait, n'aurions-nous pas la même raison de dire, que la douleur produit la solution du continu?

Toutes ces questions sont hors de mon plan. Je suppose ici la dépendance requise pour donner un sens au mot de passion. Mes spéculations roulent sur cette donnée; et c'est sur elle que j'établis la différence entre l'actif et le passif.

Lorsque deux choses, qui par leur nature appartiennent à la même classe, diffèrent par leurs rapports aux choses externes, cette différence est relative, accidentelle, ou nominale.

Elle est réelle, essentielle, ou spécifique, dès que chacune des deux a son caractère intrinsèque, incommunicable à l'autre dans quelque circonstance qu'on la place, ou sous quelque point de vue qu'on l'envisage.

La passion est un état qui a le principe de son existence hors de soi, ou qui est tellement attaché à un état précédent, que l'existence de celui-ci entraîne la sienne. Une substance est passive en tant qu'elle est assujettie à un pareil état.

La différence réelle de l'action exige, que son caractère puisse être nié du caractère de la passion. Elle sera donc un état indépendant de ceux qui précèdent, et un principe, ou une source, d'où dérive un nouvel état, ou une nouvelle suite d'états. L'agent est la substance en action.

Dans une suite *a, b, c, d, d* est un état passif, parce qu'il dépend de *c*; mais *c* ne l'est pas moins, parce qu'il dépend de *b*, et ainsi du reste. La dépendance de *d* suffit pour le rendre passif, mais il ne suffit pas pour rendre *c* actif, parce que si *c* était actif à l'égard de *d,* et passif à l'égard de *b,* la différence entre action et passion ne serait que relative et nominale. Il est plutôt vrai de dire que, quelque terme de la suite que vous preniez, l'état marqué par ce terme est aussi peu passif par rapport à ceux qui le précèdent

que par rapport à ceux | qui le suivent, ne l'étant que par rapport à une action 463
qui se trouve au commencement de la suite. Si *a, b, c, d,* me représentent une chaîne, je dis que le chaînon *b* ne soutient pas plus le chaînon *c* que le chaînon *d* ne le soutient; car, comment ce qui ne se soutient pas soi-même, soutiendrait-il quelque autre chose?

Autant de fois que dans une suite donnée chaque état tient à son voisin, toute la suite est passive; et on ne peut appeler action que par impropriété de langage tout état qui porte ce caractère de passivité.

Mais, si en remontant la suite *a, b, c, d,* on trouve à la fin un état *x* indépendant de tout ce qui précède, cet état seul sera actif, et *a, b, c, d,* seront les effets de son action. On peut considérer ces états comme un effet unique, nonobstant qu'ils n'existent que l'un après l'autre, car une chaîne commune les lie aussi bien que s'ils existaient à la fois; en comprenant $a + b + c + d$ sous une seule dénomination *Z*, on pourrait dire que *x* produit *Z* avec autant d'exactitude que l'on dirait: je remue un bâton, lorsqu'on remue une infinité de particules qui le composent.

Tout agent déploie son action, ou sur lui-même, ou sur un sujet différent de lui. Il n'y a que ces deux sortes d'actions qui soient concevables. J'appelle action externe celle qui s'exerçant au-dehors suppose deux sujets, l'un actif et l'autre passif. J'appelle action interne celle qui ne suppose qu'un sujet passant par une pluralité d'états liés, dans l'un desquels ce sujet est actif, et passif dans les autres.

Quelques-uns révoquent en doute la possibilité des actions externes; d'autres ont peine à concevoir l'action interne. Je ne m'engage à soutenir ni l'une ni l'autre; cependant il est bien clair que les changements extérieurs que nous causons, ne nous sont connus que par cette fluctuation d'idées qui diversifie la scène dans nos entendements.

Si nous faisons abstraction des effets, toutes les actions ont les mêmes propriétés; et d'abord une vraie action exclut toute autre action de la suite
où elle se trouve. Supposez deux actions | comprises sous le même enchaî- 464
nement d'états, il faudra que l'une des deux soit l'effet de l'autre, et comme tout effet est une passion, qu'elle soit action et passion tout ensemble; ce qui est manifestement contradictoire.

Rien n'est cependant plus commun que d'entendre dire, *qu'une action a été produite, qu'un être a été mis en action, qu'on s'est mis soi-même en action.* Si on prend ces expressions à la lettre, j'aimerais autant qu'on dît, que *l'on a pâti une action,* ou *qu'un état actif est un état passif.* Le langage est source féconde d'erreurs; le philosophe s'en sert avec le reste des hommes, mais il épure les notions qu'il y attache.

Quand nous parlons de l'incompatibilité de deux actions dans la même suite d'états, nous ne l'entendons pas seulement de celles qui se suivraient immédiatement, mais encore de celles qui laisseraient entre elles un intervalle quelconque, pourvu que la chaîne soit continue et ne souffre point d'interruption.

Si *z* est une action dont dépend la suite *a, b, c, d, d* sera aussi peu une action que s'il n'y avait que la suite *z, d.* Les états *a, b, c,* considérés par rapport à *d* seront des états de pure machine, et la substance qu'ils affectent, sera une machine, en tant que passant par ces états. On voit que la *passivité* n'entre pas seule dans l'idée de la machine, et qu'on y considère encore le rapport à un changement déterminé qu'on produit par son moyen. Un *état machinal* n'est pas son propre terme, il se rapporte toujours à un état suivant qu'on obtient par son intervention; si un corps était mû dans l'espace vide, quelque passif que fût ce corps, il ne serait pas machine.

Nous ne prenons pas ici le mot de machine dans un sens mécanique, où il s'agit de produire des mouvements compendieux en diminuant la dépense du temps et des forces; mais dans un sens métaphysique et général qui enveloppe toutes les substances sans exception. S'il y a des esprits à qui elle convient, ces esprits seront des machines; s'il y a des corps à qui elle ne
465 convient pas, ces corps ne | seront pas des machines. Je ne conçois que des raisons de système qui puissent porter un philosophe à restreindre cette dénomination aux corps seuls; on aurait, ce me semble, autant de raison de l'approprier à un certain métal à l'exclusion des autres; si un corps n'est pas machine, parce qu'il est d'or ou de cuivre, un être le sera-t-il plus ou moins, parce qu'il est corps ou esprit? Ou plutôt le corps et l'être le sont-ils pour autre cause que parce que la notion de la machine les renferme?

Deux ou plusieurs actions peuvent concourir au même effet total, mais de quelque façon que cela arrive, ces actions ne se trouveront jamais dans la même série, puisqu'elles ne sauraient devenir l'instrument l'une de l'autre. Un effet total n'est que la somme des effets particuliers de chaque acte individuel, qui y fournit son contingent. Supposez que deux agents unissent leurs forces pour remuer un corps, ou qu'un corps mis en mouvement par une première action reçoive un nouveau degré de célérité, ou une nouvelle direction par une seconde action, on pourra faire le partage de l'effet total, et attribuer à chacune sa série d'effets en raison des forces qu'elle a contribuées. La seconde action n'est donc point la machine de la première, et il y a deux séries d'effets différentes dans leurs principes.

Toute action moyenne doit être jugée selon cette règle. Si entre l'action *z* et la passion *a,* il y a une action *m, a* est l'effet de *m,* et par conséquent *z* ne le produit point; mais *z* ne produit pas *m* non plus, parce qu'une action ne saurait produire une action. La suite *z, m, a,* est donc

contradictoire; elle laisserait entre *z* et *m* une lacune qui romprait la continuité de la suite. Un angle intercepté dans l'origine de deux lignes qui partent de différents points, n'est pas plus incompréhensible qu'une liaison pareille. Ces lignes peuvent se rencontrer quand on les continue, soit qu'elles se terminent au même point, soit que tendant vers différents points elles aient un point d'intersection; de même les effets de *z* et *m* peuvent se
|joindre, se croiser dans un passage commun, et se modifier, mais les 466
actions mêmes ne sauraient se lier en aucune façon, ni médiatement, ni immédiatement. Qu'on suppose une rencontre et une modification quelconque de leurs effets, on pourra toujours tracer une série continue dépendante de *z,* qui différera d'une autre série dépendante de *m,* et concevoir partout un partage d'effets, analogue à la distribution du mouvement qui a lieu après le choc des corps.

Nous avons pris le mot de liaison en sa plus grande rigueur. Adoucissons ce terme à n'entendre qu'une *liaison occasionnelle,* ou en général une liaison avec laquelle l'activité de *m* puisse subsister. Rien n'empêche que cette liaison n'ait lieu; cependant il est à observer que naturellement elle ne saurait jamais être immédiate. Pour que *z* devienne l'occasion de *m,* il faudra que *z* produise un motif dans la substance à laquelle *m* appartient, et ce motif étant une passion interceptée entre *z* et *m,* rendra la liaison médiate.

J'ai excepté les cas surnaturels; en supposant l'intervention immédiate de la divinité, on ne saurait dire que nous produisions le motif qui la porte à agir; ce motif subsiste avant nous dans la région des vérités éternelles.

La secte des occasionnalistes resserre l'activité des substances finies dans des bornes si étroites, qu'on est fort embarrassé à comprendre ce qui en reste après tant de restrictions. Il y a une raison évidente du contraste qui règne dans les écrits de ces philosophes: c'est que d'un côté ils reconnaissent ce que de l'autre ils devraient rejeter en vertu de leur système qui transmet toute énergie à la divinité. De là vient ce langage singulier [1], *que nous faisons ce que Dieu fait en nous* [2], *qu'une détermination*

1. Voyez la *Recherche de la vérité* du P. Malebranche, éclairc. I. Sur le ch. 1. du premier livre [note originale].

2. N. Malebranche, *Recherche de la vérité*, *Éclaircissement I* [1678], *Œuvres complètes*, éd. A. Robinet, Paris, Vrin, 1956-1968, III, 1962, p. 24 : « Ainsi, que faisons-nous quand nous ne péchons point ? Nous faisons alors tout ce que Dieu fait en nous, car nous ne bornons point à un bien particulier, ou plutôt à un faux bien, l'amour que Dieu nous imprime pour le vrai bien. Et quand nous péchons, que faisons-nous ? Rien. Nous aimons un faux bien, que Dieu ne nous fait point aimer par une impression invincible ».

particulière qui n'est ni nécessaire ni invincible, nous est donnée de Dieu [1], *et que lorsque nous nous donnons une nouvelle modification, ce que nous faisons alors, est produit par l'action que Dieu met en nous* [2]. Si ces
467 expressions sont incompréhensibles, c'est cependant | tout ce que pouvait imaginer de mieux le sublime fondateur de cette secte.

Est-il possible en effet de concevoir une action sans sa passion corrélative? Ne serait-ce pas là une action en l'air, ou ce qu'on appelle *agendo nihil agere* (ne produire nulle action en agissant)? Il est très raisonnable de penser qu'aucune action n'est destituée de toute efficace; peut-être, à bien approfondir la chose, se trouvera-t-il que chaque action rompt une chaîne d'états qui allait se prolonger, ou qu'elle arrête une passion au passage dans le même instant qu'elle se déploie: de cette façon chaque acte aura son effet inséparable, quand même on supposera l'agent anéanti immédiatement après.

Quoi qu'il en soit, il n'y a que deux chemins ouverts pour l'action *z*, le premier suit une ligne divergente de *m*. Le second aboutit à fournir un motif, et par là à devenir l'occasion de *m* qui commencera alors sa ligne dans un point de celle que *z* avait ébauchée, soit qu'elle ne fasse que la continuer, soit qu'elle lui donne des inflexions.

En supposant donc entre *z* et *m* le motif *l*, de sorte que dans la suite *z, l, m, a,* les passions alternent avec les actions, cette suite subsistera, ou dans la même substance *Z*, car une première action occasionnant la suivante, le même agent peut faire par *l* le trajet à *m*; ou cette suite sera partagée entre plusieurs substances. Supposez en deux *Z* et *M*. Dans cette supposition *M* commence où *Z* finit, savoir après *l*; *z* appartiendra à *Z*, *lm* à *M*, et *a* sera dans *M*, ou hors de *M*, selon que l'acte *m* est externe ou interne; *a* pourra même être dans *Z* par une réaction de *M* sur *Z*. Mais dans aucun de ces cas *z* n'aura produit *a*.

1. N. Malebranche, *Recherche de la vérité*, *Éclaircissement I* [1678], III, *op. cit.*, p. 25: « Or, lorsque nous aimons uniquement ou contre l'ordre un bien particulier, nous recevons de Dieu autant d'impression d'amour que si nous ne nous arrêtions pas à ce bien. De plus, cette détermination particulière et naturelle, qui n'est point nécessaire ni invincible par rapport à notre consentement, nous est aussi donnée de Dieu. Donc, lorsque nous péchons, nous ne produisons point en nous de nouvelle modification ».

2. *Ibid.*: « J'avoue cependant que, lorsque nous ne péchons point, et que nous résistons à la tentation, on peut dire que nous nous donnons une nouvelle modification, en ce sens que nous voulons actuellement et librement penser à d'autres choses qu'aux faux biens qui nous tentent, et que nous voulons ne nous point reposer dans leur jouissance. Mais nous ne le voulons que parce que nous ne voulons être heureux que par le mouvement vers le bien que Dieu imprime en nous sans cesse ».

Il en sera de même, si tirant le motif *l* de la suite *z, l, m, a,* vous le transportez dans l'entendement divin, qui connaît nos actions sans en éprouver aucune influence; car quelle que soit la destinée de *z* il sera toujours vrai, qu'*a* procède de *m,* savoir d'une action divine occasionnée par le motif *l.*

| Je viens de déterminer tous les cas des causes occasionnelles appli- **468**
cables aux changements qui arrivent dans l'univers, soit en grand, soit en petit. Supposé que le choc ne soit que l'occasion du mouvement des corps, que les anges remuent les tourbillons, qu'une substance immatérielle, pénétrant les masses des globes célestes, les pousse l'un vers l'autre en raison inverse des carrés des distances, ou qu'en général en toute rencontre des corps le mouvement s'exécute par quelque substance étrangère, les rencontres et les situations ne seront que des motifs que la même substance se fournit à elle-même, ou que plusieurs substances se renvoient mutuellement.

Il en est de même des changements qui semblent passer des corps aux esprits, des esprits aux corps, ou des esprits aux esprits. Tous ces changements exigent une pluralité d'actes, quoiqu'il ne soit pas toujours nécessaire d'appeler au secours un agent moyen, pourvu qu'on suppose deux sujets capables d'action. Lorsqu'un officier commande l'exercice à son soldat, c'est sans doute ce dernier qui l'exécute, et lorsque l'horloger monte et règle ma montre, ce n'est pas moi qui marque le midi; au lieu que si je faisais faire à une marionnette l'exercice prussien, ce serait mon acte, et non celui de la marionnette, et que dans un langage exact on ne devrait pas dire que l'aiguille, mais que l'horloger marque le midi.

Enfin, à l'occasion des actions et des changements d'une substance, Dieu peut produire d'autres changements dans la même. Supposé qu'un esprit agisse, son action sera un motif à Dieu pour introduire dans cet esprit une pensée, cette pensée deviendra un nouveau motif pour l'introduction d'une seconde, celle-ci pour une troisième; et de suite jusqu'à ce que l'esprit en arrête la succession par un acte nouveau. C'est ainsi que doivent dogmatiser les idéalistes, dont les plus célèbres sont cartésiens. Il y a lieu de s'étonner, que ces philosophes soient ordinairement représentés par MM. de *Leibniz* et de *Wolff,* comme s'accordant avec eux sur une branche de l'harmonie préétablie, qu'on dit être un composé de l'idéalisme avec le matérialisme. Je ne | vois pas sur quel fondement repose cette assertion, **469**
pendant que les plus distingués de cette secte, comme le père Malebranche, (si on veut l'y compter), et le savant évêque de Cloyne, rejettent avec

Descartes les idées obscures qui sont l'unique soutien de l'automate spirituel de *Leibniz*[1].

Il découle naturellement des mêmes principes dont nous venons de faire l'application aux causes occasionnelles, qu'un changement qui répond à une action en vertu d'une suite pré-ordonnée, doit être considéré comme l'effet de l'action dont il dépend, et non de celle à laquelle il répond; cette dernière, en tant que prévue, ne fait que fournir un motif à l'agent qui a préétabli la suite dans laquelle entre son changement harmonique, et par conséquent n'est que cause occasionnelle de ce changement, sauf cependant à elle d'entraîner ses propres effets dans l'intérieur de sa substance.

On peut concevoir une harmonie entre les différents états de la même substance avec autant de raison qu'on la conçoit entre plusieurs substances; supposez *x* une action, à laquelle répond dans la même substance la passion *d,* qui cependant dérive d'une action externe *z,* par une suite préétablie, *z, a, b, c, d,* ce sera ce qu'on cherche. Cette harmonie intrinsèque paraît devoir entrer non seulement dans l'harmonie universelle, mais encore dans l'automate spirituel en particulier. Lorsque je jette les yeux sur un objet coloré, la vue de cet objet n'est pas l'effet proprement dit de mon action, mais celui d'un ordre préétabli dans la même substance, en vertu duquel un soleil obscur a dardé ses rayons sur l'objet, qui de là se sont réfléchis sur ma rétine représentative suivant les lois de l'optique spirituelle, et d'une manière propre à me présenter cet objet sous les couleurs que j'y aperçois, après l'action sur laquelle leur développement est réglé. Ce serait là en retranchant le corps le véritable idéalisme *Leibnizien,* qui s'accorde pourtant avec le *Cartésien,* en ce qu'il requiert plus d'une action, comme en général tout ce qui est occasionnel ou harmo-
470 nique. Les partisans de l'harmonie conviennent sans difficulté que | les actions des esprits ne sont que *causes exigitives*[2] des mouvements de leurs corps.

1. Rappelons que pour Malebranche, les idées au sens propre du terme sont toujours claires; et que Berkeley, évêque de Cloyne, quant à lui, avait rejeté les idées obscures de substance et de matière.

2. L'expression semble avoir été en usage à l'époque pour décrire la spécificité de l'harmonie préétablie. Dans un compte rendu des discussions qu'il avait eues en 1750 avec le philosophe et théologien Israel Gottlieb Canz, disciple de Leibniz et de Wolff, Pierre Sigorgne, dans ses *Institutions leibniziennes*, fournit des explications supplémentaires à ce sujet: « Vous voyez donc, m'ajouta-t-il [Canz], que dans ce système [de l'harmonie préétablie] les substances sont actives, que leur action se termine en elles-mêmes, et que néanmoins elles ont l'une sur l'autre une influence véritable quoique simplement exigitive : ce qui suffit pour qu'elles aient des propriétés réelles pour constituer leur nature, lui donner une tout autre consistance et l'établir d'une tout autre nécessité, que dans les système des causes

L'influence physique diffère des deux hypothèses dont nous venons de parler, en ce qu'en elle tout est lié depuis le commencement jusqu'à la fin, et lié naturellement. Quand même on concevrait l'action et tous ses effets dans une substance commune, les différents états de substance seraient encore liés entre eux, et on pourrait concevoir une influence de l'un sur l'autre. Il est vrai que, dans les êtres finis, cette liaison dépend d'un acte antécédent d'un être infini qui accorde aux premiers un certain empire, soit sur leurs propres états, soit sur ceux des substances qui les environnent; ce qui est évident par-là seul que les agents finis vont à leur but par des voies sourdes, dont ils ne sont par conséquent pas les auteurs, quoique indépendants dans leur emploi. Mais la liaison immédiate des causes, des moyens, et des fins n'en souffre rien, les deux derniers étant abandonnés à la détermination des premières, et ces premières n'étant déterminées que par elles-mêmes.

C'est un argument bien faible, que celui que les cartésiens déduisent de l'ignorance des moyens, pour établir l'intervention immédiate de Dieu, et pour rejeter l'influence[1]. Quelque vrai qu'il soit que, lorsque nous remuons nos corps, nous ne choisissons, ni la quantité des esprits animaux, ni les canaux par lesquels ils doivent couler, ni les muscles qu'ils doivent enfler par leur influence, ou désenfler par leur retraite, et que ceux qui remuent leurs corps avec le plus de vigueur et d'adresse, soient ordinairement les plus stupides, et les plus incrédules au sujet de ce mécanisme, cela n'empêche pas, dis-je, que toutes ces choses ne puissent être liées très étroitement, et entre elles, et avec l'action qui y préside. Ainsi, quoiqu'un homme ignorât parfaitement la nature et l'existence même de la poudre à canon, il pourrait pourtant être amené par l'habitude à produire avec prévoyance les effets les plus prodigieux de cette poudre. Il n'y aurait pour cela qu'à lui apprendre qu'on le fait en mettant le feu à des | barils dont on le **471**
laisserait ignorer le contenu. Ajoutons qu'une telle liaison devient très probable, parce que sans elle la complication des moyens paraît devenir superflue, et ne servir qu'à multiplier les êtres sans nécessité.

occasionnelles » (*Institutions leibniziennes, ou Précis de la monadologie*, Lyon, Frères Perisse, 1768, p. 204)

1. C'est le principe du *Quod nescis quomodo fiat, id non facis* (On ne fait pas ce dont on ignore comme cela se fait) dont s'était servi notamment le cartésien occasionnaliste Arnold Geulincx. Sur l'histoire de cet argument on peut consulter E. Scribano, « "Quod nescis quomodo fiat, id non facis". Occasionalism against Descartes ? », *Rinascimento*, 51, 2011, p. 63-86 et A. Sangiacomo, « Geulincx and the Quod Nescis Principle : A Conservative Revolution », *in* S. Nadler, T. M. Schmaltz, D. Antoine-Mahut (eds.),*The Oxford Handbook of Descartes and Cartesianism*, Oxford, OUP, 2019, p. 450-464.

Jusqu'ici nous n'avons considéré que les actions qui produisent des changements dans quelque sujet préexistant; mais, si ces sujets mêmes ont eu un commencement d'existence, (ce qu'il ne m'est permis ici que de supposer), leur passage du néant à l'être exige une action préliminaire à tout changement consécutif; cette espèce d'action nous reste à examiner.

Si tout acte demandait le changement d'une substance préexistante, la création ne serait pas un acte. Elle n'est pas le changement du possible dans l'actuel, car loin que le possible cesse de l'être lorsqu'il est réalité, sa possibilité en reçoit la confirmation; ce n'est pas le changement d'une représentation en ce qu'elle représente; car outre qu'elle ne représente rien avant l'existence de son *ectype,* on ne saurait dire qu'un plan cesse d'exister après qu'il est exécuté sur le terrain. Dira-t-on que c'est le changement du futur dans l'actuel? Mais le futur n'est rien; s'il était quelque chose il serait présent; on n'en peut pas dire qu'il existe mais qu'il existera, ni qu'il change, mais qu'il changera. Newton a cru, *qu'on pourrait se former en quelque manière une idée de la création de la matière, en supposant que Dieu eût empêché par sa puissance que rien ne pût entrer dans une certaine portion de l'espace pur, qui de sa nature est pénétrable, éternel, nécessaire, infini; car dès-là cette portion de l'espace aurait l'impénétrabilité, l'une des qualités essentielles à la matière* [1]. Mais il est visible que dans ce cas la puissance divine n'empêcherait que la pénétration actuelle, et non la pénétrabilité de l'espace, dont elle ne saurait changer la nature. L'espace a été pénétrable avant la création des corps, et l'est encore dans les lieux de l'immensité où jamais aucun corps n'a pénétré.

472 | Cependant, lorsqu'on considère d'un autre côté, que les substances créées ont hors d'elles le principe de leur existence, et de leur manière primitive d'être, on ne saurait s'empêcher de les regarder comme passives, et par conséquent de reconnaître comme un acte la création dont elles dérivent. Nous nous sommes formé nos notions sur les changements observables dans les substances préexistantes; de là vient la difficulté de concevoir un acte, sans présupposer un sujet sur lequel il s'exerce; dans le cas présent nous sommes toujours portés à substituer ce sujet sous le nom de *rien,* ou de *néant,* quoiqu'en effet nous ne concevions pas mieux la succession des modes dans les sujets préexistants que la création même. Ce n'est que l'habitude qui nous rend le passage d'un mode à l'autre plus compréhensible que celui du Néant à l'Être; si nous voyions autant

1. Voyez Locke sur l'Entend. hum. L. IV. ch. 10. §. 18. remarque 2 du traducteur [note originale]. Cette remarque de Pierre Coste pour caractériser la position newtonienne apparaît pour la première fois dans la troisième édition de la traduction (1735) de l'*Essai* de Locke : *Essai*, 4.10.18, p. 523.

d'exemples de création que de modification, nous serions aussi familiarisés avec la première espèce de production que nous le sommes maintenant avec la seconde, qui dans le fond n'est pas moins que la première un passage du non-être à l'être.

On me demandera peut-être, s'il ne serait pas possible, que l'état primitif d'un être nouvellement créé fût lui-même une action ? Si Dieu ne pourrait pas créer un être en action, comme il peut créer un corps en mouvement ? La question revient à ceci : *si l'état primitif peut être action et passion ensemble ?* Ou, *si une vraie action peut être une vraie passion ?* Et par conséquent la réponse est toute simple. La comparaison du corps créé en mouvement n'est rien moins que juste, vu que la matière n'est pas plus active dans le mouvement que dans le repos, à moins qu'on ne conçoive une matière soi-mouvante. Mais il est impossible qu'un corps soit créé dans l'état soi-mouvant.

En prenant une substance telle qu'elle sort des mains du Créateur, nous la trouverons déterminée par deux sortes de conditions, les unes essentielles et permanentes, qui la qualifient à l'existence ; ces conditions ne dépérissent par aucun changement, et tiennent contre tous les bouleversements de la nature ; les autres passagères et | transitoires qui paraissent et 473
disparaissent ; c'est leur variation perpétuelle qui rend le monde à tout moment si différent de lui-même, et entretient ce spectacle si amusant pour les esprits les plus frivoles, mais ravissant et instructif pour un contemplateur qui pénètre au-dedans de l'écorce. Sans les premières il n'y aurait point d'identité ; sans les secondes il n'y aurait de diversité qu'entre les espèces, elles sont surtout toutes deux nécessaires au changement. Par rapport aux passagères la chose est toute claire, puisque c'est dans leur succession que tout changement consiste.

Mais si tout était passager, et la nature entière dans un flux perpétuel, le changement ne serait qu'une alternative éternelle entre l'anéantissement et la création. Chaque instant tirerait du sein du néant un nouvel univers qui ne serait point bâti sur les ruines de l'ancien, et l'y replongerait l'instant après ; à peine une chose existerait-elle qu'elle cesserait d'être ; au lieu que, s'il n'y a que les conditions non essentielles qui soient sujettes aux variations, le monde ne sera vain et passager que dans sa partie la moins considérable ; la nature toujours la même sous différentes formes ne perdra rien sans espoir de réparation, ni dans le physique, ni dans le moral, l'ordre pourra toujours renaître du sein même du désordre ; et ainsi que nous voyons les beaux jours succéder aux orages, de même les Néron pourront devenir des Titus, puisqu'ils ne sont point Néron par leurs essences. Car, quand même le monde physique retomberait dans le chaos, que le monde moral devînt le théâtre de la fraude, de l'injustice et du crime, rien ne serait par-là, ni ajouté, ni retranché, aux fondements durables des êtres;

Quæ neque concussum cæli, neque fulminis iram,
Nec metuunt ullas tuta atque æterna ruinas[1].

Ceci posé, l'on voit non seulement que, si l'action convient du tout à la créature, ce ne peut être que dans le champ des déterminations passagères, mais encore que la Divinité elle-même ne saurait changer les essentielles sans anéantir les substances.

474 | Il en suit outre cela que tout être créé est passif par rapport à ses qualités permanentes, par rapport à l'état primitif formé de qualités transitoires, comme aussi par rapport à ce qui dérive de cet état dans une suite non interrompue; et par conséquent que l'être en tant que créé est passif à tous les égards.

Enfin la substance finie est toujours passive à de certains égards; on ne saurait concevoir un instant dans lequel elle se dégage entièrement de sa *passivité.* Cet instant devrait être rempli d'action; tous les états passifs qui subsistent dans la substance, soit en conséquence de ses déterminations primitives, soit en conséquence des déterminations suivantes, devraient être effacés par autant d'actions. Une seule action ne suffira pas pour rompre plusieurs chaînes de passions. Plusieurs actions réitérées n'y suffiront pas non plus, quand même depuis l'une à l'autre la substance ne recevrait aucune nouvelle impression de dehors. Supposez que *a* détruise un état passif; pendant que *b* en efface un autre, *a* aura déjà formé un nouveau, auquel il faut opposer un nouvel acte; l'œuvre se multipliera sous les mains de l'agent, et plus il aura fait, plus il lui restera à faire. Je veux même supposer plusieurs actes simultanés, et que vous soyez capable d'opposer une action à chacun de vos états passifs, il vous restera toujours une passivité invincible que vous ne sauriez détruire sans vous arracher à vous-même (si j'ose ainsi parler); cette passivité se fonde sur les conditions durables de votre être, elle commence et finit avec votre existence.

Je n'ignore point le sentiment d'une secte célèbre qui, faisant consister les essences dans des *efforts continuels au changement,* prétend que rien n'est mort dans la nature, que tout y est vie, que tout est action[2]. Il est

1. Ovide, *Métamorphoses*, XV, v. 811-812, éd. G. Lafaye et O. Sers, Paris, Les Belles Lettres, 2016, p. 751 : « Bravant le choc des cieux et la foudre en fureur, à l'abri de la ruine, éternel et pérenne ».

2. Cette signification provient très certainement de Wolff qui définit la force de la sorte : C. Wolff, *Philosophia prima sive Ontologia* § 724, GW II, 3, p. 543. Le lien entre l'action et le vivant semble plutôt provenir de Leibniz, en particulier des *Principes de la nature et de la grâce fondés en raison* : GP VI, p. 598.

visible que cette secte attache à ce terme un sens opposé à celui que nous lui attribuons, et qu'elle traite de chimère. Je ne disputerai pas sur les mots dont l'usage est arbitraire; et il me suffit que ce que ces philosophes nomment une action, puisse être une passion parfaite dans notre manière de penser et de nous exprimer.

| Lorsque dans l'algèbre on trouve une quantité positive égale à zéro, on **475**
conclut, qu'il y a de l'erreur dans les données. Nos recherches nous montrent que les substances finies qui sont actives, doivent être passives en même temps. Si cette proposition implique, il s'ensuivra que ces substances sont incapables d'action dans le sens que je donne à ce terme; mais on observera aussi que cette difficulté ne m'affecte en aucune façon, puisque je ne donne ni n'ôte à ces substances la capacité d'agir. Mais d'un autre côté on se tromperait bien plus grossièrement à s'imaginer que ces substances pourraient être purement actives, et que la difficulté serait aplanie en retranchant ce qu'il y a de passif en elles; ce serait soutenir, que le néant pût être actif. S'il y a donc des créatures actives, non seulement il n'implique point qu'elles soient passives en même temps, mais il impliquerait que cela fût autrement. Toute créature est passive en vertu de son origine et de la continuation de son durable; et elle est *passible,* (permettez-moi ce terme,) par le droit d'agir sur elle, que conserve la substance créatrice.

M'objectera-t-on que Dieu ne peut agir sur les substances actives, parce que ce serait anéantir ces substances que d'agir sur elles? Mais d'abord ces substances seraient-elles moins passives dans leur anéantissement qu'elles n'ont été dans leur création? Ensuite, pour les rendre *impassibles*, ne faudrait-il pas leur attribuer une indépendance absolue de la divinité, leur ériger un empire dans l'empire de l'univers? D'ailleurs l'objection ne suppose-t-elle pas évidemment, que le durable des êtres actifs renferme l'action actuelle, ce qui serait très absurde, ce durable étant nécessaire et passif, comme nous avons vu, pendant que toute action est libre, comme nous verrons tantôt. Agir en vertu de son essence, c'est agir toujours, c'est agir nécessairement, ou ce qui est la même chose, c'est n'agir point du tout. Ceci prouve encore clairement qu'une substance finie purement active est purement contradictoire, ou, si on aime mieux, elle n'est qu'un jeu de mots; et si on voulait l'admettre, il faudrait dire, qu'elle serait | beaucoup moins **476**
parfaite qu'une substance dans laquelle les vraies actions seraient entremêlées avec les passions.

Franchissons les limites de l'univers, et transportons-nous dans des régions supérieures. Pourra-t-on dire que la suprême substance elle-même soit active à tous les égards. Les philosophes qui l'ont définie *un acte pur,* n'ont peut-être pas pris garde qu'ils la dépouillaient en effet de toute activité. Il y a en Dieu des propriétés fondées sur la nécessité de son être, qui certainement ne peuvent pas être appelées des actions: prenons pour exemple la toute-science qui a de l'analogie avec notre science limitée, vu que nous ne la concevons que par le retranchement des bornes dont nous nous sentons environnés. Dieu serait-il plus actif par rapport à sa science que nous ne le sommes pas rapport à la nôtre? N'est-il point nécessité par sa propre nature à tout connaître? Et ne peut-on pas dire en quelque façon qu'il pâtit de sa nature? Si cette expression paraît trop dure, je consens qu'on invente un terme moyen entre action et passion, pourvu qu'il désigne ce qui est aussi peu action que la passion même. Dans le fond toute la différence qu'il y a entre la Divinité et nous, consiste en ce que rien d'extérieur n'agit sur la première, le reste de l'analogie subsistant dans son entier. Toutes les raisons concevables donc, pour lesquelles l'action et la passion ne sauraient résider dans un sujet commun, recourant dans la substance divine, on serait réduit à soutenir, que Dieu lui-même ne peut être tout-sage et tout-puissant à la fois, et par conséquent qu'il n'y a aucun agent, ni dans le nombre des créatures, ni hors de ce nombre; ou il faudra se ranger sous les étendards de Spinoza en soutenant, que tous les actes de Dieu sont aussi nécessaires que son être, c'est-à-dire, il faudra vétiller sur le mot d'action.

Je ne plaide ici pour aucun parti; mais je ne puis croire que ceux qui admettent l'action et la passion dans le même sujet, prétendent y allumer la guerre intestine, en introduisant deux principes dont les efforts réciproques
477 tâcheraient de s'entre-détruire, et se disputeraient, | pour ainsi dire, l'empire de la substance. Ils conçoivent, il est vrai, dans le même sujet, deux manières d'être qui diffèrent spécifiquement, mais, diront-ils peut-être, il n'y a en ceci rien d'extraordinaire: l'expérience journalière ne nous montre-t-elle pas dans les substances les plus simples la plus étonnante variété de modifications? N'est-ce pas la même âme qui voit les couleurs, entend les sons, flaire les odeurs, savoure les mets, tantôt nageant dans des torrents de délices, tantôt en proie aux douleurs les plus désespérantes? S'il y a cette variété entre les espèces des passions, pourquoi serait-il impossible que tous les états passifs pris ensemble différassent d'une autre espèce d'états qu'on nomme actifs? La simplicité de la substance qui est le théâtre de ces différentes scènes, ne s'oppose pas plus à la seconde variété qu'à la première.

À regarder les choses d'un point de vue général, il est clair que tout état est actif ou passif; mais ce serait un partage mal fait que de diviser les substances en actives et passives, vu que bien qu'il puisse y avoir des substances entièrement passives, il est impossible qu'il y en ait d'entièrement actives. Le partage suivant sera peut-être plus commode : d'abord il y a des substances entièrement passives par des actes étrangers. Après cela il y en a qui sont actives et passives ensemble. Les actions de celles-ci, ou se renferment dans leur intérieur, ou produisent des changements au-dehors. Leurs passions proviennent aussi, ou de leurs propres actions, ou d'actions étrangères; ces dernières sont de trois sortes; ou c'est une continuation de leur durable; ou ce sont des états résultants de l'état primitif; ou des états introduits après le primitif par une cause extérieure, soit médiatement, soit immédiatement. Enfin il y a un agent, qui n'est passif que par la nécessité de sa nature.

On a vu en quoi doit consister le caractère distinctif de l'action, si elle diffère plus que nominalement de la passion, et nous avons réduit toutes les actions concevables sous des vues générales. Mais ce principe intrinsèque, sans lequel il n'y en aurait point, nous ne | l'avons considéré encore que **478**
dans son exercice : il est à propos de l'envisager de plus près. L'océan a ses profondeurs à l'épreuve de la sonde; les sources des rivières qui fertilisent les contrées les plus vastes, se cachent dans des rochers escarpés, dont il n'est permis de reconnaître que les avenues. De même ces principes d'action qui produisent, animent, et changent l'univers, ne nous présentent que certaines faces, nous dérobant éternellement leur fonds et leur manière d'opérer.

La première chose à laquelle la considération de tout acte nous conduit, est une puissance d'agir. Cette puissance n'est pas simplement ce que la philosophie nomme une faculté, mot trop général, et qui embrasse la passion aussi bien que l'action. Les facultés de l'entendement ne sont que la réceptivité d'actions étrangères. La philosophie moderne semble même avoir restreint ce mot aux passions seules, puisque pour mettre les facultés en jeu elle requiert une force.

Il y a une définition générale de la force très applicable à la puissance d'agir; elle est en effet *la source des changements qui arrivent aux substances,* bien entendu une source primitive qui ne découle point d'une autre source : il ne faut jamais trop presser la métaphore par laquelle on explique ces sortes de matières; les sources d'eau les plus vives dérivent de causes antérieures, soit qu'elles soient produites des eaux de la mer qui s'élèvent par les tuyaux des montagnes, soit qu'elles descendent des vapeurs condensées sur leurs sommets.

Mais notre puissance d'agir devient tout à fait méconnaissable sous la notion de la force que la philosophie moderne a mise à la mode; cette force est *un effort continuel à produire du changement*; on lui donne le rang entre l'acte et la faculté, et on la compare au ressort qui s'efforce à se détendre. Une telle force suppose une force antérieure qui la monte, la détermine, et la dirige vers son but; c'est une force forcée, si j'ose m'ainsi exprimer. Supposons
479 avec les | mêmes philosophes qu'elle soit le durable même des substances, ce durable sera déterminé de dehors par la force créatrice dont il tire son origine. Si on n'analyse point les forces subordonnées en des forces primitives, que nous appelons puissances d'agir, l'état naturel de l'univers sera un état forcé sans qu'il y en ait une cause primitive. Il serait inutile de recourir dans ce système au pouvoir divin; ce pouvoir même ne sera autre chose qu'une pareille force, il sera plutôt une impuissance qu'une puissance.

Bien loin donc qu'une pareille force soit la puissance d'agir que nous cherchons, elle n'en est tout au plus que l'instrument; les philosophes dont nous parlons, demandent les forces pour mettre les facultés en œuvre[1]; nous demandons des puissances pour mettre les forces en œuvre.

Monsieur *de Maupertuis* explique la génération de l'idée de la force motrice *par le sentiment d'un effort que nous faisons en voulant produire quelque changement*[2]. Je ne crois pas qu'on parvienne autrement à la notion d'une force quelconque. Or pour faire un effort il faut agir, et il est visible que l'effort est quelque chose de moyen entre l'action et l'effet, et tout au plus la cause instrumentale de ce dernier. Il n'est donc point l'action, ni le principe, mais le produit de l'action : il ne tend pas aussi à l'action, comme on aime à s'exprimer, mais il en procède.

En attribuant de la force aux corps on ne prétend pas les ériger en agents[3]. *Il serait absurde de dire qu'une partie de la matière qui ne peut se mouvoir d'elle-même, en pût mouvoir un autre,* pour me servir des paroles

1. Leibniz, *De la réforme de la philosophie première et de la notion de substance*, GP IV, p. 469, trad. fr. dans *Opuscules philosophiques choisis*, éd. P. Schrecker, Paris, Vrin, 1969, p. 81 : « Au contraire, la force active comprend une sorte d'acte ou d'*entelechia*; elle est le milieu entre la faculté d'agir et l'action même et implique l'effort (*conatus*); ainsi elle est portée par elle-même à l'action et n'a pas besoin, pour agir, d'aucune assistance, mais seulement de la suppression de l'obstacle ».

2. Essai de Cosmol. p. 49-50 [note originale]. Voir Maupertuis, *Essai de cosmologie*, O I, p. 29 : « Le mot de force, dans son sens propre, exprime un certain sentiment que nous éprouvons lorsque nous voulons remuer un corps qui était en repos, ou changer, ou arrêter le mouvement d'un corps qui se mouvait ».

3. *Ibid.*, p. 57 [note originale]. Voir *ibid.*, p. 30 : « On voit par-là combien est obscure l'idée que nous voulons nous faire de la force des corps, si même on peut appeler l'idée, ce qui dans son origine n'est qu'un sentiment confus; et l'on peut juger combien ce mot, qui n'exprimait d'abord qu'un sentiment dans notre âme, est éloigné de pouvoir dans ce sens appartenir aux corps ».

du grand homme que je viens de citer. Ces forces, et toutes celles qui leur ressemblent, ne sont donc pas des points auxquels on puisse s'arrêter en remontant des effets aux premières causes. Mais à le bien examiner on trouvera peut-être que toutes les autres forces ont été formées sur le modèle des forces motrices. Les leibniziens ont exclu les corps durs de l'univers, et rendu toute | la matière élastique, afin de maintenir le principe de la conser- **480**
vation des forces vives. Non contents de cela, ils ont étendu ce principe au-delà de la mécanique, en rendant les esprits élastiques comme les corps, et en communiquant l'élasticité à toutes les substances sans exception. Du moins ne saurait-on se faire une autre notion de leur force; pour se faire comprendre ils ont un besoin continuel de la comparaison du ressort; et M. *de Leibniz* nous apprend lui-même, que ses éléments contiennent *ce qu'il y a d'éminent dans la mécanique.*

La différence entre la force *leibnizienne* et notre puissance d'agir est aisée à apercevoir. La première tend à un seul effet déterminé; la seconde embrasse également les deux partis opposés. Un pouvoir d'agir doit être en même temps un pouvoir de n'agir pas. Supposez ce pouvoir astreint à l'action ou à l'inaction seule, ne faudrait-il point que le parti opposé lui fût rendu impraticable par quelque force extérieure? Ne serait-il pas forcé à prendre le parti qu'il prend? Et son pouvoir ne serait-il pas entièrement passif sans ombre d'activité? Avoir la puissance seule d'agir, c'est être dans l'impuissance de n'agir pas; avoir la puissance seule de n'agir pas, c'est être dans l'impuissance d'agir; ou plutôt une puissance terminée à un seul point n'est pas puissance du tout; elle est entièrement passive, une faculté, ou une force.

Ou la liberté est cette puissance d'agir et de n'agir pas dont nous parlons, ou elle n'est rien du tout. Quelque autre notion qu'on en adopte, il sera facile de montrer que les actes prétendus libres n'y sont que des espèces de passions; le destin et la nécessité perceront toujours à travers le masque spécieux dont on les couvre. *Agir librement* n'est qu'*agir en effet*; et agir sans liberté, ce serait agir et n'agir pas en même temps. S'il y a donc une différence réelle entre l'action et la passion, elle doit consister en ce que nous disons; et s'il n'y en a point tout est également fatal, et également nécessaire, comme j'espère de le faire voir par la suite de mes réflexions.

| Disons plus: sans cette puissance, ou sans la liberté, rien n'est **481**
possible; le possible suppose une puissance suffisante pour le produire. Ce qui n'implique pas [1], est concevable, mais le concevable ne saurait être nommé possible avant qu'on démontre une puissance capable de le réaliser. Sans Dieu il n'y aurait donc rien de possible, et sous un destin aveugle bien des choses pourraient ne point impliquer dans la conception

1. À savoir, ce qui n'implique pas contradiction.

sans être possibles pour cela. On dit communément que sous l'empire d'une fatalité absolue tout possible existerait; j'aimerais mieux rayer de ce système le mot de possible qui n'y a point de sens, parce qu'il n'y a point de puissance à laquelle il puisse se rapporter.

Je ne dispute point sur la différence de ce qu'on nomme *possibilité de chose* et *possibilité d'existence.* On voit clairement que les choses concevables ne peuvent être qualifiées du titre de *possibles* que par rapport à un pouvoir qui peut les conduire à l'existence actuelle.

Saint Thomas a réfuté cette notion du possible adoptée par quelques scolastiques, sous prétexte qu'elle induirait un cercle vicieux dans l'argument pour la toute-puissance divine[1]; ce prétexte est frivole; car une notion ne saurait être fausse parce qu'on commet un sophisme; mais le cercle ne provient en effet que d'une mauvaise définition de la toute-puissance; elle n'est point le pouvoir de faire tout ce qui est possible; tout le monde serait tout-puissant de cette façon-là, puisque chacun peut faire ce qu'il peut faire; c'est le pouvoir de faire tout ce qui est concevable, ou ce qui n'implique point, et de cette manière le cercle disparaît.

Tout ce qui dérive d'un acte libre est contingent, c'est-à-dire qu'il pourrait ne point exister par la même puissance par laquelle il existe. La contingence regarde à proprement parler les événements passifs.

On appelle souvent les actes mêmes contingents, parce qu'ils peuvent être et n'être pas. Je souhaiterais qu'on distinguât soigneusement cette contingence d'avec l'autre; ce qui pourrait se faire en nommant la première
482 active, et la seconde passive. On se fait souvent | illusion en confondant ces deux contingences, et en attribuant à l'une ce qui n'appartient qu'à l'autre. Certains philosophes semblent croire qu'il suffit d'être contingent pour être exempt de force et de nécessité, ce qui est vrai de la contingence active, mais faux de la passive. Quoiqu'il soit contingent que les planètes décrivent leurs orbites d'Occident en Orient, on ne peut pas dire pour cela qu'elles se meuvent librement dans ce sens plutôt que dans le sens contraire. Cette contingence est purement passive dans les planètes; elle n'est active et libre que dans la cause qui leur a tracé la route.

Personne ne doute que la *nécessité absolue* ne bannisse l'action et la liberté. Mais la *nécessité hypothétique* n'en fait pas moins quoi qu'en

1. Occam croyait pouvoir ainsi expliquer l'indépendance absolue du pouvoir : « le tout-puissant (*omnipotens*) peut tout ce qu'il peut faire (*omne factibile*) qui n'inclut pas contradiction ». Mais en forgeant cette définition de la puissance divine absolue il commet ce que Thomas d'Aquin (*Sum. Theol.* 1, q. 25, a. 3) tient pour un cercle dans l'explicitation de la toute-puissance. Voir A. Muralt, « La toute-puissance divine, le possible et la non-contradiction. Le principe de l'intelligibilité chez Occam », *Revue philosophique de Louvain*, 63, 1986, p. 345-361.

disent plusieurs philosophes [1]. Je conviens que cette nécessité présuppose une cause libre dont elle ne détruit point la liberté, mais elle la détruit à coup sûr dans l'objet sur lequel elle tombe, puisque dans cet objet les actes de la cause ne peuvent produire que des états passifs. Quand donc cette nécessité affecterait la substance la plus libre, sa liberté serait restreinte et suspendue dans ce cas-là, il n'y resterait que de la contingence passive, contingence qui a lieu dans des événements dont toute liberté est proscrite.

Ce qu'on appelle *nécessité morale* est entièrement fondé sur l'efficace des motifs. Si cette efficace est telle que la prétendue action doive s'ensuivre par une connexion invincible, la nécessité morale devient autant le tombeau de la liberté que la nécessité la plus métaphysique. Si la liaison au contraire n'est qu'occasionnelle, le mot de nécessité est incommode et abusif dans le sens qu'on lui attache.

L'ingénieux auteur du nouveau système sur le fatalisme la nomme nécessité intérieure; mais il me permettra de remarquer qu'elle est extérieure à proprement parler, parce qu'en remontant de motif en motif, il faut à la fin passer les frontières de la substance, et que la chaîne des motifs est suspendue hors de ces frontières [2]. Je ne vois que deux sens dans lesquels on puisse appeler une nécessité intérieure; le premier n'est point applicable aux substances finies; | c'est lorsqu'une chose est fondée dans la 483
nature d'un sujet existant par soi-même. Le second donne une nécessité hypothétique intérieure; c'est lorsque la substance agit sur elle-même. Si le mot d'intérieur ne devait dénoter que le sujet ou l'état affecté de la nécessité, toute nécessité serait intérieure.

Si la philosophie devait être un dictionnaire de termes vagues et embrouillés, on pourrait me blâmer d'avoir changé la signification ordinaire de plusieurs termes usités; mais j'ai cru qu'il valait mieux assujettir les mots aux matières que les matières aux mots. Rien n'est plus impropre ni plus inconsistant que les façons de s'exprimer autorisées par l'usage, lorsqu'on les transporte dans les sciences. La philosophie spéculative est la plus délicate sur ce point; non seulement le langage de la vie commune, mais encore le langage des autres sciences qui ne remontent point aux principes, employés sans discernement, y conduiront dans un labyrinthe d'erreurs. C'est une véritable ivraie à extirper avant qu'on puisse semer les notions fécondes, qui fertilisent et embellissent le terroir philosophique.

1. Sur la distinction entre nécessité absolue, hypothétique et morale chez Leibniz, voir G. W. Leibniz, *Essais de théodicée*, « Préface », GP VI, p. 37.

2. Voir la référence au même auteur dans la seconde dissertation : « C'est avec la nécessité intérieure dirigée par les motifs, que l'illustre auteur du nouveau système de la fatalité croit que la religion et les lois pourraient subsister » (J. B. Mérian, « Seconde dissertation sur l'action, la puissance et la liberté », HAR 1750 [1752], p. 515).

Le monde était autrefois tout plein d'êtres actifs. Les hommes stupides et grossiers s'arrêtèrent aux causes matérielles; ils ne cherchèrent pas plus loin le principe des changements qui arrivent à la matière. La foi qu'on ajoutait aux influences, le culte qu'on rendait aux objets matériels, en sont des témoignages authentiques. Il est vraisemblable que le commun des hommes regarda le soleil, la lune, et tous ces corps qui brillent dans la voûte céleste, comme des agents réels, capables de leur faire du bien et du mal, malgré que les philosophes se contentassent pour la plupart d'y placer une partie de cette âme universelle qu'ils feignirent répandue par tout l'univers. Ensuite vinrent les poètes et les orateurs, qui usant des licences de la prosopopée donnèrent la vie et l'action aux choses les plus inanimées, faisant gronder le tonnerre, siffler l'air, parler et agir tous les éléments. Le style enflé et hyperbolique des Orientaux se communiqua aux autres langues,
484 et c'est vraisemblablement de toutes ces causes réunies | que vient ce nombre prodigieux de verbes actifs, ou plutôt dont la terminaison est active; car la moindre partie de ces verbes désigne des choses véritablement actives. Les facultés sensitives et intellectuelles de l'âme, et les diverses espèces des mouvements des corps, s'expriment dans toutes les langues par des verbes actifs, toutes passives que soient ces facultés et ces mouvements. Si l'on voulait réformer, il ne suffirait pas de retrancher les verbes abusivement actifs; il faudrait encore limiter selon la construction l'usage de ceux mêmes qui le sont à bon droit. Je puis dire par exemple que je secoue la main, mais il est faux *que le bélier secoue les murs*; je puis dire que je me couche, que je fuis, mais je ne saurais dire, *que le bœuf frappé de la hache se couche par terre,* ni que *l'âme en courroux s'enfuit dans les enfers.* Ces exemples sont communs; je n'ai pas dessein d'écrire le dictionnaire des défauts qui règnent dans les langues, ouvrage qui demanderait peut-être plus de mémoire, de sagacité, et de vie, qu'un seul homme ne peut prétendre.

Êtes-vous surpris de la confusion qui règne dans le langage des hommes ? Considérez la vue ordinaire dans laquelle ils s'en servent, et vous cesserez de l'être. Le moindre souci de ceux qui parlent ou qui écrivent, est d'exciter des idées nettes dans l'esprit de ceux qui les écoutent ou qui les lisent. Ils veulent les conduire à de certaines fins, et à ces fins la netteté des idées serait pour la plupart plus préjudiciable qu'avantageuse; le grand nombre se remue par la confusion plutôt que par l'ordre et par l'évidence. Il est si peu vrai que les mots excitent toujours leurs idées correspondantes que la plupart du temps ils n'excitent que des passions par un saut des idées intermédiaires. On peut l'éprouver tous les jours, et en soi-même, et dans les autres. J'ai vu souvent les auditoires les plus émus, et les passions les plus fortes inspirées, par des paroles et des phrases qui ne signifiaient rien du tout, ou qui ne signifiaient que fort peu de choses. Enfin un excellent

homme l'a observé avant moi[1]; quelque obscur | que soit le sens d'un 485
terme, dès que l'habitude l'a une fois consacré, c'en est fait pour toujours : on prononce, on lit, on écrit ce terme, sans faire même attention à l'idée qu'il représente, ou s'il en représente aucune, à peu près comme on se sert des signes dans les opérations algébriques, sans que les quantités qu'ils expriment, soient présentes à l'entendement.

Ce désordre a passé dans les sciences, et surtout dans les sciences spéculatives, avec le langage. Que d'erreurs n'a-t-il pas répandu sur le sujet que nous traitons? Depuis que la philosophie a pris quelque forme, on se sert des mots d'*agents,* d'*action,* de *cause,* de *force,* de *puissance,* de *liberté,* et de plusieurs autres, sans qu'on puisse encore s'accorder sur un sens fixe. Les philosophes de l'Antiquité, loin de détruire les méprises populaires, paraissent avoir renchéri dessus, en embellissant la matière de ces formes, de ces natures, de ces agents aveugles, de ce fatras de termes, qui devaient faire comprendre les causes des phénomènes, pendant qu'ils étaient eux-mêmes incompréhensibles.

La philosophie moderne n'a-t-elle rien retenu des erreurs de l'ancienne par rapport à ce sujet? Le progrès même que les sciences font de nos jours, n'est-il pas souvent une nouvelle source d'égarements en métaphysique? Fait-on toujours assez d'attention aux limites des sciences? N'applique-t-on jamais sans discernement des notions puisées dans la physique, ou dans la mécanique, à des spéculations transcendantales et qui n'ont rien de physique ni de mécanique? Ce qui est cause, action, et puissance, dans les sciences naturelles, n'est-il pas effet, passion, impuissance, dans ces spéculations-là? Voilà une ample matière à réflexion : en la bien examinant on trouvera peut-être qu'on peut dire de la philosophie ce que Caton dit de la République romaine de son temps : *Nous avons perdu les vrais noms des choses*[2], ou plutôt : nous ne les avons jamais eus.

1. Berkeley, Principles of human knowledge : introduction § 19 [note originale]. Voir G. Berkeley, *Principes de la connaissance humaine*, § 19, trad. fr. D. Berlioz, Paris, GF, 1991, p. 56 : « Qu'il y ait beaucoup de noms, en usage chez les théoriciens, qui ne suggèrent pas toujours aux autres des idées particulièrement déterminées, personne ne le niera. Et un peu d'attention nous montrera qu'il n'est pas nécessaire (même dans les raisonnements les plus rigoureux) que les noms significatifs qui sont mis pour des idées, provoquent dans l'entendement, toutes les fois qu'ils sont employés, les idées dont ils sont, par notre fait, les représentants ». Sur l'attitude de Mérian envers Berkeley, voir S. Charles, *Berkeley au siècle des Lumières. Immatérialisme et scepticisme au XVIII*ᵉ *siècle*, Paris, Vrin, 2003, p. 267-274.

2. *Vera rerum vocabula amisimus.* Salust. In bello Catil. [note originale]. Voir Salluste, *La conjuration de Catilina*, LII, éd. A. Ernout et M. Chassignet, Paris, Les Belles Lettres, 1999, p. 102-103 : « Iampridem equidem nos vera vocabula rerum amisimus / Il y a longtemps en vérité que nous avons perdu le véritable sens des mots ».

RÉFLEXIONS PHILOSOPHIQUES SUR LA RESSEMBLANCE [1]

PRÉSENTATION

Le mémoire sur la ressemblance fait suite aux premiers travaux spéculatifs de Mérian à l'Académie de Berlin, dont son *Mémoire sur l'aperception de soi-même* que nous publions dans ce volume. Par ailleurs, les *Réflexions philosophiques sur la ressemblance* s'attardent à des thèmes qu'il rediscutera par la suite, en particulier dans ses contributions sur le principe des indiscernables et sur l'identité numérique, qui en sont même le prolongement [2], mais aussi dans sa célèbre série sur le problème de Molyneux ainsi que dans une contribution plus tardive sur le phénoménisme de Hume [3]. Mérian y soutient une thèse basée sur la comparaison des idées, mais le mémoire a une portée plus grande, en ce qu'il favorise l'approche empiriste d'un problème métaphysique et vise à invalider d'autres solutions, en particulier celle de Leibniz et Wolff, qui en donnent une interprétation à partir du principe de l'identité des indiscernables.

Dans sa partie explicative, Mérian rend d'abord compte du caractère central de la ressemblance pour tout type de discours, qu'il soit poétique, rhétorique, philosophique ou même relatif à la vie courante. Une réponse à ce problème permettra de comprendre plusieurs aspects de la cognition, en particulier l'induction, l'analogie, les rapports quantitatifs et même la démonstration de manière générale. Par la suite, Mérian soutient principalement trois thèses : 1) que la ressemblance se fonde sur la comparaison entre des idées perçues dans l'esprit. Autrement dit, sans un sujet

1. HAR 1751 [1753], p. 30-56.

2. J. B. Mérian, « Sur le principe des indiscernables », HAR 1754 [1756], p. 383-398 ; « Sur l'identité numérique », HAR 1755 [1757], p. 461-475.

3. *Id.*, « Sur le phénoménisme de David Hume », MAR 1793-1794 [1798], p. 417-437.

apercevant que deux idées ou plusieurs idées se ressemblent, il n'y aurait tout simplement pas de possibilité de comparaison. Il ajoute d'ailleurs que le fondement premier de toute ressemblance tire son origine des idées actuellement perçues; ou bien nous comparons des ressemblances ou dissemblances entre idées présentes, ou bien il faut nous servir de celles-ci pour comprendre d'autres comparaisons, notamment par rapport aux perceptions passées[1]. 2) Qu'on ne peut se prononcer sur la possible ressemblance entre l'idée et l'objet représenté ou entre les objets indépendamment de la perception. Mérian ne nie pas qu'il pourrait exister des objets au-delà de la perception d'idées, mais son empirisme lui interdit de statuer sur leur réalité et leur constitution. Cet aspect sera repris dans des mémoires subséquents et caractérise une forme de phénoménisme que Mérian prendra toutefois soin de distinguer de la position sceptique de Hume[2]. Dans tous les cas, il se refuse à adopter une métaphysique qui spéculerait sur la constitution réelle des choses, par exemple par l'adoption d'un atomisme ou d'un monadisme, et il s'inspire ainsi principalement des conclusions de Locke à ce sujet. Plusieurs erreurs pourraient être évitées si l'on renonçait à déterminer les similarités entre objets extérieurs, ce qui sera spécifiquement reproché au principe des indiscernables. 3) Mérian considère que seule la ressemblance parfaite est admissible et qu'il n'y a pas de ressemblance imparfaite ou approximative. Admettre des similarités imparfaites implique à nouveau la thèse que récuse Mérian, selon laquelle on pourrait déterminer le degré plus ou moins grand de représentation entre l'idée et l'objet ou entre les objets. Or il semble aussi qu'il faille défendre une telle position pour écarter les risques d'une position de type solipsiste : les ressemblances parfaites m'assurent non seulement que mes perceptions sont comparables les unes aux autres et représentent les mêmes contenus conceptuels, mais encore qu'elles le sont par rapport aux idées d'autrui[3].

1. Dans le mémoire sur l'identité numérique, Mérian insiste sur la continuité d'existence des perceptions qui permet de leur conférer une identité et de les comparer à d'autres perceptions ayant le même contenu de représentation : « Tant que j'ai une perception dans l'esprit, et que je n'y remarque aucun changement ; je dis que c'est la même perception. Voilà, je crois, la vraie origine de la notion de l'*identité numérique* ; on peut la définir une *continuité d'existence*, ou l'*existence continuée* » (J. B. Mérian, « Sur l'identité numérique », HAR 1755 [1757], p. 461).

2. Mérian semblera assez d'accord avec plusieurs analyses de Hume qu'il considère comme se situant dans le prolongement de la théorie de Locke. Il ne pourra toutefois accepter la critique humienne du moi et soutiendra que le moi phénoménal est permanent : « Sur le phénoménisme de David Hume », MAR 1793-1794 [1798], p. 430-433. Il en profitera également pour critiquer la solution transcendantale de Kant : p. 433-434.

3. J. B. Mérian, « Sur le principe des indiscernables », HAR 1754 [1756], p. 385-386.

La partie critique du mémoire développe plusieurs objections contre le principe des indiscernables, lequel domine toujours à l'époque ce genre de questionnement. Rappelons-le, Leibniz, et par la suite Wolff, soutiennent qu'aucune chose dans la nature, c'est-à-dire aucune monade ou élément, ne ressemble entièrement à une autre; deux êtres possédant exactement les mêmes propriétés constitueraient une seule réalité. Les présuppositions et les conséquences épistémologiques et métaphysiques de ce principe sont multiples et abondamment débattues à l'époque, mais Mérian retient ici pour l'essentiel la seule question de la ressemblance des choses. L'interprétation donnée de la position wolffienne a le mérite de refléter une bonne partie du contenu de la *Cosmologia generalis* dans laquelle on trouve les principales réflexions de Wolff relatives à l'individuation des êtres. Par contre, Mérian réduit de manière assez déconcertante le raisonnement de Leibniz à son seul ancrage dans l'expérience. Sur la base d'un extrait bien connu de la correspondance avec Clarke, Mérian suppose que la principale preuve leibnizienne de l'identité des indiscernables consiste en l'impossibilité d'observer deux êtres parfaitement identiques, à la manière des feuilles du jardin de Herrenhausen ou de deux gouttes d'eau observées au microscope [1]. C'est évidemment oublier plusieurs autres arguments qu'on trouve dans la correspondance avec Clarke ainsi qu'ailleurs dans le corpus publié à l'époque, comme dans les *Essais de théodicée* ou la *Monadologie* : en particulier, on sait que Leibniz soutient qu'il est impossible de distinguer de manière métaphysique les êtres par des dénominations extrinsèques, comme l'espace et le temps, parce que ce sont des notions abstraites, et qu'il faut plutôt chercher des déterminations internes [2]. Mérian s'attaque certainement à l'argument *a posteriori* de Leibniz, puisqu'il s'agit de l'argument contre lequel sa propre position peut se situer favorablement. Il admet d'ailleurs écarter tout raisonnement qui reposerait sur des principes plus généraux de la métaphysique, comme la démonstration de Leibniz visant à fonder l'identité des indiscernables sur le principe de raison suffisante [3].

Selon Mérian, sa position a non seulement le mérite de se fonder uniquement sur l'expérience, mais encore de demeurer vraie dans tout contexte ontologique. La thèse de la ressemblance d'idées resterait valide, même si l'on considérait que les idées sont ou des entités spirituelles ou des êtres composés de matière. Bien qu'il ne s'accorde pas avec ses contemporains matérialistes, par exemple La Mettrie ou Diderot, Mérian soutient

1. Leibniz, Quatrième lettre à Clarke, GP VII, p. 372.
2. *Ibid.*, p. 372-373.
3. Leibniz, Cinquième lettre à Clarke, GP VII, p. 393.

que ces derniers devront quand même accepter que seules les images matérielles se comparent les unes aux autres et que jamais on ne pourra déterminer comment celles-ci correspondent à des objets extérieurs qui ne font pas l'objet de perception [1]. Il en serait de même des hypothèses relatives à l'union de l'âme et du corps dont il est question dans les mémoires subséquents : s'interdisant de prendre parti pour ou contre les doctrines psychologiques de l'influence physique, de l'occasionnalisme et de l'harmonie préétablie, Mérian prétend que son interprétation demeure, même pour ceux qui se risquent à de telles spéculations métaphysiques [2]. Pour Mérian, la véritable ontologie est « le dictionnaire raisonné de nos idées », c'est-à-dire « l'histoire fidèle de l'esprit humain » [3], ce qui signifie qu'elle ne doit pas se préoccuper de la nature des objets indépendamment des idées de l'esprit. Sa solution au problème de la ressemblance se situe à l'évidence dans une approche de ce type.

Christian LEDUC

1. L'argument sera élaboré par Mérian ultérieurement : « Sur l'identité numérique », HAR 1755 [1757], p. 465-467.

2. J. B. Mérian, « Sur le principe des indiscernables », HAR 1754 [1756], p. 391-393. Voir également *id.*, « Dissertation ontologique sur l'action, la puissance et la liberté », HAR 1750 [1752], p. 459-485 que nous publions dans ce volume.

3. *Id.*, « Sur l'identité numérique », HAR 1755 [1757], p. 463. Dans son « Discours sur la métaphysique », lu en 1765, Mérian opérera à partir d'une conception plus vaste de la métaphysique, mais en insistant quand même à plusieurs endroits sur l'importance de la psychologie : HAR 1765 [1767], p. 450-474.

MÉRIAN

RÉFLEXIONS PHILOSOPHIQUES SUR LA RESSEMBLANCE

Si la ressemblance n'est pas l'unique lien de toutes nos connaissances, elle est au moins celui de tous les rapports auquel nous sommes les plus redevables[1]. Nous le reconnaîtrons, soit que nous remontions à l'enfance de l'esprit humain, soit que nous le suivions depuis le cercle de ses occupations ordinaires, de ses écarts et de ses amusements les plus frivoles, jusqu'à ses efforts les plus sublimes.

Dès qu'on commença à orner le Discours, à peindre la Nature, on commença aussi à sentir et à faire valoir les avantages qui coulent de cette source. Dans les temps les plus reculés on se servit déjà de l'Apologue, comme du moyen le plus propre pour parler au cœur humain, et pour lui faire goûter les sentiments de l'honneur et de la vertu, cachés sous le voile des emblèmes. L'Éloquence et la Poésie se nourrissaient de comparaisons; et c'est chez les Poètes les plus anciens, qu'on les trouve, et les plus longues, et en plus grand nombre. Mais ce n'est point dans ces grands tableaux, ces chefs-d'œuvre de l'art tous seuls, qu'il faut chercher ce qu'on rencontre dans toutes les expressions figurées. Non seulement le langage des Dieux n'est qu'un langage de ressemblances; mais encore | toutes les **31**
pensées brillantes ne sont que des similitudes heureuses, plus ou moins développées; et ce qu'on appelle de l'esprit dans le monde ne consiste que

1. Cette première affirmation est à mettre en rapport avec les analyses de Hume énoncées à la même époque concernant les types de relations et d'associations, dont Mérian s'inspire certainement. Notons que ce dernier produisit une traduction de *An Enquiry concerning Human Understanding* quelques années plus tard : *Essais philosophiques sur l'entendement humain*, Amsterdam, Schneider, 1758. Sulzer en fit précédemment paraître une traduction allemande en 1755.

dans la facilité d'en trouver. C'est là le fondement de la bonne et de la mauvaise plaisanterie, l'origine des allusions ingénieuses, des saillies agréables, aussi bien que des mauvaises épigrammes, des équivoques, des jeux de mots, et de tout ce faux bel esprit, qui infecte le goût du siècle, et tient lieu à plusieurs d'étude et de réflexion [1].

Que le Philosophe se pique de précision tant qu'il voudra; qu'il abandonne les sentiers fleuris recherchés par l'Orateur et le Poète; qu'il méprise le bel esprit, et que par une marche mesurée il tâche de se mettre à couvert des séductions du style figuré; j'ose pourtant le défier de pouvoir faire un seul pas dans sa carrière sans l'aide de la ressemblance. Qu'on jette un coup d'œil sur la face Métaphysique des Sciences même les moins abstraites, je veux dire sur cette face sans laquelle les Sciences ne seraient qu'un amas de faits indigeste, où il n'y aurait rien de suivi, et dont il serait impossible de tirer aucune conséquence [2]; et qu'on me dise, si les inductions générales qu'on tire des faits particuliers, ou plutôt si les genres mêmes, les espèces, et toutes les notions abstraites, peuvent se former autrement que par le moyen de la ressemblance. L'analogie, l'âme de nos raisonnements, et le véhicule de toutes nos connaissances réelles, est-elle autre chose que la conclusion d'une ressemblance à l'autre? Pour ce qui est des Sciences purement abstraites, comme sont les Mathématiques et l'Ontologie [3], il n'y a qu'à en savoir les éléments pour voir qu'elles tournent entièrement sur ce pivot. Les formules qui renferment le rapport d'une quantité à l'autre, et les noms génériques qui désignent les affections communes de l'être, sont autant d'expressions du semblable. Enfin le jugement, la raison, la vérité,
32 la proportion, l'ordre, l'harmonie; toutes ces choses, dis-je, ne | sont plus des choses, mais des sons, dès qu'on veut les concevoir détachées de la ressemblance.

Sans aller même si loin, qu'on se figure une Intelligence privée du pouvoir de comparer. Elle manquera dès lors de cette ressemblance d'idées, qu'exige le souvenir, et par conséquent de la raison qui sans la mémoire ne saurait subsister. Rien ne peut se lier dans une Intelligence de cette nature; ses perceptions éparses, et détachées les unes des autres, seront comme des atomes qui n'entrent jamais en masse, et dont il ne peut résulter, ni de l'ordre, ni du désordre. Ce n'est donc qu'à la faveur des

1. Sur la critique du bel esprit à l'Académie de Berlin, voir les propos de Maupertuis dans le présent volume : P. L. Moreau de Maupertuis, « Des devoirs de l'académicien », HAR 1753 [1755], p. 520.

2. J. B. Mérian, « Discours sur la métaphysique », HAR 1765 [1767], p. 454.

3. *Ibid.*, p. 458.

ressemblances que nous lions nos pensées, que nous les réglons, et que nous les subordonnons les unes aux autres.

Mais qu'est-ce que la ressemblance? D'où nous en vient la notion? En quoi en consiste la nature? Comment distingue-t-on la ressemblance parfaite de l'imparfaite? Les ressemblances parfaites sont-elles possibles? Et si elles le sont, y en a-t-il des exemples dans la Nature? Ce sont des questions que nous allons examiner. Nous ne suivrons point dans notre examen cet ordre didactique, qui consiste presque toujours à définir ce que l'on cherche, comme si on l'avait déjà trouvé, et à démontrer par des propositions identiques ce que l'on a supposé dans la définition. Nous tâcherons au contraire de ne nous point écarter de la route que la Nature elle-même semble avoir tracée à nos spéculations.

Le mot de *semblable* dérive du mot de *sembler*: cette étymologie est justifiée par la nature de la chose. On ne saurait dire que deux choses se ressemblent, si cela ne semble ainsi à un esprit qui les aperçoit. Sans l'aperception la ressemblance devient un mot vide de sens, aussi bien que la dissemblance; et en supposant tout entendement éteint dans l'Univers, rien
ne serait plus ni semblable, ni | dissemblable. Une qualité toute relative à **33**
l'intelligence ne saurait subsister dans un système dont toute intelligence est retranchée.

Il suit de là, si je ne me trompe, que les seules choses auxquelles nous puissions attribuer de la ressemblance ou de la dissemblance, ce sont nos idées; aussi sont-ce les seules que nous puissions comparer: mais on prétend que les idées représentent toujours quelque chose d'extérieur, et qu'ainsi les idées semblables donnent droit à inférer qu'il y a hors de nous des choses qui se ressemblent. Ceci mérite d'être développé.

Il faut distinguer deux sortes de représentations, l'une par ressemblance, et l'autre par signes; la première est naturelle, la seconde est d'institution; de la première façon un portrait représente son original; de la seconde façon les mots représentent les pensées.

Dira-t-on que les idées représentent les choses externes parce qu'elles leur ressemblent? Mais il est tout à fait inconcevable qu'une idée puisse ressembler à autre chose qu'à une idée. La verdure dont je vois la campagne parée dans un beau jour de printemps, ressemblerait-elle donc à une autre verdure que je ne vois pas, et que personne ne voit? Si quelqu'un me disait: la verdure que vous voyez, ressemble à la verdure que je vois, il ne dirait d'abord autre chose, sinon que deux idées se ressemblent; mais cette proposition serait encore fort hasardée: car d'où sait-il qu'il dit vrai? Pour en décider, il faudrait nécessairement un troisième esprit capable de comparer nos deux idées, et par conséquent elles ne sont à notre égard ni semblables, ni dissemblables[1].

Si les idées représentent les choses externes comme signes, en sorte que chaque idée m'avertisse de l'existence d'un objet auquel cependant elle ne ressemble en aucune façon, et qu'entre ces objets il y ait le même rapport
34 qui subsiste entre les idées, dans ce cas-là, | dis-je, on aura droit de conclure de la seconde ressemblance à la première; mais ce ne sera qu'une conclusion conditionnelle: si nous pouvions voir immédiatement les objets, dont nous ne voyons que les signes, nous trouverions ces objets ressemblants; ou bien : s'il y a un esprit par rapport auquel les objets sont ce que les idées sont par rapport à nous, cet esprit voit de la ressemblance entre ces objets. On pourrait dire d'un tel être que les objets sont ses idées, comme les idées sont nos objets.

Quoi qu'il en soit; qu'il y ait une intelligence qui voie les choses en elles-mêmes, ou que la connaissance idéale soit la seule possible, il est clair que les choses ne ressemblent et ne sont dissemblables qu'en tant que représentées à un esprit qui est à même de les comparer. Ce n'est point ici une notion purement philosophique; c'est au contraire ce que l'expérience justifie dans la partie la moins philosophique du genre humain; personne ne s'avise de trouver semblables ou dissemblables des choses qui ne tombent point sous sa considération. Le paysan le plus grossier ne décidera pas sur la ressemblance ou la dissemblance de deux chevaux, excepté qu'il les voit. Il décide de ceux qu'il voit, et non de ces chevaux invisibles qui existent hors de lui; or ceux qu'il voit ne sont autre chose que ses idées.

On ne peut comparer que des idées présentes, ou par des idées présentes. La première sorte de comparaison est la plus exacte, parce qu'il est aisé à voir si deux perceptions actuelles s'accordent, ou si l'une contient quelque chose dont l'équivalent ne se trouve pas dans l'autre. Si je n'observe point de différence à cet égard, c'est la marque la plus claire qu'il n'y en a pas, les perceptions n'étant précisément que ce que j'aperçois.

Comme ce qui est absent ne peut être comparé que par des perceptions
35 présentes, il est encore impossible de s'y tromper dans | l'estimation de la ressemblance. L'erreur n'a lieu qu'en tant que je regarde l'idée présente comme image d'une chose absente. Il se peut alors que j'aie oublié

1. Malgré les critiques que Mérian adressera à l'idéalisme de Berkeley (« Sur le problème de Molyneux. Troisième mémoire », NMAR 1777 [1779], p. 422-428; « Sur le phénoménisme de David Hume », MAR 1793-1794 [1798], p. 418), sa position est ici manifestement inspirée des thèses de ce dernier, en particulier sur l'impossibilité d'une perception directe des objets sans l'intermédiaire des idées : G. Berkeley, *A Treatise Concerning the Principles of Human Knowledge*, I, XXXIII, *in* D. Clarke (ed.), *Philosophical Writings*, Cambridge, CUP, 2008, p. 95.

quelques particularités dans lesquelles les idées prototypes différaient, le souvenir ne me retraçant que leurs points de ressemblance ; ou bien je puis avoir ajouté à la copie des idées étrangères qui n'avaient point existé dans les originaux, ce qui me fera croire qu'il y a eu de la dissemblance, où il n'y en a point eu.

En comparant l'absent avec le présent, on peut toujours observer une dissemblance bien marquée, puisque d'un côté il y a une image et de l'autre une réalité, je veux dire une perception sensible. S'il y a de l'erreur dans une telle comparaison, elle est toujours à coup sûr du côté de la chose absente, et cela d'autant plus aisément que l'imagination est fort sujette à prendre le change ; elle copiera souvent le sujet présent, et substituera sa fausse peinture au lieu de la vraie image du sujet absent ; surtout lorsque ces deux sujets ont quelque ressemblance considérable.

C'est une réflexion bien humiliante que de penser que ces comparaisons sont la base, ou plutôt l'échafaudage de toutes nos connaissances, que c'est sur des échelons aussi mal assurés que notre fière raison monte dans les cieux et descend dans les abîmes. Quelle doit en avoir été l'imperfection avant qu'on ait trouvé l'art de substituer aux idées absentes des réalités qui les représentent ? Et combien de reconnaissance ne devons-nous pas aux inventeurs du dessin, de la peinture, de la sculpture, de la construction des sons articulés, de toute sorte de signes et de caractères, et surtout de l'art admirable d'écrire, de graver et d'imprimer les pensées, et à ceux qui travaillent à en perfectionner l'usage ? Ces inventions dans leur naissance furent les premières marques que l'homme donna de sa supériorité sur les brutes, auxquelles il ressemble, et est même inférieur par tant d'autres endroits ; elles étaient pour ainsi dire les coups | d'essai de la raison **36**
humaine, et ces coups d'essai en sont peut-être le chef-d'œuvre. La barbarie bannie, la société formée et rendue aimable, la vertu, l'industrie, les sciences et les beaux-arts répandus dans le monde, sont autant de trophées qui parleront de l'excellence de ces inventions, tandis qu'ils subsistent. C'est par ces moyens que nous rappelons les siècles passés, que nous nous approprions l'avenir, que nous aimons les bons, et abhorrons les méchants, lors même qu'ils ne sont plus, ou lorsqu'ils ne sont pas encore ; ce sont eux enfin que feront vivre et discerner dans tous les temps les vrais Héros et les vrais Sages.

Il serait fort à souhaiter, que des découvertes aussi intéressantes pour l'humanité eussent pu tarir entièrement la source de ses erreurs, et donner à nos connaissances des fondements plus solides ; mais on ne saurait disconvenir que le contraire ne soit arrivé. La nature même de ces secours, et le besoin continuel que nous en avons, en sont des preuves parlantes. D'abord, les perceptions sensibles viennent nous représenter des réalités

que personne ne connaît; après quoi elles disparaissent en laissant dans l'imagination un faible crayon de ce qu'elles étaient, une ombre de leur existence : cette ombre nous la fixons par un signe, et par là nous donnons à la perception une seconde vie dissemblable à leur première; car ce signe est lui-même une perception sensible tout à fait différente de celle qu'il représente. Cependant c'est sur ces signes que l'entendement opère en les combinant en mille manières diverses; c'est sur leur bonne foi qu'il prononce non seulement sur les sensations primitives, mais sur les réalités externes elles-mêmes. Et encore ces signes sur lesquels nous élevons ou détruisons des mondes, et bâtissons les systèmes les plus pompeux, ne sont-ils plus notre ouvrage; ils nous ont été transmis par nos ancêtres avec leurs erreurs et leurs préjugés, dont ils portent encore l'empreinte[1]. Si le
37 Philosophe réfléchit sur cette | progression psychologique, s'il suit la raison dans ces différentes marches, je crois qu'il n'aura plus lieu de tirer beaucoup de vanité de ses connaissances. Mais je quitte un sujet aussi désagréable pour venir à un autre qui devrait relever nos courages et ranimer nos espérances. Je parle d'un principe de Métaphysique, et nommément du *Principe des Indiscernables.*

Monsieur de Leibniz a établi ce principe pour terminer une des questions les plus célèbres en Philosophie, savoir; si la Nature contient des ressemblances parfaites? Il le fonde principalement sur l'expérience, en portant à tous ceux qui n'en conviennent pas le défi de produire deux choses parfaitement semblables. Il fait aussi quelques tentatives pour amener la ressemblance parfaite à une contradiction physique, mais il paraît avoir abandonné bientôt cette entreprise, et se retrancher uniquement sur la contradiction morale, en accordant qu'absolument parlant il ne serait pas impossible à Dieu de produire deux choses semblables en tout[2]. Monsieur le Baron de Wolff répète cet aveu après lui, malgré qu'il tâche de réhabiliter les preuves de l'impossibilité physique; ce qui fait un contraste, qu'il serait peut-être difficile de concilier[3].

Commençons par chercher les ressemblances parfaites dans la Nature, et consultons l'expérience, à qui sans doute appartient le droit de nous apprendre ce qui en est; cependant ne confondons point le côté affirmatif et négatif de la question; une seule expérience décidera pour le premier, pendant qu'un million de faits contraires ne suffiraient point pour établir le second; je ne sais même s'ils pourraient lui donner beaucoup de

1. Comme plusieurs autres académiciens berlinois, Mérian critique l'élaboration des systèmes abstraits et s'inspire ici des analyses de Condillac : *Traité des systèmes* (1749).

2. Cinquième lettre de Leibniz à Clarke, GP VII, p. 394-395.

3. C. Wolff, *Cosmologia generalis*, § 246, GW II, 4, p. 191.

vraisemblance : car où est l'intelligence finie qui puisse se vanter d'avoir épuisé par ses recherches le fond immense de la nature ? Et cette petite portion du monde dont à peine nos sens nous découvrent la surface, et dont notre réflexion ne saurait approfondir la nature, serait-elle un échantillon propre à nous faire juger de tout le reste ?

| Mais encore sur quoi doivent porter nos expériences ? Et quelles sont 38
les choses, dont elles nous peuvent découvrir ou la ressemblance ou la dissemblance ? Ce ne sont point sans doute des substances, à moins que par ce mot nous n'entendions des recueils d'apparences qui vont de compagnie, et que par cette raison nous honorons de ce titre [1]. Si on entendait des substances métaphysiques, il serait superflu et ridicule d'appeler à des expériences que personne n'a jamais faites, que personne ne saurait faire, et par le moyen desquelles la ressemblance se constaterait aussi peu que la dissemblance. Nos expériences ne vont donc pas plus loin que sur nos perceptions, ou sur des assemblages de nos perceptions. Les corps qui nous affectent immédiatement n'étant que des phénomènes, ce ne peut être que par une conclusion dont je ne veux point examiner la force, que les Philosophes donnent à chacun un sujet extérieur correspondant, une cause matérielle, occasionnelle, ou harmonique [2]; et ce ne peut être que par une autre conclusion qu'ils jugent de la ressemblance ou de la dissemblance de ces sujets mêmes, en raison des perceptions qui les représentent. Enfin, on doit faire attention que le principe des indiscernables embrasse tout ce qui existe, les affections des substances aussi bien que les substances mêmes ; ce qu'on reconnaît par la généralité des raisons, qu'on fait valoir pour l'établir.

Il reste encore un point sur lequel je dois m'expliquer avant que d'entrer en matière ; c'est touchant les liaisons dans lesquelles se trouvent les objets à comparer avec d'autres objets qui les environnent de près ou de loin. Si on prétend les faire entrer en ligne de compte, j'accorde volontiers qu'on ne saurait découvrir de la ressemblance parfaite ; dans le cours présent de la Nature on ne saurait concevoir deux choses tellement isolées, qu'on ne pût les rapporter différemment à quoi que ce soit [3] ; et par conséquent la ressemblance des rapports demanderait que la pluralité fût identité, ou qu'elle ne

1. Locke, *Essay*, 2.23.6-7, p. 298-300.

2. Mérian examine subséquemment les trois hypothèses métaphysiques concernant l'union entre l'âme et le corps : « Sur le principe des indiscernables », HAR 1754 [1756], p. 391-393.

3. Dans son premier mémoire de philosophie spéculative, Euler s'oppose précisément au principe leibnizien d'individuation en maintenant que les parties moindres de la matière sont semblables et ne possèdent aucune propriété interne qui les distinguent des autres : L. Euler, « Recherches physiques sur la nature des moindres parties de la matière », OO III, 1, p. 3-15.

39 | fût point pluralité; mais si nous ramenons notre sujet à la vraie place, il se trouvera que les relations sont dans l'âme des pensées qui résultent de la considération d'autres pensées; avec quelle justice pourrait-on donc prétendre que deux choses parfaitement semblables en elles-mêmes devinssent dissemblables, parce que d'autres choses ne se ressemblent pas? Concevons un esprit qui verrait à la fois la Vénus de Médicis dans le Palais de Florence, et sa copie dans celui de Sans-Souci, et ne remarquerait aucune dissemblance entre ces deux statues; les jugerait-il pourtant dissemblables à cause de la dissemblance des bâtiments qui les renferment? Ou supposé même qu'il y remarquât quelque dissemblance, donnerait-il pour raison que le Brandebourg ne ressemble point à la Toscane? Non sans doute; cette dissemblance n'affecte point les objets dont il est question; elle affecte d'autres objets, dont il n'est pas question.

Je veux que les choses externes puissent augmenter ou diminuer la ressemblance, ce n'est pas toutefois elles que je dois consulter pour en juger; je m'en rapporte volontiers aux défendeurs les plus zélés du *principe des indiscernables*: leur système porte uniquement que chaque chose recevant sa détermination de l'assemblage de tous les êtres, ou de l'Univers entier, cette liaison universelle les empêche de se ressembler parfaitement l'une à l'autre. Je ne me crois nullement en état de les troubler dans la jouissance des vues sublimes, qu'ils se sont formées sur le meilleur monde, sur les raisons suffisantes et finales; mais quelque superficiels qu'ils puissent trouver d'ailleurs mes raisonnements, j'attends de leur équité que, si je réussis à prouver par des expériences et des inductions irréfragables qu'il y a en effet des ressemblances parfaites dans la nature, ils m'accorderont que la chose est ainsi, malgré leurs principes. Transportons-nous pour cet effet dans le jardin de Herrenhausen, jardin célèbre par sa magnificence, mais plus célèbre encore par les doctes promenades et les profonds entretiens de l'immortel Leibniz.

40 | Ce grand Homme s'y promenant un jour avec Madame l'Électrice Sophie, la conversation tomba sur le sujet que nous traitons. Un gentilhomme d'esprit, des amis de Monsieur de Leibniz, crut qu'il pourrait bien trouver deux feuilles entièrement semblables. La Princesse l'en défia, et il courut longtemps en vain pour en chercher[1].

Qu'on me permette ici une supposition que Monsieur de Leibniz ne saurait désavouer; savoir, que ce gentilhomme aura cru quelquefois avoir trouvé la ressemblance en question, laquelle sera disparue, si on veut, après une inspection plus exacte. Je demande, si, dans le temps qu'il apercevait cette ressemblance, il n'avait pas en effet dans l'âme deux idées

1. Quatrième lettre de Leibniz à Clarke, GP VII, p. 372.

parfaitement semblables ? Et qu'aurait-il eu de plus, s'il eût atteint son but et satisfait toute la compagnie en trouvant entre deux feuilles la ressemblance désirée ? Car enfin le jardin de Herrenhausen avec toute sa verdure, n'était par rapport à notre Gentilhomme qu'une scène d'apparences, les seules feuilles qu'il y pouvait chercher, étaient des feuilles idéales, et la seule ressemblance qu'il y pouvait trouver était une ressemblance d'idées ; or cette ressemblance, il la trouve en effet dans le cas que je viens de proposer.

N'y aurait-il point trop de présomption à croire une expérience aussi légère suffisante pour renverser un principe qu'on croit d'ailleurs si bien fondé, et sur lequel on fonde tant de choses. Pour éviter ce reproche, je veux bien me prêter à tous les détails, tourner et retourner mon sujet de tout côté, me faire à moi-même des difficultés que d'autres peut-être m'épargneraient, et juger en un mot, mes propres spéculations avec cette candeur qu'on doit attendre d'un amateur sincère de la vérité.

Je suppose qu'on me fasse d'abord cette objection assez naturelle et assez commune ; que les apparences sont trompeuses, que les rayons,
par lesquels les objets visibles nous frappent, subissent des | changements, **41**
soit dans les milieux qu'ils traversent, soit dans les organes qui les reçoivent et les transmettent ; qu'il en est de même des autres sens ; que, pour bien juger des objets, il faut les rapprocher autant qu'on peut, et les considérer avec toute l'exactitude possible ; qu'avec ces précautions on ne trouvera jamais deux feuilles parfaitement semblables ; enfin, *que deux gouttes d'eau ou de lait regardées par le microscope se trouveront discernables* ; ce sont les paroles de Monsieur de Leibniz [1].

Je prends la liberté de répondre à cette objection, que si les milieux ou les organes causent de l'altération, cette altération ne décide pas plus pour la dissemblance que pour la ressemblance, puisque l'illusion peut avoir lieu également en faveur de l'une et de l'autre, et que si les apparences sont trompeuses, le malheur est que nous ne voyons que des apparences. Comme enfin, de quelques précautions qu'on use, il y a toujours un milieu et des organes à traverser, et même plusieurs milieux ou plusieurs organes, si l'on se sert de verres artificiels, qui osera déterminer la distance et la position précise, le microscope ou l'instrument dont il faut faire usage pour donner du poids à nos expériences ? Que deviendra le véritable objet déguisé sous tant d'apparences diverses ? Le voit-on toujours, ou ne le voit-on jamais ? On doit nécessairement revenir à ce que j'ai déjà dit ; que si tant est qu'il y ait des objets extérieurs, nous ne les apercevons point, et que ceux que nous apercevons, ne leur ressemblent en aucune façon.

1. *Ibid.*

De quel droit pourra-t-on donc me contester la ressemblance parfaite de deux feuilles que je vois comme parfaitement semblables ? Serait-ce parce que m'en approchant je les vois dissemblables? Qu'on prouve premièrement qu'elles sont plus réelles dans la proximité que dans l'éloignement. Mais ce n'est pas tout, qu'on prouve encore que les feuilles qu'on voit de près, sont les mêmes que celles qu'on a vues de loin ; que les gouttes d'eau
42 ou de lait qui se | ressemblent, sont les mêmes gouttes qui ne se ressemblent pas et qui ne ressemblent pas aux précédentes. N'y reconnaît-on pas cette différence manifeste ? Et une chose peut-elle donc être la même et ne pas être la même tout à la fois ? Monsieur de Leibniz convient que souvent deux gouttes de ces liqueurs ne sont discernables que par le microscope ; ainsi il admet deux gouttes indiscernables qui sont réellement deux, ce qui suffit pour détruire son principe ; car qu'importe après cela, qu'il y ait deux autres gouttes discernables, savoir les gouttes microscopiques ?

Je viens d'analyser les exemples qui se sont offerts naturellement à mon esprit méditant sur les paroles de Monsieur de Leibniz ; mais, afin qu'on ne me soupçonne pas de vouloir abuser d'une ambiguïté d'expressions qui peut échapper au plus grand des Philosophes, il sera à propos, avant de passer plus loin, de joindre encore un exemple de la vue, comme étant celui des sens qui nous présente le plus distinctement les objets simultanés, dans lesquels la comparaison est la moins sujette à équivoque.

Lorsque j'aperçois une surface plane dont la lumière est réfléchie d'une manière uniforme, cette surface me présente une continuité non interrompue de la même couleur, où je ne distingue aucune nuance. Que je conçoive sur cette surface des triangles, des carrés, des polygones, des cercles, des ellipses, en un mot toute sorte de figures ; toutes ces figures conserveront la couleur commune ; mais cette uniformité des couleurs est-elle autre chose que la ressemblance parfaite de points visibles ? Et n'en suit-il pas que l'âme éprouve autant de perceptions indiscernables que la surface renferme de ces points ? On ne saurait le contester sans être réduit à avancer les choses les plus insoutenables. Il faudra dire non seulement que tous les points ne se ressemblent pas, mais qu'il n'y en a pas deux qui se ressemblent ; de cette façon chaque couleur sera commensurable à un seul
43 point visible ; d'où naîtra dans les couleurs | les plus uniformes un nombre de diversités égal à celui des points ; ou plutôt l'uniformité des couleurs sera entièrement proscrite de l'univers, et on pourra calculer qu'un plan d'une aire fort médiocre contiendra plusieurs millions de couleurs différentes.

Je n'ai pas besoin d'emprunter le secours de l'Optique pour détruire une conséquence qui heurte ses propres principes : car enfin où sont-elles ces nuances, ces diversités de coloris, que je n'aperçois point ? Certainement elles ne sont pas peintes sur le plan visible, l'objet de ma contemplation. Il faudrait donc concevoir que les couleurs sont autre chose que ce que nous les voyons être, et avoir recours à des couleurs invisibles couchées sur une surface invisible. Qu'on juge si ce ne serait pas abandonner la question, et la supposer tout autre qu'elle n'est.

Qu'on ne m'accuse pas ici de me faire comme une espèce de rempart du Système des Idéalistes ; on aurait mauvaise grâce, après m'avoir renvoyé à l'expérience, ce qui était, si je ne me trompe, me renvoyer à mes perceptions ; on ne peut donc se formaliser que je prenne pour expérience ce que je trouve en elles ; à moins qu'on ne me découvre l'art inconnu jusqu'à présent d'attacher l'esprit immédiatement aux choses, et de faire des expériences sans idées.

Ce n'est pas que j'accorde que mes preuves empruntent leur force du Système Idéaliste. Si cela était, elles perdraient sans doute cette force, envisagées hors de ce Système. Mais tout au contraire elles ne peuvent qu'y gagner ; et loin de perdre quelque chose, elles se multiplient. Soit qu'on envisage nos perceptions comme des images matérielles, produites par les corps et modifiées par nos organes, soit comme des images immatérielles répondant aux images matérielles, et par leur moyen aux corps qui nous environnent, soit enfin comme des représentations quelconques d'objets
| quelconques ; sous tous ces différents points de vue, dis-je, on sera obligé **44**
d'admettre dans le monde représenté la même raison de ressemblance qu'on reconnaît dans le monde représentatif, en sorte que des objets parfaitement semblables répondent aux perceptions parfaitement semblables[1]. Comment soutiendra-t-on autrement l'union de ces deux mondes ? Ou bien avancera-t-on que, dans le cas de ces ressemblances, le monde extérieur se représente dans nos âmes en se multipliant, à peu près comme sont les objets contemplés au travers des verres polyèdres ?

Après tout, la correspondance du monde extérieur avec le monde interne est ici une pièce hors d'œuvre, et n'influe aucunement sur la force de ma preuve, qui subsisterait quand même il n'y aurait rien d'extérieur du tout. La réalité de mes perceptions est bien plus indubitable que celle des objets qu'on prétend qu'elles représentent ; comme d'ailleurs cette

1. La relativité d'une position ontologique quant à la réalité des idées est ici manifestement affirmée et distingue à l'évidence la thèse de Mérian d'un idéalisme de type berkeleyen : J. B. Mérian, « Sur le problème de Molyneux. Troisième mémoire », NMAR 1777 [1779], p. 364.

représentation n'est qu'un rapport établi entre les idées et les choses externes, je puis en faire abstraction et considérer les idées en elles-mêmes, comme le commun des hommes le font tous les jours, ne se doutant nullement, que les choses qu'il aperçoit, représentent encore d'autres choses qu'il n'aperçoit pas. C'était là une spéculation réservée aux philosophes.

On peut dire en général que toutes les difficultés tirées de cette région inconnue qu'on appelle le monde extérieur, portent à faux contre nos preuves d'expérience; si j'avais donc eu le malheur de me tromper, ce serait uniquement par rapport à mon âme et ses perceptions; ce serait pour avoir donné à mes preuves un tour plus favorable que ne permettent les expériences sur lesquelles elles reposent. Et à ce sujet il m'est venu dans l'esprit d'agiter une question qui comprend tout ce qu'on peut m'objecter à cet égard avec quelque apparence de raison. Ne pourrait-on pas dire avec fondement, que les choses semblables en tout sont la même idée répétée à plusieurs reprises ?

45 | Pour discuter ce point avec la précision qu'il exige, il faut d'abord se ressouvenir qu'ayant considéré deux idées présentes à la fois, nous avons exclu la succession supposée dans le retour de la même idée. Tout le monde connaît les deux sentiments qui partagent les Philosophes au sujet de la durée. Je n'ai pas à craindre que ceux qui adoptent la durée absolue, indépendante des choses qui durent, s'avisent de me contester les ressemblances parfaites, quoique la divisibilité infinie de cette durée pût prêter une instance assez spécieuse à l'objection dont il s'agit [1]. Les partisans du principe des indiscernables au contraire ont pris soin eux-mêmes de nous tout aplanir. La durée dans leur système n'est qu'une relation d'ordre entièrement dépendante de la succession de nos idées [2], façon de l'envisager qui s'accorde parfaitement avec ma théorie; car, dès lors que mon esprit ne voit point de succession entre deux choses, elles arrivent en même temps par rapport à moi, quand même dans d'autres esprits la distance de l'une à l'autre pourrait se mesurer par l'écoulement de plusieurs années, ou de plusieurs siècles. D'ailleurs, si l'on peut voir du tout deux objets à la fois, j'avoue qu'il m'est inconcevable que leur ressemblance y pût apporter le moindre changement, empêcher de les voir, ou les empêcher d'être deux. Messieurs de Leibniz et de Wolff conviennent que Dieu peut créer deux choses parfaitement semblables; il les voit donc comme deux possibilités

1. Il s'agit bien entendu de la position newtonienne, défendue par Clarke : Troisième lettre de Clarke à Leibniz, GP VII, p. 368-369.

2. Troisième lettre de Leibniz à Clarke, GP VII, p. 363; Wolff, *Ontologia* § 572, GW II, 3, p. 443.

avant de les créer, et comme deux réalités après qu'on les suppose créées. Mais les voit-il ainsi par la répétition de la même idée ? On n'oserait le dire.

Il est temps de proposer l'expérience qui paraît favoriser cette répétition : la voici.

Je vois un objet, je ferme les yeux. L'objet disparaît. Je les ouvre. Je les referme et les rouvre, gardant toujours la même situation; en continuant cette expérience il semble qu'il y a[it] | toujours la même idée qui va et 46
vient sans cesse. Qu'on substitue, pendant que j'ai les yeux fermés, et à mon insu, un objet parfaitement semblable au premier que j'ai vu : en rouvrant les yeux n'ai-je pas encore la même idée que j'ai eue auparavant ? Ce qui se passe en tous ces cas, n'est-ce pas le départ et le retour alternatif d'une même perception ? Et de là ne résulte-t-il point que les choses entièrement semblables ne sont qu'une chose, ou plutôt qu'une idée ?

Quelque spécieux que soit cet argument, il est tout fondé sur une illusion causée par l'équivoque du mot d'identité; mot qui dans le langage commun, et même dans le langage philosophique, se prend souvent pour ressemblance. On appelle deux choses la même chose quand on peut substituer l'une à l'autre sans causer par-là aucun changement extérieur. Mais ce n'est là qu'une identité figurée; ce n'est point l'identité à la rigueur, je dis cette identité numérique sur laquelle les métaphysiciens ont prononcé l'axiome si connu; *que la même chose ne peut point exister deux fois*.

Cette proposition est un fil d'Ariane qui nous aidera à sortir du Labyrinthe. Elle nous montre l'impossibilité qu'il y a, que la même idée, (numériquement la même,) aille et vienne, disparaisse et reparaisse ou existe après avoir cessé d'être. Rien ne saurait avoir des lacunes d'existence, si j'ose m'exprimer ainsi. Si dans l'instant où je parle, tout l'univers rentrait dans le néant pour en ressortir l'instant après, ce ne serait déjà plus le même monde; ce ne seraient que deux mondes semblables, quand même ils n'auraient rien d'autre par quoi on pût les discerner. Sur cela on peut remarquer en passant, que les Philosophes et les Théologiens qui soutiennent la création perpétuelle [1], sont conduits nécessairement à admettre la multiplicité des indiscernables; vu que dans leur système l'identité n'est rien de plus qu'une ressemblance parfaite. Si dix hommes parfaitement semblables existaient à la fois, ils ne seraient point le même homme existant dix fois; et le seront-ils | davantage quand ils existent 47
successivement ? Tous les êtres passagers sont dans le même cas, les idées

1. Il s'agit de la thèse cartésienne de la création continuée : Descartes, *Principes de la philosophie*, II, § 36, AT VIII-1, p. 61-62.

aussi bien que les substances, et on peut dire de tous sans exception qu'ils ne sauraient être et avoir été.

On dira peut-être : si nous accordons que deux objets différents, (comme ceux qu'on se substitue pendant que vous avez les yeux fermés,) produisent deux idées différentes, il faudra aussi accorder que le même objet produit la même idée, lorsque vous le revoyez à différentes reprises. Cela serait vrai, si l'on pouvait conclure de ce qui est durable à ce qui n'est que transitoire, et si une chose permanente agissant sur une autre de même nature pouvait y produire une troisième chose permanente, une substance entée sur une substance, si j'ose parler ainsi. Mais comme une pareille supposition choque la raison, il s'ensuit que l'objet extérieur qu'on envisage comme permanent, ne pourra que modifier mon âme, sur laquelle il agit, ou y produire des changements qui cesseront avec son action. On doit donc dire tout au plus que des actions semblables sur le même sujet, y produisent des changements semblables ; ce qui est très vrai, soit que ces actions partent du même objet, soit qu'elles partent de différents objets.

Enfin, et je ne saurais trop le répéter, de quelque côté qu'on se tourne, il faudra toujours en revenir ici, que les idées sont les seuls objets dont nous puissions parler. S'il y en a d'autres, au moins nous sont-ils parfaitement inconnus. Nous les appelons sujets, substances, supports, ce qui dit en bon français, que nous ne les connaissons pas. Mais une idée passée ne saurait être une idée présente ; elle ne saurait être encore, lorsqu'elle n'est plus. J'aimerais autant qu'on me dise que quelque chose n'est rien, et que rien est quelque chose. Il est vrai que ces paradoxes ne doivent guère coûter à ceux qui croient voir le même objet quand ils en voient manifestement une
48 vingtaine de différents. Cet objet comme un vrai | Protée, se métamorphose en homme, bête, tour, arbre, montagne, et je ne sais quoi, sans qu'ils s'aperçoivent qu'ils ont vu autant de choses différentes qu'ils ont éprouvé de changements dans leurs idées.

Après les expériences, les preuves, et les éclaircissements que je viens de donner, il me semble que j'ai établi suffisamment les ressemblances parfaites dans la nature. Mais ne nous arrêtons point à ce terme, poussons nos spéculations plus loin ; et dévoilons, s'il est possible, tout le mystère de la ressemblance.

Jusqu'ici il n'a été question que de la ressemblance parfaite : considérons à présent, pour épuiser notre sujet, ce qu'on nomme ressemblance imparfaite.

Je suppose qu'avant que de comparer deux objets, j'examine chacun à part : une de trois choses doit nécessairement résulter de cet examen : ou j'apercevrai dans chaque objet pris séparément une conformité parfaite, ou je discernerai des deux côtés une pluralité de parties hétérogènes et dissemblables les unes aux autres : ou j'observerai enfin la pluralité d'un côté, et l'uniformité de l'autre [1].

Il est clair que dans le premier cas la ressemblance imparfaite ne saurait avoir lieu, et que les deux objets que nous y supposons, doivent être ou entièrement semblables ou entièrement dissemblables. Ils ne sauraient se ressembler ou se *dissembler,* (permettez-moi ce terme,) par des parties hétérogènes, parce qu'ils n'en ont point; leurs parties se ressemblent mutuellement, et par conséquent, ce qui se dit de l'une à cet égard, peut se dire également de toutes les autres. Dans le second cas au contraire, la ressemblance partielle peut se rencontrer dans toute sorte de combinaisons, car on conçoit aisément qu'une ou plusieurs parties d'un objet différemment composé peuvent ressembler à une ou plusieurs parties d'un autre objet composé de même. Mais le dernier cas ne souffre qu'une seule espèce de ressemblance, que je serais tenté d'appeler à demi-parfaite, puisque
d'un | côté elle doit affecter le Tout, et que de l'autre elle ne saurait tomber **49**
que sur une partie : ce qui est évident par soi-même.

La ressemblance imparfaite ne pouvant donc subsister qu'entre deux sujets, dont l'un du moins est composé de parties hétérogènes, sera-t-il besoin, je ne dis pas de prouver, mais d'ajouter, qu'elle n'est autre chose que la ressemblance parfaite des parties ? Ou la ressemblance totale d'un sujet à la partie de l'autre ? Et conçoit-on une conséquence plus immédiate que celle-ci : où il n'y a point de ressemblance parfaite, il n'y a point de ressemblance imparfaite ? Et s'il y a en effet des choses imparfaitement semblables, il faut de toute nécessité, qu'il y ait aussi des choses parfaitement semblables ?

Disons mieux. Toute ressemblance est parfaite en tant que ressemblance, le semblable n'est susceptible ni de plus ni de moins, et la ressemblance imparfaite n'est qu'une dénomination extérieure qu'on donne aux choses semblables en tant qu'elles coexistent à d'autres choses qui ne sont point semblables du tout. J'en appelle ici à l'expérience d'un chacun. Qu'on se forme, si l'on peut, une notion du semblable différente de celle que je viens d'exposer, qu'on tâche de concevoir une chose semblable à

1. La comparaison des côtés d'une figure pour rendre compte des ressemblances parfaite et imparfaite ne semble pas s'appliquer à toutes les idées dont Mérian traite dans le mémoire, par exemple dans le cas des couleurs. Dans son compte rendu du mémoire, Formey donne la précision suivante qui pourrait servir de complément : « Pour dire la chose avec le plus de précision, toute ressemblance est parfaite en tant que ressemblance, le semblable n'est susceptible ni de plus, ni de moins ; et la ressemblance imparfaite n'est qu'une dénomination extérieure qu'on donne aux choses semblables, en tant qu'elles coexistent à d'autres choses qui ne sont point semblables du tout » (S. Formey, *Nouvelle bibliothèque germanique*, Amsterdam, Mortier, 1754, XIV, I, p. 6).

une autre d'une partie aliquote, d'un demi, d'un tiers, ou autrement, on se convaincra par soi-même de l'impossibilité de cette notion et de la justesse de la nôtre.

Comment en effet sommes-nous parvenus à la former? Et comment la reproduisons-nous journellement? C'est que nous avons remarqué et remarquons encore des choses indiscernables par elles-mêmes, et que nous ne discernons que par leur pluralité, en les voyant exister l'une hors de l'autre, ou en les voyant coexister en différentes connexions. C'est donc répondre au défi et trouver ce qu'on cherche, que de trouver des ressemblances pareilles; car on peut défier à son tour qui que ce soit d'en concevoir, qui soient plus parfaites.

50 | Lorsque je confronte ma notion de la ressemblance avec celles des Métaphysiciens et des Géomètres, je leur trouve beaucoup de conformité à quelques ambiguïtés près, qu'il sera nécessaire de dissiper.

Monsieur le Baron de Wolff définit *la ressemblance*: *l'identité des choses par lesquelles les êtres se devraient discerner*[1]; il entend cette identité figurée, dont nous avons parlé, et qui n'est que la ressemblance elle-même. Je l'ai déjà dit, le synonyme d'identité et de ressemblance est autorisé par le langage commun, où deux choses ou deux cas semblables sont appelés à l'ordinaire la même chose ou le même cas. Convenons que la définition de ce grand Philosophe envisagée toute seule n'est pas fort lumineuse, comme ne nous apprenant autre chose, si ce n'est; *que la ressemblance est la ressemblance.* Mais c'est en retournant quelques feuilles et sous le titre d'identité, qu'il en faut chercher la vraie notion. Là nous trouverons que deux choses sont la même, *quand l'une peut être substituée à l'autre sauf tous les prédicats, ou en sorte que rien ne paraisse changé par la substitution*: cette ressemblance est aussi parfaite qu'elle peut être; elle se réalise dans la nature, et on ne saurait désormais l'en exclure, à moins que de soutenir qu'il n'y a dans tout l'univers que des dissemblances absolues.

Le Géomètre distingue la ressemblance de l'*égalité.* Dans la seconde il ne considère que la quantité, dont il fait abstraction en considérant la première, à cause qu'on ne la conçoit qu'en se servant d'une mesure commune. Mais dans le fond l'égalité n'est que la ressemblance parfaite des quantités; car il est démontré que, si deux choses ressemblent à une troisième, elles se ressemblent mutuellement: et dans ce qu'on nomme *congruence* en Géométrie, il y a tous les deux, égalité et ressemblance parfaites. La ressemblance peut être envisagée comme le genre, dont l'égalité est une espèce. Deux cercles sont égaux, lorsqu'ils sont décrits par des

1. C. Wolff, *Ontologia* § 195, GW II, 3, p. 160.

rayons semblables en | longueur; deux figures rectilignes sont semblables, 51
lorsque les angles correspondants sont égaux et les côtés proportionnels; la première est une ressemblance parfaite, la seconde une ressemblance imparfaite.

Terminons nos réflexions sur ce sujet, en remarquant qu'elles s'appliquent également au monde externe et au monde interne, sans rien perdre de leur force, ce qu'il suffira presque d'indiquer.

Soit donc que dans les corps extérieurs on adopte des éléments matériels, parfaitement solides et similaires, soit qu'on préfère l'hypothèse des Monades, on sera toujours réduit à supposer hors des esprits, de quoi rendre raison, de ce qui se passe en eux.

Le monde interne, l'objet propre et immédiat de nos contemplations, ne nous présente que des idées, et les ressemblances parfaites y supposent des recueils ou des faisceaux d'idées, si je puis ainsi parler, dont les unes sont entièrement semblables, pendant que les autres ne se ressemblent en aucune façon; ces ressemblances de même que les dissemblances tombent donc toujours sur des idées entières, parce qu'on ne peut partager que des idées composées, et que les partager, ce n'est que les résoudre dans les idées simples qui entrent dans leur composition.

Je pourrais me borner à ce que je viens de dire, et m'épargner la peine de réfuter les difficultés qu'on fait sur la ressemblance parfaite envisagée en elle-même, celles surtout, qu'on voudrait tirer de la contradiction physique. Elles n'ont pas besoin de réponse après l'aveu que fait M. de Leibniz lui-même de la possibilité absolue de deux individus parfaitement semblables. Si ce grand homme se contredit en niant que ces individus auraient *le principe d'individuation,* et en soutenant *que ce ne serait qu'une chose sous deux noms* ce n'est pas notre affaire de le concilier avec lui-
même[1]. J'ai examiné les autres | raisonnements qu'on prône avec le plus de 52
complaisance pour nous conduire à l'absurdité; mais soit dit avec tout le respect, que m'inspirent les noms les plus célèbres, je n'y puis démêler que des subtilités de Dialectique incapables d'éblouir un Philosophe. Jugez-en, Messieurs, sur ces deux échantillons, que je vais vous présenter.

L'existence d'*a,* dit-on, étant détachée et séparée de l'existence d'α, l'un est impénétrable à l'autre. Ceci doit prouver que ces deux existences ne se ressemblent point, l'une ayant ce que l'autre n'a pas; savoir *a* étant pénétré par soi-même, et α n'étant point pénétré par *a.* De là on conclut tout

1. Quatrième lettre de Leibniz à Clarke, GP VII, p. 372.

à son aise qu'il est de la dernière absurdité de dire, que jamais deux choses ne se ressemblent parfaitement [1].

Je n'ai pas besoin de montrer le cercle vicieux de ce raisonnement, il saute aux yeux de tout le monde, on suppose que pour être parfaitement semblables deux choses doivent se pénétrer mutuellement, ou être la même chose, ce qui est précisément la question. Quoi de plus naturel que d'inférer, que le semblable doit être pénétré par le semblable, qu'*a* étant pénétré par *a*, ou par soi-même, *α* doit aussi être pénétré par *α* ou par soi-même ?

Dans le fond que veut dire : être pénétré par soi-même. C'est être soi-même, ou être ce qu'on est. Cet argument en forme s'énoncerait donc ainsi : pour ressembler parfaitement il faut être ce qu'on n'est pas ; or chaque chose est ce qu'elle est. Donc aucune ne ressemble parfaitement à l'autre. Qu'on me prouve la majeure de ce raisonnement, et je suis prêt à accorder tout le reste ; mais des propositions identiques palliées par des expressions synonymes méritent-elles le nom de preuves ? Ceux qui ne nient point les ressemblances imparfaites, concilieront aussi chemin faisant un paradoxe qui résulte de la même prémisse ; c'est que pour être parfaitement semblable, il faudrait être en partie ce qu'on est et en partie ce qu'on n'est pas.

53 | L'autre exemple que je voulais apporter, n'est presque *discernable* du premier que par le tour des phrases, quoiqu'au jugement d'un homme célèbre, il faudrait être un grand Apollon pour en résoudre le nœud : je dirais plus volontiers pour le nouer. Voici à quoi il revient. *Ce qui ne diffère pas de l'autre dans la moindre particularité, est la même chose avec l'autre ; deux choses parfaitement semblables ne diffèrent pas dans la moindre particularité. Donc elles sont une même chose* [2]. Qui dirait que ce redoutable syllogisme ne se soutient qu'à la faveur de quelques équivoques ? Si le mot de différer est équivalent à *être dissemblable,* la pétition du principe est manifeste dans la majeure ; et dans la mineure, si on le prend dans son sens propre ; car alors le syllogisme revient à ceci : *Ce qui est la même chose, est la même chose : or deux choses semblables sont la même chose ; donc elles le sont.* Si enfin le mode de différer se prend en un sens dans la majeure, et en un autre dans la mineure, le syllogisme a les quatre termes condamnés par toutes les logiques de l'univers. Cette expression : *la même chose,* contient peut-être une seconde équivoque, qui produit un effet pareil à la première, vu qu'il y a identité figurée et identité numérique ;

1. L'argument est probablement tiré des réflexions de Wolff concernant la résistance des corps : C. Wolff, *Cosmologia* § 129-134, GW II, 4, p. 113-118.

2. Autre argument inspiré de la pensée wolffienne : *ibid.*, § 260, GW II, 4, p. 198-199.

mais nous n'avons pas besoin de chercher des fautes à ce raisonnement. Autrement nous le chargerions encore de cette étrange conséquence, que deux choses imparfaitement semblables, sont en partie la même chose et en partie différentes choses.

Ces fameuses démonstrations n'auraient pas sans doute paru fort démonstratives à l'illustre auteur du principe *de l'identité des indiscernables.* Mais il fait plus de fonds sur les preuves tirées de la convenance morale. S'il n'y a point de choses parfaitement semblables, c'est que cela est contraire à l'ordre, à la symétrie, à la perfection, qui entrent dans le plan de l'univers, et par conséquent à la sagesse divine qui a choisi ce plan par les raisons du meilleur [1].

| Il est vrai qu'en établissant des ressemblances parfaites, nous n'avons 54
fait attention ni à l'existence ni aux vertus morales du Souverain être. Si donc au bout du compte nous trouvons ces vérités en conflit, quel moyen y a-t-il de nous tirer d'un pas aussi difficile, qui va nous jeter dans le scepticisme physico-moral, le plus terrible et le plus désespéré de tous les Scepticismes? Abandonnerons-nous les vérités d'expérience, les premières de toutes les vérités, qui ne sauraient être détruites ni même contrebalancées par des vérités de raisonnement? Ou nous réduirons-nous à ce dangereux dilemme: qu'ou il n'y a point de Divinité, ou qu'elle n'est point parfaitement sage?

Je ne jouerai pas le rôle de déclamateur indigne d'un Philosophe; je ne pèserai pas sur l'incompétence de nos jugements dans ces sortes de matières; je ne qualifierai point de vanité systématique les efforts des génies sublimes, qui d'un point de l'immensité, où ils sont placés, compassent dans le cercle étroit de leurs idées les voies de la suprême sagesse, et se croient en état de nous tracer les plans les plus magnifiques du vaste édifice de l'univers! J'accorderai à leurs brillantes hypothèses les avantages qui leur sont propres; mais j'attends à mon tour de leur équité, qu'ils ne voudront pas les ériger en magasins d'armes pour combattre les vérités primitives, fondées sur l'évidence naturelle plus forte et plus victorieuse toute seule que tous les systèmes réunis.

S'ils voulaient sortir, ce que je n'espère pas, des bornes de ce juste milieu, ils auraient beau me dire, que la ressemblance parfaite répugne à cet arrangement d'idées abstraites, auquel ils se plaisent à donner le nom d'Univers. Aucune Cosmologie ne peut me faire croire, que je n'expérimente pas ce que j'expérimente en effet. On aura beau me démontrer, que pour faire coexister plusieurs choses parfaitement semblables, ou pour les
faire succéder, soit dans le | même endroit, soit en différents endroits, 55

1. *Ibid.*, § 245-246, GW II, 4, p. 187-191.

il faudrait autant de mondes indiscernables, je répondrai : bâtissez-vous des mondes à votre commodité; rien ne vous en empêche. *Tu pater et rerum inventor*[1]. Ne voyant pas si loin, je prendrai le mien tel que je le trouve devant moi. On aura beau enfin m'étaler *le grand principe de la raison suffisante*; et en déduire que dans les cas des ressemblances parfaites, Dieu est tellement lié, qu'il ne peut plus choisir. Si Dieu a choisi en effet, des principes plus grands et plus évidents m'assurent du contraire, et l'application du vôtre se trouve en défaut. S'il n'a point choisi du tout, ce n'est pas à moi à répondre des conséquences.

Mais après tout, si je voulais m'engager dans la discussion des systèmes, je ne saurais me persuader encore, que le monde qui renferme des ressemblances, pût avoir du désavantage par cet endroit-là. Ordre, proportion, beauté, harmonie, jugement, raison, vérité, en un mot tout ce qui peut embellir un monde, ne demandent-ils pas de la ressemblance? Et n'avons-nous pas prouvé, que toute ressemblance est parfaite? Je laisse à la nature elle-même à parler par les faits, en vous exposant ce nombre innombrable de ressemblances qui distingue et réunit ses trois règnes. Je laisse à un de ses plus habiles interprètes à vous dire, qu'on peut descendre par des degrés presque insensibles de la créature la plus parfaite jusqu'à la matière la plus informe, de l'animal le mieux organisé jusqu'au minéral le plus brut; et à vous montrer non seulement la ressemblance formant les classes des êtres, mais les entrelaçant encore, pour ainsi dire l'une dans l'autre, en sorte qu'on ne puisse jamais tirer une ligne entre deux. Je me borne à conclure de mes propres spéculations, qu'il ne reste que l'alternative entre un monde, qui ne contient que des ressemblances parfaites et un monde qui ne contient que des dissemblances absolues; c'est-à-dire un véritable CHAOS.

56 | Si le choix a eu lieu en effet : si un être suprême, source de toute beauté et de toute perfection, a tracé le plan de l'univers, la préférence ne saurait plus être douteuse. La ressemblance l'a emporté sur la dissemblance, et l'ordre a triomphé de la confusion; mais ce que la souveraine sagesse exige, est moralement nécessaire, bien loin d'être moralement impossible.

> *Tu cuncta superno*
> *Ducis ab exemplo, pulchrum pulcherrimus ipse,*
> *Mundum mente gerens, similique* [*in*] *imagine formans,*
> Prudentius[2].

1. Lucrèce, *De rerum natura*, III, 9 (« C'est toi, ô père, l'inventeur de la vérité », trad. fr. A. Ernout, Paris, Les Belles Lettres, 2009, p. 175).

2. Boèce, *De consolatione Philosophiæ*, III, l. 9 (« C'est toi qui tires toutes choses d'un modèle céleste, et toute la beauté porte dans son esprit le monde et sa beauté, le forme à ton image », trad. fr. J.-Y. Guillaumin, Paris, Les Belles Lettres, 2002, p. 81).

LA THÉOLOGIE DE L'ÊTRE, CHAÎNE D'IDÉES DE L'ÊTRE JUSQU'À DIEU MULTUM SERIES JUNCTURA POLLET [1]

PRÉSENTATION

Dans *La Théologie de l'être, ou chaîne d'idées de l'être jusqu'à Dieu* [1re partie] [2], Prémontval expose les principes premiers de sa métaphysique sous forme d'hypothèses explicitant les définitions de termes abstraits : celles-ci doivent s'avérer aussi conformes que possible aux données de l'expérience, sans qu'aucune contradiction formelle n'y soit impliquée. S'il se pose en contradicteur systématique de la philosophie leibnizienne-wolffienne, Prémontval développe des propositions par lesquelles il semble transposer les concepts de la monadologie selon des schématismes inspirés d'une philosophie de type lockien. Le concept d'être est ainsi posé comme indéfinissable, mais comme signifiant l'existence effective d'êtres composés, eux-mêmes réductibles à des combinaisons d'êtres simples. L'expérience du *cogito* nous révèle ce rapport du composé au simple en nous-mêmes et dans les êtres que nous percevons hors de nous. L'être simple se différencie de tout autre par son individualité, tout en comprenant des traits de ressemblance correspondant à des propriétés analogues chez les autres êtres simples. L'essence des êtres simples est constituée d'une multiplicité qualitative que l'on ne saurait réduire à une pluralité de parties, telles celles qui peuvent caractériser les êtres composés : tout au contraire, c'est plutôt le fondement de ces rapports quantitatifs qui découle de la

1. HAR 1755 [1757], p. 476-504. « Grande est la puissance de l'ordonnance et de la jointure ». Version modifiée du vers d'Horace : « [...] Tantum series juncturaque pollet » (*Épîtres*, II, Art poétique, l. 242).

2. Sur la pensée de Prémontval en général, voir L. Strickland, *The Philosophical Writings of Prémontval*, Lanham, Lexington Books, 2018.

constitution individuelle des simples. Aux êtres simples exerçant la perception sensible et réflexive se rattache le sentiment de leur unité à travers les changements affectant leurs propriétés intrinsèques. Mon corps organique m'apparaît comme « différents composés, très distincts, plus ou moins unis en un tout, dont je suis affecté et que j'affecte réciproquement » [1] : il s'agit donc d'une association d'êtres composés renvoyant à des êtres simples qui peuvent *a priori* – par analyse des possibilités conçues abstraitement – se répartir entre trois types, selon qu'ils sont doués de sentiment, doués de pensée ou privés de l'un et de l'autre. S'il peut y avoir par hypothèse du sentiment ou de la pensée dans les parties du composé organique, ces propriétés ne peuvent être attestées, car elles ne sont pas perçues comme intégrées à ce dont j'ai conscience : autrement dit, dans la mesure où je perçois consciemment ces parties corporelles, je ne les perçois pas dotées de sentiment ou de pensée. Le même constat s'applique aux composés qui m'apparaissent externes au domaine de mon corps avec lequel ils ne cessent d'interagir à mon avantage, comme à mon détriment. À certains de ces composés je puis néanmoins greffer, en vertu d'une analogie avec moi-même, des attributs conformes aux propriétés de mon être simple conscient. L'action de mon âme sur le monde des corps est globalement analysée suivant le paradigme de la gouvernance politique. C'est là l'ancrage d'une théorie des rapports âme-corps que Prémontval désigne sous le terme de « psychocratie » [2]. Une autre théorie prend forme à l'occasion de l'interrogation sur la cause de mon être.

L'originalité du « système » de Prémontval tient en grande partie à la façon dont il envisage de résoudre cette question métaphysique. Certes, il ne récuse pas totalement le recours au principe de raison suffisante, non plus qu'aux autres principes architectoniques hérités de Leibniz, mais il en subordonne l'application aux conditions limitatives de l'expérience du sujet conscient. Or l'expérience de la causalité doit ainsi se restreindre aux changements modaux survenant dans les composés et au sein des simples, changements que je ne puis concevoir que suivant la perception de mes variations conscientes, source de mon appréhension de la durée. Or, je n'ai aucune expérience du commencement ni de la fin d'aucun être simple : c'est là une lacune que la métaphysique traditionnelle compense en fomentant les concepts spéculatifs de création et d'annihilation. D'où la

1. HAR 1755 [1757], p. 484.

2. Voir A. P. Le Guay de Prémontval, « De la Psychocratie ; ou de l'empire et du gouvernement de l'âme sur la multitude des êtres, simples comme elle, mais d'une nature inférieure à la sienne, dont le corps est composé. Quatrième Hypothèse sur l'union de l'Ame et du Corps », HAR 1764 [1766], p. 374-414 ; « Suite de la Psychocratie […] », HAR 1761 [1768], p. 341-370 ; « Fin de la Psychocratie », HAR 1761 [1768], p. 371-420.

dénonciation par Prémontval des paralogismes issus de la démonstration d'une cause créatrice qui serait nécessairement requise pour rendre compte d'une contingence qui ne serait plus simplement « modale », mais « substantielle » [1]. Ces paralogismes auraient par ailleurs partie liée avec l'assertion sans fondement selon laquelle l'absence du pouvoir de s'instituer soi-même dans l'existence serait une imperfection requérant une cause transcendante apte à décréter tous les degrés et états de perfection possible. Or, les possibles sont indépendants de tout acte de création et ne doivent rien à une première cause qui, procédant *ex nihilo*, ne serait « assujettie à aucun moyen » [2]. L'on pourrait, à ce point de l'analyse, estimer que de cette argumentation se dégage une forme de conformité à un spinozisme qui serait soumis aux analogies de l'expérience. Prémontval s'engage plutôt dans la voie consistant à récuser toute preuve rationnelle ou prétendument telle que l'on tenterait d'émettre en faveur de l'existence d'un Dieu Créateur, et à opposer à ce quasi-dogme prétendument fondé en raison démonstrative une explicitation d'un concept de Dieu conforme au « sentiment » qu'il en a et dont il entend tirer des preuves d'existence et d'autorité morale. L'argument critique tient ici à l'inintelligibilité du concept de création divine, tel qu'il a été forgé par les métaphysiciens modernes, qui « est la source des plus cruelles et des plus accablantes difficultés, contre l'infinie bonté, sur l'origine du mal, sur la liberté et la moralité de nos actions, etc. » [3]. Certes la définition qui est censée ici traduire l'expérience de la présence divine dans la réflexion du sujet humain semble de prime abord tout à fait conforme à la métaphysique traditionnelle. Dieu est en effet défini : « un être simple, infiniment puissant, infiniment sage, infiniment bon » [4]. Mais sa nature d'être simple est tout à fait analogue à celle de tous les êtres simples et donc à celle du moi en tant que tel. Par analogie avec la subordination de la volonté humaine aux possibles qui la déterminent, son infinie puissance est celle de réaliser en acte tout le possible qui s'impose à lui hors contradiction – il ne saurait donc être l'auteur de ces possibles. Quant à son infinie sagesse, elle consiste dans l'intellection de tous les êtres possibles, donc de tous les existants *modo durationis* qui équivalent à tous les possibles réalisés, auxquels se trouvent reconnue une propriété universelle d'*aséité*, donc d'autosuffisance existentielle. Quant à son infinie bonté, elle s'actualiserait dans les limites de compatibilité de son être avec les essences des autres êtres simples,

1. HAR 1755 [1757], p. 488.
2. *Ibid.*, p. 490.
3. *Ibid.*, p. 492.
4. *Ibid.*, p. 493.

celles-ci pouvant comprendre un pouvoir de liberté, c'est-à-dire d'agir par pure spontanéité en échappant à toute détermination : d'où l'éventualité pour certains êtres simples finis de produire le mal sans que Dieu y puisse quoi que ce soit. Dieu apparaît donc comme le suprême législateur d'une nature s'actualisant suivant un dessein qui s'impose en vertu des possibles essentiels. Dans le fond, ce que Prémontval rejette, ce sont deux des implications de la thèse leibnizienne relative à l'élection du meilleur des mondes possibles. Se trouve d'une part dénoncée l'hypothèse que le monde actualisé ne serait qu'un monde possible parmi d'autres, c'est-à-dire que la seule compatibilité logique conforme à l'ordre des faits ne suffirait pas à déterminer le système de toutes les essences possibles au fondement de l'ordre des choses : d'où la contingence et donc l'irrationalité que les Leibniziens finiraient par supposer au fondement du monde existant. Se trouve d'autre part récusée la prédestination de tous les actes des présumées créatures comme s'ils étaient issus d'une volonté expresse de Dieu d'en produire les effets, que ceux-ci aboutissent au bien comme au mal. Dieu n'est aucunement responsable du mal, parce qu'il ne crée pas le monde dans lequel celui-ci surgirait fatalement en vertu d'une telle volonté. Faire le mal librement est la propriété de certains êtres à qui il suffit d'être possibles et dotés du pouvoir d'agir sans détermination, dans un système où Dieu figure comme un être simple parmi d'autres, tout infini qu'il est par ses attributs et par sa volonté bienveillante d'y faire régner la plus grande perfection possible.

La démonstration que Prémontval propose de l'existence de Dieu prétend s'appuyer sur des prémisses que l'athée ne peut qu'admettre, à savoir l'infinité et l'éternité des êtres simples variables et successifs formant le tout de l'Infini suprême. Cet infini, à la différence de l'infini mathématique, constitue une somme complète actuelle, une « omnitude » [1]. D'où le principe métaphysique de l'« aséité universelle » que l'entendement pourrait décliner en appliquant aux êtres constitutifs du tout des mesures relevant de l'infini mathématique. Or, sans contradiction, je puis concevoir la possibilité d'une bienveillance, d'une intelligence et d'une puissance attachées à des êtres qui me sont infiniment supérieurs : telle était la source historique des notions de divinités capables de sanctionner le crime et la vertu. Transcendant ces notions de divinités relatives, la preuve se conclut dans la 2 e partie de la *Théologie de l'être* par l'argument suivant lequel, dans tout genre de l'être et de ses propriétés, tous les degrés

1. HAR 1755 [1757], p. 500.

possibles existent et donc le degré suprême sis au-delà de toute infinité numérique :

> La bienveillance, l'Intelligence et la Puissance existent. La Bienveillance, l'Intelligence et la Puissance ont des Degrés, & peuvent se combiner entre elles selon ces divers Degrés. Donc *un souverain Degré de Bienveillance, d'Intelligence & de Puissance combinées entre elles,* existe en quelque Être dans l'Universalité des Êtres. J'appelle DIEU, *cet Être en qui réside le souverain Degré de la Bienveillance, de l'Intelligence et de la Puissance combinées entre elles*[1].

François DUCHESNEAU

1. A. P. Leguay de Prémontval, « La théologie de l'être, ou chaîne d'idées de l'être jusqu'à Dieu » [2e partie], HAR 1757 [1759], p. 405-430, ici p. 423.

PRÉMONTVAL

LA THÉOLOGIE DE L'ÊTRE, CHAÎNE D'IDÉES DE L'ÊTRE JUSQU'À DIEU MULTUM SERIES JUNCTURA POLLET

§ I. De la simplicité de l'être

Être ou *exister*; un *Être,* une *Chose* : mots qui ne doivent ni ne peuvent se définir.

Quelque chose existe : ou, il y a quelque Être.

Ce qui existe n'est qu'un seul Être, ou ce sont plusieurs Êtres.

S'il y a quelque chose qui ne soit qu'un seul Être et non plusieurs Êtres, je l'appelle *Être simple.*

S'il y a quelque chose qui soit plusieurs Êtres et non un seul Être, je l'appelle *Être composé.*

Tout Être composé, ou toute Collection de plusieurs Êtres, n'est pas un seul Être, mais plusieurs Êtres.

Si A est un Être, simple ou composé, et que B soit un autre être, simple ou composé, leur somme A + B n'est pas un seul Être, mais plusieurs Êtres.

A + B est composé.

L'existence de A + B présuppose l'existence de A, aussi bien que l'existence de B.

Plusieurs présupposent *l'Unité* de ce dont il y a plusieurs.

Plusieurs Êtres présupposent l'*Unité d'Être.*

477 | Plusieurs Êtres supposent quelque chose qui ne soit qu'un Être et non plusieurs Êtres.

Tout Composé suppose le Simple.

S'il y a des Êtres, il y a des Êtres simples; et à proprement parler, il n'y a que des Êtres simples.

C'est-à-dire qu'à proprement parler, tout Être composé n'est point un Être, mais une Collection de plusieurs Êtres.

Enfin je pose pour Axiome, *qu'un Être n'est pas plusieurs Êtres, mais un seul Être.*

§ II. DE LA DISTINCTION DES ÊTRES

Maintenant je suis convaincu que *moi qui pense* je suis quelque chose; soit un seul Être, soit plusieurs Êtres; un Simple, ou un Composé.

Je suis également convaincu que je ne suis pas le seul *quelque chose* qui existe; le seul Simple, si je suis simple; le seul Composé, si je suis composé.

Hors de moi existent d'autres Êtres, ou d'autres Collections d'Êtres. (Je prie ces autres Êtres, ou ces autres Collections d'Êtres, de vouloir bien, quand je me suis persuadé de leur existence, m'en croire sur ma parole, sans m'en demander de Démonstration.)

Il y a donc plusieurs Collections d'Êtres; et à plus forte raison, plusieurs Êtres simples.

Tout Être simple est ce qu'il est, et n'est pas plus un autre Être simple quelconque, qu'il n'est plusieurs Êtres simples.

Tout Être simple a quelque chose en lui par quoi il est tel Être simple, et non un autre Être simple quelconque.

Au fond ces deux dernières Propositions ne sont que la même, et c'est ce qui rend la seconde aussi incontestable que la première: mais il faut remarquer que cette expression, *tout Être simple a quelque chose en lui*, dont on est contraint de se servir faute de termes, est très impropre.

J'appelle *Différence individuelle* d'un Être simple, ce par quoi un Être simple est tel Être et non un autre.

|Comme les Genres ont leurs *Différences génériques*, par quoi un 478
Genre est tel Genre, et non un autre Genre; comme les Espèces ont leurs *Différences spécifiques*, par quoi une Espèce est telle Espèce, et non une autre Espèce: de même tout Individu a sa *Différence individuelle*, par quoi il est tel Individu et non un autre.

Il est aussi absurde de dire que deux Individus A et B, simples ou non, sont tels qu'il n'y ait rien dans A qui ne soit dans B, rien dans B qui ne soit dans A, qu'il serait absurde de dire qu'il y a deux Espèces de cercles, la première et la seconde, rien dans la première qui ne soit dans la seconde, rien dans la seconde qui ne soit dans la première.

Cela même est encore plus absurde des Individus que des Genres et des Espèces : car puisqu'il n'y a que les Individus qui existent, on ne peut concevoir de Genres et d'Espèces, que *parce qu'il y a des Différences individuelles mêlées à des Ressemblances.*

§ III. DE LA DIVERSITÉ DANS LE SIMPLE

Mais comment concevoir des ressemblances et des différences entre les Êtres simples ? Si A et B sont simples, et simples de même espèce, comment y a-t-il *dans* A quelque chose qui soit et quelque chose qui ne soit pas *dans* B, et *dans* B quelque chose qui soit et quelque chose qui ne soit pas *dans* A ; même à la manière impropre dont nous devons ici prendre l'expression ?

Je réponds 1° qu'il est incontestable qu'un Être n'est pas plusieurs Êtres, et que par conséquent tout véritable Être est simple ; incontestable aussi qu'un Être n'est pas un autre Être, et que pour être tel Être de telle espèce plutôt que d'une autre, il faut quelque chose qui le constitue tel. Ainsi quand nous ne concevrions pas le *comment* de la ressemblance et de la différence des Êtres, elles n'en seraient pas moins constantes.

Je réponds 2° qu'il faut distinguer entre pluralité d'Êtres, et pluralité de
479 Propriétés et d'Attributs. La simplicité d'un Être exclut la | pluralité d'Êtres en lui, parce que ce n'est qu'un seul Être et non plusieurs Êtres ; mais si elle n'excluait point la pluralité de Propriétés, il y aurait dans cette pluralité du jeu pour des ressemblances et des différences à l'infini dans les Êtres simples.

Une réflexion m'aide à concevoir la pluralité de Propriétés dans le Simple, aussi aisément que dans le Composé. C'est que la pluralité de Propriétés, dans les Composés mêmes, n'est point en raison de la pluralité des Parties qui les composent. Il me semble que cela est décisif.

Exemples.

Le triangle rectangle qui n'a pas plus d'éléments, pas plus de côtés, pas plus d'angles, et quelquefois pas plus de surface qu'un autre triangle, a cependant plus de propriétés.

Que l'on divise une ligne en deux parties, de la manière qu'on appelle *moyenne et extrême raison* [1] ; on a fait un volume entier des propriétés de

1. Euclide, *Les Éléments*, trad. fr. B. Vitrac, Paris, P.U.F., 1994, Livre VI, Proposition 3, II, p. 148 : « Une droite est dite *être coupée en extrême et moyenne raison* quand, comme elle [est] tout entière relativement au plus grand segment, ainsi est le plus grand relativement au

cette division, tandis que celles de toute autre division de la ligne en deux ou en plusieurs parties n'en approchent pas.

On sait les propriétés singulières du nombre 9. N'y en a-t-il qu'autant que d'unités en 9, ou qu'autant que ces neuf unités peuvent recevoir de combinaisons? Non, ces propriétés n'ont aucun rapport avec ce nombre de neuf unités. La preuve en est que si l'on suivait en Arithmétique la progression *duodécuple* au lieu de la *décuple* [1], ce serait 11 qui aurait les propriétés singulières de 9, mais moins que n'en a 9, parce qu'il n'est pas carré comme lui, ni divisible par un autre nombre.

Croit-on qu'en augmentant ou en diminuant un nombre d'une seule unité, surtout s'il est grand, on ne fasse qu'augmenter ou diminuer un peu ses propriétés? Point; on les anéantit; on les change en d'autres qui n'y ont pas rapport.

Enfin l'unité elle-même, tant l'unité simple que l'unité abstraite, que de propriétés n'a-t-elle pas, et que d'usages dans les calculs? Cependant ou elle n'a point de parties, ou l'on fait abstraction des parties qu'elle a. | Il suit **480**
de ces exemples, et d'une infinité d'autres, que la pluralité de Propriétés dans les Êtres composés ne vient point de la pluralité des Parties.

Ainsi la pluralité de Parties ne fait rien à la pluralité de Propriétés.

Donc *pluralité de Propriétés peut se trouver dans les Êtres simples*.

Il y a donc de quoi concevoir comment les Êtres simples diffèrent plus ou moins les uns des autres, et d'ailleurs il est indispensable, sinon de concevoir, de tenir pour sûr qu'ils diffèrent, les uns plus et les autres moins.

Or ces propriétés dont il y a pluralité, même dans l'Être simple, est-ce quelque chose? Oui, Et quoi? L'Être même, dont ce sont les propriétés, et non d'autres Êtres qui lui soient ajustés à la manière des *Entitatules* de l'École [2].

De même que les qualités de nombre, les qualités de pair et d'impair, les qualités de cube et de carré, et les propriétés qui en dépendent, ne sont point des Êtres attachés à 8 et à 9, différents de 8 et de 9.

plus petit ». Il s'agit du rapport entre deux longueurs a et b tel que le rapport de la somme des deux longueurs a + b sur la plus grande a soit égal au rapport de le plus grande a sur la plus petite b, à savoir $(a + b)/a = a/b$: cette proportion définissant le nombre d'or.

1. La progression duodécuple consiste à considérer des séries d'unités totalisant le nombre 12 ou un multiple de 12, et la progression décuple à considérer des séries de nombres totalisant 10 ou un multiple de 10.

2. Dans le lexique scolastique, le terme *entitatulum* désignait l'*hæcceitas* considérée comme un mode réel qui s'attacherait aux essences pour les individualiser : ainsi l'« entitatule » d'un chien individuel s'ajouterait à l'essence générique du chien pour en faire Fido ou Belle.

§ IV. DE LA MUTABILITÉ DU SIMPLE

Il y a deux sortes de Propriétés dans les Êtres : de permanentes et de successives.

Les Propriétés permanentes d'un Être (entre lesquelles il faut toujours compter la possibilité des successives,) sont ce qui ne varie jamais dans un Être ; ce qui le constitue tel Être, et non un autre : c'est son *Essence*.

Les Propriétés successives sont celles qui n'appartiennent à un Être toutes à la fois qu'en possibilité, mais dont plusieurs ne peuvent s'y trouver réellement que les unes après les autres : ce sont les changements, les variétés qu'il éprouve ; ses divers états ; ses *Accidents*.

Car je suis intimement convaincu, quoique sans démonstrations, qu'il arrive des changements dans ce qui existe ; aux autres, de même qu'à moi. Il ne s'agit que de savoir, si les changements sont dans les Collections d'Êtres ou dans les Êtres ; dans les Composés ou dans les Simples.

481 | La chose n'est pas difficile. Avec la même évidence que je vois que plusieurs Êtres supposent ce qui n'est pas plusieurs Êtres, je vois que le changement de plusieurs Êtres suppose le changement de ce qui n'est pas plusieurs Êtres ; suppose le changement de quelque Être simple.

S'il n'est arrivé, ni à A, ni à B, ni à C, quelque changement que ce puisse être, il n'est arrivé à la Collection de A, de B, et de C, aucun changement.

Mais s'il est arrivé, soit à A, soit à B, soit à C, quelque changement, il est arrivé du changement à la Collection de A, de B, et de C.

De même donc que je tiens pour axiome, que le Composé suppose le Simple, je tiens pareillement pour incontestable, que le changement du Composé suppose le changement du Simple.

J'avoue que je ne conçois pas comment le changement arrive ; d'où il procède, et comment il s'exécute. Mais je soutiens que cela ne se conçoit pas mieux dans les Composés que dans les Simples, puisqu'il est visible que le changement n'arrive dans le Composé que par le Simple. Comment un état cesse-t-il, et un autre prend-il sa place ? Pourquoi faut-il que le premier cesse et qu'un autre succède ? Si cela vient de quelque Cause, ou cette Cause change elle-même, ou elle ne change point. Si elle ne change point, comment produit-elle du changement, sans changer elle-même ? Et si elle change, comment change-t-elle ?

Conclurons-nous, en ne cessant nous-mêmes de changer, qu'il n'y a point de changement, parce que nous ne pouvons concevoir comment il arrive ? Un Sentiment irrésistible nous convainc qu'il se fait de continuels changements ; et un peu de réflexion, que tout changement dans le Composé suppose un changement dans les simples qui le composent.

Ainsi donc point de changement, non plus que de propriétés, dans le Composé que par le Simple.

| § V. De l'Être pensant 482

Ceci me conduit à examiner si Moi qui pense, qui éprouve le sentiment de plusieurs propriétés et de plusieurs changements, si je suis un Être simple, ou un Composé.

La question revient à demander, *si Moi qui pense, je suis un Être ou plusieurs Êtres*? Si c'est un seul Être, c'est un Être simple; si c'est plusieurs Êtres, c'est un Composé.

Puis-je douter sérieusement, *si Moi qui pense, je suis un Être ou plusieurs Êtres*? Je ne parle point de cette Collection d'Êtres qui se trouve singulièrement unie à Moi qui pense, et qui s'appelle mon Corps. Je parle de Moi-même, de Moi qui pense, l'Âme de ce Corps.

Il est vrai que j'éprouve des pensées très variées et très changeantes. Ce Moi qui pense tantôt nie et tantôt affirme; tantôt il a du plaisir, et tantôt de la douleur etc. Mais je sais que la variété et le changement peuvent et doivent avoir lieu dans un Être simple; et il me semble que je sens très bien, que, soit que je nie ou que j'affirme, soit que j'aie du plaisir ou de la douleur, je suis le même Être, un seul Être, et non plusieurs. Il ne répugne pas que la variété et le changement se trouvent dans l'*unité*, et j'ai le sentiment de mon *unité*. M'en faut-il davantage?

Je nie A et j'affirme B tout à la fois, ou bien je nie et j'affirme C successivement. Le fait est que j'ai un sentiment intime de l'un et de l'autre, de la négation et de l'affirmation, comme de modifications m'appartenant[1]. Si je suis un Composé de deux Êtres, par exemple; ou bien chacun de ces Êtres nie, et chacun affirme; ou bien c'est l'un qui nie, et l'autre qui affirme; ou bien ce n'est ni l'un ni l'autre qui nie ou qui affirme, mais seulement la somme des deux.

Si chacun des deux Êtres nie et affirme, chacun est l'Âme complète; il faudrait que je fusse fou d'admettre en moi deux ou plusieurs Âmes, qui n'opéreraient chacune que les mêmes choses.

| Si l'un nie et que l'autre affirme, comment chacun a-t-il sentiment du 483
jugement de l'autre, comme de quelque chose qui lui appartient? Comment en aurait-il même connaissance, comme de quelque chose d'étranger? Est-il plus difficile qu'il réunisse les deux jugements que de réunir deux

1. Le texte original se lit : « [...] à moi appartenantes ».

sentiments; le sentiment de son propre jugement, et le sentiment du jugement de l'autre?

Enfin si ce n'est ni l'un ni l'autre qui nie ou qui affirme, ni l'un ni l'autre qui pense, mais la Somme des deux; comme ce n'est aucune des moitiés du cercle qui est ronde, mais la Somme des deux moitiés... Cette comparaison éblouissante demande que je m'arrête.

Ce n'est aucune des deux moitiés du cercle qui est ronde; mais l'union, et certaine union des deux moitiés. Ce ne sont ni les côtés ni les angles d'un triangle qui ont quoi que ce soit de triangulaire. Ne se pourrait-il pas que ce qui pense fût un résultat de plusieurs Êtres qui n'aient rien de pensant? Si le triangle avait sentiment de sa triangularité et le cercle de sa rondeur, ils ne pourraient attribuer la triangularité, ou la rondeur à aucun Être en eux : ils la sentiraient comme quelque chose d'*un* et de *simple*.

Première disparité. Je me sens, et je me sens comme *un*; et je suis très convaincu, (j'en dois convenir, si je ne veux chicaner;) que le triangle et le cercle ne se sentent, ni ne se peuvent sentir. Il est absurde de spécifier, comment se sentirait ce qu'on ne peut présumer se pouvoir sentir.

Seconde disparité. Le cercle et le triangle, sous un point de vue, sont réductibles en éléments qui n'ont rien de rond et de triangulaire; mais sous un autre point de vue, ce ne sont que des cercles, ou des triangles, toujours décroissants, enchâssés les uns dans les autres. Y a-t-il en Moi qui pense un autre Moi, qui ne diffère de Moi qu'infiniment peu, et ainsi à l'infini?

Pour trancher net, quand je concevrai qu'une Assemblée de Sénateurs
484 éprouve le sens intime d'une opinion, qui n'est celle ni de Titus, | ni de Caïus, ni de Publius, je croirai que je suis une Assemblée d'Êtres; Assemblée pensante d'Êtres qui ne pensent point, ou qui ne pensent point ce que je pense, Moi qui suis leur Assemblée.

En un mot j'en reviens à ce que j'ai dit il n'y a qu'un moment. Je sais qu'il n'y a de véritables Êtres que des Êtres simples. Ce n'est qu'à eux que l'existence appartient: *vingt* n'existent que parce qu'*un* existe. Je sais que tous les Êtres simples diffèrent les uns des autres, et qu'ils sont susceptibles en eux-mêmes de variétés et de changements. Avec cela je me sens comme *un*, et non comme plusieurs Êtres. On me permettra de croire *que je ne suis qu'un Être, et non plusieurs.*

§ VI. Du corps et de l'âme

Mais quel est cet attirail d'Êtres qui me suit partout, et qui m'est si intimement uni depuis que j'ai connaissance de moi-même ; espèce de cour et de cortège, qui souvent m'est utile, et souvent aussi me fait payer bien cher, par des embarras, des soins, et des douleurs, les services que j'en reçois ? Qu'est-ce que *mon Corps* ?

Je ne puis douter que ce ne soit quelque chose. J'y vois différents Composés, très distincts, plus ou moins unis en un tout, dont je suis affecté et que j'affecte réciproquement. C'est donc une multitude d'Êtres, à moi subordonnés, sur lesquels j'exerce une sorte d'empire, mais d'une manière qui n'est pas toujours également tranquille. Il s'en faut beaucoup que je règne en Souverain absolu, ni que je puisse maintenir l'ordre, comme je le voudrais, et prévenir toutes les séditions et les révoltes.

De plus je vois un commerce indispensable de mes Sujets avec les États environnants, et avec des multitudes d'Étrangers qui ne cessent de se mêler parmi eux ; d'où je reçois des avantages et des désavantages considérables, en général plus de mal que de bien, en sorte que c'est même de ces Étrangers que naissent la plupart des troubles qui s'élèvent dans mon Empire.

| Je sais, encore un coup, que tous les Êtres diffèrent plus ou moins en **485**
propriétés les uns des autres. C'est donc le cas des Êtres qui me sont subordonnés et de ceux qui m'environnent.

Or je ne puis concevoir que trois distinctions, ou classes générales entre eux.

Première distinction. Qu'ils soient susceptibles de pensée comme moi.

Seconde distinction. Qu'ils ne soient susceptibles que de sentiment.

Troisième distinction, qu'ils ne soient susceptibles ni de pensée, ni de sentiment.

J'ignore absolument, si ces trois distinctions sont essentielles, ou s'il n'y a point de passage de l'une de ces conditions à l'autre ; en sorte que tel Être simple, qui d'abord n'aurait ni pensée ni sentiment, (comme il me semble que je suis quelquefois,) acquerrait, par une suite de changements dont il est susceptible, le sentiment et la pensée.

Quoi qu'il en soit, si parmi la multitude d'Êtres qui me sont unis dans cette Association que j'appelle mon Corps, si, dis-je, il y en a qui soient susceptibles comme moi, plus ou moins, du sentiment et de la pensée, je l'ignore ; mais je suis très sûr, que ce n'est ni leur sentiment, ni leur pensée dont j'ai *conscience*. Cela se passe hors de Moi qui pense ; cela n'est pas Moi. Cela ne m'affecte, que de la manière que font en général, les sentiments et les pensées des Êtres qui ne sont point de cette Association. Le *comment* est aussi mystérieux, et aussi inexplicable dans les deux cas.

Cependant cette Association d'Êtres, à la tête de laquelle je me trouve, ne m'est rien moins qu'inutile : je lui dois ma dignité et mon pouvoir.

Je suis un Être sans elle ; je ne suis une *Âme* que par elle.

Il y a une infinité de choses dont je ne suis capable qu'avec elle.

Le Monarque, le mieux instruit dans l'art de gouverner, n'est qu'un simple Homme, s'il n'a des villes, des campagnes, des arsenaux ; et des Sujets qui habitent ses villes, labourent ses campagnes, et sachent employer au besoin les armes dont ses arsenaux sont remplis.

486 | Un Monarque, qui n'aurait que des Sujets, sans un pouce de terrain à lui, ne serait qu'un Général, ou un Chef, impuissant à mille égards.

Un Monarque, qui ne possèderait que de vastes provinces, sans Sujets, perdrait la qualité de Prince, et ne serait qu'un Solitaire.

Dans l'un et dans l'autre cas, aucun, ou presque aucun moyen, de mettre en œuvre le génie qui n'en est pas moins en eux.

Une Âme n'en est pas moins ce qu'elle est, un Être susceptible par son essence de telles ou telles opérations, quoique privée de l'Association des Êtres d'où résultent son Corps et ses Organes. Mais soit que ces Êtres n'agissent tous que par des tendances aveugles ; soit qu'il y en ait parmi eux qui soient susceptibles du sentiment et même de la pensée ; il est d'expérience que leur Chef ne peut rien, ou presque rien, sans leur secours.

La perte d'une partie de son armée, ou des passages occupés par l'Ennemi, ne dérangent pas plus les desseins d'un Général, que la perte d'un Membre, ou quelque Organe obstrué, ne déconcerte la plus belle Âme.

Je laisse ici un plus grand détail, qui ne fait rien au but où je veux aller.

§ VII. De la cause créatrice [1]

Élevons-nous à des considérations plus importantes.

Cet empire dont je jouis, et cette dépendance où je me trouve dans mon empire, et par cet empire-là même, me porte à demander d'où me vient cet empire, et cette dépendance; et plus généralement encore, *d'où je suis*.

Je suis; mais ai-je toujours été, et serai-je toujours?

L'idée de commencement et de cessation d'Être me vient, par l'expérience journalière d'une infinité d'Êtres composés que je vois se former et se détruire, et par celle des Modifications qui se manifestent en moi, et qui disparaissent bientôt après. Mais je ne trouve en tout cela l'idée du commencement et de la cessation d'aucun Être véritable.

| Des Sociétés de plusieurs Êtres, et les Modifications d'un même Être, **487**
ne sont point des Êtres proprement dits.

Je ne conçois dans le premier cas, que des Sociétés qui se forment ou qui se détruisent; mais je ne vois le commencement ni la fin d'aucun des Individus qui les composent.

Je n'éprouve dans le second, que des variations de mon Être; mais je n'ai point encore éprouvé sa fin, et je ne me souviens point de son commencement.

Ma mémoire ne me rappelle, il est vrai, qu'une durée très courte; mais elle ne me rappelle pas même la millième partie de la durée dont je suis certain. D'ailleurs je puis avoir existé longtemps, privé de sentiment et de pensée. Je puis même avoir passé, (je dis Moi qui pense, Moi Être simple, et non cette union accidentelle de Moi qui pense et d'une multitude d'Êtres à moi subordonnés;) je puis avoir passé successivement par une infinité d'alternatives d'états de sensibilité et d'états d'insensibilité, sans en avoir le moindre souvenir.

Ainsi donc *la seule expérience ne m'apprend point, si Moi Être simple j'ai toujours été, ou si je n'ai pas toujours été.*

Voyons ce que m'apprend la réflexion.

1. Dans les *Vues philosophiques, ou Protestations ou déclarations sur les principaux objets des connaissances humaines*, Berlin, Chez Joachim Pauli, 1761 (2e éd.), II, p. 374, Prémontval ajoute ici la note suivante: « Ce paragraphe et les trois suivants ont été lus le 6 mars 1755, dans une Séance que le hasard (La Réception de Mr. de Beausobre) rendit publique. Je ne le remarque pas sans dessein. Ayant à combattre des Préjugés d'un ordre respectable, je crus devoir laisser libre cours à des sentiments de Religion, qui naissaient de mon Sujet; non certainement par une détestable Hypocrisie, mais pour me montrer tel que je suis à la vue d'une Assemblée nombreuse, et confondre les Calomnies de mes Détracteurs, dont l'un fit en effet son possible pour m'arracher cette occasion ».

D'abord je me sens très convaincu, que si j'ai toujours été je serai toujours, et que si je n'ai pas toujours été je pourrai bien n'être pas toujours.

Si je dois finir, vu que je suis un Être simple, cela ne peut arriver par dissolution, mais par ce qu'on appelle *Annihilation*; et si j'ai commencé, cela n'a pu arriver par composition, mais par une véritable *Création*.

La *Création* serait le passage du Non-Être absolu à l'Être.

L'*Annihilation* serait le passage de l'Être au Non-Être absolu.

Plus j'y pense, moins je conçois la possibilité de l'une ou de l'autre, parce que je n'en ai point d'expérience. Mais si je n'avais l'expérience des changements qui s'exécutent continuellement en moi et hors de moi, je n'en concevrais pas mieux la possibilité; ils ont quelque chose d'aussi
488 |étrange, et j'en suis réduit à savoir que je change sans comprendre comment je change.

De ce que je ne comprends point que j'aie commencé à être, ce n'est donc point une raison de nier que j'aie commencé à être.

D'un autre côté de ce que je n'ai point de raison de le nier, ce n'en est point une de l'affirmer, à moins qu'il ne s'en présente des preuves.

Je vois des gens qui tiennent pour bonnes preuves, qu'un Être vient de Rien, que par lui-même il ne serait Rien, et que par conséquent *il a commencé*; les changements mêmes de cet Être, ses variations, en un mot ce qu'ils appellent sa *Contingence* : c'est une raison que je ne puis sentir.

Car, ou la Cause qui m'aura donné l'Être, change; ou elle ne change point. Si elle change, elle aura dû, comme moi, venir de Rien, et ainsi à l'infini. Si elle ne change point, comment me donne-t-elle l'Être sans changer? Comment est-elle la même, quand elle veut me donner l'Être, et quand elle ne veut pas encore me donner l'Être? Le passage du non-vouloir au vouloir n'est-il pas un changement en elle? Ou veut-elle et ne veut-elle pas tout à la fois, sans passage, sans succession? Incompréhensibilité pour expliquer une incompréhensibilité.

Si donc il y a une Cause créatrice, je ne puis la concevoir, *d'une part que comme increéée, et de l'autre cependant, comme susceptible d'une sorte de variation* : variation, quand c'est moi qu'elle crée, ou quand c'est un autre; variation, quand elle me crée, ou qu'elle ne me crée pas encore. Ainsi la variation n'est preuve par elle-même que d'une Contingence modale, et non d'une Contingence du fond de l'Être.

« Eh bien, ce ne sera point la variation par elle-même, mais la variation jointe à l'imperfection, qui sera preuve de la Contingence essentielle, ou substantielle, des Êtres » : autre raison que j'ai encore le malheur de ne point sentir.

« Un Être est imparfait, sujet à la misère ; misérable même : donc c'est, dit-on, un Être parfait, et très bon, qui l'a créé ; c'est-à-dire, qui l'a fait passer de l'apathie du Néant à ce doux état. » | La conséquence ne me paraît 489
rien moins qu'invincible en soi. Il faut que la chose soit soutenue par d'autres preuves.

« L'imperfection d'être sujet au mal, ajoute-t-on, doit être jointe à l'imperfection de n'exister point par soi-même. » Faux Principe qui se renverse par plusieurs raisons !

En premier lieu, il semble que l'on suppose tacitement, qu'une imperfection doit être jointe à telle autre imperfection que ce soit ; ce qui n'est pas vrai.

En second lieu, l'on suppose très effectivement, que ces paroles, *l'imperfection de n'exister point, ou de n'exister point par soi-même*, expriment une imperfection possible ; ce qu'on ne prouve point, et ce que je défie de prouver.

En troisième lieu, je doute qu'exister, fût-ce par soi-même, soit une perfection. Essentiellement heureux, oui. Essentiellement malheureux, non. Ballotté entre le bonheur et le malheur, je n'en sais rien.

En quatrième lieu, à supposer qu'exister, et exister par soi-même, soit une perfection ; est-ce que la possibilité, ou la non-répugnance des Attributs n'est pas une perfection ? Cependant elle appartient en propre à l'Être, même borné, même imparfait, sans qu'aucune Cause l'en gratifie.

En cinquième lieu, puisque l'on convient que les Essences des Êtres n'ont pas besoin de Cause, je voudrais qu'on me fît entendre pourquoi les Existences en ont besoin ; des Existences imparfaites, d'une Cause toute parfaite, des Existences misérables, d'une Cause pleine de bonté.

En sixième lieu, la perfection morale de se déterminer au bien est sans comparaison plus grande que la perfection vague et métaphysique d'une Existence aussi imparfaite que la mienne. Cependant une Conscience me dit que j'atteins quelquefois la première ; qu'un autre ne fait pas tout en moi. Quelle impossibilité y aurait-il que j'eusse la seconde ? la seconde, qui est beaucoup moindre ?

Enfin une chose m'effraie, dans la supposition d'une Cause créatrice. *Un pouvoir qui n'est point subordonné à des moyens !*

| Qui de rien peut faire quelque chose, pourrait de quelque chose faire 490
un Être heureux, sans le secours d'aucun moyen.

Qui de rien peut faire quelque chose, pourrait de ce même rien faire quelque chose d'incomparablement plus parfait ; ne fût-ce qu'au point de perfection où tout Être serait content.

La Cause créatrice n'est assujettie à aucun moyen. Rien ne la gêne ; et elle ne nous fait que ce que nous sommes.

Ce qu'il y a de plus accablant, les Essences mêmes se prêtent à elle. Par mon Essence, à moi appartenant, et qui ne doit rien à la première Cause, je suis susceptible de cent mille millions de degrés de béatitude, et ainsi à l'infini : et la première Cause ne fait de moi que ce qu'elle a fait !

N'étant, encore un coup, *assujettie à aucun moyen*, qu'est-ce qui l'arrête ?... Y aurait-il en vous, ô mon Dieu, un défaut de bonne volonté ?...

§ VIII. De l'idée de Dieu

Je viens de nommer celui que je comptais voiler encore quelque temps : celui vers lequel je marche à grands pas, sur les débris des preuves peu dignes de lui qu'on donne de son existence. Je me faisais effort pour le taire ; et je me soulage à produire l'idée sainte que j'ai de son Être.

Il y a un Dieu ; je le sens : mais je veux convaincre les autres que j'ai ce sentiment, et l'inspirer à ceux qui en sont privés.

Il y a un Dieu ; je veux le prouver à ceux qui ne le croient pas ; et prouver à ceux qui le croient, que je le crois comme eux, quoique je ne croie pas à leurs preuves.

Les mauvaises preuves offusquent la Vérité. Je les écarte en passant, et les écarterais, quand ce ne serait que pour en faire la justice qu'il convient à ceux que je veux gagner.

Un des défauts les plus essentiels des preuves communes de l'existence
491 de Dieu, dans le genre métaphysique, est *de le vouloir prouver* | *comme* CRÉATEUR ; au sens strict et rigoureux qu'on donne à ce terme aujourd'hui, c'est-à-dire, d'une Cause *qui de Rien a fait les Êtres*.

Si Dieu est Créateur en ce sens, et qu'il veuille être reconnu pour tel, il a dû se révéler comme tel. Nous, nous devrons l'en croire, et nous soumettre [1] : mais le Mystère est certes trop au-dessus de la Raison, pour se trouver jamais *Conséquence légitime d'un Argument de Philosophie*.

1. Ce n'est point ici le lieu de prouver, *qu'il n'y a pas un seul passage de l'Écriture, où le mot de CRÉATEUR doive être pris nécessairement dans le sens moderne* ; *ni un seul qui le détermine en ce sens*. Il me suffira de rapporter sur ce sujet une autorité, d'autant plus considérable, qu'elle en renferme une autre d'un très grand poids, et que l'illustre Savant qui me la fournit ne saurait être suspect, puisqu'il tient la Création, au sens le plus rigoureux, pour une Vérité incontestable. « L'idée de la Création, (dit M. le Professeur Formey, dans ses Réflexions sur Salluste le Philosophe, p. 119 ;) a été *parfaitement inconnue* à toute l'Antiquité, non seulement Païenne, *mais même Juive et Chrétienne*, comme M. de Beausobre me paraît l'avoir démontré dans son excellente Histoire du Manichéisme. » Si deux Théologiens, de l'ordre de Mrs. Beausobre et Formey, ont cru, et avancé sans scandale, *que le Dogme de la Création a été parfaitement inconnu à toute l'Antiquité Juive et Chrétienne* ; ce qui est dire en d'autres

L'Hypothèse de l'existence de Dieu ne doit point renfermer de plus grandes Incompréhensibilités, *ni même d'aussi grandes*, que l'Hypothèse contraire.

Il ne faut point que la Divinité, qu'on admet dans le Système des choses pour rendre tout intelligible, devienne, par les fausses notions qu'on en donne, *la Pièce la moins intelligible, et la plus embarrassante de tout le Système*.

| Aucune Démonstration proposable à des esprits qu'on veut gagner, **492**
aucune Preuve faite pour prouver à des gens qui ne croient pas encore, ne peut *porter immédiatement sur l'Inintelligible, ni mener immédiatement à l'Inintelligible*. Que peut-on espérer de ce qui révolte par les deux faces ?

Il me semble donc aussi absurde de vouloir démontrer l'existence de Dieu *par la Nécessité métaphysique d'une Création*, que si on la voulait démontrer *par l'Analogie mathématique de la Trinité* ; en prenant ces deux termes au sens de la rigoureuse Orthodoxie.

Encore même le dernier serait-il moins absurde, puisqu'il faut convenir que la Trinité étonne plus la Raison qu'elle ne l'effraie ; les Conséquences n'en ont rien de fâcheux : au lieu que la Création, prise au sens né dans les ténèbres de l'École, *est la source des plus cruelles et des plus accablantes Difficultés, contre l'infinie Bonté, sur l'Origine du mal, sur la Liberté et la Moralité de nos actions*, etc.

C'est sur tant et de si fortes considérations que je me garde bien de présenter le Dieu que je sens sous l'idée de Puissance créatrice.

Je frémirais tout le premier de l'Idée d'un Pouvoir indépendant des moyens, qui, maître d'un mot de rendre tout saint, tout heureux, ne daigne pas le vouloir.

Je me tiendrais pour sûr de révolter par l'idée d'une Immutabilité mal entendue, qu'on joint à cette Cause : Cause merveilleusement propre à opérer tous les changements, par la raison singulière qu'elle ne change jamais.

J'aurais honte des extrémités où l'on se réduit pour concilier en tous tant que nous sommes la qualité d'Êtres créés avec celle d'Agents réels, capables de se modifier dans l'Acte même de la Création.

termes, *qu'il n'est, ni ne peut être Article de foi* ; il m'est bien permis, à moi simple Métaphysicien, moins obligé par état, d'ajuster ma Créance aux Doctrines reçues, de ne le regarder que comme une Opinion Scolastique, que je puis discuter sans crime. Du moins ne sera-ce pas le zèle éclairé de M. le Professeur Formey ni de ses Amis, qui pourra le trouver mauvais [note originale]. Voir I. de Beausobre, *Histoire critique de Manichée et du manichéisme*, Amsterdam, J. Frédéric Bernard, 1734-1739 ; S. Formey, *Traité des dieux et du monde, par Salluste le Philosophe, traduit du grec avec des réflexions philosophiques et critiques*, Halle, 1736.

Je craindrais enfin, que pour attribuer à mon Dieu le chétif honneur d'être Cause du fond de mon Être, je n'en fisse une Cause tellement universelle, qu'elle s'étendît aux maux, aux maux encore plus qu'aux biens !

Aux maux encore plus qu'aux biens ! Car le mal demeure mal ; et le bien
493 lui-même est un mal, par comparaison d'un bien plus grand, | dont il tient la place, et auquel la Cause créatrice ne daigne point atteindre.

Tant que je n'ai donc en la main que le flambeau de la Raison, le seul d'ailleurs dont je puisse faire usage quand j'agite la Question s'il y a un Dieu ; j'abandonne sans peine l'idée d'une *Création* qui ne peut avoir le moindre fondement, et qui charge la Question des plus rebutantes Difficultés.

J'abandonne l'idée pleine de contradictions d'un Être *invariable, quoi qu'il fasse* ; d'un Être sans succession, quand il créera, quand il crée, et quand il a créé.

J'abandonne l'idée d'Être *nécessaire par privilège spécial* ; et les Démonstrations sophistiques qu'on en apporte, lesquelles n'ont jamais convaincu que ceux qui croyaient [1].

Mais que dira-t-on, si du terrain resserré où je me renferme, sort la Démonstration la plus invincible qu'il y a un Dieu.

Et quel Dieu ? … Un Être simple, infiniment puissant, infiniment sage, infiniment bon ; ce sont là les Attributs principaux.

Un Être simple. Cela va sans dire, puisqu'il n'y a de véritables Êtres que des Êtres simples, et qu'il n'y a qu'un Être simple, qui soit susceptible du sentiment et de la pensée, que supposent la Puissance, la Sagesse et la Bonté.

Infiniment puissant. J'entends une volonté capable de réaliser par
494 un seul acte tout ce qui est possible, c'est-à-dire ce qui n'implique | point contradiction : la Création elle-même, si la Création n'implique point contradiction.

1. Je n'en excepte point ce que l'École Wolffienne débite sur ce sujet, avec une Analyse si profonde qui n'en fourmille pas moins de Paralogismes. Les écarts inconcevables que j'ai déjà relevés, sur l'importante Définition de *Quelque chose*, sur la belle Démonstration de la Raison suffisante par *le Rien*, et sur la grande Loi de *Continuité*, (Voyez trois Pièces là-dessus dans l'Histoire de l'Académie, Année MDCCLIV.) sont les échantillons de ceux que présente la Théorie du *Nécessaire* et du *Contingent*, de l'*Infini* et du *Fini*, etc., dans Wolff, aussi bien que dans ses Disciples. C'est quelque chose d'admirable, par quelle suite de discussions, avec quel ordre et quelle méthode, ces Philosophes s'écartent de la Vérité : les autres n'y mettent assurément par tant de façons [note originale]. Voir A. P. Le Guay de Prémontval, « Deux pièces en forme d'essais, contenant, l'une le principe de la raison suffisante, et l'autre la loi de la continuité », HAR 1754 [1756], p. 418-439 ; « Remarque sur la définition de M. Wolf du mot *aliquid* ; *aliquid est cui aliqua notio respondet*, § 54 de l'Ontologie, p. 41 », HAR 1754 [1756], p. 440-443.

Infiniment sage. J'entends une Intelligence qui embrasse en un instant, sans peine, et sans effort, tous les Êtres possibles, avec leurs propriétés et leurs combinaisons différentes, qu'elle apprécie au juste; qui connaît le passé, le présent, et l'avenir même, si l'avenir peut être connu.

Infiniment bon. J'entends un Amour sans bornes, et le plus sincère Désir de faire tout le bien possible, à tout ce qu'il peut y avoir d'Êtres susceptibles de sentiment: Bonté qui rendrait heureux les méchants mêmes, en les rendant saints et justes, s'il était possible de rendre saints et justes, sans leur concours, des Êtres essentiellement libres; mais qui du moins y contribue de tout ce qui est en elle, instructions, remords, châtiments, etc.

Le Dieu que j'essaie de faire sentir comme je le sens moi-même, s'intéresse donc par son infinie Bonté à tous les Êtres, dont aucun n'échappe à son Intelligence, non plus qu'à son Action.

Ce Dieu est l'Ordonnateur universel; Législateur; Inspecteur; Juge souverain, plein de justice et d'équité; Rémunérateur de la Vertu; Vengeur du Crime.

Mais le Crime! mais la Vertu! que signifient ces mots?

Pour trancher de trop longs discours; le Crime, c'est tout ce que le méchant peut sans doute désirer de faire, mais qu'il serait très fâché qui lui fût fait.

La Vertu, c'est la généreuse abstinence de ce que peut-être on voudrait bien faire, mais que nous ne voudrions pas que l'on nous fît.

Il est à la vérité d'autres Vertus et d'autres Crimes, que ce que renferment ces Définitions un peu vagues. Je m'en tiens à dessein aux devoirs les plus généraux de l'Homme, en tant que membre de la Société.

C'est le maintien, l'ordre et l'intérêt de la Société, qui demandent qu'on établisse l'idée d'un Être suprême, Juge des actions des Hommes, et Garant de la sainteté de leurs Serments.

| Un frein de nos actions secrètes, où les Lois n'en peuvent servir; un **495**
motif qui rende le Serment sacré, et le fasse distinguer de l'usage trop libre de la parole. Liens honteux, mais nécessaires!

L'Opinion la plus absurde, reçue religieusement chez un Peuple, peut sans contredit y procurer ses avantages. Qu'on y soit généralement convaincu, qu'un Farfadet, ou qu'une Bûche même, décèle les mauvaises actions, punit les parjures etc.; des Hommes imbéciles auront trouvé des freins dignes d'eux. Mais il faudra que l'Imbécilité dure. Si la Nation s'éclaire, les *Doutes* viendront; les *Impies* se multiplieront: le lien de la Société sera rompu.

Il est donc de l'intérêt souverain d'une Société raisonnable et qui tend à s'éclairer, que l'idée reçue d'une Divinité puisse soutenir l'examen ... Elle doit être vraie.

On ne peut par conséquent s'élever avec trop de force contre les fausses idées de la superstition. Son crime est le même que celui de l'Impiété. L'une et l'autre tend à tout détruire : mais celle-ci en se rapprochant de la Vérité, par un commencement d'usage de la Raison; l'autre en s'en écartant.

N'appréhendant rien tant que les préoccupations où l'Athée peut être contre l'idée de Dieu, je le prie, avant que d'engager ma Démonstration, de me dire ce qu'il redoute; *Si c'est un Juge, ou un Tyran*?

Si c'est un Juge, la disposition de cœur n'est pas heureuse. Il doit s'élever bien des nuages vers l'esprit. Le remède est de redoubler ses terreurs, et de lui faire voir que son Athéisme (à le supposer *fondé*) n'est rien moins qu'un sûr refuge.

Si c'est un Tyran, je le conjure de me dire ce que le Dieu que j'ai défini a de redoutable pour l'honnête homme, ce qu'il a de tyrannique. Or c'est ce Dieu que je veux lui prouver; c'est ce Dieu que je veux lui faire sentir, et non un autre.

Qu'il médite bien l'idée que j'ai de sa Bonté. Il verra qu'aucun Être n'en est exclu; qu'elle s'étend à tous sans partialité, sans acception; à tous, sans la moindre nuance de ces dispositions arbitraires, *Prédestination, Élection etc.!* Langage qui seul est un scandale, et la réalité, le renversement de l'idée de Dieu!

496 | Il y verra un Médecin qui ne blesse que pour guérir, un Père qui ne châtie que pour corriger; un Juge qui ne punit que parce qu'il est indispensable de punir, et qui ne sait ce que c'est que de punir, je ne dis pas des instants de faiblesse, mais des années de crimes, par une éternité de crimes et de désespoir.

Il y verra l'heureuse Nécessité de bien faire le plus tôt qu'il est possible, puisque tôt ou tard il faudra bien faire pour se tirer d'un abîme de maux; telle étant la Nature des choses, que la Vertu seule mène à la Perfection, et la Perfection seule au Bonheur.

Il verra combien il est à désirer qu'il existe une pareille Bonté, qui veille sans cesse sur des Êtres indestructibles de leur nature, et de leur nature exposés à une infinité de maux, de maux sans fin, dans ces chocs perpétuels qui résultent de leurs actions.

L'aspect de ces maux sans nombre dont la Nature des choses est inondée, ne sera plus un témoin pour lui qui dépose contre l'existence d'un Dieu très bon, puisque ce Dieu n'est point l'auteur de cette Nature vicieuse; puisqu'il est faux que muni d'un Pouvoir indépendant des moyens, il n'eût tenu qu'à lui de faire une tout autre Nature; puisqu'enfin il n'est le Créateur du monde, qu'en ce sens qu'il est le Créateur de l'Ordre, de la Perfection, du Bien; d'un Bien infini, vers lequel il conduit chaque Être, par le plus rapide progrès qu'il est possible.

Voilà le Dieu que je sens… Ô mon Dieu, élevez le cœur et l'esprit de ceux qui marchent avec moi dans cette nouvelle route; prêtez à leur faible Guide la lumière, sans laquelle ses paroles ne peuvent obtenir aucun effet[1] !

| § IX. Du principe de l'aséité universelle 497

Fortifié par l'espérance d'un pareil secours, et bien assuré de ce que je sens au fond de mon âme, j'entame la Démonstration.

L'*Aséité*, que l'on restreint au premier Être, je conviens avec l'Athée de l'étendre à tous les Êtres. C'est ce que j'appelle le Principe de l'*Aséité universelle*; et j'en vais suivre les conséquences. Si elles nous mènent paisiblement au Dieu que j'ai défini, autant vaudra-t-il nous en tenir là.

Puisque j'accorde à ceux avec qui je raisonne, *que quoi que ce soit de substantiel n'a passé du Non-Être à l'Être*, je reçois d'eux pareillement, *que quoi que ce soit de substantiel ne peut passer de l'Être au Non-Être.*

Ainsi tout ce qui est Substance et non Mode, véritablement Être ou Être simple, tout ce qui n'est, pris à part, qu'un seul Être, et non un Composé ou un Résultat de plusieurs Êtres, *est nécessaire, a toujours été, et sera toujours.*

Nous admettons donc une *Éternité.*

Puisque tout véritable Être est simple, *sans quoi il n'y aurait partout que pluralité d'Êtres, et nulle part des Êtres*; et puisque tout Être simple comporte essentiellement multitude de propriétés, soit constantes, soit variables, *sans quoi il n'y aurait ni distinctions dans les Êtres, ni variations dans les Composés*; et de plus encore, puisque tout Être change, soit simple, soit composé: il s'ensuit *qu'il y a une Succession, et une Succession éternelle*, tant dans les modifications des Simples que dans l'existence des Composés.

Mais il ne peut y avoir de Succession éternelle, sans qu'il y ait une infinité de Durées successives actuellement franchies par autant qu'il y ait d'êtres qui existent.

1. Ce n'est point par une détestable Hypothèse, mais pour me montrer tel que j'ai le bonheur d'être, que j'ai laissé, en cet endroit, et ailleurs, un libre cours aux Sentiments de Religion qui naissaient de mon sujet. Ayant à combattre des préjugés respectables, et les fausses imputations ne manquant pas, cette conduite me semble un Devoir [note originale].

Il n'y a pas pour dix mille années, ni pour dix mille millions, ni pour dix mille millions de millions, que quelque chose existe; ou que toute chose existe; il y en a une Infinité.

498 | Nous admettons donc, du moins à cet égard, *l'Actualité de l'Infini*.

L'idée de l'Éternité, et d'une Éternité successive, et par conséquent l'idée de l'Infini, sont donc des Principes, qui doivent être familiers à quiconque admet la Nécessité, ou l'Aséité de tout ce qui est Substance.

Certes je ne prétends point dire qu'on soit tenu dans ce Système plus que dans l'autre, d'avoir une idée tout à fait adéquate de l'Éternité, non plus que de l'Infinité.

Je veux dire seulement qu'on est tenu d'articuler une Éternité actuelle *qui n'est pas un Instant unique*, et une Infinité actuelle *qui n'est pas un Point.*

Obligation heureuse, qui nous sauve de deux Absurdités aussi lourdes, que l'Esprit humain en puisse avoir à digérer !

Au reste, Infinité pour Infinité, il ne nous est pas plus difficile d'admettre celle-ci, que d'admettre l'Infinité des Perfections, et des Idées distinctes d'un même Être : et, Éternité pour Éternité, il nous est bien plus facile d'admettre celle-ci, que l'Éternité d'un Être, qui mesurant la Durée infinie à venir des autres Êtres sans qu'aucun instant lui en échappe, connaît tous leurs états successifs tels qu'ils sont, futurs quand ils sont futurs, présents quand ils sont présents, passés quand ils sont passés, sans que ces connaissances exactement relatives à la Succession soient en lui une Succession. Oh ! *credat Apella* [1] !

Mais j'oublie que je parle à gens que cette Doctrine révolte autant que moi, et que c'est même ce qui leur fait en bonne partie rejeter l'idée de Dieu. Comme c'est eux, et non les autres qu'il faut gagner, je poursuis en ne m'embarrassant que de ce qui doit obtenir leur aveu, comme conséquence de leurs Principes, sans m'embarrasser de l'aveu des autres.

Tout ce qu'il y a d'Êtres existants existe donc de la même date, aussi bien que de la même nécessité, que deux et deux font quatre. Or ce n'est pas depuis mille siècles, ou depuis cent mille millions de siècles, que deux et deux font quatre, la concomitance de l'existence de cette Vérité perma-
499 nente, *deux et deux font quatre*, et celle des Êtres | variables et successifs, prouve donc encore un coup une Infinité de siècles révolus.

Cela conduit à une distinction essentielle de deux sortes d'infinis; l'Infini suprême et l'Infini mathématique.

1. Horace, *Satires*, Livre Ier, Satire 5, l. 100-101 : « *Credat Judæus Apella, non ego* / Que le juif Apella le croie; pas moi ! ».

L'Infini suprême *est ce à quoi l'on ne peut rien ajouter, par la raison qu'il renferme* TOUT. C'est, en genre de durée, la Somme de *toutes* les durées possibles, passées, présentes et à venir. On n'y peut rien ajouter, puisque ce qu'on voudrait ajouter, y est déjà compris, quand on dit *Tout*.

L'Infini mathématique *se fait mieux comprendre par quelque exemple incontestable que par une Définition*[1]. Telles sont les heures écoulées de l'Éternité, et les heures à écouler. La quantité de celles-ci diminue toujours, et la quantité de celles-là augmente, sans qu'il soit possible de dire, que le nombre des unes et des autres soit *fini*.

Ce n'est que de l'Infini mathématique que nous pouvons encore assurer l'Actualité. Le genre d'Infini dont nous avons l'exemple, celui de la durée, ne peut jamais être actuel; mais nous n'en devons point conclure, qu'aucun genre d'Infini suprême ne puisse être actuel.

Nous devons admettre de l'Infini mathématique, tout ce que les Mathématiciens ont eu le courage d'en enseigner.

L'Infinité des heures écoulées était plus petite hier, puisqu'elle contient aujourd'hui des heures qu'elle ne contenait point; et demain par la même raison elle sera plus grande, puisqu'elle contiendra ce qu'elle ne contient point en ce moment. C'est le contraire pour les heures à écouler.

| L'Infinité des heures est, au pied de la lettre, soixante fois plus petite **500**
que celle des minutes, et vingt-quatre fois plus grande que celle des jours.

L'Infini mathématique *est donc susceptible de tous les degrés imaginables de quantité.*

Au contraire, l'Infini suprême n'est susceptible d'aucun degré. C'est la Somme complète des Individus, des Finis, et des Infinis possibles; c'est le *Tout* dans le genre dont il s'agit.

Présentement que pensons-nous de la Quantité des Êtres; *possibles ou existants*? (car c'est tout un dans le Principe de l'Aséité admis entre nous.) Est-elle finie, ou infinie ? et si elle est infinie, l'est-elle du degré suprême de l'Infini; ou seulement de quelque degré inférieur, à quoi il se puisse ajouter quelque chose ?

1. J'en dirai la raison dans ma *Théorie de l'Infini*. En attendant, je demande à l'École Wolffienne … Appelant T la totalité des Êtres possibles, ou si l'on aime mieux, la totalité des Idées distinctes présentes à l'Entendement divin, que sera-ce que T + 1 + 2 + 3 etc. ? Une vraie chimère. Mais T – 1 – 2 – 3 etc. est bien réel. Or sera-ce quelque chose de fini ou d'infini ? J'avertis pourtant que ce n'est point encore là, selon moi, l'Infini mathématique, mais un Infini mitoyen qui me sera d'un grand usage [note originale]. Voir pour cette théorie, A. P. L. de Prémontval, « De la notion de l'infini : discours mêlé de réflexions, amenées par le sujet même. Sur les cas où l'usage des définitions est en défaut, et sur un alphabet des pensées humaines seul capable d'y suppléer », HAR 1764 [1766], p. 374-414.

En conscience, ne sentons-nous [pas] que la Quantité des Êtres possibles, ou qui ne renferment point contradiction, n'est pas une Quantité finie ? qu'appelant N un nombre quelconque, prodigieusement grand, il est aussi absurde de supposer qu'il n'y a que dix fois N d'Êtres possibles, que de supposer qu'il n'y en a que dix ?

Nous concevons des nombres, des lignes, des figures, des corps, des distances entre ces corps, et des espaces à l'infini. D'où viendrait cette faculté de concevoir à l'infini, si ce n'était, au moins d'une possibilité infinie ; possibilité d'une infinité de Collections d'Êtres, et par conséquent d'une infinité d'Êtres ?

La Sphère des possibilités, je dis même des possibilités d'Êtres, est donc infinie; et c'est une Infinité du degré suprême, une *Omnitude*; puisque qui dit *tous les Êtres possibles*, les renferme *tous*, sans qu'il en reste que l'on puisse y ajouter.

Mais dans le Principe que rien de substantiel, ne passe du Non-Être à l'Être, aucun Être proprement ainsi appelé *n'est purement possible* : aucun Être proprement dit n'est *possible* au sens de ne renfermer point contradiction, et cependant *impossible* au sens de ne pouvoir exister. Quoique cette possibilité et cette impossibilité fussent en des sens différents, elles
501 répugnent par un autre endroit. On conçoit qu'il est | absurde de supposer, qu'une partie des Êtres *non contradictoires* aient l'existence éternelle et nécessaire, et que les autres l'aient impossible ; impossible, dis-je, puisque qui n'existe pas une fois ne peut plus exister dorénavant.

Dans le Principe de l'Aséité universelle, nous sommes donc contraints d'admettre l'existence, et l'existence éternelle et nécessaire, *de l'Infinité complète* des Êtres qui n'impliquent point contradiction.

En effet, dans notre Principe, qui de nous est tenté de supposer *un bout, une* fin, à la Collection des Êtres qui nous environnent, soit en haut soit en bas, soit à droite soit à gauche, soit devant soit derrière, même à des distances mathématiquement infinies ?

Nous admettons donc *l'Actualité de l'Infini, et d'un Infini suprême, au moins en genre de multitude ; l'OMNITUDE des Êtres ; des Infinités d'Infinités d'Infinités d'Êtres, de tous les degrés et de toutes les puissances de l'Infini.*

§ X. DES ÊTRES SUPÉRIEURS

Ces principes posés, je crois avoir beau jeu contre l'Athéisme.

Il est visible qu'il n'y a point de genres, ni de degrés dans ces genres, qui n'existent nécessairement, et ne se trouvent quelque part dans l'Universalité des Êtres.

Nous savons d'ailleurs que dans l'Universalité des Êtres, dans l'Infinité suprême de la multitude d'Êtres véritablement Êtres, d'Êtres simples éternellement existants, il n'y en a point qui ne diffère de tout autre, en quelque chose d'essentiel et d'incommunicable, soit par rapport à la nature des propriétés, soit par rapport à leurs combinaisons et à leurs degrés; comme les nombres et les différents genres de figures.

Autant il serait absurde de nier un degré entre les nombres, ou un genre entre les figures, autant le serait-il de nier un genre ou un degré entre les Êtres.

Si donc les noms de Puissance, d'Intendance, de Prééminence, d'Intelligence, de Bienveillance, etc., ne sont point des noms plus vides | de sens, **502**
que ceux des nombres et des figures, et si ce ne sont point choses dont l'union ou la combinaison implique; tel degré fini étant donné, il est aussi absurde de nier la possibilité et l'existence d'un degré plus haut, que de nier tel nombre, ou telle figure, qui n'implique point contradiction.

Mais il faut être assuré *que rien n'implique*: sans quoi l'on risque de réaliser les idées les plus chimériques; des *Biangles*, ou *plus de cinq* Polyèdres réguliers; des Nombres *carrés*, ou *cubes*, doubles les uns des autres; une *Bonté infinie*, qui ne ferait pas aux Êtres, objets de sa tendresse, (de son infinie tendresse!) *l'infinitième partie du Bien* qui serait en son pouvoir.

C'est donc à nous à sonder nos consciences de bonne foi, pour voir s'il nous est possible de douter sérieusement, si *Intelligence, Bienveillance, Puissance*, ne seraient pas des noms vides de sens, comme ceux de *Biangle*, ou d'*Heptaèdre régulier.*

Pour voir, si dans la supposition que ces idées soient réelles, nous ne serions pas tentés de craindre, qu'elles ne se détruisissent *comme les couleurs* en se combinant, et ne fussent point susceptibles de degrés à l'infini.

Pour voir, si ce qui nous manque, pour faire que tout Être se porte au bien, et soit heureux en se portant au bien, et par cela même qu'il se porterait au bien, n'est pas la faculté de le faire, sans qu'il nous en coûte *que de vouloir qu'il soit ainsi.*

Pour voir, si nous doutons néanmoins que nous ayons quelques degrés de Puissance, comme d'Intelligence et de Bienveillance, et que de grands Rois en aient sans comparaison plus que nous, par quoi, semblables au sage Monarque qui nous gouverne, ils savent *rendre heureux les peuples, récompenser les belles actions, punir les mauvaises, et tenir la Terre dans l'admiration de leurs Vertus.*

Pour voir enfin, si nous ne sommes pas intimement convaincus, qu'une Intelligence cent millions de fois plus grande que celle de Newton ou de Leibniz, et une Bienveillance cent millions de fois plus étendue que celle de Titus, jointes à une Puissance proportionnée, *sont très possibles*, soit dans le Globe, soit hors du Globe que nous habitons.

503 | Il y a l'infini à parier, *que dans la variété infiniment infinie de l'Omnitude des Êtres, il y a quelque Être*, dont la Bienveillance, l'Intelligence et la Puissance, sont à celles du plus grand Prince, et du plus grand Philosophe, dans le rapport précisément de *N* à 1. Et j'entends par *N* le nombre d'Êtres, tant simples que composés, contenus dans notre Système planétaire, par exemple.

Il y en a, (du moins pour moi, et pour quiconque sait suivre comme il faut les conséquences d'un Principe :) il y en a *la même certitude*, que de l'existence d'un pareil nombre de millions de millions de siècles dans l'Éternité, et d'un pareil nombre de millions de millions de lieues dans l'Immensité.

Un tel Être, ou de tels Êtres, de l'existence desquels je ne puis pas plus douter que de la mienne propre, sont encore infiniment éloignés *du Dieu suprême, que je sens au-delà*; mais ce sont autant d'échelons qui m'y mènent.

Combien les Dieux de Rome et de la Grèce ne leur sont-ils pas inférieurs? ces Dieux dont l'Opinion a suffi si longtemps à contenir les Peuples!

Leur Intelligence, que j'ai droit de supposer aussi étendue qu'il est nécessaire, me permet-elle de douter que je ne les aie pour témoins de mes actions; leur Bienveillance qu'ils n'y prennent part; et leur Puissance, qu'ils n'agissent conformément à ce qu'exige dans les différents cas une Bienveillance digne de ce nom?

Voilà déjà bien de quoi arracher à l'Athée pratique, ainsi que je lui ai promis, la sécurité qu'il cherche dans l'Athéisme.

S'il a quelques lumières, qu'il combine ce que je lui démontre, dans ses propres Principes, de l'existence d'Êtres supérieurs, aussi éclairés et aussi vigilants qu'il est besoin, avec ce que l'Histoire ancienne et moderne, l'expérience journalière, et l'opinion de tous les Peuples, confirment d'une Providence qui poursuit le Crime.

Que si l'Athée pratique est sans lumières; les gibets et les roues sont les seuls raisonnements qui lui conviennent.

| Mais n'y a-t-il pas ici de quoi jeter également l'épouvante chez tous les **504**
Hommes ?... Ne trouvons-nous pas dans notre Principe, l'existence des mauvais Génies, aussi bien et aussi clairement constatée que celle des bons ?

Je l'avoue; et je ne puis me persuader que ce soit un inconvénient d'aboutir à ce qui a été dans tous les temps et dans tous les lieux la créance des plus grands Philosophes, et de toutes les Religions imaginables.

Du moins y vois-je cet avantage : un motif de plus de nous rendre attentifs aux preuves, qui vont suivre, de l'existence d'un Dieu suprême; existence désirable d'un Dieu supérieurement Dieu, d'un Dieu vraiment Dieu, entre les bras de qui de faibles Êtres, tels que nous, puissent se jeter avec confiance; un Dieu, dont l'infinie Sagesse et l'infinie Bonté, sauront mener au bien les Natures mêmes les plus vicieuses.

Or c'est à ce Dieu qu'il s'agit, Messieurs, d'atteindre présentement.

[Le reste de la Pièce a été effectivement lu à l'Académie le 1er Mai 1755; mais de peur de trop grossir ce Volume on renvoie ce Morceau au Volume suivant [1].]

1. A. P. Leguay de Prémontval, « La théologie de l'être, ou chaîne d'idées de l'être jusqu'à Dieu » [2e partie], HAR 1757 [1759], p. 405-430.

EXAMEN PHILOSOPHIQUE DE LA PREUVE DE L'EXISTENCE DE DIEU EMPLOYÉE DANS L'*ESSAI DE COSMOLOGIE* [1]

PRÉSENTATION

Ce mémoire vise à contrer certaines objections formulées à l'encontre de l'*Essai de cosmologie* (1750). Dans cet ouvrage, Maupertuis avait mis en cause les preuves de l'existence de Dieu, notamment celles fondées sur des arguments physico-théologiques : de tels arguments ne parviendraient pas, selon lui, à établir la perfection intrinsèque de l'univers créé en même temps que sa dépendance par rapport à un être à la fois tout puissant et infiniment sage. La solution qu'il préconisait consistait à considérer le phénomène le plus universel et le plus simple, le mouvement, et à s'élever aux lois générales qui le gouvernent en les déduisant d'un principe d'optimalité [2]. Dans l'*Essai*, ce principe dit de la moindre action se formulait ainsi : « Lorsqu'il arrive quelque changement dans la Nature, la quantité d'action employée pour ce changement est toujours la plus petite qui soit possible » [3]. Quant à l'action même, elle se trouvait mesurée selon le produit de la masse par la vitesse et par l'espace, ce qui renvoyait à la notion leibnizienne d'action formelle, mais en soumettant celle-ci à une norme de dépense minimale relative plutôt que de stricte conservation absolue.

1. HAR 1756 [1758], p. 389-424.

2. Voir C. Leduc, « Maupertuis et le système leibnizien des *Essais de théodicée* », *in* W. Li, W. Schmidt-Biggemann (Hrsg.), *300 Jahre* Essais de Théodicée – *Rezeption und Transformation*, Stuttgart, Franz Steiner, 2013, p. 285-298, notamment p. 290-291 : « [La démarche argumentative de Maupertuis] vise à mettre à mal un type systématique d'hypothèse métaphysique pour ensuite promouvoir un autre principe, celui de moindre action, cautionné à la fois par l'expérience et les lois de la physique, plus précisément par les lois newtoniennes du mouvement ».

3. P. L. Moreau de Maupertuis, *Essai de cosmologie*, O I, p. 42-43.

Dans le présent mémoire, Maupertuis s'interroge principalement sur le statut qu'il convient d'accorder aux lois du mouvement, en tant que lois de la nature : sont-elles de l'ordre des vérités mathématiques et, de ce fait, s'imposent-elles comme des vérités nécessaires, ou se réduisent-elles à de simples propositions empiriquement fondées, énonçant des vérités contingentes[1] ? Pour répondre à cette question, il convient en premier lieu d'établir ce qui crée la nécessité du rapport au vrai dans le cas des propositions fondamentales des sciences formelles. Une analyse génétique inspirée de Locke, portant sur les idées de nombre et d'étendue, met en évidence le rôle fondamental d'une opération de construction de ces concepts dont le contenù analytiquement déployé donne lieu à des propositions vraies. Le géomètre recourt à un principe de réplication des éléments sur lesquels porte son analyse et il en compose les relations numériques et extensives qui constituent l'objet d'une science certaine[2]. Toute autre propriété attribuable aux corps échoue à se révéler conforme à ce modèle. Maupertuis se trouve alors confronté à la séparation radicale que Locke avait tracée entre *knowledge* et *probability*. Il adopte de fait une stratégie plus leibnizienne consistant à se servir de l'analogie entre les propriétés mathématiques et certaines propriétés physiques, au premier chef le mouvement et ses modes, pour construire des hypothèses explicatives des phénomènes, Bien qu'elles soient fondées *a posteriori*, ces hypothèses peuvent prétendre à une généralité et à une certitude approchée par rapport à celles des vérités mathématiques. Il suppose ainsi que les idées de force, objets de la dynamique, sont indirectement analysables par le biais des mouvements et des propriétés de mouvements qui en constituent les effets présumés : ces idées recèlent des éléments réplicables que le physicien peut

1. L'Académie de Berlin mit au concours pour l'année 1756 la question de savoir si la vérité des principes de la statique et de la mécanique est nécessaire ou contingente. Le concours fut prolongé à l'année 1758 et ne déboucha finalement sur aucune attribution de prix. Le lien de ce sujet de concours avec la problématique dont traite Maupertuis dans le présent mémoire est manifeste.

2. Locke développe, dans l'*Essay concerning Human Understanding,* de telles vues, notamment lorsqu'il analyse des idées complexes de modes simples, à savoir les idées de nombres formées par la répétition de l'idée simple d'unité (*Essai*, 2.13.1, p. 120) et les idées de figures et de propriétés de figures, formées par la variation des rapports métriques générés à partir de l'idée simple d'espace (*Essai*, 2.13. 2-10, p. 120-124). Voir *Essai*, 2.13-6, p. 122 : « L'Esprit ayant la puissance de répéter l'idée d'une certaine ligne droite, et d'y joindre une autre toute semblable sur le même plan, c'est-à-dire de doubler la longueur de cette ligne, ou bien de la joindre à une autre avec telle inclination qu'il juge à propos, et ainsi de faire telle sorte d'angle qu'il veut [...], il s'ensuit évidemment que nous pouvons multiplier les Figures à l'infini, tant à l'égard de leur configuration particulière, qu'à l'égard de leur capacité ; et toutes ces Figures ne sont autre chose que des Modes simples de l'Espace, différents les uns des autres ».

modéliser de façon à en tirer des conséquences que l'expérience corroborera. Dans le cadre d'une conception empiriste de la connaissance, Maupertuis développe de façon originale une vision des lois de la nature comme vérités de fait conditionnellement nécessaires, comme s'il reprenait la théorie leibnizienne des hypothèses de science. Il dérive cependant la formulation de ces lois des opérations mêmes du sujet connaissant appréhendant les données sensibles correspondantes.

S'intéressant aux lois fondamentales du mouvement, Maupertuis condamne la démarche de Descartes et celle de Malebranche tentant de les déduire des seules propriétés géométriques des corps : l'étendue et le mouvement local. Il leur oppose d'entrée de jeu la formulation *a posteriori* de ces lois par Huygens, Wallis et Wren. Concernant la notion même de force, il en montre, à la façon de Locke, la dérivation depuis l'expérience interne et externe [1]. Le principe causal qui dans l'exercice de la force produit des effets observables et mesurables nous reste inconnu. De cette ignorance découle le fait qu'on a pu reporter sur la cause supposée la mesure des effets observés dans des conditions d'exercice particulières. Ici [2], Maupertuis fait référence à la querelle des forces vives et au dilemme consistant à attribuer à la force la propriété d'être cause productrice d'un effet proportionnel soit au produit mv, soit au produit mv^2. Ceci dit, il ne saurait être question de dissoudre la réalité de la force comme cause dans la seule appréhension des rapports empiriques correspondants. Ainsi faut-il passer au-delà du pur phénoménisme humien, selon l'interprétation qu'en donne Maupertuis [3], et concevoir l'exercice de la force comme celle d'un principe réel d'efficience. On ne pourrait cependant analyser ce principe que par le biais d'hypothèses dont la garantie tient à la possibilité de les traduire en rapport numériquement réplicables et empiriquement corroborables. Pour justifier cette ligne interprétative, Maupertuis se livre alors à l'analyse des propositions correspondant aux lois de la nature selon Descartes, Newton, Leibniz et Huygens, en repérant ce qui peut y tenir lieu de quasi axiomes, tel le principe de l'inertie ou celui de l'équivalence de l'action et de la réaction et ce qui se rattache à une conceptualisation des états ultimes des corps comme essentiellement durs ou, *a contrario*,

1. Voir Locke, *Essai*, 2.7.8, p. 86 : « La *Puissance* est encore une de ces Idées simples que nous recevons par Sensation et par Réflexion. Car venant à observer en nous-mêmes que nous pensons et que nous pouvons penser, que nous pouvons, quand nous voulons, mettre en mouvements certaines parties de notre corps qui sont en repos, et d'ailleurs les effets que les Corps naturels sont capables de produire les uns sur les autres, se présentant à tout moment à nos Sens, nous acquérons par ces deux voies l'idée de la *Puissance* ».

2. P. L. M. de Maupertuis, « Examen philosophique », 2e partie, § 21.

3. *Ibid.*, § 24.

comme essentiellement élastiques. L'objectif visé est de faire valoir qu'en dernier ressort c'est un principe de convenance et non pas la réduction à l'ordre des vérités nécessaires qui permet de rendre compte du fondement intelligible des lois de la nature. Comme Maupertuis le précise :

> En refusant à toutes ces lois la prétendue prérogative d'une nécessité mathématique, on y en découvre une autre bien plus précieuse : c'est le caractère du choix d'un être intelligent et libre : c'est de porter l'empreinte de la sagesse et de la puissance de celui qui les a établies [1].

À première vue, il semblerait qu'il faille ainsi reconnaître avec Leibniz que les lois de la nature, à commencer par celles de la dynamique, ont leur fondement dans l'ordre des raisons métaphysiques. Or, à l'encontre de l'approche leibnizienne, ces raisons, même considérées comme universalisables, ne peuvent ni reposer sur un fondement pleinement démonstratif ni donner lieu à une déduction en règle des lois de la nature. De fait, il s'agit plutôt de faire valoir pragmatiquement le recours obligé à des principes d'optimalité lorsqu'il s'agit d'ériger une théorie physique de la force. Le Dieu de Maupertuis n'est plus que le garant, pour la raison humaine, du recours à ce type d'avancée hypothétique.

François DUCHESNEAU

1. P. L. Moreau de Maupertuis, « Examen philosophique », 2 e partie, § 70.

MAUPERTUIS

EXAMEN PHILOSOPHIQUE DE LA PREUVE DE L'EXISTENCE DE DIEU EMPLOYÉE DANS L'*ESSAI DE COSMOLOGIE*

PREMIÈRE PARTIE : SUR L'ÉVIDENCE ET LA CERTITUDE MATHÉMATIQUE

I. Tandis que les uns ont cru que dans mon *Essai de cosmologie* je cherchais à détruire ou à affaiblir les preuves que nous avons de l'existence de Dieu, les autres pensaient que j'avais prétendu en donner une démonstration géométrique. J'ai déjà répondu : mais, si je suis parvenu à calmer les uns, je n'ai pas encore réussi à dissuader les autres. Cependant j'irais directement contre le principe que j'établis, si je laissais attribuer à la preuve que j'emploie un degré de force qu'elle n'a pas. Je l'ai dit dans l'avant-propos de l'*Essai*, on ne saurait faire plus de tort à la vérité qu'en voulant l'appuyer sur des fondements peu solides [1]. Je répète donc que les preuves que j'ai attaquées, ou plutôt que j'ai cru qu'on ne devait | pas admettre, étaient **390**
celles dont les ennemis de la divinité pourraient se servir pour en nier l'existence avec autant davantage que ceux qui veulent l'établir : que je n'ai jamais regardé la preuve que j'ai donnée comme une démonstration complète, mais comme un raisonnement plus fort que tous ceux qu'on tire de ces petits détails de la nature qui souffrent mille exceptions, et où les

1. P. L. Moreau de Maupertuis, *Essai de cosmologie,* « Avant-propos », O I, p. XVII : « Le faux ne pouvant jamais être utile, on ne doit jamais l'employer; et donner à des preuves plus de forces qu'elles n'en ont, on ne doit pas plus se le permettre. Non seulement des principes contraires dégraderaient la lumière naturelle, ils feraient tort aux vérités mêmes qu'on voudrait prouver : on rend suspecte la vérité la plus sûre lorsqu'on n'en présente pas les preuves avec assez de justesse ou avec assez de bonne foi ».

vues du Créateur restent trop cachées : que plusieurs de ces preuves prises séparément n'ont pas à la vérité toute la force que quelques auteurs leur veulent donner; mais que toutes ensemble sont plus que suffisantes pour nous convaincre.

II. Parmi ceux qui ont cru que j'attribuais à la preuve de l'existence de Dieu que je tire de mon principe, plus de force que je ne lui en donne, quelques-uns pour en faire une démonstration géométrique n'y trouvaient à redire qu'un point sur lequel j'avais passé assez rapidement parce que je n'y réduisais pas comme eux la force de cette preuve. Ces philosophes ont dit : oui, des lois du mouvement où l'action est toujours employée avec la plus grande économie démontreront l'existence de l'Être suprême; mais pour cela il faut que ces lois ne soient pas des suites nécessaires de la nature des corps [1].

III. À cette objection que je m'étais faite moi-même, j'avais répondu en deux mots : que si les choses se trouvent dans le monde tellement combinées que la nécessité y exécute ce que l'intelligence prescrivait, la souveraine sagesse et la souveraine puissance n'en seraient que plus fortement établies [2]. Cette réponse me parut suffisante alors, et me le paraîtrait encore; mais, comme je connais des hommes célèbres qui ne s'en sont pas contentés, qui ont insisté sur cette objection tirée de la nécessité des lois du mouvement, et qui m'ont invité à leur produire sur cela des éclaircissements; je le ferai d'autant plus volontiers que la nécessité ou la contingence de ces lois est une des plus belles questions de la philosophie spéculative : et qu'après les efforts des grands hommes il y reste encore de

1. Cette objection émane surtout de Wolffiens, qui, à l'instar de Johann Christoph Gottsched, ont perçu dans l'*Essai de cosmologie* l'intention d'opposer une contrepartie critique aux arguments de la *Cosmologia generalis* de Wolff. Dénoncé par ces opposants, l'argument de Maupertuis ferait prétendument fond sur les propriétés géométriques des corps pour en déduire l'implication nécessaire d'une loi mécanique générale régissant l'univers. Se trouveraient par le fait même éliminés le choix divin et la finalité du dessein créateur. La thèse contestée est présentée comme antifinaliste et confinant au spinozisme. Sur les réactions provoquées par l'*Essai de cosmologie*, voir M. Terrall, *The Man Who Flattened the Earth. Maupertuis and the Sciences in the Enlightenment*, Chicago, University of Chicago Press, 2002, p. 286-292.

2. L'argumentation de Maupertuis combine le constat qu'une sorte de dessein général semble prévaloir dans l'interaction observée des divers phénomènes de la nature, et un modèle formel établi d'après un principe qui est présumé régir l'ensemble des mouvements physiques. Voir D'Alembert, « Cosmologie », Enc. IV (1754), p. 297 : « Le principe de M. de Maupertuis n'est donc, comme tous les autres, qu'un principe mathématique [...]. Il est vrai qu'il a déduit l'existence de Dieu de son principe : mais on peut déduire l'existence de Dieu d'un principe purement mathématique, lorsqu'on reconnaît ou qu'on croit que ce principe s'observe dans la nature ».

grandes obscurités. Pour éclaircir cette matière il nous faudra remonter jusqu'aux premiers | principes de nos connaissances; marquer ce qui les 391
distingue entre elles par rapport à leur certitude, pourquoi les unes sont plus susceptibles d'évidence que les autres, et jusqu'où nous pouvons compter sur cette évidence.

IV. Si les matériaux dont est bâti l'édifice de nos sciences étaient tombés du ciel : si, comme quelques philosophes l'ont prétendu, nos idées étaient les archétypes éternels des choses, ou la substance même divine dont nos âmes en naissant porteraient certaines empreintes et continueraient dans la suite à se pénétrer; si ce système était vrai, nos sciences auraient les fondements les plus solides, et une réalité qui ne dépendrait, ni de notre manière d'apercevoir, ni de notre existence même [1].

V. Mais, s'il était vrai que toutes nos connaissances ne dépendissent que des premières impressions que les objets ont faites sur nos sens, que des perceptions qui s'en sont formées dans notre âme, que du ressouvenir, de la comparaison, et des différentes combinaisons que nous avons faites de ces perceptions; notre science ne serait plus rien d'absolu, elle ne serait qu'une propriété appartenant à notre espèce : un sens de plus dans quelque espèce supérieure serait pour elle une science nouvelle plus étendue, à laquelle nous ne pourrions jamais atteindre : un sens de moins dans l'espèce humaine aurait resserré nos connaissances dans des bornes encore plus étroites qu'elles ne le sont [2].

VI. Le peu d'accord que nous voyons entre les philosophes serait bien capable de faire penser que c'est cette dernière supposition qui est la véritable : que notre science n'est fondée que sur des principes qui n'ont rien d'absolu, appropriés à l'espèce humaine, quelquefois même seulement à quelque secte de philosophes.

VII. Voilà donc une étrange alternative : notre science est-elle la science universelle des esprits, une vue de vérités éternelles, une | partie de 392
la science de Dieu ? Ou n'est-elle que le résultat, la combinaison de nos sensations, notre propre ouvrage, une propriété seulement de notre espèce ?

1. Allusion à la théorie platonicienne des Idées et, sans doute par extension, à la doctrine de la vision en Dieu selon Malebranche. C'est ce que semble confirmer *Lettre IV. Sur la manière dont nous apercevons*, O II, p. 235-236.

2. Ce paragraphe et le suivant renvoient aux thèses des promoteurs de l'*experimental philosophy* et en particulier à celles de Locke.

VIII. Cette question est si importante et si nécessaire qu'on ne saurait assez s'étonner de voir tant de systèmes bâtis, tant de gros livres faits, avant qu'on l'ait résolue, et souvent même avant qu'on ait pensé à la résoudre. Peut-être est-elle au-dessus de nos forces : mais si nous ne pouvons nous satisfaire entièrement, creusons du moins le plus avant qu'il nous sera possible vers les fondements de nos connaissances.

IX. Si quelque chose peut nous persuader que c'est sur des idées éternelles et immuables que nos sciences sont fondées, c'est l'évidence qu'on trouve dans quelques-unes, et cet accord universel entre tous ceux qui traitent une même proposition. Cet accord à la vérité et cette évidence ne se trouvent que dans les sciences mathématiques : tandis que toutes les autres parties de nos connaissances sont sujettes à des disputes éternelles, dans la géométrie tout le monde est d'accord ; cette science fixe le sceptique le plus incertain, convainc l'esprit le plus obstiné.

X. Quelques-uns attribuent cet avantage à ce que le géomètre n'opère, disent-ils, que sur des objets qu'il a créés, qui ne sont précisément que ce qu'il a voulu qu'ils fussent : d'autres disent que par ses abstractions il a dépouillé les corps de toutes les propriétés sensibles dont il n'avait pas des idées assez distinctes, et ne leur a laissé que celles dont il a une connaissance parfaite. Enfin, pour ceux qui croient que la seule étendue forme l'essence des corps, que les propriétés essentielles de la matière ne consistent que dans ses trois dimensions ; que notre esprit a des idées claires et complètes de ces propriétés ; que toutes les autres modifications n'affectent que nos sens : pour ceux-là, dis-je, ils ne sont pas embarrassés à trouver la cause de l'évidence dans une science qui ne considère que ces
393 propriétés simples et fondamentales, | tandis que les autres sciences roulant sur des objets qui ne frappent que nos sens, et dont nous n'avons que des idées confuses ou imparfaites, nous laissent dans le doute et l'incertitude [1].

XI. Cependant si l'on considère la chose avec plus d'attention, on ne trouvera pas si facile de marquer la véritable cause de l'avantage des mathématiques sur les autres sciences, car 1. dire que dans les mathématiques l'esprit s'est formé l'objet qu'il considère, c'est ne rien dire ou dire

1. Les thèses ici évoquées sont considérées sous le jour de la plus grande généralité. On peut sans doute les rattacher tant à tradition scolastique en ce qui concerne la distinction des sensibles propres et des sensibles communs, qu'au cartésianisme en ce qui concerne le critère de l'évidence appliqué aux concepts mathématiques et les constituant en objets d'intellection par-delà toute représentation sensible. De la position cartésienne s'ensuit la réduction conséquente de l'objet de la physique à celui de la géométrie, qui en constituerait le noyau d'intelligibilité : l'étendue est alors prise pour l'essence des corps.

quelque chose de très faux : notre esprit ne crée rien, il reçoit par les sens l'impression des objets; il peut appeler *idées* quelques-unes des perceptions, et laisser le nom de *sensations* aux autres; il les peut joindre et séparer de mille manières différentes, mais il ne crée pas un seul objet nouveau, il ne crée pas une seule perception nouvelle. 2. L'esprit peut bien dans un objet faire abstraction de celles de ses propriétés qu'il voudra, et réduire cet objet à la simple étendue: mais la question est, pourquoi les raisonnements qu'il fait sur l'étendue sont susceptibles de la plus parfaite évidence, tandis que ceux qui portent sur d'autres propriétés sont sujets à tant d'obscurités et d'incertitudes, et la question subsiste dans son entier : car dire que c'est parce que l'idée de l'étendue est plus claire et plus simple que celles des autres propriétés, c'est alléguer pour réponse à la question la question même. 3. Enfin, pour ceux qui font une si grande différence entre l'étendue et les autres propriétés; qui veulent que l'étendue soit l'essence du corps, que toutes les autres propriétés n'en soient que des modifications qui ne portent à l'esprit que des idées confuses; pour ceux-là, s'il en est encore, il suffit de les prier de lire tant d'excellents ouvrages où l'on a démontré que l'essence des corps nous restant inconnue, nous n'en connaissons que les propriétés, et ne connaissons ces propriétés que par les sens [1].

XII. Au fond si nous devons toutes nos idées aux impressions que les objets ont faites sur les organes de nos sens, les connaissances mathématiques ne semblent différer des connaissances physiques et de toutes les autres, qu'en ce que celles-là sont fondées sur une expérience | antérieure **394**
ou plus simple, et celles-ci sur une expérience plus tardive et plus compliquée.

XIII. Ce n'est donc, ni dans un privilège imaginaire de créer nous-mêmes nos idées; ni parce que les unes nous représenteraient l'essence, et les autres les propriétés seulement des corps; ni même dans des manières différentes d'acquérir nos idées, que nous devons chercher l'avantage que procurent aux sciences mathématiques celles qui en sont l'objet : ces idées ont un autre caractère distinctif auquel est due l'évidence qu'elles portent dans ces sciences : c'est la *réplicabilité*; je me sers ici d'un mot barbare et qui ne rend point tout à fait ce que je veux dire, mais c'est ce me semble celui qui en approche le plus : il faut le définir [2].

1. Incarnation dans les faits de l'idéal d'éclectisme : Maupertuis puise dans les divers courants de l'empirisme moderne, les contrarguments visant à établir le statut des vérités mathématiques depuis la dérivation empirique des notions concernées.

2. La thèse de la réplicabilité des idées mathématiques fait fond sur l'analyse des idées complexes de modes simples, formées par composition depuis les idées simples d'unité et d'espace : voir la note suivante.

XIV. Toutes nos idées nous venant des sens, on peut dire que dans leur origine elles ne sont toutes que des sensations : ce n'est qu'après que notre esprit a réfléchi sur elles, les a combinées, les a pour ainsi dire *travaillées*, que nous avons laissé aux unes le nom *de sensations*, que nous avons donné aux autres le nom *d'idées*. C'est ainsi que des sensations les plus topiques et les plus confuses nous sommes parvenus aux idées les plus abstraites, les plus claires, et qui tiennent le moins aux sens.

XV. Les plus simples de ces idées sont sans contredit celles des nombres; il suffit d'avoir éprouvé une sensation de quelque nature qu'elle soit, d'en joindre le souvenir à une autre sensation qu'on éprouve, ou seulement au souvenir d'une autre sensation qu'on a éprouvée, pour avoir l'idée de deux sensations; de joindre au souvenir de ces deux sensations la présence ou le souvenir d'une autre, pour avoir l'idée de trois sensations, et de faire ensuite abstraction des sensations mêmes pour avoir les idées des nombres 1, 2, 3, 4, etc.[1].

XVI. Ce serait une question; mais qui me semble inutile ici, de savoir si
395 une sensation unique d'un objet composé de plusieurs parties | distinctes ou de différents objets aperçus au même instant, nous donnerait l'idée des nombres : ou si cette idée ne s'acquerrait alors que de la même manière que nous venons d'expliquer, par une suite, et une répétition seulement plus rapide des sensations de chaque partie de l'objet ou de chaque objet ?

XVII. Dès que j'ai touché des corps, j'ai remarqué; que quoique plusieurs qualités que j'y apercevais se trouvassent dans les uns et ne se trouvassent pas dans les autres, je retrouvais dans toutes longueur, largeur, et profondeur : et faisant abstraction de toutes les autres propriétés, je suis bientôt parvenu à l'idée de l'étendue : ou plutôt aux idées de trois sortes d'étendue; d'une étendue seulement en longueur, d'une étendue en longueur et largeur, d'une étendue en longueur, largeur et profondeur : c'est-à-dire aux idées des *lignes*, des *surfaces*, et des *solides*[2]. Je trouve dans les idées de l'étendue le même caractère distinctif que j'ai remarqué dans le nombre, la réplicabilité : je puis ajouter une étendue à une autre étendue égale, et avoir d'une étendue double, triple etc. une idée aussi claire que je l'avais de la première : je puis retrancher la moitié, le tiers de cette étendue, et j'ai une idée aussi claire d'une étendue moitié, tiers, etc. enfin je vois que l'étendue comme le nombre est accrescible[3] et

1. Maupertuis reprend ici, à peu de choses près, l'analyse de l'idée de nombre que Locke avait produite : *Essai*, 2.16.1-5, p. 155-156.
2. Locke, *Essai*, 2.13.1-3, p. 120-121.
3. Ce terme inusité signifie ici « susceptible d'être augmenté ».

diminuable à volonté, et de parties toujours les mêmes ou égales les unes aux autres : caractère qui n'appartient à aucune autre propriété des corps : non seulement à aucune de ces propriétés variables, qui ne se trouvent pas les mêmes dans tous, mais qui n'appartient pas plus à l'impénétrabilité même, quoique cette dernière comme l'étendue se trouve dans tous les corps : je ne saurais ajouter une impénétrabilité à une autre impénétrabilité ; retrancher une impénétrabilité d'une autre pour en former une impénétrabilité double ou triple, moitié ou tierce. La réplicabilité ne se trouve pas plus dans les idées abstraites du beau, du bon etc. ni du fort ou du faible ; à moins que je ne rapporte ces qualités aux effets qui les suivent, et que ces effets ne puissent être rapportés aux nombres ou à l'étendue.

| XVIII. Tel est l'avantage que les idées du nombre et de l'étendue ont **396**
sur toutes les autres idées : il se trouve encore dans leurs origines des différences bien remarquables, d'où peut-être dépend cet avantage. Chaque idée simple ne doit son origine qu'à un seul sens et ne dépend en rien des autres : l'idée du froid et du chaud ne nous viendra jamais de l'ouïe, et le tact ne nous fera jamais connaître les sons : nous avons vu au contraire que chaque sensation, et par conséquent chaque sens, faisait naître l'idée du nombre. L'idée de l'étendue a aussi sur les autres idées une prérogative, non pas si grande à la vérité que celle du nombre, mais qui pourtant la distingue assez de toutes les autres idées : deux sens, le tact et la vue la portent également à notre âme : réplicable comme l'idée du nombre, elle nous est introduite comme celle du nombre par plus d'un sens [1]. Telles sont les différences essentielles qui distinguent ces deux idées de toutes les autres ; la multiplicité des moyens par lesquels elles entrent dans l'âme ; et la réplicabilité.

XIX. Il ne paraît guère qu'on puisse contester que toutes les idées que nous avons ne viennent de nos sens : si l'on cherche à se rappeler l'origine de chacune, on la trouvera toujours dans quelqu'une de nos premières sensations, ou dans plusieurs ensembles. La réflexion que nous avons faite sur ces premières sensations que M. *Locke* a été tenté d'appeler assez improprement *le sens intérieur* [2], ne peut ce me semble être prise pour une

1. Pour un développement similaire, voir *Lettre* IV, O II, p. 230-233. La référence est ici à Locke, *Essai*, 2.5, p. 83.

2. Locke, *Essai*, 2.1.4, p. 61 : « C'est là une source d'idées que chaque homme a toujours en lui-même ; et quoique cette Faculté ne soit pas un Sens, parce qu'elle n'a rien à faire avec les objets extérieurs, elle en approche beaucoup, et le nom de *Sens intérieur* ne lui conviendrait pas mal. Mais comme j'appelle l'autre source de nos Idées *Sensation*, je nommerai celle-ci RÉFLEXION, parce que l'âme ne reçoit par son moyen que les idées qu'elle acquiert en

source de nos idées simples : si les sens n'avaient apporté ces premières idées dans notre âme, que serait-ce que cette réflexion, que cette faculté de réfléchir sur elles, de les joindre, de les séparer ?

XX. Mais ne trouvons-nous pas dans notre âme une certaine idée plus simple, et peut-être antérieure à toutes les autres, et qui ne semble point avoir la même origine ? Je parle de ce sentiment de pure existence que l'âme éprouve dans le silence des autres sensations, et lorsqu'aucun objet
397 ne l'affecte. L'homme avant que d'avoir reçu | aucune impression des objets, n'aurait-il pas eu une certaine idée de son être ?

XXI. Il n'est pas facile, il n'est peut-être pas possible de décider si cette idée, supposé que l'âme l'eût, tirerait son origine d'une source différente de celle des autres, ou seulement d'une source plus cachée. Comment remonter à cet état dans lequel nos sens n'auraient point encore été affectés par aucun objet sensible ? Quand même cela serait possible à l'égard des corps extérieurs, tous les corps dont l'intérieur du nôtre est composé, et le sens du tact universellement répandu dans toutes nos parties, ne donnent-ils pas lieu de penser que l'idée de notre existence ne viendrait que de l'impression de quelque corps sur le tact intérieur : que toute la différence entre la manière dont se produit cette idée et celle dont se produisent les autres, ne consiste qu'en ce que pour les autres c'est l'action de quelque corps intérieur sur quelque organe extérieur de nos sens qui les fait naître, et qu'ici ce serait l'action des parties de notre corps même sur un organe plus caché. Plus j'examine cette idée de pure existence, plus je tâche de faire taire toutes les autres sensations qui m'en distraient, et plus il me semble que cette idée ne vient que d'une sensation : il me semble toujours que je ne sens mon existence que par quelque partie de mon corps [1].

réfléchissant sur ses propres opérations ». En anglais, Locke avait utilisé le terme « internal sense » (*Essay*, p. 105).

1. Locke avait assigné une double origine à l'idée de l'existence, selon que le sujet en prenait conscience par la sensation provoquée par quelque objet externe, ou par la réflexion sur l'appréhension actuelle de quelque idée comme contenu mental. Voir *Essai*, 2.7.7 : « L'*Existence* et l'*Unité* sont deux autres idées, qui sont communiquées à l'Entendement par chaque objet extérieur, et par chaque idée que nous apercevons en nous-mêmes. Lorsque nous avons des idées dans l'esprit, nous les considérons comme y étant actuellement, tout ainsi que nous considérons les choses comme étant actuellement hors de nous, c'est-à-dire, comme actuellement *existantes* en elles-mêmes ». Comme Condillac, Maupertuis assimile les idées de réflexion aux idées de sensation, en tant qu'expressives des états internes du corps propre pour le sujet qui les perçoit. Voir E. Bonnot de Condillac, *Traité des sensations*, 2.5.4, OP I, p. 256b : « La statue apprend donc à connaître son corps, et à se reconnaître dans toutes les parties qui la composent ; parce qu'aussitôt qu'elle porte la main sur une d'elles, le même être sentant se répand en quelque sorte de l'une à l'autre : c'est *le moi* ».

XXII. Il ne paraît donc pas que quant à leur origine nos idées diffèrent autrement qu'en ce que, tandis que toutes les autres ne tirent leur origine que d'un seul de nos sens, celles du nombre et de l'étendue reçoivent la leur de plusieurs sens différents; et quant à la nature même des idées, je ne trouve entre elles de différence essentielle et distincte, que cette réplicabilité qui n'appartient qu'à l'étendue et au nombre.

XXIII. Sans rechercher ici la raison de la connexion, et le rapport qui peut se trouver entre ces prérogatives que ce genre d'idées a sur les autres : nous proposerons ici une question qui n'en paraîtra peut-être pas une au premier aspect, et qui au second sera peut-être | bien difficile à résoudre : **398**
y a-t-il d'autres idées que les idées réplicables qui soient susceptibles de plus et de moins? Peut-on dire qu'il y ait du plus ou du moins dans une couleur, dans une saveur, dans un son? Il est bien vrai qu'on dit tous les jours une couleur plus bleue, un fruit plus aigre, un son plus aigu : mais c'est qu'on a lié toutes ces sensations avec l'observation d'une plus grande ou d'une plus petite dose de quelque chose de réplicable : si pour une couleur on a employé une once d'indigo, et pour une autre deux onces, on dit que l'une est plus bleue ou plus foncée que l'autre : mais ce *plus* n'est fondé que sur la quantité réplicable dont on suppose dans la sensation l'effet proportionnel à la quantité : sans cette considération on dirait bien que ces deux couleurs diffèrent entre elles, mais je ne sais si l'on pourrait dire qu'elles diffèrent par plus ou par moins [1] ; et ce que nous disons ici des objets de la vue, nous le dirons de même des objets des autres sens, nous ne pouvons dire qu'un son est plus aigu qu'un autre que parce que nous savons que la corde qui le rend est plus courte, ou plus déliée, ou plus tendue par un plus grand poids : sans cela les sons ne seraient que différents, et ne seraient point susceptibles de plus et de moins. La proposition est la même à l'égard des objets moraux; une vertu ne peut être appelée plus grande que parce qu'on en rapporte l'exercice à un plus grand nombre d'actions qu'on regarde comme les mesures de cette vertu [2].

1. On peut comparer cette position de Maupertuis avec celle que Kant soutiendra dans la *Critique de la raison pure*. Selon ce dernier, Maupertuis aurait tort de refuser aux sensations en tant que telles de différer selon le plus et le moins. Il y aurait lieu en effet de distinguer les grandeurs extensives, pour lesquelles la réplicabilité serait manifestement applicable, et les grandeurs intensives qui correspondent à des degrés qualitatifs dans la perception sensible. Kant en fait même un principe synthétique *a priori* d'anticipation de la perception : Kant, *Critique de la raison pure*, A166/B 207-A176/B 218, AA IV, p. 115-121/AA III, p. 152-158.

2. Maupertuis aborde cet aspect dans l'*Essai de philosophie morale* publié pour la première fois en 1749. Il maintient précisément que l'estimation des objets moraux devrait se réduire à un calcul de quantités. Par exemple, le bien est la somme des moments heureux,

XXIV. C'est de l'application de ces mesures que naissent tant d'erreurs dans toutes les sciences, où ces mesures ne sont pas réplicables, ne sont pas les nombres ou l'étendue. Si par exemple les actions qu'on regarde comme les mesures d'une certaine vertu ne sont pas parfaitement égales, ce qui serait un cas bien rare et hors d'usage, tous les raisonnements qu'on voudra faire sur cette vertu n'auront rien de précis ni de certain : et si l'on veut donner à ces raisonnements la précision et la certitude, ce ne pourra être que par des suppositions et des hypothèses qui les mettront hors de toute application réelle : si ces suppositions ont plus de latitude, chacun les fera à sa
399 manière ; et de | là résulte cette diversité de sentiments qu'on observe sur les sujets de morale, de politique, de droit naturel, de métaphysique, où l'on se trouve si rarement d'accord avec les autres, et où souvent on n'est pas d'accord avec soi-même.

XXV. Au contraire dans les sciences mathématiques où les objets, le nombre et l'étendue, sont exactement réplicables, on forme des résultats dont tout le monde convient ; parce que c'est sur des sujets qui sont pour tout le monde précisément les mêmes : on est encore plus content de la manière dont soi-même on les conçoit ; et c'est en cela que consistent l'évidence et la certitude.

XXVI. Entre les objets purement mathématiques et les objets moraux ou métaphysiques, il est un certain genre où la réplicabilité parfaite ne se trouve pas, mais dont aussi elle n'est pas entièrement exclue : je parle des objets physiques ; dans lesquels outre l'étendue et les nombres on considère quelques autres idées qui se réduisent comme d'elles-mêmes à la réplicabilité : la vitesse par exemple des corps en mouvement, le temps qu'ils emploient à parcourir certains espaces, ont des rapports si naturels à l'étendue et aux nombres, que ces idées deviennent réplicables comme celles des nombres et de l'étendue.

XXVII. On rappelle encore à la réplicabilité quelques autres idées qu'on regarde comme des propriétés universelles des corps, quoique ces idées ne soient pas trop claires : comme certains effets que nous voyons que les corps peuvent produire, certaines forces auxquelles nous attribuons ces effets : mais pour les soumettre à la réplicabilité, il faut que ces effets ou ces forces soient susceptibles de mesures constantes et homogènes qui se rapportent à l'étendue ou aux nombres [1].

tandis que le mal est la somme des moments malheureux (*Essai de philosophie morale*, O I, p. 197).

1. Trois catégories d'idées interviennent dans la constitution de la physique comme science : 1) les idées de nombre et d'étendue qui apparaissent intrinsèquement réplicables ;

XXVIII. C'est par là que si dans la dynamique on ne trouve pas toujours des résultats qui aient la même évidence que ceux de l'arithmétique et de la géométrie, elle participe pourtant à l'évidence et à la certitude qui règnent dans ces deux sciences; et ne leur cédera | guère à ces égards si elle est 400
traitée avec précaution et avec philosophie [1].

XXIX. Mais il y a ici beaucoup d'erreurs à craindre: les objets de la dynamique peuvent quelquefois être considérés sous des faces différentes, et par rapport à différentes propriétés dont quelques-unes peuvent être réduites à la réplicabilité tandis que les autres n'y sont pas réductibles, ou n'y sont pas réductibles de la même manière: on fondera alors des raisonnements sur ce qui tient à ces propriétés réplicables, on en tirera des conséquences justes; mais qui n'auront point lieu pour l'objet en général, ou qu'il faudra interpréter différemment. C'est ainsi par exemple que les uns prétendent qu'un corps en mouvement a deux fois plus de force si sa vitesse est double; et que les autres soutiennent qu'il en a quatre fois plus: les premiers considèrent la force du corps par son effet instantané, les autres par la quantité d'obstacles égaux qu'il peut vaincre jusqu'à l'extinction de son mouvement [2]. Ce malentendu a fait dans des académies célèbres des

2) des idées (claires) qui « se réduisent d'elles-mêmes à la réplicabilité », c'est-à-dire qui s'analysent en composantes réplicables, par exemple, la vitesse de déplacement des corps en mouvement ou le temps du parcours qu'ils accomplissent; 3) des idées (intrinsèquement peu claires), qui caractérisent des forces ou leurs effets et auxquelles on peut appliquer une forme ou l'autre de quantification : ces idées représentent alors des phénomènes mesurés. La mesure reste relative à certains aspects des phénomènes: elle ne peut être que présumée adéquate, compte tenu des aspects considérés.

1. L'article « Dynamique » de l'*Encyclopédie*, Enc. V (1755), p. 174-176, rédigé par d'Alembert et renvoyant à son propre *Traité de dynamique* (1743), rappelle que Leibniz fut le premier à utiliser ce terme « pour désigner la partie la plus transcendante de la mécanique, qui traite du mouvement des corps, en tant qu'il est causé par des forces motrices actuellement et continuellement agissantes » (p. 174). D'Alembert précise que le terme est d'usage courant parmi les géomètres et souligne que la résolution des problèmes de dynamique requiert qu'on puisse en traiter par l'application de méthodes de type mathématique.

2. Il y avait divergences de vues au sujet du principe théorique fondamental régissant les lois empiriques du mouvement des corps. Les uns adhéraient au principe cartésien de conservation de la quantité de mouvement (mesurée par le produit de la masse par la vitesse); les autres au principe leibnizien de conservation de la quantité de force vive (mesurée par le produit de la masse par la vitesse au carré). Dans le premier cas, la force est considérée selon son effet potentiel instantané; dans l'autre, la mesure se prend d'après l'effet intégralement déployé de la force. Ce fut là l'objet d'une première controverse entre Leibniz et les Cartésiens, représentés par Nicolas Malebranche et François Catelan, à compter de l'année 1686. La polémique connut divers épisodes successifs, notamment à l'Académie des sciences de Paris dans la décennie 1740, et jusqu'à l'époque où Maupertuis rédige le présent mémoire et vise entre autres à y mettre un terme.

disputes, qui n'auraient pas été des disputes si l'on y eût usé d'une bonne logique.

XXX. La dynamique ne nous conduira donc pas toujours à des résultats aussi simples et aussi clairs que ceux de l'arithmétique et de la géométrie : quoiqu'on y puisse trouver l'évidence et la certitude, si l'on y distingue toujours bien dans chaque objet ce qui est réplicable et ce qui ne l'est pas; qu'on n'applique pas à un objet en général ce qui n'appartient qu'à quelques-unes de ses parties; enfin si l'on a bien soin de s'expliquer et de s'entendre.

401 | SECONDE PARTIE :
OÙ L'ON EXAMINE LES LOIS DE LA NATURE

I. Après avoir recherché autant qu'il nous a été possible quel est l'avantage des sciences mathématiques sur les autres sciences, et fait voir comme nous le croyons, que l'évidence et un certain repos d'esprit qu'on trouve dans l'arithmétique et dans la géométrie ne viennent que de la réplicabilité des objets que ces sciences considèrent; il faut expliquer ce qu'on doit entendre par *vérités nécessaires* [1].

II. Le *nécessaire* en général est ce qui ne saurait ne pas être: le *contingent* est ce qui pourrait n'être point. Nos connaissances n'étant que ce que nous avons vu dans la première partie, il semble que nous soyons bien éloignés de pouvoir prononcer sur la *nécessité* ou la *contingence* de quoi que ce soit : nous n'avons pour nous conduire dans une telle recherche que cette évidence, que cette faible lumière, qui dès que nous la voulons porter hors des limites qui lui sont prescrites s'éteint.

III. Tant que nous nous bornons à des objets parfaitement réplicables; et que des idées que nous avons de ces objets nous cherchons à déduire les conséquences; nous pouvons suivre le fil d'un assez grand nombre de raisonnements qui satisfont pleinement notre esprit: nous pouvons voir avec évidence que chacun de ces raisonnements est lié aux autres: c'est

1. Maupertuis reprend ici la distinction que Leibniz établissait entre vérités nécessaires ou vérités de raison et vérités contingentes ou vérités de fait. Voir Leibniz, *Monadologie*, § 33, GP, VI, p. 612 : « Il y a deux sortes de vérités, celles de raisonnement et celles de fait. Les vérités de raisonnement sont nécessaires et leur opposé est impossible, et celles de fait sont contingentes et leur opposé est possible. Quand une vérité est nécessaire, on en peut trouver la raison par l'analyse, la résolvant en idées et en vérités plus simples jusqu'à ce qu'on vienne aux primitives ». Mais il l'interprète en fonction de modalités différentes d'appréhension du lien entre les idées, qui toutes, selon lui, dérivent de l'expérience.

ainsi que des idées du nombre et de l'étendue nous tirons toutes les propositions de l'arithmétique et de la géométrie: c'est dans ce sens qu'on appelle ces propositions des vérités nécessaires.

IV. Mais si dans l'explication de quelque phénomène de la nature, nous trouvons quelque interruption qui nous empêche de le lier | aux premières **402**
idées d'où nous sommes partis; sommes-nous en droit pour cela de traiter ce phénomène de *contingent*? Il me semble que ce serait bien passer les droits de la faculté qui nous a été donnée de juger des choses : l'interruption peut n'être qu'apparente; le phénomène peut être lié dans une chaîne qui nous paraît interrompue, parce que quelque partie nous échappe; mais dont une intelligence supérieure à la mienne verrait la continuité : et n'arrive-t-il pas tous les jours que dans les conséquences tirées des objets mêmes répli-cables, il se trouve une continuité que nous n'avions point aperçue d'abord, ou que nous n'apercevons pas tandis que d'autres l'aperçoivent?

V. Pouvons-nous des idées que nous avons du corps et de la vitesse tirer par une chaîne de conséquences sans interruption les lois que les corps observent dans leur mouvement? C'est là ce me semble tout ce qu'il nous est permis d'examiner; et la question est bien encore assez difficile.

VI. Après un grand nombre de siècles écoulés, pendant lesquels il ne paraît pas qu'on eût seulement tenté de découvrir les lois du mouvement, de déterminer les phénomènes qui arrivent lorsqu'un corps en mouvement en rencontre un autre soit en mouvement soit en repos : après mille erreurs où dans les siècles suivants on était tombé lorsqu'on avait cherché ces lois : elles furent tout à coup découvertes par Huygens, Wallis, et Wren [1] : elles furent confirmées par les expériences; et personne ne douta plus de leur vérité. On alla plus loin: comme c'étaient des mathématiciens qui les donnaient; et qu'ils employaient pour les démontrer des procédés et des calculs mathématiques, on leur attribua la même évidence, et une évidence du même genre, qu'aux vérités qui ne concernent que l'étendue et les nombres.

1. Devant la discordance entre les lois du mouvement telles qu'établies par Descartes et les effets observables du choc des corps, la Royal Society de Londres avait, en 1668, mis au concours la question de la détermination des lois du choc. Les mémoires de John Wallis et de Christopher Wren sur ce sujet parurent dans les *Philosophical Transactions* du 11 janvier 1669. Christiaan Huygens qui avait communiqué ses résultats à Henry Oldenburg, secrétaire de la Royal Society, le 5 janvier 1669, en fit l'objet d'une publication dans le *Journal des Savants* du 18 mars de la même année, p. 22-24.

VII. Ce n'était cependant plus sur ces seuls objets, sur ces objets dont la nature est d'être parfaitement *réplicables* qu'on opérait : c'était sur des objets physiques, sur des corps, sur leurs mouvements, et sur ce qui devait résulter de leurs mouvements.

403 | VIII. Les philosophes des derniers temps avaient entrepris de déduire les lois du mouvement de l'essence des *corps purement mathématiques*, c'est-à-dire uniquement réduits à l'*étendue* ; et tous s'y étaient trompés : l'histoire de leurs erreurs ferait un gros livre ; je ne parlerai que de celles de ces hommes dont la supériorité semblait promettre plus de succès.

IX. *Descartes* consultant plus ses idées que la nature, et y ajoutant un principe métaphysique qu'il croyait vrai et qui ne l'était pas, avait donné avec assurance de fausses lois du mouvement [1].

X. *Malebranche* le plus célèbre de ses disciples, s'égara à sa suite ; et ne changea de sentiment qu'après qu'on lui eut crié de toutes parts que la nature démentait ses lois, et qu'on lui eut fait connaître les véritables [2].

XI. *Leibniz* s'y trompa aussi bien qu'eux ; il donna des lois fausses [3] ; et ne reconnut que longtemps après son erreur [4]. Il avoua qu'elle venait de ce qu'il avait voulu déduire ses lois *des seules notions mathématiques*.

XII. Si l'on pouvait déduire les lois du mouvement de cette idée du corps qui le réduit à ses trois dimensions, à la simple étendue, toutes ces lois seraient susceptibles de la même évidence et de la même certitude que les propositions de la géométrie et de l'arithmétique : et comme on prend ces propositions pour des vérités nécessaires, on pourrait de même prendre

1. Descartes avait exposé sa théorie des lois fondamentales de la mécanique dans la 2e partie de ses *Principia philosophiæ* (1644). Maupertuis en fait la critique détaillée *infra*.

2. Maupertuis réfère ici aux constants ajustements qu'au fil des éditions successives de la *Recherche de la vérité* (1674-1712) Malebranche avait apportés aux lois cartésiennes du choc des corps pour les rendre conformes aux lois empiriques du mouvement, telles qu'Edme Mariotte les avaient établies dans son *Traité de la percussion ou du choc des corps* (1673). Il semble également référer au mémoire *Des lois générales de la communication des mouvements* (1692), par lequel Malebranche, réinterprétant le principe de conservation de la quantité de mouvement, répondait aux critiques émises par Leibniz dans la *Brevis demonstratio erroris memorabilis Cartesii* (1686) (GM VI, p. 117-123).

3. Hypothesis phisica nova. Theoria motus abstracti & concreti. Mogunt. 1671 [note originale]. Maupertuis réfère ici à l'*Hypothesis physica nova* (ou *Theoria motus concreti*) et à la *Theoria motus abstracti*, les deux traités dans lesquels, en 1671, Leibniz avait exposé sa première physique et les principes d'une mécanique abstraite à laquelle il substitua une mécanique réformée à compter de 1678, puis la dynamique proprement dite à compter de 1690.

4. *Specimen dynamicum* [note originale]. La première partie de ce texte était parue en 1695 dans les *Acta Eruditorum* (GM VI, p. 234-246).

les lois du mouvement pour nécessaires, du moins du même genre de nécessité.

XIII. Mais si la chute de tous les grands hommes qui ont voulu tirer les lois du mouvement de l'essence du corps mathématique, ne suffit pas pour prouver que ces lois ne sont pas nécessaires, la manière | dont ceux qui ont **404**
découvert les véritables lois y sont parvenus doit achever de nous convaincre. Huygens, Wallis, et les autres qui ont trouvé ou confirmé ces lois, loin de les déduire immédiatement de cette idée simple des corps par des démonstrations purement mathématiques, sont tous partis d'hypothèses qui n'étant rien moins que des vérités nécessaires ne conduisaient point à des vérités nécessaires.

XIV. Quant à ceux qui voudraient affaiblir la preuve de l'existence de Dieu qu'on tire des lois du mouvement, parce que, disent-ils, de ce qu'on n'a pu jusqu'ici déduire ces lois de la seule idée du corps, il ne s'ensuit pas qu'elles n'en puissent être des suites nécessaires : on peut leur faire voir qu'on pourrait de même soutenir ou soupçonner la nécessité de tout ce qui est dans la nature. En attaquant par un tel raisonnement la preuve qu'on tire de la sagesse qu'on découvre dans les lois du mouvement, on ferait perdre toute la force à toutes les autres preuves qu'on peut tirer des merveilles de l'univers : on pourrait soutenir que tout l'ordre et l'arrangement qui paraît dans la nature, que ces procédés mêmes d'insectes que les auteurs d'histoire naturelle font tant valoir, ne sont peut-être que des suites nécessaires de la nature des corps [1]. L'objection donc qu'on voudrait tirer de la nécessité des lois du mouvement, est contre tous ceux qui veulent prouver l'existence de Dieu par les merveilles de la nature, la même que contre ceux qui la veulent prouver par ces lois; et l'on pourrait laisser les naturalistes y répondre.

XV. Mais nous répondrons pour eux et pour nous; que c'est une injustice de vouloir attribuer à une nécessité mathématique des lois que les plus habiles mathématiciens n'ont jamais pu y réduire : l'injustice devient plus grande encore lorsqu'au lieu de la nécessité, on découvre dans l'établissement de ces lois des raisons de choix et de préférence.

1. Tel était l'argument principal que, dans son *Essai de cosmologie* (1750), Maupertuis avait déployé contre la physico-théologie. Celle-ci fondait la recherche de preuves de l'existence d'un Dieu-Providence sur la présomption d'une finalité divine incarnée dans les réalités naturelles particulières. Elle accordait à cet égard un poids considérable au subtil arrangement structural et fonctionnel que pouvait révéler l'observation fine des moindres vivants, notamment celle des invertébrés – catégorie générale désignée par le terme « insecte » au XVIIIe siècle.

XVI. Pour en revenir à la question que nous nous proposons d'éclaircir sur la nature des lois du mouvement; j'en distingue de différents ordres; les
405 unes paraissent si simples qu'on serait tenté de les | prendre pour des axiomes, et que quelques auteurs les ont données comme des axiomes, d'autres plus exacts comme des hypothèses fondamentales : les autres lois sont plus compliquées, fondées sur un plus grand nombre de principes, et étaient plus difficiles à découvrir.

XVII. Avant que d'entrer dans l'examen de ces lois; comme plusieurs auteurs dans l'énoncé qu'ils en donnent ont employé le mot de *force*, et que nous serons nous-mêmes obligés de nous en servir; il faut expliquer ce que c'est que la force, ou plutôt dire ce qu'on entend par ce mot.

XVIII. Le mot de force est pris d'un sentiment que nous éprouvons lorsque nous voulons mouvoir un corps qui est en repos, ou arrêter ou changer le mouvement d'un corps qui se meut : nous sentons que pour cela il nous faut faire un certain effort, employer une certaine force[1]. Nous observons que lorsqu'un corps en mouvement en rencontre un autre en repos, celui-ci se meut; que s'il se mouvait déjà, son mouvement est changé ou détruit : et dans l'impuissance où nous sommes d'expliquer comment cela se fait, nous appliquons au corps le même mot de force, un sentiment à un être incapable de sentir : enfin, si nous voyons quelque corps se mouvoir sans aucune action de notre part, et sans l'entremise d'aucun autre corps, nous disons encore que c'est par une force qu'il se meut; mais ne voyant point d'objet extérieur où la placer, nous en faisons une force immatérielle, une qualité inhérente au corps même qui se meut.

XIX. Après avoir donné un nom à quelque chose que nous connaissons si peu, nous regardons la force comme la *cause* du changement qui arrive dans le repos ou le mouvement des corps, et ce changement comme l'*effet*; nous calculons ensuite les effets et les causes, et ces calculs sont justes tant qu'ils ne tombent que sur des rapports : notre évidence est entière dans la partie qui ne regarde que l'objet réplicable : mais nous devons nous tenir en garde dès que nous mêlons dans cet objet d'autres propriétés; que nous raisonnons sur des choses qui nous sont inconnues, ou qui ne nous sont qu'imparfaitement connues.

406 | XX. Il n'y a peut-être aucun phénomène dans la nature qui dût tant nous étonner que de voir un corps en mouvoir ou en arrêter un autre : le mouvement que nous communiquons, ou modifions nous-mêmes, nous

1. Concernant l'explication génétique de l'idée de force (*power*), Maupertuis s'appuie ici sur l'analyse que Locke en avait donnée dans l'*Essai* : *Essai*, 2.21.1-4, p. 189-190.

paraîtrait la merveille la plus surprenante si nos mouvements n'avaient précédé notre raison.

XXI. Cette ignorance où nous sommes sur la nature de la cause qui fait mouvoir les corps, qui change ou détruit leur mouvement, est ce qui a fait naître tant de disputes entre les mathématiciens de ces derniers temps : qui a fait que les uns ont pris pour la force d'un corps le produit de sa masse par sa vitesse, les autres le produit de sa masse par le carré de sa vitesse : c'est que ne connaissant la force que par les effets qui suivent son application, ils ont vu ces effets proportionnels tantôt à l'un de ces produits tantôt à l'autre, selon que la considération du temps y entre et n'y entre pas.

XXII. Mais lorsqu'un corps se meut, ou change son mouvement, sans que l'action ou la résistance d'aucun corps sensible y soit appliquée; ce qu'on pourrait prendre pour la cause échappant entièrement, on l'exprime encore par le mot vague de force, et on l'emploie dans les calculs en lui donnant un signe; mais ce signe n'est jamais que la représentation du phénomène.

XXIII. Après cet éclaircissement, après qu'on aura bien réfléchi sur le peu d'idée qu'on a de la *cause* et de l'*effet* dans le mouvement des corps; ou trouvera bien étrange de voir les plus grands hommes qui ont traité de la dynamique répéter sans cesse les mots de cause et d'effet; vouloir expliquer les phénomènes du mouvement par ces prétendus axiomes, *les effets ne doivent pas surpasser les causes*; *les effets doivent être proportionnels aux causes*; etc.

XXIV. Tandis qu'on abuse ainsi des mots de causes et d'effets, et qu'on les place partout; quelques autres philosophes nient toute *causalité*: les arguments dont se sert pour cela un des plus grands hommes | de **407**
l'Angleterre[1] sont assurément des plus ingénieux et des plus subtils: cependant il me semble qu'entre trouver des causes partout et n'en trouver nulle part il est un juste milieu où se trouve le vrai: si c'est refuser à la Providence ce qui lui appartient que de nier les causes, c'est nous arroger ce qui ne nous appartient pas que de nous croire toujours capables de les connaître.

1. M. *Hume* [note originale]. Cette référence ne renvoie à aucune œuvre précise. Cependant, à la même époque, J. B. Mérian, membre de l'Académie, traduit l'*Enquiry concerning the Human Understanding* de Hume, qui paraîtra sous le titre *Essais philosophiques sur l'entendement humain*, Amsterdam, J. H. Schneider, 1758.

XXV. Nous allons maintenant examiner les lois du mouvement : et nous commencerons par ces premières que quelques auteurs ont prises pour des axiomes, ou pour des suites nécessaires de l'idée de l'étendue qu'ils regardaient comme l'essence de la matière : nous verrons bientôt ce qu'elles doivent à l'expérience ; et ce qu'elles ont été lorsqu'on n'a pas voulu les puiser dans l'expérience.

Lois de Descartes

XXVI. Descartes posa pour la première loi que, chaque chose en tant qu'elle est simple et indivisée demeure tant qu'elle peut dans le même état, et n'en sort que par des causes externes [1].

Cette loi qui exposée aussi vaguement n'a rien de clair ni de philosophique, serait ou sujette à de grandes disputes, ou peut-être fausse, si comme les termes simple et indivisé semblent l'insinuer, on l'appliquait à des êtres immatériels ou pensants. Descartes à la vérité l'applique d'abord au corps, et nous apprend que c'est des parties de la matière qu'il parle : sa loi donc dans son vrai sens est que, *toute partie de la matière persévère dans son état de repos ou de mouvement, à moins que quelque cause externe ne l'en fasse sortir.*

XXVII. La seconde loi est que, chaque partie de la matière qui se meut librement se meut en ligne droite [2].

Cette loi n'est qu'une suite évidente de la première ; car le mouvement
408 dans chaque instant ne se pouvant faire qu'en ligne droite, la | persévérance du corps dans l'état où il est une fois, exige qu'il continue de se mouvoir en ligne droite : aussi Newton ici conforme à Descartes n'a-t-il fait de ces deux lois qu'une même loi.

XXVIII. La troisième loi de Descartes est que, *lorsqu'un corps en mouvement en rencontre un autre, s'il a moins de force pour continuer à se mouvoir en ligne droite que l'autre n'en a pour lui résister, il est réfléchi vers le côté opposé, et conservant son mouvement n'en perd que la direction ; mais s'il a plus de force que l'autre n'en a, il se meut avec lui et perd autant de son mouvement qu'il lui en donne* [3].

On pourrait remarquer ici quel abus Descartes fait du mot de force qu'il n'a point défini : mais nous allons examiner ses trois lois l'une après l'autre.

1. Descartes, *Principia philosophiæ*, II, § 37, AT VIII-1, p. 62.
2. *Ibid.*, § 39, AT VIII-1, p. 63.
3. *Ibid.*, p. 65.

Examen de la première et de la seconde loi

XXIX. Il semble qu'une loi que les deux philosophes dont les sentiments en tout ont été les plus opposés ont reçue, dût passer pour un axiome : qu'il fût évident que toute partie de la matière persévérât dans son état de repos ou de mouvement, à moins que quelque cause externe ne l'en fît sortir. Cependant, en examinant les idées sur lesquelles Descartes et Newton ont fondé cette loi, on verra combien ils sont peu d'accord; et combien elle est éloignée d'être une suite nécessaire de l'idée que nous avons de l'étendue. Descartes voulut déduire sa loi de l'immutabilité de Dieu : ses disciples ont cru qu'elle était fondée sur l'indifférence de la matière à se mouvoir ou ne se pas mouvoir : Newton ne l'a trouvée que dans l'expérience.

De l'immutabilité de Dieu l'on conclurait plutôt qu'il n'y a point de mouvement qu'on ne déduirait les lois du mouvement.

De l'indifférence de la matière au mouvement ou au repos, il ne s'ensuit point qu'un corps étant une fois mu il se meuve toujours, ni qu'étant une fois en repos il y reste toujours : cette indifférence ne | cause ni n'empêche **409**
l'un ni l'autre état : si elle ne réduit point au repos un corps qui se meut, elle ne le fait pas non plus continuer à se mouvoir : si elle ne fait pas mouvoir au corps qui était en repos, elle ne le fait pas plus persévérer dans son repos; la persévérance n'est pas plus la suite de l'indifférence que le changement. On ne voit donc pour la loi de Descartes ni l'évidence ni d'autre fondement que l'expérience; mais sur cette matière nous verrons à tous moments les auteurs les plus célèbres prendre pour la suite de leurs raisonnements ce qu'ils ne tiennent que de l'expérience.

La seconde loi de Descartes n'étant comme nous l'avons vu qu'une partie ou une suite nécessaire de la première, tout ce que nous venons de dire de celle-ci s'y rapporte.

Ces deux premières lois, quoiqu'on ne les puisse déduire de l'idée que nous avons de l'étendue, étaient confirmées par l'expérience : mais quant à la troisième, on peut dire que l'expérience en démontre la fausseté. Voyons par quels raisonnements Descartes était tombé dans une erreur aussi grossière.

Examen de la troisième loi

XXX. Nous avons vu que ne pouvant tirer ses lois du mouvement de son idée des corps, Descartes avait eu recours à *l'immutabilité de Dieu* : de cette immutabilité ce qu'on devrait conclure serait qu'aucun corps ne devrait se mouvoir, ou que si quelqu'un se mouvait il devrait se mouvoir à jamais : Descartes vit bien que cela n'était pas ainsi. De l'indifférence de la matière à se mouvoir ou ne se pas mouvoir on aurait conclu que le plus petit corps en mouvement rencontrant le plus grand corps en repos, devait le mouvoir et l'emporter avec toute sa vitesse. Descartes vit bien encore que ceci répugnait trop à l'expérience; mitigeant donc l'idée de l'immutabilité absolue, il posa pour principe *que Dieu*, sans laisser chaque corps dans son
410 repos ou son mouvement éternel, *conservait seulement toujours la | même quantité de mouvement dans l'univers* : c'est-à-dire la même somme de produits des masses multipliées par les vitesses[1]. Il conclut de là que lorsqu'un corps rencontrait un autre corps en repos plus grand que lui, le petit était réfléchi en sens contraire avec toute sa vitesse sans en avoir communiqué aucune au grand; il ne s'aperçut pas que cette conséquence aussi étrange que celle qu'il avait voulu éviter, était à tous moments démentie par la nature : et après avoir donné plusieurs autres règles du mouvement aussi fausses; il finit par dire, *qu'il n'en ajoute point la démonstration parce qu'elles sont évidentes*[2]. Voilà où le plus grand génie de son siècle fut conduit lorsqu'il voulut tirer de l'essence de la matière qu'il ne connaissait pas, et de l'immutabilité de Dieu dont il faisait mal l'application, les lois du mouvement. Ceci assurément ne fera pas croire que ces lois soient des conséquences mathématiques et nécessaires de la nature des corps.

Lois de Newton

XXXI. Voici maintenant les lois du mouvement données par Newton. Pour mieux voir d'où il les a déduites nous joindrons à chacune les preuves qu'il en a données, qui sont apparemment les plus fortes qu'on en peut donner.

1. Descartes, *Principia philosophiæ*, II, § 42-43, AT VIII-1, p. 66-67.

2. *Nec ista egent probatione quia per se sunt manifesta*. R. Cartes. Princip. philos. P. II, N. 52 [note originale]. « Et ces choses n'ont pas besoin de preuve, puisqu'elles sont manifestes par elles-mêmes ». Maupertuis cite ici Descartes, *ibid.*, § 52, AT VIII-1, p. 70.

XXXII. La première loi est que : *Tout corps persévère dans son état de repos ou de mouvement uniforme et direct, s'il n'est contraint par quelques forces étrangères à changer cet état*[1].

Newton pour prouver cette loi allègue les projectiles qui persévèrent dans leurs mouvements autant que la résistance de l'air qui les retarde, et la force de la pesanteur qui les précipite, le permettent : la toupie qui ne cesse de tourner que par la résistance que l'air apporte à son mouvement : les grands corps des planètes et des comètes qui conservent plus longtemps leurs mouvements progressifs et circulaires, parce qu'ils se meuvent dans des espaces qui leur résistent moins.

|XXXIII. La seconde loi est que : *Le changement de mouvement est proportionnel à la force motrice imprimée, et se fait selon la ligne droite dans laquelle cette force est imprimée*[2]. 411

Si quelque force produit quelque mouvement, une force double produira un mouvement double, une force triple un mouvement triple ; soit qu'elle soit imprimée tout à la fois, soit par degrés et successivement : et ce mouvement étant toujours déterminé dans le même sens que la force motrice, si le corps se mouvait auparavant, sera ajouté à son mouvement s'il se fait dans la même direction ; en sera retranché si c'est dans une direction contraire ; sera obliquement ajouté ou retranché, si c'est dans une direction oblique : et il se fera une composition de ces deux mouvements selon la détermination de chacun.

XXXIV. La troisième loi de Newton est que : *L'action est toujours contraire et égale à la réaction : ou que les actions de deux corps l'un contre l'autre sont toujours égales et en sens contraires*[3].

Tout ce qui presse ou tire est également pressé ou tiré. Si vous pressez du doigt une pierre, votre doigt est également pressé de la pierre : si un cheval tire une pierre attachée par une corde, le cheval est également tiré par la pierre ; car la corde étant partout également tendue et faisant partout le même effort pour se relâcher, tire également le cheval vers la pierre et la pierre vers le cheval ; et empêche autant le progrès de l'un qu'elle accélère le progrès de l'autre. Si quelque corps rencontrant un autre corps change par sa force de quelque manière que ce soit le mouvement de celui-ci, il recevra à son tour dans son propre mouvement par la force de celui-ci un changement égal et en sens contraire, puisque la pression mutuelle est

1. I. Newton, *Philosophiæ naturalis principia mathematica*, Londini, Jussu Societatis Regiæ, 1687, Lex 1, p. 12.
2. Lex II, *ibid.*, p. 12.
3. Lex III, *ibid.*, p. 13.

égale. Par ces actions il arrive des changements égaux, non dans les vitesses, mais dans les mouvements, pourvu que les corps ne soient pas empêchés d'ailleurs : car les changements de mouvement étant égaux, les changements de vitesse en sens contraire sont réciproquement proportionnels aux corps. Et cette loi a aussi lieu pour les attractions.

412 | *Examen de la première loi*

XXXV. La première loi de Newton n'est, comme nous l'avons déjà dit, que la première et la seconde loi de Descartes; elle a l'air d'un axiome : il semble qu'on voie clairement qu'un corps en repos y reste si rien d'étranger ne le meut; et qu'un corps en mouvement continue de se mouvoir si rien ne s'oppose à son mouvement. Mais il faut ici se défendre de l'illusion de l'habitude : nous avons vu si constamment que les corps persévèrent dans leur repos et dans leur mouvement, que nous croyons que nous l'aurions pu prédire quand nous ne l'aurions pas vu; et que nous confondons l'expérience avec le raisonnement. Cependant cette loi est si peu une suite nécessaire de l'idée primitive que nous avons de l'essence des corps, que ceux qui n'ont pas bien consulté l'expérience, qui n'ont pas vu que ce ne sont que les résistances et les obstacles qu'un corps rencontre qui déterminent ou ralentissent son mouvement; que ceux, dis-je, qui n'ont pas fait cette remarque, voyant le mouvement de tous les corps se ralentir, au lieu de convenir de cette loi, en admettraient plutôt une toute contraire; et pensent que les corps en mouvement tendent naturellement au repos. Des auteurs célèbres ont cru nécessaire de prouver la continuation du mouvement, quoiqu'ils ne l'aient pu faire que par des raisonnements qui pressés remontaient à l'expérience. Newton y recourut tout d'abord, et sur elle seule fonda sa loi, comme on le voit assez par les preuves qu'il en donne : les hommes les plus éclairés, les *Maclaurin*, les *Pemberton*, ses commentateurs, n'ont pas cherché à tirer cette loi d'aucun autre principe [1]. Les phénomènes ont fait connaître une nouvelle propriété de la matière qui ne se trouvait ni dans l'idée de l'étendue ni dans celle même de l'impénétrabilité : c'est *l'inertie*, une force, (pour nous servir encore ici avec eux de ce terme obscur,) une puissance qu'a le corps de résister au mouvement s'il est en repos, et de résister au repos s'il est en mouvement. Kepler qui a tant vu de choses dans l'obscurité, et Descartes même, avaient eu quelque idée de cette propriété : mais ce n'a été que Newton guidé par

1. Il s'agit de Colin Maclaurin (1698-1746), auteur d'*An Account of Sir Isaac Newton's Philosophical Discoveries* (London, Printed for the Author's Children, 1748) et de Henry Pemberton (1694-1771), à qui l'on doit *A View of Sir Isaac Newton's Philosophy* (London, S. Palmer, 1728).

l'expérience que mieux qu'aucun homme il sut consulter, qui en a donné la véritable mesure, et qui a | établi que *l'inertie dans chaque corps est* 413
proportionnelle à la quantité de matière qu'il contient[1].

C'est donc l'inertie qui est le principe sur lequel est fondée la première loi du mouvement : c'est en vertu de cette inertie que chaque corps persévère dans son état de repos ou de mouvement; et oppose à tout ce qui pourrait l'en tirer une résistance proportionnelle à sa masse : c'est en vertu de cette inertie que s'il se meut librement c'est toujours dans une ligne droite; et que si par quelque obstacle ou quelque autre force il est contraint de décrire une ligne courbe, c'est toujours dans la ligne droite qu'il tend à se mouvoir. Cette dernière circonstance est une suite du même principe : car si un corps décrit une ligne courbe, à chaque instant il décrit une petite ligne droite; et tend à y continuer son mouvement.

Examen de la seconde loi

XXXVI. Newton dans sa seconde loi partant de la force, tombe malgré toute sa réserve dans l'abus d'un mot qui ne signifie que ce qui a précédé un phénomène, et qui ne donne aucune idée claire. De cela même on peut conclure que cette loi qui fait le changement de mouvement proportionnel à la force, n'est rien moins qu'évidente ou qu'une suite de raisonnements évidents : ou que si par *force* on entend ce qui produit ou détruit proportionnellement le mouvement, cette loi ne serait plus qu'une proposition identique et puérile. On pourrait encore dire qu'on ne voit point avec évidence que le changement de mouvement se doive faire selon la ligne dans laquelle la force est imprimée. Mais après avoir vu que la première loi, celle qui nous apprend que tout corps persévère dans son état de repos ou de mouvement, s'il n'est contraint par quelques forces étrangères à changer cet état, que cette loi n'est fondée que sur l'expérience, on ne doutera pas que la seconde loi qui détermine la mesure de ces changements ne soit fondée sur l'expérience aussi; et ne soit une suite non de la | première idée 414
de l'étendue, mais de cette propriété d'inertie qu'une expérience tardive a découverte dans les corps.

Examen de la troisième loi

XXXVII. Dans l'idée que nous avons du corps nous ne trouvons qu'une parfaite indifférence au mouvement ou au repos : ni son étendue ni son impénétrabilité ne nous font voir qu'il doive résister ou réagir; encore moins que sa réaction doive être égale à l'action : chaque corps pourrait à

1. Cette définition de l'inertie s'infère de la première loi de Newton ci-dessus.

raison de sa masse avoir un certain degré de réaction au-delà duquel il ne pourrait aller : pour trouver l'origine de la réaction, c'est à l'inertie qu'il faut recourir ; à cette propriété des corps dont nous ne devons la découverte qu'à l'expérience.

Lois de Leibniz

XXXVIII. Leibniz sentit l'impossibilité de déduire les lois du mouvement de la seule notion du corps : mais il ne la sentit qu'après le malheureux succès des efforts qu'il avait faits pour y réussir, qu'après s'être instruit par ses erreurs. Ne consultant que ses idées de l'étendue il avait (dans sa *theoria motus abstracti et concreti*) donné des lois du mouvement aussi éloignées des véritables lois que celles de Descartes[1]. Cela est d'autant plus remarquable que les véritables lois avaient été déjà données par Huygens : elles avaient été publiées dès 1669[2] ; et Leibniz n'en fut désabusé que lorsque sa métaphysique lui eut fourni d'autres principes sur lesquels il put fonder d'autres lois plus conformes à l'expérience.

XXXIX. Il renonça donc à sa théorie du mouvement abstrait et concret ;
415 et corrigea ses erreurs dans l'excellent mémoire qu'il donna | en 1695[3] ; il établit là l'insuffisance des seules notions de l'étendue et de l'impénétrabilité pour déterminer les lois du mouvement : il crut qu'avec l'inertie même ce n'était pas encore assez ; et qu'il fallait encore ajouter un certain principe *supérieur à la matière*, une *forme*, une *entéléchie*, enfin ce qu'il appelle *la force* : et qu'au lieu de déduire ces lois d'une nécessité mathématique, elles dépendaient d'un principe de convenance.

XL. Après un tel aveu, nous pourrions nous dispenser de faire l'examen des lois de Leibniz pour faire voir qu'elles ne sont point des conséquences mathématiques de l'essence des corps : cependant comme on pourrait craindre que Leibniz trop prévenu pour sa métaphysique eût refusé à la mathématique ce qui pourrait lui appartenir, il ne sera pas inutile d'examiner ces lois : et nous allons faire cet examen comme nous avons fait celui des lois de Descartes et de Newton. Les lois de Leibniz devaient se trouver dans un traité de Dynamique dont il n'a donné que quelques

1. Voir *supra* n. 3, p. 182.
2. Voir *supra* n. 1, p. 181.
3. V. Act. Erud. Lips. *Specimen Dynamicum* [note originale]. Renvoi au *Specimen dynamicum* (1695).

morceaux; nous ne les trouvons rassemblées que dans sa *Théodicée* [1] d'où nous les tirerons dans l'ordre qu'il leur a donné.

XLI. Première loi, *l'effet est toujours égal en force à sa cause, ou ce qui est la même chose, la même force se conserve toujours* [2].

XLII. Seconde loi, *l'action est toujours égale à la réaction* [3].

XLIII. Troisième loi, *un mouvement simple a les mêmes propriétés que pourrait avoir un mouvement composé qui produirait les mêmes phénomènes de translation* [4].

XLIV. Quatrième loi, *la nature n'agit point par saut; mais tout changement se fait par degrés insensibles* [5].

Examen de la première loi

| XLV. Cette loi a deux parties qu'à la vérité Leibniz réunit : cependant **416**
il convient d'examiner chacune séparément, pour fixer le sens dans lequel elles doivent être réunies. L'effet est toujours égal en force à sa cause : rien ne ressemble plus à un axiome que cette proposition; et elle sera en effet un axiome si l'on entend par *cause* ce qui produit un *effet* proportionnel à soi; ce n'est alors qu'une proposition identique : mais si, comme nous l'avons assez montré, nous n'avons point d'idées des causes, cette loi jusqu'ici ne présente rien de précis à l'esprit. Aussi Leibniz s'explique-t-il en ajoutant, *la même force se conserve toujours*. Il faut maintenant savoir ce que Leibniz entend par *force*; car ce n'est plus ce que Descartes et Newton entendaient : c'est cette *forme*, *entéléchie*, ce principe supérieur à la matière, qu'il prétend avoir découvert dans les corps; cette *force vive* proportionnelle au produit de la masse par le carré de la vitesse.

Il est vrai que la force ainsi définie, si l'on mesure les effets qu'elle peut produire par la hauteur à laquelle un corps en mouvement peut remonter, par le nombre de ressorts égaux qu'il peut comprimer à un certain degré, l'on trouvera toujours ces effets proportionnels à la force : et ces ressorts, après qu'ils auront arrêté le corps par leur compression, pourront en se

1. Théodicée, N. 346. 347. 348 [note originale], Voir Leibniz, *Essais de théodicée*, § 346-348, GP VI, 319-321.

2. *Ibid.*, § 346, GP VI, p. 319-320.

3. *Ibid.*, p. 320.

4. *Ibid.*

5. Cette loi est évoquée, *ibid.*, § 348, GP VI p. 321. Leibniz l'avait explicitement formulée dans « Extrait d'une lettre de M. L. sur un principe général utile à l'explication des lois de la nature, par la considération de la sagesse divine; pour servir de réplique à la réponse du R. P. M. », *Nouvelles de la République des Lettres*, juillet 1687, p. 745-753 (GP III, p. 51-55).

débandant lui rendre, ou rendre à d'autres corps, la même force qui les avait comprimés. C'est vraisemblablement ce phénomène qui a déterminé Leibniz à prendre ce produit de la masse par le carré de la vitesse pour *la force*[1].

On peut de ce principe, de la conservation de la force vive, déduire les lois de la communication du mouvement des corps élastiques; parce que dans le choc de ces corps la quantité de cette force demeure toujours la même. Mais si l'on veut du même principe déduire les lois de la communication du mouvement des corps durs, des corps dont les parties sont inflexibles; on trouvera des lois très fausses, parce que dans le choc de ces corps la même quantité de cette force ne se retrouve pas.

417 | Il faudrait donc pour maintenir la loi dans son universalité, soutenir avec les Leibniziens qu'il n'y avait point et qu'il ne peut y avoir de corps durs dans la nature, (ce qui n'est pas soutenable) : ou si l'on veut conserver la loi, il faut la restreindre et ne l'appliquer qu'aux corps élastiques.

On peut juger de là combien peu cette loi est déductible de l'idée des corps, combien elle avait besoin de l'expérience, et de l'expérience bien consultée; aussi Leibniz ne la donne-t-il point comme déduite de l'idée du corps : elle tire selon lui son origine d'un principe supérieur à la matière : mais il la donne comme universelle et elle ne l'est pas.

Examen de la seconde loi

XLVL. Leibniz emprunte de Newton cette seconde loi, que l'action est toujours égale à la réaction[2]. Nous en avons donc déjà parlé dans l'examen que nous avons fait des lois de Newton : nous avons fait voir qu'elle est une suite de l'inertie, et que l'inertie est une propriété que nous ne pouvions déduire de la première idée que nous avions du corps; que l'expérience seule nous a fait connaître.

1. Maupertuis considère que le ressort de la démonstration du principe de conservation de la force vive est la proportionnalité supposée entre les phénomènes caractérisant la chute des corps et la compression des corps élastiques. Il réduit somme toute le principe de l'équivalence de la cause pleine et de l'effet, qui commande la démonstration selon Leibniz au statut d'une généralisation empirique. Sur la teneur et le rôle de ce principe architectonique dans la formation de la dynamique leibnizienne, voir entre autres F. Duchesneau, *La dynamique de Leibniz*, Paris, Vrin, 1994, p. 117-121.

2. La supposition de cet emprunt est contestable.

Examen de la troisième loi

XLVII. Cette troisième loi est, *qu'un mouvement simple a les mêmes propriétés que pourrait avoir un mouvement composé qui produirait les mêmes phénomènes de translation.*

Nous ne pouvons pas mieux l'expliquer, ni mieux faire voir qu'elle n'est point une suite nécessaire de l'essence des corps, qu'en rapportant les propres paroles de Leibniz: voici donc ce qu'il ajoute: «Il n'y a nulle nécessité de dire du mouvement d'une boule qui court librement sur un plan horizontal uni avec un certain degré de vitesse appelé *A*, que ce mouvement doit avoir les propriétés de celui qu'elle aurait si elle allait moins vite dans un bateau mu du même | côté avec le reste de la vitesse pour **418**
faire que le globe regardé du rivage avançât avec le même degré *A*: car quoique la même apparence de vitesse et de direction résulte par ce moyen du bateau, ce n'est pas que ce soit la même chose. Cependant il se trouve que les effets des concours des globes dans le bateau dont le mouvement en chacun à part joint à celui du bateau donne l'apparence de ce qui se fait hors du bateau, donnent aussi l'apparence des effets que ces mêmes globes concourants feraient hors du bateau. Ce qui est beau, mais on ne voit point qu'il soit absolument nécessaire» [1].

On ne peut pas mieux exposer la non-nécessité de cette loi.

Examen de la quatrième loi

XLVIII. Cette loi, que *la nature n'agit point par sauts*; *mais que tout changement se fait par degrés insensibles*: est ce que Leibniz et ses disciples ont appelé la *loi de continuité*, ils la croient sans doute applicable dans bien d'autres occasions que dans le mouvement des corps: mais comme il n'est ici question que de ce mouvement, nous ne l'examinerons que par rapport à lui.

Je fais donc remarquer 1. que pour soutenir cette loi, les Leibniziens sont réduits à nier l'existence et la possibilité des corps durs, ce qui est ce me semble être réduit à l'absurde. 2. Que dans l'application de cette loi aux seuls corps dont les parties sont flexibles, ce ne serait encore qu'à l'expérience qu'ils la devraient.

Mais en poussant plus loin la chose et nous prêtant ici aux abstractions de la métaphysique de Leibniz : qu'est-ce qu'agir par continuité ? C'est agir par des degrés insensibles : des degrés insensibles ne sont-ils pas des sauts insensibles ? Et des sauts insensibles ne sont-ils pas des sauts ?

1. Theod. n. 347 [note originale]. Maupertuis cite les *Essais de théodicée*, § 347, GP VI, p. 320.

XLIX. Voilà les lois de Leibniz; mais je le répète encore, nous n'avons
419 tiré de l'examen que nous en avons fait que la même | conséquence que lui-même : que toutes ces lois ne sont point « *d'une nécessité absolue qui nous force de les admettre comme on est forcé d'admettre les règles de la logique, de l'arithmétique, et de la géométrie* » [1]. Leibniz sentit qu'il fallait avoir recours à un principe métaphysique d'où dépendaient les lois de la communication du mouvement : il prit pour ce principe *la conservation de la force vive*; c'est-à-dire du produit des masses par le carré de leurs vitesses. Descartes aussi métaphysicien que lui avait pris *la conservation de la quantité de mouvement*; c'est-à-dire du produit des masses par leur simple vitesse. Le principe de Descartes donne de fausses lois de la communication du mouvement pour tous les corps : celui de Leibniz n'en donne de véritables que pour les corps élastiques : Leibniz dit que *Descartes était arrivé jusqu'à l'antichambre de la vérité* [2]; ne peut-on pas dire que Leibniz ici n'a pas pénétré jusqu'au dernier cabinet ?

L. Nous ne parlerons point ici de la foule d'auteurs qui sur cette matière n'ont raisonné que d'après quelqu'un de ces trois grands philosophes; si nous voulions en faire mention, il nous faudrait faire un gros livre, et ce livre serait fort inutile.

LI. Mais nous ne saurions omettre de parler de l'homme illustre qui, s'il ne fut pas le premier, ne fut devancé par personne dans la découverte des vraies lois de la communication du mouvement; je parle de Huygens, ce génie si profond et sublime, qui n'a voulu traiter ce sujet qu'en mathématicien. Leibniz lui a reproché qu'il n'aimait pas assez la métaphysique : il l'aimait peut-être, mais voyant ceux qu'elle avait égarés dans cette recherche, et ne trouvant point dans la métaphysique ce genre d'évidence auquel la géométrie l'avait accoutumé, il ne voulut point la prendre pour guide. En effet ce que les philosophes dont nous avons parlé avaient donné
420 comme des axiomes ou des | lois, il ne le donne que pour des hypothèses ou des vérités d'expérience : sous ce nom modeste et plus convenable il parvient d'un pas assuré par une chaîne de raisonnements nécessaires aux lois de la communication du mouvement.

1. *Theod. n.* 346 [note originale]. Voir, Leibniz, *Essais de théodicée*, § 346, GP VI, p. 320.

2. *Recueil de diverses pièces sur la Philos*[*ophie*], *la Relig*[*ion*] *nat*[*urelle, l'histoire, les mathématiques*], *etc.* par M. M. Clarke, Leibnitz, Newton, tom. II, pag. 135 [note originale]. Il s'agit du recueil édité par Des Maizeaux (Amsterdam, Du Sauzet, 1720). La citation est tirée d'une lettre de Leibniz à Rémond du 10 janvier 1714, GP III, p. 607.

LII. Nous ne rapporterons donc point ici les hypothèses de Huygens comme nous avons fait les lois précédentes pour faire voir qu'elles n'emportent point la nécessité mathématique, puisque lui-même par le nom qu'il leur a donné a soigneusement écarté cette idée : nous les rapporterons pour qu'on voie combien Huygens croyait peu possible de déduire les lois de la communication du mouvement de l'essence des corps, les suppositions qu'il lui a fallu faire pour parvenir à ces lois par une suite rigoureuse de propositions : enfin nous les donnons pour conserver la trace des pas qu'a faits ce grand homme.

Hypothèses de Huygens

LIII. Première hypothèse. *Un corps quelconque qui se meut une fois, si rien ne s'oppose à son mouvement, continue toujours de se mouvoir de la même vitesse et en ligne droite*[1].

Descartes et Newton ont fait de cette hypothèse une de leurs lois.

LIV. Seconde hypothèse. *Quelle que soit la cause qui fait rejaillir les corps durs de leur contact mutuel lorsqu'ils se choquent les uns les autres; nous posons que lorsque deux corps égaux qui se meuvent d'une égale vitesse se rencontrent directement, chacun rejaillit avec la vitesse qu'il avait auparavant*[2].

Huygens entend ici par corps durs les corps parfaitement élastiques.

LV. Troisième hypothèse. *Les vitesses respectivement égales ou inégales des corps qui se meuvent, doivent s'estimer par rapport aux autres corps qu'on considère comme en repos; quoique peut-être les uns et les autres soient emportés par un autre mouvement commun. Ainsi | lorsque* **421**
deux corps se rencontrent, quoique de plus ils soient l'un et l'autre emportés par un mouvement uniforme, leur choc mutuel par rapport à celui qui est emporté par le mouvement commun est le même que si ce mouvement commun n'existait pas. « Comme si quelqu'un placé dans un vaisseau qui se meut d'un mouvement uniforme faisait choquer deux globes égaux avec une vitesse égale relativement à lui et aux parties du vaisseau; nous disons que l'un et l'autre de ces globes rejailliront avec une vitesse égale par rapport au

1. Maupertuis traduit cette hypothèse, comme les suivantes, depuis le *De motu corporum ex percussione* que Burchard De Volder avait intégré à C. Huygens, *Opuscula postuma*, Lugduni Batavorum, Apud C. Boustesteyn, 1703, p. 369-398. Voir « Hypothesis I » dans C. Huygens, *Œuvres complètes*, t. XVI : *Percussion*, La Haye, M. Nijhoff, 1929, p. 31.

2. Hypothesis II, *ibid.*, p. 31.

vecteur; tout comme il arriverait si placé sur un vaisseau en repos ou sur la terre il faisait choquer les mêmes globes avec la même vitesse »[1].

Leibniz a fait de cette hypothèse sa troisième loi.

LVI. Quatrième hypothèse. *Si un grand corps en rencontre un plus petit en repos, il lui donne quelque mouvement et perd quelque chose du sien*[2].

LVII. Cinquième hypothèse. *Deux corps durs* (*élastiques*) *se rencontrant, si après le choc il arrive que l'un des deux conserve tout le mouvement qu'il avait, le mouvement de l'autre ne sera ni diminué ni augmenté*[3].

NB. Cette hypothèse est une restriction de la conservation de la quantité de mouvement, qui dans le cas de l'hypothèse a lieu.

LVIII. Telles sont les suppositions que l'esprit le plus juste et qui connaissait le mieux jusqu'où pouvait s'étendre le domaine des mathématiques, a été obligé de faire, pour déduire les lois de la communication du mouvement d'une suite de conséquences nécessaires.

LIX. Un aussi grand homme que tous ceux dont nous avons parlé a tiré les lois de la communication du mouvement d'un principe tout différent des précédents, et qui paraît bien plus qu'eux en être la véritable source. Mr. *Euler* a déduit ces lois du principe découvert par Galilée, et reçu aujourd'hui de tous ceux qui traitent de la mécanique et de la dynamique : ce principe est que *la force multipliée par l'instant de son application*
422 *donne l'incrément de la vitesse*. De ce principe | Mr. *Euler* par une analyse sublime et rigoureuse tire les lois de la communication du mouvement[4].

LX. Mais ce principe est-il une vérité nécessaire ? Le seul mot de *force* qui y est employé ne l'exclut-il pas de l'ordre de ces vérités ? N'a-t-il pas fallu mille expériences répétées sur la chute des corps pour donner quelque confiance à la doctrine de Galilée ? Et Newton qui en a fait de si grands et de si merveilleux usages, n'y a-t-il pas été conduit ou affermi par l'expérience de tous les mouvements des corps célestes ?

1. Hypothesis III, dans C. Huygens, *Œuvres complètes*, t. XVI : *Percussion*, *op. cit.*, p. 33.

2. Hypothesis IV, *ibid.*, p. 39.

3. Hypothesis V, *ibid.*, p. 41.

4. Comment. de l'Académie de Russie, Tom. IX [note originale]. Il s'agit de L. Euler, « De communicatione motus, in collisione corporum, sese non directe percutientium », *Commentarii Academiæ scientiarum imperialis Petropolitanæ*, tomus IV (ad annum 1737), Petropoli, Typis Academiæ, 1744, p. 50-76 (L. Euler, OO Series 2, VIII, p. 7-26).

LXI. Toutes les lois de la communication du mouvement quoiqu'universellement aujourd'hui reçues, ne peuvent donc être prises pour des vérités *nécessaires* dans le sens de la *nécessité* qu'on donne aux vérités de l'arithmétique et de la géométrie.

LXII. Quand Huygens, Wren, et Wallis, eurent trouvé ces lois tous trois en même temps et sans s'en être fait aucune confidence; malgré l'accord qui se trouvait entre eux, ne fallut-il pas encore qu'elles fussent confirmées par les expériences faites dans la Société Royale de Londres? Ne fallut-il pas pour en convaincre celle de Paris toutes les expériences de Mariotte, et que Mariotte en fît un gros livre[1]? A-t-on jamais recouru aux expériences pour confirmer des vérités mathématiques?

LXIII. Après avoir ainsi examiné les premières lois proposées par les plus grands philosophes; ces principes dont ils ont tiré les lois de la communication du mouvement, les proportions selon lesquelles le mouvement se distribue entre les corps qui viennent à se rencontrer: nous parlerons d'autres lois plus cachées dont la découverte n'est due qu'à ces derniers temps, qu'on n'a peut-être déduites que des lois mêmes de la communication du mouvement; mais qui bien constatées ont affermi la vérité des principes d'où l'on avait déduit ces lois, ou en ont limité l'étendue.

| *Lois du mouvement*[2] 423

LXIV. Première loi. *Lorsque deux corps durs se rencontrent, ils se meuvent ensemble d'une vitesse commune : ou leur mouvement cesse tout à fait.*

NB. On entend toujours que les corps se rencontrent directement.

LXV. Seconde loi. *Lorsque deux corps élastiques se rencontrent, leur vitesse respective demeure la même; c'est-à-dire qu'ils se séparent après le choc avec la même vitesse qu'ils s'approchaient auparavant.*

LXVI. Troisième loi. *Lorsque deux corps durs, ou élastiques, se rencontrent, leur centre commun de gravité se meut après le choc avec la même vitesse et la même direction qu'il se mouvait auparavant; ou, s'il était en repos, il y reste.*

1. E. Mariotte, *Traité de la percussion ou du choc des corps*, Paris, E. Michallet, 1673.

2. Maupertuis a extrait ces lois de son mémoire « Des Lois du mouvement et du repos déduites d'un principe métaphysique », HAR 1746 [1748], p. 267-294. La troisième partie de ce mémoire a été reprise sous le titre *Recherche des lois du mouvement*, O IV, p. 31-42.

LXVII. Quatrième loi. *Lorsque deux corps durs se rencontrent, la quantité de mouvement se conserve après le choc la même qu'elle était auparavant; s'ils se meuvent dans le même sens. Elle diminue, ou s'anéantit, s'ils se meuvent en sens contraires.*

NB. Cette loi est une grande restriction au principe de Descartes, qui voulait que la quantité de mouvement se conservât toujours la même dans la nature.

LXVIII. Cinquième loi. *Lorsque deux corps élastiques se rencontrent, la quantité de la force vive se conserve après le choc la même qu'elle était auparavant.*

NB. Si les corps étaient durs, la quantité de la force vive diminuerait après le choc, ou périrait entièrement.

LXIX. Sixième loi. *Lorsque deux corps, soit durs, soit élastiques, se rencontrent, la quantité d'action employée pour changer leurs mouvements est toujours la plus petite qu'il soit possible*[1].

NB. L'action est le produit du corps par sa vitesse et par l'espace qu'il parcourt.

424 | LXX. En refusant à toutes ces lois la prétendue prérogative d'une nécessité mathématique, on y en découvre une autre bien plus précieuse; c'est le caractère du choix d'un être intelligent et libre: c'est de porter l'empreinte de la sagesse et de la puissance de celui qui les a établies.

LXXI. Nous avons, je crois, prouvé que les plus grands philosophes n'ont pu déduire les lois du mouvement de l'idée primitive qu'ils avaient de l'essence des corps.

Nous avons fait voir que ceux qui ont ajouté à cette idée l'*inertie*, n'ont pu encore parvenir à ces lois que par des hypothèses précaires, ou des faits tirés de l'expérience.

Enfin, l'on a vu que Leibniz ajoutant encore son *entéléchie*, son principe supérieur à la matière, n'a pas cru possible de trouver à ces lois un établissement solide sans avoir recours au principe de convenance.

Si après tout cela quelqu'un s'obstine à dire encore : l'idée de l'*étendue* ne vous est venue que par l'expérience de vos sens : plus d'expérience vous a fait ajouter l'*impénétrabilité* et l'*inertie* : plus d'expérience encore vous

1. Cette dernière loi correspond à l'énoncé du principe de la moindre action. Maupertuis avait donné ce principe pour la première fois dans son mémoire « Accord de différentes lois de la Nature qui avaient jusqu'ici paru incompatibles », dans *Histoire de l'Académie royale des sciences*, année 1744, Paris, Chez Panckoucke, 1746, p. 417-426 (O IV, p. 3-23).

fera découvrir bien d'autres propriétés [1]. Et si vous pouviez enfin avoir une notion du corps complète, qui sait si nous n'y verrions pas que toutes les lois du mouvement y sont liées d'une nécessité absolue ?

Si quelqu'un, dis-je, s'opiniâtre à raisonner ainsi, je ne crois pas qu'on puisse lui prouver l'impossibilité de sa supposition ; mais je le lui répète, et on peut l'assurer, qu'il n'y a plus rien au monde qui soit à l'abri d'un tel raisonnement, rien dans la nature dont on ne pût avec autant de droit soupçonner la nécessité.

1. Cet argument de Maupertuis joue un rôle central dans son *Système de la Nature* où il justifie l'attribution aux éléments de la matière de propriétés spécifiques constituant les raisons des divers types de phénomènes en découlant, y compris ceux de la formation des corps organisés vivants. Voir, par exemple, *Système de la Nature*, § 3, O II, p. 140-141 : « Cependant si l'on examine bien les choses, on verra que quoique ceux qui ont introduit ces propriétés dans la matière aient expliqué assez heureusement plusieurs phénomènes, elles ne sont pas encore suffisantes pour l'explication de plusieurs autres. Plus on approfondit la Nature, plus on voit que l'impénétrabilité, la mobilité, l'inertie, l'attraction même, sont en défaut pour un nombre infini de ses phénomènes. Les opérations les plus simples de la Chimie ne sauraient s'expliquer par cette attraction qui rend si bien raison des mouvements des sphères célestes. Il faut delà supposer des attractions qui suivent d'autres lois ».

TROISIÈME PARTIE

MÉTAPHYSIQUE DE LA NATURE

RÉFLEXIONS SUR L'ESPACE ET LE TEMPS [1]

PRÉSENTATION

Le mémoire relatif à l'espace et au temps est probablement le plus connu parmi les textes de philosophie spéculative d'Euler publiés à l'Académie de Berlin, et ce pour deux principales raisons : d'abord, il s'agit au XVIIIe siècle d'une contribution de premier plan à la polémique entre Leibniziens et Newtoniens sur la nature de l'espace et du temps, les premiers maintenant que ces entités résultent d'ordres de coexistence et de succession des substances, les seconds en défendant le caractère distinct, réel et même absolu. L'origine du débat est bien documentée et trouve sa principale source dans la correspondance entre Leibniz et Clarke. Depuis sa publication par Clarke lui-même en 1717 [2], ensuite par Des Maizeaux en 1720 [3], de nombreux philosophes et savants se sont positionnés pour ou contre l'une des deux doctrines : parmi ceux-ci se trouvent notamment Raphson et Keill du côté des Newtoniens, et Wolff et Du Châtelet en tant que partisan de la thèse leibnizienne [4]. Le mémoire d'Euler, favorable à la position de Newton, apporte des éléments nouveaux et permet de penser à nouveaux frais les rapports entre lois de la physique et vérités métaphysiques. Ensuite, le texte est resté célèbre parce que Kant le cite dans

1. HAR 1748 [1750], p. 324-333.

2. *A Collection of Papers, which passed between the late Learned Mr. Leibniz, and Dr. Clarke,* London, James Knapton, 1717.

3. *Recueil de pièces diverses sur la philosophie, la religion et l'histoire par Leibniz, Clarke et Newton*, Amsterdam, 1720.

4. Plusieurs textes de l'époque moderne sur le concept d'espace ont récemment été édités et commentés dans un ouvrage collectif dirigé par L. Peterschmitt, *Espace et métaphysique de Gassendi à Kant*, Paris, Hermann, 2013. Il comprend notamment une reproduction du présent mémoire d'Euler sur l'espace et le temps, mais sans apparat critique.

quelques opuscules précritiques, parfois de façon assez élogieuse [1]; ces contributions ont d'ailleurs leur importance pour comprendre la genèse de l'esthétique transcendantale de la *Critique de la raison pure*. La thèse kantienne selon laquelle l'espace et le temps sont les intuitions pures de la sensibilité avait notamment pour objectif de dépasser les positions dogmatiques antérieures, et on peut ainsi dire qu'elle visait particulièrement la thèse d'Euler que Kant connaissait bien.

Kant considère que l'approche d'Euler est *a posteriori*, ce qui est en bonne partie fondé : son originalité consiste à se servir des principes de la mécanique, plus précisément des déterminations de l'inertie, pour répondre à la question métaphysique de la réalité de l'espace et du temps. Euler reproche d'ailleurs aux métaphysiciens, en l'occurrence Leibniz et Wolff, d'avoir voulu déduire une ontologie de l'espace et du temps à partir des seules idées que nous en avons, alors qu'il faut plutôt consulter les principes de la physique expérimentale et mathématique qui nous guideront dans cette recherche. En même temps, Kant néglige un point important : conscient des limites de la position empiriste de plus en plus dominante à l'époque, celle de Locke, mais aussi celle de Condillac, Euler concède que l'espace et le temps ne sauraient faire directement l'objet d'une perception sensible, ni constituer un genre abstrait des sensations particulières. Leur représentation se ferait plutôt par la réflexion, c'est-à-dire en réfléchissant à soi-même et en séparant l'espace et le temps de toutes déterminations corporelles, telles que sont l'étendue matérielle ou l'impénétrabilité.

L'antipathie d'Euler à l'égard des métaphysiques leibnizienne et wolffienne est constante dans son œuvre, de ses premiers mémoires à l'Académie de Berlin [2] jusqu'aux *Lettres à une Princesse d'Allemagne* (1768-1772). Dans celles-ci, il étend ses critiques à des parties de la pensée de Leibniz qu'il avait jusqu'alors ignorées, en particulier le système de l'harmonie préétablie et le principe de raison suffisante. À la fin des années 1740, lors de la parution des *Réflexions sur l'espace et le temps*, Euler est déjà un adversaire convaincu du leibnizianisme : le concours sur le système des monades (1746-1747) [3], chapeauté en bonne partie par Euler, vient de se terminer et a été l'occasion de couronner la pièce de Johann Heinrich

1. Kant, *Versuch den Begriff der negativen Größen in die Weltweisheit einzuführen* [1763], AA II, p. 168; *Von dem ersten Grunde des Unterschiedes der Gegenden im Raume* [1768], AA II, p. 378.

2. L'un des premiers mémoires publiés par Euler à Berlin remet justement en question le principe leibnizien de l'identité des indiscernables : L. Euler, *Recherches physiques sur la nature des moindres parties de la matière*, HAR 1745 [1746], p. 28-32.

3. Voir *supra* l'introduction au volume.

Gottlob Justi qui était manifestement critique du monadisme. La publication de celle-ci a certes été accompagnée de celle d'autres mémoires soumis qui étaient favorables à la monadologie leibnizienne, par exemple celui de Gottfried Ploucquet [1], mais il était clair qu'Euler – comme c'est le cas en partie de Maupertuis [2] – s'est rangé du côté des opposants. La meilleure preuve en est qu'il publia, d'abord de manière anonyme, ses *Gedanken von den Elementen der Cörper* qui comportent de nombreuses objections à l'encontre des principes leibniziens et wolffiens. Notons d'ailleurs que ce texte parut avant même que ceux relatifs au concours soient rendus disponibles, ce qui montre à quel point Euler entretenait un rapport très critique à l'égard du sujet du concours, du moins suivant la visée de mieux mettre au jour les défauts des philosophies d'inspiration monadologique.

À l'objection selon laquelle la conception relationniste de l'espace et du temps se fonde sur des idées confuses, et non sur les principes de la mécanique, s'ajoute chez Euler un reproche supplémentaire : Leibniz et Wolff en auraient essentiellement conclu que l'espace et le temps sont des objets de l'imagination, plutôt que des réalités distinctes de la représentation que nous en avons. Il est vrai que Leibniz considère à plusieurs endroits que l'espace et le temps sont le produit d'une perception imaginative ; que la thèse newtonienne est d'ailleurs une fiction impossible et que « la même raison qui fait que l'espace hors du monde est imaginaire, prouve que tout espace vide est une chose imaginaire, car ils ne diffèrent que du grand au petit » [3]. Mais c'est oublier deux aspects importants : d'une part, ce sont les concepts newtoniens d'espace et de temps absolus qui sont ici considérés comme étant des chimères ou fictions constituant des constructions théoriques contradictoires. Ces entités n'auraient donc rien de réel au sens où Newton, Clarke et ultérieurement Euler l'entendent. D'autres part, même si l'espace et le temps ne sont pas des êtres absolus, au sens newtonien, ils possèdent quand même un fondement dans la structure des choses, le premier exprimant l'ordre de coexistence, le deuxième l'ordre de succession des substances ou monades. C'est la raison pour laquelle Leibniz soutient qu'il s'agit de formes imaginatives idéales, à la manière de tous les principes mathématiques, et non de substances réelles.

1. Voir *Dissertation qui a remporté le prix proposé par l'Académie royale des sciences et belles lettres sur le système des monades avec les pièces qui ont concouru*, Berlin, Haude et Spener, 1748.

2. Maupertuis critique le système des monades, et plus largement le leibnizianisme, dans ses *Lettres* : P. L. Moreau de Maupertuis, O II, p. 255-274.

3. Lettre de Leibniz à Clarke, 29 mai 1716, GP VII, p. 372.

L'espace et le temps sont des phénomènes bien fondés, car ils s'établissent à partir de l'ordre métaphysique des substances ou monades.

Dans l'histoire des conceptions de l'espace et temps, le mémoire d'Euler constitue aussi une étape importante. Il tente d'éviter certains écueils que l'on trouve chez Newton et Locke, en admettant que ces êtres ne sont pas perçus dans la sensation comme le sont les corps individuels. Euler s'abstient par ailleurs de recourir aux arguments des Newtoniens qui sont devenus à l'époque assez peu originaux, à savoir que l'espace vide est nécessaire pour que les corps puissent se déplacer et changer de situation, ou encore que le vide aurait été prouvé par les expérimentations de Guericke et Torricelli. Finalement, il s'agit du seul texte d'Euler dans lequel le statut réel de l'espace et du temps est si clairement énoncé. Ailleurs, Euler évite de se prononcer de manière aussi manifeste, ce qui fait des *Réflexions* une source essentielle pour analyser la formulation la plus explicite qu'il en ait donnée.

Christian LEDUC

EULER

RÉFLEXIONS SUR L'ESPACE ET LE TEMPS

I. Les principes de la Mécanique sont déjà si solidement établis, qu'on aurait grand tort, si l'on voulait encore douter de leur vérité. Quand même on ne serait pas en état de les démontrer par les principes généraux de la Métaphysique, le merveilleux accord de toutes les conclusions, qu'on en tire par le moyen du calcul, avec tous les mouvements des corps tant solides que fluides sur la terre, et même avec les mouvements des corps célestes, serait suffisant pour mettre leur vérité hors de doute. C'est donc une vérité incontestable, qu'un corps étant une fois en repos restera perpétuellement en repos, à moins qu'il ne soit troublé dans cet état par quelques forces étrangères. Il sera de même certain, qu'un corps étant une fois mis en mouvement, le continuera perpétuellement avec la même vitesse et selon la même direction, pourvu qu'il ne rencontre des obstacles contraires à la conservation de cet état[1].

II. Ces deux vérités étant si indubitablement constatées, il faut absolument qu'elles soient fondées dans la nature des corps; et comme c'est la Métaphysique, qui s'occupe à rechercher la nature et les propriétés des corps, la connaissance de ces vérités pourra servir de guide dans ces recherches épineuses. Car on sera en droit de rejeter | dans cette science 325
tous les raisonnements et toutes les idées, quelque fondées qu'elles

1. Euler explique l'inertie à partir de deux principes, quand Newton la présente sous une même loi : I. Newton, *Philosophiæ naturalis principia mathematica*, Editio tertia, Londres, Innys, 1726, p. 13. Dans sa mécanique de 1736, Euler en déduit même trois propositions, l'une sur le repos absolu, la deuxième sur l'uniformité de la vitesse et la troisième relativement à la direction du mouvement : L. Euler, *Mechanica sive Motus scientia analytica*, Petropoli, Academia Scientiarum, 1736, I, p. 21-24.

puissent paraître d'ailleurs, qui conduisent à des conclusions contraires à ces vérités; et on sera autorisé de n'y admettre, que de tels principes, qui pourront subsister avec ces mêmes vérités. Les premières idées, que nous nous formons des choses, qui se trouvent hors de nous, sont ordinairement si obscures et si peu déterminées, qu'il est extrêmement dangereux d'en tirer des conséquences, dont on puisse être assuré. C'est donc toujours une grande avance, quand on connaît déjà d'ailleurs quelques conclusions, auxquelles les premiers principes de la Métaphysique doivent aboutir : et ce sera sur ces conclusions, qu'il faudra régler et déterminer les premières idées de la Métaphysique [1].

III. Aussi les Métaphysiciens, bien loin de nier ces principes de la vérité desquels la Mécanique nous assure, [...] tâchent plutôt de les déduire et de les démontrer par leurs idées [2]. Mais ils reprochent aux Mathématiciens, qu'ils attachent ces principes mal à propos à des idées de l'espace et du temps, qui n'étaient qu'imaginaires et destituées de toute réalité. Il est bien possible, qu'un vrai principe, sans qu'il ne perde rien de sa vérité, puisse être énoncé d'une manière incommode, et qui ne répond pas aux idées précises qu'on doit avoir des choses; mais alors le Métaphysicien sera obligé de remédier à ce défaut, et de substituer dans l'énonciation de ces principes des idées réelles au lieu des imaginaires.

IV. Ce sera donc le cas de ces principes de la Mécanique, qui se trouvent enveloppés dans les idées de l'espace et du temps, qui suivant les Métaphysiciens n'ont aucune réalité : donc il faudra voir, s'il est possible d'en retrancher ces idées imaginaires, et de substituer à leurs places les idées réelles, dont nous nous sommes formé par voie d'abstraction ces idées imaginaires : de sorte pourtant que le sens et la force de ces principes n'en soient point altérés. Car il n'y a aucun doute, que les corps, en se réglant sur

1. Euler revient sur l'origine des idées dans les *Lettres à une princesse d'Allemagne* et réitère la position selon laquelle l'expérience simple donne souvent des idées obscures, faiblesse à laquelle il faut suppléer grâce à des outils d'observation, mais aussi à notre faculté d'attention : L. Euler, *Lettres à une princesse d'Allemagne*, Paris, Courcier et Bachelier, 1812, Lettres XCVIII-XCIX, I, p. 434-445.

2. Les métaphysiciens sont en l'occurrence Leibniz, Wolff et leurs partisans, très probablement Samuel Formey, secrétaire de l'Académie de Berlin. Après la publication par Euler des *Gedancken von den Elementen der Cörper* (1746), Formey rédigera une réponse qui vient réaffirmer des thèses centrales du wolffisme : S. Formey, *Recherches sur les élémens de la matière* (1747). Par ailleurs, la distinction entre métaphysiciens et mathématiciens est probablement inspirée de la correspondance entre Leibniz et Clarke, le premier les dissociant et défendant l'idée que les principes mathématiques se fondent sur ceux de la métaphysique, le second liant plutôt les deux et affirmant que les véritables principes mathématiques sont d'emblée métaphysiques : Lettre de Clarke à Leibniz, décembre 1715, GP VII, p. 359 ; Lettre de Leibniz à Clarke, 25 février 1716, GP VII, p. 363.

ces principes, ne se règlent point sur des choses, qui ne subsistent que dans notre imagination : il est plutôt certain, que ce sont des choses bien réelles, | auxquelles se rapportent les lois, que les corps suivent dans la conser- **326**
vation de leur état.

V. Il est donc certain, que s'il n'était pas possible de concevoir les deux principes allégués de la Mécanique, sans y mêler les idées de l'espace et du temps, ce serait une marque sure, que ces idées n'étaient pas purement imaginaires, comme les Métaphysiciens le prétendent. On en devrait plutôt conclure, que tant l'espace absolu, que le temps, tels que les Mathématiciens se les figurent, étaient des choses réelles, qui subsistent même hors de notre imagination : puisqu'il serait absurde de soutenir, que de pures imaginations pouvaient servir de fondement à des principes réels de la Mécanique.

VI. Pour entrer dans cette recherche, je commencerai par le premier principe qui regarde l'état de repos des corps. Dans la Mécanique on regarde l'espace et le lieu comme des choses réelles, et par ce principe on soutient, qu'un corps, qui se trouve en quelque lieu sans mouvement, y demeurera perpétuellement, à moins qu'il n'en soit chassé par quelque force étrangère : dans ce cas donc ce corps demeurera toujours dans le même lieu par rapport à l'espace absolu [1]. Je veux bien que les idées de l'espace et du lieu ne soient que des notions imaginaires ; mais qu'on m'indique les réalités, sur lesquelles les corps se règlent en obéissant à cette loi ; et au lieu desquelles les Mathématiciens se contentent de se servir des idées imaginaires de l'espace et du lieu.

VII. On me dira d'abord, que le lieu n'est autre chose que la relation d'un corps par rapport aux autres qui l'environnent. Substituons donc cette idée à la place de celle du lieu, et on sera obligé de dire, qu'en vertu de ce principe un corps se trouvant une fois dans une certaine relation avec les autres corps, qui l'environnent, il s'obstinera de demeurer toujours dans cette même relation. C'est-à-dire, on doit soutenir qu'un corps A étant environné des corps B, C, D, E, etc., tâchera de se conserver perpétuellement dans ce même voisinage. Et partant quand le Mathématicien dit, qu'un corps en repos reste dans le même lieu, par rapport à l'espace absolu : le Métaphysicien dira, que ce | corps se conserve dans la même relation par **327**
rapport aux autres corps qui l'environnent [2].

1. L. Euler, *Mechanica*, def. II, p. 1-2.
2. Lettre de Leibniz à Clarke, août 1716, GP VII, p. 400-402.

VIII. Voyons si ces deux manières de s'exprimer sont équivalentes, et si l'on peut toujours, sans tomber en erreur, substituer l'expression métaphysique au lieu de la mathématique, de la vérité de laquelle nous sommes déjà convaincus. Supposons donc, pour mettre d'accord ces deux expressions, que tant le corps A, que ses voisins B, C, D, E, etc. soient en repos; et dans ce cas le corps A en se conservant dans le même voisinage des corps B, C, D, E, etc. selon la règle métaphysique, demeurera aussi dans le même lieu selon la règle mathématique; et dans ce cas on ne se trompera pas en substituant celle-là au lieu de celle-ci.

IX. Supposons, pour mieux fixer nos idées, que le corps A est dans une eau dormante, et pendant qu'il demeure au même lieu, il demeurera aussi dans le même voisinage des particules d'eau, qui l'environnent, et ce corps se règlera également sur la règle mathématique que sur celle de métaphysique. Mais supposons à présent, que l'eau commence à couler, et selon la règle de mathématique le corps restera néanmoins dans le même lieu, à moins qu'il ne soit entraîné peu à peu par la force de l'eau[1]. Or selon la règle métaphysique ce corps devrait d'abord suivre parfaitement le mouvement de l'eau, pour se conserver dans le voisinage des mêmes particules de l'eau, qui l'avaient environné auparavant. Dans ce cas donc la règle tirée de la Métaphysique ne sera plus conforme à la vérité.

X. Consultons là-dessus l'expérience, laquelle nous apprendra, qu'un corps ayant été en repos dans une eau dormante, sera mis en mouvement, dès que l'eau commence à couler, ce qui semble favoriser la règle conçue métaphysiquement. Mais la Mécanique nous fait voir très clairement, que le corps ne suit pas le courant d'eau, qu'en tant qu'il est frappé par les particules de l'eau; et que c'est par conséquent une force étrangère qui met ce corps en mouvement. Donc sans cette force le corps resterait aussi bien en repos, dans l'eau courante, que dans la dormante, et partant le corps dans la conservation de son état de repos ne se règle point sur les corps, qui l'envi-
328 ronnent | immédiatement. De là il s'ensuit, que ce qui est nommé *lieu* dans la mécanique ne souffre pas l'explication de la Métaphysique, par laquelle on veut, que le lieu ne soit autre chose, que la relation du corps par rapport aux autres corps, qui l'environnent.

XI. À cette qualité des corps, en vertu de laquelle ils tâchent de se conserver, tant dans leur état de repos que de mouvement, on donne le nom d'*Inertie*. Donc cette *Inertie*, comme nous venons de voir, ne se règle point

1. Le repos se constate aussi dans l'état d'équilibre en ce que les causes externes se neutralisent et conservent dès lors un corps en un même lieu: L. Euler, *Anleitung zur Naturlehre*, OO III, 1, p. 37-38.

sur les corps voisins; mais il est bien sûr, qu'elle se règle sur l'idée de lieu, que les Mathématiciens regardent, comme réelle, et les Métaphysiciens comme imaginaire. N'étant donc pas permis de substituer à la place de cette idée du lieu, la relation du corps aux corps circonvoisins, il ne reste que les corps éloignés, par rapport auxquels on puisse juger de ce principe général de l'inertie. Mais je doute fort, que les Métaphysiciens voudront hasarder de soutenir, que les corps en vertu de leur inertie soient disposés de conserver la même relation par rapport aux corps, qui en sont éloignés à quelque distance: car il serait aisé de faire voir la fausseté de cette explication par de semblables réflexions, que je viens de faire sur les corps immédiatement voisins.

XII. S'ils disaient que c'était par rapport aux étoiles fixes, qu'il fallait expliquer le principe de l'inertie: il serait bien difficile de les réfuter, vu que les étoiles fixes, étant elles-mêmes en repos, sont si éloignées de nous, que les corps qui se trouvent en repos par rapport à l'espace absolu, comme on le regarde dans la Mathématique, le seraient aussi par rapport aux étoiles fixes[1]. Mais outre cela que ce serait une proposition bien étrange et contraire à quantité d'autres dogmes de la Métaphysique, de dire, que les étoiles fixes dirigent les corps dans leur inertie; cette règle se trouverait également fausse, s'il nous était permis d'en faire l'application aux corps qui sont proches de quelque étoile fixe. Ces choses remarquées, il ne reste plus [que] des idées réelles, qu'on pourrait substituer à la place de ces idées prétendues imaginaires de l'espace et du lieu, dans l'explication de l'*Inertie*.

XIII. Nous voyons donc que l'idée du lieu, telle que les Mathématiciens la conçoivent, ne peut être expliquée par aucune relation | aux autres corps **329**
ni voisins, ni éloignés, et partant les notions métaphysiques, qu'on croit répondre à l'idée mathématique du lieu, ne sont pas propres pour être introduites dans l'explication du principe mécanique dont il s'agit. C'est-à-dire la conservation de l'état des corps se règle sur le lieu, tel qu'on le conçoit dans la Mathématique, et point du tout sur le rapport aux autres corps. Or on ne saurait dire, que ce principe de Mécanique soit fondé sur une chose, qui ne subsiste que dans notre imagination: et de là il faut conclure absolument, que l'idée mathématique du lieu n'est pas

1. Newton admet que certaines étoiles pourraient être fixes, mais refuse, à la manière d'Euler, qu'on puisse expliquer les états de repos et de mouvement des autres corps relativement à ces astres éloignés: I. Newton, *Principia mathematica*, scholium, p. 8. À la même époque, Edmond Halley montre que certaines étoiles, considérées fixes, sont dans les faits en mouvement: E. Halley, « Considerations on the Changes of the Latitudes of Some of the Principal Fixed Stars », *Philosophical Transactions*, 30, 1716, p. 736.

imaginaire, mais qu'il y a quelque chose de réel au monde, qui répond à cette idée. Il y a donc au monde, outre les corps qui le constituent, quelque réalité, que nous nous représentons par l'idée de lieu.

XIV. Les Métaphysiciens ont donc tort, quand ils veulent bannir entièrement du monde l'espace et le lieu, en soutenant que ce ne sont que des idées abstraites et imaginaires. Par conséquent les preuves qu'ils apportent pour maintenir leur sentiment, quelque fortes qu'elles puissent paraître, seront en effet mal fondées, et il faut qu'il y soit caché quelque paralogisme. Il est vrai que les sens ne sont pas capables de nous fournir les idées de l'espace et du lieu, et que ce n'est que par réflexion, que nous nous formons ces idées[1]. De là ils concluent que ce ne sont que des idées abstraites, semblables aux idées des genres et des espèces, qui n'existent que dans notre entendement, et auxquelles il ne répond aucun objet réel[2]. Mais il me semble que cette conclusion est précipitée : car pour peu qu'on réfléchisse à soi-même, on s'apercevra aisément, que la manière, dont on parvient à l'idée de l'espace et du lieu, est bien différente de celle, dont nous nous formons les idées des genres et des espèces. Et on se tromperait fort, si l'on voulait soutenir, qu'il n'existe pas des choses, dont nous n'avons d'autres idées que par réflexion.

XV. Je suis d'accord que toutes idées qui existent, sont parfaitement déterminées; et, si nous retranchons de l'idée d'un tel objet, une ou quelques déterminations, qu'il en naît une idée générique, à laquelle il ne répond plus d'objet existant. C'est ainsi que nous nous formons l'idée de
330 l'étendue en général, en retranchant des | idées des corps toutes les déterminations, hormis l'étendue. Mais l'idée du lieu qu'un corps occupe, ne se forme pas en retranchant quelques déterminations du corps; elle résulte en ôtant le corps tout entier : de sorte que le lieu n'ait pas été une détermination du corps, puisqu'il reste encore, après avoir enlevé le corps tout entier avec toutes ses quantités. Car il faut remarquer, que le lieu qu'un corps occupe est bien différent de son étendue, parce que l'étendue appartient au corps, et

1. Euler s'éloigne ici de la position de Locke qui suppose que nous percevons l'espace par une idée simple de la sensation : *Essay*, 2.13.11, p. 172. Newton exprimait déjà une idée similaire à celle d'Euler, c'est-à-dire que l'espace, comme le temps, sont perçus dans les corps, et non directement par la sensation : *Tempus et Locus*, dans J.E. McGuire, « Newton on Place, Time, and God : An Unpublished Source », *British Journal for the History of Science*, 11/2, 1978, p. 116. Pour une analyse plus détaillée, voir C. Leduc, « Euler and the Reflexive Origin of the Idea of Space », *in* P. Anstey, T. Prunea (eds.), *Philosophy at the Berlin Academy in the Reign of Frederick the Great*, Liverpool, University of Liverpool Press, 2022, p. 153-176.

2. Il s'agit vraisemblablement de l'argument de Condillac qui fonde la représentation de l'espace sur une forme d'abstraction de l'esprit, mais qu'Euler refuse : E. Bonnot de Condillac, *Essai sur l'origine des connaissances humaines*, 2.2.29, OP I, p. 109.

passe avec lui par le mouvement d'un lieu à l'autre; au lieu que le lieu et l'espace ne sont susceptibles d'aucun mouvement [1].

XVI. Je ne veux pas entrer dans la discussion des objections, qu'on fait contre la réalité de l'espace et du lieu; car ayant démontré, que cette réalité ne peut plus être révoquée en doute, il s'ensuit nécessairement, que toutes ces objections doivent être peu solides; quand même nous ne serions pas en état d'y répondre. Si l'on croit absurde, que tous les différents lieux, ou parties de l'espace, soient semblables entre eux, ce qui serait contraire au principe des indiscernables; je ne sais pas si ce principe est si général, qu'on pense; peut-être qu'il n'est applicable qu'aux corps et aux esprits; généralement, [ce] dont on pourrait bien être content: mais comme l'espace et le lieu sont des choses si essentiellement différentes des esprits et des corps, on n'en saurait juger par les mêmes principes.

XVII. La réalité de l'espace se trouvera encore établie par l'autre principe de la Mécanique, qui renferme la conservation du mouvement uniforme selon la même direction. Car si l'espace et le lieu n'étaient que le rapport des corps coexistants, qu'est-ce que serait la même direction? On sera bien embarrassé d'en donner une idée, par la seule relation mutuelle des corps coexistants [2], sans y faire entrer celle de l'espace immobile. Car de quelque manière, que les corps se meuvent et changent de situation entre eux, cela n'empêche pas, qu'on ne conserve une idée assez claire d'une direction fixe que les corps tâchent de suivre dans leur mouvement, malgré tous les changements, que les autres corps subissent. D'où il est évident, que l'identité de direction, qui est une circonstance fort essentielle dans les principes généraux du mouvement, ne saurait absolument être expliquée | par la relation, ou l'ordre des corps coexistants. **331**
Donc il faut qu'il y ait quelque autre chose de réel, outre les corps, à laquelle se rapporte l'idée d'une même direction; et il n'y a aucun doute, que ce ne soit l'espace, dont nous venons d'établir la réalité.

XVIII. Les idées de l'espace et du temps ont presque toujours eu le même sort, de sorte que ceux qui ont nié la réalité de l'un, ont aussi nié celle de l'autre, et réciproquement [3]. On ne sera pas donc surpris, qu'en établissant la réalité de l'espace, nous reconnaissions aussi le temps, comme quelque chose de réel, qui ne subsiste pas seulement dans notre esprit, mais

1. Pour distinguer l'étendue d'un corps de son occupation d'un lieu dans l'espace, Euler fait ailleurs la distinction entre les états interne et externe du corps : L. Euler, *Anleitung* § 30, OO III, 1, p. 41.

2. Lettre de Leibniz à Clarke, 25 février 1716, GP VII, p. 363.

3. I. Newton, *Principia mathematica*, scholium, p. 6.

qui coule réellement en servant de mesure à la durée des choses. Nous avons une idée très claire du temps, et je conviens, que nous nous la formons des successions des changements, que nous remarquons : dans cette vue je tombe d'accord, que l'idée du temps n'existe que dans notre imagination. Mais on a lieu de demander, si l'idée du temps, et le temps même, ne sont pas des choses différentes entre-elles ? Et il me semble, que les Métaphysiciens, en détruisant la réalité du temps, ont confondu le temps même avec l'idée que nous en avons.

XIX. Le Principe du mouvement des corps, en vertu duquel un corps mis en mouvement le doit continuer avec la même vitesse selon la même direction, ce principe, dis-je, nous fournit de nouvelles preuves, non seulement pour la réalité de l'espace, mais aussi pour celle du temps. Car, puisque le mouvement uniforme décrit des espaces égaux en temps égaux [1], je demande premièrement, qu'est-ce que c'est des espaces égaux, suivant le sentiment de ceux qui nient la réalité de l'espace ? Je doute fort, que les Métaphysiciens se hasarderont de dire, que l'égalité des espaces se doit juger par l'égalité du nombre des monades, qui les remplissent : car ils devraient soutenir, que les monades fussent également dispersées par tous les corps. Mais quand même ils voudraient se tenir à cette explication ; elle
332 serait renversée dès le moment, qu'on | considérerait en mouvement les corps, par rapport auxquels on voudrait déterminer l'égalité des espaces. Car nous concevons, et le principe du mouvement nous apprend, que lorsqu'un corps parcourt des espaces égaux, l'égalité des espaces ne dépend nullement des autres corps, qui l'environnent, et qu'elle demeure la même, à quelques changements que soient exposés les autres corps.

XX. Il en est de même de l'égalité des temps ; car si le temps n'est autre chose, comme on veut dans la Métaphysique, que l'ordre des successions ; de quelle manière rendra-t-on intelligible l'égalité des temps ? On prétend que chaque être du monde est assujetti à des changements continuels, et que c'est la succession de ces changements, qui cause le temps. Suivant cette explication deux temps devraient être égaux, pendant lesquels arriverait le même nombre de successions. Mais si l'on considère un corps, qui parcourt des espaces égaux en temps égaux, de quels changements, ou de quel corps, faut-il juger de l'égalité de ces deux temps-là ? Ou veut-on, que tous les corps soient assujettis à des changements également fréquents, de sorte qu'il reviendrait au même quel corps on voudrait choisir, pour mesurer l'égalité des temps sur le nombre des changements, qui y arrivent.

1. L. Euler, *Mechanica*, def. 4, p. 6.

Mais je suis sûr, que pour peu qu'on pèsera cette explication, on y trouvera tant d'autres inconvénients, qu'on s'avisera aisément de l'abandonner.

XXI. Il ne s'agit pas ici de notre estime de l'égalité des temps, qui dépend sans doute de l'état de notre âme; il s'agit de l'égalité des temps, pendant lesquels un corps qui se meut d'un mouvement uniforme parcourt des espaces égaux. Comme cette égalité ne saurait être expliquée par l'ordre des successions, aussi peu que l'égalité des espaces par l'ordre des coexistants, et qu'elle entre essentiellement dans le principe du mouvement; on ne pourra pas dire, que les corps, en poursuivant leur mouvement se règlent sur une chose, | qui ne subsiste que dans notre imagi- **333**
nation. On sera donc obligé d'avouer, comme on l'a été par rapport à l'espace, que le temps est quelque chose, qui subsiste hors de notre esprit, ou que le temps est quelque chose de réel, aussi bien que l'espace. Je m'adresse ici à ces Métaphysiciens qui reconnaissent encore quelque réalité dans les corps et dans le mouvement; car pour ceux qui nient absolument cette réalité, et qui n'accordent que des phénomènes, puisqu'ils regardent, tant le mouvement même, que les lois du mouvement, comme des chimères [1]; je ne me flatte pas que ces réflexions fassent la moindre impression sur leur esprit.

1. Dans les *Lettres à une Princesse d'Allemagne*, Lettre XCVI, *op. cit.*, I, p. 425-429, Euler revient sur les différentes positions des métaphysiciens quant au statut des corps à partir d'un vocabulaire qui est désormais communément admis à l'époque, en particulier par la distinction entre l'égoïsme, l'idéalisme et le matérialisme.

SUR LE PRINCIPE DE LA MOINDRE ACTION [1]

PRÉSENTATION

Ce mémoire appartient à la classe de mathématiques, mais relève également de la philosophie spéculative, si ce n'est simplement par les implications métaphysiques du principe de la moindre action dont il est fait mention. La publication de cette pièce d'Euler nécessite des précisions contextuelles. Comme nous l'indiquons en introduction générale, la controverse sur le principe de la moindre action est certainement la plus célèbre, mais aussi la plus brutale qu'ait connue l'Académie de Berlin au XVIIIe siècle. Elle débuta lorsque Samuel König publia un article qui formulait des objections contre la formulation du principe chez Maupertuis [2]. Les quelques objections importèrent peu à Maupertuis au départ; ce qui attira toutefois l'attention du président de l'Académie fut un extrait cité d'une lettre de Leibniz à Jacob Hermann, restée apparemment inédite et dont König aurait obtenu copie; dans l'extrait est défini et calculé le concept d'action par des moyens conceptuels très similaires à ce que propose Maupertuis. La réaction de ce dernier fut extrêmement dure, jugeant que König remettait en question sa découverte du principe et en attribuait par la même occasion la paternité à Leibniz. Il demanda alors à l'Académie de se saisir de l'affaire et à l'assemblée de porter un jugement sur une possible découverte du principe par Leibniz. Sur la base d'un rapport rédigé par Euler à cet effet, l'assemblée décida non seulement de blanchir Maupertuis de tout plagiat, mais en conclut que le fragment de la lettre avait été forgé « ou pour faire tort à M. de Maupertuis, ou pour

1. HAR 1751 [1753], p. 199-218.

2. S. König, « De universali principio æquilibrii et motus in vi viva reperto, deque nexu inter vim vivam et actionem, utriusque minimo, dissertatio, continuata et finita », *Nova Acta Eruditorum*, mars 1751, p. 162-176.

exagérer, comme par une fraude pieuse, les louanges du grand Leibniz »[1]. Les arguments évoqués par Euler dans son rapport ont fait l'objet de nombreux commentaires et l'authenticité de la lettre de Leibniz est encore discutée aujourd'hui[2]. Le premier à soulever des arguments en faveur de sa véracité fut bien entendu König lui-même : ils prirent la forme d'un *Appel au public*. Dans celui-ci, König revient longuement sur les accusations de Maupertuis et d'Euler et tente de sauver sa réputation en démontrant, entre autres, la mauvaise foi des académiciens à son égard. Le mémoire que nous publions ici comprend les principales réponses d'Euler à l'*Appel* de König[3]. Mais au lieu d'insister sur le caractère frauduleux de l'extrait de la lettre de Leibniz, qu'il avait exposé dans son rapport et dont il est abondamment question dans l'*Appel*, Euler s'attarde plutôt à certains aspects théoriques.

Pour l'essentiel, Euler mobilise un argument qui structure tout le mémoire : la grande nouveauté et la force du principe de la moindre action est son universalité, c'est-à-dire qu'il permet d'expliquer tous les phénomènes de la nature que couvre la mécanique. Maupertuis avait déjà longuement fait valoir cet aspect dans son *Essai de cosmologie* et le rappellera dans son *Examen philosophique de la preuve de l'existence de Dieu employée dans l'Essai de cosmologie*, mémoire que nous publions également dans ce volume. D'après Maupertuis, d'autres avaient auparavant tenté de dégager un principe général de la nature : Descartes proposait la conservation du mouvement (mv) tandis que Leibniz considérait que seule la même quantité de force vive (mv^2) devait s'observer dans les phénomènes physiques. Or Maupertuis soutient que le premier de ces principes ne vaut que dans quelques cas, tandis que le deuxième concerne exclusivement les corps élastiques[4]. Par conséquent, seule la moindre action possède une universalité qui en fait un principe premier et sur lequel on peut d'ailleurs fonder une preuve de l'existence de Dieu. En effet, bien que possédant un caractère nomologique et mathématisable, la moindre action ne se laisserait pas réduire à des propriétés purement physiques, telles

1. *Jugement de l'Académie Royale des sciences et belles lettres*, Berlin, 1752, p. 22.

2. U. Goldenbaum, *Ein gefälschter Leibnizbrief? Plädoyer für seine Authentizität*, Hannover, Wehrhahn Verlag, 2016 ; H. Breger, « Über den von Samuel König veröffentlichen Brief zum Prinzip der kleinsten Wirkung », in *Kontinuum, Analysis, Informales : Beiträge zur Mathematik und Philosophie von Leibniz*, Berlin, Springer Spektrum, 2016, p. 43-55.

3. Euler publie dans le même volume de mémoires une réponse détaillée au *De universali principio* : L. Euler, « Examen de la dissertation de M. le professeur König », HAR 1751 [1753], p. 219-245.

4. P. L. Moreau de Maupertuis, *Essai de cosmologie*, O I, p. 41.

l'inertie et l'attraction, et nécessiterait de recourir à l'intervention d'une intelligence suprême pour en comprendre la source [1].

L'universalité du principe de la moindre action constitue dès lors aussi d'après Euler un argument indiscutable, et qui remet en question toutes les prétentions de König à en chercher la découverte ailleurs que chez Maupertuis. Les tentatives de Leibniz, s'Gravesande ou des Bernoulli ont toutes comme défaut principal de ne s'appliquer qu'à un nombre restreint de phénomènes, bien qu'elles se basent parfois sur la détermination des minima d'une action. Euler traite longuement de l'impact de cette question en optique. Fermat soutenait que la lumière se déplace toujours selon le temps le plus court, alors que Leibniz défendait plutôt qu'elle emprunte invariablement le chemin le plus facile; cependant, jamais n'ont-ils tenté d'étendre leur explication au-delà des phénomènes de la dioptrique. Il en est de même d'autres solutions particulières dans le mémoire. Par exemple, s'Gravesande a certes démontré que la quantité de force vive est la moindre dans la collision des corps non élastiques. D'après Euler, cette démonstration est pourtant non seulement partielle, mais n'a encore aucun lien avec la moindre action, puisque la vitesse reste ici invariable. Toutes ces explications ne sauraient par conséquent porter ombrage à la découverte de Maupertuis, car soit elles sont distinctes du principe de la moindre action, soit elles ne concernent que des cas particuliers, alors que la moindre action est applicable, encore une fois, à la nature dans son entièreté. Pour appuyer cette interprétation, Euler réfère à certains de ses travaux qui sont venus compléter ceux de Maupertuis.

Euler considère même que cet argument de l'universalité constitue une preuve supplémentaire pour rejeter toute accusation de plagiat contre Maupertuis. Ce dernier n'a pu s'inspirer de la lettre de Leibniz à Hermann, qu'il ne pouvait d'ailleurs connaître, puisque les explications leibniziennes sont partielles et parfois même incorrectes. Rappelons toutefois les faits : König n'a jamais tenté d'incriminer Maupertuis en ce sens et une bonne partie de sa réaction au jugement de l'Académie consiste précisément à expliquer comment ses membres ont volontairement détourné ses propos [2]. Ni dans le *De principio universali* de 1751, ni dans l'*Appel au public* König n'accuse-t-il Maupertuis de s'être frauduleusement inspiré de Leibniz. La lettre à Hermann, ainsi que d'autres pièces que König rend disponibles,

1. *Ibid.*, p. 21.

2. S. König, *Appel au public, du jugement de l'Académie royale de Berlin*, Leyde, Luzac, 1752, p. 27-29. Ursula Goldenbaum retrace l'implication d'Euler dans la controverse et la manière dont il a volontairement orienté le débat pour nuire à König : « Leonard Eulers Schwierigkeiten mit der Freiheit der Gelehrtenrepublik », in *Kosmos und Zahl*, Stuttgart, Steiner, 2008, p. 103-121.

doivent plutôt servir, d'après lui, à une approche critique et théoriquement féconde du principe de la moindre action et à mettre en lumière les contributions d'inspiration leibnizienne. Soulignons que c'est en partie pour défendre l'intégrité intellectuelle de König et la liberté d'expression dans les polémiques scientifiques que Voltaire prit part au débat et attaqua Maupertuis dans sa *Diatribe du docteur Akakia* [1]. Pour sa part, et fidèle à l'exposé qu'il avait soumis à l'assemblée, Euler revient ici sur le point le plus litigieux de la controverse en réaffirmant que la lettre à Hermann est un faux et que König se contredit en soutenant que Maupertuis a pu plagier.

À la lecture du mémoire, on constate qu'il existe néanmoins un point sur lequel Maupertuis et Euler ne sauraient entièrement s'accorder. Euler débute par des considérations sur l'histoire et les variantes du principe d'économie selon lequel la nature agit toujours par les moyens les plus simples et ne produit ainsi aucun effet superflu. Depuis Aristote jusqu'à Fermat, Leibniz et, disons-le, Maupertuis, les philosophes ont supposé que la nature suit une loi d'épargne. Maupertuis considère en effet que son principe de la moindre action ne saurait se réduire à des déterminations strictement mécaniques, et s'établit donc de façon téléologique: l'ensemble des phénomènes de la nature, régis par la moindre action, se trouvent ainsi dans un rapport de dépendance par rapport à Dieu qui fait en sorte que l'action se produit toujours de manière minimale. Une conséquence importante de l'approche de Maupertuis consiste à soutenir que son principe est de nature métaphysique et qu'il est même à la base de toutes les lois de la mécanique. Pour sa part, Euler ne semble pas partager cet avis et traite des minima en termes strictement mathématiques. À plusieurs endroits, il reproche aux philosophes et métaphysiciens d'employer des termes vagues lorsqu'il s'agit de définir les minima d'une action. Même si le principe de Maupertuis se formalise, en partie grâce justement au travail d'Euler, il n'en demeure pas moins que sa première formulation se traduisait de manière téléologique. À cet égard, Euler se garde bien de faire jouer au principe de la moindre action le même rôle métaphysique [2].

Christian LEDUC

1. Voltaire, *Diatribe du docteur Akakia médecin du Pape*, Rome, 1753, p. 23.

2. Rappelons qu'Euler évoquait quand même la possibilité d'un traitement métaphysique et *a priori* des maxima et minima: L. Euler, *Methodus inveniendi lineas curvas maximi minimive proprietate gaudentes*, Lausanne et Genève, Bousquet, 1744, p. 309.

EULER

SUR LE PRINCIPE DE LA MOINDRE ACTION
(TRADUIT DU LATIN)

Si la question était, lequel des Philosophes a été le premier, à qui il est venu dans l'esprit, que la Nature dans toutes ses opérations suivait la voie la plus facile, ou ce qui revient au même, faisait le moins de dépense ? Il serait assurément ridicule, que quelqu'un des Philosophes modernes voulût s'attribuer cette gloire. Car les plus anciens Philosophes avaient déjà reconnu, que la nature ne faisait rien en vain, ce qui s'accorde parfaitement avec la moindre dépense; car si la nature employait des dépenses superflues, il n'y a pas de doute, qu'elle ne fît quelque chose en vain. Aristote fait déjà souvent mention de ce dogme [1], et paraît l'avoir plutôt pris de ceux qui l'avait précédé, que l'avoir imaginé lui-même. La proposition a fait ensuite un si grand progrès dans les Écoles, qu'on l'a regardée comme un des premiers préceptes de la Philosophie, jusqu'à ce qu'enfin Descartes ait osé la rejeter [2]. Lors donc que M. König nous objecte Malebranche, s'Gravesande, Wolff, et d'autres encore, qui ont dit, que la Nature suivait toujours les routes les plus faciles, ou employait le moins de dépenses dans ses opérations; non seulement nous sommes de son avis, mais nous convenons | encore, qu'il aurait pu en nommer un bien plus grand nombre. 200
Aussi notre Illustre Président n'a-t-il jamais prétendu, que personne avant lui n'eût pensé à cette loi, et il a abandonné volontiers cette gloire, quelle qu'elle soit, aux autres que M. König en a jugé dignes.

1. Aristote, *De anima*, livres 3, 9 et 12 ; *De incessu animalium*, 2.
2. Descartes, *Principia*, I, § 28, AT VIII, p. 15-16.

Il n'est donc pas ici question de chercher, qui a dit le premier, que dans la nature il y avait une telle Loi? Mais qui a été le premier, qui a fait connaître exactement cette Loi? Et qui a déterminé le véritable fonds, que la Nature épargne, non pas seulement quelquefois, mais épargne toujours, et dans toutes ses opérations? Et c'est cela que nous nions avec la plus grande justice, qu'aucun autre [l']ait fait avant notre Illustre président. Nous accorderons donc facilement, que plusieurs ont reconnu en général cette Loi, mais l'ont reconnue si obscurément, qu'on ignorait entièrement ce que c'est que la Nature épargne. Nous accordons même, que dans quelques-unes de ses opérations quelques Auteurs ont connu ce qui était un *Minimum*; mais ce n'a été que dans des cas si particuliers, qu'on ne pouvait jamais l'appliquer aux autres cas, ou que du moins on ne voyait aucun moyen d'en faire l'application. Mais, quoique cette première connaissance soit digne de louange, et doive être regardée comme ayant ouvert la route à une connaissance plus étendue; puisque nos connaissances ne s'élèvent que par degrés, des plus particulières aux plus générales[1] : cependant comme on considère ici la force universelle de la Nature, qui s'étend à toutes ses opérations, on n'en peut rien attribuer à ce qui ne subsiste que dans des cas particuliers. Et l'on doit dire que celui qui a déterminé ce qui dans toutes les opérations de la nature est un *Minimum*, est celui qui a découvert ce que la Nature se propose; en quoi consiste le dernier degré de notre connaissance. Or, avant M. de Maupertuis, il ne se trouve certainement personne, qui ait pu prétendre à cette découverte; et par cela seul, qu'il a clairement exposé cette Loi universelle, on voit assez que la gloire
201 de la première invention lui est due. Car comment pourrait-on | croire qu'il eût pris d'un autre, ce que personne avant lui n'avait dit savoir.

Mais il n'y a personne, contre qui nous dussions avoir moins cette dispute à soutenir que contre M. le Professeur König, qui nie hardiment, qu'il y ait dans la Nature une telle Loi universelle, et qui pousse l'ineptie jusqu'à se moquer du Principe d'Épargne, en quoi consiste le *Minimum* que la Nature affecte. Ajoutez à cela, qu'il introduit le grand Leibniz comme parlant, et qu'il l'explique comme ayant été fort éloigné lui-même de la connaissance d'un tel Principe[2]. D'où l'on voit que M. König ne peut

1. L. Euler, *Lettres à une Princesse d'Allemagne*, Lettre CXV, II, p. 1-5.

2. König soutient plutôt que le principe d'épargne de Maupertuis est une hypothèse métaphysique et que Leibniz en contesterait la portée universelle : « C'est là l'hypothèse de M. de Maupertuis; il lui faut un minimum dans tous les cas, pour soutenir sa loi métaphysique de l'épargne, que selon lui, le Créateur s'est proposé dans la formation de l'univers. M. de Leibniz pose précisément le contraire. Il assure que l'action devient tantôt un maximum tantôt un minimum; et il assure qu'elle le devient ordinairement, c'est-à-dire, le plus souvent » (S. König, *Appel au public*, *op. cit.*, p. 26).

refuser à notre Président la découverte de ce Principe, qu'il juge faux. Cependant il n'est guère d'accord avec lui-même, lorsqu'il cite Malebranche, s'Gravesande, Wolff, et Leibniz même, comme les Auteurs, chez lesquels M. de Maupertuis a puisé son principe. Car comme il n'accuse ceux-ci d'aucune erreur, comment peut-il en accuser M. de Maupertuis, s'il a pris son principe d'eux ? Mais il dit que ce qu'il a pris de ces Auteurs est vrai, et que ce qu'il y a ajouté, est faux. Il avoue donc que le Principe de notre Illustre Président contient quelque chose, qui n'a point été dit par ces Auteurs, et le lui accorde ; nous acquiesçons à cet aveu. Comme donc ce en quoi le Principe de M. de Maupertuis diffère du sentiment des Auteurs, que nous venons de nommer, consiste dans l'Universalité, que M. König désapprouve ; par cela même il accorde, que ces Auteurs ont été très éloignés de la connaissance de la Loi universelle de la Nature, et laisse positivement à notre président seul la découverte de cette Loi, en quoi consiste le principal état de la question. Quant à ce que M. König oppose que ce Principe est faux, nous nous en mettons peu en peine ; la vérité ne dépendra jamais de son opinion : nous ferons voir ci-après, combien il s'est misérablement trompé dans ses démonstrations, qu'il vantait avec tant d'ostentation. Ces objections donc, qu'il croyait invincibles, étant ruinées, il sera forcé d'avouer, que le Principe de M. de Maupertuis est non seulement très beau, et de la plus grande importance dans toute la | Philosophie ; mais encore qu'on ne saurait attribuer à **202**
aucun autre qu'à Lui la gloire de la découverte. Si donc il avait regardé comme digne de reproche cette découverte, pendant qu'il la croyait fausse, il faut, après qu'on lui en aura fait voir la vérité, qu'il la regarde comme digne de louange.

Cependant comme cette controverse, dans laquelle M. König a impliqué l'Académie, a fait naître l'occasion d'agiter la question du *Minimum*, que la Nature affecte, duquel comme le fait voir assez clairement M. König, on juge d'ordinaire assez mal, il ne sera pas hors de propos d'exposer ici en peu de mots, et d'expliquer tout ce qui avait été fait sur cette question avant M. de Maupertuis.

Premièrement, quoique les plus anciens Philosophes, et les Sectateurs d'Aristote aient établi, que la Nature ne faisait rien en vain, et que dans toutes ses opérations elle choisissait la voie la plus courte ; quoique dans ce principe ils aient fait consister la cause finale, que la Nature avait le plus en vue : nous ne voyons pas cependant, qu'ils aient expliqué aucun phénomène par ce Principe[1]. Si tous les mouvements de la Nature se faisaient

1. On trouve un argument similaire chez Euler contre le principe de raison suffisante de Leibniz. Dire que rien n'est sans cause ne constitue pas une explication, mais un aveu

dans des lignes droites, on pourrait d'abord conclure, que la Nature choisit la ligne droite parce qu'elle est la plus courte entre deux termes. On voit à la vérité chez Ptolémée[1], que c'est la cause qu'il assigne, pour laquelle les rayons de lumière viennent à nous en ligne droite : mais comme cela n'arrive, que lorsque le milieu, que ces rayons traversent, est homogène, cette explication était trop bornée, pour mériter aucune attention. Car comme excepté dans ce cas, à peine se trouve-t-il aucun autre mouvement produit dans la Nature, qui se fasse en ligne droite, il était assez manifeste, que ce n'était point la route la plus courte proprement dite, que la Nature affectait. Il se trouva donc des Philosophes, qui pensèrent qu'on pouvait aussi bien prendre pour la ligne la plus courte, la ligne circulaire ; peut-être parce qu'ils avaient appris des Géomètres, que dans la superficie de la
203 sphère les arcs des | grands cercles étaient les lignes les plus courtes entre deux points[2]. De là croyant que les corps célestes se mouvaient dans de grands cercles, ils n'hésitaient pas à placer dans cette propriété du cercle la cause finale de leurs mouvements. Mais comme on sait maintenant, que les lignes décrites par les corps célestes, non seulement ne sont point des cercles, mais même n'appartiennent qu'à un genre de courbes des plus transcendantes[3] ; cette opinion des lignes droites ou circulaires, que la Nature affecterait, est entièrement bannie ; et ce sentiment, que la Nature cherche partout un *Minimum*, paraissait entièrement renversé. Il ne faut pas douter, que ce ne soit la cause, pour laquelle Descartes et ses Sectateurs ont cru, qu'il fallait rejeter absolument de la Philosophie les causes finales ; prétendant que dans toutes les opérations de la Nature on remarquait plutôt une inconstance extrême, que quelque Loi certaine et universelle. Tant s'en fallait donc, que le renouvellement et le progrès de la Philosophie nous eussent rendus plus certains de ce Principe, qu'au contraire ils paraissaient nous écarter de sa connaissance.

Cependant dans quelques cas particuliers il resta comme une ombre de ce Principe universel ; il faut surtout compter parmi ces cas la réflexion de la Lumière. Comme elle se fait toujours tellement, que l'angle de réflexion est égal à l'angle d'incidence, Ptolémée fit voir que la route, que décrit le

d'ignorance. D'ailleurs, ce principe aurait déjà été énoncé par les Anciens : L. Euler, *Lettres à une princesse d'Allemagne*, Lettre CXXVIII, II, p. 61-66.

1. Ptolemée, *Optica*, II, § 65.

2. Euler fait probablement référence au mathématicien Théodose de Bithynie qui est l'auteur d'un traité des *Sphériques* et dans lequel il démontre que l'arc d'un grand cercle est la ligne la plus courte. À l'époque, Johann Bernoulli en traite dans ses travaux de géométrie : J. Bernoulli, *Opera omnia*, Lausanne et Genève, Bousquet, 1742, IV, p. 108-127.

3. Une courbe transcendante est une courbe qu'on ne peut exprimer sous forme d'équation algébrique finie, mais seulement par des fonctions transcendantes.

rayon, est la plus courte; que s'il était réfléchi de toute autre manière, la route qu'il décrirait serait plus longue[1]. Or, il était clair, que cette explication ne pouvait avoir lieu pour la réfraction, où la route dans laquelle les rayons sont détournés, ne peut pas se concilier avec la plus courte.

Quoiqu'on vît donc, que dans le mouvement direct et réfléchi des rayons, la Nature choisissait en effet la route la plus courte, la seule réfraction fit connaître, qu'on ne pouvait faire consister la Loi de la Nature dans le choix du plus court chemin; outre qu'une infinité d'autres phénomènes étaient contraires à cette Loi. Comme donc | on ne trouvait point ici **204**
de Loi universelle, il fallait avoir recours à quelque autre *Minimum* qu'à la longueur de la route, tant dans le mouvement direct, que dans le mouvement réfléchi des rayons, qui dans ces cas se confondît avec la route la plus courte; mais qui eût lieu aussi dans la réfraction des rayons. Sur cette considération Fermat établit, que les rayons de la lumière ne cherchaient pas tant dans leur mouvement la route la plus courte, que celle par laquelle ils pouvaient parvenir d'un point à un autre dans le temps le plus court[2]. Or il posa que dans un même milieu les rayons se mouvaient de la même vitesse, de sorte que dans un même milieu les temps étaient proportionnels aux routes décrites; et qu'ainsi, tant dans le mouvement direct que dans le réfléchi, la route la plus courte était nécessairement celle qui était décrite dans le temps le plus court: mais que dans des milieux diaphanes de différentes densités, tels que l'air, l'eau, le verre, la vitesse des rayons de la lumière était aussi différente, plus grande dans les milieux les plus rares comme l'air, moindre dans les plus denses, comme le verre: sentiment qui paraissait assez conforme à la Nature. Et par cette Hypothèse, que Descartes attaqua vivement, après les plus grandes difficultés de calcul vaincues, il parvint à expliquer heureusement les phénomènes de la réfraction, et trouva que les sinus des angles d'incidence et de réfraction devaient conserver toujours entre eux le même rapport, comme l'expérience le faisait voir.

Mais Descartes, ennemi redoutable de Fermat, proscrivant absolument les causes finales, expliqua tout autrement la réfraction. Appliquant ici les règles de la collision des corps, il fit voir qu'un corps sphérique jeté obliquement dans un fluide devait se détourner de son chemin: et comme il avait établi, que les rayons de la lumière n'étaient qu'une suite de petits globules, si un rayon passait obliquement d'un milieu diaphane dans un autre, il fallait qu'il changeât de direction: d'où il tira aussi les mêmes

1. Ptolemée, *Optica*, II, § 65.

2. Fermat, *Synthèse pour les réfractions*, dans *Œuvres de Fermat*, éd. P. Tannery et C. Henry, Paris, Gauthier-Villars, 1894, III, p. 152.

règles de réfraction, que les expériences indiquaient[1]. Mais Descartes
205 s'écartait de Fermat en ce | qu'il crut que les rayons de la lumière se mouvaient plus vite dans un milieu plus dense, tel que le verre, que dans un milieu plus rare, tel que l'air; au lieu que Fermat établissait le contraire. Descartes pensait que la cause de cette plus grande vitesse dans le verre, que dans l'air, venait de ce que le verre opposait à leur passage moins de résistance que l'air, et chercha à en trouver les raisons dans les principes de la Philosophie. Cette controverse agitée dans ce temps avec tant d'ardeur doit paraître d'autant plus surprenante, que Descartes établissait, que la lumière parvenait dans l'instant aux plus grandes distances, ce qui ne pouvait s'accorder avec l'idée de vitesse : rechercher donc, lequel de l'air ou du verre les rayons traversaient le plus vite, était une question ridicule.

Quoique le sentiment de Fermat fût reçu de la plupart des Philosophes et des Géomètres, qui n'étaient point attachés à la doctrine de Descartes, il s'en fallait cependant beaucoup, que Fermat pût s'attribuer la découverte d'une Loi générale, que la Nature suivît dans toutes ses opérations. Cet homme si subtil avait bien remarqué, que le principe du moindre temps n'avait lieu que dans le mouvement de la lumière, et ne pouvait s'étendre aux autres Phénomènes. Il était encore plus éloigné de penser, qu'une pierre projetée, ou que les Planètes se mussent dans le Ciel selon la Loi du plus court temps. Ainsi, quand son sentiment aurait été vrai, il ne faisait cependant rien pour la question présente, où il ne s'agit pas de quelque Principe particulier, mais d'un principe universel, qui s'étende à toutes les opérations de la Nature. De plus, par cela même qu'il avait Descartes pour adversaire, et qu'il ne pouvait le réfuter, il nuit encore moins à notre cause.

Leibniz aussi a tâché de renverser l'explication de Fermat. Dans les Actes de Leipzig[2], 1682, il s'est proposé pour la réfraction de la lumière de rappeler dans la Philosophie ces causes finales, qui en avaient été bannies
206 par Descartes, et de rétablir l'explication, que | Descartes avait déduite de la collision des corps, à laquelle le sentiment de Fermat était contraire[3]. Il commence donc par nier, que la Nature affecte, soit la route la plus courte, soit celle du moindre temps; mais prétend qu'elle choisit la route la plus facile, qu'il ne faut pas confondre avec aucune des deux. Or pour estimer cette route la plus facile, c'est la résistance, avec laquelle les rayons de la lumière traversent les milieux diaphanes qu'il considère, et il suppose

1. Descartes, *Dioptrique*, II, AT VI, p. 102-103.

2. *Acta Eruditorum* [note originale].

3. Leibniz, « Unicum opticæ, catoptricæ et dioptricæ principium », *Acta Eruditorum*, juin 1682, p. 185-190. Leibniz reprend ses réflexions sur l'usage des causes finales en optique dans le *Tentamen anagogicum* : GP VII, p. 270-279.

cette résistance différente avec les différents milieux. Il établit même, ce qui paraît favoriser l'opinion de Fermat, que dans les milieux les plus denses, comme l'eau et le verre, la résistance est plus grande que dans l'air et les autres milieux plus rares. Cela supposé, il considère la difficulté que trouve un rayon, lorsqu'il traverse quelque milieu, et estime cette difficulté par le chemin multiplié par la résistance. Il prétend, que le rayon suit toujours cette route, dans laquelle la somme des difficultés ainsi évaluée est la plus petite : et par la méthode *de Maximis et Minimis*, il trouve la règle que l'expérience a fait connaître. Mais, quoique cette explication au premier coup d'œil semble s'accorder avec celle de Fermat, elle est cependant ensuite interprétée avec une subtilité si merveilleuse, qu'elle lui est diamétralement opposée, et qu'elle s'accorde avec celle de Descartes. Car, quoique Leibniz ait supposé la résistance du verre plus grande que celle de l'air, il prétend cependant, que les rayons se meuvent plus vite dans le verre que dans l'air; et pour cela même que la résistance du verre est la plus grande, ce qui assurément est un insigne paradoxe. Or voici comme il s'y prend pour le soutenir : il dit qu'une plus grande résistance empêche la diffusion des rayons, au lieu que les rayons se dispersent davantage là où la résistance est moindre; et que la diffusion étant empêchée, les rayons resserrés dans leur passage, tels qu'un fleuve qui coule dans un lit plus étroit, en acquièrent une plus grande vitesse. Ainsi l'explication de Leibniz s'accorde avec celle de Descartes, en ce que l'un et l'autre donnent aux rayons une plus grande vitesse dans le milieu le plus dense; mais elle s'en | écarte fort par la cause, que chacun assigne pour cette plus grande vitesse : **207**
puisque Descartes croyait, que les rayons se mouvaient avec le plus de vitesse dans le milieu le plus dense, parce que la résistance y était moindre, et que Leibniz au contraire attribue cette plus grande vitesse à une plus grande résistance. Si ce sentiment peut être admis ou non ? ce n'est pas ce que j'examine ici; mais ce que je dois remarquer, c'est que, quoique Leibniz semble vouloir regarder ce principe de la route la plus facile comme universel, cependant il ne l'a jamais appliqué à aucun autre cas, ni enseigné comment dans d'autres cas cette difficulté, qu'il fallait faire un *Minimum*, devait être estimée. S'il dit comme ici, que c'est par le produit de la route décrite multipliée par la résistance, dans la plupart des cas il sera absolument impossible de définir ce qu'on doit entendre par la résistance, qui est un terme très vague; et lorsqu'il n'y aura aucune résistance, comme dans le mouvement des corps célestes, comment cette difficulté devra-t-elle être estimée ? Sera-ce par la seule route décrite, puisque la résistance étant nulle, on pourrait la regarder comme partout la même. Mais alors il s'ensuivrait, que dans ces mouvements la route elle-même décrite devrait être le *Minimum*, et par conséquent la ligne droite, ce qui est entièrement

contraire à l'expérience. Si au contraire le mouvement se fait dans un milieu résistant, dira-t-il, que ce mouvement sera tel, que le produit de la route décrite multipliée par la résistance soit un *minimum*? On tirerait de là les conclusions les plus absurdes. On voit donc clairement, que le Principe de la route la plus facile, tel qu'il a été proposé et expliqué par Leibniz, ne saurait s'appliquer à aucun autre phénomène, qu'à celui du mouvement de la lumière.

Il semble cependant qu'on pourrait rendre ce Principe beaucoup plus étendu, par l'interprétation qu'on donnerait aux remarques qui suivent. Car Leibniz supposant que les rayons se meuvent d'autant plus vite, qu'ils
208 trouvent une plus grande résistance, dans ce cas la | vitesse serait proportionnelle à la résistance, et pourrait être prise pour sa mesure; l'estimation de la difficulté selon que Leibniz l'a faite, se réduirait au produit de la route décrite multipliée par la vitesse; ce qui étant supposé un *Minimum*, s'accorderait avec le Principe de M. de Maupertuis, qui estime la quantité d'action par le même produit de l'espace multiplié par la vitesse [1]. Comme donc ce produit, non seulement dans le mouvement des rayons, mais dans tous les mouvements et dans toutes les opérations de la Nature, devient en effet le plus petit possible, et que c'est en cela que consiste le principe de la moindre action; on pourrait d'abord penser, que Leibniz avait en vue ce Principe, qui s'accordait avec son principe de la route la plus facile. Mais quand nous admettrions sans aucune exception le raisonnement de Leibniz, par lequel il veut prouver, qu'une plus grande résistance augmente la vitesse, personne cependant ne pourra jamais croire, que dans tout mouvement il arrive, que la vitesse croisse avec la résistance; y ayant dans la Nature une infinité d'exemples, où le contraire saute aux yeux, et où la résistance diminue la vitesse. C'est donc par un pur hasard qu'il arrive ici, que le Principe du chemin le plus facile s'accorde avec celui de la moindre action; ainsi qu'il arrive, que le Principe de Ptolémée du chemin le plus court dans l'optique et dans la catoptrique, s'accorde encore avec ce même Principe: quoique ce ne soit que dans ce Principe même, qu'il faille chercher la raison de ces phénomènes. Ainsi, lorsque Leibniz donne son Principe du chemin le plus facile pour une loi universelle de la nature, et fait la difficulté proportionnelle au produit du chemin par la résistance, il se saurait accorder cela avec le Principe de la moindre action dans aucun autre cas, que dans ceux, où la vitesse croît proportionnellement avec la résistance; cas qui sont assurément bien rares, si l'on n'ose pas dire, qu'il ne s'en trouve aucun.

1. P. L. Moreau de Maupertuis, *Accord de différentes lois de la nature*, O IV, p. 17

Dans tous les autres cas donc, le Principe du chemin le plus facile différera beaucoup du Principe de la moindre action; et Leibniz | se serait 209 contredit lui-même, s'il avait jamais prétendu, que dans les opérations de la Nature, le produit du chemin décrit multiplié par la vitesse faisait un *Minimum*, excepté les seuls cas, où la vitesse serait proportionnelle à la résistance. D'où nous concluons avec assurance, que le Principe de la moindre action non seulement a été entièrement inconnu à Leibniz, mais encore qu'il a employé un Principe fort différent, qui ne s'accordait avec celui-là que dans un très petit nombre de cas très singuliers; pendant que dans une infinité d'autres, il lui était manifestement contraire [1]. Mais de plus ce Principe de Leibniz, quelque général qu'il paraisse, n'est d'usage que dans fort peu de cas, et ne l'est peut-être que dans les seuls, dont nous avons parlé. Dans tous les autres on ne peut pas même l'appliquer, parce qu'on ne sait pas comment mesurer la résistance; et que, de quelques manières qu'on la mesurât, elle jetterait toujours dans de grandes erreurs. Tant s'en faut donc, que Leibniz ait jamais eu le Principe de la moindre quantité d'action, qu'au contraire il a eu un Principe tout opposé, dont l'usage, excepté dans un seul cas, n'était jamais applicable, ou conduisait à l'erreur. Et l'on ne voit pas aussi, que Leibniz ait voulu dans aucun autre cas faire l'application de ce Principe.

On ne pouvait donc rien imaginer de plus ridicule, que de supposer le fragment de cette lettre, qui attribuait à Leibniz un Principe opposé à celui qu'il a publiquement adopté. Et l'on ne saurait sauver cette absurdité par la différence des temps, où l'on voudrait supposer, qu'il a eu ces différents principes. Car Leibniz ayant expliqué la réfraction par un principe tout différent de celui de la moindre action, si depuis il était parvenu à la connaissance de ce Principe universel, qui y était si applicable, la première chose sans doute qu'il eût faite, c'eût été d'en faire l'application aux phénomènes de la Lumière, pour lesquels il s'était servi d'un Principe si éloigné de celui-ci.

| C'est une chose assurément digne de remarque, qu'un partisan de 210 Leibniz nous ait mis en même temps dans la double obligation, de prouver que le Principe de la moindre action est vrai, et qu'il n'est point de Leibniz.

1. Le raisonnement d'Euler prend ici plusieurs raccourcis et ne tient pas compte d'éléments qu'on trouve dans les lettres de Leibniz publiées par König, en particulier dans la version complète de la lettre à Hermann de 1707. D'une part, Leibniz admet d'emblée que l'action n'est pas universelle, mais qu'elle peut résulter en un minimum ou un maximum lors de la modification du mouvement. C'est plutôt le calcul de la force qui est invariable, obtenue par le produit de la masse et du carré de la vitesse, et ce sans que le temps soit pris en considération : S. König, *Appel*, p. 47. La conservation de la force vive, qu'on doit considérer dans le calcul de l'action, est donc le véritable principe général de la dynamique.

C'était une adresse singulière de M. König : aux uns il voulait faire croire que le Principe de M. de Maupertuis était une chimère : à ceux à qui il n'aurait pas pu le persuader, il voulait faire croire, que le Principe était de Leibniz. Il n'a pas mieux réussi pour l'un que pour l'autre.

Or comme les disciples de Leibniz ont coutume avec beaucoup de raison de faire grand cas de tous ses Écrits, et de celui dont nous parlons, qui se trouve dans les Actes de Leipzig; il est assez surprenant, que l'Illustre Baron de Wolff, d'ailleurs si attaché à tous les sentiments de *Leibniz*, dans l'explication de la réfraction de la lumière, se soit tellement écarté de son Maître, que rejetant sa subtile explication il ait rapporté mot à mot dans ses Éléments de dioptrique l'explication de Fermat, rejetée par Leibniz. Car dans son IIe Problème § 35 ce grand homme ayant supposé la vitesse de la lumière différente dans différents milieux, plus petite dans les plus denses, plus grande dans les plus rares, il cherche le temps qu'un rayon emploiera pour parvenir par quelque route que ce soit d'un point donné à un autre point placé dans un autre milieu; d'où il conclut, *que la Nature agissant toujours par le plus court chemin*, ce temps doit être le plus petit [1]. On ne voit pas assurément ici, comment il conclut de la route la plus courte, au moindre temps : de plus il n'apporte ni n'allègue aucune preuve de sa proposition; pendant que partout ailleurs à peine profère-t-il sans en alléguer l'axiome, que *le tout est plus grand que sa partie*. Par cela donc que le premier des sectateurs de Leibniz a non seulement omis son explication de la réfraction, mais encore lui a préféré celle de Fermat, nous pouvons avec sûreté conclure, que l'explication de Leibniz n'a pas paru peu suspecte à cet homme si éclairé : et que ce n'est pas dans cette source, qu'on doit chercher le Principe qui régit la Nature.

211 | Mais outre ce *Minimum*, que la Nature affecte dans le mouvement de la lumière, les Philosophes, et surtout les Géomètres, ont recherché ce qui était un *Minimum* dans les autres opérations de la Nature. Car nous devons ici principalement consulter les Géomètres, qui peuvent non seulement définir exactement ce que c'est que le *Minimum*, mais encore qui peuvent démontrer comment ce *Minimum* arrive [2] : pendant que les Philosophes qui s'écartent de la Géométrie, se contentent d'ordinaire de termes vagues, et qui ne signifient rien de certain, qui n'expliquent point ce que c'est que le *Minimum*, et par lesquels on peut encore beaucoup moins connaître,

1. Il semble qu'il s'agisse du § 36 des *Elementa dioptricæ* de Wolff dans lequel il est question de la vitesse de la lumière réfractée, mais il est difficile d'y voir l'attestation de la théorie de Fermat, qui n'est d'ailleurs pas cité : C. Wolff, *Elementa matheseos universæ*, GW II-31, III, p. 232-233.

2. L. Euler, *Methodus inveniendi*, *op. cit.*, p. 1-6.

comment le *Minimum* arrive : comme lorsqu'ils disent en général, que la Nature opère par la route la plus courte, ou par la plus facile, sans expliquer, ni quelle est cette route la plus courte dans chaque cas, ni qu'elle est la plus facile ; et qu'ils ne démontrent point, comment dans chaque cas cette route devient, ni la plus facile, ni la plus courte. Mais les Géomètres, qui ont traité cette matière avec plus d'exactitude, n'ont examiné que quelques phénomènes particuliers déduits de cette Loi de la Nature, que les Anciens n'avaient que confusément admise, cherchant ce qui dans les phénomènes devenait en effet un *Minimum*. Et nous ne trouvons dans ce genre rien de plus, que ce qui a été observé par quelques-uns touchant les règles de la collision des corps, qui se borne à un cas extrêmement particulier. Cependant M. König a la hardiesse d'accuser notre Illustre Président d'en avoir tiré son Principe universel, en cachant par un insigne plagiat les noms des auteurs. Accusation d'autant plus absurde, que de l'aveu même de M. König cette observation du *Minimum*, qui a lieu dans la sollicitation des corps, est extrêmement limitée, et n'embrasse qu'un certain cas de collision : mais le Principe produit par M. de *Maupertuis* est universel, toute sa force consiste dans son universalité, et il ne saurait en aucune manière être déduit de cette Observation particulière. M. König nomme surtout MM. s'Gravesande [1] et Engelhard [2], comme ceux avec lesquels notre Illustre Président a concouru, et comme ayant | remarqué depuis **212** longtemps ce qu'il a donné ; d'où l'on voit plus clair que le jour, combien M. König se contredit lui-même : car approuvant extrêmement ce que ces deux auteurs ont dit, comment peut-il reprendre d'erreur M. de Maupertuis, s'il n'a dit que la même chose ? Et M. König déclarant le Principe faux, comment se peut-il faire, que M. de Maupertuis l'ait pris de ces deux héros ? M. Engelhard aussi n'aura pas de grâces à rendre à M. König d'avoir introduit son nom dans cette dispute ; il paraît honorable à la vérité pour lui d'avoir enseigné, il y a vingt ans, ce que M. de Maupertuis n'a proposé que depuis peu, comme une importante découverte ; cependant M. König, comme pour le confondre davantage, ajoute aussitôt après, que

1. Dans l'*Appel au public*, König mentionne plusieurs ouvrages dans lesquels s'Gravesande formule le principe d'un minimum d'action, le plus ancien étant son *Essai d'une nouvelle théorie du choc des corps* (La Haye, Johnson, 1722).

2. Nicolaus Engelhard (1696-1765) est un mathématicien et philosophe d'origine suisse qui fit carrière principalement à l'Université de Groningen. Il est l'auteur d'*Institutiones philosophiæ theoreticæ* publiées en 1732 (2e édition, Groningen, Sipkes, 1743). König cite une lettre que ce dernier lui a envoyée : « Lorsque je vis pour la première fois la *Cosmologie* de M. de Maupertuis, il ne me vint point dans l'esprit de lui envier l'honneur de la découverte de sa loi de l'épargne, cependant je me félicitai d'avoir déjà enseigné ce qu'elle renferme de bon, sous le nom de la moindre somme des forces vives absolues » (S. König, *Appel*, *op. cit.*, p. 118-119). La lettre est curieusement datée du 25 juillet 1725.

cette découverte avait été publiée il y a trente ans par s'Gravesande, et connue des moindres Géomètres. Il impute donc ici le plus honteux plagiat à M. Engelhard, qu'il venait tout à l'heure de citer honorablement, en le faisant parler, comme s'il avait découvert ce qui dix ans auparavant était dans les livres de s'Gravesande. M. König traitant donc si injurieusement ses amis, il n'est pas surprenant, qu'il ne rougisse pas de se comporter à l'égard de ses adversaires avec tant d'iniquité, et de les accuser dans des cas, où il n'y a pas la moindre vraisemblance.

Mais voyons ce que MM. Engelhard et s'Gravesande ont dit: car puisque l'un et l'autre ont dit la même chose que notre Illustre Président, il faut que ce que l'un a dit, l'autre l'ait dit aussi. La découverte de s'Gravesande, selon l'exposition même qu'en fait M. König, consiste en ce que, si deux corps non élastiques se rencontrent de telle manière qu'après le choc l'un et l'autre demeurent en repos, la somme des forces vives avant le choc était la moindre, pourvu qu'on conçoive la vitesse relative demeurer la même. D'où l'on tire cette proposition: que dans le choc des corps non élastiques, la quantité de forces vives qui périt, est égale à la plus petite force vive, que les mêmes corps pourraient recevoir, la vitesse
213 respective avant le choc | demeurant la même: Proposition qui n'est d'aucune importance, et qui n'a pas le moindre rapport au Principe de la moindre action. Car comme il ne s'y agit que de ce qui périt, et qu'en cela même ce n'est pas la plus petite force vive, mais quelque chose qui se réduit à une autre force vive, qui ne peut être prise pour un *Minimum* que sous une certaine et particulière considération; au lieu qu'ici c'est de ce qui est réellement produit, qu'il s'agit: on voit entre les deux une telle différence, qu'il n'est pas possible d'en imaginer une plus grande. Et ce que s'Gravesande ajoute du choc de plusieurs corps, partant du même Principe, ne fait pas plus à notre affaire. Enfin la force de cette Proposition est tellement restreinte, qu'elle n'a lieu que pour les corps non élastiques; pendant que le Principe de la moindre action a la plus grande étendue, et n'est sujet à aucune restriction. Après cela y aura-t-il quelqu'un d'un esprit sain, qui accuse celui qui a découvert la vérité la plus étendue, de l'avoir prise dans un cas aussi particulier? Assurément on ne s'attendrait pas à une telle accusation, si l'on ne savait, que la fureur de la chicane aveugle M. König; fureur qui le transporte tellement, que partout où il trouve le mot de *minimum*, il croit avoir trouvé la source du Principe de la moindre action.

Comme donc M. König lui-même n'a pas pu trouver d'autres phénomènes du mouvement, dans lesquels on eût observé aucun *Minimum*; on sera forcé de reconnaître, qu'avant M. de Maupertuis, il n'y avait que quelques cas très limités, dans lesquels on eût trouvé quelque raison du *Minimum*; et qu'il n'y a eu absolument personne, qui se soit attribué la découverte d'un Principe général.

Je ne rapporte point ici l'observation que j'ai faite, que dans le mouvement des Corps célestes, et qu'en général dans le mouvement de tous les corps attirés vers des centres de forces, si à chaque instant l'on multiplie la masse du corps par l'espace parcouru et par la vitesse, la somme de tous ces produits est toujours la moindre[1]. Car, quoique | cette **214**
découverte soit assurément de beaucoup préférable à celles que nous avons citées, et que le produit que je considère, présente l'action même telle que M. de Maupertuis la définit; il faut cependant remarquer, que n'ayant paru qu'après que M. de Maupertuis avait exposé son Principe, elle ne peut porter aucun préjudice à sa nouveauté. De plus je n'avais point découvert cette belle propriété *a priori*; mais, (pour me servir des termes de Logique) *a posteriori*, déduisant après plusieurs tentatives la formule, qui dans ces mouvements devenait un *Minimum*; et n'osant lui donner plus de force, que dans le cas que j'avais traité, je n'avais point cru avoir trouvé un Principe plus étendu: content d'avoir trouvé cette belle propriété dans les mouvements, qui se font autour des centres de forces. M. König aussi ne paraît pas faire grande attention à cette découverte; puisqu'après mes démonstrations, qui ne sont pas Métaphysiques, mais Géométriques, il doute encore, si mes formules deviennent des *Maximum* ou des *Minimum*? J'aurais donc fort souhaité, qu'un si grand Maître eût examiné mes démonstrations, et nous eût indiqué les erreurs, qu'il y aurait cru cachées: car je voudrais pouvoir acquérir quelque science d'un si sublime Docteur.

On avait aussi remarqué dans l'équilibre des corps certains cas, où l'on trouvait évidemment quelque *Minimum*. Il avait été facile de s'apercevoir, que les corps graves ne pouvaient demeurer en équilibre, si leur centre de gravité n'était le plus bas qu'il fût possible. De là on avait attribué à l'équilibre des corps graves cette propriété, que la distance de leur centre de gravité au centre de la terre, était la moindre. De ce Principe par la méthode des isopérimètres les géomètres avaient tiré plusieurs lignes courbes,

1. Euler réfère ici à la deuxième annexe de sa *Methodus inveniendi* : « De motu in medio non resistente, per Methodum maximorum ac minimorum determinando », p. 309-320. Il est vrai que l'ouvrage d'Euler paraît après les premiers travaux de Maupertuis sur la moindre action qui datent du début des années 1740.

comme la *Caténaire* [1] formée par une chaîne, qui pend librement attachée par ses deux bouts; comme aussi la *Lintéaire*, que forme un linge rempli de liqueur, et quelques autres de cette espèce, dans lesquelles le commun
215 centre de gravité occupe le lieu le plus bas [2]. Mais si ces corps sont | assez proches du centre de la Terre, ou de quelque autre centre de forces, pour que les directions des forces qui les sollicitent, ne puissent plus passer pour parallèles, alors la considération du centre de gravité cesse entièrement; parce qu'alors dans ces corps, il n'y a plus aucun point, qui ait la propriété du centre de gravité : alors aussi le Principe de la plus grande descente du centre de gravité n'a plus aucun lieu : il ne saurait donc passer pour général, même dans le seul état d'équilibre, bien moins donc encore dans l'état du mouvement. Cependant on a remarqué dans quelques-uns de ces cas une espèce de centre de gravité, par la descente la plus grande duquel on pouvait déterminer les états d'équilibre; mais personne ne s'est glorifié d'avoir atteint le Principe universel, qui avait lieu dans tous ces états. M. Daniel Bernoulli, un des hommes des plus subtils dans ces sortes de spéculations, nous a donné à la vérité quelque chose de fort beau pour un cas extrêmement singulier, lorsqu'il a assigné *a priori* la quantité, qui dans les courbes élastiques était un *Minimum*; proposition dont j'ai ensuite démontré la vérité [3]. Cette découverte, si on la compare avec les autres principes particuliers, qu'on avait trouvés auparavant, doit assurément passer pour une des plus sublimes; mais M. König fait voir clairement, qu'il ne l'a pas même comprise, lorsqu'il demeure si obstinément dans cette erreur de croire, que la formule que M. Bernoulli avait assuré être un *Minimum* dans la courbure des corps élastiques, devient zéro. Nous ferons voir ci-dessous, comment un raisonnement très faux l'a jeté dans une erreur si énorme. Tout ce qu'on avait donc jusqu'ici donné sur le *Minimum* que la

1. La caténaire, aujourd'hui appelée chaînette, est une courbe qui correspond à la forme d'un câble de masse uniforme suspendu aux extrémités. Galilée s'était intéressé à ce type de courbes, mais Euler fait très certainement référence à la manière dont Jacob Bernoulli posa le problème de son calcul en 1690 (*Acta Eruditorum*, mai 1690, p. 219-223), auquel Leibniz, Huygens et Johann Bernoulli donnèrent des équations.

2. Euler indique cet exemple qu'emploie König et qui renvoie notamment à des échanges de la correspondance entre Leibniz et Johann Bernoulli, publiée à l'époque : Lettre de Leibniz à Bernoulli du 6/16 mai 1695, GM III-1, p. 175-177. Le problème fut traité par plusieurs auparavant, dont Bernoulli lui-même : « Solution du problème de la courbure que fait une voile enflée par le vent », *Journal des savants*, 28 avril 1692, dans J. Bernoulli, *Opera omnia*, *op. cit.*, I, p. 59-61.

3. D. Bernoulli, « Methodus universalis determinanda curvaturæ fili a potentiis quamcunque legem inter se observantibus extensi », in *Commentarii Academiæ Scientiarum Imperialis Petropolitanæ*, Petropoli, Typis Academiæ, III, 1728, p. 62-69; L. Euler, « Solutio problematis de invenienda curva, quam format lamina utcunque elastica in singulis punctis a potentiis quibuscumque sollicitata », *ibid.*, p. 70-84.

Nature affecte dans toutes ses opérations, tant pour l'état de mouvement que pour l'état d'équilibre, ne convenait qu'à des cas très particuliers; et n'avait point cette connexion, d'où l'on pût tirer quelque Principe plus général, qui conduisît seulement aux cas qu'on avait traités. D'où l'on peut voir ce que M. de Maupertuis a fait dans cette matière, et combien peu il a à craindre le soupçon, que M. König a voulu susciter, comme s'il avait pris ses Principes des autres.

|Dès l'année 1740 dans les mémoires de l'Académie Royale des 216
Sciences de Paris, M. de Maupertuis avait exposé le *Principe universel du repos et de l'équilibre*, qui renferme par un merveilleux accord tous les Principes particuliers, dont nous venons de parler[1] : tant ceux qui sont tirés de la nature du centre de gravité, que ceux qui sont appropriés aux corps élastiques, quelque différents qu'ils paraissent; et qui s'étend encore avec la plus grande universalité, à tous les cas d'équilibre, de quelque manière qu'ils se rapportent aux corps, ou aux forces sollicitantes. Car par ce seul Principe j'ai entièrement expliqué, non seulement tous les cas où les corps, soit rigides, soit flexibles, soit élastiques, soit fluides, peuvent jamais se trouver en équilibre[2]; mais encore ces cas se peuvent déterminer avec une facilité merveilleuse, de sorte que ce Principe doit passer dans la Mécanique pour une découverte importante. Car ce principe posé, tout ce qui a été jusqu'ici traité tant dans la Dynamique que dans l'Hydrodynamique, en découle si aisément, que dans les cas même les plus compliqués, qui demandent par la méthode directe les recherches les plus ennuyeuses, on parvient à un calcul très élégant et très simple. L'état d'équilibre, surtout dans les machines de toute espèce, quelque composées qu'elles puissent être, se détermine avec tant de facilité, qu'on n'a pas besoin même d'avoir égard à leur construction; ce qui rend souvent le calcul si pénible. Et comme les premiers éléments de cette science suivent naturellement ce même principe, on doit le regarder comme le fondement le plus commode et le plus heureux, tant de la Dynamique, que de l'Hydrodynamique. Or ce Principe est tel, que sa vérité peut être démontrée par les raisonnements les plus évidents; et ne demande la considération d'aucun mouvement, par où l'ordre des différentes Sciences serait troublé. Car il ne faut qu'examiner, comment chaque particule du corps est affectée par les forces sollicitantes, pour tirer de chaque sollicitation une quantité, qu'on peut appeler l'*efficace* de chaque force; et assurer qu'il y aura équilibre, lorsque la somme de

1. P. L. Moreau de Maupertuis, *Loi du repos*, O IV, p. 45-63. Le mémoire fut lu à l'Académie des sciences de Paris le 20 février 1740.

2. Euler réfère probablement à son « Essai d'une démonstration métaphysique du principe général de l'équilibre », HAR 1751 [1753], p. 246-254.

217 toutes ces *efficaces* sera la moindre : de sorte que par la | seule méthode de *Maximis* et *Minimis*, on peut exécuter avec une facilité incroyable tout ce qui concerne la Dynamique et l'Hydrodynamique.

Il serait donc fort ridicule de comparer un tel Principe avec ce Principe le plus stérile et le plus désagréable, que M. König a tâché de produire; ce dernier confondant tellement le Dynamique avec le Phoronomique [1], qu'il ne serait pas possible de parvenir à la connaissance d'aucun état d'équilibre, qu'on n'eût auparavant une connaissance parfaite du mouvement; que non seulement dans la Dynamique il n'est pas permis de supposer, mais qui encore exige le plus souvent les recherches plus sublimes, et qui ne peut avoir d'application que dans un très petit nombre de cas; comme nous ferons voir ci-dessous à l'égard du Principe de M. König, qui n'est applicable que dans un cas ou deux, et avec la confusion la plus vicieuse de différentes Sciences.

Le Principe, que M. de Maupertuis a découvert, est donc digne de la plus grande louange; et l'on ne peut douter, qu'il soit fort supérieur à toutes les découvertes, qui avaient été faites jusqu'ici dans la Dynamique. Son usage n'embrasse pas seulement toute la Dynamique, ce qui serait déjà une grande universalité; mais avec une légère et naturelle addition, il s'étend avec le plus grand succès à toute la Science du mouvement : car pour chaque mouvement proposé on peut facilement comprendre, que ce que nous avons appelé l'*efficace*, étant pris pour chaque instant, la somme doit être un *Minimum* [2]. Cette condition pour le mouvement étant ajoutée, on voit naître l'autre principe universel de notre Illustre Président, qu'il appelle le *Principe de la moindre action*; car on peut démontrer facilement, comme je l'ai fait voir dans un Mémoire particulier, que si toutes les efficaces, dont nous avons parlé ci-dessus, sont multipliées par les éléments du temps, on voit naître le produit de la masse par la vitesse et par le petit espace parcouru : produit qui contient l'idée de l'action.

1. Selon les acceptions de la deuxième moitié du XVIIIe siècle, la dynamique, terme inventé au départ par Leibniz, est l'étude des forces à l'origine du mouvement, tandis que la phoronomie est l'étude des lois de l'équilibre et du mouvement des corps, qu'on peut parfois faire correspondre à la mécanique. Le terme a cette acception dans le traité de Jacob Hermann : *Phoronomia, sive De viribus et motibus corporum solidorum et fluidorum*, Amsterdam, Wetstein, 1716. Les deux termes sont employés par Kant dans les *Principes métaphysiques de la science de la nature* [1786] pour désigner deux disciplines distinctes : la phoronomie étudie seulement le mouvement, tandis que la dynamique étudie le mouvement du corps en tant qu'il remplit un espace (AA IV, p. 480 et 496).

2. L. Euler, « Harmonie entre les principes généraux de repos et de mouvement de M. de Maupertuis », HAR 1751 [1753], p. 169-198.

| Ces deux Principes sont donc si intimement liés l'un à l'autre, qu'on peut plutôt les regarder comme un seul : et comme le Principe du mouvement suit clairement du Principe de l'équilibre, de même le Principe du mouvement, ou de la moindre action, se peut appliquer à tous les cas de l'équilibre. Ainsi toutes les Sciences qu'on a coutume de comprendre sous le nom de Mécanique, soit qu'on s'y propose l'équilibre, soit qu'on s'y propose le mouvement, sont tellement fondées sur ce Principe, qu'on les en peut fort fertilement et fort parfaitement déduire. On voit aussi par-là, que qui a admis l'un de ces Principes, ne peut plus douter de l'autre ; et le Principe de l'équilibre étant le plus rigoureusement démontré, on doit compter avec la même certitude sur le Principe du mouvement. La combinaison donc de ces deux principes, ou plutôt chacun pris séparément, puisqu'ils sont le plus étroitement liés l'un à l'autre, déclare cette Loi la plus universelle de la Nature, par laquelle nous connaissons enfin distinctement, ce que nous n'avions fait auparavant que soupçonner : que la Nature dans toutes ses opérations affecte un *Minimum*, et que ce *Minimum* est certainement contenu dans l'idée de l'Action, telle qu'elle est définie par M. de Maupertuis ; de sorte qu'il ne reste plus rien à objecter. 218

TROISIÈME MÉMOIRE SUR LES PRINCIPES MÉTAPHYSIQUES DE L'USAGE LÉGITIME DU PRINCIPE DE LA RAISON SUFFISANTE [1]

PRÉSENTATION

Nicolas de Béguelin, dont les contributions au sein de l'Académie ont relevé non seulement de la Classe de philosophie spéculative, mais aussi de celles de mathématiques et de philosophie expérimentale, a consacré cinq mémoires aux principes de métaphysique, et plus particulièrement au principe de raison suffisante. Dans le premier mémoire [2], Béguelin, confronté à la disparité des thèses métaphysiques que l'on ne saurait réduire par l'application des moyens d'analyse propres aux mathématiques, envisage « de faire une revue impartiale des Principes les plus généraux, et les plus connus, de cette science [la métaphysique] ; de tâcher d'en fixer la juste étendue, et d'en mettre la vérité dans tout son jour » [3]. Il présume que la conformité à ces principes fournira un critère d'évaluation des thèses en conflit. Ces principes, à commencer par le plus fondamental d'entre eux, le principe de la raison suffisante, ne bénéficient pas de l'évidence dont jouit le principe de contradiction, « principe purement mathématique » [4]. Il suppose une définition de l'existence de quelque réalité ou de quelque changement actuel qui implique la condition de son actualisation, ce qui ne saurait être déterminé *a priori*, d'où le fait que ce principe, dont tous les autres principes philosophiques dépendent, ne peut

1. Lu à l'Académie le 19 d'août 1767 [note originale]. HAR 1761 [1768], p. 325-340.

2. N. Béguelin, « Mémoire sur les principes de la métaphysique », HAR 1755 [1757], p. 405-423.

3. *Ibid.*, p. 408.

4. *Ibid.*

proprement être démontré *a priori*, car ni le principe de contradiction ni les axiomes qui en dépendent ne permettent de l'inférer. Par ailleurs, le principe de raison suffisante n'articule pas le lien des propositions nécessaires pour autant que celles-ci résultent immédiatement de l'impossibilité du contraire, si l'on fait abstraction des cheminements de recherche de nos entendements finis. Si l'on se tourne vers l'expérience pour fonder le principe du « pourquoi suffisant », il est aisé de constater qu'il ne saurait en être déduit, puisqu'il est requis comme condition même d'intelligibilité de celle-ci. Nos perceptions ne contiennent que la représentation des choses sans en impliquer la raison suffisante. On peut constater des enchaînements, une récurrence, un ordre dans la suite de ces perceptions, mais l'identification de ceux-ci, loin de l'impliquer, le requiert et même l'attribution de quelque degré de vraisemblance à ces liaisons contingentes ne saurait s'obtenir sans que le principe fût présumé. On peut en conclure que nul système philosophique n'est susceptible de démonstration *more geometrico*; d'où l'échec appréhendé de toute tentative de réfutation sur cette base.

Dans le second mémoire, directement publié à la suite du premier [1], Béguelin, s'inscrivant sous le patronage de Leibniz, soutient que « le principe de contradiction est source des vérités éternelles, et [que] le principe de la raison suffisante n'est la source que des vérités contingentes » [2]. Il présente ce principe comme une hypothèse dont les implications se vérifient dans l'expérience, et parmi celles-ci, en premier lieu, la proposition que « les mêmes causes doivent constamment produire les mêmes effets » [3], ce que toute la physique et toute la morale – entendons la psychologie – confirmeraient. La question qui se pose est de savoir si le hasard peut être invoqué à l'encontre de l'universalité supposée du principe de raison suffisante. Mais, de façon remarquablement générale, la probabilité de l'absence de raison déterminée d'un événement décroît vers l'infini au fur et à mesure des confirmations empiriques de rapports consonants. L'hypothèse toute théorique de cas possibles où le principe ne serait pas applicable, voire où il serait contradictoire qu'il s'appliquât, ne saurait révoquer en doute l'universalité de celui-ci : « rien de ce qui est susceptible d'une raison suffisante, n'est comme il est sans une raison suffisante » [4]. La raison suffisante nous fait reconnaître que Dieu existe,

1. N. Béguelin, « Second mémoire sur les principes de la métaphysique », HAR 1755 [1757], p. 424-447.
2. *Ibid.*, p. 435.
3. *Ibid.*, p. 424-425.
4. *Ibid.*, p. 433.

mais celui-ci existant d'une nécessité absolue, n'a pas de « suffisant pourquoi » de son existence. La question suivante concerne la possibilité qu'il y ait dans l'univers créé des êtres ou des événements issus du hasard. Tel serait le cas s'il existait de parfaits indiscernables entre lesquels la nature ou le sujet humain eût à choisir. On peut certes présumer que le principe de raison suffisante impliquerait l'impossibilité des indiscernables, mais, contrairement à ce que Leibniz paraît laisser entendre, du point de vue de la simple possibilité, de tels indiscernables seraient concevables, le principe ne s'appliquant qu'aux existants. Or une certaine répétition à l'identique des mêmes natures, corps ou intelligences, pourrait contribuer à la perfection du monde. Même sous cette supposition, le hasard ne saurait intervenir en remplacement d'un ensemble déterminé de raisons d'être, si ce n'est dans l'acte de choix originel. Béguelin réfute par la suite la thèse que son collègue Alain Pierre Le Guay de Prémontval a exposée dans *Du hasard sous l'empire de la providence*[1] (1754) et évoquée dans *La théologie de l'être*, dont nous rééditons la première partie dans ce même volume[2]. Cette thèse exclurait que les actions morales fussent déterminées par des raisons suffisantes, à la différence des événements physiques qui y seraient soumis. Selon Béguelin, un tel appel au hasard comme principe explicatif est à rejeter, car le hasard n'aurait pas de fondement dans le dessein auquel répond l'univers créé et dont l'actualisation implique des raisons suffisantes accordées selon l'harmonie préétablie.

Le troisième mémoire que nous republions ici paraît dans le volume de l'année 1761, publié en 1768, alors qu'il fut lu en 1767. Il traite de l'usage du principe de raison suffisante dans son application causale, qu'il s'agisse de se hausser des effets aux causes ou de descendre des causes aux effets. Suivant la première voie, se construit la démonstration de l'existence de Dieu comme cause première, telle qu'exposée par Wolff. En ce qui concerne les causes de faits naturels, il ne saurait y avoir de démonstration en règle articulée au principe de raison suffisante, si ce n'est à condition que l'on puisse dénombrer par hypothèse toutes les causes possibles de ces faits et procéder à l'exclusion de toutes, sauf celle qui commande l'explication. Il est à noter que de telles inférences restent néanmoins suspendues à la certitude seulement morale du principe, qui intervient comme l'hypothèse la plus probante en la matière dans un entre-deux de l'assurance

1. A. P. Le Guay de Prémontval, *Du hazard sous l'empire de la providence*, Berlin, J. C. Kluter, 1755.

2. Voir A. P. Le Guay de Prémontval, « La théologie de l'être, ou chaîne d'idées de l'être jusqu'à Dieu », HAR 1755 [1757], p. 476-504 et *supra*.

pleine et du doute arbitraire. C'est ainsi d'ailleurs que le principe peut servir à écarter les spéculations idéalistes en ce qui concerne le rapport objectif de nos perceptions aux réalités physiques. La seconde voie qui mène des causes aux effets prend en compte l'ensemble des circonstances qui, réitérées, produisent un effet donné et qui, suivant une analyse empiriquement ou expérimentalement fondée, nous permettent d'établir une chaîne causale. Une circonstance paraît constituer une raison suffisante de l'effet si l'expérience nous permet d'exclure par hypothèse toute autre condition déterminante et de prévoir des instances nouvelles dans lesquelles la relation sera vérifiée. Cette conception de l'hypothèse est très voisine de celle de Leibniz. Corrélativement, Béguelin s'intéresse aux sophismes de la raison suffisante, dont l'un des types consiste à supposer l'inexistence d'un effet dont la raison suffisante échapperait à la caractérisation que l'analogie avec d'autres faits pourrait suggérer. La méthode analytique d'exhaustion des moyens concevables de produire un tel effet est ici la pierre d'achoppement du sophisme. Nier la possibilité d'un vide existant dans la nature parce qu'alors les particules des corps n'auraient plus de figures et de grandeurs déterminées, suivant l'argumentation wolffienne, relève d'un tel usage inadéquat du principe : cet usage suscite l'évocation de raisons *ad hoc* des phénomènes dont il s'agit, sans fondement que l'on puisse identifier dans l'expérience. Du même ordre, est l'argument wolffien sur la non-existence des corps durs, puisque cette hypothèse contreviendrait au principe des indiscernables. À cette occasion, Béguelin évoque l'argument suivant lequel la raison de la discernabilité des éléments pourrait provenir de déterminations intrinsèques autres que celles que traduisent les propriétés proprement géométriques et qui, en tant que telles, ne pourraient expliquer le « pourquoi suffisant » des effets qui en découlent. Ainsi en serait-il pour la transmission du mouvement par des corps durs niée par Wolff au profit d'une compression à l'infini dans des corps élastiques dont la raison suffisante resterait tout aussi indéterminée. Une évaluation critique similaire porte sur des arguments contestant la raison suffisante de phénomènes en raison de la non-perception, voire de l'imperceptibilité des causes attendues. Selon Béguelin, le principe de raison suffisante régit le monde des faits pour autant que l'expérience puisse garantir la vraisemblance des relations causales évoquées. Le principe étend néanmoins son empire au registre des fictions, par lesquelles on projette des antécédents rationnels de l'événement dont il s'agit d'établir la vraisemblance : dans ces productions, constitutives d'un

« univers idéal » [1], l'écueil de l'hypothèse forgée n'est pas restreint au conflit avec l'expérience avérée ou possible, mais s'étend à la contradiction implicite qui affecterait l'enchaînement des raisons déterminantes, voire l'estimation des degrés de probabilité. C'est là ce qu'implique le principe de raison suffisante appliqué aux fictions comme à la détermination des futurs contingents : « Il faut calculer les raisons des possibilités » [2].

François DUCHESNEAU

1. N. de Béguelin, « Troisième mémoire », p. 338.
2. *Ibid.*, p. 340.

BÉGUELIN

TROISIÈME MÉMOIRE SUR LES PRINCIPES MÉTAPHYSIQUES DE L'USAGE LÉGITIME DU PRINCIPE DE LA RAISON SUFFISANTE

Dans mon dernier Mémoire sur les principes métaphysiques[1], je m'étais engagé d'examiner l'usage légitime qu'on doit faire du célèbre principe de la raison suffisante. Une absence de plusieurs années, et des devoirs plus essentiels à remplir, m'ont empêché longtemps de poursuivre cette matière; d'ailleurs les généralités métaphysiques sont aujourd'hui décriées; tant de gens, et même tant d'habiles gens, les relèguent dans la classe des spéculations inutiles; qu'avant de dégager ma parole, j'ai cru devoir montrer par des discussions sur des cas particuliers que ces spéculations générales, ne sont pas toujours de vaines futilités, et qu'elles peuvent très bien conduire à la découverte des vérités qui semblent tenir le
326 moins | à la Métaphysique: c'est le but que j'ai eu en vue, dans les mémoires que j'ai successivement donnés, *sur les forces qui se perdent en Mécanique*; *sur la découverte des lois du chiffre de Mr. Hermann*; *sur le calcul des séquences dans la loterie de Gênes*, etc.[2]. Présentement je me propose de revenir au sujet général; et après avoir établi dans mes premiers mémoires la certitude morale de cette proposition « que rien de ce qui est

1. Voyez le Volume de 1755 [note originale]. N. Béguelin, « Second Mémoire sur les principes de la métaphysique », HAR 1755 [1757], p. 424-447.

2. N. Béguelin, « Recherches métaphysiques sur les forces des fluides qui se perdent en mécanique », HAR 1756 [1758], p. 425-449; « Sur la découverte des lois d'un chiffre de feu M. le prof. Hermann, proposé comme indéchiffrable », HAR 1758 [1765], p. 369-389; « Sur les suites ou séquences dans la loterie de Gênes » (présenté à la Classe de mathématique), HAR 1765 [1767], p. 231-256 et p. 257-280.

susceptible d'une raison, n'est comme il l'est sans une raison suffisante », je passe à l'examen de l'usage légitime qu'on doit faire de ce principe dans l'application.

Cette application peut se faire en deux manières. L'une, c'est en remontant de l'effet connu à sa cause inconnue; l'autre c'est en descendant d'une cause dont nous apercevons l'existence à l'effet qu'elle doit produire.

La première application est toujours aussi sûre, que le principe lui-même: et elle a deux usages infiniment précieux; l'un, c'est de nous conduire à la connaissance de l'existence d'un Dieu, l'autre, c'est de nous assurer de la possibilité d'une saine Philosophie.

Cette application est contenue dans ces deux raisonnements-ci : « Rien de ce qui est susceptible d'une raison n'existe sans une raison suffisante. Or mon existence, et celle de tous les êtres dont j'ai la perception, est susceptible de raison. Donc il y a une Cause première, et cette cause a toutes les propriétés requises à faire comprendre comment il est possible que les autres choses existent de la manière qu'elles sont ».

Ce n'est pas ici le lieu de m'étendre sur cette preuve; elle a été mise dans tout son jour par M. Wolff [1]. La *Majeure* est le principe tel que je l'ai établi dans un Mémoire précédent. La *Mineure* est prouvée dès qu'on montre qu'il n'impliquait pas que ce qui existe, existât autrement, ou n'existât point du tout, et qu'il n'y a nulle raison de supposer ici des existences fortuites.

Le second raisonnement est renfermé dans cette formule-ci : | « Rien de 327
ce qui est susceptible de raison n'est sans une raison suffisante. Or les changements qui arrivent dans l'univers matériel, et dans le monde des esprits, sont susceptibles de raison, c'est-à-dire ne sont ni absolument nécessaires, ni fortuits » :

Donc ils ont une raison suffisante. Donc il est possible, absolument parlant, de découvrir comment, et pourquoi ces changements arrivent.

Voilà jusqu'où s'étend l'usage du principe à cet égard; non à nous rendre Philosophes, mais à nous laisser entrevoir l'espérance de le devenir. En n'adoptant pas ce principe, il y aurait de l'absurdité à vouloir expliquer un événement quelconque. Mais, d'un autre côté, avec son secours seul on n'expliquera jamais rien. S'il était faux que les métaux fussent transmuables, il y aurait de l'absurdité à chercher la pierre philosophale; mais, quand même il serait constaté que le fer a été changé en or, cela

1. Cette preuve se trouve notamment formulée dans C. Wolff, *Theologia naturalis methodo scientifica pertractata. Pars prior* [1736], § 64-69, GW II-7.1, p. 50-55.

pourrait encourager à travailler au grand œuvre, mais cela seul n'y conduirait pas[1].

Le seul cas où ce principe peut nous guider immédiatement du changement arrivé à la connaissance précise de sa cause invisible, c'est lorsqu'à l'aide du principe de la contradiction nous pouvons faire une énumération exacte de tous les moyens qui rendent cet événement ou ce fait possible. Car, si nous sommes assurés que cette énumération est complète, et qu'ensuite nous puissions prouver que, des moyens contenus dans cette énumération, tous hors un seul n'ont pas lieu, nous pouvons alors légitimement conclure que ce moyen unique auquel nous n'avons pas donné l'exclusion est la cause de l'effet en question. Ainsi par exemple : s'il s'agit d'expliquer comment le mouvement du bras répond à la volonté de celui qui le meut; tous les moyens imaginables, propres à expliquer ce fait, se réduisent à cinq. Ou l'on peut concevoir que ce que nous nommons *Volonté de l'Âme*, n'est qu'un mouvement dans le corps, d'où suit mécaniquement le mouvement du bras; ou que ce que nous nommons *mouvement du bras* n'est qu'une perception qui résulte d'une perception antécédente nommée
328 *volonté*; ou que | l'âme conçue comme un esprit a le pouvoir réel de remuer le bras; ou qu'à l'occasion de la volonté de cette âme, un être étranger au corps et à l'âme dirige ce mouvement; ou enfin que l'âme et le corps par leur constitution primordiale sont tellement disposés, que sans agir l'un sur l'autre, et en suivant chacun les lois de sa propre nature, le corps se meuve au même moment que l'âme souhaite d'avoir la perception de ce mouvement. Il est aisé de démontrer que l'énumération est complète, et qu'il n'y a d'autres moyens possibles d'expliquer le fait, qu'en admettant ou le Matérialisme, ou l'Idéalisme, ou l'influence réelle soit physique, soit psychocratique, ou l'opération immédiate d'un être supérieur, ou enfin une harmonie préétablie[2]. Si donc on est en état de prouver que de ces cinq

1. Une argumentation conditionnelle en *modus tollens* permet d'inférer une conclusion en toute certitude; ce n'est pas le cas d'une argumentation en *modus ponens*, qui conduit à une conclusion possible, parmi d'autres. Tout l'enjeu de la validation des hypothèses en science consiste à trouver moyen de s'affranchir de cette condition dirimante liée à l'usage abstrait du principe de raison suffisante et d'établir ainsi la validité de l'hypothèse.

2. Ces cinq positions théoriques – matérialisme, idéalisme, influence réelle physique, ou psychocratique, occasionnalisme et harmonie préétablie – explicitent, sans référence à des auteurs précis, le rapport concevable entre les états du corps et ceux de l'âme du point de vue des raisons causales susceptibles d'en rendre compte. Pour ce qui est du matérialisme, Béguelin fait sans doute référence aux versions modernes de l'épicurisme. Sous l'idéalisme, il vise sans doute la philosophie immatérialiste de Berkeley. Sous l'influence réelle physique, il s'en prend probablement aux thèses de l'aristotélisme contemporain, mais aussi aux doctrines des natures plastiques et autres principes analogues à des âmes en interaction avec le corps. L'influence réelle psychocratique réfère à l'interactionnisme des êtres simples selon A. P. Leguay de Prémontval, « De la Psychocratie; ou de l'empire et du gouvernement de

explications, quatre n'ont pas lieu, il sera aussi vrai que la cinquième est la cause de ce fait, qu'il est vrai que rien n'est comme il est sans raison. Mais la difficulté est de s'assurer que l'exclusion qu'on donne à l'un ou l'autre de ces moyens soit légitime. Elle l'est, lorsqu'on peut prouver que ce moyen qu'on avait d'abord admis comme possible renferme une contradiction formelle, ou qu'il est en opposition avec quelque vérité démontrée, ou lorsqu'on peut faire voir que ce moyen, bien qu'il ne semble pas impliquer[1], n'existe pas dans la nature; mais, hors ces deux cas, l'exclusion ne sera fondée que sur des conjectures plus ou moins vraisemblables, et par conséquent l'application du Principe ne sera pas infaillible.

On donne assez souvent dans deux extrêmes également vicieux sur cette matière. Les uns, à la faveur des réflexions les plus humiliantes sur l'ignorance de l'homme, croient éluder toute la force du raisonnement que je viens de développer; les autres, aussi téméraires que les premiers sont timides, prétendent tout expliquer à l'aide de ce raisonnement. D'un côté l'on n'a pas droit de se récrier sur la faiblesse de nos lumières dans les cas où à la vérité nous ne voyons pas assez clair pour débrouiller tout; mais où cependant nous ne sommes pas si aveugles que nous ne puissions apercevoir à l'aide d'un dénombrement exact les divers moyens possibles. Dans ces cas-là, il ne suffit | pas pour éluder l'énumération, de se retrancher **329**
sur l'ignorance humaine; il faut montrer pourquoi on suppose qu'il pourrait y avoir encore d'autres moyens imaginables, outre ceux que la méthode des *épuisements* nous indique. Mais, d'un autre côté, ce n'est pas savoir beaucoup que de connaître qu'un effet ne peut résulter que de quatre ou cinq causes différentes, si l'on ignore à laquelle de ces quatre ou cinq il faut précisément l'attribuer; et c'est le plus souvent ici où les réflexions sur le peu d'étendue de nos lumières sont à leur place.

Un troisième usage général de cette première application de notre principe, c'est de nous assurer de l'existence des corps. On convient assez généralement que les arguments idéalistes ne sont pas susceptibles d'une réfutation directe[2]. On sent cependant une répugnance invincible à les adopter. C'est que nos perceptions sont précisément telles qu'elles seraient, s'il y avait des corps perceptibles, et qu'on ne saurait assigner une

l'âme sur la multitude des êtres, simples comme elle, mais d'une nature inférieure à la sienne, dont le corps est composé. Quatrième Hypothèse sur l'union de l'Âme et du Corps», HAR 1764 [1766], p. 374-414. Assurément, les deux dernières positions réfèrent aux doctrines de Malebranche et de Leibniz.

1. Ici et dans la suite du texte, il faut comprendre «impliquer» au sens d'«impliquer contradiction».

2. Un argument de ce type se trouvait formulé par P. L. Moreau de Maupertuis dans la *Lettre IV. Sur la manière dont nous nous apercevons*, O II, p. 236-237.

raison suffisante à ces perceptions, si les corps qu'elles représentent n'existaient pas réellement.

La seconde manière d'appliquer le principe de la raison suffisante, c'est, avons-nous dit, lorsqu'on descend d'une cause dont on aperçoit l'existence à l'effet qu'elle doit produire.

Pour ne pas se tromper dans cette application, il faut ne perdre jamais de vue la manière dont nous parvenons à nous assurer de la vérité du principe. C'est en observant que les choses semblables existent sous les mêmes circonstances. Alors nous donnons à ces choses le nom d'*effet*, et à l'assemblage des circonstances le nom de *cause*, et nous affirmons que cette cause, c'est-à-dire ces circonstances réunies contiennent la raison suffisante de ce que l'effet existe de la manière qu'il est, et non autrement.

Pourquoi disons-nous de cette raison qu'elle est *suffisante*? Est-ce parce que nous comprenons parfaitement comme[nt] elle suffit à produire l'effet que nous lui attribuons? Non assurément; il est bien rare que notre intelligence pénètre jusque-là. Mais c'est parce que nous n'apercevons
330 point d'autres circonstances toutes les fois que | l'effet est produit, d'où nous concluons que celles que nous avons aperçues suffisent, et qu'elles contiennent seules la raison de cet événement. Quand je remarque que toutes les fois que j'approche un morceau de fer jusqu'à une certaine distance d'une aiguille aimantée, celle-ci se remue, j'en conclus que la raison suffisante du mouvement de l'aiguille est contenue dans la nature du fer, et dans sa proximité; d'où j'infère ensuite, par une application de notre principe, que toutes les fois qu'un pareil morceau de fer sera approché d'une semblable aiguille jusqu'à la même distance, si d'ailleurs rien n'est changé du côté de l'aiguille, le même événement arrivera; cependant je suis encore bien éloigné de savoir comment ce mouvement est produit.

Cette manière d'appliquer notre principe est donc contenue dans le raisonnement suivant :

> « L'événement A, est produit sous les circonstances C, D, E, etc.
> Or les circonstances C, D, E, etc. existent
> Donc, en vertu du principe, l'événement A, sera produit. »

Nous nous assurons de la Majeure en deux manières. Ou par une simple observation réitérée de ce qui arrive dans la nature sans notre concours; ou par des expériences, en faisant naître, et en combinant ensemble les circonstances C, D, E, etc. pour en observer le résultat. C'est par le premier moyen que nous savons que le Soleil produit la lumière. C'est par le second que nous connaissons que la pesanteur de l'atmosphère fait monter l'eau dans les pompes aspirantes.

Quand la *Majeure* est dûment vérifiée par l'expérience; c'est-à-dire quand il est en notre pouvoir de faire naître les circonstances aussi souvent qu'il nous plaît, de les combiner à volonté, d'en retrancher, ou d'y ajouter à notre gré, et de connaître par conséquent avec précision lesquelles sont constamment requises pour que l'évènement ait lieu; la majeure est alors exactement déterminée; elle acquiert le plus haut degré de certitude morale. La *Mineure* est un fait dont nos sens nous assurent; il n'y a donc point de doute que l'application du principe général ne soit légitime.

| Mais quand la majeure ne nous est connue que par l'observation, **331**
quand il ne dépend pas de nous de séparer les circonstances, et de les rejoindre, alors l'application du principe est moins sûre, et peut souvent être fausse. Car, de ce que nous n'apercevons jamais un événement A, sans apercevoir en même temps les circonstances *B, C, D*; il ne suit pas que ces circonstances contiennent la raison de *A*. Il se pourrait que *A, B, C, D*, fussent tous des effets d'une même cause *X*, qui ne tombât pas sous nos sens. Il se pourrait que ces circonstances n'eussent pas toujours coexisté, quoique nous ne les voyions jamais l'une sans l'autre; et à supposer même que *B, C, D*, continssent la raison de l'événement *A*, il se pourrait encore que cette raison ne fût que partiale : combien de circonstances imperceptibles à mes sens ne peuvent pas concourir avec celles que j'aperçois lorsqu'un événement est produit ?

Les animaux respirent; il y a sans doute une raison de ce fait; le sang circule dans les animaux aussi longtemps qu'ils respirent; cette circulation a sans doute sa raison aussi; mais de quel usage m'est ici l'application du principe de la raison suffisante? Puis-je conclure de ce que ces deux événements coexistent, que l'un contient la raison de l'autre, et décider précisément lequel des deux est la cause, lequel est l'effet? Assurément, si l'un de ces faits n'avait jamais été aperçu sans l'autre, on aurait peine à ne pas se persuader qu'ils dépendent l'un de l'autre, et on ne manquerait pas d'imaginer quelque théorie plausible qui expliquât la liaison de ces deux mouvements, et qui fît trouver dans l'un la raison suffisante de l'autre : heureusement nous ne risquons plus de tomber dans l'erreur à cet égard; on sait que le sang circule dans le fœtus tandis que l'animal ne respire point encore; mais combien d'autres cas la nature ne peut-elle pas nous offrir, où rien ne pourrait nous avertir que nous nous trompons ?

Lorsqu'il s'agit donc d'assigner à une cause, ou à un assemblage de circonstances, l'effet qui en devra résulter, nous ne pourrons jamais le faire
avec certitude, que lorsque l'expérience nous aura appris | que cette cause **332**
suffit pour produire un certain effet, et qu'elle l'a constamment produit. Alors, sans savoir comment l'effet résulte de la cause, non seulement nous pourrons à coup sûr le lui attribuer; mais encore, cela nous fournira une

explication satisfaisante de tous les cas où cette cause concourra dans la production d'un effet. C'est sur ce fondement qu'est appuyée la construction des machines, et de tout ce qui a rapport aux arts mécaniques; c'est en partant de là qu'on prévoit en Physique le succès des expériences qui n'ont pas encore été tentées, et dont on connaît d'avance distinctement la raison prochaine, qui suffit à l'expliquer, mais qui n'est raison suffisante qu'autant qu'on adopte comme un fait vérifié par l'expérience ce qui entre dans l'explication. Dès que nous savons par l'expérience que la pesanteur de l'atmosphère soutient l'eau à 32 pieds, et que nous connaissons par expérience aussi que la pesanteur spécifique de l'eau est à celle du mercure à peu près comme 1 à 14, nous concevons distinctement, la raison suffisante pourquoi le mercure se soutient plutôt dans le baromètre à 28 pouces, qu'à 20 ou à 40. Mais nous ne savons distinctement ni la raison de la pesanteur en général, ni celle de la diversité spécifique du poids de l'air, de l'eau et du mercure.

Outre ces deux manières positives d'appliquer le Principe du *suffisant pourquoi*, il y en a encore deux négatives, sources inépuisables de sophismes. La première, c'est lorsque ne trouvant point de cause capable de contenir la raison suffisante d'un événement, nous nions l'existence de cet événement; l'autre, c'est quand n'apercevant pas l'effet qui a coutume de suivre une cause, nous concluons que la cause n'existe pas.

La première de ces applications roule sur ce raisonnement:

« Rien n'existe sans une raison suffisante.
Or l'évènement E n'aurait point de raison suffisante.
Donc l'évènement E n'existe pas. »

333 | Le syllogisme est concluant sans doute dès qu'on accorde les deux prémisses; mais j'ai déjà montré dans mon second Mémoire, que la majeure a besoin d'une détermination plus précise, savoir qu'il s'agisse d'un fait susceptible de raison [1]; cela posé, il reste à examiner comment on prouvera la mineure.

1. Voir par exemple « Second mémoire », HAR 1755 [1757], p. 431-432 : « Si donc vingt mille, ou pour parler vrai, si une centaine d'observations consonantes, ont suffi pour prononcer que la révolution des taches solaires n'était, ni l'effet du hasard, ni celui de quelqu'autre cause quelconque, mais uniquement du Soleil même sur son axe, combien ne serait-il pas absurde de révoquer en doute le Principe de raison suffisante, dont un nombre si prodigieux de cas, répétés depuis si longtemps, concourent à confirmer l'hypothèse; et lui donnent une probabilité si immense, que si elle n'est pas infinie, on peut au moins prouver que la vie de plusieurs milliers d'hommes ne suffirait pas à écrire les chiffres du nombre qui en exprimerait le degré, si ce degré pouvait être soumis au calcul ? ».

Ce n'en serait pas une preuve recevable que de dire, que puisqu'on n'imagine aucun moyen satisfaisant d'expliquer l'existence de E, E ne saurait avoir une raison suffisante. Avec ce raisonnement je prouverais qu'il n'est pas vrai que les corps gravitent les uns vers les autres, qu'il est faux que les polypes se multiplient par la section, et un philosophe siamois nous démontrerait peut-être qu'il n'existe point de glace [1].

Nous prenons souvent pour des choses semblables, pour des cas égaux, ce qui ne l'est point; et dès lors il n'est pas étonnant que les mêmes circonstances produisent des effets différents. Qu'est-ce qui nous donne le droit de ranger dans une même classe des individus tous différents entre eux, et d'affirmer de chaque individu renfermé sous cette classe, ce que l'expérience ne nous a appris que d'une vingtaine, ou centaine d'entre eux? C'est sans contredit le principe de la raison suffisante, dont l'analogie n'est qu'une application continuelle. Mais savons-nous toujours si la même raison a lieu dans tous les cas où nous l'appliquons? La plupart des animaux sont produits par l'accouplement, donc aucun ne saurait produire son semblable sans un accouplement. C'est mal argumenter [2].

La seule manière légitime de prouver la mineure, c'est d'énumérer exactement, à l'aide du principe de la contradiction, tous les moyens imaginables dont une chose peut être produite, et de prouver ensuite de chacun de ces moyens séparément, qu'il implique, ou que du moins il n'existe pas dans la nature. À moins de cela la mineure sera toujours incertaine.

Le célèbre *Wolff* emploie le raisonnement que je viens d'examiner pour prouver qu'il n'existe point de vide dans la nature; s'il y avait, dit-il, du vide entre les particules d'un corps, il y aurait des | parties dont la figure et **334**

1. Selon le premier argument, le fait de l'attraction devrait être rejeté parce qu'il serait inintelligible en vertu des concepts distincts de la mécanique: c'était là pour l'essentiel, l'argumentation développée par Leibniz et ses disciples, voir par exemple Leibniz, Cinquième lettre à Clarke, § 113, GP VII, p. 417. Sur ce point, Béguelin suppose le bien-fondé de la théorie newtonienne de la gravitation, alors même que sa conception des principes métaphysiques est d'inspiration et d'allégeance leibnizienne. La reproduction des polypes par scissiparité avait été observée par Abraham Trembley, *Mémoires pour servir à l'histoire d'un genre de polypes d'eau douce*, Leyde, J. & H. Verbeek, 1744. Ce type de développement épigénétique apparaissait incompatible avec les conceptions alors courantes de la génération par préformation. L'impossibilité de formation de la glace pour le philosophe siamois s'inspire de Locke, *Essai*, 3.6.13, p. 360-361.

2. La reproduction asexuée chez les espèces animales avait fait naguère l'objet d'études remarquables. Outre les *Mémoires* de Trembley, cités dans la note ci-dessus, l'on peut référer à la découverte de la parthénogenèse des pucerons par Charles Bonnet, voir C. Bonnet, *Traité d'insectologie, ou Observations sur les pucerons*, Paris, Durand, 1745; et aux recherches menées sur les infusoires par John Turberville Needham, voir J. T. Needham, *Nouvelles Observations microscopiques*, Paris, Ganeau, 1750.

la grosseur n'auraient point de raison suffisante[1]. En raisonnant de la même manière, on prouvera que l'univers est réellement infini en étendue; car, s'il ne l'était pas, il y aurait une multitude de particules de matière dont la figure et la grosseur n'auraient point de raison suffisante; et d'un autre côté, si l'univers est réellement infini en étendue, il faudra dire que l'assemblage des individus déterminés qui composent cet univers, forme un tout indéterminé, ce qui choque le principe de la contradiction. J'avoue que je ne conçois pas la force de l'argument de M. *Wolff*; car, à moins de se représenter les molécules de matière comme parfaitement fluides, leur figure et leur grosseur [ne sont] point déterminée[s] par la matière étrangère qui les entoure; ôtez toute cette matière ambiante, le corpuscule n'en conservera pas moins sa figure et sa grosseur[2]. Il implique qu'un être étendu n'ait pas une figure, et une grandeur; la quantité de ses parties et leur situation déterminent l'un et l'autre, qu'il y ait du vide, ou qu'il n'y en ait pas. Si l'on peut prouver qu'il n'y aurait ni solidité ni cohésion en admettant le vide, le raisonnement sera concluant; mais il ne sera plus de l'espèce que j'examine ici.

Le même philosophe emploie un argument tout semblable pour prouver que chaque portion de matière est continuellement en mouvement[3]. Car, dit-il, si deux parties de matière étaient en repos l'une à côté de l'autre, ou si même elles se mouvaient avec la même célérité, et selon la même direction, leur grosseur et leur figure n'auraient point de raison suffisante, et par conséquent seraient indéterminées.

1. Béguelin appuie cette affirmation sur un certain nombre de développements que l'on trouve dans C. Wolff, *Cosmologia generalis methodo scientifica pertractata*. Voir par exemple sur la figure présumée des atomes matériels, *Cosmologia*, § 190, GW II, 4, p. 149 : « *Figura atomi materialis est qualitas occulta*. Figuræ enim atomi materialis ratio sufficiens nulla dari potest, cur eidem insit, vel saltem inesse possit, quoniam in ea nihil supponitur, unde intelligatur, cur ea ipsi potius figura conveniat, vel convenire queat, quam alia ».

2. Béguelin, acceptant l'hypothèse newtonienne du vide, suppose la coexistence de corps dont les propriétés physiques ne seraient pas intrinsèquement dépendantes de l'interaction actuelle de ces corps avec les corps ambiants : Wolff supposait pour sa part, que ces propriétés physiques, révélées par les mouvements respectifs des corps, devaient résulter d'une connexion intrinsèque des éléments constituant la raison suffisante des corps existants. Voir par exemple Wolff, *Cosmologia*, § 58, GW II, 4, p. 56 : « [...] rem quamcunque in universo pendere a ceteris omnibus simul existentibus et a reliquis omnibus præcedentibus. [...] Quoniam vero nexus constituitur per rationem existentiæ rei unius in altera; principium rationis sufficientis quemadmodum est fundamentum nexus rerum quoad spatium atque tempus ».

3. La constance du mouvement dans les corps dépend de l'inhérence des *conatus* dont ils sont individuellement dotés. Voir Wolff, *Cosmologia*, § 149, GW II-4, p. 128 : « *Vis motrix consistit in continuo conatu mutandi locum* [...] ». L'indiscernabilité des corpuscules qui résulterait d'un repos absolu ou de mouvements strictement similaires les affectant contreviendrait de ce fait au réquisit d'une raison suffisante apte à fonder leur mobilité.

Je veux supposer qu'on ne pût donner aucune autre raison de la figure et de la grosseur d'une particule de matière, qu'en lui attribuant un mouvement continuellement différent de celui de toute autre particule, quoique notre philosophe ait déjà assigné dans la matière ambiante la raison de cette figure et de cette grosseur; serait-on bien avancé d'avoir trouvé cette raison dans un mouvement dont on ne saurait expliquer le suffisant pourquoi? S'il faut admettre des choses inexplicables, n'a-t-on pas autant de raison de s'en tenir à des corpuscules | déterminés par eux- **335**
mêmes, quant à la figure et à la grandeur, que de recourir à un mouvement dont on ne peut rendre raison? Du moins est-il certain que les corpuscules existent, au lieu qu'il est fort douteux que ce mouvement soit dans la nature; outre qu'au fond il n'explique rien. Car, avant que le corpuscule puisse se mouvoir, encore faut-il qu'il ait déjà une figure, et une grosseur déterminée; et s'il les a, il n'est plus besoin d'imaginer un mouvement singulier pour lui donner l'une et l'autre.

Il semble qu'on confond ici la figure déterminée des parties, avec la manière dont notre imagination peut se la représenter. Il se peut bien que tant que les particules de matière seront conçues en repos l'une à côté de l'autre, l'imagination ne pourra pas les distinguer, et qu'elle se représentera l'ensemble comme un continu indivisible. Mais notre manière de concevoir n'influe point sur la nature des objets : si les premiers éléments des corps sont des atomes, ils n'en seront pas moins indivisibles, quoique nous y puissions imaginer des parties, et les agrégés de ces atomes supposés en repos ne seront pas moins un tout composé de parties distinctes, quoique faute de mouvement notre imagination ne distingue, ni ces éléments, ni la figure qui leur est propre.

Au reste, en choisissant mes exemples dans les ouvrages d'un philosophe pour lequel j'ai d'ailleurs la plus haute vénération, et dont je respecte infiniment la mémoire, ce n'est pas par une affectation ridicule de combattre les sentiments des grands hommes; c'est que M. *Wolff* a fait plus d'usage qu'aucun autre du principe de la raison suffisante, et que plus j'estime ses écrits, plus je crois qu'il est utile d'observer ce en quoi il paraît s'y être écarté de la rigoureuse exactitude qu'il s'était lui-même imposée.

Je crois remarquer le même défaut dans l'argument dont il se sert pour prouver la non-existence des corps durs[1]. S'il y avait des corps durs, dit-il, les parties de ces corps ne seraient distinguées que par le lieu qu'elles occupent; et il n'y aurait point de raison pourquoi | elles occuperaient ce **336**
lieu; donc les corps durs n'existent pas. Mais comment prouverait-on que

1. Les arguments de Wolff à ce sujet se trouvent exposés par exemple dans *Cosmologia generalis*, § 382-385, GW II, 4, p. 276-277.

ces parties occuperaient sans raison des places différentes ? S'ensuit-il de ce que nous n'en trouvons pas la raison dans les déterminations intrinsèques de ces parties, qu'elle ne saurait venir d'ailleurs ? Si ces parties sont indiscernables, comme M. *Wolff* suppose qu'elles le seraient, on n'a plus de raison de demander le suffisant pourquoi de leurs places respectives, comme je crois l'avoir montré dans mon second Mémoire [1] ; si au contraire elles diffèrent entre elles, ce qui n'est pas rien moins qu'impossible, puisque la notion de la dureté n'épuise pas toutes les déterminations intrinsèques d'un être, on n'en saura, à la vérité, pas mieux pourquoi chacune occupe sa place plutôt qu'une autre, mais on entreverra la possibilité absolue de répondre à la question : et c'est à cela que se réduit le plus souvent notre Physique [2].

L'autre argument de notre philosophe contre les corps durs me paraît pécher par le même endroit. S'il y avait des corps durs, ils ne pourraient, dit-il, ni en mouvoir d'autres, ni être mus eux-mêmes, parce qu'on ne pourrait point donner de raison de la communication d'un mouvement où il n'y aurait point de compression [3]. Mais, s'il n'est permis de poser du

1. Dans son « Second mémoire », HAR 1755 [1757], p. 436-439, Béguelin évoque la possibilité d'admettre des éléments de réalité corporelle qui existeraient dotés de propriétés semblables et qui de ce fait ne tireraient pas de leur nature individuelle la raison suffisante de leur localisation distincte dans l'espace. Cela ne soustrairait pas leur existence distincte de dépendre d'une raison suffisante d'un autre ordre : celle-ci pourrait dépendre d'autres propriétés contribuant à déterminer leur essence individuelle et relever ultimement du choix divin du monde dans lequel ces réalités développent leur existence. Dans l'ordre physique, cependant, la similarité des éléments peut être admise comme ne contrevenant pas à la raison suffisante, du moins d'un point de vue pragmatique : « Il ne paraît pas que la supposition ait rien d'absolument absurde. Dans tous les ouvrages de l'art on a besoin de pièces semblables, et plus l'ouvrier peut les rendre parfaitement semblables, plus l'ouvrage est parfait. [...] Je sais que la grossièreté de l'Art n'est point à comparer avec la délicatesse des opérations de la Nature, et qu'on ne saurait par conséquent conclure à coup sûr de l'un à l'autre ; mais l'analogie prouve au moins qu'il nous est très difficile de décider que dans le plan de l'Univers le plus parfait, il ne doit pas entrer des êtres parfaitement semblables » (*ibid.*, p. 438-439).

2. Les lois de la physique visent à fournir la raison suffisante générale des phénomènes, mais ne sauraient rendre compte au même titre des conditions ou circonstances particulières d'un phénomène individuel donné, représentées ici par sa localisation particulière, qui se trouve être proprement contingente pour nous.

3. Selon Wolff, conformément à la dynamique leibnizienne, tout corps est doté d'élasticité, d'où la possibilité concevable de compression des masses et de restitution des mouvements, ce à quoi l'hypothèse de corps parfaitement durs contreviendrait, par défaut de raison suffisante, voir *Cosmologia generalis*, § 380, GW II, 4, p. 274. Béguelin se rallie à une position telle celle de Maupertuis. Celui-ci présumait que l'existence d'éléments parfaitement durs pourrait être causalement requise au fondement physique ultime des phénomènes propres aux corps élastiques : voir *Lettre IX. Sur la nature des corps*, O II, p. 266-267 : « Il faut [...] en venir à des parties d'une parfaite solidité qui composent [les corps de l'univers], à ces parties qui n'admettant aucun pore, sont d'une dureté parfaite. C'est dans ces corps

mouvement qu'où l'on est en état d'en expliquer la raison, serions-nous bien plus en droit d'accorder la mobilité aux corps compressibles ? Est-ce rendre le passage du repos au mouvement beaucoup plus explicable, que de le partager en une infinité de petits passages dont aucun n'est intelligible ? Un fait nous paraît concevable lorsque nous apercevons sa liaison avec un autre fait connu, quoique ce dernier fait soit inintelligible pour nous. Qu'un homme qui aura pris une forte dose d'Opium s'endorme profondément, c'est un événement très intelligible; la raison suffisante de son assoupissement c'est l'Opium qu'il a pris; mais quelle est la raison de cette propriété que l'Opium a d'assoupir ? Je pense que nous en savons là-dessus précisément autant que le Médecin de *Molière* [1]. En général, lorsqu'il s'agit d'expliquer le *comment* des choses, nous n'y parvenons jamais qu'en | supposant des faits que nous ne comprenons pas. Expliquez un Phéno- **337**
mène d'une manière intelligible, vous admettrez dans cette explication un fait qui n'est point concevable; ou, si celui-ci l'est encore, ce ne sera qu'en supposant un autre qui ne le sera plus. Tôt ou tard, il faut enfin remonter à l'acte de la création, qui n'est pas intelligible. Alors la saine Philosophie se réduit à montrer pourquoi cet acte n'est point intelligible. Or, si je montre de même pourquoi le passage du repos au mouvement ne doit pas être intelligible dans le choc des corps durs, j'ai satisfait à la Philosophie, sans priver la nature d'une des espèces de corps qu'elle peut renfermer.

La seconde manière d'appliquer négativement le principe du besoin d'une raison suffisante, c'est, avons-nous dit, quand, n'apercevant pas l'effet qui a coutume de suivre une cause, nous concluons que la cause n'existe pas.

Notre raisonnement se réduit à cette formule :

« Si la cause *A*, qui contient la raison suffisante de l'événement *B*, existait, je devrais apercevoir l'événement *B*.

Or je n'aperçois pas l'événement *B*.

Donc la cause *A* n'existe pas. »

On peut se tromper doublement dans cette application : l'une et l'autre des prémisses peu[ven]t être fausse[s]. Un événement peut fort bien exister sans être immédiatement apercevable, et il peut encore être apercevable sans être actuellement aperçu.

élémentaires qu'il faut chercher les propriétés générales de la matière : les corps composés nous les déguisent. [...] [Les corps mous et les corps élastiques] ne sont réellement que des systèmes ou des assemblages de corps inflexibles, attachés les uns aux autres. L'impénétrabilité, la solidité, l'inflexibilité, la dureté, n'est qu'une même propriété attachée aux corps primitifs ».

1. Molière, *Le Malade imaginaire*, acte III, scène IV, 3e intermède.

D'anciens Physiciens, qui posaient aussi bien que nous la raison suffisante de la chute des corps dans la pesanteur, niaient l'existence de la pesanteur dans le feu; parce qu'ils n'apercevaient point que la flamme, libre de se mouvoir en tous sens, dirigeât son mouvement vers le centre de la Terre[1]. L'application qu'ils faisaient de notre principe était donc vicieuse ici, parce que la majeure du syllogisme était fausse; le feu pouvait être pesant, sans que l'effet de sa pesanteur fût apercevable dans un fluide
338 plus pesant que lui, tel qu'est l'air; et il | n'était pas besoin de créer la notion d'une légèreté positive, pour expliquer l'absence du phénomène que présentent d'ordinaire les corps graves lorsque rien ne les soutient dans l'air.

Nous n'apercevons point les phases de Vénus, disaient à Copernic les partisans du Système de Ptolémée; donc Vénus ne tourne pas autour du Soleil; ici c'était la mineure du Syllogisme qui n'était pas juste; Vénus avait des phases très visibles; mais les Astronomes n'avaient point de télescopes[2].

Si, du monde réel dont il a été question jusqu'ici, nous passons à l'univers idéal, nous retrouverons encore les mêmes manières d'appliquer notre principe, avec quelques modifications relatives à la nature des objets[3]. Tous les beaux-arts, toutes les fictions poétiques, tous les romans ingénieux doivent, pour plaire, être appuyés sur la vraisemblance; c'est ce qui constitue leur vérité, et cette vérité est uniquement fondée sur le principe de la raison suffisante. Si quelquefois le merveilleux intercepte la vraisemblance absolue, c'est toujours un défaut qui ne saurait plaire par lui-même, mais qui devient une beauté lorsqu'on l'emploie pour amener des situations intéressantes, qui n'auraient point eu de raison suffisante sans cette fiction. Ainsi les Divinités, les Génies, les Enchantements ne sont tolérables qu'autant qu'ils donnent une vraisemblance hypothétique à des événements qu'on veut lier à un tout, dans lequel ils ne seraient pas entrés naturellement; précisément comme l'on feint que les Héros parlent en vers, ou même en chantant, pour introduire plus de beauté dans les Drames, et dans ces spectacles dont la musique fait le principal agrément. À ces conditions une absurdité peut très bien en faire passer cent autres, qui

1. Voir par exemple Aristote, *Du Ciel*, Livre IV, chap. 4 et 5.

2. Galilée découvrit les phases de Vénus en 1610 grâce aux observations qu'il fit à l'aide de la lunette astronomique.

3. Béguelin conçoit que les principes métaphysiques dans leur application sont susceptibles de rendre compte également de l'activité artistique, ou plus largement de l'activité de création par extension du rôle qu'ils assument dans le développement des connaissances. Ils servent alors primordialement à établir la vraisemblance du produit, comme réalisation de possibles idéaux, objets de jugement.

cessent d'être absurdes dès qu'elles ont leur raison suffisante dans la
première. Tout ce qu'on a droit d'exiger dans la composition de ce genre,
c'est qu'en observant scrupuleusement notre principe, on n'aille pas
choquer le principe plus inviolable encore de la contradiction. Que l'épée
de Roland soit d'une trempe à ne jamais trouver de résistance, à la bonne
heure, je l'accorderai volontiers, si cette supposition | prépare des évé- 339
nements qui plaisent [1]. Que l'armure d'Hector soit impénétrable, je le veux
bien encore à la même condition; mais si Mandricard couvert des armes
d'Hector, attaque le chevalier qui porte Durindade, le cas devient inso-
luble. Il implique qu'une épée à quoi rien ne résiste rencontre une résis-
tance invincible; il n'implique pas moins, qu'une armure impénétrable soit
entamée. L'Arioste se tire d'affaire en habile homme: Durindade est
suspendue à un arbre, et les deux champions se battent à coups de poing.

La vérité est un fait; la vraisemblance est un jugement; dans le monde
réel nous reconnaissons mille vérités dont nous ignorons la raison suffi-
sante. Les effets de la poudre à canon, de l'électricité, de la matière magné-
tique, la multiplication des polypes, sont comme tant d'autres merveilles
de la nature, des faits incompréhensibles; mais ils n'en sont pas moins
vrais, quoiqu'on n'en conçoive pas distinctement le *suffisant pourquoi*.
Dans le monde idéal, au contraire, tout ce qui n'a pas une raison suffisante
clairement indiquée est faux; parce que la vérité dans ce monde-là n'est que
la vraisemblance, et que tout ce dont on ne saurait apercevoir la raison, fût-
il même vrai, manque de vraisemblance. L'application négative de notre
principe a donc toujours lieu sans restriction dans l'univers idéal; on a
toujours droit de dire: « s'il n'y a point de raison apercevable d'un évé-
nement, cet événement ne saurait exister. » Le Poète, le Romancier,
l'Artiste, partent tous, dans le plan de leur ouvrage, d'un effet auquel ils
veulent donner l'existence; le principe de la raison suffisante leur indique
successivement les effets intermédiaires qui doivent précéder, pour
produire ce dernier. Cette espèce d'analyse les fait remonter jusqu'à un
premier état, qu'on suppose donné, et où par conséquent il n'est plus
question de raison suffisante. De là ils procèdent à la composition actuelle
en redescendant, par une espèce de synthèse, des causes aux effets, en sorte
que chaque état intermédiaire ait sa raison suffisante dans celui qui l'a
précédé, et qu'il contienne en même temps celle de l'état suivant; d'où il
arrive qu'enfin, comme on l'a observé depuis longtemps, | ce qui était le 340
premier dans l'intention, se trouve être le dernier dans l'exécution.

1. Béguelin se sert ici d'illustrations empruntées à l'*Orlando furioso* de Ludovico
Ariosto, poème parodique des chansons de geste.

Nous pouvons ranger parmi les événements de l'univers idéal, les probabilités des futurs contingents, où le besoin d'une raison suffisante fait l'unique fondement du calcul. C'est ici que la différence essentielle qu'il y a entre notre principe et celui de la contradiction, peut être rendue sensible, et mise à la portée de tout le monde. Jetez au hasard tous les caractères d'imprimerie qui doivent entrer dans la composition de l'*Énéide* entière, il est évident que ces lettres peuvent vous donner exactement l'*Énéid*e. Non seulement il n'implique point contradiction que la chose arrive, mais il est manifestement impossible qu'elle ne puisse pas arriver. Cependant tout ce qui est possible n'est pas probable, et dès qu'il y a une multitude d'événements tous également possibles, qui s'excluent mutuellement, nous n'avons pas d'autres moyens de juger lequel aura probablement lieu, que celui qu'indique le principe de la raison suffisante. Il faut calculer les raisons des possibilités. L'évènement qui donnera l'*Énéide* n'a qu'une seule raison pour son existence, l'événement contraire en admet un nombre prodigieux. Donc il y a une raison suffisante de s'attendre à ce dernier événement, préférablement à l'autre. Mais je réserve les discussions particulières sur la matière des probabilités pour un Mémoire séparé [1]. Ce que j'ai dit jusqu'ici peut suffire pour montrer les divers départements des deux premiers principes de la métaphysique. Tandis que le Principe de la contradiction nous découvre ce qui est nécessairement vrai, et ce qui est absolument impossible; le Principe de la raison suffisante nous indique la vérité des faits actuels, la probabilité des possibles, et la certitude morale et physique des événements contingents [2].

1. C'est l'objet du quatrième mémoire sur les principes métaphysiques : « Sur l'usage du principe de la raison suffisante dans le calcul des probabilités », HAR 1767 [1769], p. 382-412.

2. Tel sera pour une part l'objet du cinquième mémoire : « De l'usage du principe de la raison suffisante dans les lois générales de la mécanique », HAR 1768 [1770], p. 367-383, que nous rééditons ci-après.

DE L'USAGE DU PRINCIPE DE LA RAISON SUFFISANTE DANS LES LOIS GÉNÉRALES DE LA MÉCANIQUE

CINQUIÈME MÉMOIRE SUR LES PRINCIPES MÉTAPHYSIQUES [1]

PRÉSENTATION

Dans le quatrième mémoire de cette série, *Sur l'usage du principe de la raison suffisante dans le calcul des probabilités* [2], Nicolas Béguelin soutenait que l'estimation des probabilités appliquée à des vérités contingentes s'inscrit sous la juridiction des raisons suffisantes, alors même que le calcul se développe sous le régime des vérités nécessaires. Traitant de modèles empruntés aux jeux de loterie, Béguelin distingue des instances aléatoires dont on rend compte selon le seul calcul des possibilités abstraites et selon les combinaisons les plus probables, c'est-à-dire fondées « sur l'ordre le mieux réglé qu'on suppose régner dans leur existence respective » [3]. Il faut alors tenir compte du fait que l'événement purement aléatoire n'est physiquement ou moralement que celui qu'on estime résulter du hasard, parce qu'on ne parvient pas à cerner les causes qui le produisent. Les modèles de calcul examinés portent sur la récurrence estimée de tels événements jugés fortuits. Dans ces cas de combinaisons multiples également possibles, le choix de la plus régulière en composition apparaîtra répondre à une raison de convenance, donc à un plan concerté. Par exemple, comme l'a montré Johann Heinrich Lambert dans ses *Cosmologische Briefe* (1761), l'arrangement affectant l'inclinaison des orbites

1. Lu le 8 septembre 1768 [note originale]. HAR 1768 [1770], p. 367-383.
2. HAR 1767 [1769], p. 382-412.
3. *Ibid.*, p. 403.

planétaires semble relever d'une raison de convenance élevée. La représentation causale présumée d'un tel événement sera nécessairement « en raison composée de la probabilité absolue de cet événement, et de la probabilité des causes combinées qui peuvent le ramener »[1]. Dans un monde où la complexité des chaînes causales est très considérable, où le changement prend l'allure d'un mouvement perpétuel et où, dans le même temps, des effets similaires peuvent résulter de combinaisons causales diverses, il convient de faire place à l'expression de raisons suffisantes figurées suivant des formules de probabilités combinées, car il est exclu qu'un ordre uniforme soit issu du pur hasard: « Il me paraît, soutient Béguelin, que tout ce qu'on peut légitimement conclure de l'ordre physique, c'est qu'il est moralement impossible, c'est-à-dire infiniment peu probable, qu'un même événement fortuit revienne toujours »[2].

Dans le 5e mémoire que nous reproduisons ici, *De l'usage du principe de la raison suffisantes dans les lois générales de la mécanique*, Béguelin s'intéresse au statut épistémique des lois du mouvement en s'inspirant de la thèse leibnizienne suivant laquelle il s'agit de vérités contingentes assujetties au choix du meilleur et il en trouve une illustration dans le principe de la moindre action, sur lequel Maupertuis étayait la preuve cosmologique de l'existence de Dieu[3]. Il entend ici contester la conception que s'en faisait d'Alembert, celle de propositions nécessaires en vertu de la simple détermination des concepts, ce qui, métaphysiquement transposé, les ferait supposer découler d'une implication nécessaire des concepts, sans obligation de recourir à l'expérience pour les établir. D'Alembert ayant ramené les principes de la mécanique aux trois lois générales de l'inertie, de la composition des forces et de l'équilibre, la question peut être traitée en examinant si l'une ou l'autre de ces lois découle analytiquement de ce que peut signifier l'impénétrabilité des corps. L'analyse porte ici sur la loi de l'inertie. Béguelin écarte d'emblée une solution proposée par Daviet de Foncenex, selon laquelle la loi se fonderait sur la simple identité des états par rapport à eux-mêmes, et il souligne que le constat d'expérience est requis pour souscrire au principe de conservation des états dans un monde voué au changement. Mais il reste alors que la loi pourrait être une vérité nécessaire dont la démonstration fait encore défaut. Il convient donc d'établir la raison du fait qui fonde la généralité de celui-ci, et la nature de cette loi. Or l'impénétrabilité ne saurait impliquer une condition essentielle

1. HAR 1767 [1769], p. 389.

2. *Ibid.*, p. 412.

3. Voir P. L. Moreau de Maupertuis, « Examen philosophique de la preuve de l'existence de Dieu employée dans l'Essai de cosmologie », HAR 1756 [1758], p. 389-424.

de persévérance dans un état de mouvement, que ce mouvement soit endogène ou exogène: «un changement perpétuel d'état, continué uniformément [ne saurait être] une suite nécessaire de la nature des corps ou de leur impénétrabilité»[1]. D'autres lois auraient pu régir l'économie des rapports de mouvement et de repos dans le monde actualisé; la loi d'inertie ne résulte que d'une raison de meilleure convenance qui s'impose pour régler de façon harmonisée les changements d'états dans le concours des corps, y compris le rapport des masses aux mouvements qu'on ne saurait interpréter en ne supposant que l'inertie comme propriété nécessaire et essentielle des corps. D'où disparité possible entre inertie et quantité de matière selon Leonhard Euler. L'inertie doit rendre compte du changement total survenant dans la nature, changement qui « suppose une force déterminée par le besoin d'une raison suffisante »[2], ce à quoi satisfait le principe de la moindre action. Béguelin démontre de façon analogue que la loi de la composition des forces suivant la détermination de la diagonale du parallélogramme ne s'impose pas en vertu d'une pure démonstration géométrique, mais implique une détermination d'équivalence et d'orientation des mouvements qui fait appel au principe de raison suffisante suivant une norme d'optimalité. Quant à la troisième loi, celle de l'équilibre entre corps de tendances opposées, s'exprimant dans le ratio inverse des masses et des vitesses virtuelles, plusieurs des prémisses dont on pourrait espérer la déduire ne semblent pas pouvoir être ramenées à des identités formelles entre action et masse + vitesse, entre action actuelle et action virtuelle, entre ratios réciproques de masse et de vitesse, entre vitesse effective et vitesse virtuelle. La subordination des lois de la mécanique au « pourquoi suffisant» n'en diminue en rien la certitude, alors même que se trouvent confortés la thèse leibnizienne suivant laquelle ces lois « naissent du principe de la perfection et de l'ordre »[3], et le type d'argument téléologique développé dans l'*Essai de cosmologie* de Maupertuis.

François DUCHESNEAU

1. HAR 1768 [1770], p. 375.
2. *Ibid.*, p. 377.
3. *Ibid.*, p. 383.

BÉGUELIN

DE L'USAGE DU PRINCIPE DE LA RAISON SUFFISANTE DANS LES LOIS GÉNÉRALES DE LA MÉCANIQUE

CINQUIÈME MÉMOIRE SUR LES PRINCIPES MÉTAPHYSIQUES

Le grand *Leibniz* a déterminé avec beaucoup de précision les départements différents des deux premiers principes de la Métaphysique. L'un nous démontre les vérités éternelles et nécessaires : l'autre nous prouve les vérités contingentes et conditionnelles [1]. Mais quelque séparés que soient ces départements, il se présente des cas où ils paraissent se confondre, et où il est important néanmoins de les distinguer. La Géométrie et la Science des quantités en général sont indubitablement fondées sur le seul principe *de la contradiction* ; mais quand on applique la Géométrie et l'Analyse aux corps physiques, et à l'Univers existant, par conséquent à des êtres contingents, il est plus difficile de décider si les vérités qu'on découvre par cette application sont aussi nécessaires que la Géométrie, ou si elles sont aussi contingentes que l'objet sur lequel elles roulent. On a trouvé, par exemple, le principe *de la raison suffisante* dans la démonstration qu'Archimède a donnée de la loi de l'équilibre, qui est le fondement de la Statique [2]. Cette science serait-elle de *vérité nécessaire*, si elle ne peut être démontrée

1. La distinction leibnizienne est plutôt entre vérités nécessaires ou de raison et vérités contingentes ou de fait.

2. Dans le traité *Sur l'équilibre des plans* d'Archimède, la loi de l'équilibre est donnée comme un postulat. La proposition 4 – « Si deux poids égaux n'ont pas le même centre de gravité, le centre de gravité des deux ensemble se situe au point médian de la ligne joignant leurs centres de gravité » (voir *The Works of Archimedes*, ed. Heath, Cambridge, Clay, s.d., p. 191) – se présente sans démonstration géométrique et semble requérir le concept de barycentre comme raison suffisante.

que par le principe des *vérités de fait*? On dispute depuis longtemps | sur la nature des lois du mouvement. Elles sont *vraies*; cela suffit sans doute au Géomètre, au Physicien, au Mécanicien. Mais le Métaphysicien doit aller plus loin. La sagesse de ces lois démontrée par la découverte du principe *de l'épargne*, a fourni à l'illustre Auteur de cette découverte une preuve excellente de l'existence d'un Dieu[1]. On ne saurait éluder la force de cet argument dès qu'on reconnaît avec *Leibniz* que les lois du mouvement admettaient un choix[2]. Car, si ces lois pouvaient être autres qu'elles ne sont en effet, et que celles-ci soient de toutes les lois possibles les seules qui pussent produire les effets les plus merveilleux, avec la plus grande économie dans les moyens, elles portent sans contredit en elles-mêmes le témoignage le plus universel, le plus perpétuel, et le plus convaincant de l'existence du sage Auteur de la Nature. Mais, si au contraire les lois du mouvement résultent nécessairement de la nature des corps, le Créateur n'avait plus de choix à leur égard. Il lui restait à la vérité le choix de créer des Corps, ou de n'en point créer, d'imprimer un mouvement à la Matière, ou de la laisser immobile; l'Univers actuel reste sans doute, quelque sentiment qu'on embrasse sur la nature des lois du mouvement, une preuve bien évidente de la Sagesse divine; mais cette Sagesse ne se démontre plus par les lois du mouvement. 368

Depuis la découverte assez moderne de ces lois, la question sur leur nature a partagé les plus grands Philosophes et les plus célèbres Géomètres; mais cette matière a été tant débattue que le procès paraissait pleinement instruit : aussi, quoiqu'elle tînt immédiatement au sujet que j'ai traité dans mes Mémoires précédents, j'avais résolu de la laisser à l'écart, mais elle a été discutée de nouveau dans des Ouvrages récents, sous des points de vue si différents de ceux sous lesquels on l'avait envisagée jusqu'ici, que je n'ai pu me dispenser de revenir à l'examen de cette

1. Cette allusion renvoie à Maupertuis et à sa découverte du principe de la moindre action. Maupertuis avait donné ce principe pour la première fois dans son mémoire « Accord de différentes lois de la Nature qui avaient jusqu'ici paru incompatibles », dans *Histoire de l'Académie royale des sciences*, année 1744, Paris, Chez Panckoucke, 1746, p. 417-426 (O IV, p. 3-23). Quant à la preuve de l'existence de Dieu dont il s'agit, c'est celle qu'il avait rattachée au principe dans un premier mémoire à l'Académie de Berlin avant d'en faire l'argument clé de son *Essai de cosmologie* (1750) : voir « Les lois du mouvement et du repos, déduites d'un principe de métaphysique », HAR 1746 [1748], p. 267-294.

2. Voir Leibniz, *Essais de théodicée*, § 345, GP VI, p. 319 : » J'ai découvert [...] que les lois du mouvement qui se trouvent effectivement dans la nature, et sont vérifiées par les expériences, ne sont pas à la vérité absolument démontrables, comme serait une proposition géométrique : mais il ne faut pas aussi qu'elles le soient. Elles ne naissent pas entièrement du principe de la nécessité, mais elles naissent du principe de la perfection et de l'ordre; elles sont un effet du choix et de la sagesse de Dieu ».

intéressante question [1]. Je laisse à de plus habiles que moi à la décider sans réplique.

Avant d'aller plus loin, il est à propos, pour éviter toute ambiguïté,
369 d'observer que j'emploie ici les expressions de *Vérités nécessaires,* | et de *vérités contingentes*, dans le sens que M. *de Leibniz* leur attribuait [2]. Ce n'est pas dans ce sens, ce me semble, qu'on les emploie aujourd'hui; et cette remarque suffira peut-être pour faire évanouir l'opposition qui paraît exister entre le sentiment *de Leibniz* et celui de l'Auteur d'un des Écrits dont j'ai parlé sur la nature des lois du mouvement [3]. Les lois que ce dernier nomme de *vérité nécessaire*, pourraient encore être, dans l'acception *de Leibniz*, de *vérité* simplement *contingente*; et ce qu'on appelle dans cet Écrit lois de *vérité contingente*, Leibniz l'aurait désigné par le nom de *volonté arbitraire*, ou tout au plus de *loi arbitraire*, si cette volonté est supposée *générale* et *constante*.

Je me flatte donc qu'en me déclarant pour le sentiment du grand *Leibniz*, je n'ai pas à combattre celui de l'illustre Auteur des *Éléments de philosophie*; car, dès que ce célèbre philosophe reconnaît que *le Créateur eût pu établir des lois du mouvement et de l'équilibre toutes différentes de celles qu'il a établies* [4], il reconnaît aussi que celles-ci sont de vérité contingente dans le sens de M. *Leibniz*. En effet, le caractère de *contingence* dans ces lois, est d'avoir *pu*, absolument parlant, même en admettant l'existence de la matière et du mouvement, être autres qu'elles ne sont, et de n'avoir pas *dû* l'être; de découler non d'une nécessité invincible, non d'une volonté arbitraire du Créateur, mais des lois suprêmes de la convenance, de cette raison éternelle qui dirige les décrets d'un Être infiniment sage [5].

1. Parmi les auteurs concernés, il faut sans douter mentionner D'Alembert et Euler dont les travaux seront référencés dans la suite du mémoire. Il faut d'ailleurs tenir compte du fait qu'une question sur la vérité des principes de la statique et de la mécanique avait été précisément mise au concours par l'Académie pour l'année 1758.

2. Voir par exemple *Monadologie* § 33, GP VI, p. 612: « Il y a aussi deux sortes de Vérités, celles de Raisonnement et celles de Fait. Les Vérités de Raisonnement sont nécessaires et leur opposé est impossible, et celles de Fait sont contingentes et leur opposé est possible. Quand une vérité est nécessaire, on en peut trouver la Raison par l'Analyse, la résolvant en idées et en vérités plus simples, jusqu'à ce qu'on vienne aux primitives ».

3. Béguelin réfère à D'Alembert, *Essai sur les éléments de philosophie* et à sa conception des lois du mouvement : le mathématicien français leur attribuait le caractère de vérités nécessaires suivant un concept de nécessité qui les assimilait à des principes mathématiques, inférés de la notion abstraite de réalité matérielle et exprimant symboliquement les propriétés déterminantes de celle-ci. Voir J. Le Rond d'Alembert, *Essai sur les éléments de philosophie*, § 16. Mécanique, Hildesheim, Olms, 1965, p. 367-401.

4. Voir J. Le Rond d'Alembert, *Essai sur les éléments de philosophie*, *op. cit.*, p. 393.

5. Les lois de la nature qui règlent les mouvements, ne sont ni tout à fait nécessaires, ni entièrement arbitraires. Le milieu qu'il y a à prendre, est qu'elles sont un choix de la plus

Si les lois de l'équilibre et du mouvement sont de vérité nécessaire, ni l'âme, ni l'Être suprême ne peuvent les changer. Elles seront aussi inaltérables que les lois d'une progression donnée [1], ou l'équation d'une courbe
algébrique. Il ne serait pas plus possible à Dieu | de faire qu'un corps poussé 370
par deux forces vers deux côtés différents ne suivît pas précisément la diagonale, qu'il ne lui serait possible de rendre la matière pénétrable, ou de faire que le mouvement existât et n'existât pas tout à la fois dans un même corps. Si l'on dit que Dieu ou l'âme peuvent agir immédiatement sur les corps, ce n'est pas dire que les corps puissent suivre de nouvelles lois, autres que celles qu'ils observent dans leur équilibre, ou dans leurs mouvements. C'est mettre Dieu ou l'âme à la place d'un corps étranger qui agirait sur eux avec la même force et dans la même direction, et dont l'action produirait par conséquent un effet conforme aux lois actuelles. Qu'un esprit puisse presser un des bassins de balance, tandis que l'autre est chargé d'un poids, cet esprit ne changerait point la loi du levier, quelque effort qu'il déployât. Enfin, si ces lois sont de vérité nécessaire, il n'est pas plus besoin de consulter l'expérience pour savoir si elles s'observent dans la nature, qu'il n'est besoin de recourir à l'expérience pour voir si le carré de l'hypoténuse est en effet égal à la somme des carrés des deux côtés. Avec la satisfaction de concilier les sentiments de deux grands hommes, qui ne diffèrent que dans l'énoncé, j'ai donc aussi l'avantage de pouvoir appuyer de deux autorités de ce poids les raisons qui combattent le sentiment contraire que nous allons examiner.

Les principes de la Mécanique auront la même évidence, ils seront d'une vérité aussi nécessaire que les principes de l'Algèbre et de la Géométrie, si l'on peut prouver que ceux-là suivent aussi nécessairement de l'idée abstraite de l'*impénétrabilité* des corps, que ceux-ci découlent de l'idée abstraite du *nombre* et de l'*étendue*. L'Analyse et la Géométrie n'ont pas un seul principe qui ne soit d'une nécessité absolue, parce que l'on peut toujours démontrer que la proposition contradictoire à ce principe conduirait nécessairement à quelque autre proposition qui répugnerait à l'idée abstraite des nombres ou de l'étendue.

Un des premiers Géomètres de nos jours, le Philosophe dont je viens de parler, a su réduire les principes fondamentaux de la Mécanique à trois lois
générales, dont chacune est indépendantes des deux | autres [2]. Pour que l'on 371

parfaite sagesse. Leibniz, *Essai*[*s*] *de théodicée, § 349 ibid. § 345 et seq.* [note originale]. Voir GP VI, p. 319-327.

1. Il s'agit des équations exprimant des lois de séries.

2. J. Le Rond d'Alembert, *Essai sur les éléments de philosophie*, p. 392-393: « La réduction de toutes les lois de la mécanique à trois, *celle de la force d'inertie, celle du mouvement composé,* et *celle de l'équilibre*, peut servir à résoudre le grand problème

puisse donc assurer que les principes de la Mécanique sont de la même nature que ceux de l'Algèbre et de la Géométrie, il faut démontrer que ces trois lois différentes sont trois suites absolument nécessaires de l'idée abstraite de l'impénétrabilité des corps ; ou, ce qui revient au même, il faut prouver qu'il répugne à l'idée de l'impénétrabilité que les lois de l'*inertie*, de la *composition des forces* et de l'*équilibre* soient autres qu'elles ne sont. Aussi longtemps que cette démonstration n'existera pas, il paraît évident qu'on ne saurait affirmer que les lois de la Mécanique soient d'une *nécessité absolue*; mais il faut convenir aussi que cela seul ne prouverait pas qu'elles ne fussent que de *vérité contingente*. Il peut y avoir plusieurs vérités nécessaires dont la démonstration nous manque encore. Pour s'assurer que les principes de la Mécanique ne résultent que des raisons de *convenance*, du choix libre et infiniment sage de l'Auteur de la nature, il ne suffit pas de ne point voir de liaison nécessaire entre ces principes et l'impénétrabilité des corps, il faut de plus prouver que cette impénétrabilité pouvait également subsister avec des Principes de Mécanique différents de ceux que la nature suit. Il n'est pas besoin cependant d'étendre cette preuve à chacune des trois lois générales qu'on a découvertes. Car, si une seule de ces lois a pu être autre qu'on ne l'observe dans l'univers actuel, sans choquer l'impénétrabilité des corps, il sera prouvé que les lois de la Mécanique ne sont pas de vérité nécessaire.

Il y a cependant encore une objection à prévenir avant d'insister sur ce raisonnement. M. le Chevalier *de Foncenex*[1], dans un Mémoire sur le même sujet que je traite ici, s'est proposé de démontrer que les lois de la Mécanique sont de *vérité nécessaire*[2]. Il est néanmoins bien éloigné de penser que la première de ces lois, la *Force d'inertie*, soit une suite nécessaire de l'étendue et de l'impénétrabilité des corps. Il croit du moins que la démonstration en est impossible, mais à la faveur d'une distinction très délicate et très ingénieuse il entreprend de parvenir également à son but. Selon lui, il n'est pas question en Mécanique de savoir ce qui s'observe
372 actuellement dans la nature, pour | découvrir les lois que les corps existants suivent dans le repos et dans le mouvement. La Mécanique n'appartiendrait plus aux Mathématiques pures; ce serait une science *mixte*, qui emprunterait en partie ses principes de l'expérience. Il veut qu'on ne considère la Mécanique que comme une science abstraite qui, sans égard à ce qui

métaphysique proposé depuis peu par une des plus célèbres académies de l'Europe, *si les lois du mouvement et de l'équilibre des corps sont de vérité nécessaire ou contingente* ».

1. Nous avons corrigé « Fontenex » en « Foncenex ».

2. Voir F. Daviet, chevalier de Foncenex, « Sur les principes fondamentaux de la mécanique », dans *Mélanges de philosophie et de mathématiques de la Société Royale de Turin*, pour les années 1760-1761, Turin, De l'Imprimerie royale, s.d., 2e partie, p. 299-322.

se passe dans le monde actuel, tire ses principes et sa certitude géométrique des idées abstraites et intellectuelles de la simple impénétrabilité; persuadé avec raison, que ce qui aura été démontré dans cette science abstraite n'en sera pas moins vrai en passant du monde intellectuel à l'univers des corps qui existent réellement. Ainsi, dans le sens de M. *de Foncenex*, la loi *d'inertie* n'est en Mécanique, ni une vérité de fait, ni une conséquence nécessaire de l'impénétrabilité; ce n'est qu'une *proposition identique*, qui se réduit à affirmer que les corps doivent être considérés comme persévérant dans l'état où ils sont, soit de repos ou de mouvement, si l'on fait abstraction de tous les changements qui pourraient arriver dans leurs vitesses et dans leurs directions. On ne saurait disconvenir sans doute que la loi *d'inertie* ainsi énoncée ne soit une proposition identique, de vérité si nécessaire qu'elle n'a pas même besoin de démonstration; mais il ne paraît pas que, prise dans ce sens, elle puisse servir de principe fondamental à la Mécanique, ni qu'elle soit d'un grand secours pour la découverte des lois particulières que cette science doit nous donner sur le mouvement, la rencontre, le choc et la chute des corps.

I. Quand on parle de la loi *d'inertie*, ou l'on veut simplement dire, qu'*un corps est censé en repos ou en mouvement déterminé, tant qu'il est censé être en repos ou en mouvement déterminé*; vérité qui assurément ne serait pas féconde en corollaires; ou l'on veut dire qu'*un corps impénétrable doit conserver invariablement son état de repos ou de mouvement déterminé, tant qu'une cause étrangère ne l'empêchera pas d'y persévérer*: ou l'on veut dire enfin, que *les corps actuels conservent effectivement leur état de repos ou de mouvement déterminé, aussi longtemps qu'une cause étrangère ne les en tire pas*. Le premier | énoncé est une proposition identique, **373**
qui ne saurait mener à rien. Le second est un théorème d'où découlent les principales propositions de la Mécanique; mais ce théorème a besoin lui-même d'être démontré; le troisième énoncé enfin est ce même théorème exprimé comme une simple vérité de fait. La question se réduit donc toujours, non à savoir si un corps qui persiste dans son état est censé y persister, mais à savoir 1° s'il est réellement vrai que les corps observent la loi de permanence dans leur état quelconque de repos ou de mouvement, et 2° si cette loi est une suite nécessaire de l'impénétrabilité de la matière; ou, pour dire la chose en d'autres termes, si les corps ne sauraient varier d'eux-mêmes leur état de repos ou de mouvement sans cesser d'être impénétrables. Il n'y a que la première de ces deux questions qui intéresse proprement la Mécanique; il suffit dans cette science d'admettre le fait comme un principe d'expérience très bien constaté, mais aussi il est indispensablement nécessaire en Mécanique d'admettre ce fait; car d'une simple proposition identique qui laisserait le fait indécis, on n'en

apprendrait pas mieux si la réaction est égale à l'action, s'il y a quelque proportionnalité entre les causes et les effets, si toute impulsion ne suffit pas pour imprimer à toute masse tout degré de célérité, si un mobile perd autant de son mouvement qu'il en communique, si la vitesse d'un corps s'accélère pendant sa chute, etc. ou si rien de tout cela n'a lieu dans la nature. Le fait une fois constaté, c'est à la Métaphysique à résoudre la seconde question, et à remonter à la nature de la loi que ce fait suppose.

Que cette loi *d'inertie* soit une suite nécessaire de l'impénétrabilité des corps, c'est ce qui, de l'aveu de plusieurs grands Géomètres, n'a point encore été démontré[1]. Mais on peut aller plus loin. On peut prouver aisément que l'impénétrabilité ne saurait répugner au changement d'état des corps, de quelque endroit que ce changement parte. Elle n'empêche point que les corps n'éprouvent à chaque instant de pareils changements par l'action des corps étrangers; pourquoi l'empêcherait-elle lorsque la force résiderait dans le corps même? Un animal est-il moins impénétrable
374 qu'une boule? Celle-ci ne change son | état de repos ou de mouvement qu'au gré des causes étrangères; celui-là varie son état à son propre gré. D'ailleurs, s'il avait plu à l'Auteur de la nature que la matière fût indifférente au repos et au mouvement, en serait-elle moins impénétrable? De ce que deux portions de matière ne sauraient occuper à la fois le même lieu, s'ensuit-il que, quand l'une d'entre elles vient [...] occuper un nouveau lieu pour faire place à celle qui l'a délogée, elle ne puisse pas s'y fixer? Par quelle nécessité faut-il qu'elle continue de passer de place en place jusqu'à ce qu'elle rencontre un obstacle qui l'arrête? Elle était en repos dans sa place primitive, une autre portion de matière l'en a fait sortir; aussi longtemps que cette portion de matière la talonne, il faut bien sans doute qu'elle lui fasse place, puisque nous supposons qu'elle n'a pu résister au premier déplacement; mais, dès que le corps qui en a déplacé un autre ne le poursuit pas, l'impénétrabilité de celui-ci ne saurait assurément le nécessiter à faire un pas plus loin.

Ce n'est pas tout. Ceux qui attribuent aux lois du mouvement une nécessité géométrique, ne regardent point le repos ou le mouvement comme des propriétés essentielles et inhérentes à la matière; ce ne sont que des relations extrinsèques et accidentelles, à l'égard desquelles le corps est

1. Voir par exemple, P. L. Moreau de Maupertuis, « Examen philosophique », HAR 1756 [1758], p. 402 : « Ces deux premières lois [formant le principe de l'inertie selon Descartes], quoiqu'on ne les puisse déduire de l'idée que nous avons de l'étendue, étaient confirmées par l'expérience ». J. Le Rond d'Alembert, *Essai sur les éléments de philosophie*, p. 372-373 : « Il est vrai que les preuves qu'on a données jusqu'à présent de ce principe [de l'inertie] ne sont peut-être pas fort convaincantes; le philosophe fera sentir les difficultés qu'on peut y opposer, et montrera le chemin qu'on doit prendre pour éviter de s'engager à les résoudre ».

entièrement passif. Il ne se donne à lui-même, il ne tire de son propre fond, selon eux, ni l'état de repos, ni celui de mouvement. Une cause qui lui est étrangère le met successivement dans l'un ou l'autre de ces états. Donc supposer que le déplacement continué soit un état subsistant par lui-même, c'est déjà supposer la loi d'inertie dont on veut prouver la nécessité; cette loi mise à part, il serait plus naturel de conclure que, puisqu'il a fallu une force étrangère pour mettre le corps en mouvement, c'est-à-dire pour le placer dans une autre relation accidentelle au dehors, à l'égard de laquelle il est absolument passif, il faut une action continuée de cette force étrangère pour le contraindre de changer uniformément cette relation. On conçoit sans peine une permanence dans l'état de repos, indépendamment de la loi d'inertie, parce que le repos semble ne supposer qu'une négation d'activité; | mais une permanence dans un état qui n'a rien de permanent que son **375**
inconstance perpétuelle, tel qu'est l'état de mouvement, ne se serait peut-être jamais présentée à l'esprit comme une suite naturelle de la rencontre des corps, si l'expérience ne l'avait fait remarquer; et depuis qu'on est convaincu que la loi d'inertie s'étend également au mouvement comme au repos, on ne saurait encore se dissimuler que l'état de mouvement uniforme n'est qu'une conception de notre esprit, composée des idées abstraites de changement de lieux, de direction vers un même point, et d'espaces égaux parcourus en des temps successifs d'une égale durée. On aurait aussi bien pu nommer cela *un changement perpétuel d'état, continué uniformément*, qu'on l'a nommé une *permanence dans l'état actuel*; mais la commodité de pouvoir énoncer la loi d'inertie d'une manière plus concise, a dû faire préférer cette dernière dénomination, qui d'ailleurs ne change point la nature des choses.

Quand même on pourrait démontrer que, sans la loi d'inertie, le mouvement ne saurait se conserver longtemps, il n'en serait pas plus vrai que cette loi fût une suite nécessaire de la nature des corps, ou de leur impénétrabilité. La matière n'en aurait pas moins toutes les propriétés que nous lui connaissons, l'étendue, la figure, la solidité, la mobilité même. Il est vrai qu'un monde où chaque élément tendrait vers l'engourdissement n'offrirait pas cette marche pompeuse des corps célestes, ce tableau mouvant et diversifié, ces vicissitudes harmoniques qui concourent à former l'ordre et la beauté de notre univers; mais c'est précisément ce qui a dû donner l'exclusion à d'autres lois qui, bien qu'également compatibles avec la nature des corps, auraient amené moins de scènes ravissantes sur cet immense théâtre. C'est donc le choix de la sagesse infinie, c'est la suprême règle de la convenance, et non une nécessité géométrique et inévitable qui a établi *l'inertie*, la première loi du mouvement qui s'observe dans le monde actuel.

376 |Au reste, il n'est rien moins que prouvé, que sans cette loi le mouvement n'eût pu se perpétuer. L'*inertie* suppose nécessairement un premier moteur. Si le suprême Architecte de l'univers ne met pas lui-même les pièces de cette machine compliquée en activité, l'inertie les condamne à un repos éternel. S'il n'imprime du mouvement qu'à quelques-unes, l'inertie de toutes les autres l'aura bien vite consumé. Et quand même chacune d'elle[s] aurait reçu son degré déterminé de mouvement, comme il peut diminuer à chaque collision, il ne serait point impossible qu'il se perdît tout à fait. Au lieu de *l'inertie*, prenons l'extrême opposé; que la matière soit absolument indifférente au repos et au mouvement, le moindre corpuscule mis en activité aurait suffi pour répandre le mouvement dans tout l'univers. C'eût été une étincelle capable de produire un embrasement général. Il aurait pu se perdre quelque mouvement par la rencontre directe des corps prêts à s'arrêter au moindre obstacle; mais, dans tous les autres cas, le plus petit mobile aurait mu sans effort les plus lourdes masses. Il n'était sans doute pas digne de la sagesse du Créateur d'introduire une telle loi dans la nature; elle n'aurait pas rempli le meilleur plan de l'univers; mais elle n'était pas incompatible avec l'impénétrabilité de la matière. Entre les deux extrêmes de *l'inertie* et de *l'indifférence*, on peut concevoir une infinité de lois moyennes, selon lesquelles les corps auraient pu accélérer ou retarder leur mouvement, qui toutes eussent été compatibles avec l'impénétrabilité, mais dont aucune n'eût été aussi convenable que celle que l'Auteur de la nature a choisie. C'est donc la raison suprême, et non la nécessité, qui en est le véritable fondement. Aussi cette loi qui se prouve si facilement à l'aide du principe de la Raison suffisante, ne peut jamais être démontrée dès qu'on tente de la fonder sur le principe de la Contradiction. Il impliquerait sans doute que le corps A fût dans le même instant, et dans le même sens, en repos, et en mouvement; mais qu'il passe l'instant d'après d'un de ces états à l'autre, c'est ce qui n'implique plus, et ce qui au contraire arrive à tout moment [1]. Mais il est besoin qu'il y ait une raison suffisante de ce passage d'un état à l'autre: sans quoi les
377 changements produits dans l'univers, | n'auraient rien de réglé, de déterminé, ni de constant; et ce besoin d'une raison suffisante dans les changements du monde matériel, n'est autre chose que ce qu'on exprime par le terme unique d'*inertie*, dont de grands Géomètres ont fait assez improprement une espèce de force indéterminée, inhérente à la matière [2].

1. Ici et dans la suite du texte, il faut comprendre « impliquer » au sens d'« impliquer contradiction ».

2. Béguelin s'en prend à la conception de l'inertie comme une *vis insita* inhérente à la masse des corps et cause de résistance au mouvement, thèse que l'on tendait en particulier à

C'est cette *inertie*, ce besoin d'une raison suffisante, qui fait qu'un mobile doit perdre de son mouvement à mesure qu'il en communique à un autre; effet que le principe de la contradiction n'aurait jamais découvert, et qui n'était pas plus nécessaire qu'il ne l'est qu'une bougie perde autant de sa flamme qu'elle en communique à une autre bougie en l'allumant. Ce n'est qu'en envisageant l'inertie sous ce point de vue, qu'on s'assure que la résistance est proportionnée à la densité des corps. Chaque élément de matière a besoin d'une raison suffisante pour changer son état; l'effort qui doit remuer la masse entière, doit donc être proportionné au nombre des éléments qu'elle contient; dès qu'on s'écarte de cette idée, qu'on regarde l'inertie comme une propriété essentielle et nécessaire des corps, on est réduit, pour raisonner conséquemment, à dire avec un très grand Géomètre, que la résistance pourrait bien n'être pas proportionnée à la quantité de matière propre que le corps renferme, puisque ce serait l'inertie et non la masse qui produirait la résistance [1]. Enfin, c'est sous ce point de vue uniquement que la loi de *l'épargne* n'est ni restreinte à des cas particuliers, ni une conséquence purement mathématique de quelques formules algébriques [2]. Tout changement d'état dans la nature a besoin d'une raison suffisante : telle est la loi d'inertie; de là tous les corps qui agissent les uns sur les autres déploient et éprouvent une force proportionnée au changement qui s'opère sur eux tous. Ainsi le changement total qui arrive dans la nature suppose une force déterminée par le besoin d'une raison suffisante; force par conséquent la plus petite qu'il soit possible pour produire ce nouvel état.

Il suffirait d'avoir prouvé que la première loi de la Mécanique n'est pas de nécessité absolue, pour en conclure légitimement que les | lois du **378**
mouvement ne sont que de *vérité contingente*. Cependant il ne sera pas inutile d'examiner de même la nature de deux autres lois fondamentales,

attribuer à Leibniz en vertu de déclarations telles que celles-ci dans le *De ipsa natura*, GP IV, p. 511 : « [...] et uti in materia inertiam naturalem oppositam motui, ita in ipso corpore, imo in omni substantia inesse constantiam naturalem oppositam mutationi ».

1. *Euleri Theoria motus*, c. II, § 157 [note originale]. Voir L. Euler, *Theoria motus corporum solidorum seu rigidorum*, Rostochii et Gryphiswaldiæ, A. F. Röse, 1765, p. 58 : « In corporibus igitur præter extensionem aliquid inest, quod eorum quasi realitatem constituit, eorum scilicet inertia seu materia, quæ necessario cum soliditate seu impenetrabilitate conjuncta videtur, quid enim præter materiam impenetrabile esse possit, nullo modo intelligitur ».

2. Il s'agit ici du principe de la moindre action tel que formulé par Maupertuis. Telles ont été les deux principales critiques émises par D'Alembert et par Patrice d'Arcy à l'encontre du principe de la moindre action comme principe fondamental de la dynamique. Voir à ce sujet F. Duchesneau, « Échanges entre académiciens de Paris et de Berlin au sujet du principe de la moindre action », *in* P. Girard *et al.*, *Modernités et académies scientifiques européennes*, Paris, Classiques Garnier, à paraître.

qui, conjointement avec celle de *l'inertie*, donnent tous les principes de la Mécanique [1].

II. La seconde loi générale est celle de la *composition et décomposition des forces*, ou plutôt *du mouvement*: l'énoncé de cette loi est: que si un mobile est poussé en même temps vers deux côtés différents, il parcourra la diagonale du parallélogramme dont les côtés expriment les directions et les mouvements imprimés à ce mobile.

Il est évident d'abord que les notions de l'*étendue*, de la *figure*, de l'*impénétrabilité*, ou de quelque autre propriété essentielle du corps n'entrent en aucune façon dans l'énoncé de cette loi. On ne saurait donc affirmer qu'elle soit une suite nécessaire de l'idée abstraite de ces propriétés. La nature de la matière n'empêchait donc pas que le Créateur n'établît une autre loi dans les mouvements combinés, à moins qu'il ne soit démontré que la loi des mouvements composés est une suite nécessaire de la loi des mouvements simples établie par l'Auteur de l'Univers. Mais, dans ce cas même, la suite nécessaire d'une loi fondée sur le principe de la raison suffisante ne serait elle-même qu'une loi *contingente*.

Qu'un corps poussé à la fois vers l'*est*, et vers le *sud*, se meuve en même temps vers ces deux plages, c'est ce qui est absolument impossible; c'est ce qui choquerait manifestement le principe de la contradiction. Voilà la conséquence qui est de vérité nécessaire. Mais que ce corps, auquel il ne reste qu'à prendre une seule direction quelconque, ou à rester immobile, doive précisément recevoir telle quantité de mouvement, et suivre telle direction, préférablement à toutes les autres, qui n'impliqueraient contradiction ni par la nature des corps, ni par celle du mouvement, c'est ce qui ne peut être que de vérité contingente. Le degré de vitesse de ce corps et la direction qu'il doit prendre seront exactement déterminés par le principe
379 du | besoin d'une raison suffisante qui exclut le fortuit, l'arbitraire, l'irrégulier et l'indéterminé. Par conséquent, la loi de la composition du mouvement est encore une loi de convenance, fondée sur le choix infiniment sage de la Raison suprême.

Je sais que des Géomètres du premier ordre ont donné successivement des démonstrations mathématiques très élégantes et très rigoureuses du principe de la composition des forces; ce qui devrait prouver

1. Selon D'Alembert, que Béguelin suit encore une fois ici, la première de ces lois est celle de l'inertie : les deux autres sont celles de la composition des forces et de l'équilibre. Voir D'Alembert, *Traité de dynamique* [1743], nouvelle édition, Paris, Chez David, 1768 : p. 3 : « On peut réduire tous les Principes de la Mécanique à trois, la force d'inertie, le mouvement composé et l'équilibre ».

incontestablement que cette loi est de vérité nécessaire[1]. Mais il faut observer, et il serait aisé de le montrer en détail, que toutes ces démonstrations supposent, ou expressément, ou tacitement, le principe de la *raison déterminante*. Ce n'est qu'après avoir supposé qu'il faut une raison suffisante pour que le mobile prenne la direction et le degré de vitesse qu'il prend, qu'on parvient à exclure toutes les autres directions et toutes les autres vitesses possibles. Le caractère distinctif d'une vérité nécessaire, c'est quand le Géomètre ou le Philosophe peuvent dire : *il est impossible que la chose soit autrement*; mais lorsqu'il faut se borner à dire : *il n'y aurait point de raison pourquoi cela serait autrement*, dès lors les calculs les plus exacts, l'enchaînure des propositions les plus géométriquement démontrées, n'empêcheront jamais que la conclusion ne puisse être de *vérité contingente*. On se sert, je l'avoue, assez souvent de cette dernière façon de raisonner pour prouver des vérités géométriques, qui n'en deviennent sans doute pas plus contingentes pour cela; mais c'est qu'alors on ne le fait que par commodité, et pour abréger; et le Géomètre est toujours prêt, si on le chicane, de démontrer directement que sa proposition est de *vérité nécessaire*, ou que le contraire impliquerait contradiction.

Nous connaissons si peu l'action des forces, que si l'expérience ne nous eût appris la loi de la composition du mouvement, nous l'ignorerions peut-être encore. Qu'un domestique debout dans le coin d'une chambre, et appelé de deux côtés à la fois coure sur la diagonale vers le quatrième angle où personne ne l'appelle; ou qu'il reste immobile entre son maître et sa maîtresse lorsque l'un et l'autre le | demandent en même temps; rien ne 380
serait plus absurde : mais était-il beaucoup plus probable, ou plutôt quelle nécessité absolue y avait-il, qu'un corps attiré avec une vitesse de trois degrés vers le nord, et de quatre degrés vers l'ouest, dût diriger sa course vers une plage, qui n'est ni l'ouest, ni le nord, ni le nord-ouest; et prendre une vitesse de cinq degrés, qui n'est ni la somme des vitesses imprimées, ni leur différence, ni l'une de ces vitesses prise séparément; ni leur produit, ni leur quotient ?

Pour que la loi de la composition des forces fût de nécessité absolue, il faudrait 1° qu'il fût *nécessaire*, que le mouvement produisît un mouvement; ce qui supposerait déjà la *nécessité* des lois de la communication du mouvement qu'on en voudrait inférer. 2° Que le corps poussé conservât *nécessairement* l'impression une fois reçue; ce qui supposerait la nécessité de la loi d'inertie, dont nous venons de prouver la contingence.

1. Tel est en particulier le cas de D'Alembert qui présente cette démonstration sous forme de théorème : *ibid.*, p. 35.

3° Qu'il impliquât contradiction que l'effet total de deux forces diverses qui agissent à la fois, fût différent de l'effet de ces forces lorsqu'elles agissent l'une après l'autre. 4° Qu'on pût démontrer, sans recourir à la loi d'inertie, que dans le mouvement composé la direction du mobile doit être une ligne droite, et sa vitesse uniforme. Or, de ces quatre propositions, il ne paraît pas qu'il y en ait une seule qui puisse être démontrée autrement qu'à l'aide du principe de la raison suffisante.

III. Il nous reste encore à examiner la nature de la troisième loi générale, celle de l'*équilibre*, savoir, que deux corps dont les tendances sont opposées, doivent pour se faire équilibre avoir des vitesses virtuelles qui soient en raison inverse des masses de ces corps.

Cette loi paraît être en effet de vérité nécessaire; puisqu'elle résulte naturellement des simples idées abstraites de l'équilibre et de l'égalité supposée entre les forces qui doivent le produire.

Que ces forces soient, par exemple, la pesanteur; nous disons que deux
381 poids égaux appliqués aux deux bras d'une balance à des | distances égales du point d'appui doivent faire équilibre. Mais le disons-nous simplement parce qu'il n'y a point de raison pourquoi un poids devrait l'emporter sur l'autre, ce qui n'indiquerait qu'une vérité contingente? Ou est-ce qu'il implique réellement que dans ce cas-ci un des deux poids fasse pencher la balance de son côté, ce qui rendra l'équilibre de vérité nécessaire?

Nous avons ici deux suppositions différentes, par la réunion desquelles nous concluons l'équilibre. La première, c'est que nous supposons les poids égaux. Mais qu'est-ce que des *poids égaux*, sinon des corps qui tirent ou qui pressent avec une égale force; qui, substitués l'un à l'autre dans un même bassin de la balance, y exercent exactement le même effort? Et qu'est-ce ensuite que l'*équilibre* d'une balance, si ce n'est une pression égale sur les deux bras qui s'entre-détruit mutuellement? Donc, dire que des poids égaux, supposés agir également sur les bras d'une balance, la tiendront en équilibre, c'est dire que, si une balance est tirée également par des forces égales et opposées, elle est également tirée des deux côtés; vérité nécessaire sans doute, et dont le contraire impliquerait.

La seconde supposition, c'est que les bras de la balance sont d'égale longueur. Ici il n'y a plus de proposition identique. Cette condition suppose un théorème dont l'énoncé serait: que, *pour que des puissances égales soient censées produire des effets égaux, elles doivent être appliquées à des distances égales du point d'appui*. Or l'égalité des distances ne paraît pas entrer aussi nécessairement dans l'égalité d'action, que l'égalité des poids.

Que les poids soient immédiatement appliqués aux bras, ou qu'ils y soient appendus par des chaînes d'inégale longueur, l'action reste la même; que les bras du levier soient longs ou courts, l'effort des poids sur le point d'appui n'augmente ni ne diminue; ainsi, à considérer simplement l'état de repos ou d'équilibre, il ne serait pas aisé de démontrer l'effet qui doit résulter de l'égalité ou de l'inégalité des bras, sans avoir recours au principe de la raison suffisante. Il n'y a point de raison sans doute pourquoi, tout se | passant également des deux côtés du point d'appui, un bras soit **382**
plus élevé que l'autre; l'équilibre devient donc certain dans cette supposition. Mais la contingence produit la certitude aussi bien que le ferait la nécessité absolue. Il n'implique pas que l'effet de deux poids soit précisément le même, quoiqu'ils diffèrent en figure et en volume: comment démontrera-t-on qu'il implique que l'effet soit encore le même lorsque les bras qui les soutiennent différeront en longueur? Aussi la plupart des Géomètres, pour démontrer la loi du *repos*, ont recours au mouvement. Ils supposent l'équilibre dérangé, et calculent les espaces qu'auraient à parcourir en un même temps les corps qui doivent faire équilibre entre eux. À la faveur de cette fiction la Géométrie ramène la Mécanique sur son propre terrain. Il est de vérité nécessaire que les espaces parcourus par les bras d'une balance ou d'un levier soient proportionnels à la longueur de ces bras. Si l'on peut donc démontrer, sans employer au moins implicitement le principe de la raison suffisante, 1° que c'est *agir également* que de donner des vitesses égales à des masses égales; 2° que l'on doit conclure de l'action des forces quand elles agissent réellement, à leur effort lorsqu'elles n'ont qu'une tendance à agir; le principe du levier sera démontré rigoureusement dans le cas des poids égaux appliqués à des distances égales du point d'appui. Il ne restera plus, pour démontrer le principe de l'équilibre dans toute son étendue, qu'à prouver de même; 3° que la vitesse doit nécessairement entrer pour autant que la masse dans l'estimation du mouvement, ou de l'action des forces qui le produisent; et 4° que cette estimation est encore juste lorsque les vitesses ne sont que supposées ou virtuelles. Mais je crois n'avoir pas besoin d'examiner ici, si nous avons actuellement ces démonstrations rigoureuses, ou si elles nous manquent encore. Après ce que j'ai dit sur les deux premières lois fondamentales de la Mécanique, je puis, ce me semble, sans rien ôter à la certitude de cette science, légitimement conclure avec l'illustre Leibniz [1], que les lois du mouvement ne naissent pas entièrement du principe de la | nécessité, mais qu'elles **383**
naissent du principe de la perfection et de l'ordre; qu'elles sont un effet

1. Voir Leibniz, *Essais de théodicée*, § 345, GP VI, p. 319.

du choix et de la sagesse de Dieu ; et que leur beauté est une preuve merveilleuse de l'existence d'un Être suprême, intelligent et libre. Mais la beauté de ces lois considérées sous le point de vue du célèbre principe de l'épargne, ajoute encore un nouveau degré de force à la vive admiration que les ressources inépuisables de la nature, l'immense variété de ses productions, et la simplicité de ses moyens nous inspirent pour son divin Auteur [1].

1. Évocation de l'argumentation développée par Maupertuis dans l'*Essai de cosmologie* (1750).

CONCILIATION DES IDÉES DE NEWTON ET DE LEIBNIZ SUR L'ESPACE ET LE VIDE [1]

PRÉSENTATION

Dans la *Conciliation des idées de Newton et de Leibniz sur l'espace et le vide*, Béguelin tente d'établir la compatibilité de conceptions antinomiques avancées par les deux auteurs : l'une représenterait le point de vue géométrique et physique, l'autre le point de vue métaphysique. L'espace absolu selon Newton relèverait d'un mode abstrait de représentation des propriétés des corps actualisées dans le monde physique. En parallèle, la thèse leibnizienne est présentée comme si l'espace correspondait à une relation, celle « des êtres qui existent en même temps » [2]. Et cette relation apparaîtrait compatible avec la « notion physique et mathématique de l'espace pur ou du vide » [3], car l'ordre des êtres qui coexistent peut se traduire en un système physique où les corps et leurs éléments sont disposés à distance les uns des autres, sans que d'autres éléments matériels interposés viennent en assurer la juxtaposition sans faille. Les notions d'espace dont il s'agit dépassent la catégorie des concepts géométriques, car elles réfèrent au monde existant, au sujet duquel s'applique la recherche de raisons suffisantes, source de certitude morale. Béguelin analyse donc les arguments physiques évoqués par les tenants des deux positions antagonistes. Il est certes possible de concevoir l'interaction des corps en mouvement dans un milieu plein, mais cette interaction requiert alors que l'on admette des fluides subtils, sources d'impulsion et pénétrant les pores des corps, sans que leurs parties soient dotées de pesanteur assignable : la composition des parties de ces fluides subtils requerrait que l'on en

1. Lu le 12 octobre 1769 [note originale]. HAR 1769 [1771], p. 344-360.
2. *Ibid.*, p. 356.
3. *Ibid.*

cherchât la raison suffisante dans des fluides encore plus subtils et plus impondérables, dont les éléments seraient néanmoins extrêmement denses, et cela en une régression sans terme. À l'encontre de cette hypothèse complexe, le modèle newtonien des corpuscules espacés présente l'avantage d'une relative simplicité et d'une intelligibilité ou vraisemblance plus manifeste. Ce sont d'ailleurs ces caractéristiques de l'explication que Béguelin retient essentiellement en sa faveur.

Cette hypothèse pourrait néanmoins sembler réfutée par le modèle que Leonhard Euler avait élaboré concernant la nature de la lumière [1]. La structure mathématique des deux hypothèses, corpusculaire et ondulatoire, n'est pas en cause ici, mais seulement les concepts physiques qu'elles déploient respectivement. La lumière est soit constituée par une émission réelle de corpuscules lumineux, soit elle se réduit à l'effet de la pression exercée par le corps lumineux sur l'éther en tant que milieu fluide des cieux. Euler soutient que le modèle de l'émission corpusculaire enveloppe deux implications problématiques. En étant source d'émission, le corps céleste lumineux tendrait à une déperdition importante de matière et donc de masse. Et, par ailleurs, les corpuscules émis tendraient à remplir intégralement l'espace interstellaire, présumé initialement vide. Béguelin tente de moduler l'hypothèse de l'émission de corpuscules en vue de l'immuniser contre la critique d'Euler. Il imagine des mouvements alternés de pulsation affectant la source émettrice : d'où la discontinuité des émissions. Par ailleurs, l'effet imprimé par la lumière sur la rétine, s'il est présumé ponctuel dans sa production, peut s'avérer persister pour un temps dans la perception qu'il engendre, comme les expériences réalisées par Patrice d'Arcy sur la rémanence des impressions lumineuse semblaient l'établir [2]. Compte tenu d'un espacement suffisant des particules successivement émises et de la vitesse de la lumière, on peut légitimement transposer le modèle newtonien comme s'il impliquait des distances vides immenses entre les corpuscules infimes successivement impliqués dans la transmission du rayonnement depuis sa source sidérale. En vertu de la discontinuité et de l'espacement des émissions, on peut aussi se représenter que la source lumineuse ne subirait qu'une atténuation insignifiante de sa masse, mesurée selon la durée la plus longue des observations humaines. Ces hypothèses accessoires permettraient d'accréditer une théorie

1. Voir L. Euler, *Nova theoria lucis et colorum* (1746), OO I, 5, p. 1-45.

2. Voir P. d'Arcy, « Mémoire sur la durée de la sensation de la vue », *Histoire de l'Académie Royale des Sciences*, année 1765, Paris, Imprimerie royale, 1768, [mémoires], p. 439-451.

newtonienne révisée de la lumière et, avec elle, la présupposition d'un vide physique.

Or, suivant l'approche conciliatrice qu'il adopte, s'agissant des fondements de la philosophie naturelle [1], Béguelin doit justifier la compatibilité d'un tel modèle avec les raisons d'ordre métaphysique auxquelles il tend à réduire la conception leibnizienne de l'espace. Ces raisons tiennent à l'ordre réciproque des corps les uns par rapport aux autres, ordre qui persisterait identique à lui-même, que les corps fussent séparés par des portions de vide ou qu'ils le fussent par des fluides subtils intercalés entre eux. Certes, cette équivalence des hypothèses ne serait pas recevable d'un point de vue leibnizien, puisque les raisons suffisantes du lieu des corps ne seraient pas les mêmes selon l'une et l'autre. Mais cette considération n'arrête pas Béguelin, puisque, du point de vue physique qu'il privilégie, l'hypothèse d'un fluide subtil n'ajouterait qu'un réquisit inutile à l'explication des phénomènes dans leur ordre. Est-ce à dire toutefois que l'ordre de coexistence des corps ne serait qu'une implication découlant de l'existence d'un espace absolu? Confronté à cette supposition dérivée de la philosophie naturelle de Newton, Béguelin se dissocie de ce qu'elle implique en matière de priorité ontologique. Il pose que l'ordre de coexistence des corps résulte de l'arrangement idéal des essences tel que l'entendement divin le conçoit au fondement du meilleur des mondes possibles. Telle est la racine ontologique de la notion d'un espace pur : le fondement en serait en effet l'ordre des essences dont les corps dans leur coexistence constitueraient l'expression contingente. De l'hypothèse métaphysique sur laquelle reposait la doctrine de l'espace que Leibniz avait opposée à la conception newtonienne, Béguelin semble avoir retenu que la coexistence des substances et par implication des corps individuels requiert la représentation de l'espace comme raison de l'ordre qui s'y exprime [2].

Pour réaliser la jonction de cette thèse métaphysique d'inspiration leibnizienne avec la reconnaissance d'un ordre physique possible, et même vraisemblable, dont le vide serait partie intégrante, Béguelin interprète l'impossibilité du vide dans la nature selon Leibniz comme signifiant la plus grande plénitude et donc la plus grande liaison possible des substances selon le plan de la création. Dans l'ordre des phénomènes, cette liaison optimale s'exprime dans l'arrangement organique des corps qui requiert

1 Voir à ce sujet F. Duchesneau, « Nicolas de Béguelin et les fondements d'une philosophie de la nature », *Philosophiques*, 42, 2015, p. 89-105.

2. Voir Leibniz, Cinquième lettre à Clarke, § 104, GP VII, p. 415 : « Je ne dis point, que l'Espace est un ordre ou situation, mais un ordre des situations, ou selon lequel les situations sont rangées ; et que l'espace abstrait est cet ordre de situations, conçues comme possibles ».

une certaine proportion de vide physique pour en assurer l'interrelation, en vertu d'un réquisit d'harmonie : « M. Leibniz pouvait si peu nier l'existence du vide physique que ce vide est une suite naturelle de son système sur la combinaison des éléments simples » [1]. Or que faut-il entendre ici par « suite naturelle » ? Il ne saurait s'agir d'une pure et simple déduction de l'ordre physique à partir de l'ordre métaphysique, mais d'une forme de compatibilité entre des représentations qui ont leur source dans des modes distincts de connaissance, selon que ces représentations se justifient respectivement par des arguments tenus pour *a priori* ou *a posteriori*. Il s'agit là ultimement de l'ajustement analogique de deux discours présumés rationnels qui se distinguent par leurs objets et par leurs techniques de preuve, mais qui s'inscrivent tous deux sous le réquisit de la raison suffisante. Béguelin tente ici de les harmoniser, c'est-à-dire de les insérer en un même système intégré de concepts interprétatifs qui assurerait la liaison entre des notions apparemment incompatibles si on les traitait comme de purs concepts mathématiques. Ce mémoire illustre, au sein de l'Académie, la volonté d'approfondir les bases métaphysiques possibles de la physique newtonienne, et de rapprocher des points de vue apparemment antithétiques en philosophie naturelle – visée que l'on a pu qualifier d'éclectisme.

François DUCHESNEAU

1. N. Béguelin, « Conciliation », HAR 1769 [1771], p. 358.

BÉGUELIN

CONCILIATION DES IDÉES DE NEWTON ET DE LEIBNIZ SUR L'ESPACE ET LE VIDE

Dans le mémoire que j'ai eu l'honneur de lire à l'Académie [1], sur la manière de concilier les sentiments particuliers qu'avaient, par rapport à l'attraction et aux substances simples, les deux grands hommes que je viens de nommer, j'ai insinué qu'il ne serait peut-être pas difficile de rapprocher encore leurs idées sur les autres points de Physique et de Métaphysique dans lesquels ils paraissent avoir les sentiments les plus directement opposés. Telles sont les questions sur l'*espace* et le *vide* [2]. L'espace existe-t-il indépendamment des choses créées? Y a-t-il du vide dans la nature? Newton affirme très positivement l'une et l'autre de ces propositions; Leibniz les nie absolument. L'opposition ne saurait être plus formelle. De deux génies de cette force, l'un aurait-il pu être dans l'erreur sur des matières si peu compliquées; et ne cherchant que la vérité, ne se serait-il pas rendu aux preuves qui convainquaient l'autre? Car enfin l'un des deux devait par la nature des choses avoir la vérité de son côté.

On a traité de chimérique et d'impraticable le projet qu'avait formé Leibniz de concilier *Platon* et *Aristote*; *Aristote* et *Descartes* [3]; d'ailleurs cette conciliation fût-elle possible, de quelle utilité serait-elle au progrès

1. Mémoire de l'Académie, Tome XXII, p. 372 [note originale]. Voir N. Béguelin, « Essai d'une conciliation de la métaphysique de Leibnitz avec la physique de Newton, d'où résulte l'explication des phénomènes les plus généraux et les plus intéressants de la nature » (HAR 1766 [1768], p. 365-380).

2. Il s'agit notamment de questions discutées dans les écrits de la controverse entre Leibniz et Clarke (GP VII, p. 347-440). Ces textes avaient été d'abord édités par P. Des Maizeaux dans *Recueil de diverses pièces sur la philosophie, la religion, naturelle, l'histoire, les mathématiques, etc.*, Amsterdam, Du Sauzet, 1720.

3. Voir la lettre de Leibniz à Rémond du 10 janvier 1714, GP III, p. 606-607.

345 des sciences ? Qu'importe que deux grands hommes | qu'on croyait avoir des idées très opposées, aient eu dans le fond une même opinion ? C'est la vérité qu'il s'agit de découvrir, et non les sentiments de tels et tels philosophes. Leur conformité ne rendra pas une proposition plus vraie ; et leur opposition n'empêchera pas que les choses n'aient leur vérité déterminée, quelle que soit notre indécision.

En accordant à ces réflexions toute la justesse qu'elles renferment, je crois néanmoins qu'il ne saurait être qu'avantageux au progrès des sciences de rechercher les causes de la diversité de sentiments que les grands hommes, vraiment dignes de ce titre, ont eus sur les mêmes objets, si ces objets sont intéressants par eux-mêmes, et que ceux qui s'en sont occupés aient été à portée de les approfondir. Peu nous importerait sans doute de concilier deux anciens Philosophes sur des hypothèses de physique qu'ils n'auraient eu ni l'un ni l'autre les moyens d'établir d'après des expériences bien exactes ; nous n'en approcherions pas plus du vrai. Mais, lorsqu'il s'agit de matières sur lesquelles les hommes de génie de quelque siècle qu'on voudra, doués des lumières et des secours nécessaires, ont médité profondément, s'il se trouve qu'ils aient été sur ces objets dans des sentiments opposés, on peut, ce me semble, assez vraisemblablement en conclure, ou qu'ils ont raison tous deux, et que l'opposition n'est qu'apparente ; ou que, si elle est réelle, la vérité se manifestera à coup sûr, en pesant la solidité des arguments de part et d'autre.

D'ailleurs, chaque objet peut être envisagé sous diverses faces. Celui qui n'en envisage qu'une, ne saurait le voir parfaitement, et cela sera cause qu'il ne verra peut-être pas même assez bien le côté qu'il aperçoit. Qui ne verrait un cercle que de profil, n'apercevrait qu'une ligne ; et la prendrait pour une simple droite aussi longtemps qu'il ne découvrirait pas que ce qu'il voit est la circonférence d'un plan circulaire. C'est le défaut ordinaire des systèmes, de montrer tout d'un seul point de vue ; de là vient que les meilleurs esprits, sans adopter les systèmes entiers des plus grands hommes sur les diverses branches de la Philosophie, recueillent ce qui leur
346 semble solidement | établi dans les sectes les plus opposées, et enchaînant ensemble les vérités éparses qui paraissaient se fuir mutuellement, se forment, pour ainsi dire, leurs systèmes à eux seuls [1].

1. Notable justification de la méthode de synthèse conciliatoire que Béguelin tente d'appliquer : celle-ci débouche sur ce que l'on a pu qualifier d'éclectisme. Cette démarche est corrélative de la critique des systèmes métaphysiques que Condillac avait illustrée dans son *Traité des systèmes* (1749).

J'ai déjà observé dans mon mémoire précédent, que Newton envisageait principalement les objets du côté physique et géométrique, tandis que Leibniz les considérait dans leur sens métaphysique. Cela seul a dû produire une diversité très grande dans leur manière d'apercevoir et de s'énoncer. Il serait inutile de rapporter ici en détail leurs sentiments sur l'espace et le vide, et d'énumérer les arguments sur lesquels ils appuyaient leurs décisions; les ouvrages de ces illustres philosophes sont entre les mains de tout le monde, et ces matières ont été trop souvent débattues et discutées pour qu'il soit besoin de les répéter.

Qu'un géomètre considère un cube de marbre, il fera abstraction de la matière, du marbre même, pour ne s'occuper que des propriétés de la figure. Dès lors ce cube n'est pour lui qu'un espace terminé par six surfaces égales et semblables, perpendiculaires les unes aux autres. L'espace lui-même que ces surfaces renferment devient un tout homogène et immobile, où chaque partie concevable ressemble à toute autre. Un des plans qui composent les surfaces, considéré à son tour séparément, lui présente un espace sans épaisseur, circonscrit par quatre lignes droites, égales et verticales les unes aux autres; espace homogène encore, et dont aucune partie n'est distinguée de sa voisine. Enfin les lignes qui bornent ces plans, envisagées séparément, que sont-elles autre chose aux yeux de ce géomètre que des espaces sans largeur ni épaisseur, terminés chacun par deux points indivisibles, qui forment les extrémités de ces lignes? Il est donc fondé à se former de l'espace l'idée de quelque chose de parfaitement homogène; de susceptible de trois dimensions; de divisible à l'infini, et dont la propriété est d'être, pour ainsi dire, le réceptacle des corps. Si l'on demande présentement; l'espace conçu sous cette notion est-il un être réel, existe-t-il dans
la nature? il est aisé de voir qu'il a la même | réalité qu'ont les solides, les **347**
surfaces, les lignes, et les points géométriques. Ce ne sont assurément, ni des chimères, ni de purs néants; ils existent dans l'univers avec les corps dans lesquels on les a conçus, et desquels on les a abstraits. Existence aussi réelle que celle des genres et des espèces des animaux, des plantes et des métaux, qui ne se trouve que dans leurs individus.

Mais on peut à la suite de cette question en faire une autre plus précise, et plus pressante : l'*espace* tel que nous l'avons conçu peut-il exister séparément des corps? C'est demander en d'autres termes : le *vide* peut-il exister? Car qu'entend-on par le *vide*, si ce n'est l'espace pur, qui ne serait occupé par rien de matériel? Or cette question peut être faite en trois sens différents : Ou l'on demande, si l'espace pur, ou le vide, est possible absolument parlant, c'est-à-dire si sa notion n'implique pas contradiction? Ou secondement, si en lui accordant cette possibilité absolue, il est encore physiquement possible dans l'univers des corps? Et enfin, s'il y existe réellement?

La première de ces questions ne partageait point nos deux Philosophes. *Newton* qui admettait l'existence actuelle du vide, ne pouvait douter de sa possibilité absolue et physique; et *Leibniz*, en excluant le vide de l'univers existant, n'y trouvait cependant rien d'absolument impossible [1]. La notion de l'espace pur ne renferme de contradiction que dans l'idée que les Cartésiens se formaient des corps [2]. Si l'on accorde que la matière et l'espace sont la même chose, il est évident sans doute que l'espace dénué de matière serait une contradiction; mais il aurait fallu prouver la réalité de cette définition de la matière, avant de s'en servir comme d'un principe de raisonnement; et l'absurdité à laquelle ce principe conduisait, le rapprochement des quatre murailles d'une chambre dont Dieu aurait anéanti l'air intérieur, semblait suffire pour rendre la définition suspecte.

Mais, en accordant que l'idée de l'espace pur ne renferme rien d'impos-
348 sible en soi, il n'est pas encore tout à fait clair que cet espace | pur puisse se trouver dans le monde matériel. La grande divisibilité des corps; l'équilibre des fluides, la petitesse extrême de leurs parties, l'effort continuel que ces particules font pour se rapprocher par une suite de leur pesanteur; tout cela pourrait bien rendre le vide physiquement impossible dans le monde actuel, et produire au moyen de la pression extérieure sur les murs de la chambre dont l'air serait anéanti, ce contact des quatre parois, que les Cartésiens faisaient résulter d'une destruction imaginaire de l'étendue.

Il est clair que la question revient ici au calcul des efforts que les fluides peuvent faire d'un côté, et de la résistance qu'ils peuvent rencontrer de l'autre. Quelque grands qu'on puisse concevoir ces efforts, il est incontestable que la force des fluides est déterminée et finie. On peut donc toujours concevoir un degré de résistance supérieur à cette force. Supposons pour un moment que notre cube de marbre soit excavé intérieurement, et

1. Béguelin s'appuie ici sans doute sur la Cinquième lettre de Leibniz à Clarke, § 33, GP VII, p. 396 : « Puisque l'espace en soi est une chose idéale comme le temps, il faut bien que l'espace hors du monde soit imaginaire, comme les Scholastiques mêmes l'ont reconnu. Il en est de même de l'espace vide dans le monde, que je crois encore être imaginaire, par les raisons que j'ai produites ». Mais il est également possible qu'il fasse référence aux *Nouveaux Essais sur l'entendement humain*, 2.14.21, A VI, 6, p. 151 : « Je suis de votre sentiment, car quoique je n'admette point de vide, je distingue la matière de l'étendue, et j'avoue que s'il y avait du vide dans une Sphère, les pôles opposés dans la concavité ne se toucheraient pas pour cela. Mais je crois que ce n'est pas un cas que la perfection divine admette ».

2. Le fait que Descartes tienne l'étendue pour l'essence de la substance corporelle, entraîne comme conséquence qu'il ne puisse y avoir d'étendue réelle qui soit vide, c'est-à-dire qui ne corresponde à la pleine présence de quelque corps. Voir à ce sujet, Descartes, *Principia philosophiæ*, II, § 16-18, AT VIII, p. 49-50.

qu'aucune matière ne remplisse ce vide; donnons à ses six parois des pores assez petits pour que nul fluide ne puisse les pénétrer : il y aura sans doute une certaine épaisseur de ces parois qui sera capable de résister à l'effort de tous les fluides ambiants, et il y en aura une moindre qui ne pourra plus empêcher l'écroulement. La question sur la possibilité physique du vide est donc de la nature des autres questions physiques; c'est à l'expérience et aux faits à la décider. S'il existe actuellement du vide dans l'univers, sa possibilité physique sera démontrée; s'il n'y en existe point, il restera toujours douteux qu'il y en ait pu avoir.

Reste donc la question de fait, sur laquelle nos deux grands hommes paraissent avoir des sentiments précisément opposés, appuyés de part et d'autre et sur des arguments bien forts, et sur des autorités très respectables. La Physique fournissait à *Newton* des armes en faveur du vide, qui dans ses mains devaient être encore plus redoutables qu'elles ne l'avaient été dans celles de *Lucrèce* et de *Gassendi*. *Leibniz* tirait ses armes de son propre fond, de cette Métaphysique qui lui avait dévoilé les premiers principes et la liaison des choses. | Mais cette métaphysique ne dit rien à l'imagination; **349**
elle n'est pas à la portée de tout le monde; et eût-elle toute l'évidence de son côté, une preuve palpable et sensible, tirée des faits observés dans la nature, semble devoir l'emporter ici sur toutes les considérations prises de la simple convenance des choses.

Mais les arguments physiques contre le plein absolu sont-ils invincibles ? C'est ce que de très habiles Physiciens n'ont pas cru, et ce qu'un des premiers Géomètres de nos jours ne pense pas encore [1]. Il n'est pas aisé de comprendre, pour parler avec Despréaux, *comment tout étant plein tout a pu se mouvoir* [2]; cependant à l'aide de certaines suppositions cela se conçoit au moins à l'égard du mouvement circulaire, et si toute la matière se meut dans un même sens. Il est vrai qu'il n'en est pas tout à fait de même du mouvement circulaire d'un anneau solide, et d'un anneau composé de parties séparées et incohérentes. Cela n'empêcherait pas néanmoins qu'on ne pût admettre le mouvement de ce dernier dans le plein absolu, aussi bien que de l'autre. Mais, outre que les mouvements que nous observons dans la nature se font également dans toutes les directions imaginables, c'est qu'ils se font aussi avec des degrés de vitesse si différents, qu'il est impossible de ne pas admettre avec le plein absolu des frottements très considérables, et des résistances continuelles. Or, quand il n'y aurait que la marche constante des corps célestes, qui depuis tant de siècles n'a éprouvé aucun ralentissement sensible, on ne saurait douter que ces frottements et ces résistances

1. Béguelin réfère ici à Leonhard Euler.
2. N. Boileau, *Épîtres*, Épitre V, à M. de Guilleragues.

n'existent pas, tel que le plein absolu devrait les produire. On peut, je le sais, calculer en géométrie jusqu'à quel degré on doit diminuer la densité du fluide éthéré pour que sa résistance ne retarde pas sensiblement la marche des globes qui roulent sur notre tête. *Newton* lui-même avait déjà trouvé qu'en supposant l'éther sept cent mille fois plus élastique, et autant de fois moins dense que notre air, le mouvement des planètes n'en éprouverait en dix mille ans aucune résistance sensible[1]; et l'illustre M. *Euler* a mis la chose hors de tout doute par les profondes recherches qu'il a faites
350 | sur cette matière[2]. Mais, quand du géométrique on passe au physique, et qu'on rentre dans le monde actuel, il semble que les difficultés reviennent. Je ne veux pas appuyer ici sur cette prodigieuse élasticité qu'on assigne à l'éther, élasticité qui devrait avoir sa source dans une matière plus déliée, et plus élastique encore, celle-ci dans une autre d'un troisième degré supérieur, et ainsi de suite, sans qu'on voie aucun jour à finir la gradation; je veux simplement m'arrêter ici à l'excessive rareté qu'il faut attribuer à la matière qui remplit le vaste espace des cieux. Si les corps grossiers que nous connaissons diffèrent sensiblement en densité, nous en trouvons la cause dans le nombre et la grandeur de leurs pores; plus un corps est compact, plus il a aussi de parties pesantes : la matière étrangère qui passe à travers ses pores, comme l'eau par un crible, n'augmente point son poids en augmentant son volume. C'est ainsi que l'or est plus dense que le plomb, et la pierre ponce moins dense que le fer. Mais cette densité relative suppose des corps composés de parties solides, et fortement cohérentes, qui en fassent de véritables masses, plus ou moins criblées en tous sens. Si la matière fluide qui passe sans peser au travers de ces canaux solides, est elle-même un tissu de nouveaux cribles plus étroits, pour une matière plus

1. I. Newton, *Opticks*, Query 22, New York, Dover, 1952, p. 352-353 : « May not Planets and Comets, and all gross Bodies, perform their Motions more freely, and with less resistance in this Ætherial Medium than in any Fluid, which fills all Space adequately without leaving any Pores, and by consequence is much denser than Quick-silver or Gold? And may not its resistance be so small, as to be inconsiderable? For instance; If this *Æther* (for so I will call it) should be supposed 700 000 times more elastic than our Air, and above 700 000 times more rare; its resistance would be above 600 000 000 times less than that of Water. And so small a resistance would scarce make any sensible alteration in the Motions of the Planets in the thousand Years ».

2. M. d'Alembert a fait plus encore; il a démontré depuis peu qu'un corps d'une figure donnée peut se mouvoir dans un fluide sans y éprouver une résistance quelconque. C'est ce que personne que je sache, n'avait encore découvert. Voyez les Opusc. mathémat. Tome V [note originale]. Voir J. Le Rond d'Alembert, *Opuscules mathématiques*, Paris, Chez Briasson, 1768, 34e Mémoire, *Suite des recherches sur le mouvement des fluides*, § 1, V, p. 132-138. En ce qui concerne la *Nova theoria lucis et colorum* (1746) d'Euler, voir R. W. Horne, « Leonhard Euler's "anti-Newtonian" theory of light », *Annals of Science*, 45/5, 1988, p. 521-533.

déliée encore; celle-ci pour une troisième, et ainsi de suite; il est évident que, bien loin de diminuer la densité de la matière fluide en la subtilisant, on l'augmente à chaque nouveau degré de finesse qu'on lui assigne; et que le dernier degré de ténuité, qu'on ne peut refuser d'admettre dans un univers composé d'individus absolument déterminés en nombre et en nature, que le dernier degré de ténuité, dis-je, ou la matière la plus déliée qui existe dans le monde, sera aussi la plus dense; et que son tissu serré, ou n'admettra plus d'interstices, ou n'en aura que d'absolument vides. C'est d'ailleurs, ce me semble, faire un cercle vicieux, que de recourir à une gradation infinie de matière | fluide, de plus en plus rare et subtile, afin **351**
d'établir le plein absolu, et de prouver ensuite l'existence actuelle de cette matière inconcevable, par le peu de résistance qu'éprouvent les comètes et les planètes dans leurs révolutions. La dégradation de densité peut très bien se concevoir dans la nature, sans recourir toujours aux cribles, et à la matière interlabante[1]. Il est des forêts épaisses; il en est où les arbres sont fort clairsemés. La moindre densité d'un fluide peut résulter de la configuration de ses particules qui se touchent en un moindre nombre de points; elle peut résulter encore de la distance absolue de ces particules, qui fait qu'elles ne se touchent nulle part. On peut concevoir cette distance très considérable en tous sens; ce seront des corpuscules dispersés çà et là comme les débris du naufrage d'Enée, *Apparent rari nantes in gurgite vasto*[2]; ou plutôt il n'y a qu'à considérer ce qui doit résulter de la gravitation universelle, qu'on ne peut plus se dispenser d'admettre. Qu'est-ce que l'univers physique, si ce n'est un nombre prodigieux de grands globes, placés à des distances déterminées les uns des autres, et circulant dans des orbites prescrites? Chacun de ces globes a probablement, outre le noyau visible, un duvet plus fin qui s'élève jusqu'à une certaine distance au-dessus de ce noyau, qui pèse vers lui, et qui tourne avec lui. Mais, comme l'attraction diminue en raison du carré de la distance au centre, et que la vitesse centrifuge des corps qui tournent sur leur axe, augmente en raison directe de cette même distance, on peut toujours calculer jusqu'à quelle hauteur ce duvet peut s'élever au-dessus du noyau, sans l'abandonner pour s'échapper par la tangente. Au-delà de cette hauteur, on ne conçoit pas trop comment il pourrait y avoir de la matière, ni quel effet elle y produirait. Le vide absolu peut donc régner de cette hauteur-là jusqu'aux confins de l'atmosphère, ou du duvet des globes les plus voisins, dont la hauteur sera elle-même limitée de la même manière. Il est naturel

1. Suivant l'étymologie, il s'agit de la matière qui se glisse dans les interstices.

2. Virgile, *Énéide*, I, v. 118 : « Rares sont ceux qui apparaissent nageant sur l'immense abîme ».

que chaque globe ait d'abord attiré à lui de la matière répandue dans le vaste des cieux la portion la plus à sa portée, qui s'y sera appliquée et serrée par couches concentriques plus ou moins denses, selon la figure des parti-
352 cules, et la force variable de l'attraction. | De là a dû résulter un vide disséminé dans les parties mêmes du globe, et de son atmosphère; vide très nécessaire pour faciliter le mouvement intérieur des petits corpuscules dans chaque monde particulier, comme le grand vide des cieux est nécessaire pour faciliter la marche régulière de ces mondes entre eux. S'il y avait eu entre deux globes voisins, entre notre atmosphère, par exemple, et celle de la Lune, des particules de matière placées à la distance convenable pour être également attirées par ces deux corps, elles auraient sans doute été dans le cas de l'âne de Buridan entre les deux prés [1]. Mais la variation continuelle de ces distances, et la pesanteur même de ces particules vers le Soleil ne les auraient pas laissées longtemps dans cet état d'équilibre. Rien n'empêche donc de concevoir que la matière est distribuée et placée actuellement par globes isolés, comme les premières lois de la nature semblent l'exiger; et l'on n'a pas à craindre que l'intervalle vide qui serait entre ces mondes ne facilitât leur rapprochement, ou la chute des uns sur les autres, puisque le mouvement rectiligne qui leur a été imprimé par le Créateur tendrait plutôt à les séparer de plus en plus, si la force de la pesanteur ne les conservait dans leur distance actuelle.

La plus forte objection physique qu'on puisse opposer à Newton contre l'existence du vide, est, ce me semble, celle qu'on tire de la nature de la lumière. Le grand homme que notre Académie a eu longtemps la gloire de posséder, et qu'elle conserve encore entre ses plus illustres membres, M. Euler nous a donné sur la lumière une théorie digne de sa sagacité [2]. La partie géométrique ne souffre point de difficulté, c'est ce qu'on devine aisément; la partie physique n'est pas moins plausible qu'ingénieuse, et le sentiment de Newton y est combattu par des arguments si pressants, qu'il ne paraît presque plus soutenable. La lumière est, ou une émission réelle de corps lumineux; ou elle n'est que le résultat de la pression de ce corps sur le fluide des cieux. Le système de l'*émission* réelle est une suite nécessaire de l'existence du vide. Le système de la *pression* suppose nécessairement le
353 plein absolu; et c'est peut-être là son unique défaut. Si la | lumière est un corps, le vide est prouvé. Si ce n'est que l'ondulation de l'éther, tout

1. Il s'agit de l'une des nombreuses versions du paradoxe attribué au philosophe scolastique Jean Buridan et figurant un sujet moral placé dans un état d'indifférence ou de détermination nulle entre deux options.

2. Béguelin évoque ici les arguments qu'Euler avait exposés dans sa *Nova theoria lucis et colorum* (1746).

l'univers est plein; et ce dernier sentiment devient d'autant plus probable, que M. Euler montre d'un côté que par l'émission le Soleil souffrirait une diminution trop prodigieuse pour qu'on ne s'en fût pas aperçu depuis cinq à six mille ans, et d'un autre côté que cette émission elle-même détruirait le vide dans l'univers; puisque l'excessive quantité de corpuscules de lumière répandus partout, remplirait sans cesse l'espace entier qu'on suppose vide; n'y ayant aucun point imaginable dans les cieux d'où les objets ne puissent être aperçus, et où n'abordent par conséquent sans intermission des milliers de rayons lancés de toute part.

J'ignore ce que les Newtoniens répondent à ces deux objections. Elles me paraissent insolubles si l'on conçoit la lumière comme une émanation continuelle, lancée sans interruption du corps lumineux. Mais 1° tout le monde convient que la lumière doit être excessivement déliée, puisque malgré la rapidité de son mouvement elle ne blesse pas les organes délicats de la vue. 2° Il n'est ni probable, ni nécessaire, qu'elle soit lancée sans interruption du corps lumineux, comme un jet d'eau saille continuellement de son réservoir. Les corps lumineux sont conçus fluides, et dans une grande agitation. Cette agitation peut être un mouvement alternatif de la circonférence au centre et du centre à la circonférence, une espèce de combat perpétuel entre les deux forces centrales, qui produise un effet analogue à la contraction et à la dilatation du cœur; avec cette différence qu'ici ce serait peut-être la diastole qui expulserait les rayons lumineux, au lieu que dans le muscle c'est la systole qui lance le sang vers les extrémités du corps animé, qu'on a si souvent comparé au système du monde [1]. On sait ensuite que les impressions que la lumière fait sur l'œil s'y conservent pendant quelque temps; il n'en faut d'autres preuves que ces cercles de feu et ces courbes lumineuses, que forment un charbon ardent, ou un bâton allumé qu'on agite rapidement. On peut déterminer la durée de ces impressions; et M. d'Arcy l'a fait actuellement dans un Mémoire lu à l'Académie des Sciences de Paris | au mois d'avril 1765 [2]. Il résulte de ses expériences que **354**
l'impression produite par un objet visible dure au moins huit tierces de temps avec une force sensiblement égale [3]. En partant de cette observation, il suffirait donc de huit vibrations du corps lumineux par seconde, pour que la lumière parût en émaner sans la moindre interruption. Mais M. Euler a

1. Analogie que l'on peut faire remonter à W. Harvey, *Exercitatio anatomica de motu cordis et sanguinis in animalibus* (1628) : voir W. Harvey, *Étude anatomique du mouvement du cœur et du sang chez les animaux*, trad. fr. C. Laubry, Paris, Doin, 1950, p. 180 : « Ainsi le cœur est le principe de vie et le soleil du microcosme, de même que le soleil mérite d'être appelé, toutes proportions gardées, le cœur du monde ».

2. Voir *supra* n. 2, p. 278.

3. Une tierce équivaut à un soixantième de seconde.

calculé qu'en supposant la parallaxe du Soleil de 13 secondes, et le temps qu'il faut à la lumière pour arriver de cet astre à nous, de 8 minutes, un rayon parcourrait en chaque seconde de temps un espace de plus de six cent quarante-sept millions de pieds de Paris[1]. Cet espace sera beaucoup plus grand encore si l'on prend la parallaxe solaire de dix secondes, ou au-dessous; mais, à nous en tenir au premier calcul, et en supposant que la matière de la lumière soit d'une figure sphérique, il est clair que la distance entre deux globules lancés successivement d'un même point visible pourra être tout au moins de 80 millions de pieds. Or sur cette distance il y aurait donc un espace absolument vide de treize millions de toises, au bout duquel se trouverait un espace plein, de la grandeur d'un globule de lumière[2]; espace suivi d'une nouvelle étendue parfaitement vide d'autres treize millions de toises et ainsi de suite. Mais le diamètre d'un globule de lumière ne saurait être la millionième partie d'un pied; par conséquent l'intervalle vide contenu dans la distance d'un point lumineux jusqu'à mon œil peut être tout au moins à l'espace plein comme le nombre de quatre-vingt billions est à l'unité[3]. Il est donc évident que, quoique les corps lumineux dardent des rayons en tous sens, il peut néanmoins rester un vide si vaste entre les corps célestes, que la matière lumineuse qui le traverse ne sera presque rien au prix de l'espace pur; que les planètes et les comètes n'en auront à éprouver aucune résistance, et que la rareté extrême des rayons de lumière rendra insensible la perturbation que leur prodigieuse rapidité aurait pu produire dans l'arrangement de l'univers.

On conçoit de même qu'en adoptant l'émanation par secousses, la diminution des globes lumineux est encore insensible au bout de plusieurs
355 siècles. Si notre Soleil, par exemple, n'avait que huit pulsations | par secondes, et qu'à chaque émanation son diamètre fût raccourci, je ne dis pas d'un cinquante millième de ligne, mais cent fois davantage, c'est-à-dire de la cinquante millième partie d'un pied, cela ne produirait qu'un raccourcissement de 14 pieds par jour, ou de cinq mille pieds par an. Ainsi dans l'espace de six mille ans le diamètre du Soleil aurait diminué de trente millions de pieds, ce qui serait la valeur d'un rayon de la Terre et demi, et répondrait à la cent trente-troisième partie du diamètre solaire, ou à 14 secondes de son diamètre apparent; diminution successive qui serait assurément restée imperceptible aux observateurs depuis Hipparque

1. La parallaxe solaire est ici la mesure de l'angle formé par deux droites menées du centre du Soleil à la position de l'observateur terrestre, l'une au moment de l'émission lumineuse, l'autre au moment de la réception.

2. La toise vaut six pieds.

3. Le billion est ici le million au carré.

jusqu'à nous[1]. Il ne s'agit pas, au reste, ici de déterminer ni la grandeur précise des globules de lumière, ni le nombre précis des jets que le Soleil en darde dans un temps donné, ni la quantité de points d'où ces jets partent. Ces globules doivent être incomparablement plus petits que nous ne les avons supposés. On sait que M. Musschenbroek ne leur assigne que la cinq mille billionième partie de l'épaisseur d'un cheveu; ainsi leur nombre à chaque éjaculation peut être conçu prodigieusement grand, sans rien changer au résultat[2]. Il n'était question ici que de montrer par un calcul très grossier la compatibilité de l'émanation réelle avec le vide et la conservation des corps lumineux pendant un très grand nombre de siècles; et celle-ci, sans supposer même que la matière des rayons soit moins dense que celle du corps qui les lance, et sans recourir à la circulation, ou au refluement de cette matière vers sa source; refluement qui pourrait cependant bien exister, sinon dans la totalité, du moins dans la plus grande partie.

Mais si le vide paraît indispensable en Physique, et s'il est à l'abri des objections qu'on a puisées dans la Physique même, en peut-on dire autant des objections que la Métaphysique y oppose? Je ne m'arrêterai pas aux subtilités scolastiques par lesquelles on a combattu le vide. Nous nous formons nous-mêmes des classes d'êtres, et s'il se présente ensuite des notions qui ne puissent pas trouver leur rang dans notre classification, nous leur refusons l'existence, parce que nous n'avons pas pensé à leur ménager une place. Quand même on ignorerait | si l'espace pur doit être mis au rang 356
des substances, ou des modifications, ou des accidents, ou des relations, ne suffirait-il pas d'en avoir une notion bien précise et bien claire, qui le distinguât de tous les autres êtres? Cela suffit, sans doute, en Physique et en Géométrie où l'on n'a pas besoin de remonter plus haut. Mais la Métaphysique veut aller au-delà. Elle range l'espace dans la classe des relations. L'*espace*, selon Leibniz, est la relation des êtres qui existent en même temps[3]. Cette définition, bien loin d'être opposée à la notion physique et mathématique de l'espace pur, ou du vide, se concilie parfaitement avec elle. Qu'il y ait un intervalle sans matière entre Mars, la Lune et la Terre, ou que cet intervalle soit rempli d'une matière subtile étrangère à ces planètes, la relation entre les trois globes, leur manière de coexister ensemble, sera

1. Mathématicien et astronome grec, célébré par Ptolémée, Hipparque a vécu au IIe siècle avant notre ère.

2. Voir P. van Musschenbroek, *Cours de physique expérimentale et mathématique*, Leyde, Chez Saillant & Nyon, 1769, § 1668, II, p. 430-431.

3. Voir par exemple, Troisième lettre de Leibniz à Clarke, § 4, GP VII, p. 363: « Car l'espace marque en termes de possibilité un ordre des choses qui existent en même temps, en tant qu'elles existent ensemble ».

toujours la même; leur distance respective n'en est pas rapprochée, ou reculée d'un pouce; leur situation mutuelle, leurs aspects réciproques n'auront rien dans un cas, qu'on ne retrouve également dans l'autre. Rien n'empêche donc qu'on ne regarde en même temps l'espace comme l'ordre des coexistants, et l'espace pur comme une notion bien réelle.

Mais, dira-t-on, s'il n'y avait point de corps, l'ordre des coexistants ne serait rien. Cette conséquence ne me paraît ni juste, si l'on parle de l'existence idéale, ou de la simple possibilité; ni applicable ici, s'il s'agit de l'existence réelle. On demande si l'espace pur existe dans notre monde physique, qui est l'univers des corps; pourquoi supposer donc un univers où il n'y aurait point de corps? D'ailleurs l'idée des corps est possible et réelle avant leur existence actuelle; ainsi la notion de l'espace pur doit également être réelle, quand même il n'y aurait point de corps. Mars, la Lune et la Terre changent à chaque instant leur position mutuelle. Ils ne coexistent plus aujourd'hui comme ils coexistaient hier. Dira-t-on pour cela que l'espace qu'ils occupaient hier soit anéanti aujourd'hui? Aujourd'hui encore la même distance, la même relation, le même aspect entre les trois points où leurs centres se trouvaient hier ne subsistent-ils pas; et ces trois points ne sont-ils pas aussi déterminés et aussi assignables dans l'univers
357 après | que ces planètes ont quitté cette position, que lorsqu'elles l'ont prise? Ils le sont aujourd'hui quoique ces planètes ne s'y trouvent plus, ils l'étaient avant-hier quoiqu'elles n'y fussent pas encore; ils l'ont été avant la création même de ces globes, puisqu'ils entraient dans l'arrangement de l'univers idéal que l'entendement divin du suprême Architecte s'est représenté de toute éternité.

Pour peu qu'on se plaise donc à donner un bon sens aux auteurs qui ont éclairé l'esprit humain, et qu'on préfère la satisfaction de concilier leurs idées au penchant d'éterniser leurs disputes[1], on ne trouvera point d'inconvénient à dire avec Newton dans le sens physique et géométrique que l'espace est un être réel, immobile, susceptible de dimensions, etc. et d'ajouter, en analysant davantage cette notion, avec Leibniz, que c'est l'ordre des simultanés, la relation de distance, de situation, de connexion des êtres matériels qui existent, ou qui peuvent exister à la fois.

Mais que dirons-nous du sentiment de ces grands hommes sur l'existence du vide? Si Newton a prouvé qu'il n'est pas possible que les mouvements s'exécutent et se conservent dans le plein absolu; Leibniz n'a pas moins prouvé que la nature n'admet point de vide, et que son idée répugne aux lois éternelles de la convenance. En adoptant les deux preuves,

1. Cette formulation traduit bien le projet d'éclectisme que Béguelin entendait mettre en œuvre.

il faut nécessairement supposer une distinction entre le vide physique et le vide métaphysique; car deux vérités ne sauraient être en contradiction. Et pourquoi ne pourrait-on pas faire cette distinction? Elle découle de la nature et de l'objet des deux sciences que je viens de nommer. Qu'est-ce que le *vide* en Physique? Ce n'est autre chose que l'espace pur, dont la notion, comme nous l'avons vu, n'a rien que de bien possible, et de très compatible avec la structure du monde matériel. Qu'est-ce, au contraire, que le vide métaphysique? C'est une lacune, un défaut, une imperfection dans un tout; c'est l'absence d'une pièce qui pouvait et qui devait entrer dans la construction de la machine; et c'est là le vide que Leibniz n'avait garde d'admettre.

| Je sais bien que ce philosophe paraît exclure aussi le vide pris dans le **358**
sens physique, et qu'on peut m'alléguer là-dessus des passages très précis tirés de ses ouvrages. Mais la plupart de ces passages se trouvent dans ses lettres contre Mr. Clarke; et l'on sait assez que dans un commerce épistolaire et dans la chaleur d'une dispute, on ne pèse pas toutes les expressions. Ensuite il est clair, ce me semble, que Leibniz, qui avait analysé les notions confuses que nous tenons des sens, ne pouvait pas considérer le vide physique à la manière des Newtoniens, lui pour qui la matière elle-même n'était qu'une apparence, ne pouvait pas donner une plus grande réalité à l'absence d'un phénomène. Mais un œil microscopique qui ne verrait que du jaune et du bleu, dans ce que nous nommons vert, nierait-il pour cela l'existence de cette sensation [1]? Mr. Leibniz pouvait si peu nier l'existence du vide physique, que ce vide est une suite naturelle de son système sur la combinaison des éléments simples. En effet, si l'assemblage de plusieurs monades produit le phénomène de la matière, la manière de coexister de ces monades doit nécessairement aussi produire le phénomène du vide physique, ou de l'espace pur [2]. Puisque deux éléments simples ne peuvent ni se confondre, ni se toucher; chaque monade doit occuper son lieu à elle, et la distance entre ces lieux ne saurait être que l'espace pur, ou le vide physique dans le sens le plus rigoureux. Nos deux Philosophes ont par conséquent dû l'admettre également; puisqu'ils reconnaissaient qu'un monde, l'ouvrage de la sagesse infinie, ne comporte point de tel vide, et que la Nature, ou l'action continuelle des forces actives que Dieu a distribuées dans l'univers, n'y saurait tolérer des lacunes. Le monde créé est un

1. Cette distinction entre l'idée distincte du vert et l'impression sensible correspondante semble référer à Leibniz, *Nouveaux Essais sur l'entendement humain*, 3.4.7, A VI, 6, p. 297.

2. Béguelin présume ici, à l'instar de certains Wolffiens, que les monades (physiques) constituent les éléments dont les corps sont composés et forment par conséquent ce à quoi réfère notre perception des corps comme phénomènes.

assemblage admirable de corps partiaux, liés entre eux par les lois les plus simples et les plus sages, pour former un tout immense. Rien de ce qui a pu et dû entrer dans l'enchaînement de ce tout, ne saurait en être exclu. L'univers est aussi plein qu'il était possible qu'il le fût; et s'il y avait encore une place vide, qui eût pu être remplie, il ne serait pas l'ouvrage de l'Intel-
359 ligence suprême. Mais n'oublions pas que | c'est une machine infiniment compliquée, et organisée jusque dans ses moindres parties. Que penserions-nous d'une horloge dont l'ouvrier aurait rempli tous les intervalles des dents et des rouages par d'autres petites horloges, pour n'y laisser aucun vide? Cette machine dont le mouvement serait embarrassé par ces hors-d'œuvre, incapable, par conséquent, de produire son effet, serait-elle plus parfaite qu'une pendule dont les rouages, quoiqu'artistement liés pour former un seul tout, laissent néanmoins entre eux de grands espaces vides, nécessaires à l'agencement et au mouvement libre de chaque pièce, aussi bien qu'à l'engrènement des dents de chaque roue dans les ailes de son pignon? Ces espaces vides, le fussent-ils même dans toute la rigueur du terme, dénués de toute matière, et par conséquent de toute résistance, rendraient-ils la pendule moins parfaite; ou plutôt, ne sont-ils pas aussi essentiels à sa perfection, que les pièces les plus solides qui la composent? Voilà le vide physique. Mais supposons qu'une des dents ait été oubliée; que l'aile d'un pignon soit plus mince que la roue qui s'y engrène ne l'exigeait; que le poids qui met en jeu toute la machine soit plus petit qu'il n'aurait dû l'être; voilà la lacune, le vide métaphysique, l'imperfection qui pouvait être évitée sans préjudice de la perfection du tout. Vide intolérable et dans la nature, et dans les arts. Nous nous garderons bien d'en admettre un tel dans l'univers. Il contient autant de soleils; ces soleils régissent autant de planètes à orbites arrondies et allongées; chaque globe a précisément autant de masse, de volume, d'habitants; la distance réciproque de ces mondes est pour chaque instant exactement telle, que la plus grande perfection du tout le demande et le comporte; et l'on n'eût pu ni ajouter, ni retrancher à aucun de ces égards quoi que ce fût, sans rendre cette immense machine moins parfaite. C'est là l'exclusion du vide métaphysique, et ce qu'exige la notion de l'Intelligence suprême. Mais, si la nature particulière des habitants animés et inanimés de chaque monde requiert que les planètes soient placées à des distances déterminées de leur soleil, si leur révolution se mesure sur cette distance, si la régularité de leur mouvement et de leur retour périodique demande qu'elles se meuvent dans
360 | des espaces dénués de matière, si enfin le fluide subtil dont on voudrait remplir ces grands intervalles que les lois générales de la nature exigent nécessairement; si ce fluide, dis-je, n'était qu'un hors-d'œuvre propre à embarrasser les mouvements des parties, sans contribuer à la perfection de

l'ensemble : notre univers n'aura point de vide dans le sens de Leibniz, et pourra en renfermer beaucoup plus même que de matière dans le sens de Newton. On comprendra pourquoi chaque globe n'a précisément que la masse et le volume qu'il a; quoique détaché du tout, rien n'eût empêché qu'il ne fût plus grand, ou plus petit. On concevra par quelle raison chaque atmosphère n'a qu'une certaine étendue déterminée. On ne sera plus surpris de la prodigieuse distance qu'il y a d'un soleil à l'autre; et bien loin que le vide pris dans le sens physique soit une lacune, ou une imperfection dans l'univers, on reconnaîtra sans peine qu'il y ajoute un très haut degré de perfection. Car s'il est vrai, comme personne n'en doute, que la plus grande magnificence dans le plan, jointe à la plus grande épargne dans l'exécution, doive caractériser l'ouvrage de l'Être le plus sage et le plus intelligent; un monde qui avec peu de matière, de mouvement et de forces, offre le spectacle le plus ravissant et la structure la plus merveilleuse, doit être plus digne d'admiration qu'un monde qui pour ne produire que les mêmes effets aurait exigé plusieurs millions de fois autant de dépense en matériaux.

QUATRIÈME PARTIE

PSYCHOLOGIE

DE L'ÉTENDUE DE L'IMAGINATION [1]

PRÉSENTATION

L'imagination est un thème-clé à l'âge des Lumières [2]. Si le débat hérite en partie de la méfiance qui régnait au XVIIe siècle et la décline selon les préoccupations du moment – c'est par exemple l'imagination débridée qui engendre des systèmes, selon Condillac – [3], nul doute qu'une nouvelle approche, bien différente et plus positive, se fait jour [4]. Avec son mémoire, Formey participe de ce mouvement d'idées, comme l'atteste l'ambivalence même de son attitude, partagée qu'elle est entre la mise en valeur du rôle cognitif de l'imagination et la crainte de ses excès. Mais il faut ajouter qu'une telle contribution à la réflexion collective des Lumières se déploie ici d'une manière originale, liée à l'un des centres d'intérêt de la classe de philosophie spéculative : l'étude des phénomènes de l'âme, développée en bonne partie par les disciples de Wolff [5], mais alimentée aussi par des auteurs qui se réclament d'une tradition empiriste différente, tel Mérian, lecteur de Locke et de Maupertuis. Formey ne prétend pas faire un traité sur l'imagination, il se concentre plutôt sur l'étendue de cette faculté,

1. HAR 1754 [1756], p. 365-382.

2. Parmi les études sur le sujet, on peut consulter J. Marx, « Le concept d'imagination au XVIIIe siècle », *Thèmes et figures du siècle des Lumières : mélanges offerts à Roland Mortier*, dir. par R. Trousson, Genève, Droz, 1980, p. 147-160 et P. Graille, « Imagination », *Dictionnaire européen des Lumières*, dir. par M. Delon, Paris, P.U.F., 2007, p. 664-667.

3. É. Bonnot de Condillac, *Traité des systèmes* [1749], II, XIII, OP I, p. 204.

4. Dans l'*Encyclopédie*, l'imagination active joue un rôle positif dans les arts aussi bien que dans d'autres aspects de la vie intellectuelle, à la différence de l'imagination passive. Voir Voltaire, « Imagination », Enc. VIII, 1765, p. 560-563. Pour davantage d'exemples, voir A. Becq, *Genèse de l'esthétique française moderne (1680-1814)*, Paris, Albin Michel, 1994.

5. Selon Wolff, cette étude doit reposer sur l'expérience et l'observation intérieure constitue un type d'expérience privilégiée en psychologie. C. Wolff, *Psychologia empirica* [1738], Prolegomena, § 1, GW II, 5, 1968, p. 1.

c'est-à-dire sur ses pouvoir et ses limites, et il s'y intéresse justement dans la mesure où elle joue un rôle dans la pratique introspective. En ce qui concerne la théorie générale de l'imagination, il se fonde sur Malebranche et Wolff, qui sont des références explicites dans son mémoire [1].

La doctrine wolffienne lui sert de source primaire. Pourtant, contrairement à d'autres auteurs qui s'inscrivent dans le sillage de Wolff notamment Beausobre [2], Formey n'hésite pas à considérer les phénomènes de l'âme, l'imagination aussi bien que les songes [3], en rapport avec le corps. En effet, il évoque la théorie des traces cérébrales en la reprenant vraisemblablement de Malebranche. Tout en avouant son ignorance quant à la nature des traces elles-mêmes, il affirme l'existence d'une certaine conformité entre les impressions du dehors et les états internes qui y répondent, conformité qu'il rapproche du rapport entre les caractères et les objets dont ces caractères expriment les noms. Or, cette démarche est d'autant plus digne de remarque qu'elle s'avère proche de celle d'un auteur que Formey connaît bien, non seulement pour l'avoir critiqué [4], mais aussi pour s'en être inspiré en théorie de la connaissance [5]: Condillac, lecteur non seulement de Wolff [6] mais aussi de Malebranche. Dans son *Essai sur l'origine des connaissances humaines* (1746), Condillac avoue en effet son ignorance en physiologie tout en adoptant par commodité le modèle de l'ébranlement des fibres cérébrales et des esprits animaux [7]. De plus, la liste condillacienne des trois types de signes (accidentels, naturels, d'institution) recoupe la définition des trois causes des liaisons entre idées et

1. Sur l'importance de la tradition cartésienne, et de Malebranche en particulier, dans le développement du discours sur l'imagination au XVIIIe siècle, voir notamment M. Rioux-Beaulne, « Théories de l'imagination en France au siècle des Lumières : Malebranche et Fontenelle », *Revue de Métaphysique et de Morale*, 64/4, 2009, p. 489-510.

2. Voir L. de Beausobre, « Réflexions sur la nature et les causes de la folie. Premier, second et troisième mémoires », HAR 1759 [1766], p. 390-432 ; *id.*, « Réflexions philosophiques sur les songes », HAR 1762 [1769], p. 429-440.

3. Voir J. H. S. Formey, « Essai sur les songes », HAR 1746 [1748], p. 317-334.

4. Voir *id.*, « Compte rendu du *Traité des systèmes* », *Bibliothèque impartiale*, janvier-février 1750, p. 19–33.

5. *Id.*, « Erreur », Enc. V, 1755, p. 911. Ici Formey renvoie explicitement à l'*Essai sur l'origine des connaissances humaines* de Condillac.

6. Sur le rapport Wolff-Condillac, on peut lire G. Paganini, « Signes, imagination et mémoire. De la psychologie de Wolff à l'*Essai* de Condillac », *Revue des Sciences Philosophiques et Théologiques*, 72/2, 1988/2, p. 287-300.

7. É. Bonnot de Condillac, *Essai sur l'origine des connaissances humaines* [1746], I, II, II, § 24 et note, OP I, p. 16.

traces (la nature ou l'institution divine, l'identité du temps et la volonté des hommes) qu'on trouve dans la *Recherche de la vérité*[1].

Formey insiste également sur le fait que notre imagination et notre mémoire sont aussi peu propres à contenir et à conserver une infinité de traces que le lit d'un fleuve le serait à recevoir les eaux de l'océan. Formey évalue l'opportunité de ces limites et rejoint la tradition lorsqu'il considère ces bornes de l'imagination comme un avantage, pour l'individu aussi bien que pour la société. Après quelques années, Beausobre soutiendra à peu près la même position à propos des songes, dont heureusement on ne se souvient pas tout le temps[2]. Le *topos* des yeux-microscopes est repris par Formey dans le but de confirmer que des facultés plus puissantes ne sauraient nous rendre vraiment service pour la conservation de la vie. La reprise de la critique classique des imaginations fortes va dans la même direction : les gens dont l'imagination est trop vive, trop abondante, ou la mémoire trop remplie, trop chargée, sont peu portés à exceller du côté de la raison et du jugement. Mais parler des bornes de l'imagination revient en même temps, et surtout, à prendre position dans le cadre des discussions qui se déroulent à l'Académie à propos des pouvoirs et des limites de l'introspection. Cela est possible pour Formey dans la mesure où il présuppose que l'imagination est inséparable de la mémoire : sur ce point, il suit encore une fois Wolff, qui définit la mémoire comme la faculté de reconnaître les idées des choses que l'imagination reproduit, faculté indispensable pour prendre conscience que nous les avons déjà eues[3].

Ce dernier argument en faveur des avantages qu'apporte une imagination bornée ne va pourtant pas de soi, compte tenu des enjeux et des objectifs de l'introspection elle-même. La pratique de la psychologie pourrait en effet faire souhaiter que la connaissance de la chaîne de nos idées ne souffre aucune interruption, en sorte qu'on puisse se rappeler la suite de tous les états qui ont précédé et préparé celui dans lequel on se trouve. Mais il faut aussi considérer qu'il y a mille raisons de préférer être privé de cette sorte de réminiscence, soit pour éviter de rouvrir des plaies qu'on a eu beaucoup de peine à refermer, soit pour être capable d'accorder assez d'attention aux choses présentes. En général, mieux vaut qu'une partie de la vie de l'esprit reste cachée à l'esprit lui-même, et il convient que la plupart des actes de notre âme demeurent implicites ; car cela donne à la

1. *Ibid.*, I, p. 19 et N. Malebranche, *Recherche de la vérité* [1674-1675], II, I, V, § I, *Œuvres complètes*, éd. A. Robinet, Paris, Vrin, 1958-1968 ; I, 1962, p. 216-218.

2. Voir L. Beausobre, « Réflexions philosophiques sur les songes », HAR 1762 [1769], p. 439.

3. Voir par exemple C. Wolff, *Psychologia empirica*, I, II, V, § 193, GW II, 5, p. 132-133.

société le bon degré d'action et d'impulsivité, autrement dit de vitesse et d'inconscience, nécessaire à sa conservation. Cette ignorance bénéfique – ce que Formey appelle de façon éloquente une « expérience illusoire » – ne doit pourtant pas laisser croire que tout ce qui échappe à l'imagination et à la mémoire est chimérique : bien que nous ne puissions pas suivre tous les chaînons de la chaîne de nos représentations, vu que les traces s'effacent dans notre cerveau, il ne s'ensuit nullement qu'elles n'aient point existé. Pour combler les lacunes de l'expérience, il faut joindre celle-ci à la raison, comme Wolff lui-même l'avait déjà suggéré [1].

À cet effet Formey invite ses lecteurs à considérer le lien qui existe entre la chaîne des idées et des états de l'âme, d'une part, et le système de l'univers, d'autre part. Cette connexion, que Dieu connaît intuitivement, n'a rien à voir avec les combinaisons arbitraires et techniques dont une mémoire prodigieuse pourrait profiter afin de parcourir les vers de l'*Iliade*. L'auteur se rapproche ainsi de la conception leibnizienne de la causalité par le biais de Wolff. D'après ce dernier, le monde est constitué par la série des choses successives et la série des choses coexistantes, qui sont liées entre elles, en sorte que la connexion des choses successives dépend de celle des choses coexistantes [2]. Ce *nexus rerum* est intégral et entraîne une consécution causale à laquelle rien n'échappe [3]. En ce qui concerne la représentation de l'univers ainsi conçu, il existe une similitude entre Dieu et l'âme : tous deux en produisent sans cesse une représentation globale, mais, dans le cas de l'homme, il ne s'agit que d'un point de vue particulier. Sur le terrain même de la ressemblance, l'écart entre Dieu et l'homme se trouve donc réaffirmé. En outre, Dieu connaît intuitivement dans son idée des âmes toutes leurs représentations confuses, ainsi que leur degré de confusion, et il les connaît même mieux que les âmes elles-mêmes [4]. Cela confirme que nous avons affaire à deux modèles cognitifs différents, et que ce n'est que chez l'être humain que l'imagination et la mémoire sont à l'œuvre. Selon ce paradigme théorique, la distance qui sépare l'être humain de Dieu ne saurait être comblée après la mort non plus : comme Formey le rappelle en conclusion, la connaissance que l'âme acquerra de la chaîne de ses propres représentations pourra finalement être complète, sans lacune ni oubli, mais toujours ni intuitive ni simultanée.

Angela FERRARO

1. C. Wolff, *Psychologia empirica*, I, III, IV, § 497, GW II, 5, p. 379.
2. *Id.*, *Cosmologia generalis* [1737], I, II, § 64, GW II, 4, 1964, p. 61-62.
3. Voir J. École, *Introduction à l'*Opus metaphysicum *de Christian Wolff*, Paris, Vrin, 1985, p. 24-25.
4. C. Wolff, *Theologia naturalis. Pars II* [1741], II, II, § 183, GW II, 8, p. 174.

FORMEY

DE L'ÉTENDUE DE L'IMAGINATION

| Je ne m'arrêterai point à l'exposition des faits qui concernent l'imagination : ils ont été rapportés par d'habiles philosophes, qui n'ont presque rien laissé à glaner là-dessus. Il suffit de lire le second livre de la *Recherche de la Vérité* du P. *Malebranche*[1], et la *Psychologie empirique* de M. *de Wolff*[2], pour avoir toutes les connaissances historiques que l'expérience a fournies sur les divers actes de cette faculté. Le but particulier de ce mémoire, c'est de donner une juste notion de son étendue. 365

L'imagination peut être considérée dans le corps et dans l'âme. Aux actes qui produisent ce qu'il y a de mécanique et de composé dans la représentation des objets, succèdent les idées que l'âme s'en forme, mais d'une manière si rapide, que ces choses paraissent coexister, et avoir une simultanéité parfaite; qui engage les partisans du matérialisme à la prendre pour une véritable identité. La première réflexion qui naît donc sur cette faculté; c'est qu'on doit être extrêmement sur ses gardes, pour ne pas faire passer dans un sujet d'une parfaite simplicité, tel qu'est l'âme, des impressions composées, à quelque petitesse qu'on les réduise, le composé ne pouvant jamais exercer aucune action réelle et immédiate sur le simple. On sent bien que cela remonte jusqu'à la grande question de l'union de l'âme avec le corps, à laquelle nous ne toucherons point. Mais nous croyons pouvoir diminuer l'espèce de surprise qui naît, de ce qu'une chose composée peut

1. Sur ce livre en particulier, voir l'édition de D. Antoine-Mahut, N. Malebranche, *De l'imagination, Recherche de la vérité, livre II*, Paris, Vrin, 2006.

2. Voir C. Wolff, *Psychologia empirica*, I, II, III, § 91-137, GW II, 5, p. 53-90. Sur l'imagination créatrice et la mémoire voir respectivement *ibid.*, I, II, IV, § 138-172, p. 90-120 et I, II, V, § 173-233, p. 121-166.

être représentée dans une chose simple, sans en altérer la simplicité; si nous
366 faisons remarquer que, dans les opérations matérielles elles-mêmes, | et quand on voudrait que tout y fût borné, il n'y a aucun rapport entre l'impression que l'objet extérieur excite sur l'organe, et l'idée matérielle, phantasmatique, qui en résulte. Quand je manie, par exemple, dans l'obscurité un vase, ou quelque autre corps de telle ou telle figure, l'ébranlement des fibres de mes mains a-t-il quelque rapport avec la figure de ce corps, et la transmet-il dans toute l'étendue des fibrilles nerveuses, pour aller former une figure semblable à celle de cet objet au fond de mon cerveau? Non assurément; il n'y a pas plus d'analogie entre l'impression externe, et la sensation interne, qu'entre ces deux choses, et la production de l'idée dans l'âme: ou du moins il n'y a pas plus de possibilité d'en donner une explication intelligible. Et en général que sont toutes les traces imprimées dans notre cerveau? Sont-ce des peintures, des caractères, ou autres empreintes, qui participent à la nature des objets qu'elles rappellent à notre âme? On se jetterait dans des difficultés insurmontables, si on voulait le soutenir: et ces mêmes difficultés doivent faire comprendre qu'on n'est pas en droit de combattre l'existence de l'âme, considérée comme un être simple, en se fondant sur ce qu'il n'y a aucun moyen d'expliquer comment les représentations des choses composées s'y produisent.

Cependant il faut avouer qu'il demeure un genre de conformité entre les impressions du dehors et les états internes qui y répondent: il consiste en ce que de part et d'autre il y a composition, quoiqu'il n'y ait d'ailleurs aucune ressemblance. Il en est, ce me semble, précisément comme du rapport qui lie ensemble les caractères, et les objets dont ces caractères expriment les noms. Quand je lis le mot de *cheval*, il ne se présente rien à ma vue, ni même à mon imagination, en tant qu'elle demeure fixée sur ce mot, qui ait le moindre trait analogue à la figure, ou aux autres propriétés du cheval. Continuez à parcourir les chaînons qui conduisent l'idée jusqu'à l'âme; et vous trouverez la même hétérogénéité. Le cheval externe ne ressemble
367 point à l'ébranlement de l'organe de la vision; cet ébranlement ne | ressemble point à l'acte d'imagination, ou à l'idée phantasmatique, qui en résulte; et celle-ci enfin ressemble encore moins à l'idée proprement dite, qui se manifeste dans l'âme même. C'est ainsi qu'on peut faire servir les difficultés elles-mêmes à en résoudre d'autres; ou du moins à empêcher ces jugements précipités, par lesquels on infère l'impossibilité de la simple inconceptibilité.

Notre corps est une machine, qui fait partie d'une autre plus grande, c'est-à-dire, de l'univers[1]. Quoique nous ayons le pouvoir, bien limité cependant, de transporter ce corps d'un lieu dans un autre, nous n'en tenons pas moins d'une manière continue, et indissoluble, à tout ce qui nous environne. La rareté, l'imperceptibilité de certaines matières, relativement à nos organes, persuadent au vulgaire, que nous sommes dans une espèce de vide, et que, lorsque nous n'apercevons aucune impression, rien n'agit en effet sur nous. Il ne faut pas avoir poussé fort loin l'étude de la philosophie pour se dépouiller de préjugés aussi grossiers. Mais il faut l'avoir poussée assez loin, et beaucoup plus qu'on ne le fait ordinairement, pour voir jusqu'où mène la doctrine de cette liaison de notre corps, et par le moyen, ou à l'occasion du corps, de notre âme avec tout l'univers. Il en résulte des conséquences qui ont d'abord un air paradoxe, et dont Épictète prédit le danger, quand il dit dans son Manuel, Ch. XXIX. *Pensez-vous à l'étude de la philosophie ? Préparez-vous aussitôt à être l'objet de la raillerie, et à voir le gros des hommes vous tourner au ridicule*[2]. Ces risques ne nous arrêteront cependant point : et nous ne sommes pas moins disposés à tout sacrifier aux intérêts de la vérité, qu'attentifs à éviter l'écueil de la chimère.

L'assemblage immense des choses qui composent l'univers forme un tout exactement lié, et sans aucune lacune par rapport au temps, ni par rapport à l'espace. L'ordre des successions et des coexistences est dans un flux perpétuel; mais il ne s'y forme jamais d'interruption, qui rompe les liens de cet enchaînement, d'où résulte tout à la fois l'unité et l'essence du monde. Le système de tous ces êtres ainsi liés peut | être conçu comme une **368**
espèce de tableau, continuellement présent à l'Intelligence Divine, qui ne le perd jamais de vue, et qui en saisit jusqu'aux moindres détails : ou plutôt, qui voit les êtres mêmes dans leurs simples possibilités, ou essences, et les combinaisons d'êtres dans les raisons que ces possibilités, ou essences, fournissent de les combiner ainsi, et non autrement. Cette vision purement rationnelle, si je puis m'exprimer ainsi, est propre à l'Être infini, exclusivement à tous les êtres finis, quelque étendue qu'on veuille assigner à leurs

1. Remarque d'allure leibnizienne qu'on trouve déjà chez Wolff, selon qui tout ce qui est composé (le corps aussi bien que le monde) est une machine. Voir C. Wolff, *Cosmologia generalis*, I, II, § 73, GW II, 4, p. 67.

2. Épictète, *Manuel*, XXIX, dans *Entretiens. Manuel*, trad. fr. J. Souilhé et A. Jagu, Paris, Les Belles Lettres, 2019, p. 823 : « Crois-tu que, si tu optes pour la philosophie, tu puisses manger et boire comme tu le fais, avoir les désirs que tu as, manifester ainsi ton humeur ? Il te faut veiller, peiner, t'éloigner de tes proches, supporter le mépris d'un petit esclave, les railleries des premiers venus, être moins bien partagé en tout quant aux honneurs, au pouvoir, à la justice, à la moindre affaire ».

facultés. Il en est des actes de l'entendement de Dieu, comme des actes de sa puissance : le sceau de l'infini qu'ils portent les rend incommunicables.

Mais si les intelligences finies n'aperçoivent pas le tableau de l'univers dans toute son étendue, ni ne saisissent pas même la portion qui est à leur portée avec ce dernier degré de distinction qui découvre les effets dans leurs dernières causes; elles ne laissent pas de participer à cette vue, chacune suivant le degré de ses forces, et la situation où elle se trouve placée. Figurez-vous, pour continuer à me servir de la même figure, un fort grand morceau de peinture, exposé aux regards de diverses personnes dont la vue est très inégale. Ceux qui l'ont forte et excellente, embrassent d'un coup d'œil tout le tableau, ils en saisissent l'ordonnance, toutes les parties, toutes les beautés, tous les défauts. Quelqu'un au contraire qui aura une de ces vues faibles et basses, qui demande que l'œil soit presque collé sur les objets, s'approchera; et appliquant l'organe sur un endroit du tableau, y fixera ses regards. On remarque d'abord la différence qui se trouve entre lui et ceux dont on vient de parler; il n'acquiert qu'une idée partiale, tandis que les autres en ont une totale, et ne peut porter que des jugements fort hasardés sur les diverses propriétés, ou perfections du tableau.

À présent faisons deux suppositions différentes. Ou bien ce spectateur d'une vue si bornée sera obligé de demeurer vis-à-vis de l'endroit qu'il
369 considère, et ne pourra pas passer en revue les autres | parties, en allant de l'une à l'autre dans l'ordre où elles se suivent, et en comparant à mesure qu'il avance ce qu'il voit avec ce qu'il a déjà vu, par le secours de l'imagination et de la mémoire; ou bien il pourra faire cet examen successif. Dans le premier cas il voit à la vérité le tableau, en tant qu'il en voit une partie, mais il ne s'élèvera jamais de la notion de cette partie à celle du tout; dans le second, il pourra, quoique lentement, arriver par une application soutenue à se former une idée du tout, équivalente à celle qu'une bonne vue procure du premier coup d'œil à celui qui la possède.

L'homme est le spectateur; l'univers est le tableau : et les choses se passent à peu près comme nous venons de le dire, suivant les diverses situations par lesquelles nous passons. L'enfant n'apporte en naissant qu'une attention restreinte dans les bornes de son berceau; il ne connaît pendant quelque temps que le sein de la nourrice. Il y a bien loin de là, non seulement à l'idée de l'univers, mais à celle du séjour dont il doit devenir habitant, de la surface de notre globe, et des différents objets dont elle est couverte. Mais bientôt après, promenant ses regards de côté et d'autre, il vient à bout de connaître ceux qui l'environnent, les choses dont on fait un fréquent usage, la société, l'État : et il sait au moins en gros à quoi il tient ici-bas. Les hommes faits, et parvenus à l'âge qu'on appelle de raison, quoique tant de gens n'y arrivent jamais, les hommes, dis-je, considèrent

chacun la portion de l'univers qui les environne, relativement à leurs besoins et à leurs passions. Le laboureur ne voit, pour ainsi dire, que ses bœufs et sa charrue, tout comme le joueur ne voit que des cartes et des dés. Ce serait une chose fort singulière que de pouvoir se procurer l'empreinte de l'univers telle qu'elle est dans chaque cerveau, et d'avoir une détermination exacte de ce que chaque individu y découvre, et de la perspective sous laquelle il se le représente. On verrait autant de plans, de profils, de coupes, pour ainsi dire, de l'univers, qu'il y a de génies, et surtout qu'il y a de passions dominantes. Or il faut remarquer que, généralement parlant, les hommes ayant une fois devant | eux un semblable plan, ne le perdent plus **370**
de vue; et que renonçant volontairement à l'acquisition de toute autre connaissance, ils se bornent à être toute leur vie ce que leur penchant ou leur intérêt veut qu'ils soient. Voilà donc tout autant de personnes dans le cas de l'homme à courte vue, attaché à une partie du tableau, qui ne verra jamais que ce qu'il a vu d'abord.

Ainsi commence, continue, et s'achève réellement la vie des quatre-vingt-dix-neuf centièmes de l'espèce humaine : il n'y a guère de différence à mettre entre eux, et la chenille qui, ne quittant point l'arbre dont elle broute la feuille, ne connaît de tout l'univers, je ne dirai pas que cet arbre, mais que ce qui dans cet arbre a un rapport immédiat à ses besoins. Ce n'est pas assurément une lumière bien forte que celle de la raison; mais, telle qu'elle est, la face du monde serait bien changée, si chacun en tirait tout le parti qu'on en peut tirer, et qu'il aperçût tous les objets avec autant de distinction qu'il est possible à la raison de le faire. À la vérité il n'y a pas d'apparence que ç'ait été l'intention du Créateur. Le principal but auquel il a rapporté les facultés et les inclinations, c'est la conservation de la société; cet esprit philosophique, qui écarterait les nuages dont nous sommes environnés, et qui dépouillerait les fantômes de la réalité que nous leur prêtons, arrêterait tout à coup l'activité, qui est le premier mobile de tout ce qui se passe autour de nous. Il faut qu'il y ait des philosophes dans la société; ce sont les prophètes et les apôtres de la raison: mais il ne faut pas que la société soit philosophe. Les leçons que répandent de siècle à autre quelques génies supérieurs, sont une espèce de sel qui empêche la corruption universelle; mais tout ne doit pas être sel, c'est une matière infructueuse, et ennemie de la fertilité, quand elle existe dans une trop grande abondance.

Ceci tient de la digression; revenons à notre sujet. Nous n'avons encore vu que des hommes tellement liés à une sorte d'objets que leur faculté de connaître en est entièrement épuisée, et qui, bien loin de juger de l'univers par ce qu'ils en voient, ne savent pas à | proprement parler qu'il y ait un **371**
univers, c'est-à-dire, un tout exactement et harmoniquement lié, dont la portion qu'ils observent, ou qu'ils pourraient observer, contient l'idée tout

entière; de façon que chaque état de leur âme, chaque tableau partial dont leur imagination est actuellement occupée, peut servir à expliquer le tableau universel, et le dévoilerait en effet à une intelligence qui, en ayant d'abord eu une connaissance adéquate, n'en verrait ensuite que la petite partie dont il s'agit. Cette assertion, quelque étonnante qu'elle puisse paraître aux personnes à qui ces idées ne sont pas familières, peut néanmoins être prouvée d'une manière véritablement démonstrative; et je vais proposer un exemple qui, si je ne me trompe, convaincra tous ceux qui voudront y faire attention.

L'Iliade d'Homère est un poème connu de tout le monde. Il est composé de plusieurs chants, et chaque chant d'un grand nombre de vers. On ne saurait nier la possibilité d'une mémoire qui saisirait tout ce poème, sans en laisser échapper un seul mot, ou d'une imagination qui s'en représenterait tous les faits dans la liaison où ils sont entre eux, depuis le premier jusqu'au dernier. Tel étant donc l'état de cette mémoire, ou de cette imagination, qu'on prononce un seul vers de l'Iliade, pourvu que ce ne soit pas un de ces vers qui se trouvent dans des tirades répétées par le poète, (et voilà pourquoi il ne faut que des indiscernables dans l'univers), qu'on prononce, dis-je, ce vers, et il arrivera l'une de ces deux choses. Ou les mots dont il est composé rappelleront, au gré de celui dont la mémoire est supposée posséder toute l'Iliade, soit les vers qui précèdent, soit ceux qui suivent immédiatement; et cette personne pourra en conséquence remonter jusqu'au premier vers, ou descendre jusqu'au dernier, c'est-à-dire, se rappeler tout le poème dans l'ordre où il est écrit, en partant du seul vers qui a été prononcé, et si vous voulez d'un seul mot, à condition qu'il n'existe qu'une fois dans l'Iliade. Si c'est, au lieu de la mémoire, l'imagination que vous mettez en jeu, le fait indiqué dans le vers cité rappellera de la même
372 manière tous ceux qui précèdent, ou | tous ceux qui suivent. Donc un vers, un mot, un fait, renferment tout le poème, en tant qu'ils mettent la personne supposée, en état d'en reproduire l'idée entière, et de se représenter distinctement l'ordre qui règne entre toutes ses parties. C'est là précisément le cas de l'intelligence, qui, connaissant préalablement l'univers, en découvre ensuite une portion quelconque : elle y voit tout le reste. Mais comme je ne crois pas que cette vue, ou vision, convienne à d'autres intelligences qu'à celle de l'Être infini, j'indiquerai deux différences considérables entre la manière dont cet être aperçoit tous les objets dans un seul d'entre eux, et celle qui vient d'être décrite.

La première de ces différences consiste dans la succession d'une part, et dans la simultanéité de l'autre. Dans la partie Dieu voit le tout, dans l'élément Dieu voit l'univers, dans un chaînon toute la chaîne, sans remonter, ni descendre, sans porter ses regards à droite, ni à gauche; cette partie, cet élément, est un miroir, qui porte l'empreinte du grand tout; s'il est tel, il faut que le reste soit tel; toute autre combinaison que celle qui existe actuellement, répugnerait à l'état donné de cet élément. Un coup d'œil unique, soutenu, immuable, est la seule opération concevable dans l'être infini; une marche, ou progression, plus ou moins lente, suivant les forces et les efforts de l'être fini, caractérise sa façon d'apercevoir.

De cette première différence naît immédiatement la seconde. Ce n'est proprement qu'une combinaison technique et arbitraire qui règne entre les vers, et même entre les faits de l'Iliade : et si, ce poème existant une fois, celui qui l'a appris, ou compris tout entier, se rappelle le tout par le moyen d'une partie quelconque, cela vient non d'une liaison essentielle, mais d'un travail purement artificiel. Il serait insoutenable de dire qu'un vers, ou un fait, mène tellement à tout ce qui le précède, ou le suit, qu'on pût deviner l'Iliade sans l'avoir sue auparavant, comme l'on devine, par exemple, les lettres effacées d'un mot qui subsiste encore en partie dans une inscription. Or les choses ont dans l'univers ce dernier genre de liaison; l'une d'entre elles étant | donnée, l'univers s'arrange en quelque sorte autour d'elle dans **373**
une combinaison donnée, tellement ce qu'elle est, qu'elle ne peut être autre à quelque égard que ce soit[1]. Que les pièces d'un jeu d'échecs soient disposées dans l'ordre qui précède le jeu; fermez les yeux, mettez la main sur une des pièces qui ne sont pas doubles, comme le roi, ou la reine; si la reine est là, dites-vous avec certitude, telle pièce est ici, telle autre là, et ainsi de suite. Ou, pour aller plus loin encore, que la partie soit engagée, et qu'il y ait un aussi grand nombre de coups joués que l'on voudra, si l'on suppose deux joueurs d'une telle force, que chacun d'eux depuis le commencement de la partie, à chaque pièce qu'il a remuée, ait toujours fait le meilleur coup possible; un troisième joueur d'égale force, survenant lors d'un coup quelconque, pourrait en inférer tous ceux qui l'ont précédé, tout

1. Cette référence à l'*Iliade* et à la connexion de ses vers présuppose une longue tradition qui remonte au *De natura deorum*, où Cicéron envisage l'hypothèse selon laquelle la composition de ce poème serait le fruit du hasard. L'exemple est courant au XVIIIe siècle, comme l'a montré J. Deprun, « Quand la nature lance les dés ou préhistoire des singes dactylographes », *Le jeu au XVIIIe siècle*, Aix-en-Provence, Edisud, 1976, p. 49-60. Pour d'autres détails concernant ce type de référence à l'*Iliade*, voir D. Diderot, *Œuvres philosophiques*, éd. M. Delon, Paris, Gallimard, 2010, n. 48, p. 1044-1045. Dans ses *Pensées philosophiques* (1746), § XXI, Diderot évoque l'argument, courant chez les apologètes, selon lequel le monde ne peut pas résulter d'un jet fortuit d'atomes comme l'*Iliade* ne peut résulter du jet fortuit des caractères. De la perspective déiste qui était la sienne à l'époque, un tel raisonnement ne saurait convaincre un athée, car le calcul des probabilités donnerait plutôt raison à l'athée. La difficulté de l'événement pourrait en effet être compensée par la quantité de jets (*ibid.* p. 11-12). Notons que Formey non plus ne met pas l'univers et le poème sur le même plan.

comme il pourrait en déduire tous ceux qui doivent suivre pour conduire la partie à sa fin. Tout étant donc lié dans l'univers, non par des combinaisons arbitraires, mais par cette raison du meilleur, qui est le seul motif convenable aux perfections divines, il est aisé, ce me semble de se convaincre, premièrement que Dieu aperçoit non seulement la totalité des choses, mais qu'il les voit en quelque sorte toutes en une seule ; et en second lieu, qu'il n'y a là-dedans aucun acte d'imagination, ou de mémoire, mais que c'est une opération purement intellectuelle et rationnelle. Aussi Dieu aperçoit-il tous les autres systèmes, tous les autres mondes possibles, avec la même distinction que le monde actuel et les êtres doués de l'existence. Par conséquent, si l'intuition de l'univers, et même de l'univers entier, peut être attribuée à la créature aussi bien qu'au Créateur, c'est toujours en réservant à celui-ci cette éminence attachée à l'exercice de ses attributs, qui procède de la différence non seulement essentielle, mais infinie, qu'il y a entre lui et les autres êtres. Nous sommes forcés de nous servir des mêmes termes, et jusqu'à un certain point, de remonter aux mêmes notions, lorsque nous voulons parler de l'Intelligence souveraine, et des intelligences bornées : mais l'un des principaux écueils de la philosophie et de la
374 théologie, c'est de nous laisser | entraîner à cet anthropomorphisme subtil, contre lequel on est si peu en garde, parce qu'il flatte notre amour-propre, en nous persuadant que Dieu connaît, veut, et agit comme nous, quant à la manière, et ne diffère que par la supériorité. Je m'écarterais trop de mon sujet, si j'indiquais les diverses erreurs capitales qui sont nées de là ; mais j'ose assurer qu'il y a peu de sciences qui n'en aient ressenti les mauvais effets.

Revenons à l'examen que nous avons entrepris de la faculté de l'âme qui fait le sujet de ce discours. Quoiqu'il y ait une disproportion immense entre le tableau réel de l'univers, et la portion qui en existe dans chaque individu doué de sentiment, et même de raison ; il est bon de remarquer pourtant que le nombre d'idées que chaque cerveau renferme, ou si vous voulez, que chaque âme est capable de se représenter, va beaucoup au-delà de ce qu'on pourrait croire. Je ne parle point de ces prodiges d'esprit et de génie, de ces personnages extraordinaires, qui semblent réunir tous les talents, et n'avoir jamais rien oublié de ce qui est une fois parvenu à leur connaissance. Je me borne aux hommes ordinaires, et pris de la masse ; et je dis qu'il y a une sorte d'infini, c'est-à-dire, d'immense et d'inassignable, dans le nombre de leurs idées, et dans les diverses combinaisons qui en résultent. Chaque homme pense continuellement, au moins pendant l'état de la veille ; et pour former chacune de ses pensées, il faut un concours d'idées et d'impressions antérieures, qui jetteraient dans la plus grande surprise, si le développement nous les présentait d'une manière manifeste.

Il me semble que l'exemple suivant cadre assez bien au sujet. Une miniature finie, et d'un travail exquis, présente une fort petite surface, sur laquelle sont appliquées quelques couleurs, qui forment la ressemblance d'un objet. En voyant cette image, nous n'apercevons que la surface colorée dont je viens de parler; mais combien d'actes suivis et réitérés n'ont pas servi à la produire, combien de coups de pinceau n'ont pas été requis, avant que de conduire ce petit ouvrage à sa perfection ? Nous ne les voyons point, ces actes, ces coups de pinceau, c'est-à-dire, que nous ne les démêlons point : mais au fond nous | pouvons être censés les voir, en tant 375
que nous en voyons le résultat; et, si nous avions une assez grande finesse d'organes, jointe à une capacité suffisante d'embrasser tous les détails que de semblables organes nous découvriraient, nous verrions sous les derniers traits qui ont fini ce morceau de peinture ceux qui ont été faits immédiatement auparavant, et ainsi de suite, jusqu'au crayon, ou dessin quelconque, qui a servi de fondement. Les choses se passent parfaitement de même dans notre imagination. À chaque moment donné il y a une miniature qui représente certains objets, sur lesquels notre vue est actuellement fixée, soit par un effet de notre volonté, soit par le jeu de nos idées. Ces traits marqués et sensibles qui nous frappent, d'où viennent-ils? Le vulgaire n'a aucun soupçon de leur profondeur, de leur dépendance, de cette liaison étroite, successive, et non interrompue, par laquelle ils remontent aux premiers traits qui ont été gravés dans notre âme, aux premières impressions que nous avons reçues. Il est pourtant incontestable que c'est parce que les circonstances de votre naissance, (pour ne pas remonter plus haut, quoiqu'on pût assurément le faire), de votre éducation, et des différents états de votre vie, ont été tels, et non autres, que dans ce moment vous pensez comme vous le faites : et vous penseriez tout autrement, c'est-à-dire comme tel ou tel autre individu, si vous aviez été placé dans d'autres circonstances. On m'accordera sans difficulté que les choses sont ainsi dans les grandes déterminations de notre vie, dans ces résolutions décisives, qui tiennent au caractère reconnu de ceux qui les forment, et dont les suites sont considérables. L'état des affaires publiques engagera un prince à faire la guerre, tandis qu'un autre prince aurait tiré de ce même état des motifs à maintenir la paix. Cela s'explique, pour ainsi dire, de soi-même. Les princes étant exposés à la vue et à l'observation de tout le monde, on sait, et leur façon de penser, et pour l'ordinaire, les causes de cette façon de penser; on remonte à des évènements antérieurs, à des passions connues, à des principes reçus; et l'on voit non par les détails d'une analyse parfaite, mais toujours par une espèce de trace assez marquée, ce qui les a conduits à la détermination qui a | lieu dans la 376
conjoncture en question. Direz-vous qu'il n'en est pas de même d'une

détermination de moindre conséquence; que telle faveur accordée, ou refusée à un de leurs sujets, que telle fête ordonnée, ou omise, ou d'autres choses moindres encore, ne dépendent de rien, et ne tiennent pas aux séries d'idées précédentes, tout comme la plus grande action de leur vie? Direz-vous, que dans des hommes qui n'ont aucun rang dans la société, et dont les démarches n'influent en rien sur le cours des événements, la même chose n'ait pas lieu? Ce serait donner dans une erreur aussi grossière, que si l'on affirmait la nécessité d'une force pour ébranler une masse considérable, et qu'on niât qu'il en fallût une pour faire changer un grain de sable de place. Mais les hommes ne sont pas faits autrement; dès que les causes de certains effets échappent à leurs regards, ils anéantissent ces causes, et trouvent fort étrange qu'on veuille leur prouver qu'il y en ait, et que leur existence soit indispensable. Beaucoup plus s'étonnent-ils, quand on leur dit, que les plus petites choses tiennent aussi étroitement que les plus grandes aux causes importantes qu'ils voudraient réserver pour des cas privilégiés; et que la pensée la plus frivole résulte de la totalité de nos idées précédentes, tout comme la situation actuelle d'un grain de sable tient à l'origine du monde, et à tous les états intermédiaires jusqu'au moment donné.

Si nous levons donc cette première superficie de nos idées, pour m'exprimer ainsi, et que nous sondions l'abîme qu'elle cache, nous ne pourrons nous refuser à une vive admiration, en apercevant que nous recelons l'univers entier dans notre âme, et que chaque état singulier de l'âme participe à l'espèce d'infini, que renferme l'assemblage de toutes les choses simultanées et successives, passées, présentes et à venir. Il ne faut pas nous en laisser imposer à cet égard par une expérience illusoire, qui ne mène point aux conséquences qu'on voudrait en tirer. Il est très vrai que nous ne pouvons suivre tous les chaînons de cette chaîne, remonter tous les degrés de cette échelle; les traces s'effacent dans notre cerveau, les idées se
377 perdent, et même sans | retour dans notre âme; mais il n'en résulte nullement, et qu'elles n'aient point existé, et qu'elles n'aient point déterminé les états suivants. C'est comme si je disais que je ne descends point de mon aïeul, parce qu'il est mort. Combien, par exemple, de frayeurs ou d'autres émotions violentes dans l'enfance, qui affectent les organes alors tendres, d'une manière dont on se ressent toute la vie, sans pouvoir jamais dire d'où viennent ces dispositions, ces craintes, ces aversions, qui se manifestent ensuite avec l'âge. Ce serait le sujet d'un mémoire à part, et qui pourrait être fort étendu, que la discussion de ce qu'on appelle cachettes et replis dans le cœur humain. De même que les évènements les plus considérables, et qui vont jusqu'à changer la face de l'univers s'enfoncent dans la nuit des temps, et disparaissent au point de ne pas laisser seulement matière aux conjectures; notre âme, théâtre moins grand, mais non moins sujet à de

perpétuelles révolutions que l'univers, éprouve des situations qu'elle oublie, et arrive par de longues routes à de nouvelles situations liées aux premières, mais par un lien devenu imperceptible. Il en est comme d'un lieu d'où l'on part; ses édifices, ses tours, diminuent à mesure que nous nous en éloignons, et se dérobent enfin tout à fait à nos regards. La chose va plus loin à l'égard de l'âme; elle perd et la vue du lieu, et le souvenir d'y avoir été; elle arrive à certains termes, sans savoir presque comment, tantôt par un effet de la lenteur de sa marche, tantôt aussi par un effet de sa rapidité. Le premier cas a lieu, par exemple, lorsque de mauvais exemples, des compagnies dangereuses, des habitudes vicieuses, gâtent un cœur bon, droit, qui avait des maximes d'honneur, et des principes de vertu. Combien de personnes, après avoir fait une funeste expérience d'une semblable séduction, ont vu avec un étonnement mêlé d'horreur, jusqu'où elle les avait entraînées; et qu'y a-t-il de plus commun que ce langage : je ne sais comment j'ai pu m'oublier à ce point; je ne comprends pas par quel enchantement je suis devenu si différent de moi-même! Les surprises rapides des passions produisent le même effet, et forment le second cas que j'ai indiqué. L'âme fortement ébranlée entasse, accumule | en un clin d'œil, **378**
des actes qui dans le cours ordinaire des choses demanderaient beaucoup plus de temps. Un outrage sanglant transforme tout à coup un agneau en un tigre, et porte l'homme le plus doux et le plus modéré à d'affreuses violences. Voilà ces énigmes du cœur humain, qui le rendent impénétrable, qui en font un véritable Protée, toujours prêt à nous échapper, et qui nous échappe en effet, lorsque nous avons le moins lieu de nous y attendre; enfin qui vont jusqu'à dérober à l'homme la connaissance de soi-même. Nous tenons à tant de choses, qu'il nous est impossible de compter le nombre et de suivre le fil des impressions que nous ressentons; et les détails de notre propre histoire, les annales de notre cœur, sont des choses aussi inconnues pour nous, que ce qui s'est passé dans les temps les plus reculés, ou dans les contrées les plus éloignées. Notre imagination et notre mémoire sont aussi peu propres à contenir et à conserver cette infinité de traces, que le lit d'un fleuve le serait à recevoir les eaux de l'océan [1]. Il ne serait pas seulement au pouvoir d'un homme, quelque attention qu'il y apportât, de se rappeler le soir tout ce qu'il a pensé, dit, et fait, dans le cours d'une journée. Que sera-ce dès qu'il s'agit de mois, d'années, et de vies, dont quelques-unes vont au-delà des trois quarts d'un siècle?

1. Dans le but de prouver la multiplicité des actions automatiques, Malebranche avait insisté plutôt sur le contraire : pour lui, c'était un préjugé que de croire que « notre cerveau est trop petit pour conserver des vestiges, et des impressions en fort grand nombre » (N. Malebranche, *Recherche de la vérité*, II, I, V, § III, *Œuvres complètes*, I, *op. cit.*, p. 225).

J'admire ici, comme en toutes choses, la sagesse et la bonté de l'Auteur de notre être. Il serait aussi incommode pour nous d'avoir une imagination et une mémoire d'une ténacité à laquelle rien n'échappât, que d'avoir les yeux taillés en télescope, ou en microscope, ou en général des organes qui discernassent les plus petites différences des choses [1]. De semblables organes nous accableraient de la multitude des impressions qu'ils nous transmettraient; et de même une force d'imaginer et de se souvenir, qui pût embrasser tout ce qui est une fois parvenu à notre connaissance, offusquerait tellement l'exercice des autres facultés supérieures de notre âme, qu'il y aurait bien plus à perdre qu'à gagner pour nous dans cette prérogative apparente. Je pourrais en tirer une preuve de l'expérience, qui donne lieu de croire que les gens dont l'imagination est trop vive, trop abondante,
379 ou la | mémoire trop remplie, trop chargée, sont fort éloignés d'exceller du côté de la raison et du jugement. Ajoutez que, si quelquefois nous aurions lieu de souhaiter que la chaîne de nos idées n'eût souffert aucune interruption, et qu'il fût en notre pouvoir de nous rappeler la suite de tous les états qui ont précédé et préparé celui dans lequel nous nous trouvons, il y a vingt, et peut-être cent cas contre un, où il nous est plus expédient d'être privés de cette exacte réminiscence, soit parce qu'elle rouvrirait des plaies que nous avons eu beaucoup de peine à fermer, soit parce que trop occupés de ces objets fantastiques, nous ne donnerions pas assez d'attention aux choses présentes, nous ne saisirions pas ces instants, si précieux dans bien des occasions, et d'où dépendent les plus grands succès, l'acquisition de mille biens, la suite de mille maux. En général il convient que la plupart des actes de notre âme soient implicites comme ils le sont; que des raisonnements entiers, et quelquefois des suites de raisonnements, se concentrent dans une seule proposition, je dirais presque, dans une seule idée: cela donne à la société cette action, cette vie, nécessaires à sa conservation; des opérations développées, et par conséquent froides, tranquilles, et lentes, feraient échouer tant d'entreprises, qui ne sont presque toutes que d'heureuses témérités.

Mais de ce que la complication et la prestesse de nos idées, et des effets qui en résultent, forment une espèce d'illusion ou de prestige, qui éblouit le vulgaire, et lui persuade que les choses ne tiennent qu'à ces causes prochaines et sensibles qu'on ne saurait méconnaître; de ce que le gros des

1. Parmi les auteurs ayant déjà parlé d'yeux-microscopes, nous rappelons non seulement Malebranche et Locke, mais aussi Voltaire, qui mobilise l'argument dans *Micromegas*, peu avant la parution du mémoire de Formey. Voir Malebranche, *Recherche de la vérité*, I, VI, § 1, *Œuvres complètes*, I, *op. cit.*, p. 84; Locke, *Essai*, 2.22.13, p. 237-238; Voltaire, *Micromégas* [1752], IV, *Œuvres complètes*, éd. T. Besterman, Oxford, Voltaire Foundation, 1968-…, 20C, 2017, p. 81-85.

hommes se borne à contempler stupidement les décorations du théâtre; il ne s'ensuit pas que le philosophe doive acquiescer à des jugements aussi imparfaits, et fermer, pour ainsi dire, les yeux de l'esprit, aussitôt que ceux du corps ne lui offrent plus rien. C'est pourtant ce qui n'est que trop commun à ceux mêmes qui paraissent avoir pris un vol d'aigle dans certaines sciences; plus ils y ont fait de progrès, plus ils s'aheurtent à les regarder comme des sciences primitives, fondamentales, et dont les principes sont autant de notions irrésolubles. Ils | retombent entièrement **380**
par-là dans l'inconvénient que nous combattons; ils traitent de chimérique tout ce qui échappe à l'imagination; ils ne reconnaissent et n'admettent plus de liaison entre les choses, dès qu'on ne peut pas la leur faire toucher au doigt. Je m'écarterais trop de mon but, si je faisais voir combien les progrès de la philosophie sont journellement retardés par cette façon de penser, si peu digne d'un siècle où l'esprit humain a franchi d'ailleurs tant de barrières. Mais je me restreins à mon sujet, et je dis qu'il résulte si évidemment de toutes les réflexions que j'ai proposées, que notre imagination tient à l'univers entier, et participe à son immensité, que je ne vois pas qu'il puisse rester aucun doute à cet égard.

Nous pouvons juger sans peine, en finissant, de la manière dont l'Être suprême aperçoit toutes ces choses, qui, bien qu'elles se passent au-dedans de nous, nous demeurent inconnues. L'Écriture désigne cette partie de la Toute-science de Dieu, en l'appelant le *Scrutateur des cœurs et des reins* [1]. La liaison intime et perpétuelle de nos mouvements les plus secrets, de nos idées les plus obscures, avec le système total des états de notre âme, et avec celui de l'univers, permet à Dieu de lire véritablement au-dedans de nous; et il n'y a point de caractères dont la petitesse puisse lui échapper, puisque tout est, pour ainsi dire, sur une même ligne à ses yeux, sans différence de grand ou de petit, relativement à la distinction de ses idées. Nous ne retenons les choses qu'à l'aide d'une capacité bornée, et par le moyen des impressions; ainsi nous nous laissons échapper ce qui surpasse notre capacité, et nous perdons les impressions qui ont été trop faibles, ou que de plus fortes ont effacées. L'Entendement divin est infini; et il n'acquiert aucune idée par impression: il les possède toutes originairement et essentiellement; ainsi l'une ne saurait préjudicier à l'autre, l'une ne vient point altérer, ou effacer l'autre; elles ne reconnaissent, ni antériorité, ni postériorité, ni proximité, ni éloignement. Les auteurs sacrés s'expriment fort énergiquement là-dessus; ils disent que *toutes choses sont nues et à découvert* devant Dieu, *que la nuit resplendit | pour lui comme le jour, et les ténèbres* **381**
comme la lumière, et que toutes les choses s'écrivaient dans son livre au

1. *Psaumes*, VII, 1. 9.

jour qu'elles se formaient, même lorsqu'il n'y en avait encore aucune[1]. J'avoue qu'une des raisons qui me convainquent le plus fortement de la vérité de la Révélation, et de l'origine céleste de nos saints Livres; ce sont les idées sublimes de la Divinité qui s'y trouvent. Plus on médite les expressions des écrivains inspirés, plus on les trouve d'accord avec les notions les plus épurées de la raison. Aussi, dans le cours de théologie naturelle le plus approfondi que nous ayons, trouve-t-on à la suite de chacune des matières qui y sont traitées une espèce de parallèle entre les lumières naturelles et les lumières révélées, bien propre à démontrer l'injustice de ceux qui prennent à tâche de représenter l'Écriture comme un ouvrage plein d'idées confuses ou révoltantes. Ce langage ne convient qu'aux esprits superficiels, incapables de juger du véritable prix des choses, et qui ont un dégoût inné pour tout ce qui demande quelque effort d'attention et de réflexion.

Chaque intelligence finie, avec toutes ses déterminations passées, présentes, à venir, et même possibles, est donc parfaitement connue de Dieu, soit en elle-même, soit en tant qu'elle fait partie de l'univers : et de cette manière rien n'est enseveli dans l'oubli, rien ne se perd et ne s'éclipse pour jamais; et chaque âme pourra retrouver un jour en Dieu cette suite d'idées qu'elle ne possède plus, elle se remettra, pour ainsi dire, au fait de sa propre histoire, et elle puisera dans cette connaissance des sentiments qui y répondront; de joie, si elle ne s'est écartée de ses devoirs que par une suite inévitable de l'infirmité naturelle; de douleur, si elle a abusé volontairement des moyens qu'elle avait d'avancer l'ouvrage de sa perfection. C'est alors que l'idée d'un célèbre philosophe aura véritablement lieu; c'est-à-dire, que nous verrons tout en Dieu[2]. Et je présume même que c'est

1. *Psaumes*, CXXXIX, l. 12 et l. 16.

2. Sur la vision des idées en Dieu, voir Malebranche, *Recherche de la vérité*, III, II, VI, *Œuvres complètes*, I, *op. cit.*, p. 437-447 et *Recherche de la vérité*, *Éclaircissements* X [1678], *Œuvres complètes*, III, *op. cit.*, p. 127-161. Une référence critique à cette thèse malebranchiste se trouve déjà chez Wolff. Voir C. Wolff, *Theologia naturalis. Pars II*, II, II, § 104, GW II, 8, p. 82. Formey y revient avec plus de bienveillance, mais dans sa perspective non plus, la position univociste de l'oratorien ne saurait être intégralement acceptée. Par ailleurs, la vision des idées en Dieu a constitué une cible polémique depuis sa conception, à cause des difficultés interprétatives qu'elle soulevait. Mais elle n'est pas complètement tombée dans l'oubli au XVIIIe siècle, comme le prouvent entre autres les textes de Voltaire. Dans l'article « Imagination » de l'*Encyclopédie*, par exemple, il la convoque à l'appui de son propre agnosticisme en théorie de la connaissance : « Or, s'il est incontestable que des idées suivies se forment en nous, malgré nous, pendant notre sommeil, qui nous assurera qu'elles ne sont pas produites de même dans la veille ? Est-il un homme qui prévoie l'idée qu'il aura dans une minute ? Ne paraît-il pas qu'elles nous sont données comme les mouvements de nos membres ? Et si le père Malebranche s'en était tenu à dire que toutes les idées sont données de Dieu, aurait-on pu le combattre ? » (Voltaire, « Imagination », Enc., VIII, 1765, p. 560).

en continuant à jouir de ce genre de connaissances, où il n'y aura plus, ni lacunes, ni oubli, ni confusion même, au moins relativement à la capacité de nos âmes, que nous entrerons dans l'état de félicité que l'homme de bien | espère après la mort. Si notre vue n'embrasse pas alors tout l'univers à la 382
fois, au moins pourra-t-elle peut-être le parcourir d'une manière successive et suivie, sans rien perdre de ce qu'elle aura une fois aperçu, et s'élever par-là de plus en plus dans la connaissance de l'être, qui doit occuper son entendement pendant tous les siècles de l'éternité; tandis que son cœur faisant les mêmes progrès dans la carrière des sentiments, trouvera dans l'amour du Souverain bien cet acquiescement, cet état délicieux et permanent, qu'il avait essayé de chercher dans la possession des biens passagers et finis. Toute philosophie qui nous éloigne de ce but, et qui nous prive de cette attente, est le plus funeste poison dont l'homme puisse ressentir la malignité.

SUR L'APERCEPTION DE SA PROPRE EXISTENCE [1]

Présentation

Ce mémoire, ainsi que celui *Sur l'aperception considérée relativement aux idées* (1749), sont à la fois les premiers et parmi les plus célèbres de Jean Bernard Mérian. La question abordée est tout à fait classique mais l'apport théorique est loin d'être dépourvu d'originalité. Redécouverts quelques décennies plus tard par Tetens qui en parle dans sa *Philosophische Versuche* (1777) et traduits en allemand par Hissmann dans son *Magazin für die Philosophie und ihre Geschichte* (1778), les deux textes sont considérés comme cruciaux pour comprendre l'évolution du concept d'aperception de Leibniz à Kant [2]. Leur importance est donc remarquable du point de vue de l'histoire de la philosophie, mais ils sont également cruciaux pour comprendre la construction de l'identité intellectuelle de Mérian. Dès le mémoire *Sur l'aperception de sa propre existence*, on reconnaît en effet un trait marquant, voire un élément fondamental, de l'éclectisme que Mérian pratique de façon explicite dans ses écrits de la maturité [3] : la démarche méthodologique empiriste et analytique, dont la visée fondamentale consiste ici à « décomposer les connaissances », à la manière de Condillac [4].

1. HAR 1749 [1751], p. 416-441.

2. Le mot *aperception* fut introduit en français par Leibniz et en latin par Wolff. Voir U. Thiel, « Between Wolff and Kant. Mérian's Theory of apperception », *Journal of the History of Philosophy*, 34/2, 1996, p. 213-232 et *id.*, *The Early Modern Subject: Self-Consciousness and Personal. Identity from Descartes to Hume*, Oxford, OUP, 2011, p. 265-280.

3. Voir D. Dumouchel « "Hommes de nulle secte". Éclectisme et refus des systèmes chez Jean Bernard Mérian », *Dialogue*, 54/4, 2018, p. 745-765.

4. Sa source d'inspiration principale devait être l'*Essai sur l'origine des connaissances humaines* (1746), mais on ne saurait pas non plus exclure une reprise du *Traité des systèmes*

Il s'agit plus exactement d'approcher par la voie de l'observation ce qu'il y a d'immédiat dans nos connaissances, c'est-à-dire ce qui est à la fois indépendant et présent à l'esprit sans médiations : l'aperception. L'aperception telle que Mérian la conçoit en 1749 est un acte qui se rapporte à deux objets : l'idée et le moi ; le moi est co-aperçu, comme il le précise davantage dans le second mémoire [1], donc chronologiquement sur le même plan que l'idée, mais il demeure néanmoins indépendant et a aussi une priorité logique [2]. On trouve là une réponse possible au fameux dilemme que Rousseau allait poser, sans vraiment y répondre, dans sa *Profession de foi du vicaire savoyard* (1761) : « Ai-je un sentiment propre de mon existence, ou ne la sens-je que par mes sensations ? » [3]. Tout en étant conscient de la simultanéité de l'aperception de soi-même et de l'idée, Mérian n'hésite pas à parler d'une espèce de « préexistence du *conscium sui* » : il est présupposé par toute autre connaissance et il ne peut être subordonné à aucune pensée antérieure [4]. Cela a donc un sens de l'aborder en premier, dans ce mémoire, et de s'attarder sur les idées dans le suivant. C'est pourquoi Mérian se concentre ici sur l'aperception entendue comme conscience de soi-même dans le présent. En plus d'affirmer son caractère immédiat, il explique qu'elle consiste à s'apercevoir soi-même en tant qu'existant, non en tant qu'apercevant : en effet, les actes ne peuvent être saisis que par la réflexion. Cela revient en même temps à critiquer ceux qui, comme Wolff et les wolffiens, avaient trop accordé à la conscience immédiate : apercevoir les objets ne signifie pas les distinguer les uns des autres et s'apercevoir soi-même ne signifie pas savoir se distinguer des autres, le discernement étant plutôt issu de la réflexion.

Restreindre ainsi les pouvoirs du *conscium sui* ne signifie pas lui ôter des prérogatives et des privilèges majeurs. Il suffit de penser que Mérian en fait le fondement de l'identité personnelle, à tel point que si, par hypothèse,

(1749), étant donné que, dans un autre mémoire (paru la même année et conçu en continuité avec celui-ci), Mérian critique la méthode géométrique et les systèmes, en donnant l'exemple de Spinoza. Voir J. B. Mérian, « Sur l'aperception considérée relativement aux idées », HAR 1749 [1751], p. 442-443.

1. Voir *ibid.*, p. 445.

2. Cette structure de l'aperception explique comment nous reconnaissons immédiatement une perception comme la nôtre. Pour une approche conjointe des deux mémoires de 1749, voir B. Bærtschi, « La conscience selon Mérian », *Conscience et réalité. Études sur la philosophie française au XVIIIe siècle*, Genève, Droz, 2005, p. 147-154.

3. J.-J. Rousseau, *Émile*, IV, *Œuvres complètes*, éd. B. Gagnebin et M. Raymond, Paris, Gallimard, 1959-1995, t. IV, 1969, p. 570-571.

4. Malgré des cadres théoriques distincts, il faut noter ici une certaine similitude entre les positions de Mérian et de Kant. Ce dernier considère que l'aperception transcendantale permet de concevoir la nécessité transcendantale du cogito en tant qu'il doit accompagner toutes les représentations : Kant, *Critique de la raison pure*, A 118/B 131.

on se rayait en laissant subsister exclusivement l'aperception de soi-même, on ne cesserait pas d'exister en qualité d'être intelligent; alors que si on commençait par supprimer le *conscium sui,* on effacerait du même coup toute son intelligence et toute sa personnalité. Mérian reviendra sur ce point dans son mémoire « Sur l'identité numérique » (1755) :

> Je ne connais qu'une chose dans mon âme qui me paraisse lui être essentielle; c'est le sentiment du *moi*, inséparable de mon intelligence, toutes les autres perceptions sont sujettes à la vicissitude; ce sont des ombres légères qui ne font que passer devant moi; celle-ci me suit partout et ne m'abandonne jamais [...]. Sans ce sentiment, point de réminiscence, point de pensée et probablement point d'âme [1].

Loin de couper Mérian de tout lien avec ses contemporains, une telle prise de position le rapproche notamment d'un auteur, Lelarge de Lignac qui, lui aussi, s'est attaché à refonder la métaphysique du sujet au XVIIIe siècle à la lumière de la leçon de Locke [2]. Chez Lignac aussi bien que chez Mérian, la conscience de soi-même s'affirme en tant qu'outil cognitif incontournable, à quelques différences pourtant. Certes, elle est quelque chose de primitif pour tous les deux; mais si pour Lignac elle donne aussi immédiatement accès aux facultés, Mérian croit que le *conscium sui* à lui seul ne le permet pas [3].

Incapable de s'identifier entièrement à la pensée d'un seul maître, Mérian manifeste l'intention de se démarquer des ambiguïtés qui pesaient sur le traitement de la conscience chez Descartes et Locke. Sur le plan terminologique d'abord. Ce n'est peut-être pas un hasard si, pour dénoter l'aperception de soi-même, il préfère l'expression *conscium sui* non seulement à celle de *conscientia* (en latin), que Descartes avait déjà employée dans une acception psychologique, mais aussi à celle de *conscience* (en français) qui traduit, depuis la fin des années 1720,

1. J. B. Mérian, « Sur l'identité numérique », HAR 1755 [1757], p. 470. Par ailleurs, cette conception persiste, chez Mérian, jusqu'au mémoire « Sur le phénoménisme de Hume », MAR 1792-1793 [1798], p. 417-437 (notamment VII-IX, p. 430-435).

2. Il est notamment l'auteur des *Éléments de métaphysique tirés de l'expérience*, Paris, Chez Desaint et Saillant, 1753 et du *Témoignage du sens intime et de l'expérience, opposé à la foi profane et ridicule des fatalistes modernes*, Auxerre, Chez F. Fournier, 1760.

3. Sur les pouvoir du sens intime chez Lignac, voir B. Bærtschi, « La connaissance de l'âme selon Lelarge de Lignac », *Conscience et réalité*, *op. cit.*, p. 119-146; J.-C. Bardout, « De quoi témoigne le sens intime ? À propos de Lelarge de Lignac », *Dix-huitième siècle*, 39, 2007, p. 63-76, et *id.*, « Le moi et son corps. Lelarge de Lignac et les matérialistes », *Revue de Métaphysique et de Morale*, 110/2, 2021, p. 157-174.

le *consciousness* lockéen [1]. Sur le plan des contenus ensuite. Bien entendu, Mérian ne manque pas de souscrire aux remarques initiales de l'*Essai sur l'entendement humain* où l'esprit est comparé à l'œil qui ne se voit pas voir : car, dans ce passage célèbre, ce sont justement *les actions* de voir et d'apercevoir qui sont décrites comme inaccessibles à l'aperception. Cependant, il ne saurait pas convenir avec Locke quant au fait qu'« il est impossible à quelque être que ce soit d'*apercevoir* sans apercevoir qu'*il aperçoit* » : ce serait forcément difficile de lui accorder que le sentiment que nous avons de nos propres actions est inséparable de la pensée et que, par conséquent, lorsque nous sentons, méditons etc., nous le connaissons à mesure que nous le faisons [2]. Une telle divergence quant aux modalités et aux limites de l'introspection ne l'empêche toutefois pas d'avoir un regard généralement bienveillant envers la philosophie lockéenne et d'en partager l'inspiration de fond.

En effet, la cible polémique principale du mémoire demeure plutôt Descartes. Mérian semble convaincu que l'argument du *cogito* implique un accès médiat à soi, du moins si on le considère comme une forme de syllogisme abrégé (enthymème). S'agit-il juste pour lui de reprendre l'une des critiques traditionnelles à l'encontre de la pensée cartésienne ? En fait, on aurait davantage l'impression d'avoir affaire à la version du *cogito* que l'on trouve chez Wolff [3]. Mérian veut surtout signaler que par un tel argument, reposant sur la réflexion, on ne saurait démontrer l'existence présente, mais seulement l'existence passée. Il est également intéressant de constater que cela l'amène à manifester son horreur du scepticisme, véritable bête noire dont les excès seront dénoncés sous sa plume au fil des années, jusqu'à l'époque du mémoire « Sur le phénoménisme de David Hume » (1797). Mérian y soutient en effet que, même si on définissait le moi à la manière de Hume, comme un pur phénomène, il faudrait toujours avouer qu'il s'agit d'« un phénomène plus constant, plus fixe que les autres », en sorte que « ce moi phénomène, qui s'arrête tandis que les autres s'écoulent et refluent », ressemblerait inévitablement à une « chose

1. Sur l'histoire de l'idée de conscience à l'époque moderne, voir notamment V. Carraud, *L'invention du moi*, Paris, P.U.F., 2010 ; C. Glyn Davies, *« Conscience » as Consciousness*, Oxford, Voltaire Foundation, 1990 et J. S. Spink, « Les avatars du "sentiment de l'existence" de Locke à Rousseau », *Dix-huitième siècle*, 10, 1978, p. 269-298.

2. Voir J. Locke, *Essai*, 2.27.9, p. 264-265.

3. Voir C. Wolff, *Deutsche Metaphysik* [1751], § 5-7, GW I, 2, 1983, p. 4-5. Voir C. Corr, « Cartesian Themes in Wolff's German Metaphysics », *Christian Wolff 1679-1754. Interpretationen zu seiner Philosophie und deren Wirkung, mit einer Bibliographie der Wolff-Literatur*, hrsg. von W. Schneiders, Hamburg, Meiner, 1983, p. 113-120.

permanente », à « un sujet », à « une substance » [1]. Or le moi ainsi défini, ne diffère pas vraiment de l'objet de l'aperception désigné dans le premier mémoire paru en 1749. Ici, il est déjà question d'une substance dont la permanence et l'intimité à elle-même auraient paradoxalement été mieux saisie par Leibniz que par Descartes. Le bilan dressé par Mérian sera en revanche plus favorable à Descartes dans le second mémoire publié en 1749, puisqu'il considère que les idées dont on n'a pas de conscience, à savoir les idées obscures défendues par les leibniziens, sont contradictoires.

Angela FERRARO

1. Mérian, « Sur le phénoménisme de David Hume », MAR 1792-1793 [1798], p. 431-432.

MÉRIAN

SUR L'APERCEPTION DE SA PROPRE EXISTENCE

Ceux qui s'attachent à décomposer les connaissances humaines, et à les résoudre dans leurs éléments, parviennent à des perceptions primitives, que l'on considère, comme objets d'un sentiment immédiat de l'âme, nommé *Aperception, Intuition, Simple Vue.* Ce sentiment rassemble les matériaux des sciences les plus sublimes, et les plus abstraites, comme ceux des connaissances les plus grossières, et les plus vulgaires. Il trace les rudiments au premier des philosophes, aussi bien qu'au dernier des paysans, et il dirige les premiers pas que nous faisons dans la logique naturelle. L'infinie variété, qui règne dans la tournure des esprits, la grandeur des uns, la médiocrité, et la bassesse des autres, ne proviennent vraisemblablement, que de la différente combinaison, et du différent emploi de ce fonds de perceptions que la nature semble nous avoir départi en commun. On trouverait sans doute une solution aisée de la plupart des paradoxes de l'esprit humain, si l'on pouvait toujours reprendre le fil des pensées, et remonter jusqu'au point d'où elles sont parties.

417 | C'est une vérité attestée par l'expérience, et démontrée par la raison, qu'on ne saurait connaître les facultés de l'entendement, qu'*a posteriori,* ou après qu'elles se sont déployées. En vain ferait-on ses efforts pour les attraper sur le fait, (si j'ose m'exprimer ainsi), ou dans l'opération même; lorsqu'on croira les saisir, il se trouvera, qu'on ne fait que les mettre en usage; et pour nous tenir à notre sujet, après vous avoir donné la torture pour apercevoir l'aperception, il n'en résultera tout au plus, que trois choses, qui se succèdent : 1. Vous apercevrez quelque objet. 2. Vous vous souviendrez que vous l'avez aperçu. 3. Vous réfléchirez sur l'acte, en vertu duquel vous l'avez aperçu.

La proposition: *je m'aperçois apercevoir,* est contradictoire; car il faudrait, pour que cela fût, que je fusse en même temps moi-même et un autre, et que je pusse, pour ainsi dire, apercevoir à travers de moi-même apercevant; à peu près, comme on regarde les objets au travers des lunettes d'approche; ou il faudrait, comme le dieu Janus, regarder en avant, et en arrière, c'est-à-dire, apercevoir, et réfléchir dans le même instant. Si cela était, non seulement l'être apercevant pourrait se doubler, mais encore par la même raison se multiplier à l'infini: absurdités trop palpables pour mériter qu'on s'y arrête.

Ce n'est donc, qu'en retournant sur nos pas, et en réfléchissant sur ce qui vient de se passer dans notre intérieur, que nous parvenons à nous former la notion de ce premier acte de l'être intelligent.

On peut dire en général, que les facultés intellectuelles se définissent elles-mêmes par leur exercice, et que tout ce qu'on pourrait tenter par une autre voie pour les rendre intelligibles, ne ferait qu'y répandre plus d'obscurité. On définirait vainement la vue, et les objets visibles à un aveugle né; celui de M. Locke confondait la couleur avec le son de la trompette[1]. Un homme au contraire, qui a l'usage de ses yeux, n'a pas besoin qu'on lui définisse ces choses; | de même pour connaître l'aper- **418**
ception il ne faut qu'avoir aperçu; mais il le faut de toute nécessité.

Encore n'en découvrons-nous que fort peu de choses, savoir, qu'il existe une faculté, qui produit de certains actes. Dans la physique on a découvert la structure, et le mécanisme de l'œil; on connaît la vue, en tant qu'elle se passe dans l'organe corporel; mais de cette modification de l'âme, qui est la vue proprement dite, nous ne connaissons rien, que son existence; et il en est de même de toutes les opérations des intelligences en tant qu'intelligences.

Il ne nous reste donc qu'à considérer les objets sur lesquels nos facultés s'exercent; c'est ce que nous allons faire au sujet de l'aperception. Nous puiserons dans cette source les notions les plus précises, auxquelles il soit possible d'atteindre, et sans prétendre sonder les abîmes de l'esprit humain, prenant l'expérience pour guide nous ne bâtirons que sur un petit

1. Locke, *Essai*, 3.4.11, p. 341: « Un homme aveugle qui aimait l'étude, s'étant fort tourmenté la tête sur le sujet des objets visibles, et ayant consulté ses livres et ses amis pour pouvoir comprendre les mots de lumière et de couleur qu'il rencontrait souvent dans son chemin, dit un jour, avec une extrême confiance, qu'il comprenait enfin ce que signifiait l'écarlate. Sur quoi son ami lui ayant demandé ce que c'était que l'écarlate, c'est, répondit-il, quelque chose de semblable au son de la trompette. Quiconque prétendra découvrir ce qu'emporte le nom de quelque autre idée simple par le seul moyen d'une définition, ou par d'autres termes qu'on peut employer pour l'expliquer, se trouvera justement dans le cas de cet aveugle ».

recueil d'observations qu'elle nous fournit, persuadés que c'est le seul moyen de traiter notre sujet avec justesse.

Dans un sens tout ce que nous pensons, est immédiatement présent à nos âmes ; mais dans un autre les connaissances acquises de vue immédiate sont opposées à celles, qui nous viennent par les voies du raisonnement, et de la réflexion. À la rigueur on pourrait rapporter aux connaissances médiates les perceptions retracées dans la mémoire, et les ombres de l'imagination, comme copies des perceptions immédiates, qui les ont devancées ; plusieurs sensations même pourraient être nommées médiates, en tant qu'elles marchent constamment à la suite d'autres sensations.

Dans le plan de nos recherches sur l'aperception, nous croyons à propos de la considérer comme immédiate, non seulement à l'égard de l'indépendance, où sont les objets aperçus de toute aperception antécédente ; mais encore comme étant immédiatement présents à l'âme, dans le sens dans lequel cette présence dans l'âme convient à toutes les pensées sans
419 exception ; lesquelles on peut toutes considérer | dans l'instant de leur aperception comme détachées de ce qui suit ou précède dans l'âme. À l'égard du premier point, plusieurs objets de l'intuition étant sujets à être confondus avec ceux que le raisonnement ou la réflexion découvrent, (confusion, qui pour l'ordinaire entraîne une longue suite d'erreurs), nous aurons soin de les en distinguer en constatant leur indépendance, autant qu'elle leur convient ; et à l'égard du second point, savoir de l'existence de ces objets dans l'âme, ou de l'aperception même, nous ferons les réflexions que nous jugerons les plus propres, sinon à éclaircir entièrement la matière, du moins à en écarter les notions fausses, et à nous rendre modestes et retenus dans nos décisions. Ceux qui sont versés dans la spéculation, reconnaîtront l'importance, mais en même temps la difficulté, et la délicatesse de notre entreprise ; nous en soumettons le succès à leurs jugements impartiaux, surtout à ceux des célèbres philosophes, qui composent cette illustre assemblée.

Toutes les choses, qu'on peut prétendre avec quelque vraisemblance apercevoir immédiatement, se rangent naturellement en trois classes, vu que cette aperception ne peut être relative, qu'à nous-mêmes, à nos idées, et à nos actions. C'est donc à nous d'examiner, si la connaissance de ces choses vient en effet d'une aperception indépendante, et en quoi elle consiste. Le présent mémoire est destiné à considérer l'aperception de notre propre existence, ou au *conscium sui*.

***

Je sais que j'existe; de quelle façon suis-je parvenu à m'en assurer? Il n'y a que deux voies, qui m'y aient pu conduire, l'une médiate, et l'autre immédiate; et on peut proposer, ce me semble, l'alternative suivante. Si je ne connais pas mon existence par raisonnement ou par réflexion, il faut de nécessité, que je l'aperçoive directement et immédiatement dans la plus grande propriété du terme; et réciproquement. Je ne pense pas, que personne veuille dériver | le *conscium sui* de la mémoire ou de l'imagi- **420**
nation; en un mot de quelque autre source que celles, dont je viens de faire mention.

À entendre les philosophes nommer le sentiment de notre existence *intime* et *immédiate,* on dirait, que l'âme va tout droit à penser : *j'existe.* Cependant les mêmes déduisent encore cette vérité par voie de raisonnement : de là le fameux enthymème : *je pense; donc je suis,* mis en vogue par Descartes, et rebattu depuis par presque tous les métaphysiciens.

Cet argument étant l'unique, par lequel on ait entrepris jusqu'ici de démontrer sa propre existence, je m'imagine, que l'analyse que nous allons faire, servira à répandre sur cette matière le jour dont elle est susceptible : nous le considérerons sous deux faces : 1. En lui-même pour en apprécier la valeur intrinsèque : 2. Par rapport à l'effet, qu'il doit produire.

Il suppose d'abord, que la certitude de notre existence est fondée sur des preuves démonstratives, et qu'ainsi nous ne saurions l'adopter immédiatement, comme vérité de simple vue, et évidente d'elle-même, puisque dans ce dernier cas non seulement les preuves seraient hors de saison, mais totalement impossibles; on peut démontrer les propositions non évidentes d'elles-mêmes par celles, qui le sont; mais celles-ci ne sauraient s'entre-communiquer l'évidence, vu que l'une n'en a pas plus que l'autre. Nous n'oserions aspirer à un plus haut point d'évidence, que nous n'en trouvons dans les vérités de *simple vue,* et les vouloir démontrer ce serait chercher le soleil à la lueur d'une lanterne.

Tout syllogisme par conséquent, qu'on peut imaginer en faveur des vérités intuitives, doit donner dans le sophisme d'*idem per idem*[1], ses prémisses présupposant la conséquence, ou du moins l'évidence des prémisses présupposant l'évidence de la conclusion : ce qu'on appelle dans les écoles *obscurum per æque obscurum*[2], peut être appelé le cas présent *clarum per æque clarum*[3] : nous éprouverons l'enthymème cartésien à cette pierre de touche.

1. Le même par le même.
2. L'obscur par l'également obscur.
3. Le clair par l'également clair.

421 | Lorsqu'on le réduit à un syllogisme parfait en restituant la proposition supprimée, il doit être énoncé de la manière suivante : *Tout ce qui pense existe ; je pense : donc j'existe.* Mais ne voit-on pas au premier coup d'œil que la mineure renferme toute la conclusion, et que le pronom seul *Je,* sans lequel elle ne peut pas même être conçue, présuppose ce qui est en question, savoir l'existence propre ? Si vous y ajoutez le verbe, vous trouverez que *penser* signifie *exister sous une certaine modification,* et que la proposition : *Je pense,* coïncide avec : *Je suis pensant.* Je ne crois pas, qu'après cela on attribue plus de force à ce syllogisme, qu'à celui qu'on trouve dans le Luculle de Cicéron [1] : *S'il fait jour, il fait jour ; or il fait jour ; donc il fait jour.* Concevez, si vous voulez, un mot indifférent ajouté au premier : s*'il fait jour* : ou substituez-lui une expression synonyme, je me trompe fort, si malgré ce changement l'argument deviendra meilleur, ou le sophisme moins sophisme. L'impossibilité de concevoir la mineure sans adopter la conclusion, n'est-elle pas un caractère non équivoque de la *pétition du principe* ? L'exemple rapporté vient d'autant mieux au sujet, que démontrer qu'il fasse jour, et démontrer que nous existions, sont deux choses également impossibles.

De plus la mineure est manifestement un résultat de la réflexion ; et pour dire avec fondement : *Je pense,* il faut qu'auparavant j'aie pensé quelque chose, puisque penser sans penser quelque chose serait penser et ne pas penser en même temps ; par conséquent la proposition : *je pense,* qui renferme un attribut abstrait, ne peut pas être l'objet de l'aperception primitive ; et penser que l'on pense quelque chose est une absurdité détruite dès l'entrée de ce mémoire. À parler à la rigueur philosophique on ne peut jamais dire avec assurance : *je pense,* mais seulement : *j'ai pensé.* Il s'ensuit donc, que si notre existence nous était connue par le syllogisme en question, nous ne serions jamais assurés de notre existence présente,
422 mais seulement de la passée, puisque | de la proposition : *j'ai pensé,* il ne résulte pas celle-ci : *j'existe* ; mais : *j'ai existé.* Or la mineure venant de la réflexion, ce à quoi il faut avoir pensé avant que de pouvoir réfléchir, doit être le : *j'existe* même, ou encore le présupposer, ce qui revient à la même chose.

Enfin la majeure : *tout ce qui pense existe,* se fonde uniquement sur le *principe de contradiction,* lequel dérivant toute sa force, et toute son évidence de la certitude de notre existence, ne peut point la devancer dans

1. *Si lucet, lucet : lucet autem ; lucet igitur.* Cic. in Lucullo c. 23 [note originale]. Voir Cicéron, *Les Académiques/Academica*, II (Lucullus), XXX, § 96, éd. J. Kany-Turpin et P. Pellegrin, Paris, Flammarion, 2010, p. 224-227.

l'ordre de nos connaissances, ni par-là devenir une de ses preuves. La majeure suppose donc ce qui est en question tout comme la mineure.

Il faut se souvenir dans tout cet examen, que la solidité des arguments ne dépend nullement du choix arbitraire des termes, dont on se sert pour les exprimer: sans cela le même syllogisme pourrait être régulier dans une langue et sophistique dans l'autre, et souvent bon et mauvais dans la même langue suivant ses différentes expressions. Notre enthymème par exemple éblouit davantage en latin, qu'en français, puisque dans cette dernière langue le pronom, qui caractérise l'*égoïté,* est exprimé formellement, au lieu que dans la première et le pronom, et le verbe substantif, sont engloutis dans le mot de *cogito.* Cependant quand même on fabriquerait une langue toute nouvelle, on ne trouvera aucune expression, où le pronom ne doive être sous-entendu, et la notion même de l'antécédent s'évanouit, dès que le pronom sous-entendu en est retranché. Du reste toutes les langues sont arbitraires dans leur origine, et inventées pour le corps plutôt que pour l'âme; c'est pourquoi le philosophe abandonnant au grammairien le terrain de la syntaxe, ne s'occupe que de la réalité.

Il y a lieu de s'étonner, que le syllogisme, que nous venons d'analyser, soit prôné par des hommes illustres comme un modèle de preuve, qui conduit au plus haut période de certitude. À ne consulter que mes faibles lumières, il ne me paraît prouver absolument rien, la conclusion n'étant vraie que par hasard, et il me semble, que si on y modelait tous ses raisonnements, comme on le conseille, au lieu | d'avancer dans les connaissances, **423**
on se promènerait éternellement dans des cercles vicieux. Je conviens qu'aucune certitude ne surpasse celle de notre existence propre, mais je ne tombe pas d'accord, qu'elle naisse de la force d'une démonstration quelconque: ces deux assertions me paraissent même se contredire; car si c'est en vertu d'un argument, que nous nous convainquons de notre existence, il faut nécessairement, qu'il y ait des propositions plus certaines, savoir les prémisses du syllogisme qu'on met en œuvre.

On justifie encore l'enthymème de Descartes, parce que, dit-on, le philosophe doit rendre raison de tout; mais serait-ce donc rendre raison, que de commettre des pétitions de principe? Et si le philosophe devait encore rendre raison des vérités évidentes d'elles-mêmes, quel *non plus ultra* y aurait-il pour lui? Non seulement sa vie entière, mais toute l'éternité future ne suffirait pas pour terminer la question la moins composée. La philosophie serait l'art de ne se jamais taire, et un philosophe un homme, qui ne déparle point.

Spinoza a parfaitement senti l'invalidité de cet argument; c'est pourquoi il nie que c'en soit un, en le fondant dans une seule proposition [1]: *Je pense, donc je suis,* dit-il, *n'est qu'une proposition, qui est équivalente à celle-ci: je suis pensant.* Si Spinoza voulait dire par là, qu'ayant aperçu notre existence nous réfléchissons ensuite sur l'acte de l'aperception, il ne dirait rien que de fort raisonnable, et Descartes s'est exprimé en effet en plusieurs endroits conformément à cette paraphrase. Ce qu'il y aurait à rectifier, ce serait de couper la proposition en deux, et de mettre au milieu la réflexion, qui produit la seconde; vu que nous avons déjà prouvé, que dans son entier elle ne peut pas être l'objet de l'aperception primitive. Si on voulait transformer l'enthymème en sentence enthymématique, on tomberait dans une absurdité encore plus grande; ce serait soutenir, que l'âme aperçoit intuitivement un syllogisme tout entier.

424 | Voyons présentement, quel effet notre enthymème, ou tout autre argument en faveur de l'existence propre, (car le cas est le même), pourrait produire sur un sceptique déterminé, ou sur un cartésien outré.

Le *cogito, ergo sum,* serait-il un organe suffisant pour convertir le sceptique? Je ne le saurais croire, supposé même, que l'argument fût aussi bon, qu'il est vicieux et sophistique. Celui qui pousse le scepticisme au point de révoquer en doute sa propre existence ne peut, ce me semble, convenir de rien de positif, et ne s'accordant avec nous sur aucun principe, il est hors de la portée de nos raisonnements. Que pourra-t-on avancer contre un tel homme, dont il ne doute aussitôt; ou qu'est-ce qui paraîtra trop extravagant à celui, qui se regarde soi-même comme un problème? D'ailleurs on ne saurait entrer en dispute avec le sceptique sans lui céder un avantage des plus considérables, vu qu'en s'engageant à démontrer l'existence propre on se met dans l'obligation tacite de démontrer de même toute proposition aussi évidente que celle-là; ce qui lui donne droit de vous tailler de la besogne à perte de vue.

1. *Cogito, ergo sum, unica est propositio, quae huic: Ergo sum cogitans, æquivalet. Princ. Phil. More Geom. Demonstr. prol, p. 4 et prop. 1 et 2* [note originale]. Voir B. Spinoza, *Principia philosophiæ more geometrico demonstrata*, I, Prolegomenon, *Opera*, hrsg. von C. Gebhardt, Heidelberg, C. Winter, 1925, I, p. 144. En rejetant l'assimilation du cogito à un syllogisme, Spinoza va dans le même sens que Descartes si l'on considère ce que ce dernier affirme dans les *Secondes Réponses* : « Quand nous apercevons que nous sommes des choses qui pensent c'est une première notion qui n'est tirée d'aucun syllogisme; et lorsque quelqu'un dit, *Je pense, donc je suis, ou j'existe*, il ne conclut pas son existence de sa pensée, comme par la force de quelque syllogisme, mais comme une chose connue de soi, il la voit par une simple inspection de l'esprit; comme il paraît de ce que, s'il la déduisait par le syllogisme, il aurait dû auparavant connaître cette majeure : *Tout ce qui pense est, ou existe*; mais au contraire elle lui est enseignée de ce qu'il sent en lui-même, qu'il ne se peut pas faire qu'il pense, s'il n'existe » (Descartes, *Secondes Réponses*, AT IX-1, p. 110-111).

Il faudrait être peu familiarisé avec l'esprit du scepticisme pour ignorer, que si les sceptiques se servent du raisonnement, ce n'est que dans la vue de battre les dogmatiques de leurs propres armes. Ce serait donc se méprendre grossièrement, que de croire qu'ils y fassent le moindre fond eux-mêmes, ou de leur attribuer les thèses, qu'ils défendent même avec le plus d'opiniâtreté. Leur prétention est, que nous manquons de *criterium* pour discerner le vrai du faux, et qu'en toute question il y a (ἰσοσθένεια) *équilibre de raisons.* De là on les voit, dans le même cas, tantôt démonter l'affirmative, tantôt la négative, suivant que cela leur vient à propos[1]. Si le sceptique | qui **425**
soutient l'existence des dieux et leur rend un culte religieux en bon citoyen, qui se conforme aux lois de la patrie, il le fait (ἀδοξάσως) *sans dogmatiser,* mais en philosophe il ne se précipite point à décider sur cette matière, trouvant également démontré, qu'il y a des dieux, et qu'il n'y en a point[2]. Il n'est pas plus positif sur d'autres sujets, et il prend toujours garde à ne pas se laisser attraper sur aucun dogme. On gagnerait donc fort peu à l'amener à contradiction, puisqu'il ne nie point, qu'il n'y ait contradiction en tout, et que jamais il ait soutenu la thèse, que vous combattez, attendu qu'il ne soutient pas, mais qu'il doute; et en effet n'êtes-vous pas plaisant de prétendre, qu'il écoute vos raisons, et sente l'énergie du syllogisme favori, tandis qu'il doute de son propre être? Enfin vous n'aurez prise sur le sceptique par aucun endroit; il est le rebours de l'Antée de la fable : fils de l'air, il faudrait l'écraser sur terre, où il ne se hasarde point. La dispute ne pourra donc se terminer, qu'à votre confusion : vous serez obligés de la rompre en rempaquetant le syllogisme et en avouant, que vous avez eu tort de la commencer. Une huée générale de l'école de Pyrrhon vous sonnera la retraite.

Je crains, qu'on ne prenne ce portrait du sceptique pour une pièce d'imagination; et je vois qu'en effet nombre d'habiles gens ne font point scrupule d'avancer, que jamais le soleil n'a éclairé d'homme, qui ait mis sa propre existence en problème, et que ce doute est une pure impossibilité. Sur quoi ces messieurs me permettront de faire les remarques suivantes.

1. τάχα γὰρ ἀσφαλέσερος παρὰ τοὺς ὡς ἑτέρως φιλοσοφοῦντας εὑρεθήσεταί ὁ σκεπτικὸς, κατὰ μὲν τὰ πάτρια ἔθη καὶ τοὺς νόμους λέγων εἶναι θεοὺς, καὶ πᾶν τὸ εἰς τὴν τούτων θρησκείαν καὶ εὐσέβειαν συντεῖνου ποιῶν· τὸ δ'ὅσον ἐπὶ τῇ φιλοσόφῳ ζητήσει μηδὲν προπετευόμενος. S. Emp L. 1 Adv. Phys. § 49 [note originale]. Voir Sextus Empiricus, *Contre les physiciens*, I, 49, *Œuvres choisies*, trad. fr. J. Grenier et G. Goron, Paris, Aubier Montaigne, 1948, p. 64 : « Peut-être le Sceptique, comparé avec d'autres philosophes, se trouvera-t-il en meilleure position, puisque, conformément aux coutumes ancestrales et aux lois, il déclare que les dieux existent et accomplit tous les actes requis pour leur adoration et leur vénération ; mais en ce qui concerne un examen philosophique, il se refuse net à l'entreprendre ».

2. ὀν μᾶλλον εἶναι, ἢ μὴ εἶναι θεοὺς. Id. [note originale]. Voir *ibid.*, I, 50, p. 64 : « il [*scil.* dieu] n'a *pas plus* l'existence *que* la non-existence ».

Premièrement, si je forge des monstres, ce n'est pas au moins pour les
426 combattre; car j'avoue volontiers, que ce serait là une | entreprise au-dessus de mes forces. Je ne crois point avoir employé de fausses couleurs dans le tableau du sceptique, surtout de celui, qui doute de sa propre existence, et que l'enthymème devrait ramener; un tel aurait certainement mauvaise grâce d'être sceptique à demi, et si après avoir nié le *j'existe,* il accordait le *je pense,* ou se relâchait sur quelque autre assertion que ce fut, il mériterait assurément d'être banni de sa confrérie, mais il est impossible qu'il le fasse, s'il a jamais douté sérieusement de sa propre existence; et s'il ne l'a fait que pour plaisanter, on ne saurait mieux l'entretenir dans cette humeur, qu'en voulant démontrer ce qui n'est pas démontrable.

En second lieu, s'il est impossible de douter de sa propre existence, cette impossibilité ne peut venir, que de ce qu'elle est une vérité d'intuition; vu qu'on peut douter de toute vérité de raisonnement, du moins pour un temps.

En troisième lieu, je demanderais volontiers : s'il n'y a point de sceptiques sur l'article en question, à quoi bon les réfuter par syllogismes, et faire tant de frais en démonstrations? « Les chevaliers errants, dit un Anglais, qui couraient le monde pour le purger de géants et de dragons, ne formèrent jamais le moindre doute sur l'existence de ces monstres » [1].

Mais enfin il n'est que trop sûr qu'il y a eu des douteurs, qui ont mis en problème, et toute existence, et toute pensée, savoir et l'antécédent et le conséquent de l'enthymème cartésien; tant il est vrai, qu'il n'y a rien de si extravagant, que quelque philosophe n'ait soutenu. Je ne me prévaudrai pas de ce que Diogène Laërce dit des pyrrhoniens, *qu'ils ne déterminent rien, pas même le : je ne détermine rien* [2], ni du passage de Sénèque, dans lequel, après avoir rapporté plusieurs paradoxes des anciens, il conclut :
427 *Que sommes-|nous donc nous-mêmes* (c'est-à-dire dans leurs opinions),

1. Voir D. Hume, *Enquête sur l'entendement humain*, XII, 1re partie, éd. A. Leroy et M. Beyssade, Paris, GF-Flammarion, 2006, p. 231 : « Les chevaliers errants, qui parcouraient le monde pour le débarrasser des dragons et des géants, n'entretenaient jamais le moindre doute sur l'existence de ces monstres ». Cette citation prouve que Mérian connaissait ce texte de Hume déjà en 1749. Rappelons que sa traduction de *l'Enquiry Concerning Human Understanding* (*Essais philosophiques sur l'entendement humain*, Amsterdam, J. H. Schneider) date de 1758.

2. *L. IX. § 74* [note originale]. Voir Diogène Laërce, *Vies et doctrines des philosophes illustres*, IX, § 74, éd. M.-O. Goulet-Cazé *et al.*, Paris, Librairie Générale Française, 1999, p. 1111 : « Les sceptiques passaient leur temps à renverser tous les dogmes des écoles philosophiques; eux-mêmes, ils n'affirmaient rien de façon dogmatique, se bornant à proférer et à raconter sans rien déterminer eux-mêmes, même pas cela. De la sorte, ils supprimaient même l'expression "ne pas déterminer", en disant par exemple : "En rien nous ne déterminons", puisque (autrement) ils auraient déterminé quelque chose ». À ce sujet, voir K. M. Vogt, *Pyrrhonian Skepticism in Diogenes Laërtius*, Munich, Mohr Siebeck, 2015.

que sont toutes ces choses, qui nous environnent, nous nourrissent et nous soutiennent ? Toute la nature n'est qu'une ombre, ou vaine, ou trompeuse. Je ne dirais pas aisément, lesquels des deux me mettent plus en colère, ceux, qui prétendent, que nous ne savons rien, ou ceux, qui ne nous ont pas seulement laissé le plaisir de ne rien savoir[1]. Je n'appuierai pas non plus sur le mot favori de Xénophane : *L'opinion règne en tout*[2]. Il me suffira de produire deux philosophes de l'antiquité, Gorgias de Léonce, et Métrodore de Chios, disciple de Démocrite.

Le dernier écrivit un livre *de la Nature,* lequel au rapport d'Eusèbe donna à Pyrrhon la première occasion de son doute universel. Cicéron nous en rapporte le commencement dans les termes suivants : *Nego scire nos, sciamusne aliquid an nihil sciamus, ne hoc ipsum quidem nescire aut scire nos, nec omnino, sitne aliquid, an nihil sit*[3]. Cet ouvrage n'a point passé à nos jours; mais tout singulier qu'il doit être, il égalera à peine la singularité de celui de Gorgias, dont le titre est : S*ur le Néant, ou sur la Nature*[4]. Dans le premier des trois chapitres, dans lesquels ce traité est divisé, on démontre : | *que rien n'existe*; dans le second, *que, quand même quelque* 428
chose existerait, cette chose nous serait incompréhensible; et enfin dans le troisième, *que quand même elle serait compréhensible, on ne pourrait pourtant, ni l'énoncer, ni en faire part à son prochain*[5]. Aristote destina un livre tout exprès à réfuter ces trois articles; et on nous a conservé les démonstrations, sur lesquelles Gorgias les fonde, et qui sont le plus plaisant

1. *Si Protagoræ credo, nihil in rerum natura est nisi dubium*; *si Nausiphani, hoc unum certum est, nihil esse certi*; *si Parmenidi, nihil est præter unum*; *si Zenoni, ne unum quidem. Quid ergo nos sumus ? Quid ista, quæ nos circumstant, aiunt, sustinent ? Tota rerum natura umbra est aut inanis aut fallax. Non facile dixerim, utris magis irascar, illis, qui nos nihil scire voluerunt, an illis, qui ne hoc quidem nobis reliquerunt, nihil scire* [note originale]. Le passage est tiré de Sénèque, *Lettres à Lucilius*, LXXXVIII, l. 45-46.

2. δόκος δ'ἐπὶ πᾶσι τέτυκτας [note originale]. Il s'agit d'un témoignage offert par Sextus Empiricus, *Contre les mathématiciens*, VII, 49. Voir Xénophane, B, XXXIV, dans *Les Présocratiques*, éd. J.-P. Dumont, D. Delattre et J.-L. Poirier, Paris, Gallimard, 1988, p. 122-123.

3. In Lucullo, c.23. ἔλεγε μηδὲ αὐτὸ τοῦτο εἰδέναι, ὅτι οὐδὲν οἶδε. D. h. l. IX. 58 [note originale]. C'est l'opinion de Métrodore de Chio, disciple de Démocrite, qui est rapportée par Cicéron. Voir Cicéron, *Les Académiques/Academica*, II (Lucullus), XXIII § 73, p. 201 : « Son [*scil.* de Démocrite] plus grand admirateur, Métrodore de Chio, déclare au début de son livre *Sur la nature* : "Je dis que nous ne savons pas si nous savons quelque chose ou si nous ne savons rien ; que nous ne savons même pas ce qu'est ne pas savoir et savoir ni, aucunement, s'il existe quelque chose ou si rien n'existe" ».

4. περὶ τοῦ μὴ ὄντος, ἢ περὶ φύσεως [note originale].

5. τρία κατὰ τὸ ἑξῆς κεφάλαια κατασκευάζει, ἐν μὲν πρῶτον, ὅτι οὐδὲν ἔστι. δεύτερον, ὅτι, εἰ καὶ ἔστιν, κατάληπτον ἀνδρώπῳ. τρίτον, ὅτι, εἰ καὶ καταληπτὸν, ἀλλὰ τοίγε ἀνέξοισον, καὶ ἀνερμήνευτον τῷ πέλας. *S. Emp. Adv. Log. L.1. § 65* [note originale]. *Cf.* Sextus Empiricus, *Contre les logiciens*, I, § 65, éd. R. Lefebvre, Paris, Les Belles Lettres, 2019, p. 108-109.

galimatias, dont peut-être l'histoire philosophique fasse mention [1]. Je ne puis m'empêcher de faire connaître un doute des plus terribles, que le subtil Sextus tire du premier de ces articles : en voici le précis : « Gorgias niant toute existence, nie aussi celle de l'entendement; d'autres au contraire soutiennent, qu'il y a un entendement : comment videra-t-on le différend ? On ne pourra pas le faire par l'entendement même; (ce serait supposer, ce qui est en question), ni par aucun autre *criterium*; car on n'en admet point d'autres; ainsi il reste indécis, et incompréhensible à jamais, s'il y a un entendement, ou non » [2].

Que ceux qui se piquent de tout démontrer, essaient leur logique sur ce passage de Sextus : pour moi je regarde le scepticisme absolu comme un mal incurable; et le sceptique comme un homme, qui me parle une langue inconnue, et avec lequel par conséquent je ne saurais entrer en conférence; car comme pour s'entendre dans le langage ordinaire il faut s'accorder sur
429 le sens des termes; ainsi en matière de | dispute il faut du moins s'accorder sur quelque principe. En un mot le doute de sa propre existence est possible, ou non. Dans le premier cas c'est un mal sans remède, dans le second le remède est non seulement impossible, mais encore inutile et superflu; donc dans tous les cas les arguments contre le scepticisme, sont et insuffisants, et inutiles.

Qu'on juge après cela, si c'est faire grand honneur à l'immortel Descartes, que de dire avec quelques-uns [3], qu'il n'a avancé son enthymème, que contre les sceptiques; d'ailleurs ce soupçon me paraît aisé à détruire par les expressions modestes de ce grand homme [4], qui déclare

1. Sur ce texte pseudo-aristotélicien, voir *Si Parménide. Le Traité anonyme De Melissio Xenophane Gorgia*, éd. B. Cassin, Lille, Presses Universitaires de Lille, 1980, p. 429 *sq*.

2. Ἐπεὶ γὰρ ὁ μὲν Γοργίας οὐδὲν εἶναι φάσκων, οὐδὲ διάνοιαν εἶναί φησι, τινὲς δὲ ταύτην ἀποφαίνονται ὑπάρχειν; πῶς οὖν ἐπικρινοῦσι τὴν διαφωνίαν; Οὔτε γὰρ διανοίᾳ, ἐπεὶ τὸ ζητούμενον συναρπάσουσιν, οὔτε ἄλλῳ τινί· οὐδὲν γὰρ ἄλλο εἶναί φασι κατὰ τὴν ὑπόθεσιν τὴν νῦν ὑποκειμένην, δι' οὗ κρίνεται τὰ πράγματα. Ἀνεπίκριτον ἄρα καὶ ἀκατάληπτον ἔσται, πότερον ἔστι διάνοια ἢ οὐκ ἔστιν. *Pyrrhon. Hypotyp. L.II. c.6. § 57. Confer. Hypotyp. L.II. c.5. et adv. Log. L.1 § 284* [note originale]. Voir Sextus Empiricus, *Esquisses pyrrhoniennes*, II, 6, § 57, éd. P. Pellegrin, Paris, Seuil, 1997, p. 233 et id., *Contre les logiciens*, I, § 284, éd. cit., p. 160-161.

3. *Walch. Lexic. Phil.* [note originale]. Voir art. « Zweifel » dans J. G. Walch, *Philosophisches Lexicon*, Leipzig, Gleditsch, 1726, p. 3039-3044. Sur cet ouvrage et ses sources, voir D. von Wille « Il Philosophisches Lexicon di Johann Georg Walch tra *Schulmetaphysik* e *Popularphilosophie* », *Lessici filosofici dell'età moderna. Linee di ricerca*, a cura di E. Canone, Firenze, Olschki, 2002, p. 67-100.

4. *Nunquam ulterius mea cogitatio provecta est, quam ut proprias opiniones emendare conarer, atque in fundo, qui totus meus est ædificarem. Dissert. De Methodo. 2* [note originale]. Voir Descartes, *Discours de la méthode*, seconde partie, AT VI, p. 15 : « Jamais mon dessein ne s'est étendu plus avant que de tâcher à réformer mes propres pensées, et de bâtir dans un fond qui est tout à moi ».

formellement, qu'il n'a d'autre dessein que de défricher son propre terroir, et de corriger les opinions; si donc son intention avait été d'argumenter, ce ne pourrait être que pour se débarrasser de son propre doute, bien différent du scepticisme, comme nous allons voir.

Le doute du sceptique est postérieur à l'examen, au lieu que celui de Descartes le précède. Le premier a pour but une entière indifférence, dans laquelle il fait consister sa suprême béatitude. L'autre au contraire ne doute pas pour avoir le plaisir de douter; animé d'un plus noble motif, il ne cherche qu'à se défaire des préjugés, et à se frayer le chemin vers la certitude : c'est l'architecte, qui abat une maison ruineuse pour la relever sur de meilleurs fondements, et avec plus de symétrie [1].

Il faut avouer cependant, que Descartes ne s'est point expliqué sur notre sujet avec toute la précision désirable. À le voir répandre son doute universel, on dirait qu'il passe l'éponge sur toute certitude sans exception, se défiant de toutes ses connaissances, et de toutes ses facultés. Mais à le voir sur son retour il paraît non seulement supposer des axiomes généraux, et se confier entièrement en ses | facultés, mais encore présupposer l'existence **430**
propre : car, ou je me trompe fort, ou c'est là le point ferme, et immobile, qu'il compare à celui d'Archimède, et qui doit le remettre sur la voie du raisonnement [2].

Si j'étais digne de faire l'apologie du grand restaurateur des sciences, que je ne me lasse point d'admirer, je dirais que jamais en effet il ne douta de son existence, bien qu'il ait fait ses efforts pour en douter, et que ce n'est que l'impossibilité de ce doute, qu'il a voulu exprimer dans sa seconde méditation, qui non seulement souffre ce sens sans gêne, mais semble même l'autoriser comme le seul raisonnable, surtout lorsqu'on fait attention au passage suivant : « Tout mûrement considéré il faut en venir ici : que la proposition : *je suis, j'existe,* est nécessairement vraie, autant de fois, qu'on la prononce, ou qu'on la conçoit dans l'esprit » [3]. Ou je me trompe, ou ces paroles dénotent une vérité intuitive, qu'on ne saurait même concevoir comme problématique, ou sujette à démonstration.

Le doute cartésien, pour répondre au but de son institution, a besoin d'être resserré dans ses bornes; de peur que la médecine ne tourne en

1. *Ibid.* [note originale].

2. *Nihil nisi punctum petebat Archimedes, quod esset firmum et immobile, ut integram terram loco dimoveret; magna quoque speranda funt, si vel minimum quid invenero quod certum sit et inconcussum Medit. 2* [note originale]. Voir Descartes, *Meditationes de prima philosophia, Meditatio secunda*, AT VII, p. 24.

3. *Omnibus satis superque pensitatis, denique statuendum sit hoc pronuntiatum,* ego sum ego existo, *quoties a me profertur, vel mente concipitur, necessario esse verum* [note originale]. Voir *ibid.*, p. 25.

poison : le rendre trop universel, et y envelopper les vérités intuitives, c'est à mon sens enfiler la grande route du pyrrhonisme le plus désespéré. Descartes a prévu et prédit même l'abus, qu'on ferait de sa méthode ; c'est pourquoi il déconseille plutôt de la suivre, qu'il n'y exhorte, crainte, que
431 | plusieurs trop pressés dans leurs jugements ne s'éloignassent si fort du chemin battu, qu'ils n'y pourraient revenir, et ne contractassent une incertitude universelle pour le reste de leurs jours[1]. Je crois qu'on peut pousser plus loin, et je ne crains point de soutenir, quelque étrange que puisse paraître ce sentiment, que s'il arrivait à un homme de sens rassis de douter pendant un seul moment de son existence, il continuerait dans un doute universel, non seulement pendant le temps de sa vie, mais pendant toute la durée de son être.

Il n'y a en effet que deux voies, qui puissent conduire à la certitude, dont la seconde est fondée sur la première, l'une immédiate, et l'autre médiate ; en contestant donc les vérités de la première, on les bouche toutes les deux, et on s'abandonne à l'incertitude universelle. Toutes les connaissances, que nous pourrons acquérir dans un tel état, seront infectées de ce doute originel ; et l'esprit humain ressemblera à un vaisseau démâté, et privé du gouvernail, qui vogue, à la merci des ouragans, sur un océan sans rivage. Il en est de même de la défiance, qu'on nous recommande par rapport à nos facultés, jusqu'à ce que nous soyons assurés de leur véracité par des démonstrations déduites d'un principe certain, et infaillible. C'est, ce me semble, nous renvoyer aux calendes grecques ; car d'où nous pleuvra ce principe, qui ait plus de certitude et d'évidence, que ces vérités primitives, qu'on nous ordonne de révoquer en doute ? Et comment démontrerons-nous, si ce n'est en déployant ces mêmes facultés, dont nous devons nous défier ? Cette prétendue précaution ne servirait donc qu'à nous conduire dans un abîme de pyrrhonisme, dont ni miracle ni révélation immédiate ne sauraient nous retirer, vu que les moyens mêmes les plus extraordinaires
432 présupposent l'usage de ces facultés, que l'on veut | rendre sujettes à

1. *Nempe permulti sunt, qui cum plus æquo propriis ingeniis confidant, nimis celeriter solent judicare, nunquamque satis temporis sibi sumunt ad rationes omnes circumspiciendas, et idcirco si semel ausint opiniones omnes vulgo receptas in dubium revocare, et velut a trita via recedere, non facile illi semitæ quæ rectius ducit semper insistent, sed vagi potius et incerti in reliquam vitam aberrabunt. Dissert. De Methodo. 2* [note originale]. Voir Descartes, *Discours de la méthode*, seconde partie, AT VI, p. 15 : « À savoir, de ceux qui, se croyant plus habiles qu'ils ne sont, ne se peuvent empêcher de précipiter leurs jugements, ni avoir assez de patience pour conduire par ordre toutes leurs pensées : d'où vient que, s'ils avaient une fois pris la liberté de douter des principes qu'ils ont reçus, et de s'écarter du chemin connu, jamais ils ne pourraient tenir le sentier qu'il faut prendre pour aller plus droit, et ils demeureraient égarés toute leur vie ».

caution[1]. Le mystique Poiret se plaint amèrement de ce funeste effet du doute cartésien; et on ne saurait disconvenir, que plusieurs sectateurs de Descartes ne l'aient outré en bien des façons. Il leur est arrivé cequ'Ovide raconte de Dédale, qui entortilla si bien le labyrinthe de Crète, qu'il eut peine à en retrouver l'issue lui-même.

Non secus ac liquidus Phrygiis Mœandros in arvis
Ludit, et ambiguo lapsu refluitque, fluitque,
Occurentque sibi venturas aspicit undas,
Et nunc ad fontes, nunc in mare versus apertum,
Incertas exercet aquas : ita Dœdalus implet
Innumeras errore vias, vixque ipse reverti
Ad limen potuit : tanta est fallacia tecti[2].

Je crois avoir mis au jour l'invalidité de l'enthymème cartésien, de même, que l'impossibilité, et l'inutilité de tout autre argument imaginable, en faveur de sa propre existence. Si quelqu'un était assez peu philosophe pour vouloir déduire le *conscium sui* de la réflexion, il n'aurait qu'à considérer, que quelque définition, qu'on en veuille donner, pour réfléchir il faut un retour sur ce qui s'est passé dans l'âme. Si donc la réflexion m'apprenait mon existence, elle devrait le faire médiatement, ou immédiatement. Elle ne saurait le faire immédiatement, à moins que la perception, sur laquelle elle se replie n'eût été le *conscium sui* même; car étant, pour ainsi dire, une aperception rétrograde, elle retourne au point dont elle est partie; et aucune pensée destituée du *conscium sui* ne saurait être suivie de réflexion sur sa propre existence; et le cas posé on voit clairement, que la connaissance de soi-même serait due, non à la réflexion, mais à l'aperception | primitive, **433**
avant-coureuse de la réflexion. S'il était possible que l'âme eût une pensée quelconque *A*, sans être accompagnée du *conscium sui*, l'acte immédiat de réflexion ne serait rien de plus, que le souvenir de cette même pensée exprimée par le signe *A*. Si au contraire la formule de l'aperception avait été : *j'aperçois A*, celle de la réflexion immédiate serait : *j'ai aperçu A*, l'égoïté contenue dans la formule de la réflexion n'étant que la copie de

1. *Vera. Meth. Inv. Ver. P.I. 9.10* [note originale]. Voir P. Poiret, *De Eruditione solida, superficiaria et falsa libri tres* [...] *Præmittitur tractatus de vera methodo inveniendi verum*, I, § 9-10, Amsterdam, A. Petri, 1692, p. 13-16. Sur Poiret et le cartésianisme, on peut consulter G. Mori, *Tra Descartes e Bayle : Poiret e la Teodicea*, Bologna, Il Mulino, 1990.

2. *Metam. L. VIII. v. 162-168* [note originale]. Ovide, *Métamorphoses*, VIII, l. 162-168, éd. G. Lafaye et O. Sers, Paris, Les Belles Lettres, 2016, p. 354-335 : « Comme joue en Phrygie le Méandre limpide, / Fluant et refluant dans son cours ambigu, / S'élançant vers son eau qu'il voit courir à lui, / Et épuise, incertaine, à aller vers sa source / ou descendre à la mer, sur mille voies Dédale / Répand l'erreur. À peine a-t-il pu retrouver / l'issue du bâtiment, tant tout y est trompeur ».

celle, qui est contenue dans la formule de l'aperception; en un mot, la réflexion immédiate n'étant que le souvenir de l'objet aperçu. La production médiate du *conscium sui,* par le moyen de la réflexion, n'est pas plus possible, que l'immédiate; elle supposerait toujours l'égoïté dans un certain rapport avec la pensée *A,* que nous avons supposée détachée du *conscium sui,* coupant par là tout passage de l'une à l'autre; on peut appliquer ici ce que nous avons observé touchant la manière syllogistique de prouver sa propre existence. Il faudrait donc enfin se réduire à la faculté d'abstraire, et prétendre, que c'est en qualité de notion abstraite, que la réflexion produit le *conscium sui*; mais se peut-il rien de plus ridicule, que de soutenir, que nous connaissons nos propres individus comme des abstractions? Et peut-on concevoir quelque chose dans l'abstrait, qu'on n'ait conçu auparavant dans le concret? Cela est si peu praticable, qu'on aurait bien plus de raison de mettre en question, si nous sommes en état de former aucune idée abstraite du tout. Le *conscium sui* abstrait ne serait donc que le *conscium sui* détaché du concret. Il est vrai, que la réflexion nous fait acquérir les notions des facultés de notre âme, comme de l'*aperception*, de la mémoire, du jugement; etc., mais ces notions ne résultent que de la combinaison du *conscium sui* avec nos autres pensées; et si ces pensées existaient sans la *coaperception* de l'égoïté, nous n'aurions jamais ces notions, et nous ignorerions éternellement, que ce fût nous, qui voyons, qui entendons, qui nous souvenons, qui raisonnons, et ainsi du reste.

Nous avons vu jusqu'ici, que la connaissance de notre être ne nous
434 vient, ni par raisonnement, ni par réflexion, ni par aucune voie | médiate, ce qui nous autorise à conclure, que nous nous apercevons immédiatement, et intuitivement; on voit encore par-là, que l'aperception de soi-même est le premier acte, et un acte essentiel de l'être intelligent en tant que tel; vu que toutes les connaissances le présupposent, pendant que lui seul ne présuppose rien. Quelques réflexions serviront à éclaircir et à justifier ce sentiment.

Faisant passer en revue toutes les idées que je suis en état d'avoir, je n'en trouve aucune si essentielle à mon intelligence, que je ne puisse m'en concevoir privé à jamais; au lieu que la conception d'une intelligence, qui ne s'aperçoit pas soi-même, est absurde et contradictoire; ce que je ne crois pas que personne ne me puisse contester. Le *conscium sui* est donc présupposé par toute autre connaissance, et ne peut être subordonné à aucune pensée antérieure; car qu'on me détermine cette pensée, et je prétends faire voir, qu'elle ne saurait exister sans la préexistence du *conscium sui.* On ne pourra pas dire, qu'il faut une pensée quelconque pour le faire éclore: car on devrait avouer, que toute autre pensée quelconque est contingente à l'être intelligent, pendant que la seule aperception de soi-même lui est

nécessaire, et essentielle [1]. Or ne serait-il pas plaisant, que le contingent donnât l'origine au nécessaire, et fût pour ainsi dire l'essence de l'essence même; en un mot, je conçois sans contradiction une intelligence, qui n'aperçoit que soi-même, mais je n'en saurais concevoir une, qui n'apercevrait par exemple que le soleil, sans le *conscium sui* : ou bien je puis me figurer, que toute la scène de l'univers disparaisse, que les portes des sensations se ferment l'une après l'autre, je puis congédier pensée après pensée, faculté après faculté, anéantir la réflexion, effacer l'imagination, noyer la mémoire dans les ondes de Léthé, enfin, s'il m'est permis de m'exprimer ainsi, me rayer entièrement jusqu'à l'aperception de moi-même, sans cesser de subsister en qualité d'être intelligent. Si au contraire je commence par le *conscium sui,* j'emporte d'un souffle toute mon intelligence et toute ma personnalité; ce | qui montre évidemment, combien il **435**
est essentiel à l'être intelligent, en tant que tel, de s'apercevoir soi-même.

J'ai dit plus haut, que les facultés ne peuvent pas se replier sur elles-mêmes, et qu'on ne s'aperçoit point apercevoir; ce qui m'engage à sauver une contradiction apparente. J'observe donc, que ce que j'y avance, ne doit point signifier, qu'on ne puisse apercevoir soi-même, ou sa propre existence; parce que cela ne suppose point la duplication de la substance apercevante, et qu'on ne s'aperçoit pas en tant qu'on aperçoit, mais en tant qu'on existe. On pourra, peut-être le comprendre de la façon suivante. Supposez, que j'aperçoive deux choses: 1. Moi-même, 2. Un objet nommé *A*; l'aperception de cet objet ne serait-elle pas une troisième chose, mais à laquelle je ne pense pas encore? Ce n'est que par un acte réfléchi, et après avoir combiné la conscience de moi-même avec l'aperception de l'objet, que je sais, que c'est moi, qui l'ai aperçu, et cette combinaison n'est-elle pas postérieure du moins dans l'ordre de la nature? L'œil ne se voit pas voir, n'étant pas placé derrière soi-même; mais même en ne se voyant point il sent son existence, (je place le sentiment dans l'organe, à l'exemple des grands hommes, qui se servent de cette comparaison). Nous pouvons la tourner encore autrement : ce n'est pas en voyant les objets, que nous découvrons la structure et le mécanisme de l'œil; mais en le considérant hors de nous; cependant qu'il soit ouvert ou fermé, nous en sentons l'existence; ou, pour rapprocher la comparaison le plus près qu'il est possible : la substance, qui aperçoit les images visibles, n'aperçoit point d'image de sa propre aperception, ni de la manière d'apercevoir les images, et néanmoins elle s'aperçoit soi-même indépendamment des images

1. Sans pouvoir déterminer si Kant a lu le mémoire sur l'aperception, force est de constater le lien manifeste entre les deux approches du cogito. Pour une étude du rapport entre Mérian et Kant, voir encore une fois U. Thiel, *The Early Modern Subject*, *op. cit.*, p. 377-380.

visibles, qu'elle aperçoit, comme hors de soi. On conçoit que la même chose peut avoir lieu en toute sorte de perception ; du reste ce n'est que pour subvenir à la disette des notions spirituelles, que nous nous servons de la comparaison de l'œil.

436 | C'est dans ce sens que j'entends les paroles de *Locke,* dès l'entrée de son immortel ouvrage *sur l'entendement humain* [1], sens qui se confirme par le chapitre qui traite *de la connaissance que nous avons de notre propre existence* [2]. Nous pouvons regarder, comme en éloignement, toutes les pensées, et en général toutes les opérations de notre âme, vu que ce sont des modifications passagères, que nous imaginons dans le passé, en nous en souvenant, ou en y réfléchissant. Il n'en est pas de même de la substance, qui étant permanente et intime à elle-même ne saurait voir son existence, ni dans le passé, ni dans l'éloignement, ni en un mot choisir un point de vue hors d'elle-même : comme en qualité d'être elle existe, en qualité d'être pensant, elle s'aperçoit de son existence. Dans ce sens je souscris volontiers au sentiment du grand *Leibniz,* lorsqu'il dit « que nous nous apercevons immédiatement de la substance et de l'esprit, en nous apercevant de nous-mêmes » [3] et « que rien ne nous est mieux connu, que l'âme, puisqu'elle nous est intime, c'est-à-dire, intime à elle-même » [4].

Lorsque dans le cours de ce mémoire, je me sers du terme d'existence, on ne m'entendra pas, j'espère, comme si je soutenais, que la notion abstraite d'existence soit connue intuitivement. Nous apercevons des individus ; leur ressemblance nous donne les espèces, et par la ressemblance de celles-ci nous montons aux genres. L'existence est un genre supérieur, et comme le rendez-vous commun des catégories inférieures ; mais l'aperception ne la regarde pas en tant que genre. J'aperçois mon existence indi-
437 viduelle, ou mon propre | individu, et lorsque je l'énonce par la proposition : *j'existe,* je tire du verbe substantif le même service, qu'on a

1. *L'entendement semblable à l'œil nous fait voir et comprendre toutes les autres choses, mais il ne s'aperçoit pas lui-même ; c'est pourquoi il faut de l'art, et des soins pour le placer à une certaine distance, et faire en sorte, qu'il devienne l'objet de ses propres contemplations.* Avant-propos § 1 [note originale]. Voir Locke, *Essai,* « Avant-propos », 1, p. 1.

2. L.IV. ch. IX. § 2 [note originale]. Voir Locke, *Essai,* 4.9.2, p. 513 : « Nous avons une connaissance de notre propre existence par intuition ».

3. *Remarques sur le livre de l'orig. du mal. 4* [note originale]. Voir G. W. Leibniz, *Essais de théodicée* [1710], appendice *Remarques sur le livre de l'origine du mal publié depuis peu en Angleterre,* § 4, GP VI, 1961, p. 403.

4. *Théodicée. 59* [note originale]. Voir *Essais de théodicée,* § 59, GP VI, 1961, p. 135. Il est à noter que l'analyse leibnizienne complète du cogito, qu'on trouve dans des écrits que Mérian ne pouvait cependant connaître, débouche sur deux principes à la base des vérités de fait, 1) je pense et 2) des choses diverses sont pensées par moi : Leibniz, *Animadversiones in partem generalem Principiorum Cartesianorum,* GP IV, p. 357.

coutume d'en tirer par rapport à tous nos sentiments immédiats, qu'on change par son moyen en propositions; ce serait donc raisonner très grammaticalement, que de m'imputer un pareil paradoxe.

Je dois encore considérer une objection très forte contre nos sentiments, prise de la nature de l'aperception [1]. Apercevoir, dit-on, les objets, c'est les distinguer les uns des autres, et s'apercevoir soi-même, c'est se discerner de quelque autre chose; de cette façon l'aperception non seulement est subordonnée au discernement, mais encore à la réflexion, sans laquelle il n'y a point de discernement, et à la comparaison, sans laquelle il n'y a point de réflexion [2]. On se fonde entièrement sur l'expérience: « Nous trouvons, dit-on, que nous apercevons les choses en les discernant les unes des autres », et plus bas: « Lorsque nous n'apercevons pas la différence des choses présentes, nous n'apercevons pas ce qui tombe sous nos sens » [3]; et un paragraphe plus loin: « En discernant l'âme des objets, qu'elle représente et distingue, nous nous apercevons de nous-mêmes; au contraire, lorsque nous ne nous discernons point des objets de nos pensées, nous ne nous apercevons pas de nous-mêmes » [4]. En examinant cette théorie je conserverai tous les égards dus aux mérites des hommes illustres, qui l'ont mise en vogue; mérites que je reconnais, et respecte, avec tout le monde philosophe.

Je conviens d'abord, que pour l'ordinaire nous distinguons l'objet de notre aperception d'avec d'autres, que nous apercevons alors, ou que nous avons aperçus autrefois, et que la mémoire nous retrace; cela ne se peut guère autrement, tandis que les portes des | sens sont ouvertes aux objets, **438**
qui les frappent sans cesse, et que la mémoire et l'imagination ont, pour ainsi dire, coudées franches; j'accorde encore volontiers, que nous discernons ces objets de nous-mêmes; rien de si naturel; pour discerner les choses d'entre elles il n'est besoin que de savoir, que l'une n'est pas l'autre. Mais je ne saurais voir, qu'il s'ensuive, que l'aperception dépend du discernement; il pourrait n'y avoir entre ces deux choses, qu'un simple rapport de coexistence dans le même temps; comme, par exemple, entre le mouvement des planètes, et mes méditations présentes.

En second lieu, je ne puis m'accorder sur l'expérience mentionnée avec l'homme illustre, dont j'ai rapporté les paroles, et je trouve précisément le rebours de la sienne; savoir, je ne discerne les choses, qu'après les avoir

1. *Wolf. Met. Allem. 729. 730. 731* [note originale]. Voir C. Wolff, *Deutsche Metaphysik*, § 729-731, GW I, 2, p. 454-457.

2. *Ibidem 733* [note originale]. Voir *ibid.*, § 733, p. 457-458.

3. *Ib. 729* [note originale].

4. *Ib. 730* [note originale].

aperçues, et chez moi l'aperception devance toujours le discernement, du moins dans l'ordre de la nature, et souvent même dans l'ordre du temps : comme lorsque me rappelant une idée passée je la discerne de la présente, ou qu'ayant par exemple regardé un objet *A*, je tourne la tête, et vois un autre *B* ; il est même probable, que jamais l'aperception et le discernement n'arrivent dans le même temps, quoiqu'à cause de l'extrême rapidité, avec laquelle ces deux actes se succèdent, nous les confondions dans le même instant ; mais comme je n'ai pas besoin de prendre parti dans la dispute sur la durée, il me suffit ici d'une succession dans l'ordre de la nature.

En troisième lieu, il implique, ce me semble, qu'on puisse discerner avant que d'apercevoir ; car si dans ce cas on demandait : qu'est-ce que vous discernez ? Je ne crois pas, qu'on n'y pût jamais donner réponse ; marque claire, qu'on ne discerne rien, ou, ce qui revient au même, qu'on ne discerne point du tout. Discerner *A* de *B* est apercevoir, qu'*A* n'est pas *B*, et que *B* n'est pas *A* ; dire donc : j'aperçois, qu'*A* n'est pas *B*, et que *B* n'est pas *A*, quoique je n'aperçoive ni *A* ni *B*, n'est-ce pas se contredire dans les termes ? Et n'avez-vous pas tort de dire, que vous discernez, lorsqu'*A* et *B*
439 sont la même | chose à votre égard, étant tous deux néant, puisque vous n'apercevez ni l'un, ni l'autre.

Dieu pourrait-il créer une intelligence, qui ne fît absolument que discerner, sans apercevoir les objets de son discernement ? Il le pourrait sans doute, si l'aperception dépendait du discernement, mais il ne le peut pas, si le discernement dépend de l'aperception ; or il faudrait qu'une pareille intelligence n'eût que les notions abstraites du nombre ; en un mot, qu'elle fût toute arithmétique, et que ses idées ne fussent que des chiffres ; mais est-il possible d'avoir des notions abstraites de ce qu'on n'a jamais aperçu dans le *concret* ? On peut encore demander, si dans un retranchement successif des facultés de notre âme, tel que nous l'avons supposé plus haut, ce serait la discrétive, qui ne saurait être annihilée sans entraîner l'intelligence dans le néant : je voudrais qu'on m'en fît voir la nécessité.

Enfin notre illustre philosophe [1] subordonne lui-même le discernement à la réflexion, et celle-ci à la comparaison ; qui toutes deux présupposent l'aperception, et ainsi ne peuvent la produire, ni directement, ni indirectement ; la première n'étant qu'une revue de l'objet, qu'on a déjà aperçu, la seconde requérant plusieurs objets présentés à l'esprit comme l'un à côté de l'autre, et par conséquent aperçus.

Il n'y a donc, à bien considérer la chose, point de discernement sans aperception, mais l'aperception est tout à fait indépendante du discernement, et prend le pas sur lui, comme sur toute autre faculté intellectuelle.

1. Il s'agit toujours de Wolff.

Il est aisé d'appliquer au *conscium sui,* ce qui est vrai de l'aperception en général, et de lever la difficulté. Du reste les philosophes varient considérablement d'eux-mêmes sur ce sujet[1]. M. *Canz,* dans le même ouvrage, soutient tantôt la solidité de l'enthymème cartésien, tantôt il nomme le *conscium sui* le premier acte de l'âme, bientôt il le dérive du discernement, et presque au même endroit il avoue, qu'on peut se sentir tout seul sans se discerner de quoi | que ce soit : peut-être trouvera-t-on un sens commode à **440**
ces contrariétés, mais je ne laisse pas d'en conclure, que la matière de l'aperception de soi-même n'est point encore approfondie autant qu'on se l'imagine, soit à cause de sa difficulté, soit parce qu'on l'a jugée trop commune et indigne d'arrêter le métaphysicien, qui veut s'élever à des spéculations plus sublimes. Platon en juge différemment, croyant, qu'il serait ridicule de tourner ses vues sur des objets étrangers, tandis qu'on n'a point satisfait à l'inscription de Delphes, qui exhorte à se connaître soi-même[2].

Non content de savoir qu'on s'aperçoit immédiatement, on voudrait encore pouvoir définir ce *moi,* qu'on aperçoit, et connaître le *comment* de cette opération de l'âme; deux points, sur lesquels suivant toutes les apparences on accumulera recherche sur recherche, sans y jamais rien comprendre[3]. Il y a en Allemagne des philosophes très renommés, qui prétendent développer et éclaircir la notion de l'*existence* en la définissant : *une manifestation de soi-même*; de sorte qu'*exister* et *se manifester* signifient chez eux la même chose. En appliquant ceci à notre sujet :

1. *Confer Psychol. L.2. c.I. §.7 c.II. §.25. §.31 et not. 5. Ibidem* [note originale]. Il s'agit du philosophe et théologien G. I. Canz, disciple de Leibniz et de Wolff. La série des remarques que Mérian juge contradictoires se trouve également dans sa *Philosophia fundamentalis*, Tubingen, Berger, 1744, p. 290-291 (*Psychologia*, sectio I, caput II, *De animæ existentia*).

2. οὐ δύναμαι πω κατὰ τὸ Δελφικὸν γράμμα γνῶναι ἐμαυτόν· γελοῖον δή μοι φαινέται, τοῦτο ἔτι ἀγνοοῦντα, τὰ ἀλλότρια σκοπεῖν. in Phædro [note originale]. Platon, *Phèdre*, 229e-230a, éd. C. Moreschini et P. Vicaire, Paris, Les Belles Lettres, 2002, p. 10-11 : « Je ne suis pas encore capable, comme le veut l'inscription de Delphes, de me connaître moi-même ; je trouve donc ridicule de me lancer, quand je suis encore dans l'ignorance sur ce point, d'examiner ce qui m'est étranger ».

3. *Voyez Prim. Monadol. Capita cap 2. dans le Recueil des Pièces sur les Monades*; *item Diss. De Materialismo § VIII. Par M. Ploucquet* [note originale]. Voir G. Ploucquet, *Primaria monadologiæ capita* qui constitue l'une des pièces qui avaient été soumises lors du concours de l'Académie portant sur les monades (1747). Cette pièce (n° XI) fut publiée l'année suivante : voir *Dissertation qui a remporté le prix proposé par l'Académie royale des sciences et belles lettres sur le système des monades, avec les pièces qui ont concouru*, Berlin, chez A. Haude et J. C. Spener, 1748, p. 145-248, notamment p. 169-180; voir également G. Ploucquet, *Dissertatio de Materialismo, cum supplementis et confutatione libelli :* l'Homme machine *: inscripti*, Tubingae, Erhardt, 1757. Connu aussi pour son *Examen du fatalisme* (1757), Ploucquet fut professeur de philosophie à Tubingen et associé externe à l'Académie de Berlin.

s'apercevoir exister serait : s'apercevoir se manifester ; j'ai tâché de mettre cette notion à profit, mais j'y ai trouvé des difficultés trop longues à insérer dans ce mémoire. Je soupçonne qu'une des principales raisons de l'incompréhensibilité de ces choses, c'est qu'on ne peut pas assez se dégager de notions hétérogènes ; de là vient, que les problèmes sont conçus en notions étrangères au sujet, et que pendant qu'on forme des questions sur un sujet,
441 on occupe son esprit des idées d'un autre : ce qui ne | peut aboutir, qu'à s'embrouiller dans un verbiage stérile. Ceux qui ont éprouvé ce travers dans leurs méditations, m'entendront assez.

Si quelque chose avait dû me détourner des recherches, que je viens de faire sur l'aperception de l'existence propre, ce ne serait sûrement pas la trivialité, mais ce serait plutôt l'importance de ce sujet, et les difficultés, qui l'environnent, difficultés au reste, qui ne doivent point faire tort aux vérités solidement établies ; vu qu'elles ne prouvent que notre ignorance sur certains points, sans détruire les preuves, que nous avons sur d'autres ; d'ailleurs il serait aisé de les rétorquer contre tout système, qu'on adopterait sur ce sujet. Enfin bien loin de m'imaginer de l'avoir conduit à un point de précision, qui ne laissât rien à désirer, je serais sensiblement flatté, si mon travail méritait la moindre attention des connaisseurs, et pouvait donner occasion à des esprits plus pénétrants que le mien d'entrer dans la même carrière, et de la parcourir avec plus de succès. Cependant je me console avec les plus grands hommes, et les philosophes les mieux éclairés, qui loin de se repaître de systèmes arbitraires, et de se régaler dans des châteaux bâtis en l'air, reconnaissent ingénument « que plus les objets sont intéressants pour nous, plus sont difficiles et incertaines les connaissances, que nous en pouvons acquérir » [1].

1. Mr. *de Maupertuis, Discours des devoirs de l'académicien* [note originale]. Voir P.-L. Moreau de Maupertuis, « Des devoirs de l'académicien », HAR 1750 [1752], p. 516.

RECHERCHES SUR L'ORIGINE DES SENTIMENTS AGRÉABLES ET DÉSAGRÉABLES

PREMIÈRE PARTIE
THÉORIE GÉNÉRALE DU PLAISIR[1]

PRÉSENTATION

Dans les quatre mémoires lus devant la Classe de philosophie spéculative en 1751 et en 1752 sur le thème de l'origine de nos sentiments agréables et désagréables[2], Sulzer entreprend de développer une théorie générale des plaisirs et des peines, où il s'agira de révéler l'origine de tous les sentiments agréables et désagréables à partir de ce qu'il appelle le principe actif de l'âme. Si la finalité de cet ambitieux projet est morale, dans la mesure où elle est guidée par la recherche des « moyens de parvenir au bonheur »[3], c'est toutefois dans la métaphysique, et plus particulièrement dans la psychologie, que s'enracine cet effort de « déduction » de tous nos plaisirs, qu'ils soient intellectuels, physiques ou moraux. Le premier mémoire donne la théorie générale des sentiments agréables;

1. Il s'agit du premier d'une série de quatre mémoires : J. G. Sulzer, « Recherches sur l'origine des sentiments agréables et désagréables », mémoire I : « Théorie générale du plaisir », HAR, 1751 [1753], p. 57-75; II : « Théorie des plaisirs intellectuels », HAR, 1751 [1753] p. 76-100; III : « Des plaisirs des sens », HAR, 1752 [1754], p. 350-372; IV : « Des plaisirs moraux », HAR, 1752 [1754], p. 373-390.

2. Ces mémoires ont fait l'objet d'une réédition en 1767 sous le titre : *Nouvelle théorie des plaisirs, par M. Sulzer, de l'Académie royale des sciences & belles-lettres de Berlin, avec des réflexions sur l'origine du plaisir, par M. Kaestner, de la même Académie*, 1767 [sans nom d'éditeur]. Le mémoire de Kästner, lu en 1749, avait pour titre : « Réflexions sur l'origine du plaisir, où l'on tâche de prouver l'idée de Descartes : qu'il naît toujours du sentiment de la perfection de nous-mêmes ».

3. J. G. Sulzer, « Recherches, mémoire I », HAR 1751 [1753], p. 57.

le second porte sur les plaisirs *intellectuels*, c'est-à-dire sur le beau perçu par l'imagination ou par l'entendement; le troisième mémoire est consacré aux plaisirs des sens; et le dernier cherche à rendre compte de nos plaisirs moraux. L'objet propre de Sulzer, dans cette série de mémoires, est la prétention de « déduire l'origine de tous les sentiments agréables et désagréables, qui sont comme les semences des passions [...] », du « principe actif de l'âme » [1]. Sulzer soutient que *tous* les sentiments agréables – qu'ils soient de nature intellectuelle, sensible ou morale – sont fondés sur cette nature de l'âme et que tous « se réduisent à la fin à quelque chose de purement idéal », c'est-à-dire à « quelque chose d'intellectuel » [2].

Dans la seconde moitié de la décennie, les travaux de Sulzer s'appliqueront généralement à des objets qui relèvent de la psychologie empirique, c'est-à-dire à des phénomènes de l'âme tels qu'ils se donnent à voir dans leurs manifestations, mais dont les ressorts cachés trouvent leur explication dans ce qu'il nommera les « profondeurs de l'âme » [3]. Pour l'heure, dans les mémoires qui nous occupent ici, l'approche de Sulzer reste encore principalement « déductive »; il emprunte à la psychologie rationnelle de Wolff une compréhension de « l'essence de l'âme », qu'il définit à la suite de son prédécesseur comme une « substance active », dont « l'action naturelle » est « celle de produire, ou si l'on veut de recevoir des idées, et de les comparer, c'est-à-dire de penser » [4]. Ce que Sulzer appelle la force essentielle de l'âme est comprise comme « un empressement perpétuel, qui, pour ainsi dire, met tout en mouvement pour pouvoir produire des idées » [5]. Cette force primitive, dont toutes les facultés de l'âme sont censées tirer leur origine, consiste-t-elle à produire les idées ou simplement à les recevoir? « L'analyse du génie » (1757) soutiendra qu'il s'agit d'une « force active, qu'il est plus facile de sentir au-dedans de soi-même que de définir, qui produit toutes les idées, ou qui *du moins* nous engage continuellement à les développer et à les multiplier » [6]. « L'analyse de la raison » (1756) la

1. J.G. Sulzer, « Recherches, mémoire I », HAR 1751 [1753], p. 65. Si Sulzer semble approuver la déduction wolffienne des facultés intellectuelles à partir de la force de représentation, il affirme vouloir apporter un approfondissement à la théorie de Wolff sur le plaisir, ainsi qu'à la théorie cartésienne de la perfection subjective de l'âme, que Wolff lui-même, dans l'essai *Von dem Vergnügen* (*Du plaisir*) et dans sa *Psychologia empirica* (*Psychologie empirique*) de 1732, cherchait à compléter par la considération objective de la perfection de l'objet de la représentation.

2. J. G. Sulzer, « Recherches, mémoire I », HAR 1751 [1753], p. 61.

3. Voir *infra* les deux mémoires suivants que nous reproduisons dans ce volume, qui portent sur l'aperception (1756) et sur les paradoxes psychologiques (1759).

4. J. G. Sulzer, « Recherches, mémoire I, HAR 1751 [1753], p. 61.

5. *Ibid.*, p. 64.

6. *Id.*, « Analyse du génie », HAR 1757 [1759], p. 394 [je souligne].

définit comme une *force représentative*, ou comme un « principe d'activité qui nous porte, et nous force en quelque façon, à nous prêter aux impressions excitées en nous par les sens » [1]. Cependant, nous savons que cette force est gênée dans son action « par l'état actuel des organes du corps, en sorte qu'elle ne se développe que proportionnellement à cet état » [2]. Les mémoires de Sulzer postérieurs à 1751-1752 montreront clairement que l'activité de l'âme ne produit pas les idées, bien qu'elle soit responsable de la modification de nos perceptions. Les sensations, issues du jeu des organes, produisent dans l'âme des perceptions des changements dont le corps est affecté. Mais, comme le précisera le mémoire de 1771 (« Observations sur les propriétés de l'âme comparées à celles de la matière »), si l'activité de l'âme se bornait à *prendre acte* de ces changements, on pourrait croire qu'ils ne sont rien d'autre que l'effet de l'action des organes corporels. En fait, l'âme va beaucoup plus loin : elle manifeste un *effort* qui est irréductible à la simple modification des organes corporels. Elle « s'intéresse aux impressions qu'elle reçoit, soit pour en jouir, soit pour s'opposer aux suites qu'elles pourraient avoir » [3]. Jusqu'à la fin de son parcours philosophique, Sulzer défend l'idée que l'âme n'est pas passive dans la réception des impressions, qu'elle possède un principe interne, une force propre de modification de son état, et donc de ses perceptions, tout en dépendant du corps pour la production des perceptions.

Dans le contexte des « Recherches », la solution du problème se réduit alors à se demander comment le recours à la force primitive de l'âme permet de rendre compte du plaisir et de la peine, non seulement de ceux qui résultent directement de la pensée, mais de tous les sentiments agréables ou désagréables. Le plaisir et la peine, de façon générale, sont liés selon notre auteur à ce qui favorise ou inhibe le déploiement de l'activité de l'âme. Les affections qui résultent de la réflexion que fait l'âme sur son état d'aisance ou de contrainte reçoivent des noms différents en fonction de la variation de leurs degrés d'intensité. Le plaisir véritable, qui repose sur le « pressentiment » qu'a l'âme d'un objet suffisamment complexe pour soutenir et nourrir son activité, se distingue du simple agrément qui se satisfait de l'aisance de la représentation et n'est par conséquent que le commencement du plaisir [4]. Le principe de l'activité de l'âme, qui doit rendre compte des sentiments agréables, requiert le

1. J. G. Sulzer, « Analyse de la raison », HAR 1756 [1758], p. 416.
2. *Ibid.*
3. J. G. Sulzer, « Observations sur les propriétés de l'âme », NMAR 1771 [1773], p. 393.
4. *Id.*, « Recherches, mémoire I », HAR 1751 [1753], p. 66-67.

concours d'un pôle subjectif et d'un pôle objectif de la représentation, c'est-à-dire l'articulation de dispositions subjectives et de certaines qualités des objets susceptibles d'exciter ces sentiments; ainsi, la principale condition pour la production du sentiment agréable est que « l'âme soit en état de développer aisément une multitude d'idées liées ensemble dans un même objet »[1]. Les dispositions de l'âme englobent l'habitude de réfléchir[2] et la vivacité de l'esprit, qui n'est rien d'autre que le degré de force qu'apporte l'âme dans la production des idées[3]. Au point de vue de l'objet, les qualités aptes à soutenir la tendance primitive de l'âme doivent inclure la *variété*, pour permettre une multitude d'idées, tout en présentant suffisamment d'*ordre* et de *liaison* entre les éléments variés. Cette conception de la beauté comme résultant de la perception de l'unité dans la variété, qui pourrait être tirée de la théorie leibnizienne de la beauté[4], se retrouve dans des formes différentes chez certains prédécesseurs de Sulzer comme Crousaz[5] ou Hutcheson[6]. Toutefois, l'originalité de Sulzer, qui lui permet de se distancier aussi bien de la théorie de Hutcheson que de celle de Wolff, c'est qu'il pense la beauté comme la *perception par l'âme de sa propre activité représentative*; les qualités de l'objet servent alors pour ainsi dire de support pour l'activité de l'âme. La théorie générale du plaisir qui occupe le premier mémoire de 1751 semble taillée sur mesure pour la théorie des plaisirs intellectuels qui lui fait suite, et dont la *beauté*, qu'elle prenne sa source dans les sens, dans l'imagination ou dans l'entendement, constitue le paradigme.

Daniel DUMOUCHEL

1. J. G. Sulzer, « Recherches, mémoire I », HAR 1751 [1753], p. 71.

2. *Ibid.*, p. 72. Cette habitude peut d'ailleurs être individuelle ou collective, les « nations polies » possédant à cet égard une supériorité sur les autres.

3. « L'Analyse du génie » dira que cette vivacité, qui est la principale marque distinctive de l'individu de génie, est dépendante de la constitution physique (HAR 1757 [1759], p. 394). S'agissant de la question classique de savoir si le génie est un don de la nature ou une faculté acquise (autrement dit s'il relève davantage de la « nature » ou de « l'art »), Sulzer soutient donc que la force active de l'âme dépend essentiellement de causes naturelles qui concourent à former le tempérament et la constitution du corps (*ibid.*, p. 402).

4. Précisons que la perception de l'unité dans la variété est plus précisément appelée plaisir chez Leibniz.

5. J.-P. de Crousaz, *Traité du beau*, Amsterdam, François L'Honoré, 1715.

6. F. Hutcheson, *Inquiry into the Original of Our Ideas of Beauty and Virtue*, Londres, 1725.

SULZER

RECHERCHES SUR L'ORIGINE DES SENTIMENTS AGRÉABLES ET DÉSAGRÉABLES

PREMIÈRE PARTIE
THÉORIE GÉNÉRALE DU PLAISIR

La plus célèbre et la plus importante de toutes les questions philosophiques, est celle qui regarde les moyens de parvenir au bonheur. Cette question aussi ancienne que la philosophie même, fut agitée par un grand nombre de philosophes de l'antiquité, qui se sont partagés sur cela en plusieurs sectes. D'abord il semble qu'elle n'est pas fort difficile. Tout le monde convient, que le bonheur, autant que l'homme y peut atteindre, est un état dans lequel les plaisirs dont on jouit surpassent les peines auxquelles on est exposé. Or une longue suite d'expérience a procuré aux hommes la connaissance d'une infinité de choses dont la jouissance fait naître le plaisir; et par le même moyen on connaît presque tous les cas où la peine et les chagrins sont des suites naturelles des actions. Cela posé, il semble que toute la science du bonheur, en tant qu'il dépend de nos actions, se réduit à une seule règle fort simple et fort aisée: *Qu'il faut tâcher de se procurer* | *tout le plaisir possible, connu par l'expérience, et* 58
éviter toute peine. C'est la maxime fondamentale de la morale des épicuriens modernes [1].

1. Je dis des épicuriens modernes; car il s'en faut beaucoup qu'*Épicure* ait été de ce sentiment, lui qui distingua si soigneusement les différentes espèces de plaisir, pour recommander les plus convenables et rejeter les autres. Voyez *Diogène Laërce* [note originale].

Malgré la solidité apparente de cette maxime, il n'est pas fort difficile de voir, qu'elle est très défectueuse. Il ne faut que peu d'expérience, jointe à un jugement solide, pour s'apercevoir de deux choses, qui la rendent fort suspecte. 1° Il arrive fort souvent, que les plaisirs s'entrechoquent. Nous avons plusieurs facultés, qui nous rendent susceptibles de plusieurs espèces de plaisir. Or il peut arriver que l'une soit contraire à l'autre, ou du moins que la jouissance d'une espèce exclue nécessairement celle de l'autre. Que faut-il faire alors ? Auquel dois-je donner la préférence ? Au plus grand ? Mais le moyen de calculer les plaisirs ? Suffit-il de comparer ensemble les premières impressions de deux espèces ; ou bien, faut-il suivre chaque plaisir par toute la suite d'impressions qu'il produira dans l'âme ? S'il est possible qu'un objet nous fournisse toujours un plus grand plaisir à mesure que nous continuons d'en jouir, la première impression qu'il aura fait sur nous ne peut nous servir à l'estimer son prix. Les règles qui doivent nous guider dans la recherche du bonheur, ne peuvent nous laisser dans l'incertitude sur ces doutes. Je conclus de là, que la maxime épicurienne est défectueuse.

2° Nous apprenons encore de l'expérience, qu'un plaisir goûté peut dégénérer en peine et en chagrin, ou pour parler plus juste, un plaisir goûté peut devenir la cause d'un chagrin beaucoup plus grand, que n'a été le plaisir dans son genre. Cela vient de la diversité de nos facultés. Si nous
59 n'étions susceptibles que d'une seule espèce | de plaisir, par exemple si de toutes nos facultés il ne nous restait que le sens du goût, la maxime serait très solide. Pour devenir heureux alors, il ne faudrait que chercher par tous les moyens possibles de flatter notre goût. Rien ne serait plus facile que d'être heureux, quoiqu'un bonheur si borné soit très peu de chose. Mais dès que nous avons des facultés différentes, et qu'il est nécessaire de les contenter toutes pour arriver au bonheur, la science de la félicité devient beaucoup plus composée : et on verra, que la maxime citée est non seulement défectueuse, mais dangereuse, et capable de nous plonger dans le malheur.

Je me flatte que ce peu de remarques suffira pour faire voir, que la maxime épicurienne ne peut servir en aucune manière à nous conduire au grand but de la nature, et qu'il faut des recherches bien plus difficiles, pour parvenir à quelque chose de solide et d'assuré en fait de morale. Il n'est pas même fort difficile de voir, par ce que j'ai remarqué, quelle route on y doit tenir. Il faut nécessairement connaître à fond toutes les facultés qui nous rendent susceptibles de différentes espèces de plaisir ou de peine ; il faut savoir le rapport qu'a chacune de ces facultés à l'essence même de notre âme, ou à notre nature immuable ; et enfin, de quelle manière le plaisir est excité moyennant ces facultés par toutes sortes d'objets. Après ces recherches préliminaires, on sera en état de décider d'une manière sûre sur les justes valeurs des plaisirs, sur les proportions que les différentes espèces doivent garder entre elles pour que nous soyons heureux, et sur les moyens de nous les procurer.

Je crois avoir fait quelques remarques assez importantes sur chacun de ces articles, pour oser les présenter à l'Académie. Je me contenterai pour cette fois d'exposer le fondement de mes recherches ultérieures, qui consiste dans *l'explication de l'origine de tout sentiment agréable et désagréable, en général.* J'étais persuadé, | avant que d'avoir entrepris ces **60**
recherches, que tous les plaisirs, quelque différents qu'ils soient, tirent leur origine du même principe essentiel à l'âme, comme dans la Nature une seule force fort simple produit un grand nombre de phénomènes fort différents. Maintenant, après avoir recherché ce principe, je suis sûr de la solidité de ma conjecture.

Pour découvrir cette source primitive de tout plaisir, et pour en déduire les espèces différentes, à la manière des géomètres, qui de l'essence d'une ligne courbe déduisent toutes les autres propriétés de la même courbe, il nous faut remonter à l'essence de l'âme[1]. Car l'agréable ou le désagréable étant si intimement liés à toutes nos perceptions, on en peut conclure, que ces deux qualités générales de nos perceptions tiennent immédiatement à la nature de l'âme.

Je n'entrerai point ici dans des discussions métaphysiques pour et contre l'immatérialité de l'âme. Il ne me paraît pas absolument nécessaire à mon but que cette question soit décidée. Que l'âme soit simple ou matérielle, il suffit qu'elle soit d'une nature constante et immuable, et que ce qui fait l'essentiel de la nature humaine soit constamment le même dans tous les siècles et dans tous les climats; ce que tout philosophe sensé m'accordera sans peine. Sans m'arrêter donc à prouver l'immatérialité de l'âme, (ce qui ne me paraît pas impossible à démontrer,) j'examinerai seulement en quoi consiste son essence, ou son action naturelle. Car l'âme étant une substance active, (personne ne peut en douter,) il faut que quelque

1. Dans cette section, Sulzer se propose de remonter à l'essence de l'âme, dans le dessein de montrer que tous nos plaisirs se réduisent à une dimension idéale, et par conséquent à une origine commune. Il entend ici procéder en métaphysique en partie « à la manière des géomètres », c'est-à-dire par la voie déductive. Dans les années qui suivirent, Sulzer fut amené à réviser cette approche de la psychologie, pour en venir à privilégier sa partie empirique, sans pourtant renoncer à un dialogue serré entre la psychologie empirique et la psychologie rationnelle, qui continuera d'assurer un rôle de fondement. Sur ce point, voir la présentation du mémoire « Sur l'aperception », ainsi que D. Dumouchel, « La psychologie comme "physique de l'âme" », dans P. Girard, C. Leduc et M. Rioux-Beaulne (dir.), *Les métaphysiques des Lumières*, Paris, Classiques Garnier, 2016, p. 171-190.

espèce d'action ou de force lui soit naturelle. Cette action naturelle de l'âme est sûrement celle de produire, ou si l'on veut de recevoir des idées et les comparer, c'est-à-dire de penser.

61 | Je ne répéterai point ici ce que nos philosophes modernes, d'après l'illustre M. de *Wolff*, ont solidement établi pour prouver que l'action naturelle de l'âme, ou comme ils l'appellent, sa force essentielle, est celle de produire des idées. Il y a peu de gens qui soient accoutumés d'entrer dans des discussions métaphysiques. Je remarque seulement, que l'âme ne jouissant jamais des objets mêmes, mais seulement des idées qu'elle s'en forme, ne peut désirer que des idées, et que par conséquent son action essentielle ne peut consister que dans la production des idées, vu qu'il n'y a que cela même dans l'âme. Si nous réfléchissons sur ce qu'il y a d'essentiel dans les amusements et dans les goûts des hommes, nous trouverons toujours qu'ils se réduisent à la fin à quelque chose de purement idéal [1].

Quel que soit le génie d'un homme, ou la force de son esprit, le penchant le plus constant, qui entre dans tout ce qu'il fait, c'est d'amuser continuellement l'esprit ou l'imagination, par des objets, qui lui fournissent matière à penser; c'est, pour ainsi dire, la nourriture de l'âme. Pour nous convaincre de cela, nous n'avons qu'à suivre l'homme dans tous ses amusements, dans ses plaisirs, et en un mot, dans tout ce qu'il fait par goût, en démêlant ce que c'est proprement que ce qui l'amuse: nous trouverons toujours, que cela se réduit à quelque chose d'intellectuel. L'ambitieux, par exemple, se plairait-il dans le rang, auquel ses intrigues l'ont élevé, parce qu'il se voit flatté et craint; ou bien repaît-il son esprit de la beauté intellectuelle, qu'il aperçoit dans l'heureuse réussite de ses entreprises, et de la belle perspective que son pouvoir lui présente, d'être maître d'une infinité d'événements? Je suis assuré, que ce qui lui fait le plus de plaisir est la beauté du système politique qu'il s'est formé. Or cela est purement intellectuel. Il en est de même de tous les amusements des hommes. Que le philosophe s'occupe des spéculations, le politique de ses
62 projets; que le petit maître folâtre, | ou que l'homme le plus borné cause avec ses voisins; ils n'ont tous qu'un même but, celui de fournir chacun à son esprit une quantité d'idées et de pensées, convenables à son goût et à l'étendue de ses connaissances. Ceci doit s'entendre surtout de ces occupations qui demandent l'application de l'esprit. Chaque entreprise est une espèce de problème, dont la solution nous attache, en contentant le besoin primitif de notre nature, et tous les genres de vie sont autant de sciences, qui à la fin se rapportent toutes à la faculté intellectuelle de notre âme. Ce qu'un

1. « Idéal » semble avoir le même sens que le terme « intellectuel », utilisé plus bas.

célèbre poète dit de l'amour-propre convient bien mieux à ce besoin de l'âme :

> [...] écartez ce mobile,
> L'homme est enseveli dans un repos stérile :
> Il est tel, qu'à la terre une plante attachée,
> Qui végète, produit, et périt desséchée [1].

Je ne crois pas me tromper en assurant, que ce que je viens d'avancer sur la nature de l'âme et sur son besoin primitif, paraîtra évident à quiconque voudra prendre la peine d'y réfléchir. Il pourrait pourtant naître un doute, de ce qu'il y a un grand nombre de personnes, qui ne paraissent rechercher que des plaisirs purement sensuels. Or il est difficile de se persuader que le besoin principal de ces gens-là soit celui de penser.

Je réponds, en me fondant aussi sur l'expérience, que les plaisirs purement sensuels, s'il y en a actuellement, ne peuvent jamais suffire à contenter les besoins de notre nature; ils deviennent bientôt insipides et méprisables, s'ils n'empruntent quelque attrait de la faculté de penser. Je n'alléguerai pas, que les gens d'esprit sentent plus vivement que les autres, même les plaisirs sensuels. Mais je remarque, qu'un homme, qui aurait abondamment de quoi satisfaire tous les sens, et auquel manqueraient les plaisirs qui tiennent à la faculté | intellectuelle, ne serait sûrement pas **63**
longtemps heureux. Qui est-ce qui aimerait les plaisirs de la table, uniquement pour ce qui flatte le goût, et qui les souhaiterait s'il y était sans compagnie et sans joie? Qui est-ce qui ne se lasserait bientôt de la jouissance de la plus belle personne, sans le mélange des plaisirs d'un genre plus élevé. Les voluptueux de profession vous diront, qu'au milieu des délices des sens, on rencontre des vides affreux, et qu'on est malheureux sans les plaisirs, qui tirent incontestablement leur origine de la faculté de penser, et qui sont le véritable sel des autres [2].

Nous voyons donc clairement, que les plaisirs des sens, quelque puissants qu'ils soient, ne viennent que d'un besoin accessoire, et que dans tout ce qui doit nous amuser longtemps, il faut quelque chose d'intellectuel. Ce qui prouve, que l'essence de notre âme, le principe d'où

1. *Du Resnel* d'après Pope [note originale]. Jean-François Du Resnel Du Bellay (1692-1761), ecclésiastique et homme de lettres, avait traduit l'*Essai sur l'homme* de Pope en 1737. Les vers cités par Sulzer en sont tirés. Du Resnel a succédé à l'abbé Dubos à l'Académie française à la mort de ce dernier en 1742.

2. Cette remarque pourrait viser l'hédonisme libertin en général. On trouve chez Julien Offray de La Mettrie des remarques qui vont dans ce sens, notamment en ce qui concerne la supériorité des plaisirs d'imagination sur les simples plaisirs sensuels. Voir son *Discours sur le bonheur*, aussi connu sous le titre : *Anti-Sénèque ou le Souverain bien*, initialement publié en 1748.

naissent tous nos désirs constants, est une détermination puissante à produire ou à recevoir des idées. Je me flatte même de faire voir dans la suite de ces recherches, que les plaisirs les plus sensuels tirent leur origine de cette source générale.

J'ajoute une autre observation, qui confirme ce que j'ai dit sur la nature de l'âme. En faisant attention à la diversité et au changement de goût, on s'aperçoit, que, plus l'homme devient capable d'idées intellectuelles et distinctes, moins il s'occupe des choses sensuelles. Ceux qui n'ont jamais appris à penser s'occupent, comme ils peuvent, des objets qui tiennent beaucoup au sensuel. Apprenez-leur à réfléchir, à former des jugements, à tirer des conclusions générales des faits particuliers, à comparer des idées en partie semblables ; et vous verrez qu'ils s'occuperont beaucoup plus des choses intellectuelles, qu'ils n'avaient fait auparavant. Je le répète donc avec assurance ; que notre nature est telle, que l'action qui nous est essentielle et qui est le principe de toutes nos entreprises et de toutes nos actions libres, est celle de penser, comme l'action du feu est de brûler, ou celle de l'aimant d'attirer le fer.

64 | Nous avons donc trouvé un principe actif dans l'âme, qui est la source de toutes nos actions. Par ce principe toutes nos affections se réduisent à la même origine. Et comme les hommes, qui tirent leur origine du même père commun, se distinguent par leurs qualités, en sorte qu'il y a des nobles et des roturiers de différentes classes, selon que le sort les a placés ; de même nos affections et nos plaisirs, quoique d'une égale noblesse dans leur origine, deviennent plus ou moins estimables, selon les différents services qu'ils nous rendent, et selon qu'ils tiennent plus ou moins immédiatement au bonheur.

Mais, avant que de montrer, comment ce principe actif de l'âme produit tous les sentiments agréables et désagréables, et par conséquent toutes les inclinations, il est nécessaire d'examiner un peu plus particulièrement sa nature. D'abord il faut remarquer, que le nom de force qu'on a donné à ce principe actif dans l'homme, signifie un empressement perpétuel, qui, pour ainsi dire, met tout en mouvement pour pouvoir produire des idées. Pour bien connaître la nature de cette force, nous n'avons qu'à nous le représenter dans des cas fort remarquables, comme par exemple dans une grande passion. Tout le monde sait combien on est alors pressé et troublé par la force du désir. Dans les autres cas où l'âme est plus tranquille, la force essentielle ne laisse pas d'être la même, quoique moins grande ; elle excite toujours une agitation semblable à celle des passions, plus ou moins forte. Voilà ce que veut dire le terme de *force essentielle de l'âme*.

Je remarque en second lieu, que cette force de l'âme est tellement déterminée [1], qu'il ne nous est point indifférent de quelle nature soient les idées qu'elle produit. L'âme préfère toujours les idées claires aux obscures, et celles qui sont distinctes à celles qui ne sont que confusément claires. Tout le monde aime mieux de voir clair dans toutes sortes de choses, que d'avoir les idées embrouillées. | En effet une idée distincte nous représente plus de **65**
choses, du même objet, qu'une idée confuse; et par conséquent elle contente mieux le besoin de l'âme [2].

Ce n'est pas tout encore. L'âme ne se contente pas de produire des idées; semblable à un bon terroir, qui, après avoir reçu les semences en son sein, les nourrit et les fait éclore, l'âme en réfléchissant sur ses idées, les compare, en tire de nouvelles, en forme des propositions, des raisonnements, des pensées suivies. Cette activité de l'âme se montre partout. Le génie le plus faible forme ses raisonnements tout comme le philosophe [3]. C'est cette faculté de comparer les idées, et d'en former des raisonnements, qu'on appelle la *raison,* et dont on convient généralement, qu'elle est plus ou moins le partage de tous les hommes [4]. Ce n'est pas un talent acquis, c'est un don de la nature, une force de l'âme, à laquelle on résisterait en vain. Nous aurions beau nous proposer de rester dans l'inaction, la force de l'âme l'emporterait. Nous produisons des idées, nous les comparons, nous raisonnons sans y penser, et bien souvent malgré nous [5]. J'observe enfin que, plus les idées sont liées dans le raisonnement,

1. C'est-à-dire : déterminée de telle manière.

2. Dans le second mémoire, consacré au plaisir intellectuel, Sulzer se propose d'expliquer l'origine du sentiment agréable suscité par le beau. Il affirme alors que ce ne sont pas les propriétés objectives en elles-mêmes de l'objet beau (unité dans la variété, ordre, harmonie des parties, etc.) qui rendent compte du sentiment agréable, mais plutôt leur rapport avantageux à la force active de l'âme (J. G. Sulzer, « Recherches, mémoire II », HAR 1751 [1753], p. 90). Sulzer précise et reformule aussitôt cette explication : ce à quoi l'âme ressent de l'agrément, c'est à ce qu'on pourrait appeler le *devenir-distinct* de ses idées. Percevoir la beauté d'un objet implique de saisir la liaison et l'ordre qui unissent ses différentes parties; mais ce qui *explique* le plaisir en tant que tel, c'est la perception par l'âme de la dynamique par laquelle « l'idée totale, qui d'abord n'était que confuse, devient distincte » (*ibid.*). Ce privilège de la « distinction » en matière de plaisir sera remis en cause dans les écrits ultérieurs de Sulzer. C'est vrai particulièrement au plan strictement « esthétique », où Sulzer se rangera finalement aux idées de Baumgarten et de Mendelssohn, en reconnaissant que le plaisir de la beauté est inséparable de la « confusion » de la représentation. Voir ci-dessous le commentaire des « Observations » de 1763.

3. J. G. Sulzer, « Analyse du génie », HAR 1757 [1759].

4. J. G. Sulzer, « Analyse de la raison », HAR 1756 [1758].

5. Ce principe jouera un rôle important dans la psychologie de Sulzer. Il faut se rappeler que la représentation n'implique pas l'aperception et que les phénomènes obscurs de la pensée humaine s'expliquent également par cet empressement de l'âme à produire des représentations.

c'est-à-dire plus le raisonnement est parfait, plus aussi l'âme doit s'y plaire. Car dans ces cas son action naturelle est plus parfaite et plus libre, que lorsque les idées sont embrouillées. Ce qui est encore confirmé par l'expérience. Voilà la nature du principe actif de l'âme. Tout le monde sait de quelle manière M. *de Wolff* en a déduit toutes les facultés intellectuelles de l'âme [1]. Pour moi, je tâcherai maintenant d'en déduire l'origine de tous les sentiments agréables et désagréables, qui sont comme les semences des passions, ou plutôt comme des étincelles d'où naît leur feu. Car j'avoue que, ni la théorie du plaisir, que ce célèbre philosophe nous a donné, ni celle du grand *Descartes,* ne me satisfont point [2].

66 | Commençons par réduire à des notions simples les idées du plaisir et de la peine. Ces deux affections varient à l'infini, selon les divers degrés de force qu'elles ont; et semblables à des rivières qui portent des noms différents à différentes distances de leurs sources, elles reçoivent d'autres noms selon leurs degrés d'intensité. Le même sentiment, suivant qu'il sera plus ou moins fort, recevra le nom d'agrément, de plaisir, de joie, de ravissement; tout comme les termes de peine, de douleur, de gêne, et de tourment, n'expriment qu'un même sentiment, considéré depuis son commencement jusqu'au progrès le plus éloigné. Pour en fixer donc les notions, nous les prendrons à leur source. Le commencement du plaisir n'est autre chose, que ce que nous appelons *aisance.* Cette aisance commence par la tranquillité, par une espèce d'équilibre dans l'âme. La peine au contraire commence par la *contrainte.* Considérons d'abord l'origine et le progrès de ce dernier sentiment.

L'action naturelle de l'âme provient d'une force, d'un certain empressement qu'elle se sent à penser. Y a-t-il quelque chose qui mette un obstacle à cette force, qui l'empêche de se déployer; ou l'action ne répond-elle pas à la grandeur de l'empressement de l'âme? Il faut nécessairement qu'elle s'en ressente, qu'elle s'en trouve mal, qu'elle n'aime pas cet état de contrainte directement opposé à sa nature. Je ferai voir dans la suite quels sont ces obstacles, qui empêchent ou troublent l'action naturelle de l'âme.

1. C. Wolff, *Deutsche Metaphysik* § 744-753, GW I, 2.2, p. 464-468.

2. Descartes, *Des passions de l'âme*, AT XI, p. 394-396. Si Sulzer n'est pas entièrement satisfait par les théories wolffienne et cartésienne du plaisir, on peut supposer qu'il n'est pas convaincu non plus par d'autres efforts plus récents pour en saisir la nature. On peut penser aux tentatives de Kästner (voir *supra*) et de Jean-Louis Lévesque de Pouilly (*Théorie des sentiments agréables*, Paris, 1749). L'approche de Lévesque de Pouilly n'est pas dépourvue d'affinités avec celle de Sulzer, puisqu'il définit les plaisirs de l'esprit comme ceux qui résultent de l'aisance et de la facilité à saisir et à se représenter les parties d'un objet, qui permettent à l'âme de s'exercer sans se fatiguer. Les propriétés d'unité, d'ordre, de proportion ou d'harmonie que l'on attribue aux poèmes, aux œuvres architecturales ou aux compositions musicales découlent selon Pouilly de cette caractéristique commune.

Plus une âme est vive, ou plus l'obstacle à son action est grand, plus aussi la peine qui en résulte sera grande; et ce sentiment peut aller si loin, que la nature entière de l'homme en sera comme bouleversée. L'âme ressemble à une rivière qui coule paisiblement tant qu'il n'y a rien qui arrête ses eaux, et qui s'enfle et qui devient furieuse dès qu'on oppose une digue à son courant. Voilà l'origine du sentiment désagréable, ou de la peine.

| Quant au plaisir, il semble plus difficile de le bien définir. Si la peine **67**
vient naturellement de l'action de l'âme empêchée ou troublée, la seule liberté de l'action et le bon succès des forces employées ne paraît produire, que le contentement et la tranquillité, qui ne sont que le commencement ou l'élément du plaisir. Cependant il est aisé de voir, que quand l'âme réfléchit sur cet état d'aisance dans lequel elle se trouve, elle en doit avoir un sentiment agréable, surtout si elle se souvient de la peine qu'elle a eue quelquefois, lorsque son action était empêchée. Mais ce sentiment agréable n'est pas encore ce qu'on appelle proprement plaisir. Il faut quelque chose de plus. Quel est donc l'état de l'âme, et quelle est son action, quand au lieu d'un simple contentement elle goûte actuellement le plaisir ou la joie?

Le plaisir paraît distingué du simple contentement, en ce qu'il a quelque chose de vif et de piquant. Dans le contentement l'âme est comme en repos; dans le plaisir elle paraît agréablement, mais vivement, agitée. Cette vivacité qui distingue le plaisir du simple contentement, peut venir de ce que l'action de l'âme est alors précipitée; elle ne va plus simplement son train, elle voit une multitude de choses sur lesquelles elle peut travailler avec plus de facilité et de vitesse, qu'elle n'a ordinairement dans l'état de simple aisance. Telle doit nécessairement être l'action de l'âme lorsqu'elle se représente un objet, duquel comme d'une source féconde découle une quantité d'idées particulières, qu'elle prévoit, pour ainsi dire, de loin. Elle sent qu'elle aura de l'ouvrage, et de l'ouvrage aisé. Ce pressentiment d'abondance de nourriture, si je puis m'exprimer ainsi, lui fait naître un désir de s'attacher à cet objet; et c'est principalement de ce désir que naît la vivacité du plaisir [1]; car je ne crois pas, que sans désir il y ait aucun sensible

1. Que la représentation engendre le désir est en accord avec la psychologie wolffienne. Mais le désir dont il s'agit ici semble être d'une nature entièrement cognitive, dans la mesure où il vivifie l'état d'esprit en produisant un encouragement à poursuivre l'enquête et en anticipant pour ainsi dire sa réalisation. Or, ce désir ne peut être engendré que par l'anticipation d'une « abondance de nourriture » non encore actualisée, et par conséquent il ne peut naître que d'une sorte de représentation confuse de la totalité de la connaissance attendue. On peut alors se demander si ce « désir », qui élève le « simple contentement » au stade du plaisir à proprement parler, ne risque pas d'entrer en conflit avec le principe d'explication du plaisir par le « devenir-distinct » des représentations. Le plaisir résulte-t-il du dénouement effectif de la confusion en distinction? Ou de l'anticipation de cet éclaircissement? On peut citer un passage du second mémoire où cette ambiguïté est manifeste: « L'âme, en s'apercevant de

degré de plaisir dans le monde. Dès que le désir manque, le plaisir dégénère
68 en simple agrément, comme il | arrive dans les plaisirs souvent réitérés. Voilà ce que je puis dire de l'origine du plaisir en général.

Il résulte de cette explication, que le sentiment du plaisir est en quelque manière un état extraordinaire de l'âme. L'expérience le confirme assez. Il n'y a personne, qui ait eu pendant le cours de sa vie plus de moments de plaisir, que de moments de simple contentement, ou de peine. Le plaisir vif n'est semé que rarement sur la route de cette vie. Nous voyageons par des régions où il y a beaucoup de campagnes arides, assez de verdure agréable, mais peu de fleurs d'un certain éclat.

Après avoir découvert au fond de notre nature la source générale de tous les sentiments agréables et désagréables, je devrais maintenant faire voir, quelles doivent être les dispositions de l'âme, pour la rendre plus ou moins susceptible de ces sentiments, et quelles sont les qualités générales des objets qui les excitent. Mais avant que d'entreprendre cet examen, je me vois obligé de dissiper quelques doutes qu'on pourrait former contre mon explication générale.

Quoi ! me dira-t-on, les plaisirs n'auraient-ils qu'un commencement si faible ? Les transports de l'amitié et de la tendresse, cette joie aussi vive que douce qui suit et récompense une belle action, ces charmes de la beauté, cette douce ivresse, qui naît des délices des sens, en un mot ces plaisirs variés et si grands ; serait-il possible qu'ils ne vinssent que de la faculté de penser, et de l'empressement de l'âme pour la production des idées ? Cela paraîtra si étrange à bien des personnes, qu'elles seront tentées de rejeter ma théorie, avant que de l'avoir examinée en détail. En attendant que j'en donne des preuves particulières, voici quelques remarques, qui serviront en quelque manière de réponses préliminaires à ces doutes.

De tous les plaisirs, les plus intellectuels sont ordinairement les plus
69 attachants et les plus constants. Il n'y a rien au monde de plus | attachant, que l'étude des sciences spéculatives, et surtout des mathématiques, qui fournissent à l'esprit les plus belles occasions de s'exercer, et où la force de l'âme se déploie avec le plus d'avantages. L'ardeur d'un jeune homme vif et pénétrant, qui s'applique à ces sciences, surpasse toutes les autres passions. On a vu des gens renoncer avec joie à tout ce que les sens unis à l'imagination offrent de plus délicieux, pour s'abandonner entièrement à

cette multitude d'idées liées ensemble et faciles à développer, dès qu'elle veut y fixer son attention, regarde cet objet comme une proie, si j'ose m'exprimer ainsi, capable de contenter son goût essentiel ; elle s'y précipite. Voilà l'origine du plaisir excité par la contemplation du Beau » (J. G. Sulzer, « Recherches, mémoire II », HAR 1751 [1753], p. 89).

des occupations, d'où ne peut naître qu'un plaisir purement intellectuel [1]. La vivacité d'un plaisir ne peut donc jamais faire naître un juste doute sur son origine intellectuelle, puisqu'il y en a de très vifs qui ont certainement une telle origine.

Il pourrait naître un autre doute contre notre théorie, tiré de la grande variété des plaisirs, et de l'étonnante diversité des goûts, dans des êtres qui au fond participent à la même nature. Voici ce qu'on peut alléguer pour le dissiper. L'âme réfléchit sur tout ce qui se présente clairement à elle, et contente son goût, sans se mettre en peine de distinguer de quelle nature sont les objets. Tous ceux qui lui fournissent de quoi s'occuper, sont propres à devenir matière de plaisir, ou de peine. Mais, pour recevoir du plaisir de quelque objet que ce soit, il faut savoir y réfléchir, et en tirer parti. La lecture des éléments d'Euclide est un grand sujet de plaisir, mais uniquement pour un géomètre. Chaque espèce particulière d'objet demande un certain art, un certain savoir-faire, pour être entièrement connu.
| Quelque pénétrant qu'on soit, on ne réussira pas d'abord à l'égard d'un **70**
objet absolument nouveau. Or les circonstances dans lesquelles les hommes se trouvent étant si différentes, leurs connaissances et leur savoir-faire doivent nécessairement l'être de même ; d'où il s'ensuit, que les objets de leurs sentiments agréables et désagréables diffèrent autant entre eux, que les caractères des hommes diffèrent. La diversité des goûts n'est donc que l'ouvrage des circonstances extérieures [2]. Les principes du goût sont

1. On voit par exemple des gens, dont le goût pour le métier des armes, ou pour les voyages et d'autres expéditions semblables, est si fort qu'ils renoncent aux plaisirs communs de la vie pour suivre leur penchant. S'il y en a qui sont déterminés par la gloire, ou par le désir du gain, il y en a beaucoup aussi, qui ne le sont par aucun autre motif autre que celui de contenter un goût, qui n'a rien que d'intellectuel. Cela prouve manifestement, que les plaisirs intellectuels peuvent être aussi forts et aussi vifs que ceux d'aucune autre espèce [Note originale].

2. Cette explication de la diversité des goûts à partir de facteurs de variation d'un principe commun et universel est fréquente au siècle des Lumières. À peu près à la même époque, Hutcheson (*Inquiry into the Original of Our Ideas Of Beauty and Virtue*, 1725), Hume (*Of the Standard of Taste*, 1757), et Diderot (Article « Beau » de l'*Encyclopédie*, 1751) produiront des explications analogues en ce qui concerne le goût et la beauté. Les facteurs de variation incluent notamment les présupposés cognitifs, les circonstances extérieures (mœurs, éducation) et les dispositions subjectives. Dans le second mémoire, Sulzer revient sur l'objection relativiste de la diversité individuelle et collective des goûts à propos de la beauté. Il insiste alors sur l'importance des conditions cognitives préalables à la perception adéquate de la beauté, particulièrement dans le domaine de l'art. L'intellectualisme sous-jacent à la théorie du plaisir de 1751 apparaît clairement dans la réponse de Sulzer. Puisque le sentiment du beau présuppose des connaissances qui varient en fonction des différents types de beauté et des différents genres artistiques, « plus on étend ses connaissances, plus on doit nécessairement sentir le Beau, sous les différentes formes dans lesquelles il aime à s'envelopper » (J. G. Sulzer, « Recherches, mémoire II », HAR 1751 [1753], p. 97). Il n'hésite pas à affirmer

les mêmes dans tous les hommes, parce qu'ils tiennent à leur essence. Les occasions sont la cause qu'on se familiarise avec certains objets; et cette familiarité fait naître une plus grande connaissance de ces objets: ce qui est le fondement du plaisir. Tous les anciens *Spartiates* aimaient les exercices du corps, la fatigue, la chasse et la guerre: tous les *Sybarites* au contraire aimaient la mollesse, l'oisiveté et les plaisirs des sens. Ni les uns, ni les autres, n'avaient aucune occasion de se familiariser avec d'autres objets, capables de faire plaisir. Le Spartiate n'ayant jamais reposé que sur une couche fort dure, ignorait qu'il y eût à raffiner sur la manière de faire les lits. Il y a des nations entières, qui n'ont point de goût pour certains plaisirs fort recherchés des autres; c'est parce qu'elles ignorent qu'il soit possible de trouver du plaisir dans ces objets: elles n'y ont jamais pensé. Le *Péruvien,* qui n'a point réfléchi sur les avantages que l'or peut procurer, en serait-il avide? Un homme, qui n'aurait jamais vécu en société, et qui ignorerait la distinction des rangs, ne pourrait absolument être ambitieux, ni même comprendre que d'autres le fussent. Produisez-le dans le monde, parmi une nation polie; il deviendra peut-être un *César.* Tel autre, qui s'étonne qu'on puisse aimer le jeu, tandis qu'il n'en connaît aucun, deviendra peut-être le plus passionné joueur si l'occasion l'engage à apprendre. Je suis persuadé, que si un homme pouvait vivre parmi toutes les différentes nations de la terre, il prendrait successivement tous les
71 goûts, et toutes les passions, qui | règnent dans les différents climats; comme *Alcibiade* prit tour à tour les manières des Athéniens, des Spartiates, des Thraces, et des Perses.

Ces observations prouvent, que la diversité des goûts et des plaisirs n'empêche pas qu'ils ne tirent leur origine d'une même source fort simple. Nous venons au monde avec une disposition générale pour une infinité d'affections et de passions. Nous apportons cette force, qui fait l'essence de l'âme, et rien de plus. Les circonstances dans lesquelles nous nous trouvons pendant le cours de notre vie, donnent, pour ainsi dire, la direction à la force indéterminée de l'âme; il n'y a que de certaines espèces d'objets, qui nous deviennent familiers, et ce sont les seuls, qui excitent nos désirs: pour tous les autres, nous demeurons indifférents faute de les connaître. Il y a à la vérité des affections générales, et communes à presque tous les hommes; ce sont celles, qui naissent des objets, qui sont partout les mêmes; chez les nations polies, et chez les Hottentots. Telles sont l'espérance,

que si « tous les hommes avaient les mêmes connaissances, ils auraient nécessairement le même goût; et il n'y aurait plus de dispute en fait de Beauté » (*ibid.*, p. 96).

la crainte, l'amour de soi-même; en un mot toutes les passions, qu'on appelle simples, et dont *Descartes* a fort bien fait l'énumération [1].

Après avoir établi notre principe, et l'avoir mis hors de portée des objections les plus importantes, il faut maintenant le considérer un peu plus particulièrement, pour voir quelle doit être la disposition de l'âme, et la qualité des objets, pour que des sentiments agréables ou désagréables soient plus ou moins forts. La condition essentielle requise pour le sentiment *agréable*, est: *que l'âme soit en état de développer aisément une multitude d'idées liées ensemble dans un seul objet* [2]; et la condition essentielle de la peine est: *que l'action de l'âme soit empêchée de le faire*. Il faut donc, que la disposition de l'âme et la qualité de l'objet concourent à exciter ces sentiments. Je parlerai en premier lieu des dispositions de l'âme.

| J'aperçois qu'il y a principalement deux dispositions qui rendent **72** l'âme immédiatement plus ou moins susceptible des sentiments agréables et désagréables; *l'habitude de réfléchir* et *la vivacité*. L'habitude de réfléchir fait qu'on s'attache à tout objet qui se présente à nous, pour le contempler et pour développer tout ce qui y entre; elle introduit plus d'action dans une âme, qu'elle n'aurait sans cette habitude; et par conséquent, le plaisir ou la peine ne venant que de cette action, doivent nécessairement être plus fréquents à cause de cette qualité de l'esprit. Tout doit nécessairement être fort passager pour un homme qui réfléchit peu. Il ne s'attache pas assez aux objets, ni à ses propres idées, pour y apercevoir tout ce qui pourrait le toucher, soit agréablement soit désagréablement; il passe légèrement sur tout. Ceci est aussi conforme à l'expérience, qu'il suit naturellement de ma théorie. Nous voyons que les nations polies, celles où l'on cultive avec le plus de soins les talents de l'esprit, et par conséquent où l'on a la plus grande habitude de réfléchir; que ces nations, dis-je, sont beaucoup plus sensibles à toutes sortes de plaisirs et de peines, et qu'elles en connaissent plus d'espèces différentes, que les nations barbares, que la stupidité rend insensibles à une infinité de choses qui nous touchent.

1. Descartes reconnaît bien six passions « simples et primitives » (*Les passions de l'âme*, § 69, AT XI, p. 380) : l'admiration, l'amour, la haine, le désir, la joie et la tristesse, dont les autres passions ne sont que des espèces. Mais les passions composées (qui comprennent, entre autres, celles qui sont mentionnées par Sulzer), n'en sont pas moins, pour reprendre les termes de Sulzer, des « affections générales, et communes à presque tous les hommes », nonobstant la différence des contextes dans lesquelles elles émergent.

2. La traduction allemande de 1773 fera disparaître la polarité que contient cette définition. Ainsi, le texte allemand dit littéralement : « [...] pour que l'âme puisse sentir un degré notable de sentiment agréable, sa force de représentation originaire doit être excitée [jusqu'à] une efficacité (*Wirksamkeit*) vive » (J. G. Sulzer, *Vermischte philosophische Schriften*, Leipzig, Weidmanns Erben & Reich, 1773, p. 18).

La vivacité de l'esprit n'est peut-être autre chose, que le degré de la force primitive de l'âme, qui fait son essence. Elle est dans l'âme à peu près ce que la célérité est dans le mouvement d'un corps. Or il est évident, que plus cette force, ou l'empressement pour la production des idées est grand, les autres circonstances étant égales, plus on doit sentir la gêne des obstacles, et par conséquent la peine et le chagrin. Et comme la vivacité du plaisir vient de la grandeur de l'empressement à développer la multitude des idées, qui se présentent à la fois, il est évident, que la vivacité de l'esprit augmente aussi les dispositions pour le plaisir, ou que l'homme vif doit
73 sentir | les plaisirs beaucoup plus vivement qu'un autre, qui l'est beaucoup moins. L'expérience est encore d'accord en cela avec la théorie : les tempéraments les plus vifs, sont les plus sensibles, et ceux qui ont les plus grandes passions, les plus grands plaisirs, et les plus grands chagrins [1].

Ces deux dispositions, dont je viens de parler, nous rendent immédiatement plus susceptibles de plaisirs et de peines. Il y a après cela beaucoup d'autres dispositions, qui produisent le même effet d'une manière indirecte [2]. Nous voyons souvent des gens se faire un plaisir de choses, qui n'en donnent aucun à tous les autres. Dans une assemblée de plusieurs personnes on porte la nouvelle, qu'un tel a eu le malheur de se casser le col en se précipitant de son cheval. Toute la compagnie en est affligée, excepté un seul, qui en ressent un plaisir très vif. Il est depuis longtemps l'ennemi juré du trépassé, qui a toujours traversé ses desseins. On voit bien, que la haine est ici une de ces dispositions médiates, dont je veux parler, qui nous rendent agréables et désagréables des choses, qui en elles-mêmes ne seraient jamais telles. Ces sortes de plaisirs à la vérité découlent aussi de la source générale, (comme il serait fort aisé de prouver,) mais non pas immédiatement, vu qu'il faut quelque disposition particulière dans l'âme, qui n'est pas commune à tous les hommes, moyennant laquelle le sujet devient agréable ou désagréable, qui ne le serait pas par soi-même. L'éducation, la coutume, et des dispositions particulières, nous rendent bien des choses agréables ou désagréables, qui ne sont pas telles pour d'autres, auxquels

1. David Hume, dans « De la délicatesse du goût et de la passion » (1741), soutient que la « délicatesse de passion » augmente notre sensibilité pour les passions douloureuses tout autant que pour les passions agréables. Il est difficile de savoir si Sulzer, qui participera quelques années plus tard à la traduction allemande des œuvres de Hume, connaissait ce texte au moment de rédiger son mémoire.

2. Les dispositions médiates de l'âme (caractères, tempéraments, passions, etc.) présentent un grand intérêt du point de vue d'une théorie de l'affectivité, puisqu'elles permettent de rendre compte d'un grand nombre de plaisirs et de peines qui ne découlent pas directement de l'action de l'âme. Plus loin, Sulzer ajoute aux dispositions particulières de l'individu les facteurs de l'éducation et de la coutume.

ces dispositions manquent. Voilà la principale source de la diversité des goûts. Il serait impossible de faire un dénombrement de toutes les espèces de plaisirs, qui dépendent de ces dispositions médiates; nous pourrons le faire dans la suite des plaisirs immédiats. Il suffit de remarquer, qu'on trouvera toujours, que tout plaisir médiat provient de l'heureux succès de l'action de l'âme. Par exemple le plaisir que l'envieux ressent de la perte | d'un homme de fortune, vient visiblement de ce que l'envieux peut **74**
maintenant développer sans obstacle ses idées favorites de la ruine de son ennemi. En général tout souhait accompli doit faire plaisir. Car lorsqu'on souhaite, on a un empressement pour une certaine suite d'idées. Aussi longtemps que le cours de la nature, ou des choses humaines sont contraires à ces idées, l'âme est empêchée de les poursuivre. Cela lui fait de la peine. Mais dès que les événements nous ouvrent la carrière, et que nous voyons les choses arriver comme nous les avions souhaitées, l'action de l'âme se précipite avec vivacité pour développer les idées telles qu'elles les avaient désirées : et cela fait le plaisir. Voilà à peu près de quelle manière on peut expliquer ces plaisirs médiats. Les mêmes remarques pourront aussi servir à expliquer les chagrins médiats, qui viennent ordinairement de la contrariété de nos idées avec les événements. Sans m'arrêter à ces plaisirs et déplaisirs médiats, dont on ne pourra jamais faire l'énumération, vu la diversité infinie des caractères et des tempéraments, je m'attacherai seulement dans la suite à appliquer ma théorie aux diverses espèces de plaisirs immédiats, que je déduirai de la force essentielle de l'âme.

Il y a une de ces dispositions médiates, qui mérite une attention particulière, et qui ne sert pas peu à confirmer notre explication de l'origine du chagrin. Personne n'ignore peut-être, quelle est la peine de cet état d'inaction de l'âme, qu'on nomme l'ennui[1]. C'est une des situations les plus pénibles, et qui cause un chagrin mortel. Il vient visiblement de ce que l'action de l'âme est alors empêchée, quelles qu'en soient les causes. On sent le besoin pressant de la nature, on souhaite ardemment de le contenter, on vole d'un objet à l'autre sans pouvoir s'y arrêter. Les idées refusent, pour ainsi dire, de se prêter à l'âme, elle se désespère du vide horrible qu'elle voit dans son action sans pouvoir le remplir. État affreux, et qui

1. L'affection de l'ennui, au XVIIIe siècle, fait résonner un registre beaucoup plus sombre que ce n'est le cas aujourd'hui. Son importance esthétique est également non négligeable : elle est à la base de l'explication de la fonction des beaux-arts dans les *Réflexions critiques sur la poésie et sur la peinture* (1719) de l'abbé Dubos, qui jouera un rôle crucial dans l'élaboration de la théorie esthétique et artistique de Sulzer. La troisième partie (J. G. Sulzer, « Recherches, mémoire III, HAR 1752 [1754], p. 368) parlera, en allemand, d'une *holde Wehmut*, une mélancolie gracieuse, que Sulzer traduit par une « *inquiétude infiniment douce* », pour signifier qu'un plaisir singulier peut parfois être ressenti au sein de cette mélancolie.

prouve combien il importe à l'homme d'apprendre à s'occuper, pour prévenir ces terribles éclipses de la raison !

75 | Après avoir expliqué quelles sont les dispositions qui rendent l'âme immédiatement plus ou moins susceptible de plaisir et de peine, il me reste encore à parler en peu de mots des qualités générales des objets, moyennant lesquelles ils doivent naturellement exciter ces sentiments dans l'âme. Il est évident par ce que nous avons établi plus haut, que le sentiment agréable ne peut être excité immédiatement que par des objets qui renferment une multitude d'idées, tellement liées, que l'âme peut prévoir qu'elle y trouvera de quoi contenter son goût primitif; que tout objet où l'âme ne trouve rien à démêler, lui doit être entièrement indifférent; enfin, qu'un objet, qui empêche l'âme de développer ce qu'il renferme de varié, ou qui, de quelque manière que ce soit, met un obstacle à l'empressement de l'âme pour la production des idées, ne peut que lui être désagréable.

Tout objet donc, qui doit affecter l'âme, soit agréablement, soit désagréablement, ne peut être simple; il faut nécessairement, qu'il soit composé, c'est-à-dire qu'il renferme de la variété. Ceci détermine la différence essentielle entre les objets naturellement indifférents à l'âme, et ceux qui la touchent. La différence des objets agréables et désagréables par eux-mêmes, ne peut consister que dans la liaison de ce que les objets renferment de varié[1]. S'il y a de l'ordre dans cette liaison, l'âme pourra travailler conformément à son goût sur cet objet: ce sera donc un objet agréable; au contraire s'il n'y en a point, l'objet sera désagréable. De plus, si l'esprit s'attache au développement d'une pensée, par quelque raison que ce soit, tout objet qui l'aide dans ce développement doit nécessairement lui être agréable; si au contraire quelque chose met un obstacle à ce développement, il ne peut qu'être désagréable.

Mais je n'entrerai point ici dans un plus grand détail sur ces qualités des objets, pour ne pas anticiper sur ce que j'aurai à dire, quand j'essaierai de déduire de cette théorie générale les sentiments particuliers de l'âme à l'égard de chaque classe différente des objets qui l'affectent.

1. Le second mémoire examine « l'essence du Beau en général », en tant qu'elle résulte de la « variété réduite à l'unité », et en étudie les conséquences pour la beauté intellectuelle proprement dite (dont les objets « ne tombent ni sous les sens, ni sous l'imagination ») et pour la beauté des objets sensibles (de la vue et de l'ouïe) et des objets de l'imagination (J. G. Sulzer, « Recherches, mémoire II », HAR 1751 [1753], p. 79-88).

EXPLICATION D'UN PARADOXE PSYCHOLOGIQUE QUE NON SEULEMENT L'HOMME AGIT ET JUGE QUELQUEFOIS SANS MOTIFS ET SANS RAISON APPARENTE, MAIS MÊME MALGRÉ DES MOTIFS PRESSANTS ET DES RAISONS CONVAINCANTES [1]

PRÉSENTATION

Sulzer s'attaque ici à la question traditionnelle de la faiblesse de la volonté, tant dans le jugement que dans l'action. Il y voit l'occasion de « répandre quelques nouvelles lumières sur la physique de l'âme » [2], l'analyse de ces paradoxes devant permettre de découvrir « l'origine physique de la tyrannie des passions et de la force irrésistible des préjugés » [3]. Sulzer cherche à montrer de quelle manière les perceptions *obscures* – celles qui sont résolument en-deçà du seuil de l'aperception – jouent un rôle direct ou indirect dans la motivation des sentiments, des préjugés, des désirs et des actions. Une partie des éléments explicatifs des différents paradoxes de la volonté était déjà fournie par l'analyse de la nature et de la force du sentiment, telle qu'elle apparaît dans le troisième mémoire sur les sentiments agréables et désagréables, consacré aux plaisirs *sensibles*. Mais Sulzer, en abordant la question des paradoxes psychologiques, semble vouloir pénétrer plus profondément dans la dimension « cachée » de l'âme humaine. L'enracinement de l'activité de l'âme dans les représentations plus ou moins obscures ne concerne pas seulement la perception des idées, mais également les jugements, les sentiments, les désirs (et les aversions),

1. HAR 1759 [1766], p. 433-450.

2. Sur la psychologie comme « physique de l'âme », chez Sulzer, nous renvoyons à la présentation du mémoire « Sur l'aperception, et son influence sur nos jugements ».

3. J. G. Sulzer, « Paradoxe psychologique », HAR 1759 [1766], p. 434.

c'est-à-dire l'ensemble des « actes de l'âme » [1]. Aux yeux de Sulzer, il est démontré, à partir de l'analyse d'une multitude d'expériences et d'observations, que toutes nos facultés de l'âme peuvent s'exercer de deux façons : l'une claire, que nous percevons et dont nous sommes en mesure de rendre compte, l'autre obscure, qui échappe à notre vigilance. C'est dans ce constat que résident la spécificité et l'originalité de l'explication sulzérienne des paradoxes du jugement et des actions volontaires. Car Sulzer insiste sur le fait que pour comprendre en quoi réside précisément ce paradoxe, il ne suffit pas de reconnaître qu'un désir ou une croyance plus forts se *substituent* à un premier désir ou à une première croyance, comme se contentent de faire, selon lui, la plupart des approches traditionnelles; il convient également de saisir la coexistence et l'action simultanée de deux désirs ou de deux jugements qui agissent comme forces contradictoires. À cet égard, les « passions déclarées », où les sentiments contraires à la raison « ne sont pas tout à fait obscurs », sont moins à craindre que les affections qui sont « si obscures, qu'il n'est pas possible de les connaître » [2]. Il y a donc des jugements (on devrait alors plutôt parler de *pré*-jugés), des passions, des désirs et des aversions dont nous ne sommes pas – ou dont nous ne sommes *plus* – conscients, mais qui restent actifs dans nos croyances, nos sentiments et nos décisions, sans que nous soyons conscients de leurs causes. De telles motivations obscures renvoient parfois à des faits éloignés dans le passé de l'individu : le souvenir d'une chose ou d'un événement ramène avec lui des évaluations, des croyances, qui sont pour ainsi dire « incorporées » à l'histoire de l'individu.

Cette première série de considérations permet à Sulzer de répondre à la première question que soulèvent, selon lui, les paradoxes psychologiques : « d'où viennent ces forces imperceptibles quelquefois et pourtant si supérieures à tous les efforts dont l'âme soit capable ? » [3]. Autrement dit : quelle est l'origine de ces forces inconscientes qui agissent concurremment à nos jugements et à nos décisions rationnels? Mais Sulzer ajoute immédiatement une seconde question, qui pointe dans la direction de ce qu'on pourrait appeler le « paradoxe du rationalisme » et annonce le pessimisme sulzérien à l'endroit de la capacité motivationnelle de nos états rationnels qui s'affirmera de façon plus nette encore dans les mémoires des années 1760 : « comment arrive-t-il que ces forces *l'emportent toujours* sur les effets de la volonté ? » [4]. Ou encore : « pourquoi les idées obscures ont-elles

1. J. G. Sulzer, « Paradoxe psychologique », HAR 1759 [1766], p. 440.
2. *Ibid.*, p. 441.
3. *Ibid.*, p. 439.
4. *Ibid.* (je souligne).

plus de pouvoir sur nous, que les idées claires et distinctes? »[1]. L'analyse de l'effet des sentiments et des passions doit ici s'appuyer sur ce que nous révèle la compréhension des perceptions obscures de l'âme. Sulzer rappelle à cette occasion l'explication de la « raison physique » de la force des sentiments sur l'âme, telle qu'il l'avait analysée dans le troisième mémoire des « Recherches » de 1752 portant sur les plaisirs des sens. Mais le mode d'argumentation se modifie ici sensiblement, puisqu'il s'agit désormais de rendre compte de l'action de phénomènes non conscients et profondément intégrés au tissu psychique des individus et à leur histoire personnelle. Nous avons affaire à l'analyse d'une forme de « causalité biographique », qui relie l'expérience actuelle de l'individu à des expériences passées dont le souvenir clair s'est effacé. En d'autres termes, ce que vise ici l'enquête du psychologue concerne moins la dimension « infra-consciente » de la perception et de la représentation que ce que l'on pourrait appeler un « inconscient » individuel, qui acquiert pour ainsi dire une fonction « dynamique », dans la mesure où ses manifestations s'opposent aux désirs et jugements plus clairs, et, le plus souvent, les précèdent. C'est ce qui permet à Sulzer d'insister sur « l'effet rapide des idées obscures », qui vient contrecarrer « l'action lente des idées distinctes »[2], et surprendre la raison. On « ne peut se défier » de l'effet que produisent de telles perceptions obscures sur nos jugements et nos désirs, « parce qu'on ne les sent pas »[3]. Et il est bien difficile d'éradiquer l'influence d'une « erreur » qui s'est « incorporée [dans la masse des idées obscures [...] »[4].

Sulzer souligne régulièrement l'horizon pratique dans lequel s'inscrit l'investigation psychologique. L'analyse des paradoxes psychologiques du vouloir et du jugement semble devoir conduire le philosophe à admettre l'impuissance aussi bien cognitive que morale de la raison : « l'homme sera toujours esclave de ses passions et de ses préjugés, tant qu'il n'aura que la raison à leur opposer »[5]. Toutefois, la connaissance des modalités d'action souterraine de ces états préconscients ou inconscients sur nos motivations épistémiques et morales permet d'imaginer une stratégie de riposte rationnelle, qui consiste à mettre en branle un travail d'habituation, ou d'incorporation, des vérités rationnelles qui sont par elles-mêmes inertes d'un point de vue pratique. En d'autres termes, il s'agit de transformer les connaissances issues de l'entendement en connaissances intuitives et

1. *Ibid.*, p. 442.
2. *Ibid.*, p. 445.
3. *Ibid.*, p. 447.
4. *Ibid.*, p. 448.
5. *Ibid.*, p. 447.

confuses, afin de leur conférer un surcroît de force impulsive et la capacité de se substituer aux « actes involontaires » de l'âme [1]. La conclusion du présent mémoire indique deux voies pour remédier à ce pessimisme quant à la force de motivation des connaissances rationnelles [2] et pour parvenir à faire passer de l'esprit au sentiment les décisions de la raison et à conduire les individus à sentir « sans avoir besoin de la marche lente du raisonnement » [3] : la première passe par un embrigadement moral des beaux-arts [4], la seconde cherche à définir les conditions d'un perfectionnement moral qui doit donner à la raison la forme même du sentiment et de l'action involontaire [5].

Daniel DUMOUCHEL

1. J. G. Sulzer, « Paradoxe psychologique », HAR 1759 [1766], p. 450.

2. Ce pessimisme est lisible dans la plupart des écrits de Sulzer à partir du milieu des années 1750, notamment dans le *Kurzer Begriff* de 1759 et dans plusieurs mémoires ultérieurs.

3. J. G. Sulzer, « Paradoxe psychologique », HAR 1759 [1766], p. 449.

4. Voir plus particulièrement « De l'énergie dans les beaux-arts », HAR 1763 [1765], p. 475-492.

5. On peut voir le mémoire sur les « Considérations psychologiques sur l'homme moral » (HAR 1767 [1769], p. 361-380), comme une tentative de mise en œuvre de ce programme.

SULZER

EXPLICATION D'UN PARADOXE PSYCHOLOGIQUE QUE NON SEULEMENT L'HOMME AGIT ET JUGE QUELQUEFOIS SANS MOTIFS ET SANS RAISON APPARENTE, MAIS MÊME MALGRÉ DES MOTIFS PRESSANTS ET DES RAISONS CONVAINCANTES

Dans la fameuse dispute sur la liberté on convient de part et d'autre, qu'aucune action morale ne se fait sans le concours de la volonté. Les adversaires de la liberté croient pouvoir accorder cela à ceux qui tiennent le parti contraire; car ils sauvent ensuite leur doctrine en soutenant que le *vouloir* même n'est pas un acte libre et qu'une action peut être volontaire sans qu'elle soit libre. Il paraît donc indubitable aux uns et aux autres que ces actions auxquelles on attribue une liberté, soit réelle ou imaginaire, sont au moins toutes volontaires.

Cependant il arrive quelquefois que ces mêmes actions s'exécutent, non seulement sans que la volonté y accède, mais contre le gré de l'âme et malgré tous les efforts qu'elle fait pour les empêcher. D'un autre côté des actions qui ne paraissent dépendre que du bon plaisir de l'âme, ne s'exécutent point, quelque sérieuse que soit la volonté de les produire. On peut observer les mêmes irrégularités dans le jugement. On croit qu'il est impossible de nier une chose, lorsqu'on a des raisons évidentes pour l'affirmer; cependant il y a des cas où le contraire arrive. Voilà des paradoxes qui m'ont paru assez importants pour être approfondis; et c'est ce que je me propose de faire dans ce mémoire. Mon intention n'est pas de renouveler
les | disputes sur la liberté; je les crois frivoles, du moins très inutiles[1]. **434**

1. Sulzer est généralement réticent à se prononcer sur les fondements métaphysiques ultimes. On sent une retenue semblable en ce qui concerne la question des rapports âme/corps,

Car de quelque côté que tombât la victoire on n'y gagnerait jamais rien, vu que la décision ne peut rien changer dans la condition de l'homme. Libre ou non, il sera toujours ce que le concours des circonstances aura fait de lui. Mon seul dessein est de répandre quelques nouvelles lumières sur la physique de l'âme. Je me flatte au moins que mes recherches auront cet effet. Car si je ne me trompe pas, l'analyse des paradoxes dont je viens de parler nous découvrira fort clairement l'origine physique de la tyrannie des passions et de la force irrésistible des préjugés. Peut-être même y découvrira-t-on quelques principes de l'art de nous garantir de l'une et de l'autre.

Je commence par établir le fait [1], en faisant voir qu'il y a des cas où l'âme est forcée d'agir contre sa volonté et de prononcer contre sa propre conviction. Quoique les observations que j'aie à proposer soient tirées en partie de ma propre expérience, je n'ose malgré cela me flatter de les pouvoir exposer toutes avec cette clarté qui ne laisse rien à désirer [2]. Je suis obligé de parler de choses trop triviales pour être détaillées, et de quelques autres trop délicates pour être analysées. J'espère qu'en considération de cela on me pardonnera le défaut de netteté et de clarté qu'on pourra trouver dans quelques endroits de ce mémoire. J'entre en matière.

Tout le monde sait qu'il y a des actions tant externes qu'internes qui, pour l'ordinaire, dépendent tellement de nous, que nous les exécutons dès que nous le voulons, et qu'elles ne s'exécutent que quand nous le voulons [3]. Telles sont la plupart des fonctions de nos membres, qui n'attendent pour agir que le commandement de l'âme. Nous ouvrons et fermons les yeux à volonté; tous les mouvements des bras et des jambes s'exécutent à notre gré; et à moins qu'on n'y prenne garde de bien près, on croit qu'ils ne nous refusent jamais le service. Il en est de même de plusieurs facultés intérieures dont nous disposons à notre gré. Nous dirigeons l'attention sur les objets auxquels nous donnons quelque préférence; du grand nombre de
435 | perceptions que nous avons à chaque instant, nous choisissons celles dont nous voulons nous occuper.

même si les explications de Sulzer penchent vers une explication d'origine leibnizienne. Pourtant, Sulzer n'hésite pas à affirmer le principe de l'activité de l'âme et son indépendance à l'endroit du corps. Voir la présentation et les notes au mémoire « Recherches » de 1751.

1. Il faut noter l'importance des faits et des observations comme substituts d'expérimentations dans la psychologie empirique.

2. De nombreuses observations de Sulzer sont basées sur des expériences personnelles, qu'il invite son lecteur à reproduire. À cet égard, l'influence de Montaigne, fréquente dans les mémoires de Sulzer, est explicite un peu plus bas. La psychologie empirique se nourrit de l'observation des faits, normaux ou pathologiques, mais aussi d'une « connaissance de soi », dont les *Essais* de Montaigne fournissent la référence paradigmatique.

3. Sulzer s'attaque d'abord à la question des actions volontaires.

Or il arrive quelquefois que cet empire de la volonté cesse, sans qu'il y ait aucun dérangement dans les organes. Les muscles que nous voulons faire agir se refusent à notre commandement, aucun effort de la volonté ne suffit pour les mettre en jeu; ou bien ils agissent malgré nous et de façon même que tout le pouvoir de l'âme n'est pas capable de les arrêter. On dit qu'il y a en Amérique des serpents enchanteurs dont les regards forcent les oiseaux de se précipiter entre leurs dents. Le serpent, dit-on, se place au bas d'un arbre et attire sur soi le regard de l'oiseau. Le malheureux, victime de ces enchantements, fixe les yeux sur la bouche béante de l'animal vorace, il y voit son tombeau et s'y précipite malgré lui: en jetant les cris de désespoir, en faisant tous les efforts possibles pour s'enfuir, il descend de branche en branche, et par une force inconnue, à laquelle il résiste en vain, se jette enfin entre les dents du serpent. Cette histoire, vraie ou fausse, est un emblème parfait de cet esclavage dont nous parlons; aussi ressemble-t-il tellement aux enchantements, que quelques-uns des cas dont je parlerai, ont été pris pour tels.

On sait que la frayeur rend quelquefois immobile, et que d'autres fois elle oblige ceux qu'elle a saisis à se jeter dans le danger qu'ils voudraient éviter. Nous croyons ouvrir et fermer les yeux toutes les fois qu'il nous plaît de le faire. Cependant au moindre danger qui menace ces organes précieux, souvent même sans que nous en ayons connaissance, ils se ferment malgré nous. Il en est de même de plusieurs autres organes. On est maître de sa langue pour parler lentement ou rapidement, pour prononcer distinctement en articulant chaque mot, comme le son le demande. Mais dans combien d'occasions la langue ne refuse-t-elle point l'obéissance? On veut quelquefois parler vite et on parle lentement, ou l'on veut bien prononcer et l'on balbutie et l'on bégaie. Souvent même on tombe d'autant plus dans ces défauts, que l'on s'efforce de s'en garantir. | Quelquefois on parle, dans le **436**
moment qu'on fait les plus grands efforts pour se taire. Tous ces cas sont trop connus pour nous arrêter longtemps à les constater.

Il est vrai que, dans ces cas-là, il y a une passion plus ou moins déclarée qui s'oppose à la volonté. Mais il n'est pas moins vrai pour cela, que ce qui se fait alors arrive contre le gré de l'âme. Il y a encore des cas où nos efforts sont aussi inutiles que dans ceux-là, bien qu'on ne sente aucune passion qui s'oppose à la volonté. Souvent on baille lorsqu'on voit bailler un autre, on s'y sent forcé quoiqu'on fasse pour s'en défendre. Dans les inflammations du gosier, qui rendent l'action d'avaler fort pénible et fort douloureuse, on veut s'en défendre au moins lorsqu'on ne mange pas. Cependant on a beau faire, on fait à tout moment ce qu'on cherche à éviter. D'un autre côté il y a certaines fonctions naturelles qui s'exécutent sans aucune difficulté dès que le besoin naturel nous avertit d'y consentir. Ces mêmes fonctions manquent quelquefois, quand la nature presse le plus et malgré les efforts qu'on fait pour y parvenir. Il y a un nombre de cas de cette nature que je pourrais détailler ici; mais j'aime mieux qu'on les lise dans *Montaigne* qui les a rassemblés dans ses *Essais*. « Il n'y a, selon cet ingénieux auteur, aucune partie de notre corps, qui ne refuse souvent à notre volonté son opération, et qui souvent ne s'exerce contre notre volonté »[1]. Dans plusieurs de ces cas on sent si peu ce qui s'oppose à la volonté, qu'on les a attribués à des causes surnaturelles.

Il y a plus encore. Dans une certaine espèce de mélancolie on fait des choses pour lesquelles on a la plus grande horreur au moment même qu'on les fait, au point que la superstition y a cru découvrir visiblement l'action d'un esprit malin et tout-puissant. J'ai connu un homme d'une grande probité, d'un grand sens et très éclairé par les lumières de la philosophie, qui a eu le malheur d'être attaqué de ce mal : une longue suite de chagrins en était la cause. Quoique intimement pénétré de vénération pour l'Être
437 suprême, il ne pouvait, pendant un temps, | entendre nommer cet être qu'il adorait de tout son cœur, sans lâcher contre lui quelques traits de blasphème. Les cheveux lui dressaient d'horreur, il s'efforçait de couvrir ses blasphèmes par des actes d'adoration. Je l'ai vu dans ces moments singuliers, et il m'a souvent dit qu'il était tenté de croire qu'il y avait deux âmes dans lui, l'une bénissant Dieu pendant que l'autre blasphémait. Car il ne pouvait comprendre comment le même être pouvait faire à la fois deux choses aussi directement opposées l'une à l'autre. Ce seul cas prouve assez que, sans aucune apparence de motif, on agit quelquefois contre la volonté la plus déterminée[2].

Sénèque le tragique paraît avoir eu une connaissance distincte de ce paradoxe. Voici comme il fait parler Phèdre :

> *– ora ceptis transitum verbis negant.*
> *Vis magna vocem emittit, at major retinet*[3].

1. Liv. I. Chap. 20 [note originale]. En fait, Sulzer ne cite pas le chapitre I, 20, mais bien le chapitre I, 21 : *De la force de l'imagination :* « Car je vous donne à penser, s'il y a une seule des parties de notre corps qui ne refuse à notre volonté souvent son opération et qui souvent ne s'exerce contre notre volonté : Elles ont chacune des passions propres, qui les éveillent et endorment sans notre congé » (*Essais* I, Paris, Gallimard, 2009, p. 248-249. Il s'agit d'un ajout postérieur à 1588).

2. Sulzer semble toutefois vouloir chercher la « cause » de ce comportement, puisqu'il attire l'attention sur la « longue suite de chagrins » qui avaient affligé cet homme. Voir aussi les mémoires de Beausobre sur l'explication psychologique de l'origine de la mélancolie.

3. Senecæ Phædr. vs. 601. 602 [note originale]. Sénèque, *Phèdre*, Acte II, scène 3 : « Les mots, prêts à sortir, s'arrêtent sur mes lèvres ; une force impérieuse m'oblige à parler,

Le même paradoxe a lieu par rapport au jugement [1]. Car il y a des cas où l'âme n'a pas la liberté de croire ce dont elle est pourtant convaincue. J'ai connu des gens très persuadés que la mort anéantissait notre être, et qui pourtant avaient peur des revenants. On a des exemples d'athées superstitieux, d'épicuriens qui, quoiqu'ils attribuent tout au hasard, croient aux prédictions, aux bons et mauvais augures. Qu'on ne croie pas, que les personnes dont je parle s'imaginent seulement avoir conviction de leur système, et que dans l'occasion ils adoptent la doctrine opposée, et que ce soit cela qui produise cette inconséquence. Ce n'est pas la solution du nœud. Un cas que l'on peut amener aussi souvent que l'on veut, prouve que deux jugements opposés peuvent avoir lieu en même temps. La seule idée d'un grand danger, fait quelquefois évanouir de peur, quoiqu'on soit positivement assuré qu'on ne risque rien. Cela arrive lorsqu'on lit ou que l'on entend une narration bien vive d'un pareil danger. Supposé qu'il y ait au haut d'une tour des chaînes très fortes, et si bien attachées que les forces réunies de cent hommes ne seraient pas capables | de les rompre. Quand **438**
vous auriez vu tout cela, quand vous en seriez convaincu par vos sens et par le raisonnement le plus évident, vous seriez saisi de peur, si, après y avoir été attaché, vous vous trouviez suspendu et balancé dans l'air. Vous auriez les plus fortes raisons de vous croire en sûreté, cependant la peur prouve, que vous vous croyez en danger [2].

En réfléchissant sur les faits que je viens d'alléguer et de détailler en partie on trouvera qu'ils prouvent incontestablement deux choses. Premièrement, qu'il y a quelquefois dans nous une force, supérieure aux efforts de la volonté, qui nous contraint d'agir contre notre gré. Secondement, qu'une force semblable nous contraint quelquefois de regarder comme faux ou vrai ce que nous savons positivement être vrai ou faux. Quoique ces deux propositions résultent immédiatement des faits allégués, je crois devoir m'arrêter ici un moment pour prévenir quelques doutes, qui pourraient venir à ceux qui ne les approfondissent pas assez.

Je sais qu'on ne trouve ordinairement rien d'embarrassant dans le cas où la passion l'emporte sur la raison. On suppose que les motifs présentés par la passion étant les plus forts l'emportent naturellement sur ceux de la raison. On croit que ceux qui sont dans les cas, où l'on dit avec *Médée* :

mais une force encore plus grande m'en empêche» (traduction de M. E. Greslou, Paris, Panckoucke, 1834, p. 363.).

1. Il s'agit maintenant de prendre en considération le paradoxe du jugement (p. 437-438).

2. Phénomène que décrivait déjà Montaigne, et qui fait l'objet des analyses de Pascal : «Le plus grand philosophe du monde sur une planche plus large qu'il ne faut, s'il y a au-dessous un précipice, quoique sa raison le convainque de sa sûreté, son imagination prévaudra» (*Pensées*, fragment 41, éd. M. Le Guern, Paris, Gallimard, 2004, p. 84).

– – video meliora proboque
Deteriora sequor[1].

ne font que changer d'avis pendant la passion. On parle d'une volonté *antécédente* et d'une volonté *conséquente*[2]. Les hommes, dit-on, aiment le bien, ils se proposent de le pratiquer; mais ils changent de sentiment pendant la passion, qui fait trouver le mal préférable au bien. Cependant cette explication n'est point satisfaisante. Car nous avons vu que ces deux volontés ne se succèdent pas toujours, mais qu'elles coexistent souvent; qu'on déteste une action au moment même qu'on la fait; qu'on étend la main dans l'instant même où l'on s'efforce de la retirer. Il est donc évident
439 que ce n'est pas par un | changement d'avis qu'on peut expliquer le paradoxe, et qu'il s'agit ici de découvrir cette force cachée qui nous fait agir malgré nous, et de voir comment elle peut agir contre notre gré.

L'autre paradoxe est aussi réel que celui-là. On ne peut craindre le danger, que quand on le croit réel. Lors donc que l'on craint, on juge qu'il y a réellement du danger. Or la crainte ayant lieu là où l'on est convaincu de la sûreté, il est évident que ces deux jugements contraires existent dans nous à la fois. Dans le même instant nous regardons la même chose comme réelle et comme imaginaire.

Il se présente donc ici deux questions à résoudre. D'où viennent ces forces imperceptibles quelquefois et pourtant si supérieures à tous les efforts dont l'âme soit capable? Et comment arrive-t-il, que ces forces l'emportent toujours sur les effets de la volonté? Ces questions ne sont pas de simple curiosité. Il importe beaucoup qu'elles soient résolues parce qu'elles tiennent à ce qu'il y a de plus utile dans la connaissance de l'homme.

Pour répondre à ces questions il faut recourir à la théorie des perceptions obscures, commencée par *Leibniz*, et perfectionnée par ses disciples[3]; théorie très importante sans laquelle nombre de phénomènes psychologiques resteraient inexplicables. Voici les observations qui sont le fondement de cette théorie. Outre les perceptions claires, ou celles dont l'âme se rend compte, et qui fixent son attention, il y en a en même temps un très grand nombre d'autres plus ou moins obscures, dont elle ne s'aperçoit

1. Ovide, *Métamorphoses*, VII, l. 20 : « Je vois le meilleur et je l'approuve, je fais le pire ».

2. Cette distinction, ancrée dans la théologie chrétienne, est reprise par Leibniz. La volonté antécédente est celle que nous devons présumer *a priori*; la conséquente, c'est celle que nous constatons *a posteriori*. Ainsi Dieu veut antécédemment le bien et conséquemment le mal, ce dernier pouvant être la condition d'un plus grand bien (que Dieu doit donc préférer). Voir Leibniz, *Théodicée*, § 22, GP VI, p. 115-116.

3. Sulzer pense ici au premier chef à Wolff. Mais parmi les « disciples » récents de Leibniz et de Wolff, il pouvait également compter Baumgarten, Mendelssohn et Formey.

point ou si faiblement qu'elle ne les démêle pas. Ces perceptions obscures produisent souvent des effets très sensibles. Il est de l'esprit comme de la vue. Lorsque nous voyons un paysage, il n'y a qu'un petit nombre d'objets que nous y voyons distinctement, parce qu'ils sont assez près de l'œil et assez éclairés par la lumière. Le plus grand nombre est confus, et nous ne pouvons point dire quelles sont les parties qui occupent chaque place du tableau; d'autres enfin sont tellement dans l'ombre ou si petits qu'ils deviennent imperceptibles. Cependant ces parties confuses | et impercep- **440**
tibles font parties de l'image peinte au fond de l'œil, et elles ont leur part à la perception totale qui résulte de la vue du paysage entier. Cette perception totale changerait d'espèce, si ces parties imperceptibles étaient ôtées de la scène. La même chose arrive toutes les fois que nous avons l'idée claire d'un objet composé[1]. Nous pensons par exemple à une personne de notre connaissance. L'idée que nous en avons est composée d'un grand nombre d'idées particulières. L'extérieur de cette personne, son caractère, ce que nous savons de ses actions, de ses mœurs, de ses manières, etc., tout cela entre dans l'idée totale. Mais de ce grand nombre d'idées il n'y en a que peu, qui soient assez claires pour que nous les distinguions; cependant les autres ne laissent pas de faire effet pour déterminer l'espèce de la perception totale. Tout cela a été mis en évidence par plusieurs philosophes.

J'ajoute à cela que ce n'est pas la perception seule d'une idée qui peut être obscure; tous les autres actes de l'âme peuvent être tels. Il y a des jugements obscurs, que nous faisons sans nous en apercevoir, des sentiments obscurs, des désirs et des aversions obscures. Ce sont ces *je ne sais quoi,* que tout le monde sent quelquefois. En un mot toutes les facultés de l'âme peuvent s'exercer de deux façons; l'une claire et telle que nous sachions ce que nous faisons et que nous puissions en rendre compte; l'autre obscure et telle que nous ignorions nous-mêmes comment les choses se passent dans nous. Une seule observation, et des plus ordinaires,

1. Sulzer suppose ici, dans la foulée de la théorie leibnizienne des « petites perceptions », que la perception claire d'un objet complexe s'enracine partiellement dans des perceptions obscures, à savoir dans des représentations sans aperception, lesquelles, avec les perceptions claires, mais confuses, et un petit nombre de perceptions plus distinctes, constituent « l'idée claire d'un objet composé ». Mérian, qui conteste la possibilité de représentations sans aperception, se fera l'adversaire de cette théorie leibnizienne, qui lui semble enraciner la perception consciente dans une suite de « raisonnements » infra-conscients (voir notamment son mémoire de 1757 : « Parallèle de deux principes de psychologie », HAR 1757 [1759], p. 375-391). Par ailleurs, on peut questionner la validité de l'analogie entre l'œil et l'esprit sur laquelle s'appuie la démonstration de Sulzer dans l'exemple du paysage : peut-on vraiment affirmer que les parties « imperceptibles » (c'est-à-dire obscures) « font partie de l'image peinte au fond de l'œil, et [...] ont leur part à la perception totale » ?

suffit pour prouver tout cela. Combien de fois n'arrive-t-il pas qu'on soit de bonne ou mauvaise humeur, sans savoir pourquoi ? C'est que dans ces cas l'on sent, l'on juge, l'on désire ou l'on abhorre quelque objet que l'on ne se représente qu'obscurément [1].

Observons maintenant que chaque chose a plusieurs côtés, et que le jugement que nous en portons dépend du côté par lequel nous l'envisageons. Différents points de vue produisent des jugements différents. Il
441 est donc très possible qu'en envisageant un objet par un | côté moyennant des perceptions claires, nous l'envisagions du côté opposé par nos perceptions obscures, et que par-là les deux jugements soient opposés l'un à l'autre. Un fait que me fournit ma propre expérience achèvera de rendre cela évident.

Dans une compagnie où je me trouvais on parla d'une très belle action qu'avait faite un homme que je connaissais fort peu et de bien loin. L'action était si belle que toute la compagnie la loua à l'envi. Cependant je sentis en même temps je ne sais quoi, qui parut refroidir ou tempérer un peu mon admiration; une force inconnue semblait m'empêcher de m'y livrer tout à fait. J'étais pourtant bien assuré qu'aucune envie, ni jalousie, ne pouvait se mêler dans mon jugement. Étonné moi-même de cette espèce d'indifférence qui diminuait mon approbation, je m'appliquais à en rechercher la cause. Après y avoir songé pendant quelque temps, je crus m'apercevoir qu'à l'idée de l'action dont il s'agissait se mêlait toujours celle de la personne qui l'avait faite, et que c'était cela qui y jetait quelque ombre. Je me trouvais dans le cas où l'on est, lorsqu'on s'efforce à se rappeler un nom qui ne nous revient pas; il semble à tout moment qu'on aille le trouver sur sa langue. Après plusieurs efforts, on se rappelle une lettre de ce nom, puis une autre, et à la fin on le rattrape tout entier. Ce fut précisément de cette façon que je parvins à la clef de l'énigme dans le cas dont il s'agit. Je me rappelai à la fin, que longtemps auparavant on m'avait parlé de l'homme dont il s'agissait comme d'un sujet fort médiocre. C'était donc le souvenir obscur de cela, qui m'avait empêché de prodiguer mes louanges. Voilà comment les idées obscures influent sur nos jugements.

Je crois que ces observations suffisent pour faire comprendre comment on peut avoir en même temps deux perceptions contraires, dont l'une soit claire et l'autre obscure. Dans les passions déclarées les idées et les

1. Ce passage n'est pas sans ambiguïtés. L'exemple de la bonne et de la mauvaise humeur (en tant que résultat d'actions psychiques inaperçues et non pas en tant que pur état physiologique) renvoie à une activité non consciente (et donc *obscure*), dont les effets sont néanmoins perçus (et par conséquent *clairs*, même s'ils sont confus). Si l'on peut comprendre pourquoi Sulzer a besoin de pouvoir penser des jugements, des désirs et des aversions *obscurs*, la notion même de *sentiment* obscur pose problème.

sentiments contraires à la raison ne sont pas tout à fait obscurs, on les démêle plus ou moins; mais souvent aussi ces affections sont si obscures, qu'il n'est pas possible de les connaître. | Cela a surtout lieu, quand le 442
sentiment obscur tient à des faits passés depuis fort longtemps. On a quelquefois des prédilections et des aversions dont on chercherait en vain les causes, parce qu'elles tiennent à quelque idée ou à quelque fait dont l'époque remonte jusqu'à notre enfance, et que le temps les a entièrement obscurcies [1]. C'est par là que s'expliquent bien des paradoxes. On s'étonne quelquefois que des gens très éclairés et très pénétrants aient des préjugés qui paraissent tout à fait impardonnables. Ces préjugés sont très certainement des suites fort naturelles de quelque idée obscure absolument cachée au fond de l'âme. Voilà l'origine de ces forces obscures dont il s'agit.

Je viens à la seconde des questions proposées plus haut. Comment arrive-t-il que les forces qui viennent des idées obscures, l'emportent toujours sur les efforts de la volonté? Ou, pour la proposer plus nettement, pourquoi les idées obscures ont-elles plus de pouvoir sur nous, que les idées claires et distinctes? Pour répondre à cette question il faut reprendre les choses de plus haut. Qu'il me soit permis ici, de répéter et d'étendre même quelques observations que j'ai faites à l'occasion des recherches sur les plaisirs des sens, insérées dans un des volumes des mémoires de l'Académie [2].

J'ai donc observé là, que plus une perception se présente distinctement, moins elle a de force pour émouvoir. J'ai allégué pour le prouver ce qu'on peut observer dans la gradation des sensations agréables ou désagréables qui nous viennent par différents sens. Le même degré de perfection ou d'imperfection dont on est affecté par la vue, cause un sentiment moins vif que celui que donnent l'odorat ou le goût; ceux-ci encore moins, que ceux qui seraient causés par le tact. Le degré le plus faible de ces sentiments a

1. Sulzer est attentif ici à ce qu'on pourrait appeler la « causalité biographique », qui permet de penser des répercussions temporellement différées des événements de l'enfance, et de voir comment de tels événements structurent le caractère durable d'un individu et permettent de rendre compte de certains de ses jugements (ou de ses préjugés) et de ses actions. Il n'est pas inintéressant de voir que c'est à peu près à la même époque que Rousseau entame la rédaction de ses *Confessions*. L'exploration des expériences, des désirs, des croyances qui sont « incorporés », pour ainsi dire, à l'histoire de l'individu, sera bientôt exploitée par la psychopathologie et par le roman, comme en témoigne notamment l'exemple de Karl Philip Moritz, qui est à la fois l'auteur de la célèbre autobiographie romanesque *Anton Reiser* (1785) et le directeur du *Magazin zur Erfahrungsseelenkunde* (1783-1793).

2. Année 1751 [note originale]. En fait, il s'agit du troisième des quatre mémoires composant les « Recherches sur l'origine des sentiments agréables et désagréables », qui s'intitule « Des plaisirs des sens » (HAR 1752 [1754], p. 350-372).

443 lieu, lorsque la cause n'est présente qu'à l'esprit, sans aucune sensation | extérieure. L'idée d'un ordre interrompu, ou d'une certaine dissonance, qu'on voit distinctement par l'entendement seul, produit quelque sentiment désagréable. Le même degré de désordre vu, ou aperçu dans une couleur, est bien plus désagréable; le son discordant d'une fausse corde, qui n'aurait que le même degré de désordre le serait encore davantage; et si le tact nous présentait le même défaut, la sensation serait déjà une douleur. Ces observations qui sont autant de fait que de raisonnement, prouvent que, plus une perception est confuse, plus elle a de force sur le sentiment. Beaucoup d'autres faits prouvent la même chose. On sait par exemple quelles passions ne doivent leur origine qu'à des représentations confuses, et que le moyen de les affaiblir est de se représenter distinctement les objets qui les ont fait naître. C'était en cela que consistait le grand secret de la philosophie stoïcienne, comme l'on peut voir dans les écrits de l'empereur *Marc-Aurèle* et dans ceux d'*Épictète*.

Il n'est pas fort difficile de découvrir la raison physique de cela; et comme il appartient à mon sujet de l'exposer ici, j'espère qu'on me pardonnera le détail dans lequel je me vois obligé d'entrer, pour rendre la chose assez claire.

Observons d'abord, qu'il ne se passe rien dans l'âme sans qu'il arrive en même temps quelque mouvement analogue dans le système des nerfs [1], en sorte qu'à chaque perception dans l'âme, réponde certain ébranlement dans le système nerveux. Dans la simple perception, il n'y a que les nerfs du cerveau qui agissent; et plus la perception est composée, plus le nombre de ces nerfs est grand. Lorsque la perception se change en sentiment, le

1. Sulzer parle ici d'analogie, et non pas d'influx physique ou de cause occasionnelle. Le mémoire sur les plaisirs des sens (HAR 1752 [1754]) présente ces trois hypothèses comme étant respectivement celles d'Aristote, de Descartes (ici rattaché à l'occasionnalisme comme c'est souvent le cas à l'époque) et de Leibniz (qui soutient que « les sensations accompagnent leurs mouvements par une harmonie préétablie »). Même si Sulzer refuse généralement de choisir parmi les trois grandes hypothèses qui prétendent rendre compte des rapports entre l'âme et le corps, le langage de l'analogie renvoie à une conception qui se veut leibnizienne, malgré les résonances matérialistes de la notion de « raison physique » des phénomènes psychologiques. Le mémoire de 1752 rend bien l'ambivalence de Sulzer, qui revendique un droit de réserve métaphysique, tout en prenant explicitement partie pour l'hypothèse qu'il prête à Leibniz : « Je me servirai donc toujours de cette expression, *que les impressions des organes des sens excitent ou produisent les sensations dans l'âme*, sans prétendre, ni adopter, ni choquer, aucun des systèmes inventés pour expliquer l'union de l'âme avec le corps. Cela supposé, il faut chercher dans les impressions, que les sens reçoivent, la cause, ou si l'on veut l'analogie, ou l'occasion des sensations de l'âme. Je dis donc, que toute sensation est causée par quelque mouvement des nerfs du corps, et je pose pour principe : *que l'âme n'a point de sensation, sans un mouvement analogue dans les nerfs des sens* » (« Recherches, mémoire III, HAR 1752 [1754], p. 353).

mouvement se communique aux nerfs de la poitrine. Il paraît donc que le cerveau est le siège des pensées, et le diaphragme celui du sentiment et des forces exécutrices de l'âme.

Nous ignorons la liaison qu'il y a entre les nerfs du cerveau et ceux de la poitrine; mais on observe constamment que, lorsqu'il y a une certaine confusion dans les idées, l'ébranlement se communique | du cerveau à la 444
poitrine. C'est le moment où la perception produit le sentiment.

Considérons maintenant ce qui se passe dans l'âme, lorsqu'elle pense bien distinctement. Une représentation n'est confuse que parce que ses parties, ou les idées simples qui la composent, sont mêlées dans une seule masse et aperçues à la fois. Pour rendre une perception distincte, il faut en séparer les parties et fixer chacune séparément. Pendant que l'âme fait cette opération, il n'y a toujours qu'une seule idée ou notion simple qui soit bien claire; et par conséquent, il n'y a alors qu'un seul nerf qui soit sensiblement ébranlé. De là vient le calme ou la grande tranquillité de l'âme et du corps que l'on observe dans ceux qui sont absorbés dans la méditation. C'est parce que l'action d'un seul nerf est trop faible pour communiquer son ébranlement aux nerfs de la poitrine. Un exemple rendra cela plus sensible. On me présente une écriture. D'abord je ne la vois qu'en gros et confusément; cela me présente des lignes noires sur un fond blanc, et j'y aperçois en gros un certain ordre et une certaine netteté. Tant que l'action de mon œil est répandue sur toute la feuille, il n'y a point de mot que j'y puisse lire. Pour y en distinguer un en particulier, il faut que l'axe de l'œil soit dirigé directement sur ce mot. Alors l'image qui, comme l'on sait, se forme au fond de l'œil, devient plus distincte dans l'endroit où ce mot se présente, toutes les autres images deviennent plus confuses, je puis lire ce mot. Cependant je le lis sans me représenter distinctement chaque lettre dont il est composé; et s'il s'agit de prendre une connaissance distincte de l'écriture, il faut encore que, non content de voir chaque mot en particulier, je distingue chaque lettre et même chaque trait dont elle est composée. Or en faisant cela il est évident, qu'il n'y a à chaque moment, qu'un seul point presque indivisible au fond de l'œil, qui ait une clarté complète; les autres parties de l'image étant toutes fort confuses. Dans ce cas-là, il n'y a qu'une seule fibre du nerf optique, qui soit sensiblement affectée. Ce mouvement est trop faible pour se communiquer aux autres parties du système nerveux.
| Voilà ce qui arrive toutes les fois que nous avons des représentations bien 445
distinctes. Il n'y a à la fois qu'un seul point lumineux dans l'esprit, une seule perception simple, qui soit bien claire; tout le reste des perceptions présentes tombe dans les ombres et cesse d'être sensible.

On comprendra par-là pourquoi les représentations bien distinctes produisent peu d'effet dans l'âme, et pourquoi il faut qu'un nombre de perceptions particulières forme une masse confuse pour produire le sentiment. Ce n'est que le grand nombre de nerfs ébranlés sensiblement à la fois, qui est capable de communiquer l'ébranlement aux nerfs de la poitrine [1].

Revenons maintenant sur nos pas. Il s'agissait d'expliquer ce paradoxe, que les représentations obscures ont plus de force sur nous, que celles qui sont claires et distinctes. Or on comprend par ce que je viens d'observer qu'aucune représentation ne produit le sentiment, que quand elle est confuse. Pour peu qu'elle se représente distinctement, l'esprit commence à y travailler; car il est de notre nature de vouloir développer une perception, qui a un certain degré de clarté. Or en faisant cela toute l'action se passe dans le cerveau. Mais, si la confusion est telle que l'esprit n'y trouve rien à distinguer, le total de l'objet agit à la fois, et produit le sentiment. Lors donc que deux perceptions se présentent en même temps, celle qui est obscure ne fait point d'effet sur l'esprit, elle conduit immédiatement au sentiment, pendant que l'autre affecte l'esprit du moins pendant quelques instants : et c'est pendant ces instants que la perception obscure s'empare de l'âme et produit l'action. Il n'est pas possible que l'action lente des idées distinctes empêche l'effet rapide des idées obscures [2]. Voilà de quelle façon le sentiment surprend la raison.

Je sens fort bien que cette explication ne sera pas également lumineuse à tout le monde. Il faut avoir longtemps observé l'âme dans ses opérations les plus secrètes, et avoir acquis une certaine habitude de réfléchir sur les
446 moindres changements qui se passent au-dedans de | nous, pour saisir tout ce qui est relatif à la physique de l'âme. Mais quoi qu'il en soit, j'ajoute une autre remarque qui explique le paradoxe d'une manière plus intelligible [3].

1. La communication du mouvement des nerfs au « système entier des nerfs », situés ici dans le diaphragme, est examinée par Sulzer dans le mémoire « Des plaisirs des sens ». Voir notamment « Recherches, mémoire III, HAR 1752 [1754], p. 368.

2. La représentation obscure a un effet « rapide », parce qu'elle court-circuite, pour ainsi dire, l'acte de représentation consciente, pour affecter immédiatement le sentiment. C'est pourquoi la perception obscure « s'empare de l'âme » et le sentiment « surprend » la raison. Dès 1757, dans le mémoire sur l'origine des arts et des sciences, et en 1765, dans « De l'énergie dans les beaux-arts », l'art aura chez Sulzer la mission d'allumer des contre-feux et de susciter des sentiments rationalisés qui pourront « s'emparer de l'âme », mais en accord avec ce que la raison peut savoir du bien moral.

3. Sulzer introduit une autre dimension dans l'explication du « paradoxe » : il ne s'agit plus uniquement de rendre compte de la *rapidité* des sentiments obscurs pour prévenir le sentiment, mais de prendre acte de la *force d'illusion* de processus qui agissent en sous-main dans notre évaluation des choses pour nous faire « sentir » ce que nous ne sentons pas vraiment, étant entendu qu'il n'y a pas de différence entre sentir et *croire* sentir.

Lorsque nous sentons confusément une chose, nous ne sommes pas en état d'apprécier sa valeur. Car nous ne démêlons point ce que nous sentons; et très souvent nous prenons pour un effet de notre jugement ce qui n'est que préjugé; nous croyons sentir ce que d'autres ont senti pour nous. Un cas qui arrive assez souvent, peut servir d'éclaircissement à cette remarque. Deux personnes voient de loin un objet qu'elles ne distinguent pas assez. On cherche à démêler ce que ce peut être. L'un des deux prononce que c'est telle chose. Dès ce moment l'autre confirme ce jugement, et se persuade qu'il voit distinctement la chose que l'autre a nommée. Cependant cet autre s'était trompé de nom, et voit toute autre chose, que ce qu'il a nommé. C'est ainsi que l'obscurité de nos perceptions nous donne le change, et nous fait prendre des visions pour des réalités.

Il n'est pas fort difficile après cette remarque, de voir d'où vient la force supérieure des perceptions obscures. Comme il est impossible de douter de ce que l'on sent, on ne doute pas plus de ce que l'on croit sentir et on croit sentir tout ce qui entre dans la perception un peu obscure d'un objet. Il y a mille choses sur lesquelles nous avons entendu prononcer une infinité de fois, avant l'âge de la réflexion. Ces jugements nous sont devenus si familiers, que toutes les fois qu'une de ces choses-là nous revient, le jugement que nous en avons entendu porter revient en même temps, et cela se passe si rapidement, que toute la perception paraît être une sensation intérieure. Lors donc qu'il est question d'agir, les motifs obscurs, conséquences de ces prétendues sensations, ne peuvent pas manquer d'avoir leur effet, quoi qu'en dise la raison. C'est le même cas que celui de ces illusions d'optique, où il est presque impossible de résister au charme. Vous avez beau savoir avec la plus grande certitude, que la lune à son coucher n'est pas plus grande que | lorsqu'elle était dans le méridien, l'illusion l'emporte 447
sur la raison, bien qu'on sache d'où vient l'erreur.

Or l'illusion étant si forte lors même qu'on en connaît l'origine, quelle force n'aura-t-elle point dans les cas où l'on ne soupçonne pas même qu'on se trompe? Ces cas sont ordinairement ceux où le jugement est produit par des perceptions obscures, dont on ne peut se défier, parce qu'on ne les sent pas. Voilà pourquoi on prend le jugement pour une espèce de sensation intérieure. C'est ainsi que l'on attribue à la nature même, des goûts, des inclinations et des caprices très contraires à la nature. On ne démêle pas les causes qui les ont fait naître, et on s'imagine qu'elles ont leur origine dans la nature des choses. On cherche vainement à leur opposer la force de la raison. Ce sont des ennemis cachés dans des embuscades: on reçoit les coups qu'ils portent sans voir d'où ils viennent. C'est à cause de cela qu'il est impossible de s'en défendre directement. L'homme sera toujours esclave de ses passions et de ses préjugés, tant qu'il n'aura que la raison à leur opposer.

Voilà si je ne me trompe la vraie origine de la puissance tyrannique des passions, des préjugés, des préventions et de tant d'autres ennemis de la raison. Ils sont postés dans les régions obscures de l'âme, où, si l'on découvre leurs manœuvres ce n'est que lorsqu'il est trop tard pour s'y opposer ; c'est ce qui leur donne presque toujours une victoire assurée.

Cette observation est le résultat de toutes les recherches précédentes : elle peut servir à expliquer bien des paradoxes dans les opinions, dans les mœurs, dans les coutumes et dans la conduite des hommes : et on peut en même temps en tirer plusieurs remarques très importantes sur les arrangements à prendre pour donner plus d'avantages aux lumières de la raison.

Au premier coup d'œil, rien ne paraît plus surprenant à la raison non
448 prévenue que certaines opinions auxquelles se livrent des peuples | entiers, des sectes, des ordres. On les trouve si directement contraires au bon sens, qu'on ne sait que penser de ceux qui les ont adoptées. Il en est de même de plusieurs coutumes et pratiques, qui paraissent si révoltantes qu'on a de la peine à en croire ses yeux, lorsqu'on les voit.

Tout cela s'explique assez clairement par ce que nous avons remarqué sur la force des idées obscures. Ce qu'on entend et ce qu'on voit avant l'âge de la réflexion se placent dans l'esprit sans aucun obstacle. On sait qu'on peut faire accroire tout ce que l'on veut aux enfants et aux personnes qui ne réfléchissent point. Des mots vides de sens remplissent l'imagination, et le jugement reçoit un grand nombre de propositions gratuites ou même contradictoires, sous l'apparence de réalités et de vérités. Toutes les fois donc que la mémoire nous rappelle ces mots ou ces propositions, elle nous rappelle aussi quoique obscurément l'apparence de réalité et de vérité sous laquelle nous les avons reçus autrefois. Cela nous empêche de les soumettre à l'examen de la raison. Supposé même qu'il nous vienne quelque doute, qui nous porte à entreprendre cet examen, nous avons prononcé ou agi dans l'occasion, longtemps avant que la raison ait eu le temps de développer ses arguments. On ne voit la faute qu'après coup, et on ne l'évite qu'après l'avoir reconnue souvent.

Cette action rapide des idées obscures se fait voir très clairement dans les mauvaises habitudes que l'on connaît pour telles et dont on souhaite de se corriger. On n'y réussit qu'après un nombre de tentatives. Cependant déjà la première fois la raison parlait bien décisivement et proposait des motifs bien solides; mais le sentiment l'emportait, parce qu'il agit plus promptement; tout ce qu'il insinue se présentant à la fois, tandis qu'il faut du temps pour se représenter distinctement les raisons contraires.

Il n'y a donc rien de si absurde en fait d'opinion et d'usage qu'on ne puisse introduire et maintenir contre les droits de la raison et du bon sens. Dès qu'une erreur s'est incorporée, si je puis m'exprimer ainsi, dans la masse des idées obscures, il est extrêmement difficile | de l'arracher ou de 449 l'expulser de l'esprit. Voilà pourquoi le sage même ne se dépouille que très difficilement des préjugés nationaux, et des préjugés de l'ordre dans lequel il a été élevé. Il n'y réussit qu'autant qu'il peut faire passer de l'esprit au sentiment les décisions de la raison. Car, pour abandonner une erreur adoptée depuis longtemps, il ne suffit pas de démontrer que c'en est une; il faut le sentir sans avoir besoin de la marche lente du raisonnement [1].

Cette réflexion nous conduit à deux remarques, par lesquelles je finirai ce discours.

Ce que nous venons d'observer sur la facilité avec laquelle on reçoit les opinions et les pratiques les plus bizarres et sur l'opiniâtreté avec laquelle on s'y attache, nous fait voir qu'il ne serait pas difficile d'inspirer à un peuple simple et non prévenu, des opinions et des sentiments raisonnables, de le rendre sage et vertueux. Il ne faudrait pour cela que lui donner des conducteurs qui le fussent. L'homme non prévenu croit ce que les autres croient et fait ce qu'il voit faire à d'autres. Toute la difficulté se réduirait à trouver les arrangements nécessaires pour placer devant les yeux du peuple les modèles sur lesquels on voudrait le former. Cela fait; le succès serait immanquable. Il est facile d'appliquer ces remarques au cas particulier où il s'agit de la meilleure méthode pour faire réussir l'éducation de la jeunesse. Je passe à l'autre remarque.

Nous avons vu par tout ce qui a été dit plus haut, que le raisonnement ne peut rien contre le préjugé, ni les motifs fournis par la raison contre le sentiment. Quelques philosophes s'étant aperçu de cela, en ont tiré la fausse conséquence, que la raison était un don de la nature très inutile. Ils prétendent que les lumières de l'esprit n'ont aucune influence sur les actions, et qu'elles ne peuvent servir que d'amusement. Ils croient que cette doctrine est suffisamment prouvée par l'exemple de plusieurs philosophes, qui prêchent la vertu sans la pratiquer eux-mêmes, qui exposent avec beaucoup de solidité le mérite et l'avantage des sentiments qu'eux-mêmes n'ont pas ni ne se soucient d'avoir [2]. À cela je remarque qu'on ne peut pas

1. La question abordée ici – celle de la distance entre la simple connaissance des vérités morales et son « incorporation » qui lui confère une force active sur l'âme – est plus amplement traitée dans les « Considérations psychologiques sur l'homme moral » (HAR 1769 [1771], p. 361-380).

2. Qui sont ces « quelques philosophes » qui diagnostiquent l'inefficacité de la raison sur les conduites humaines ? Hume défend une conception selon laquelle la raison est moralement « inerte », c'est-à-dire qu'elle n'est pas en mesure de produire la *motivation* de nos désirs

450 | disconvenir du fait, mais la conséquence n'est pas juste. L'explication que j'ai donnée du fait, nous découvre en même temps les moyens d'assurer à la raison ses droits et sa prééminence.

Le préjugé étant incontestablement plus fort que le raisonnement, plus efficace que le motif connu distinctement, il ne s'agit que de donner aux décisions de la raison la force du préjugé et du sentiment; ce qui est très possible. On n'a qu'à répéter très souvent le même raisonnement et peser le même motif, jusqu'à ce que l'un et l'autre nous soient devenus très familiers. Alors on se les rappelle avec facilité dans l'occasion; la connaissance distincte qu'on en avait au commencement, se change par là en connaissance intuitive et confuse; et c'est cela qui lui donne la force impulsive. Il en est des connaissances morales comme des règles de l'art. La connaissance distincte de toutes les beautés d'un tableau ne vous met point en état de l'exécuter. Vous savez que pour cela il vous faut du génie et de la pratique. Or, en réduisant à des notions précises ce qu'on entend par génie et pratique habituelle, vous trouverez que cela revient à une connaissance intuitive et familière des règles et de la façon de les exécuter. En répétant fort souvent le même raisonnement, et en pesant fort souvent le même motif, l'un et l'autre deviennent si familiers qu'un seul instant suffit dans l'occasion, pour en avoir une connaissance intuitive. C'est moyennant cela que les connaissances passent de l'entendement à l'imagination, et de là dans cette région de l'âme où sont les forces impulsives. Voilà le moyen d'assurer à la raison son droit de conduire l'homme au bonheur par le chemin de la vertu.

pratiques. Sulzer ayant travaillé à la traduction des œuvres de Hume en allemand quelques années auparavant, cette influence est au moins probable. Mais Hume ne va pas jusqu'à refuser à la raison de jouer un rôle utile dans la préparation des sentiments moraux. Peut-on penser à La Mettrie, et, à travers lui, à tout le courant des « Philosophes », souvent associés à l'athéisme chez les philosophes de l'Académie de Berlin ? Sulzer semble s'approprier ici une partie du diagnostic posé par Rousseau sur les philosophes, la rationalité et la réflexion tout en en contestant les conséquences.

OBSERVATIONS SUR LES DIVERS ÉTATS OÙ L'ÂME SE TROUVE EN EXERÇANT SES FACULTÉS PRIMITIVES, CELLE D'APERCEVOIR ET CELLE DE SENTIR [1]

PRÉSENTATION

Le mémoire de 1763 sur « les divers états où l'âme se trouve en exerçant ses facultés primitives » est l'une des œuvres les plus connues de Sulzer, ou du moins les plus souvent citées. Comme l'indique le titre, il s'agit pour Sulzer d'examiner les divers « états » possibles de l'âme, tels qu'ils découlent de l'exercice de deux facultés qui sont présentées comme « primitives », en l'occurrence la faculté d'aperception et la faculté de sentir [2]. Les lecteurs de Sulzer ne pouvaient qu'être étonnés de la dichotomie que le mémoire revendiquait entre le sentiment et l'aperception. Quel rôle convient-il d'accorder au principe d'activité de l'âme, qui serait censé permettre d'expliquer tous les phénomènes de l'esprit à partir d'une racine unique [3], dès lors que l'on reconnaît, comme termes de l'analyse psychologique, l'existence de deux facultés irréductibles ? L'un des intérêts du présent mémoire est qu'il semble vouloir se passer de la réflexion sur la racine commune des deux facultés fondamentales de l'âme – l'aperception et le sentiment – qui engendrent les trois différents « états » de l'esprit : la méditation, le sentiment et l'état intermédiaire de

1. HAR 1763 [1770], p. 407-420.

2. En 1773, la Classe de philosophie spéculative mettra au concours, pour l'année 1775, la question de la nature des « deux facultés primitives qui forment la base de toutes [les] opérations [de l'âme] : la *faculté de connaître* et la *faculté de sentir* » et des relations qu'elles entretiennent. L'attribution du prix sera repoussée à 1776. Herder était entré en lice, mais c'est Johann August Eberhard, pour son *Allgemeine Theorie des Denkens und Empfindens*, qui a obtenu le prix (Berlin, Voss, 1776).

3. Voir *supra* les remarques sur la « force active de l'âme » dans les « Recherches sur l'origine des sentiments agréables et désagréables » de 1751-1752.

contemplation, qui suppose le passage de l'aperception au sentiment. D'entrée de jeu, Sulzer présente la « faculté d'apercevoir » comme la faculté de « connaître les qualités des choses », tandis que la faculté de sentir est la faculté « d'être affecté agréablement ou désagréablement » [1]. Il précise que toutes les opérations de l'âme, quelle que soit leur diversité apparente, se réduisent à l'exercice de ces deux facultés, « qui sont les sources de toutes leurs affections » [2]. Ces deux facultés sont posées comme irréductibles l'une à l'autre, au point que dans leur exercice, « l'âme paraît si différente d'elle-même, qu'on est tenté d'adopter l'opinion des anciens philosophes, qu'il y a deux âmes dans l'homme, l'une raisonnable et l'autre sensitive » [3].

L'âme, dit l'auteur, *paraît* dissembler d'elle-même; on est *tenté* d'adopter le dualisme des anciens philosophes : serait-ce que Sulzer n'est pas tout à fait prêt à remettre en question la perspective unifiée sur la connaissance et le désir qu'il a reçue de Leibniz et de Wolff et qui formait l'ossature de sa théorie psychologique ? La question mérite au moins d'être posée. On est confronté, avec les « Observations » de 1763, à la question cruciale d'une possible évolution, voire d'une transformation profonde de la théorie des sentiments agréables élaborée dans les « Recherches » de 1751-1752. En effet, *si*, au fil de l'évolution de sa pensée philosophique, Sulzer a bien modifié son explication des phénomènes psychologiques pour accentuer la dichotomie entre la connaissance et le sentiment, au point de les élever au rang de « facultés » distinctes, nous devons reconnaître que ce mémoire constitue un moment charnière dans ce processus. L'interprétation traditionnelle, de même que celles d'interprètes récents, tendent à y voir à l'œuvre une rupture avec la psychologie rationaliste des premiers mémoires et la mise en place d'une autonomie du sentiment de plaisir et de peine par rapport aux facultés intellectuelles de l'âme qui aurait exercé une influence, notamment, sur la philosophie de Kant [4]. Certaines approches récentes ont questionné cette thèse, en soulignant que Sulzer est resté fidèle jusqu'au bout – c'est-à-dire jusqu'à l'*Allgemeine Theorie* – aux grandes lignes de la théorie des sentiments agréables et désagréables développée

1. J. G. Sulzer, « Observations », HAR 1763 [1770], p. 407.

2. *Ibid.*

3. *Ibid.*

4. Voir l'ouvrage ancien d'A. Palme, *J. G. Sulzers Psychologie und die Anfänge der Dreivermögenslehre*, Berlin, Fussinger, 1905; W. Riedel, « Erkennen und Empfinden. Anthropologische Achsendrehung und Wende zur Ästhetik bei Johann Georg Sulzer », *in* H. J. Schings (Hrsg.), *Der ganze Mensch. Anthropologie und Literatur im 18. Jahrhundert*, Stuttgart, Weimar, 1994, p. 410-439; É. Décultot, « Métaphysique ou physiologie du beau ? La théorie des plaisirs de Johann Georg Sulzer (1751-1752) », *Revue germanique internationale*, dir. S. Buchenau et É. Décultot, *Esthétiques de l'Aufklärung*, Paris, P.U.F., 2006/4, p. 93-106.

dès 1751[1]. Transformation ou rupture ? Il est difficile de trancher nettement cette question, même s'il convient de reconnaître que Sulzer, dans ses mémoires des années 1760, pousse à sa limite la conception wolffienne de la continuité entre la connaissance et le sentiment et rend problématique la motivation rationnelle de nos désirs moraux[2].

Le mémoire est divisé en deux parties de longueur inégale. La première partie (p. 407-417) examine les trois différents états qui résultent de l'exercice des deux facultés primitives : l'état de méditation, l'état du sentiment et l'état intermédiaire de contemplation. La seconde partie (p. 417-420) est l'occasion de revenir, à la faveur des analyses précédentes, sur des problèmes qui occupent la psychologie empirique de Sulzer depuis les mémoires de la décennie 1750 sur les variations de l'aperception et sur les paradoxes du jugement et de la volonté. Il s'agit toujours, pour Sulzer, de faire progresser l'explication des zones obscures de l'âme humaine. Il s'arrêtera successivement à la question de l'attention et de la distraction, puis à celle de la force des sentiments et des passions et des causes de leur emprise sur la raison. Le mémoire s'ouvre discrètement sur une « thérapie » des passions, qui passe ici par la capacité qu'ont les beaux-arts de contrecarrer les effets du sentiment en leur opposant « un sentiment plus fort » (p. 420). Cette idée sera plus amplement développée dans le mémoire de 1765 « Sur l'énergie dans les beaux-arts » et dans le mémoire de 1769 sur les « Considérations psychologiques sur l'homme moral », où il s'agira de contourner les faiblesses de la raison morale par une éducation qui vise à rendre sensibles, par habituation, les principes de la vertu.

Daniel DUMOUCHEL

1. Voir W. Euler, « Die Idee des Schönen in Sulzers allgemeiner Theorie des Vergnüngens », *in* F. Grunert, G. Stiening (Hrsg.), *Johann Georg Sulzer (1720-1779). Aufklärung zwischen Christian Wolff und David Hume*, Berlin, Akademie Verlag, 2011, p. 101-135 ; G. Stiening, « Zur physischen Anthropologie einer "Unsterblichkeit der Seele" », in *ibid.*, p. 57-81 ; M. Heinz, « J. G. Sulzer und die Anfänge der Dreivermögenslehre bei Kant », in *ibid.*, p. 83-99 ; D. Dumouchel, « Entre métaphysique et esthétique. Sentiment et beauté dans les Mémoires de Johann Georg Sulzer », *Philosophiques*, 42/1, 2015, p. 51-72.

2. Dans le mémoire sur « L'utilité de la poésie dramatique » (HAR 1760 [1767], p. 326-340), Sulzer affirme que « le vrai qui ne tient qu'à la partie supérieure de l'âme, ou à l'entendement, n'a aucune force sur nous » (p. 334). Le mémoire intitulé « De l'énergie dans les ouvrages des beaux-arts » (HAR 1765 [1767], p. 475-492), postérieur au mémoire de 1763, ira jusqu'à soutenir que « l'entendement ne fournit aucune force active à l'âme » (p. 483). Dans les « Considérations psychologiques sur l'homme moral » (HAR 1769 [1771], p. 361-380), Sulzer marquera la distance entre la « connaissance d'une vérité » et la « manière de l'apercevoir qui lui donne une force active sur l'âme » (p. 369). Il distingue alors la vérité, qui relève de l'acte de connaissance, et le *motif*, qui suppose l'*acte de sentir*. Il ne suffit pas de *voir* une vérité morale, il faut également la *sentir*, pour qu'elle se change en motif capable de produire dans l'âme un *désir*.

SULZER

OBSERVATIONS SUR LES DIVERS ÉTATS OÙ L'ÂME SE TROUVE EN EXERÇANT SES FACULTÉS PRIMITIVES, CELLE D'APERCEVOIR ET CELLE DE SENTIR

Quelque variées que paraissent les opérations de l'âme, elles se réduisent toutes à l'exercice de deux facultés, qui sont les sources de toutes ses affections. L'une est la faculté d'*apercevoir*, ou de connaître les qualités des choses; l'autre, celle de *sentir,* ou d'être affectée agréablement ou désagréablement [1].

Dans l'exercice de ces deux facultés, l'âme paraît si différente d'elle-même, qu'on est tenté d'adopter l'opinion des anciens philosophes, qu'il y a deux âmes dans l'homme, l'une raisonnable et l'autre sensitive. L'âme raisonnable des anciens est ce que nous appelons la faculté d'apercevoir, et leur âme sensitive est la faculté de sentir.

Ordinairement l'âme exerce ces deux facultés à la fois; il y a cependant des cas dans lesquels l'une ou l'autre prédomine au point qu'elle paraît occuper seule toute l'activité de l'âme. Ces cas offrent à un observateur exact, des faits et des circonstances propres à répandre du jour sur plusieurs questions psychologiques très importantes. C'est ce que je me propose de faire voir dans ce mémoire.

1. Chez Sulzer, le terme d'aperception possède un versant objectif et un versant subjectif, selon que l'on considère notre être ou les idées qui nous occupent (voir « Aperception », HAR 1764 [1766], p. 416). La traduction du présent mémoire, dans les *Vermischte philosophische Schriften*, en 1773, fera disparaître toute ambiguïté : ce que Sulzer nomme ici la « faculté d'*apercevoir* », sera appelé « Vermögen, sich etwas vorzustellen », c'est-à-dire « faculté de se représenter quelque chose », tandis que la « faculté de sentir » sera présentée comme une « Vermögen zu empfinden », par quoi il faut entendre non pas la seule sensation, mais bien le sentiment, comme capacité à être affecté par des représentations.

Je commence par recueillir les faits principaux qu'on peut observer lorsque l'âme exerce la faculté d'apercevoir.

| Il y a une analogie si parfaite entre cette faculté et le sens de la vue[1], 408
que la nature de celui-ci peut nous aider à mieux connaître celle de l'autre;
et il est essentiel pour mon but que j'entre dans le détail de cette analogie,
quoique la chose soit assez connue.

Les objets visibles se présentent à l'œil avec plus ou moins de clarté, de netteté et de précision, selon les circonstances qui accompagnent la vision. Dans les circonstances les plus favorables, on distingue les moindres parties, tant dans les couleurs que dans les formes; on peut en faire le dénombrement, fixer l'attention sur chacune en particulier, et décomposer en quelque façon l'objet visible dans ses plus petites parties. Lorsque les circonstances sont moins favorables, soit que la lumière ne soit pas suffisante, que les objets se trouvent trop éloignés, ou qu'il y ait quelque défaut dans l'œil; nous ne voyons que confusément; nous ne distinguons que les grandes parties, et même avec peu de certitude; l'objet, quelque composé qu'il soit, nous paraît une seule masse où il ne nous est pas possible de distinguer quelque partie.

Ces mêmes différences ont aussi lieu dans la connaissance des choses que l'âme se représente sans le secours immédiat des sens. Lorsque nous méditons sur quelque matière abstraite, ou que nous nous rappelons des faits; les divers objets particuliers dont la masse totale qui nous occupe, est composée se confondent quelquefois au point, qu'aucun ne nous occupe en particulier; et quelquefois, nous les distinguons fort clairement les uns des autres; nous pouvons en faire l'énumération, et indiquer même les marques qui les caractérisent. Voilà l'analogie entre la vision et la perception, considérée en général. Elle s'étend plus loin.

On peut démontrer par des principes d'optique, que dans le grand
nombre d'images, peintes à la fois sur le fond de l'œil, il n'y en a qu'une
seule qui soit parfaitement distincte; qu'elle y occupe un espace extrê-
mement petit que l'on peut regarder comme un point | physique : on sait de 409
plus que, pour obtenir une image entièrement distincte, il faut faire quelque
effort, qui consiste en ce que l'on dirige l'axe de l'œil vers le milieu de
l'objet; que l'on ouvre ou ferme la prunelle pour la proportionner au degré
de lumière qui émane de l'objet, et pour que l'humeur cristalline soit bien
placée. Tout cela est analogue à ce qui se passe dans la vision intérieure de
l'âme.

1. Le recours à ce genre d'analogie est l'une des caractéristiques de la « physique de l'âme » que constitue la psychologie selon Sulzer. Sur cette question, voir notre présentation du mémoire sur l'aperception.

On se rappelle quelque fait. D'abord l'esprit est frappé d'un grand nombre d'idées à la fois, comme l'œil l'est en s'ouvrant pour voir une campagne. Aussi longtemps que le fait qu'on se rappelle n'est fixé qu'en gros, tout s'y présente confusément, et l'esprit n'y distingue aucune partie comme séparée de la masse totale. Mais dès qu'on fait quelque effort pour diriger l'attention sur un des objets en particulier, alors la perception de cet objet devient claire, et celle de l'objet entier s'obscurcit davantage. Si l'objet particulier qu'on a fixé est composé, la perception n'a pas encore toute la clarté possible; il faut de nouveau décomposer l'objet et fixer l'attention sur une seule de ses parties qui ne soit plus divisible; et alors on saisit cette partie avec toute la clarté possible. C'est ainsi qu'on parvient à la connaissance distincte d'un objet composé. Pendant que l'esprit est occupé de l'analyse d'un tel objet, il n'y a pour chaque moment qu'une seule notion indivisible, qui soit bien claire, un seul point lumineux dans l'âme, et une lumière médiocre dans les points voisins, ou une perception confuse des notions immédiatement liées à celle sur laquelle la lumière est concentrée. C'est, (pour le remarquer en passant,) cette perception confuse des notions voisines qui ouvre à l'esprit le passage d'une idée à l'autre.

Cette attention concentrée sur un seul point de l'objet occasionne la distraction[1] qui accompagne ordinairement la méditation profonde. L'activité de l'âme s'y borne tellement à un seul objet, que les sensations mêmes perdent leur force. Aussi longtemps que dure cet acte par lequel l'esprit saisit avec une clarté parfaite quelque notion simple, les autres facultés sont
410 assoupies; l'âme n'a, ni sentiment, ni | inclination, ni volonté : on peut dire même qu'alors elle ne se sent pas elle-même, qu'elle n'est présente qu'à son objet. Ce qui caractérise cet état de méditation, est l'oubli de soi-même, qui rend l'esprit inaccessible à tout ce qui pourrait le distraire de son objet. Cela le met parfaitement à son aise, et il manie son objet avec une liberté et une facilité parfaites, n'étant sollicité par aucune autre force que par celle de saisir exactement l'objet qu'il a devant lui.

Cet état si favorable à la recherche de la vérité, a des désavantages. Aussi longtemps qu'il dure, on est incapable de réfléchir sur soi-même; on ne sent aucun motif qui tende à des actions relatives à sa personnalité; l'homme devient lui-même un être abstrait qui ne tient à rien dans le

1. Sulzer est particulièrement sensible aux états limites de la conscience, dont la distraction méditative fait partie. La distraction se caractérise par une absorption intense dans une portion limitée de la représentation et une inattention généralisée à l'ensemble des circonstances environnantes agissant sur le corps et sur la pensée de l'individu qui se trouve dans l'état de méditation. Sulzer fait ailleurs la distinction entre l'aperception de quelque chose et l'aperception de soi-même; c'est cette seconde aperception qui est déficiente dans le cas de la distraction.

monde, tout ce qu'il y fait au-delà de ce qui a rapport à la méditation, il le fait machinalement et sans le savoir; il a tous les symptômes d'un imbécile. On peut alléguer en preuve ces fameuses distractions, semblables à celles d'Archimède, auxquelles tous les philosophes qui se livrent à de profondes méditations, sont quelquefois sujets [1]. Voilà qui suffit pour caractériser cet état de l'âme, que je nommerais dans la suite *l'état de méditation.*

Un état directement opposé à celui-là est *l'état du sentiment.* J'appelle sentiment, toute perception en tant qu'elle est agréable ou désagréable, ou en tant qu'elle produit le désir ou l'aversion. Le sentiment est donc un acte de l'âme qui n'a rien de commun avec l'objet qui le produit, ou qui l'occasionne [2]. Ce que *Descartes* a dit, que la douleur n'est point dans l'aiguille qui la produit, est vrai de tous les objets qui excitent quelque sentiment dans l'âme. Ce n'est point l'objet que l'on sent, c'est soi-même. Dans la méditation, l'esprit est occupé d'une chose qu'il regarde comme hors de lui; dans le sentiment, l'âme n'est occupée que d'elle-même. Sans cette condition le sentiment ne peut avoir lieu. J'ai remarqué que les sensations mêmes qui, ordinairement, produisent le sentiment le plus vif, deviennent imperceptibles dans la méditation profonde; cela prouve que le sentiment n'a lieu que dans l'état des perceptions confuses. On | peut même dire, que 411
la force du sentiment est toujours proportionnée au degré de confusion qui règne dans les perceptions; de sorte que le même objet, aperçu avec une confusion double, produit le sentiment deux fois plus fort, que celui qui résulterait de l'objet dont la confusion serait deux fois moindre. Cela est confirmé par ce que j'ai prouvé ailleurs, de la vivacité des sensations. En général, les objets aperçus par le sens de la vue, frappent moins que ceux que nous recevons par l'ouïe, ceux-ci moins que ceux qui opèrent sur l'âme par le moyen des autres sens, plus grossiers encore [3]. La raison en est que la

1. On peut bien sûr ajouter l'exemple célèbre de Thalès et de la servante thrace.

2. On notera ici les formules employées par Sulzer, qui ne sont pas exemptes de difficultés. Tout d'abord, le sentiment est bien présenté comme un « acte de l'âme »; la notion d'acte reviendra plus loin pour désigner aussi bien les passions que les désirs inconscients (p. 420 : « Je conclus de là, que les sentiments et les suites immédiates qu'ils ont, sont des actes involontaires de l'âme »). Ensuite, Sulzer affirme que ce sentiment est « subjectif », dans le sens où il n'a « rien de commun avec l'objet qui le produit ou qui l'occasionne ». Bien que cette idée soit immédiatement placée sous le patronage de la théorie cartésienne du sentiment, on a souvent voulu y voir l'influence de la philosophie de Hume sur la conception sulzérienne du sentiment et du désir. Enfin, la formule « qui le produit, ou qui l'occasionne » est révélatrice de la « prudence » métaphysique de Sulzer, qui prétend ne pas vouloir émettre d'hypothèse ultime sur la question des rapports entre l'âme et le corps.

3. Voyez la *Théorie des sentiments agréables et désagréables,* Partie III, dans les Mémoires de l'Académie pour l'année 1752, p. 367 [note originale]. Autre manifestation de la « physique de l'âme » : il y a une analogie entre la force du sentiment et la « grossièreté » des

vue produit des perceptions moins confuses, que ne sont celles de l'odorat ou du goût. Les objets visibles se présentent si distinctement à l'esprit qu'il est instruit de leur forme, de leur grandeur, de leur couleur, du lieu où ils sont; ceux de l'ouïe se présentent très confusément; à peine croit-on s'apercevoir d'où nous vient l'impression; l'objet même est caché; dans l'odorat, l'objet qui produit la sensation disparaît absolument, on ne sent que son effet, avec une confusion complète.

Il semble donc indubitable que, dans *le sentiment,* l'âme ne sent clairement que son propre état, et que l'objet qui produit cet état lui est presque imperceptible; au lieu que, dans la méditation, l'âme s'aperçoit à peine elle-même, et ne se fixe qu'à l'objet qui paraît hors d'elle.

Cela sera plus clair encore par les observations suivantes sur le passage d'un état de l'âme à l'autre. L'analogie entre la vision et les perceptions intérieures dont j'ai déjà parlé, va nous servir encore à expliquer très clairement ce passage. C'est une condition très essentielle pour la vision distincte que la lumière ne soit pas trop forte. Aussi longtemps qu'elle est proportionnée à la force de l'œil, on voit à son aise; on ne sent point
412 l'organe qui est frappé, on n'est occupé que de | l'objet. Dès que la lumière est trop forte, elle frappe l'œil de façon qu'il en est incommodé; il se sent ébloui, et l'âme n'aperçoit plus l'objet seul, mais elle sent encore la gêne où se trouve l'organe de la vision. L'éclat de la lumière frappe tellement les nerfs de l'œil, que la vision se change en tact. Ce ne sont plus les nerfs optiques qui produisent cette sensation; ce sont ceux qui appartiennent au sens du *toucher.* L'âme quitte donc l'objet visible pour se livrer à la perception de ce qui l'incommode; et ce qui l'incommode, n'est pas l'objet même, c'est la lumière, ou plutôt la gêne que cette lumière cause par son éclat.

Les choses se passent de même toutes les fois que l'âme sort de l'état de la méditation pour entrer dans celui du sentiment; c'est toujours quelque chose qui ressemble à l'éblouissement, qui produit ce passage. La cause de ce changement est ordinairement une idée, qui, en se présentant, en réveille subitement un grand nombre d'autres; cela nous confond, et alors nous faisons attention à notre état: nous quittons brusquement l'objet que nous avions contemplé, et nous entrons dans l'état du sentiment. Qu'il me soit permis d'alléguer un petit fait fort propre à éclaircir tout cela. J'étais présent, il y a quelques années, lorsqu'on fit des expériences sur le jet des bombes. Le mortier avait une élévation à peu près verticale; la bombe devait tomber un peu en avant de la place où étaient les spectateurs, et on

sens physiques qui fournissent les sensations. Cette question est traitée en détail dans le troisième mémoire sur les « sentiments agréables et désagréables ».

observait le temps de la montée et celui de la descente. Les spectateurs s'amusaient fort paisiblement à voir la bombe pendant qu'elle montait : on remarqua le moment où elle cessa de monter, on la vit descendre peu à peu, chacun n'étant occupé que de cet objet; lorsque tout d'un coup on entendit crier, *elle vient à nous*. Les idées que cela réveilla firent cesser subitement la contemplation de l'objet; chacun ne pensa plus qu'à soi-même; l'un courut à droite, l'autre à gauche pour éviter le danger. Ce fait est une image de ce qui arrive toutes les fois que l'esprit passe de l'état de la méditation à celui du sentiment.

| Il y a encore une chose très digne d'être remarquée ici. C'est que, **413**
pendant la méditation, il ne se passe rien dans le corps qui puisse réveiller en nous l'idée de nous-mêmes; tout y est d'une tranquillité parfaite; au lieu que l'état du sentiment est toujours accompagné de quelque sensation [1]. La douleur resserre la poitrine, le plaisir l'élargit au contraire. La circulation du sang et les nerfs des intestins sont sensiblement affectés lorsque l'âme éprouve un sentiment tant soit peu fort. Dans la méditation, il semble qu'il n'y ait qu'un très petit nombre de nerfs faiblement ébranlés; et dans la commotion, l'ébranlement des nerfs est quelquefois si grand, qu'il se communique au système entier. C'est aux physiciens à nous apprendre, s'il n'y a pas la même différence entre ces deux espèces de nerfs qu'il y a entre les nerfs optiques et ceux qui causent la sensation de l'éblouissement.

Je crois que cela peut suffire pour prouver que, dans l'état du sentiment, l'âme aperçoit clairement son état et y fixe son attention, mais qu'elle aperçoit obscurément l'objet qui l'a produit, et n'y prend pas garde; observation très importante, qui peut servir, comme je le ferai voir dans la suite de ce mémoire, à répandre un grand jour sur les questions les plus importantes de la psychologie. C'est cette importance de la matière qui m'engage à dissiper quelques doutes qui pourraient naître contre ce que je viens dire sur la nature de l'état du sentiment.

L'agrément qui accompagne la méditation, le plaisir qui résulte des travaux de l'esprit, de la contemplation de tout ce qui est parfait, la joie qu'on sent lorsqu'on réussit à voir distinctement ce qui nous a paru fort compliqué, tout cela semble prouver que le sentiment agréable vient

1. Ce terme de *sensation*, de même que son rapport avec le sentiment, méritent d'être précisés ici. La traduction allemande souligne que l'état du sentiment est toujours accompagné de quelque *sinnliche Empfindung*, c'est-à-dire de sensation. Plus loin (p. 414), Sulzer parle de « [l'] émotion plus ou moins forte dont chaque sentiment est accompagné ». Tout sentiment est donc inséparable d'un « retentissement » somatique, tandis que la méditation tend à produire la distraction, c'est-à-dire l'oubli de soi-même. Le terme d'émotion semble mieux convenir à l'idée de Sulzer que la notion de sensation, qui peut aussi renvoyer à des représentations des sens dont la valence émotionnelle est faible.

réellement de la connaissance distincte des objets; ce qui serait directement contraire à ce que j'ai remarqué sur l'état du sentiment [1].

Il n'est pas difficile de répondre à cette objection; mais il faut, pour
414 cela, qu'on examine très exactement ce qui se passe en nous dans | les cas objectés. Le plaisir qui semble accompagner la méditation profonde, ne l'accompagne pas, mais il peut la suivre. Ce n'est jamais au moment que nous sommes occupés à développer une idée qu'elle nous fait plaisir; c'est toujours dans ces instants où l'âme, après avoir vu l'objet, fait un retour sur elle-même. Ces deux actes de l'âme peuvent se succéder alternativement avec tant de rapidité qu'on les croit simultanés; ce qui très certainement n'est point possible. Au fond, rien ne nous intéresse que ce qui est dans nous-mêmes; or, (j'en appelle à l'expérience de tout le monde,) tout objet de méditation nous paraît hors de nous. Aussi longtemps donc que cela est ainsi, il ne nous touche pas. C'est d'ici qu'il faut tirer la véritable différence qu'il y a entre les idées de spéculation et les idées de pratique. Celles-là sont comme hors de nous et ne sont accompagnées d'aucun retour sur nous-mêmes; celles-ci sont tellement dans nous, que nous ne les apercevons qu'avec le sentiment de nous-mêmes qui accompagne leur perception. Le géomètre occupé à résoudre un problème n'en a pas le moindre plaisir tant que son activité est concentrée sur son objet. Mais, après avoir fait quelque progrès dans sa découverte, il rassemble rapidement les idées qu'il vient de développer, et dont l'ensemble lui fait comprendre la justesse de sa solution. C'est alors que son âme fait un retour sur elle-même, et qu'elle observe ce qui se passe en elle. C'est ce qui produit cette émotion plus ou moins forte dont chaque sentiment est accompagné. Dans les travaux de l'esprit qui ne sont pas des plus profonds, on quitte de temps en temps le fil de la recherche, pour recueillir en une seule idée tout ce qu'on a fait jusqu'au moment présent: et c'est alors qu'on se livre au plaisir de ce travail; plaisir qui est produit par l'idée confuse de notre objet et par l'idée claire de nous-mêmes. Ce libre passage de l'un de ces actes de l'esprit à l'autre, est l'état le plus parfait où l'âme puisse se trouver; et c'est l'habitude de passer alternativement, mais très rapidement, de l'un à l'autre, qui fait le caractère de ces génies également propres pour la spéculation et pour la pratique. La difficulté de passer de l'état de

1. Sulzer s'adresse à lui-même une première objection potentielle, selon laquelle il y a une joie qui accompagne la contemplation de ce qui est parfait ou la résolution d'une difficulté intellectuelle. Il s'agit d'une question cruciale, puisqu'elle conduit à remettre en question le lien entre le plaisir et la connaissance distincte des objets, qui constitue le socle de la théorie rationaliste qui lie intrinsèquement le plaisir et la connaissance de la perfection. C'est l'une des prémisses de sa propre théorie des plaisirs intellectuels, dans les « Recherches » de 1751-1752, que Sulzer semble remettre en cause.

contemplation à celui du sentiment rend quelquefois les esprits les plus | pénétrants très peu propres aux affaires, et leur donne un air d'imbécilité 415
qui fait qu'on les confond quelquefois avec les esprits bornés.

Il y a encore un cas qu'il est important d'analyser ici. Quelquefois les sentiments les plus vifs semblent être produits par une très grande clarté dans la perception des objets; ce qui pourrait encore paraître contraire à mes observations sur la nature de l'état du sentiment[1]. On a des exemples de personnes qui, pendant très longtemps, ont vécu dans divers égarements de l'esprit et du cœur, et qui, frappées subitement par un trait de lumière, sont revenues à la raison et à la vertu.

Ces traits de lumière capables de ramener des esprits égarés, ressemblent beaucoup aux éblouissements causés par un trop grand éclat, et le cas est si peu contraire à nos observations, qu'il sert plutôt à les confirmer. Ce changement subit qui produit une révolution entière dans l'esprit et dans le cœur, vient précisément du grand nombre d'idées jusqu'alors très confuses, réveillées par une seule idée fort lumineuse. Un homme qui, pendant longtemps, avait mal vécu, a une idée fort obscure du désordre de sa vie; cela ne le frappe point. Un moment heureux lui fournit une seule idée, qui répand plus de jour sur ces idées obscures; alors elles se présentent toutes à la fois avec assez de clarté pour fixer l'attention; leur nombre produit l'étonnement et l'émotion qui l'obligent de rentrer en soi-même et de prendre une connaissance claire de sa propre difformité : de là naît enfin le changement subit dont il s'agit ici : il n'est dû qu'au sentiment de soi-même[2]; mais ce sentiment est occasionné par la contemplation d'une idée si lumineuse qu'elle produit l'éblouissement.

J'ai décrit, avec autant de clarté qu'il m'a été possible, les deux états extrêmes de l'âme; l'état de la méditation et l'état du sentiment. Il y en a un troisième qui tient le milieu entre ces deux, et que je nommerais *état de contemplation.* Je vais considérer les principaux phénomènes qu'il offre à l'observation.

1. Sulzer s'adresse ici une seconde objection potentielle, qu'il a tôt fait d'écarter en la faisant rentrer dans ses principes. Le phénomène psychologique décrit ici pourrait se ramener au sentiment de la honte.

2. Dans ce mémoire, le sentiment est toujours le sentiment *de soi-même*, dans la mesure où il s'agit bien de prendre acte de l'état du sujet dans l'activité de l'esprit. La question qu'il convient de se poser est celle de la différence qu'il y a entre le sentiment et ce que Sulzer appelle ailleurs l'aperception, comprise au sens de l'aperception de soi (que la traduction allemande rend par *Bewusstsein*). Les idées de Sulzer sur l'aperception sont loin d'être entièrement claires et on doit se demander si cette ambiguïté est constitutive ou si elle résulte d'une transformation de la psychologie de Sulzer, dont le mémoire « Sur l'aperception » de 1763 serait le symptôme.

416 | Dans cet état, les opérations de l'esprit semblent tenir également à la méditation et au sentiment. Mais, comme il est impossible que l'attention soit dirigée en même temps vers deux objets différents, l'état de contemplation résulte probablement d'une succession continuelle et rapide de la méditation et du sentiment. On saisit un objet, et l'instant d'après, qui peut bien nous paraître le même instant, on observe en soi-même l'impression qu'il fait sur nous. C'est ainsi que nous nous livrons à la contemplation d'un beau paysage : l'œil parcourt rapidement les divers objets qu'il y distingue, il se fixe sur chacun d'eux pour un instant, sans l'approfondir : et l'esprit, après avoir saisi chaque partie, jouit un instant de l'impression agréable que cet objet fait sur lui. Tout se passe sans effort ; les impressions ne font qu'effleurer l'âme ; on se contente d'idées confuses, que l'on ne veut pas approfondir [1].

Cela peut venir de deux causes : ou, de ce que l'esprit n'est pas disposé à s'attacher fortement aux objets qui se présentent ; ou de ce que ces objets sont de nature à ne point permettre qu'on les approfondisse. Il y a des temps où l'activité de l'âme n'est que médiocre, où l'on ne se sent disposé à aucun effort, soit fatigue, soit mollesse qui ait produit ce relâchement des forces. C'est alors que les choses ne nous frappent que légèrement. D'autres fois, c'est la nature de l'objet même qui met des bornes à l'activité. Quand l'objet est tel, que d'un côté il n'est pas possible de l'approfondir, et que de l'autre, il ne nous intéresse pas beaucoup ; ce ne saurait être tout au plus qu'un objet d'amusement [2]. Voilà donc d'où peut naître l'état de contemplation.

Les idées dont on est occupé dans cet état, n'ont ni la netteté ni la précision de celles que fournit l'état de méditation ; nous ne les saisissons qu'en gros : nos jugements sur la qualité des choses sont peu sûrs alors. Le sentiment qu'on y éprouve ne fait pas des impressions profondes, on ne connaît qu'imparfaitement les causes qui le produisent ; quelquefois
417 même, on est incertain s'il est agréable ou désagréable ; | nous sommes dans

1. L'état de contemplation conserve certaines des caractéristiques qui définissaient le sentiment de plaisir dans les mémoires de 1751, ou du moins ce que Sulzer appelait le « commencement du plaisir » (« Recherches, mémoire I, HAR 1751 [1753], p. 66). L'exemple qu'il donne est d'ordre « esthétique ». Cet état intermédiaire entre le pur sentiment et la méditation théorique englobe une sphère de phénomènes qui relèvent de la beauté. On aurait tort, toutefois, de réduire l'état de contemplation à l'expérience du plaisir esthétique ; cet état intermédiaire, marqué par une alternance rapide entre la représentation et le sentiment, où les perceptions naissent « sans effort », couvre un spectre plus important de phénomènes, comme en témoigne, plus haut, la remarque sur les « génies également propres pour la spéculation et pour la pratique », qui permettent de voir que le « libre passage de l'un de ces actes de l'esprit à l'autre, est l'état le plus parfait où l'âme puisse se trouver » (p. 414).

2. La contemplation du « beau paysage » relève donc de cette deuxième cause.

un état d'aisance semblable au cours paisible d'une rivière qui traverse une plaine. L'âme jouit alors d'une tranquillité parfaite; elle dirige son attention machinalement, mais avec facilité, sur toutes les parties de l'objet qui l'amuse. Disons enfin que c'est l'état où nous nous trouvons le plus souvent, l'état de médiocrité pour toutes les opérations de l'âme [1].

Voilà les divers états dans l'un desquels l'âme se trouve nécessairement toutes les fois que l'exercice de ses facultés est accompagné de l'aperception [2]. Car nous ne parlons ici, ni du sommeil, ni des autres états où l'âme n'a qu'une connaissance obscure d'elle-même ou de ses opérations.

Il résulte de ces observations qu'il y a un état où l'homme voit très distinctement et ne sent rien; un autre où il sent fortement et ne voit rien; un troisième où il voit et sent assez clairement pour prendre connaissance de ce qui est hors de lui et de ce qui est en lui.

J'ai dit, au commencement de ce mémoire, que la connaissance développée de ces trois états peut être très utile dans l'examen de plusieurs questions psychologiques, dont la solution en dépend. Il me reste quelques remarques à ajouter pour le prouver [3].

Ce qui a été remarqué sur l'état de la méditation, nous fait comprendre pourquoi les hommes les mieux exercés dans les méditations profondes sont fort souvent inhabiles aux affaires. C'est parce que l'habitude de méditer profondément diminue l'attention sur soi-même, et la facilité de réunir un grand nombre de choses dans un seul point de vue, facilité si nécessaire pour réussir dans les affaires. La méditation profonde fait l'effet du microscope, qui nous montre très distinctement les plus petites parties d'un objet, mais qui en même temps diminue tellement le champ apparent, qu'il nous est impossible de voir l'objet entier. Dans la plupart des affaires,

1. On rapprochera ce passage de ce qui est dit de la naissance du sentiment agréable dans le mémoire de 1751. Le commencement du plaisir est lié à l'aisance, c'est-à-dire à la perception d'un état dans lequel l'activité naturelle de l'âme est favorisée (ci-dessus, « Recherches, mémoire I », HAR 1751 [1753], p. 66). L'aisance y est définie comme un état de tranquillité, d'équilibre interne, encore proche du repos, qui ne fait pas encore l'objet d'une forte perception.

2. Sulzer utilise ici *aperception* au sens plus général de conscience de la représentation; cela n'exclut pas que l'activité de l'âme produise des perceptions *obscures*, qui ne sont pas « aperçues ».

3. On voit ici à l'œuvre la méthode psychologique sulzérienne. D'une part, on oppose des états « extrêmes » de la conscience (la méditation profonde, le sentiment pur) à l'état de « normalité », qui en est un de « médiocrité » entre deux extrêmes qui, s'ils se figeaient, deviendraient pathologiques; d'autre part, on s'appuie sur de tels « états », préalablement isolés par la théorie, pour chercher la solution à d'autres « questions psychologiques » traditionnelles, qui seront examinées dans la suite du texte : distraction méditative, emprise des sentiments et des passions, éducation de la « sensibilité du cœur », difficulté d'opposer une résistance directe aux impressions du sentiment, etc.

l'essentiel est d'éloigner tellement de notre vue les divers objets qui y sont relatifs, qu'il soit impossible de les saisir tout à la fois pour voir leurs
418 liaisons et | leurs rapports. On voit encore par-là que les vérités les plus évidentes ne peuvent être celles qui influent le plus sur les actions. Car l'évidence ne résulte que de la considération successive des idées qui y entrent : par cette considération successive l'attention est entièrement fixée sur les objets, que l'on voit comme hors de soi. Or, pour agir, il faut voir les choses en soi ; ce qui n'est pas possible dans un état où l'on oublie presque entièrement sa personnalité. La vérité qui doit influer sur nos actions doit être saisie sans effort, par une attention médiocre, qui nous permette de réfléchir sur nous-mêmes et de sentir l'effet de cette vérité sur nous. Tout cela se déduit de la nature de l'état de méditation.

La considération de l'état du sentiment nous fournit de même plusieurs remarques très importantes.

D'abord, il est évident que l'on ne parvient jamais à connaître exactement tout ce qui appartient aux objets qui produisent le sentiment. On peut même dire que, plus un sentiment est fort, plus il y a de difficulté à bien connaître l'objet qui le produit. On sent sa présence, on l'aperçoit clairement ; mais on n'a pas le temps d'observer comment il opère sur nous. C'est parce que le sentiment fixe d'abord l'attention sur nous-mêmes et le détourne de l'objet. On voit visiblement cet effet dans les passions fortes. La frayeur fait qu'on oublie l'objet qui nous menace, et qu'au lieu d'éviter le danger on en approche. Il arrive souvent qu'un homme transporté de colère se venge sur un innocent et laisse échapper le coupable. On conçoit en général d'où vient l'aveuglement qui accompagne presque toujours les passions fortes. C'est que dans ces passions on ne fait attention qu'à son état intérieur, en oubliant tout ce qui est hors de nous.

Une des choses les plus difficiles, c'est d'approfondir la nature des objets qui excitent des sentiments forts. On en trouve deux raisons ; la première, parce qu'on a rarement le temps de méditer quand ces objets ont
419 commencé à nous affecter ; la seconde, parce que le | sentiment est toujours produit par un grand nombre de perceptions qui agissent à la fois, et qui par conséquent sont nécessairement confuses. La tendresse qu'un père sent pour son enfant est le résultat d'un très grand nombre de perceptions qui se présentent toutes à la fois, et qui, en produisant d'abord le sentiment, fixent l'attention de l'esprit sur l'état intérieur de l'âme.

On peut encore employer utilement les observations sur la nature des trois états de l'âme, pour faire voir quelles sont les dispositions de l'esprit qui rendent les hommes plus ou moins capables de sentiment, par conséquent ce que l'on doit faire dans l'éducation pour augmenter ou pour diminuer la sensibilité du cœur. Car il est évident que, plus on a de facilité à saisir les objets par intuition, plus on est disposé à la sensibilité du cœur ; et d'un autre côté, plus on possède l'habitude de méditer profondément, plus on diminue la disposition que l'on désigne par le terme de *cœur sensible.* On peut donc dire, généralement parlant, que les sciences abstraites peuvent servir à diminuer la sensibilité du cœur, et que les beaux-arts au contraire peuvent servir à l'augmenter [1].

> *Artibus ingenuis –*
> *Pectora mollescunt, asperitasque fugit* [2].

Je remarque, en dernier lieu, que les observations faites sur l'état de sentiment, nous font concevoir qu'il n'est presque pas possible de se garantir des impressions subites, ni d'affaiblir par le raisonnement de telles impressions au moment qu'on les sent. Un seul instant suffit ordinairement pour produire un sentiment vif ; et nous avons vu combien il est difficile de connaître comment cela se fait. Nous sentons le désir ou l'aversion sans savoir pourquoi ; nous sommes sollicités par des forces que nous ne connaissons pas. Il n'est donc pas possible de leur opposer une résistance directe. Nous sentons la plaie sans voir la flèche qui nous a blessés.

|Il est donc certain que l'homme n'est point maître des premiers **420**
mouvements de l'âme. Il ne conserve pas la moindre liberté pour sentir ou pour ne point sentir. Tout ce que l'on peut faire pour empêcher l'effet du sentiment est de lui opposer un sentiment plus fort. Mais il y a malheureusement des cas où nos perceptions sont si embrouillées qu'on ne peut pas même démêler quel est l'objet qui a produit le sentiment. J'ai traité de ce cas particulier dans un mémoire lu à l'Académie il y a quatre ans [3].

Je conclus de là, que les sentiments et les suites immédiates qu'ils ont, sont des actes involontaires de l'âme. C'est donc à juste titre qu'on leur a donné le nom de *passions.* Car, quoique l'âme agisse indubitablement dans

1. Sulzer théorise cette fonction des beaux-arts dans plusieurs mémoires présentés devant l'Académie et il y revient de façon plus étendue dans son grand ouvrage, la *Théorie générale des beaux-arts*, publiée de 1771 à 1774. Parmi les mémoires qui traitent de cette question, mentionnons les « Pensées sur l'origine et les différents emplois des sciences et des beaux-arts » (1757), les « Réflexions philosophiques sur l'utilité de la poésie dramatique » (1760) et « De l'énergie dans les ouvrages des beaux-arts » (1765). Dans la *Théorie générale*, l'article « Schöne Künste » [*Beaux-arts*] fournit une réflexion élaborée sur l'origine et la fonction des beaux-arts.

2. « Les lettres [...] adoucissent les cœurs et bannissent la rudesse [...] » (Ovide, *Pontiques*, livre 1, lettre 6).

3. Mémoire de l'Acad. pour l'année MDCCLIX. p. 433 [note originale]. Il s'agit du « Paradoxe psychologique », HAR 1759 [1766], p. 433-450 que nous éditons également dans ce volume.

la production de ces passions, on n'en voit que l'effet, dont la cause immédiate est si bien cachée au fond de l'âme, qu'on ne peut la connaître que très rarement.

L'homme, malgré la *liberté physique* par laquelle il produit lui-même les moindres actes de son esprit, jouit très rarement de sa *liberté morale,* qui consiste dans l'avantage d'agir par connaissance de cause, de suivre des règles et des maximes de son propre choix. Il ignore la plupart du temps les raisons qui déterminent son jugement et les motifs qui déterminent ses actions. Comme, dans le monde matériel, tout procède d'une nécessité physique; de même, dans le monde intellectuel, tout résulte d'une nécessité morale.

Cependant les cas où il nous est permis d'analyser nos raisonnements et nos sentiments, nous donnent lieu de penser que, comme dans le monde matériel tout se fait d'après des lois constantes et invariables qui tendent à la conservation de l'univers; dans le monde intellectuel de même, il y a des lois qui ne sont pas moins invariables et moins sages que celles du monde visible.

SUR L'APERCEPTION, ET SON INFLUENCE SUR NOS JUGEMENTS [1]

PRÉSENTATION

Dans le contexte des recherches psychologiques de Sulzer, l'intérêt particulier du mémoire de 1756 « Sur l'aperception et son influence sur nos jugements » réside dans le traitement des cas d'aperception faible ou incomplète. Le problème de l'aperception, entendue au sens de l'aperception de sa propre existence ou de la conscience de soi, constitue une question complexe, qui a été discutée en détail par Mérian [2] et que Sulzer lui-même a été appelé à traiter à plusieurs reprises [3]. Pour autant, il ne

1. Il y a dix ans que ce mémoire a été lu à l'Académie. N'ayant pas été demandé lorsqu'on fit le recueil de l'année à laquelle il appartient, il fut oublié ensuite. Cependant, comme le sujet qu'on y traite est intimement lié aux autres recherches psychologiques de l'auteur, on a mieux aimé d'admettre un anachronisme, qu'une lacune. Cet avertissement servira en même temps d'excuse à quelques endroits de « L'analyse de la raison », qui se trouve dans les mémoires de l'année 1757, où l'on répète quelques observations tirées de ce mémoire [note originale]. HAR 1764 [1766], p. 415-434. L'incertitude entoure la rédaction du mémoire « Sur l'aperception ». Il fut publié en 1766 avec les mémoires de l'année 1764, mais Sulzer précise qu'il a été rédigé dix ans plus tôt, soit vers 1756. Il aurait été « oublié » au moment de sélectionner les mémoires de l'année 1756, mais étrangement, on ne trouve pas de trace de la lecture d'un mémoire sur ce sujet par Sulzer en 1756, pas plus d'ailleurs que durant la période qui s'étend de 1754 à 1766. Mais, du point de vue de l'évolution des thèses philosophiques de l'auteur, il apparaît clair que ce mémoire est issu de la période des travaux consacrés à l'analyse des facultés (notamment du génie et de la raison) et aux paradoxes de la volonté et du jugement, et qu'il précède le mémoire de 1763 sur l'aperception et le sentiment. Sulzer semble se tromper sur la date de présentation du mémoire sur « L'analyse de la raison », qui est bien 1758. La contribution de Sulzer pour l'année 1757 est plutôt « L'analyse du génie ».

2. J. B. Mérian, « Mémoire sur l'apperception de sa propre existence », HAR 1749 [1751], p. 416-441 que nous éditons également dans ce volume.

3. Il faut souligner le caractère instable et aporétique du traitement sulzerien de l'aperception. Sur ce problème en général, voir U. Thiel, « Sulzer über Bewusstsein im Kontext »,

faudrait pas perdre de vue que le véritable objet de ce mémoire n'est pas tant l'aperception pour elle-même, que l'explication de ses variations. Sur ce sujet, comme il convient à la recherche psychologique, Sulzer entend livrer certaines observations importantes, « qui pourront servir du moins à nous frayer le chemin pour pénétrer dans l'intérieur de l'âme, où nous découvrirons quelques ressorts, qui paraissent bien cachés » [1]. À la différence des préoccupations en dernière analyse ontologiques de Mérian à propos de l'aperception, l'horizon plus lointain des remarques de Sulzer se veut plutôt logique (au sens large de la bonne conduite et de l'élargissement de nos facultés cognitives) et éthique. Mais la motivation immédiate des considérations de Sulzer sur l'aperception réside dans le désir d'étendre le domaine de la psychologie, qu'il décrit comme une « physique de l'âme » [2].

Il s'agit d'abord de voir comment Sulzer comprend la tâche de la psychologie au sein de la « philosophie spéculative ». Au § 206 de son *Précis de toutes les sciences et des autres parties du savoir* (1759) [3], dans la section portant sur la psychologie, qui représente à ses yeux « la partie la plus noble de la philosophie », Sulzer recommande tout particulièrement « [...] d'accorder l'attention la plus précise aux régions obscures de l'âme (si vous me permettez l'expression), là où elle agit au moyen de concepts très indistincts et obscurs » [4]. Sulzer consacre ses efforts à l'amélioration, à l'extension et à l'approfondissement de la psychologie empirique. Au plan de la méthode, la psychologie empirique, qui vise à produire des définitions précises de ce que nous connaissons de l'âme par le moyen de l'expérience, s'appuie sur la description et la décomposition des effets, des facultés et des propriétés de l'âme qui sont accessibles à l'observation, pour ensuite en proposer les explications les plus distinctes. C'est cette analogie avec la manière de faire de la physique des corps qui autorise Sulzer à décrire la psychologie empirique comme la « physique expérimentale de l'âme » [5].

in G. Stiening, F. Grubert (Hrsg.), *Johann Georg Sulzer (1720-1779) : Aufklärung zwischen Christian Wolff und David Hume*, Berlin, Akademie Verlag, 2011, p. 21-36.

1. « Sur l'aperception », HAR 1764 [1766], p. 416.

2. *Ibid.*, p. 415.

3. J. G. Sulzer, *Kurzer Begriff aller Wissenschaften und andern Theile der Gelehrsamkeit*, Leipzig, Johann Christian Langenheim, 1759. Voir la récente édition scientifique de ce texte : *Gesammelte Schriften. Kommentierte Ausgabe*, Band 1 : *Kurzer Begriff aller Wissenschaften*, hrsg. von H. Adler, É. Décultot, Zürich, Schwabe, 2014.

4. *Ibid.*, § 206, p. 141.

5. *Ibid.*, § 204, p. 140. Sulzer n'abandonne jamais l'idée d'articuler la démarche empirique avec une psychologie *explicative* (*erklärende Psychologie*), qui correspond chez lui à la *psychologia rationalis* de Wolff. Cette dernière « vise, au moyen de la résolution (*Auflösung*) des événements constatés dans la première partie, à découvrir l'essence et les propriétés

Alors que les mémoires de 1751-1752 sur les sentiments agréables et désagréables [1] pratiquaient une méthode pour ainsi dire « déductive », ceux que Sulzer rédige à partir de 1756 font une part plus grande à la démarche « analytique ». Dès lors, l'attention à l'expérience s'attardera le plus souvent aux états extrêmes, voire pathologiques, de l'âme, dans le but d'explorer les « parties obscures de l'âme », jusqu'alors négligées par la psychologie, qui restent à défricher. Sulzer manifeste un intérêt soutenu pour les états exceptionnels de l'âme, comme les cas d'aperception de soi-même faible (comme le rêve, la méditation intense, le réveil); les cas d'attention insuffisante, de rêverie ou de distraction; les pressentiments; la perte de conscience (l'évanouissement, les traumatismes crâniens, la « défaillance » corporelle temporaire); les passions violentes; les cas de « faiblesse de la volonté » [2]; la folie et les délires temporaires; l'insensibilité physique des individus absorbés dans l'attention intellectuelle ou dominés par une passion unique (dont témoigneraient la sérénité des martyrs ou la tolérance à la torture des sauvages américains) [3], etc. Les mémoires psychologiques de Sulzer visent à élargir la psychologie en l'orientant vers des phénomènes qui ne semblent pas se laisser « décomposer à partir des propriétés connues de l'âme » [4]. Les sections 205-207 du *Précis* révèlent la volonté de Sulzer d'étendre l'investigation psychologique empirique dans trois directions [5] : vers les représentations obscures et les « profondeurs de l'âme » [6]; vers les cas extraordinaires et les disfonctionnements pathologiques; vers les manifestations de « l'harmonie entre

fondamentales de l'âme, et ensuite, à partir de celles-ci, par un chemin inverse, à expliquer les autres propriétés et modifications de l'âme » (*ibid.*, § 208, p. 142).

1. Nous donnons ci-dessus l'édition du premier des quatre mémoires sur les sentiments agréables et désagréables : « Théorie générale du plaisir », HAR 1751 [1753], p. 57-75.

2. À laquelle est consacrée le « Paradoxe psychologique » (HAR 1759 [1766], p. 433-450), dont on trouvera l'édition dans ce volume.

3. Nos compatriotes des premières nations nous pardonneront d'user de la terminologie de l'époque.

4. *Précis*, *op. cit.*, § 210 : « On ne peut pas déduire toutes les particularités de l'âme de son essence et certaines d'entre elles ne sont peut-être même pas encore connues ». Tous les phénomènes qui relèvent, dans l'âme, de l'enchaînement des perceptions obscures et claires, conservent beaucoup de secrets – Sulzer pense ici notamment à tous les phénomènes d'habituation corporelle ou à l'exécution de tâches parallèles complexes.

5. À ce sujet, voir C. Zelle, « Experiment, Experience and Observation in Eighteenth-Century Anthropology and Psychology – the Examples of Krüger's Experimentalseelenlehre and Moritz' Erfahrungsseelenkunde », *Orbis Litterarum*, 56, 2001, p. 96.

6. *Précis*, *op. cit.*, § 205. Il s'agit de rejoindre ce que Baumgarten appelait le *fundus animæ* et de prolonger la gnoséologie inférieure qui s'annonçait dans sa *Metaphysica* (1739) et dans son *Æsthetica* (1750).

l'état du corps et de l'âme »[1], c'est-à-dire de l'unité psychophysiologique de l'être humain, qui caractérisera quelques années plus tard l'anthropologie au sens que lui donne Ernst Platner[2].

Une mise au point s'impose sur la désignation de la psychologie empirique comme une « physique de l'âme ». Absente des quatre importants mémoires de 1751-1752, on retrouve la référence à une « physique de l'âme » dans le présent mémoire, de même que dans la plupart des mémoires que Sulzer rédigera à partir de 1757. Il semble possible de repérer trois significations principales de la « physique de l'âme ». Premièrement, « physique de l'âme » réfère à la psychologie empirique *en tant que science* ; c'est à ce titre que sa complétude et sa scientificité sont pensées par analogie avec celles de la physique. Deuxièmement, la « physique de l'âme » renvoie à ce que Sulzer appelle « l'explication physique », « l'origine physique », voire « *le* physique » d'un phénomène psychique. Il faut être prudent ici et résister à la tentation de faire de cette explication une sorte de « réductionnisme » matérialiste, qui est fort éloigné de la conception sulzerienne de l'âme. La « physique de l'âme » vise à mettre en évidence l'imbrication de l'âme et du corps et l'importance du soubassement corporel de l'appareil perceptuel humain ; comme force de représentation, l'âme est irréductible à son support corporel, mais sans cette liaison étroite – qui peut être pensée, au plan *métaphysique*, en termes de *cause*, d'*occasion* ou d'*analogie* – l'activité de l'âme resterait indéterminée, puisque ce sont les mouvements corporels qui lui servent pour ainsi dire de véhicule et lui donnent accès à un contenu de pensée. Enfin, troisièmement, les phénomènes physiques servent fréquemment à Sulzer d'analogies explicatives pour les phénomènes psychiques. La référence au support corporel de l'âme est la conséquence d'une difficulté inhérente à la psychologie, dont les composantes ne peuvent guère être décrites et expliquées que de manière indirecte[3].

De la « physique de l'âme » qui constitue chez Sulzer la « théorie métaphysique de l'homme »[4], on peut tirer trois thèses centrales sur la nature de l'âme. 1° L'âme est une force de représentation, mais dont l'activité ne peut

1. *Précis*, *op. cit.*, § 205. Voir également C. Zelle, « *Commercium mentis et corporis*. La contribution de Johann Gottlob Krüger à l'anthropologie littéraire autour de 1750 », *Revue Germanique Internationale*, 10, 2009, p. 11-29.

2. E. Platner, *Anthropologie für Ärtzte und Weltweise* [1772], Hildesheim, Olms, 1998.

3. La plus importante de ces analogies est celle que notre auteur emprunte à la distinction des forces *mortes* et des forces *vives* des corps en physique, qui permet d'expliciter partiellement la nature même du rapport que la force active qui caractérise l'âme entretient avec le corps. Voir J. G. Sulzer, « Sur l'aperception », HAR 1764 [1766], p. 418-419.

4. *Ibid.*, p. 415.

se manifester que par le truchement d'un corps possédant une certaine organisation, tout en étant irréductible à ce corps. 2° Sans corps, notre âme serait incapable de perceptions *claires*, elle ne pourrait avoir ni aperception des choses à travers les idées, ni aperception d'elle-même, conformément à la polarité de l'aperception. 3° Malgré sa dépendance vis-à-vis des mouvements des organes corporels, l'activité de l'âme ne se limite ni à l'état présent du corps ni à l'aperception comme telle. Elle couvre un vaste champ qui s'enracine dans les perceptions, les sentiments et les volitions *obscurs*, qui englobent un « inconscient » non seulement *perceptuel*, mais aussi *temporel*.

Le fil argumentatif du mémoire sur l'aperception apparaîtra souvent assez tortueux. Sulzer y multiplie les observations et les digressions, et s'adresse à lui-même plusieurs objections. Le mémoire fournit toutefois un échantillon représentatif de la « méthode » psychologique de Sulzer dans l'explication de certains phénomènes psychologiques. Qu'il parte d'observations sur les effets psychologiques de traumatismes corporels ou des résultats de la démarche introspective, il s'agira toujours pour lui de rechercher la « cause physique » des phénomènes étudiés, sans remettre en cause une certaine « autonomie » de l'activité psychique. Les conclusions que met en avant la fin du mémoire sont révélatrices de l'horizon pratique dans lequel viennent s'insérer, en dernier ressort, ces recherches psychologiques : sachant que « l'aperception devient plus complète » [1] en proportion de la conscience que nous avons de l'*incorporation* (locale et temporelle) des « opérations de l'esprit » [2], il apparaîtra évident qu'il « est de la dernière importance pour toutes les affaires de la vie que l'on s'accoutume à donner à l'aperception toute l'étendue possible » [3].

Daniel DUMOUCHEL

1. *Ibid.*, p. 430.
2. *Ibid.*, p. 433.
3. *Ibid.*, p. 434.

SULZER

SUR L'APERCEPTION, ET SON INFLUENCE SUR NOS JUGEMENTS

Depuis les premiers commencements de la philosophie jusqu'à nos jours, l'étude de l'homme moral a été un des principaux objets des recherches philosophiques. Aussi cette matière paraît-elle épuisée : il est du moins très difficile aujourd'hui de proposer sur les affections morales de l'homme, sur ses passions, sur ses bonnes ou mauvaises qualités, sur les ressorts des actions morales, des observations qui soient absolument nouvelles. Cependant il ne faut pas s'imaginer pour cela que la théorie philosophique de l'homme soit complète et parfaite. Au contraire, il y manque encore une partie très essentielle et bien plus difficile que celle-là ; c'est la *théorie métaphysique* de l'homme, ou ce que quelques philosophes appellent la *physique de l'âme* [1]. Ces deux sciences ont entre elles le même rapport que celui qui a lieu entre la médecine empirique et la médecine raisonnée. L'une recueille les faits, observe tout ce qui produit quelque
416 altération, quelque changement bon ou mauvais pour la santé ; l'autre | analyse ces faits, en cherche les liaisons et les causes, et tend à établir un système vrai, qui serve de base aux jugements sur la nature des maladies et sur les moyens de les guérir. Si d'un côté l'on ne peut disconvenir que la

1. L'analogie avec la médecine empirique (qui se contente d'observer et de recueillir les « faits ») et la médecine raisonnée (qui cherche les liaisons et les causes) ne doit pas nous abuser : les deux sciences qu'oppose ici Sulzer sont la théorie morale, empirique et « peu sûre », et la psychologie empirique, qui est définie comme une « bonne physique de l'âme ». C'est donc bien la psychologie empirique qui est la science recherchée et qui doit pouvoir orienter la théorie morale de l'être humain. Chez Sulzer, la connaissance de la vertu et des fins morales de l'être humain, d'une part, et des moyens de transcrire ces connaissances dans des comportements concrets, d'autre part, passe par la psychologie.

médecine empirique n'ait sa grande utilité, il faut aussi avouer de l'autre qu'il y aura peu de sureté dans cette science jusqu'à ce qu'on soit parvenu à une connaissance parfaite de l'organisation du corps, des ressorts qui tendent à entretenir et à rétablir la santé, et à celle de l'effet des remèdes. Ce n'est qu'après cela, que la médecine méritera le beau titre de science. Il en est précisément de même des deux théories de l'homme, dont nous avons parlé. Sans une bonne physique de l'âme, la science morale est peu sûre; elle ne peut marcher qu'en tâtonnant, et elle nous abandonne souvent dans les cas les plus graves.

Il est à souhaiter que cette partie soit cultivée avec autant d'application qu'on en a donné à l'autre, qui brille par un très grand nombre d'observations fines et très importantes. J'ai déjà donné quelques essais sur différents points de cette science fort peu cultivée; et je me propose de communiquer dans ce mémoire plusieurs observations assez importantes, qui pourront servir du moins à nous frayer le chemin pour pénétrer dans l'intérieur de l'âme, où nous découvrirons quelques ressorts, qui paraissent bien cachés.

Je me hâte d'expliquer le sujet de ce mémoire, dont le titre n'annonce peut-être rien d'intéressant. Les philosophes désignent par le mot d'*aperception* [1] cet acte de l'esprit par lequel, en distinguant notre être des idées qui nous occupent, nous savons distinctement ce que nous faisons et ce qui se passe dans nous et autour de nous. Tout le monde sait, que l'attention que nous donnons à nos propres pensées et à ce qui nous environne, varie beaucoup. Il arrive souvent qu'on rêve, ou que l'on parle même, sans prendre garde à ce qu'on dit; qu'on s'aperçoit si faiblement de ce qui se passe autour de nous, que l'on ne conserve aucun souvenir des choses dont on a été témoin. Dans ces cas l'aperception, selon le langage des philosophes, a été fort imparfaite.

| Or ce défaut dans l'aperception a une très grande influence sur nos **417**
jugements, surtout quand il s'agit des *choses de fait*; quelquefois ce n'est que par cette cause qu'une personne passe pour être imbécile. C'est encore la même cause qui produit des effets dont la connaissance nous ouvre les endroits les plus cachés de l'âme [2]. Voilà pourquoi j'ai cru qu'une recherche approfondie des effets qui résultent des divers degrés de clarté dans l'aperception, pourrait être utile à l'avancement de la psychologie.

1. La version allemande rend aperception par *Bewusstsein* (conscience), qui est à la fois conscience de soi-même (« [de] ce que nous faisons et [de] ce qui se passe en nous ») et des « idées qui nous occupent ».

2. Ici, comme plus haut où il parlait d'entrer « dans l'intérieur de l'âme » (p. 416), nous voyons ce que Sulzer entend par « l'avancement de la psychologie ».

L'aperception suppose donc d'un côté l'idée claire de soi-même et de ce qu'on sait, pendant que de l'autre côté l'esprit s'occupe encore de quelque autre objet qu'il regarde comme hors de lui, ou comme indépendant de son être : Dans ce cas donc, nous nous regardons comme l'être qui agit, qui s'occupe de quelque chose, qui manie un sujet différent de lui-même. De ces deux perceptions qui occupent l'esprit en même temps, nous ne considérons ici que la première, celle de nous-mêmes ; et nous tâcherons de faire voir comment cette perception, en tant qu'elle est plus ou moins parfaite, influe sur l'autre.

Il [en] est de l'idée que nous avons de nous-mêmes comme de toutes les idées des choses sensibles; elle est sujette aux mêmes accidents ou *symptômes*. Elle nous vient par les sens [1]. Parmi les corps qui frappent nos sens, nous en voyons et nous en sentons un, si constamment et si essentiellement lié à notre existence, que nous l'appelons *notre* corps, ou bien *nous-mêmes*. Cette idée donc de nous-mêmes, dis-je, comme toutes les autres, est tantôt plus, tantôt moins claire ou frappante; quelquefois si obscure ou si peu sensible, qu'elle paraît effacée de l'âme. Or on sait que nos jugements sur les objets différents de nous-mêmes, sont plus ou moins vrais, plus ou moins approfondis, selon les divers degrés de clarté et de perfection qui est dans les idées que nous avons [2]. On sait de plus, que nous
418 sommes | plus ou moins capables de manier un sujet, de le tourner de tous côtés, dans le dessin de l'approfondir, selon le degré de perfection et d'étendue qui a lieu dans notre idée de cet objet. Les mêmes variations

1. Avec Sulzer, nous sommes très loin de l'immédiateté et du caractère originaire – ou « primitif » – de l'aperception mis en avant par Mérian à la même époque (voir le « Mémoire sur l'apperception de sa propre existence », HAR 1749 [1751], p. 416-441). Pour Sulzer, nous accédons à l'idée de nous-mêmes de la même manière qu'à toutes les idées des choses sensibles. L'idée que nous avons de nous-mêmes passe par le sentiment « essentiellement lié à notre existence » de ce que nous pourrions appeler aujourd'hui le « corps propre ». Cette idée est néanmoins hautement problématique, puisqu'elle semble présupposer ce qui est précisément à expliquer, à savoir justement ce qui nous permet de connaître certaines perceptions comme étant *les nôtres*.

2. Je dois avertir ici le lecteur français (supposé que j'en aie de tels) que je n'exprime ici que très imparfaitement, ce que je devrais dire sur les idées. Les principes qui me servent de base, n'ayant été développés que par les philosophes allemands, il n'est pas surprenant, que les termes pour les exprimer, manquent dans la langue française. C'est une des raisons, (malheureusement pour moi ce n'est pas la seule,) qui rendent mon style dur et barbare. Ici j'aurais pu m'exprimer avec moins de gêne, si dans la langue où j'écris il y avait des substantifs qui répondissent aux adjectifs distinct, complet, adéquats, termes qui expriment trois accidents de nos idées dont la connaissance est très essentielle à un grand nombre de questions psychologiques [note originale]. Pour le lecteur français contemporain, les concepts issus de la logique leibnizienne se sont acculturés à la langue philosophique, et, nonobstant les craintes de Sulzer, on ne verra aucun inconvénient, me semble-t-il, à parler de *distinction*, de *complétude* et d'*adéquation*.

arrivent dans les jugements sur nous-mêmes, dans la direction de nos forces, dans nos vues, nos desseins et nos actions; car tout cela dépend de l'idée de nous-mêmes.

Commençons par considérer le cas où cette idée paraît s'évanouir tout à fait, comme cela arrive dans un profond sommeil et dans l'évanouissement. Je crois pouvoir me dispenser d'entrer dans l'examen de la question agitée autrefois; si dans ces deux états l'âme a réellement des perceptions, ou non : je ne saurais rien ajouter aux arguments dont *Leibniz* s'est servi contre *Descartes,* pour prouver l'affirmative. Il n'est pas nécessaire non plus, pour notre sujet présent, que nous sachions, comment il arrive, que sans cesser de vivre, on puisse cesser de sentir; il nous suffit de savoir par expérience, que la chose arrive.

Dans le profond sommeil donc et dans l'évanouissement, les sensations semblent cesser tout à fait, comme toutes les autres perceptions. Dans ce cas l'aperception est absolument effacée, et ce cas nous indique que l'âme ne se sent que par le moyen du corps, et d'un certain effet que produisent d'autres corps sur le système des nerfs : qu'elle n'a point d'idée absolue d'elle-même, puisqu'elle ne peut se sentir qu'en se comparant avec d'autres objets. Sans le monde matériel, l'âme ne serait donc qu'une force morte, qui resterait dans une inaction éternelle. Pour la faire agir, il faut absolument qu'elle soit irritée par dehors [1]. Il y a en cela une grande analogie entre l'âme et la matière. | Dans chaque masse de matière résident des **419**
forces absolument mortes jusqu'à ce qu'une autre masse vienne agir sur elle. C'est alors que la matière se montre active par sa résistance, et par le changement qu'elle produit dans l'autre masse. L'action du dehors cesse-t-elle : voilà d'abord la masse, qui tantôt se montrait si active, retombée dans un état où toute activité paraît absolument anéantie.

Il faut prendre garde ici, de saisir exactement cette analogie entre l'âme et la matière. Car on pourrait tomber dans de grandes erreurs en l'appliquant sans précaution. Remarquons donc, qu'il y a des corps qui, par leur composition, ou organisation, ou par leurs liaisons avec un certain système, possèdent des forces, auxquelles on ne peut étendre l'analogie dont nous parlons. Telle est la force de la poudre à canon, celle d'un ressort tendu, celle d'un corps en mouvement. Ces forces ne se montrent non plus, que lorsque quelque autre corps vient d'agir sur celui qui les possède, comme par exemple si une étincelle tombe sur la poudre. C'est alors

1. On peut penser que Sulzer tire cette analogie des travaux d'Albrecht von Haller sur la sensibilité et l'irritabilité. Voir la *Dissertation sur les parties irritables et sensibles des animaux*, Lausanne, M.M. Bousquet, 1755 (traduction française par Samuel Auguste Tissot du *De partibus corporis humani sensilibus et irritabilibus* de 1752).

qu'elles se développent, et que le corps qui paraissait une masse brute et morte, se montre très actif. Mais la grande différence qu'il y a entre ces forces et celles dont nous avons parlé, se montre en ce que celles-ci se conservent toujours, au lieu que les autres s'absorbent par l'action, et se détruisent entièrement en se développant. Dès que la composition qui les a fait naître est détruite, elles sont détruites aussi; dès que le système change, elles changent de même. Mais la force de l'âme, comme ces forces permanentes de la matière, qui ne sont l'effet d'aucun arrangement des parties, subsistent en entier et ne s'usent jamais. La force de réaction, par exemple, d'une masse de matière est toujours la même, soit qu'elle se soit mille fois déployée, soit qu'elle n'ait jamais été provoquée, elle ne change en rien par un autre arrangement des parties de la masse. Il en est de même des forces de l'âme. De là nous pouvons conclure que, quant à leur existence, elles ne dépendent d'aucun mécanisme, d'aucun arrangement des parties, qu'elles
420 sont indestructibles, et ne peuvent être ôtées à la substance | où elles résident que par la destruction ou l'anéantissement de cette substance.

Concluons de tout ceci, que la destruction entière du corps organisé plongerait l'âme dans un sommeil mortel, en suffoquant toute son activité, sans que ses forces cessassent de subsister. Mais comment arrive-t-il que, sans cette destruction, des forces de l'âme soient étouffées? Cela arrive, comme nous l'avons dit, dans le profond sommeil et dans l'évanouissement. Je ne parlerai point ici de la première des causes, parce que cela me mènerait trop loin; mais je hasarderai une idée sur l'autre. L'évanouissement est un effet de quelque passion violente, comme d'une grande douleur, ou d'une grande joie; quelquefois aussi d'une extrême fatigue, ou d'un autre épuisement des forces. Or, dans tous ces cas, l'âme est attaquée par un très grand nombre d'idées confuses, ou de petites sensations. D'abord, elle fait tous les efforts imaginables pour saisir l'objet qui la provoque; mais, sentant qu'il est trop grand pour ses forces, elle y succombe, et cesse d'y employer d'inutiles efforts. Voilà, (au moins autant que je puis le comprendre,) la cause de l'inaction, dans laquelle elle tombe.

Revenons aux faits. L'état que nous venons de décrire, nous offre quelques singularités qui méritent notre attention. J'ai observé plus d'une fois, et d'autres auront sans doute observé la même chose, qu'étant réveillé subitement, mais sans bruit, par je ne sais quelle cause, j'avais exactement les mêmes idées présentes à l'esprit, avec lesquelles je m'étais endormi. La même chose m'arriva jusqu'à trois fois dans la même nuit: toutes les trois fois je me réveillais exactement avec la même idée. Il m'est même arrivé une chose plus singulière encore. Je m'étais endormi en lisant dans un poète; à mon réveil, qui arriva presque une heure entière après que je m'étais endormi, je répétais mécaniquement un vers, qui était justement le dernier que j'avais lu en m'endormant.

J'ai ouï dire, que des personnes revenues d'un long évanouissement, avaient continué un discours par l'endroit où elles l'avaient | laissé en 421
s'évanouissant; ce qui revient au cas dont je viens de parler. Ces faits nous apprennent, que, lors même qu'il n'y a point de sensations claires, ni par conséquent d'aperception, l'âme n'est pas dans une inaction absolue. Elle conserve, quoiqu'obscurément, les dernières perceptions claires qu'elle avait eues. Cependant il n'y a point d'action progressive dans cet état. De là on peut tirer la conséquence, que ce n'est que moyennant l'aperception qu'une pensée succède à l'autre, et que plus l'aperception est parfaite et complète, plus il y a de facilité de passer d'une idée et d'une perception à d'autres. En général, la faculté de penser paraît être proportionnée au degré de perfection, qui a lieu dans l'aperception.

Après ces cas, où l'aperception est entièrement étouffée, considérons ceux où elle commence peu à peu, et va toujours en augmentant. Nous ne la suivrons pas par tous les degrés de clarté et d'étendue qui y peuvent avoir lieu; nous nous contenterons de considérer quelques-uns des plus remarquables. Mais, avant que d'entrer dans cette matière, je suis dans la nécessité de faire une petite digression, qui répandra du jour sur ce que j'aurai à dire après, touchant le sujet principal de ce mémoire.

Toutes les idées des choses individuelles sont toujours très incomplètes. Car, chaque individu étant absolument déterminé, non seulement dans ce qui constitue son être, mais encore dans toutes ses relations, il y a nécessairement dans l'idée complète de chaque individu une infinité de choses qui servent à le caractériser dans toutes ses relations. Cet arbre que je vois devant moi, n'est pas seulement un poirier d'une certaine espèce; mais il diffère de tous les poiriers de la même espèce par une infinité de propriétés, d'accidents et de relations qui lui sont propres, comme par sa grandeur, par sa forme particulière, par le nombre et l'arrangement de ses parties, par son âge, par la place qu'il occupe, etc. Toutes ces particularités avec mille autres entrent dans l'idée complète de cet individu. De là il est clair que nous n'avons l'idée complète d'aucun individu. De toutes ces
| notions particulières qui appartiennent à l'idée complète, nous saisissons, 422
tantôt un grand, tantôt un plus petit nombre. Or on voit bien que des idées aussi défectueuses mettent des bornes fort étroites à nos jugements sur les individus.

Maintenant il faut observer, que l'idée de nous-mêmes, qui entre dans l'aperception, étant celle d'un individu, est nécessairement fort incomplète [1]. Nous ne nous voyons jamais avec toutes les déterminations, qui constituent notre individualité. Quand nous pensons à nous-mêmes, nous n'apercevons clairement qu'un petit nombre de particularités qui déterminent notre individu. Lors donc qu'il s'agit de porter un jugement sur nous-mêmes, cette résolution, ou ce jugement, ne peut être déterminé que par ce petit nombre de particularités qui ont une clarté sensible dans l'aperception. En prenant donc quelque résolution relative à cette partie de notre état, dont nous n'avons alors aucune idée claire, elle ne pourra être que très gauche, très peu sensée, et très contraire à ce qu'il fallait faire. Ceci arrive, pour ne donner ici qu'un seul exemple, aux personnes décontenancées. Car dans cet état toute l'attention étant dirigée vers la cause qui les a mises hors de leur assiette, on perd l'idée claire de cet *endroit de notre personnalité,* (si je peux m'exprimer ainsi,) qui exige quelque prompte résolution. S'il était possible que nous eussions toujours présent à l'esprit tout ce qui appartient à notre état, à notre caractère, à nos vues, etc., il nous arriverait rarement de faire de fausses démarches. On rendrait donc un grand service au genre humain, si on lui découvrait la science qui nous donnerait l'habitude de saisir à la fois le plus grand nombre possible des déterminations qui appartiennent à notre individualité. Cette science n'est pas impossible, quoique personne n'y ait pensé, que je sache. Mais ce n'est pas encore le temps d'y penser sérieusement. Remarquons seulement que les sciences, les occupations, les métiers ou genres de vie par lesquels on s'accoutume à saisir à la fois un grand nombre d'idées qui appartiennent à
423 un seul objet | pourraient servir utilement à nous faciliter cet art important de donner toujours la plus grande étendue possible à l'idée de nous-mêmes. Par là on comprend aussi que ces sciences fort abstraites, dans lesquelles il faut faire succéder pas à pas une notion à l'autre, ces occupations qui demandent de la subtilité, ces exercices d'esprit où l'on fixe l'attention sur une seule notion simple, que tout cela, dis-je, est très contraire au grand art dont nous parlons. Voilà pourquoi on rencontre quelquefois parmi les plus grands savants et les plus habiles artistes des sujets presque imbéciles; et comment un homme qui, dans les affaires de la vie, n'a pas le bon sens, peut être fort grand dans un métier qui demande un esprit subtil [2].

1. Sulzer ne s'intéresse pas, sous le terme d'aperception, à la conscience *immédiate* « de notre existence » ou de « nous-mêmes », mais à la connaissance de notre *individualité*, qui suppose un grand nombre de déterminations, de propriétés et de relations. L'idée de nous-mêmes qui entre dans l'aperception étant celle d'un *individu*, elle reste donc forcément incomplète.

2. Ce dernier paragraphe annonce un projet assez étonnant, et qui semble être resté sans suite. En s'appuyant sur la conception de l'individu qu'il vient de proposer, Sulzer imagine

Après ces remarques générales je reviens à des faits particuliers. J'observe donc qu'il y a des cas, où l'idée qu'on a de soi-même est si incomplète, si peu composée de circonstances particulières et personnelles, qu'elle se change presque en notion générale. C'est ce qui mérite d'être considéré dans quelques exemples particuliers. Je me rappelle d'abord un cas fort remarquable, arrivé à un homme que j'ai connu, et je tiens les circonstances particulières de ce fait de plusieurs de ses amis, qui ont été présents à ce que je vais raconter. Cet homme donc, en lâchant un coup de fusil, eut le malheur d'être furieusement blessé par un éclat de son fusil qui creva. Le crâne fut tout fracassé, et une portion du cerveau même du côté du front fut emportée avec un morceau du crâne. Le blessé tomba sans donner la moindre marque de vie, et ses amis le crurent mort. Cependant il eut le bonheur d'être guéri de cette cruelle blessure. Après son rétablissement mortel, qui le fit croire mort, il entendit des lamentations et des plaintes au sujet d'un grand malheur arrivé, sans concevoir le moindre soupçon que lui-même en fût le sujet. Il n'avait dans ce moment aucune connaissance de son état extérieur, il ignorait où il était, ou plutôt l'idée de l'endroit où il était ne lui était pas venue.

À ce cas j'en joindrai un autre de ma propre expérience, qui y est fort
analogue. Il m'est arrivé plusieurs fois qu'au réveil de la | matinée **424**
j'entendais de petits coups qui se succédaient à intervalles égaux. Je m'amusais à les compter, pour voir combien de temps cela durerait; mais je ne m'avisais pas de me demander ce que ce pouvait être. C'étaient cependant les oscillations, ou battements, d'une pendule placée à côté de mon lit. J'ignorais parfaitement dans ces moments-là que j'étais au lit, que je venais de me réveiller du sommeil de la nuit; je n'avais alors que deux

une science, ou un art, « de donner toujours la plus grande étendue possible à l'idée de nous-mêmes ». Cette science, qui révèle l'horizon pratique de la démarche psychologique de Sulzer, consiste à « clarifier » le plus grand nombre possible de ces particularités qui caractérisent un individu. Notre auteur va même jusqu'à suggérer que si cet art était poussé suffisamment loin, « il nous arriverait rarement de faire de fausses démarches ». Cette démarche est portée par l'idéal de ce qu'il appelle ailleurs le génie pratique, et qui réside dans une grande « souplesse » de l'esprit, qui permet à la personne qui choisit et qui agit d'osciller efficacement entre l'attention théorique et la juste détermination pratique. D'où la ressemblance, ici, entre la distraction savante et « l'imbécillité », dans la mesure où l'absorbement théorique apparaît à Sulzer comme peu compatible avec le « bon sens » quotidien (voir *infra* p. 424, l'exemple de Démocrite et des Abdéritains). Les « Observations sur les divers états où l'âme se trouve en exerçant ses facultés primitives, celle d'apercevoir et celle de sentir » (HAR 1763 [1770], p. 407-420), dont on trouvera l'édition dans ce volume, reviendront sur cette question de la distraction méditative. Au vu de l'évolution de la pensée de Sulzer, il est possible d'affirmer que cet horizon de la notion morale d'individu sera remplacé par une investigation plus générale sur les actes obscurs de l'âme et sur les façons d'y remédier, au détriment de la « connaissance de soi » comme individualité indéfiniment analysable qui semble être esquissée ici.

idées claires dans mon esprit, celle de ces battements et celle d'un être qui comptait les coups, et que j'appelais *Moi*; pas une ombre de quelque autre idée relative à ma personne, à mon état, et aux relations où je me trouvais par rapport au temps et au lieu.

Voilà donc deux cas où l'idée individuelle qu'on a de soi-même devient presque une idée générale. Or considérons maintenant les suites remarquables d'un pareil état. D'abord, on y méconnaît les objets les plus familiers; et comme toutes les idées qui appartiennent à notre personnalité manquent alors, il est clair qu'on ne peut, ni penser, ni réfléchir sur son état. Toutefois il paraît que dans cet état même il ne manque rien aux forces de l'esprit et à la faculté de raisonner. Car il est évident par les faits cités, qu'on y peut avoir des idées claires, et même distinctes, qu'on y peut diriger son attention, qu'on y peut réfléchir. Si nous joignons à ces cas, d'autres assez connus, ceux des fortes distractions, on voit qu'on y peut même approfondir des matières abstraites, et pousser fort loin des raisonnements très composés. D'un autre côté, il n'est pas moins clair qu'un homme qui, dans une conversation où la compagnie s'entretiendrait vivement sur son sujet, ou sur des matières présentes aux yeux de chacun, demanderait tout haut, ce que le blessé se demandait à soi-même, quel peut être le sujet de cette conversation? Un tel homme, dis-je, passerait pour fou. Voilà donc un grand paradoxe, qu'un homme possédant actuellement, et exerçant même sa raison, faisant des raisonnements fort justes, même profonds, peut paraître fou et imbécile. C'était exactement le cas du philosophe *Démocrite,* lorsqu'*Hippocrate* le vint voir, comme ce grand médecin le rapporte dans sa belle lettre à *Damagète*[1].

425 | On voit bien ce qui cause cette apparence de folie ou d'imbécilité; c'est l'idée trop incomplète de nous-mêmes, ou un défaut dans l'aperception. Mais le physique de ces cas vaut la peine d'être examiné plus particulièrement. On peut demander au sujet du premier des deux cas allégués, d'où vient que le blessé, quoique revenu à son bon sens et à l'aperception, ne s'est d'abord rien rappelé de ce qu'il avait fait quelques moments auparavant? Et pourquoi il n'a pu se souvenir dans quel endroit il était?

1. La lettre d'Hippocrate à Damagète fait partie des *Lettres* portant sur la folie supposée de Démocrite, œuvre apocryphe dont les plus anciens manuscrits remontent au Ier siècle. Sulzer omet de préciser que c'est aux yeux des Abdéritains que Démocrite semblait « fou », et qu'Hippocrate, appelé à Abdère pour soigner le philosophe, eut tôt fait de ranger son ellébore lorsqu'il eut compris que Démocrite ne disséquait des animaux que pour comprendre les causes physiques de la mélancolie, et que son « rire » n'était pas celui d'un dément, mais celui d'un philosophe conscient de la « folie » de ses contemporains. L'exemple de Sulzer est donc ambigu, puisque l'apparence, ici, se révèle trompeuse et se retourne contre les accusateurs. Pour les *Lettres*, voir P. Dandrey, *Anthologie de l'humeur noire*, Paris, Gallimard, 2005, p. 66-97.

Quant à la première question, le fait même paraît contraire à ce que nous avons remarqué plus haut, touchant la continuation des dernières perceptions claires, pendant le temps où l'aperception est étouffée. Il faut d'abord dissiper ce doute. Comme dans l'état où l'aperception manque, toutes les forces de l'âme sont extrêmement affaiblies, on ne conserve que fort faiblement les dernières perceptions claires qu'on avait eues en tombant dans l'assoupissement. La moindre sensation claire les dissipe donc, comme le soleil dissipe un faible brouillard. Voilà la raison pourquoi notre blessé, quoiqu'au premier instant du retour de l'aperception il eût eu une idée très faible de ce qui venait d'arriver, la perdit subitement par la sensation plus forte des voix qu'il entendit. Il nous reste donc à examiner ce qui l'a empêché de revenir entièrement à lui, et de connaître son malheur. Cette question devient plus difficile, lorsqu'on oppose à ce premier cas l'autre, où, dans une semblable ignorance de l'état personnel, après le profond sommeil, on n'est pas longtemps à se reconnaître.

Voyons d'abord tout ce qu'il aurait fallu que le blessé fît pour se reconnaître. Il entendait des voix, et il comprenait que c'était des lamentations au sujet d'un grand malheur arrivé. Il n'aurait donc fallu, pour se reconnaître, qu'une curiosité plus vive sur ce qu'il entendait, de l'envie de s'éclaircir sur les questions suivantes. Mais qui sont donc ces gens que j'entends parler? De quoi se plaignent-ils? Pourquoi est-ce que je les entends sans les voir? Ai-je donc les yeux fermés? Pourquoi ne les ouvré-je pas? Où suis-je? | Quel est mon état? Il est visible par le fait même, que le **426**
blessé s'est fait au moins quelques-unes de ces questions; mais il est très probable en même temps, que sa curiosité n'a été que fort faible. Car, s'il avait fait quelques efforts pour s'éclaircir, il aurait sans doute réussi, ayant l'aperception claire, quoique fort bornée. Ainsi notre question revient à celle-ci: pourquoi sa curiosité, (car il en a effectivement eu,) était-elle si peu vive?

Avant que de répondre à cette question qui demande du détail, je remarque, qu'outre ce moyen de revenir à soi-même, il y en avait encore un autre. C'était, si, au lieu de cette sensation qui lui annonçait les plaintes vagues de ses amis, il avait éprouvé une autre accompagnée de quelque circonstance locale, comme s'il avait vu l'endroit où il se trouvait, ou s'il s'était senti couché à terre. Il nous manque trop de circonstances particulières du cas, pour voir la raison pourquoi l'ouïe rendit plus de service au blessé que les autres sens. Mais il est certain que, si une autre sensation s'était jointe à la première, cela aurait suffi pour le ramener tout à fait soi-même. C'est en cela que consiste la différence entre ce cas et l'autre, où il était facile de se reconnaître moyennant des sensations locales. Revenons maintenant à la grande question, pourquoi notre blessé a eu si peu de curiosité, dans une occasion où de jeunes gens surtout, (car il était alors dans l'adolescence,) sont si vifs ?

Remarquons préalablement, qu'on peut observer ce même défaut de curiosité chez des personnes accablées d'une longue ou rude maladie, ou d'un grand chagrin, ou sujettes à une forte passion habituelle. Dans tous ces cas-là l'homme paraît hébété, et quelquefois stupide. Voici maintenant ce que je pense sur la cause physique de ces faits.

Les vraies forces impulsives dans l'âme sont d'abord les sensations, puis les perceptions claires, mais bien confuses, de même que les perceptions obscures jusqu'à un certain point. Aucune idée distincte ne
427 peut émouvoir, elle ne peut que diriger l'attention[1]. | Cette proposition qui est d'un fort grand usage dans la psychologie, ne paraîtra point étrange à ceux qui ont médité, comme il faut, sur les affections de l'âme. Je ne puis pas m'étendre ici pour la mettre hors de contestation. On pourra s'assurer de sa vérité, en réfléchissant sur la grande tranquillité dont l'âme jouit pendant qu'elle s'occupe de raisonnements abstraits, et sur l'agitation où elle se trouve étant saisie par quelque passion. Or, dans le premier cas, on a des perceptions distinctes; et dans l'autre, toute la masse des perceptions est confuse. Qu'on ajoute à cela que les sensations et les passions ne cessent pas de produire cet effet, lors même qu'elles sont assez obscures; ce qui est évident par l'exemple des personnes qui, par une passion forte, ont eu le malheur de perdre l'esprit, ou le bon sens. Car ces personnes sont souvent d'une humeur farouche, brusques, et intraitables, dans ces moments mêmes où la passion qui les domine ne se fait point sentir. Il en est de même

1. J'ai traité cette matière avec l'étendue qu'elle méritait, dans un mémoire lu à l'Académie il y a deux ans [note originale]. Si l'on suppose que Sulzer a ajouté cette note en vue de la publication en 1766 (dans le recueil des mémoires de l'année 1764), il s'agirait probablement du mémoire de 1763, intitulé : « Observations sur les divers états où l'âme se trouve en exerçant ses facultés primitives, celle d'apercevoir et celle de sentir ». S'il s'agit plutôt d'une note faisant partie du texte initial, la référence devient ici moins claire. Aucun mémoire de 1754 ne correspond à cette description. À la rigueur, Sulzer pourrait référer ici au troisième mémoire sur les sentiments agréables et désagréables, consacré aux plaisirs des sens, qui est de 1752, même s'il ne va pas encore, dans ce mémoire, jusqu'à affirmer l'incapacité des connaissances distinctes à produire un sentiment; mais cela renverrait la lecture du présent mémoire à 1754. Encore une fois, Sulzer est assez imprécis dans son usage des dates. La thèse de l'inertie motivationnelle des connaissances distinctes, centrale pour les travaux ultérieurs de Sulzer, semble trouver ici – en supposant que l'hypothèse d'une rédaction en 1756 soit avérée – sa première formulation nette. Faut-il y voir une influence déterminante de la pensée de Hume, que Sulzer vient de contribuer à traduire en allemand ? On retrouve cette problématique dans le mémoire sur « L'explication d'un paradoxe psychologique » (HAR 1759 [1766], p. 433-450) et dans les « Observations sur les divers états où l'âme se trouve en exerçant ses facultés primitives » (1763 [1770], p. 407-420), édités dans le présent volume.

des sensations. Très souvent nous portons la main sur le visage pour en éloigner quelque objet qui nous incommode, sans avoir l'idée claire d'une sensation incommode, qui pourtant peut être bien réelle. C'est par des réflexions justes sur tous ces cas, que l'on pourra s'assurer de la vérité de cette proposition qui me servira ici de principe pour résoudre la question proposée, à laquelle je reviens après cette digression.

Une sensation donc, qu'elle soit claire ou obscure, pourvu qu'elle soit assez forte pour communiquer l'ébranlement à une partie considérable du système des nerfs, attire à soi toutes les forces de l'âme[1]. Toutes les facultés intérieures, ou ce que quelques-uns appellent l'âme sensitive, se livrent à ces impressions. Quelque autre objet se présente-t-il aux sens ou à l'esprit dans cet état? Il ne le touche plus, ou ne le touche que fort faiblement; l'âme paraît toute énervée, et sans aucun ressort. Nous savons par les observations des médecins, que cette direction de tout ce qui est actif dans l'âme, vers | un seul objet, produit souvent une insensibilité, qui se **428**
soutient malgré les plus fortes irritations des nerfs. Je pourrais citer ici l'exemple d'un homme qui conçut un si violent chagrin de la mauvaise conduite de sa femme, qu'il tomba dans une insensibilité presque totale, au point qu'aucun des moyens qu'on imaginait pour exciter en lui quelque signe de sensibilité, ne réussissait. Cependant il se portait bien, mangeait et buvait de bon appétit. Or ce qui prouve que le sentiment de son extrême chagrin n'était qu'obscur, c'est qu'il n'en donnait pas de marques dans sa conduite, ni dans ses gestes.

On conçoit maintenant pourquoi un homme blessé mortellement, revenu à lui-même après le premier évanouissement, n'a aucun sentiment vif; pourquoi, dans notre cas en particulier, le blessé n'a pas eu plus de curiosité de s'éclaircir sur ce qu'il entendit. Tout ce qui existe de forces impulsives dans l'âme, était comme enchaîné par la sensation obscure relative au dangereux état du corps. C'est une autre question de savoir pourquoi il n'a pas eu de sensation claire, ou de douleur sensible causée par la blessure, malgré l'état de perceptions claires auquel il était revenu alors. Mais ce n'est pas de quoi il s'agit ici: il nous suffit pour les recherches présentes de savoir par le fait, qu'il n'a point senti son mal, dans le temps dont nous parlons. Voilà donc, si je ne me trompe, l'explication physique de ce fait remarquable.

1. J'ai mis cette proposition hors de doute, dans un autre mémoire, postérieur à celui-ci, dans lequel je fais voir que les perceptions obscures nous forcent quelquefois d'agir contre nos désirs [note originale]. Il s'agit sans conteste du « Paradoxe psychologique » (1759), dont nous donnons l'édition dans le présent volume.

Je prévois une objection qu'on pourrait me faire. J'ai dit qu'une sensation très forte, communiquée à une grande partie du système nerveux, saisit et enchaîne d'abord toutes les forces de l'âme. On me citera, pour prouver le contraire des exemples étonnants de quelques stoïciens, de plusieurs martyrs, et des peuples sauvages de l'Amérique septentrionale, par lesquels il est évident, qu'au milieu des tourments, l'âme peut conserver toutes ses forces et les employer librement comme elle veut [1].

J'entre d'autant plus volontiers dans la discussion du doute qui pourrait naître de là, qu'elle me donnera l'occasion de faire quelques remarques assez importantes.

429 | S'il est vrai d'un côté, que les sensations ont la plus grande force sur l'âme, il faut de l'autre côté considérer, qu'il n'y a point de passion, pour peu qu'elle soit forte, à laquelle ne se joignent des sensations. La rougeur du visage dans la honte, cette même rougeur accompagnée d'une chaleur sensible dans la colère, la pâleur dans l'effroi, le prouve suffisamment. Or une passion favorite, une passion d'habitude, une passion dominante, à laquelle on s'est soumis depuis longtemps, que l'on a même cultivée, s'empare tellement de l'âme, que tout y est rapporté, et qu'il n'y a presque aucune perception qui n'en tienne. Une telle passion donc traîne à sa suite toute la masse de nos perceptions claires et obscures. Ainsi lorsque cette passion agit, il n'y a rien dans l'âme qui ne concoure à l'action. La plus grande partie du système des nerfs y est engagée. Est-il étonnant, que dans un pareil cas le nombre prodigieux de perceptions amassées depuis longues années, qui concourent maintenant toutes à fortifier la passion, l'emporte sur les sensations les plus fortes ? L'exemple assez ordinaire d'une passion décidée pour un genre d'étude, fait voir comment elle rapporte tout à son objet, en liant tout ce que l'on voit et tout ce que l'on entend à la grande chaîne des perceptions favorites. Le soldat passionné ne voit dans le genre humain que des recrues, ne cherche dans les différents pays qu'il parcourt, que des postes et des champs de bataille. Il contracte par-là une telle habitude de rapporter tout à son métier, que ni son âme, ni les nerfs de son corps, n'ont plus de ressort que pour cela, dès que dans une occasion particulière sa passion est provoquée. Les exemples qui confirment ces remarques, sont trop ordinaires pour un grand nombre de passions, pour qu'il soit nécessaire que je m'y arrête plus longtemps.

1. L'objection potentielle, que Sulzer voudra retourner à son avantage, concerne ce que l'on pourrait appeler des cas d'extrême force de la volonté.

Cependant les effets de ces passions ordinaires ne sont que fort faibles
en comparaison de ceux de ces passions factices, nourries par un esprit de
secte, et cultivées par une discipline très sévère et très pointilleuse, comme
fut autrefois celle du stoïcien. Que ceux qui ne connaissent rien d'une telle
discipline de l'âme, qui ne laisse de liberté à aucune perception, qui force
les moindres idées d'entrer et de | se ranger sous l'idée favorite d'un certain 430
état, soient étonnés de ce qu'on rapporte de la constance que quelques
philosophes sectaires et quelques saints ont montrée au milieu des
tourments, cela ne me surprend pas. Mais je suis assuré que ceux qui sont
capables d'approfondir les différentes observations rapportées dans ce
mémoire, comprendront la cause de cette constance, et qu'ils verront que
les exemples allégués comme des difficultés contre l'explication que j'ai
donnée plus haut, bien loin de prouver contre moi, achèvent de confirmer
toute cette théorie du grand effet des perceptions confuses et obscures. Je
ne m'y arrête donc pas plus longtemps; j'ajoute en général que ces
remarques pourraient fournir des principes à la plus importante de toutes
les sciences, à la *théorie de cette discipline de l'âme, qui la rend supérieure
à toutes les impressions des sens et à toutes les passions contraires au plan
de vie qu'on s'est proposé de suivre.* Mais il est temps de revenir de cette
digression, si toutefois c'en est une.

Je me flatte donc d'avoir fait voir comment il est arrivé, dans le cas proposé plus haut, que l'homme blessé n'a pu parvenir à une aperception plus complète, et comment son esprit qui était fort sain au moment dont il s'agit, aurait dû paraître troublé entièrement, s'il avait pu parler.

Arrêtons-nous encore un moment à ce cas. J'ai dit qu'outre le moyen de revenir entièrement à soi qui nous a engagés à cette discussion, il y en avait encore d'autres; savoir des sensations accompagnées de quelques perceptions locales ou personnelles. Il est clair que, si quelqu'un de la compagnie s'était avisé de l'appeler par son nom en le plaignant, cela l'aurait fait revenir, parce qu'il eût appris que c'était lui que l'on plaignait : et cela l'aurait engagé à ramasser ses forces pour savoir dans quel état il se trouvait. Cela serait aussi arrivé, s'il avait vu l'endroit où il était alors.

On voit par-là que l'aperception devient plus complète et plus parfaite
par la diversité des sens et par des sensations qui renferment des
circonstances locales et personnelles. Un bruit que j'entends peut me tirer
d'une distraction dans laquelle je m'étais oublié moi-même. | Cependant, 431
si ce bruit est vague, s'il ne porte dans mon âme que la perception d'un bruit
présent, sans détermination particulière, la distraction peut bien n'être pas
dissipée tout à fait : si au contraire il vient d'une cause qui m'est connue,

qui en même temps est intéressante pour moi, l'aperception deviendra beaucoup plus complète; et si à ce bruit se joint encore la vue de quelques objets qui y sont relatifs, alors je reconnais plus parfaitement ma situation. Il en est de même de toutes les autres sensations qui ont plus ou moins de force pour nous ramener à nous-mêmes, à proportion du nombre de perceptions particulières qu'elles produisent. Pour donner à cette observation toute la clarté possible, j'alléguerai un autre cas qui achèvera de nous instruire sur les causes physiques par lesquelles l'aperception devient plus ou moins complète.

Il m'est arrivé, lorsque je méditais sur quelque sujet, de tomber peu à peu dans une distraction qui effaçait de mon esprit toutes les idées relatives à mon état extérieur. Dans cet état j'entends du bruit, et ce bruit était celui de ces petites sonnettes qu'on met ordinairement aux harnais des chevaux lorsqu'on va en traîneau. Par une association d'idées qui est très naturelle, je pense à un traîneau qui passe devant ma maison; l'idée d'un traîneau amène naturellement celles de l'hiver et des rues couvertes de neige. J'avais toutes ces idées en tête, sans y faire beaucoup d'attention, lorsqu'un autre bruit plus fort me fit tourner les yeux du côté d'une fenêtre qui donnait dans mon jardin. Alors je vis les arbres tous verts; et sentant la contradiction qu'il y avait entre mes perceptions, cela me réveilla. Je me trouvai au milieu de l'été, et il faisait alors une assez grande chaleur. Dans cet exemple, il est visible que, sans cette seconde sensation, j'aurais pu rester longtemps dans l'idée qu'on était alors au cœur de l'hiver. Si j'avais fixé mon attention sur ces idées imaginaires, j'aurais pu faire quelque démarche, ou tenir quelque propos conforme à l'illusion dans laquelle je me trouvais; j'aurais même pu y rester très longtemps sans le secours d'une nouvelle sensation.

432 | De pareils faits, qui sont trop ordinaires, pour qu'il soit nécessaire d'en alléguer un plus grand nombre, nous fournissent plusieurs conclusions assez importantes. Je n'en tirerai que trois, qui se rapportent le plus immédiatement au sujet principal de ce mémoire. 1° il est clair que nous sommes très disposés à réaliser nos imaginations, et que pareille illusion doit même arriver nécessairement, toutes les fois que pendant la distraction nous recevons une impression claire causée par une sensation peu circonstanciée. Ce cas mérite d'être approfondi. Dès que l'attention est fixée sur des perceptions purement idéales, nous oublions nécessairement tout ce qui appartient à notre état extérieur. Maintenant, nous sommes légèrement frappés par quelque sensation qui n'est pas bien déterminée;

ou, pour m'exprimer avec plus de justesse, nous ne sentons que fort imparfaitement. Dès que nous apercevons la moindre ressemblance entre cette perception et une autre toute différente, mais mieux circonstanciée, dont la mémoire nous fournit l'idée, nous nous imaginons que c'est cette dernière qui répond à la sensation. Nous assurons avoir vu ou entendu telle chose, quoiqu'il n'y ait rien de réel dans notre assertion. La même chose arrive quelquefois, sans qu'aucune sensation ait donné lieu à l'illusion. L'idée bien claire d'un objet sensible qui se mêle parmi nos méditations suffit pour cela. Un saint anachorète, profondément plongé dans des méditations spirituelles, perdant par là toute idée locale, a l'idée de l'apparition d'un ange ou d'un saint si claire, qu'il croit le voir; et il doit le croire nécessairement, parce que ne recevant aucune perception sensible du dehors, rien ne le détrompe de cette vision. C'est exactement le cas des rêves. Lorsqu'en sommeillant j'ai l'idée fort claire d'un certain endroit, je dois nécessairement m'imaginer d'y être, parce que je n'ai l'idée claire d'aucun autre endroit dans lequel je pourrais me trouver actuellement. Il en est de même par rapport au temps. Si toutes les sensations relatives au temps présent nous manquent, et que dans un rêve nous pensions à des faits passés il y a longtemps, nous croyons nécessairement nous trouver dans le temps auquel ils appartiennent.

| La seconde conclusion que nous tirons des observations précédentes, **433**
est celle-ci. Ce n'est que par le moyen des sensations continuelles, et diversifiées, que nous nous soutenons dans le bon sens, relativement à la réalité de notre situation extérieure. Nous pouvons bien juger, raisonner sur des choses idéales, aller de conséquence en conséquence, suivant exactement les règles de la logique, pendant que nous pensons et que nous agissons de travers relativement à des objets réels et à notre situation dans ce monde. Cela prouve que les opérations de l'esprit, en tant qu'il conçoit distinctement, et qu'il agit selon les règles du raisonnement, ne dépendent point des sens, ni de l'organisation du corps; elles tiennent à l'essence même de l'âme. Mais, dès qu'il s'agit de la réalité des choses existantes, nous nous égarerions à l'infini si les sensations ne nous ramenaient continuellement dans le bon chemin; et jamais sans elles nous ne pourrions nous orienter. Ces sensations, semblables aux poteaux érigés sur les chemins, pour marquer les endroits auxquels ils aboutissent, nous sont données pour empêcher que nous ne nous égarions. Si nous n'avions que des sensations peu circonstanciées, qui par conséquent n'aboutiraient qu'à produire la perception de notre existence en général [1], toute la vie ne serait qu'un rêve

1. *Supra* [p. 423], Sulzer observait « qu'il y a des cas, où l'idée de soi-même est si incomplète, qu'elle se change presque en notion générale ».

continuel; et il n'y aurait presque rien dans nos pensées qui répondît à la réalité des choses de ce monde. Or, comme il est très probable qu'il y ait un grand nombre de choses dans le monde matériel pour lesquelles nous n'avons point de sens, et que nous ne sentons même qu'imparfaitement les objets relatifs aux sens que nous avons, il n'est pas étonnant que, d'un côté nous soyons dans une ignorance totale sur bien des choses qui ont lieu dans le monde, et de l'autre que l'homme le plus sensé soit continuellement sujet à des illusions. Il n'y a que cette différence entre les illusions de l'esprit faible et celles du philosophe éclairé, que l'un se fait illusion dans les choses relatives à l'usage de la vie, et l'autre dans ses spéculations sur la physique du monde matériel. C'est en conséquence de la première de ces deux imperfections dans nos sens, qu'il y a tant de choses dans le monde matériel que nous ne pouvons lier à ces causes actives et productrices, que nous connaissons. C'est un des plus grands travers de l'esprit, que de
434 prétendre expliquer tous les faits qu'on observe dans le | monde. Car la variété des causes et des effets qui y ont lieu surpasse infiniment la simplicité et le petit nombre de nos sens.

Voici enfin la troisième conclusion par laquelle je finirai ce discours. Il est de la dernière importance pour toutes les affaires de la vie que l'on s'accoutume à donner à l'aperception toute l'étendue possible. Si un homme se voyait à la fois dans toutes ses relations, si, en se rappelant toute sa vie passée, il avait en même temps devant les yeux tout ce qui tient à son état présent, il ne serait jamais sujet à faire de fausses démarches, ou à prendre des résolutions contraires à son intérêt; cet homme serait vraiment l'homme sage et l'homme à ressources[1]. On voit bien qu'une attention étendue, des organes bien parfaits, une imagination vive et une heureuse mémoire, contribueraient le plus à cette perfection, qui est ce qu'on nomme ordinairement la présence d'esprit. Il ne me paraît pas impossible de pousser cette excellente qualité de l'esprit jusqu'à un haut degré, moyennant un exercice continuel[2]. Cette matière mériterait bien d'être approfondie autant que notre connaissance physique de l'âme le permet. Mais il n'est pas temps d'entrer à présent dans cette discussion. Je n'ajouterai qu'une seule remarque. Les perceptions confuses[3], lorsqu'elles sont fort composées, s'opposent le plus à cette heureuse présence d'esprit. Elles sont des sirènes, mais des sirènes d'autant plus redoutables, qu'on sent l'effet de leurs enchantements sans les voir et sans les entendre. Or ces

1. Voir *supra* [p. 422].

2. Sur ce sujet, voir aussi le mémoire de 1758, « L'analyse de la raison », HAR 1758 [1765], p. 414-442.

3. Sulzer veut-il plutôt dire « obscures » ?

perceptions, si dangereuses aux lumières et à la force de l'âme, sont pour la plupart l'effet d'une perception frappante par laquelle on se laisse surprendre, comme sont celles qui donnent de la joie, de la peur, ou quelque autre passion. Si on s'exerçait donc à tenir bonne contenance vis-à-vis des premières impressions, qui tendent à exciter ces impressions dangereuses, on éloignerait par là le danger de ne voir qu'un seul côté de son état présent, et l'on conserverait la liberté d'étendre son attention aussi loin que les sensations et la mémoire du passé l'admettraient; ce qui amènerait une présence d'esprit qui rendrait l'aperception aussi complète que les bornes prescrites à nos forces le permettent.

RÉFLEXIONS SUR LA NATURE ET LES CAUSES DE LA FOLIE PREMIER ET SECOND MÉMOIRES [1]

PRÉSENTATION

En 1759 et en 1760, Louis de Beausobre lit devant la Classe de philosophie spéculative cinq mémoires portant sur la nature et les causes de la folie [2]. Il semble avoir pris au sérieux le souhait de Johann Georg Sulzer qui encourageait les psychologues à investiguer la part obscure de l'âme humaine [3]. Dans les années qui suivent, Beausobre prolongera cette exploration des phénomènes psychologiques dans trois mémoires consacrés aux songes [4], au pressentiment [5] et à l'utilité des idées obscures [6]. Dans les cinq mémoires sur la nature et les causes de la folie, il s'agira pour Beausobre de

1. HAR 1759 [1766], « Réflexions sur la folie, mémoire I », p. 390-403, et « mémoire II », p. 404-418.

2. Le troisième mémoire, qui date de 1759, paraît à la suite des deux premiers dans : HAR 1759 [1766], p. 419-432. Les quatrième et cinquième mémoires, présentés en 1760, sont publiés dans : HAR 1760 [1769], p. 302-312 et p. 313-325.

3. *Kurzer Begriff aller Wissenschaften und andern Theile der Gelehrsamkeit* [*Précis de toutes les sciences et des autres parties du savoir*], Leipzig, Johann Christian Langenheim, 1759, § 206. Voir la récente édition scientifique de ce texte dans *Gesammelte Schriften. Kommentierte Ausgabe,* Band 1 : *Kurzer Begriff aller Wissenschaften, op. cit.*, p. 141. Dans le § 207, Sulzer soulignait l'importance de s'attarder à des cas psychologiques extraordinaires (comme les pressentiments, les distractions, les dérangements de l'esprit ou la folie), qui ne se laissent pas entièrement décomposer à partir des propriétés connues de l'âme. Il souhaitait par exemple que l'on mît le même soin à décrire les particularités des différents types de folie que celui que l'on accorde à la description des maladies particulières.

4. « Réflexions philosophiques sur les songes », HAR 1762 [1769], p. 429-440.

5. « Réflexions sur le pressentiment », HAR 1766 [1768], p. 401-410.

6. « Réflexions sur la nature et la nécessité des idées obscures », HAR 1768 [1770], p. 411-418.

proposer une explication purement *psychologique* de la folie [1]. Deux thèses se joignent dans cette théorie de la folie : d'une part, Beausobre estime qu'il est possible de fournir une explication unifiée des phénomènes qu'englobe le vocable de « folie », dans la mesure où l'imagination se trouve à l'origine de tous les dérangements de l'esprit; d'autre part, il s'agit de montrer que l'explication de la folie par des causes physiques, c'est-à-dire anatomiques et physiologiques, est inadéquate et inutile.

Le point de vue développé par Beausobre se veut celui du *métaphysicien* – entendons : celui du psychologue – qu'il oppose à celui des *médecins*. La période où il rédige ces mémoires en est une d'intense et féconde redéfinition des maladies dites « de la tête », où la médecine s'empare effectivement de toutes ces maladies qui vont bientôt permettre l'émergence de la psychiatrie moderne. Les interprètes s'entendent généralement pour voir à l'œuvre, à cette époque, un processus d'autonomisation de la maladie mentale ou des maladies « des nerfs », avec un recul de l'explication purement corporelle qui prévalait dans la médecine humorale ou dans la médecine influencée par des principes mécanistes. Les articles consacrés à la « Folie », au « Délire », à la « Manie », à la « Mélancolie », etc., dans l'*Encyclopédie* [2] fournissent déjà des indices dans ce sens et préparent le tournant psychiatrique qui s'affirmera chez Pinel ou Esquirol. Mais les dictionnaires et encyclopédies de l'époque, la théorie de William Cullen [3], ainsi que la *Nosologia methodica* de Boissier de Sauvages [4], restent encore fortement pénétrés par l'interprétation médicale des phénomènes de la folie, expliqués par leurs causes physiques : la manie, la mélancolie, l'hystérie, etc. Dans cette « explication » se superposent souvent des couches théoriques de provenances différentes : celles-ci font coexister la médecine humorale, la médecine d'influence mécaniste et le nouveau

1. Il conviendrait certainement de questionner la pertinence du choix du terme de « folie » pour unifier l'enquête sur les cas de dérangements psychologiques, d'autant plus que le vocable, indissolublement imprégné, depuis l'Antiquité, de composantes morales, médicales et parfois même religieuses, subit, à partir du XVIIIe siècle, une sorte de démédicalisation. « Folie » semble garder un caractère moral et normatif et renvoyer à une forme de sanction sociale. R. Rey, « La pathologie mentale dans l'*Encyclopédie* : Définitions et distribution nosologique », *Recherches sur Diderot et sur l'Encyclopédie*, 7, 1989, p. 51-70, plus particulièrement p. 53-56, montre comment dans l'*Encyclopédie* de Diderot et d'Alembert, le terme sera notamment remplacé par *délire*, qui possède l'avantage de transférer les caractéristiques de la maladie sur le corps, ses signes et ses symptômes (voir Enc., « Délire », par d'Aumont).

2. Voir R. Rey, « La pathologie mentale dans l'*Encyclopédie* », art. cit.

3. *Lectures on the Materia Medica*, R. Bell, Philadelphia, 1761.

4. *Nosologia methodica sistens morborum classes, genera et species, juxta Sydenhami mentem et Botanicorum ordinem*, Amsterdam, Frères De Tournes, 1763, 5 vol.; *Nosologie méthodique, dans laquelle les maladies sont rangées par classes, suivant le système de Sydenham, & l'ordre des botanistes*. Paris, Hérissant le fils, 1771, 10 vol.

vitalisme montpelliérain qui met l'accent sur « l'économie animale » [1]. La question se pose d'ailleurs de savoir ce que Beausobre pouvait connaître des théories des maladies de la tête au moment où il entreprend, armé de la théorie wolffienne de l'âme, de rendre compte des différents phénomènes de la folie humaine sur la base de causes endogènes à l'esprit humain. Boissier de Sauvages, auquel réfère pourtant l'édition publiée de 1766, semble exclu, étant donné que le vaste projet de classification des maladies, dont les maladies mentales formeront la huitième classe, auquel s'attachait la *Nosologia* de Sauvages, n'est parue en latin qu'en 1763, avant que ne soit publiée une traduction française de l'ouvrage en 1771. Les articles de l'*Encyclopédie* sur la maladie mentale sont d'abord le fait d'Aumont (montpelliérain d'inspiration mécaniste) jusqu'au tome VII, puis de Ménuret à partir du tome VIII. Mais comme les articles de Ménuret (notamment « Manie », « Mélancolie »), que pourrait viser Beausobre, n'ont été publiés qu'en 1765, on ne voit pas comment notre auteur aurait pu y avoir accès. Il réfère aux travaux de Johann Friedrich Meckel, qui n'ont été présentés à l'Académie de Berlin qu'en 1764 [2]. En somme, il semble que le tournant « psychologique » dans lequel s'engage résolument Beausobre ne peut s'expliquer que par des motivations internes à sa propre philosophie. Parmi ces motivations, il ne faudrait pas sous-estimer l'importance des considérations métaphysiques, puisque Beausobre s'oppose vigoureusement à toute explication des rapports âme/corps en termes d'influx physique, et qu'il considère par ailleurs le matérialisme, qui prétend faire l'économie de l'âme, comme un « système monstrueux » [3], une explication simpliste qui est le résultat de la « paresse » de l'esprit.

Dans l'ensemble des cinq mémoires qu'il lit devant la Classe de philosophie spéculative, Beausobre pointe vers trois buts spécifiques. Il s'agit, dans un premier temps, de définir ce qu'on appelle folie et de formuler une hypothèse générale d'explication qui permette de rendre compte de l'ensemble de ses manifestations; on en trouvera l'élaboration dans les deux mémoires que nous donnons à lire ici. Dans un second temps, il est important pour Beausobre de combattre l'explication de la folie par les causes physiques; cela composera l'objet essentiel du quatrième mémoire. Enfin, dans un troisième temps, l'auteur examine, dans son cinquième et

1. Voir P. Huneman, « Entre folie et passion. Médecine de l'économie animale et aliénisme dans la seconde moitié du XVIIIe siècle », dans L. Desjardins et D. Dumouchel (dir.), *Penser les passions à l'âge classique*, Paris, Hermann, 2012, p. 247-288.

2. J. F. Meckel, « Recherches anatomico-physiologiques sur les causes de la folie qui viennent du vice des parties internes du corps humain », HAR 1764 [1766], p. 65-88.

3. L. Beausobre, « Réflexions sur la folie, mémoire IV, HAR 1760 [1769], p. 303.

dernier mémoire, les perspectives thérapeutiques qui découlent de son approche des phénomènes psychiques. Pris conjointement, ces trois aspects de la théorie de la folie se veulent en même temps une contribution à la compréhension des pouvoirs de l'imagination, qui constitue la trame de fond des écrits psychologiques de Beausobre.

« Quels sont les hommes qu'on a coutume d'appeler fous ? » C'est la question de départ. Il s'agit d'abord pour Beausobre de ramener la diversité apparente des types de folie à une seule forme fondamentale. Ainsi, quelque aspect qu'elle puisse prendre, la folie se manifeste toujours par un phénomène d'altération des sensations. Au cœur de cette explication de la nature et des causes de la folie se trouve l'idée que ce dérangement de la sensation s'explique par l'investissement de l'imagination dans la sensation, notamment par l'association des idées, qui « colore », voire « altère l'image principale » [1]. Le critère de distinction qui se dessine entre le « fou » et l'esprit normal repose sur la confusion qui s'établit entre la sensation et ce que l'imagination ajoute à la sensation. La définition de la folie est constante dans les mémoires de 1759-1760. Beausobre nous dit qu'il a fait voir « que la folie est toujours une altération de quelques sensations, causées par l'imagination, c'est-à-dire un état où l'imagination altère la représentation de notre état présent » [2]. Dans la mesure où notre imagination est toujours active dans nos sensations, Beausobre concède qu'il n'est pas aisé de tracer les bornes claires qui séparent le fou de la personne qui ne l'est pas. Il n'y a jamais de sensation pure, dans la mesure où l'imagination « ajoute et retranche sans cesse quelque chose à nos sensations » [3]. L'imagination *supplée* inévitablement à notre sensation, comme si deux causes mêlaient constamment leurs effets, de sorte que la frontière entre la folie et la « normalité » est toujours fluide et fluctuante [4]. La distinction entre le normal et le pathologique est donc une affaire de degré : il faut que les hommes qui sont fous et ceux qui ne le sont pas aient quelque ressemblance – puisqu'il « n'y a pas de saut dans la nature » [5] ; mais il faut qu'ils se distinguent aussi, dans la mesure où l'acte involontaire « d'ajouter foi » [6] à des images qui supposent des objets qui n'existent pas dans la sensation actuelle ou qui sont démentis par le témoignage des autres

1. L. Beausobre, « Réflexions sur la folie », « mémoire I », HAR 1759 [1766], p. 393.
2. *Ibid.*, « mémoire II », HAR 1759 [1766], p. 404.
3. *Ibid.*, « mémoire I », HAR 1759 [1766], p. 397.
4. Voir *ibid.*, « mémoire II », HAR 1759 [1766], p. 407.
5. *Ibid.*
6. *Ibid.*, « mémoire II », HAR 1759 [1766], p. 408.

sens, ou qui sont opposés « aux premières notions de la raison », constitue « le premier pas vers la folie » [1].

L'examen des causes physiques de la folie est au cœur de l'identification et, avec plus ou moins de succès, de la thérapie des maladies de la tête depuis l'Antiquité. Beausobre consacre son quatrième mémoire exclusivement à ce problème, mais il se heurte constamment au problème des rapports entre l'âme et le corps dans l'analyse de la folie dans les autres mémoires. Beausobre soutient que chercher l'explication des idées extravagantes dans un dérangement de nos organes nous entraînerait sur une fausse piste et nous ferait seulement accumuler les difficultés [2]. Son principal argument contre l'attribution du dérangement des perceptions à un dysfonctionnement des organes consiste à dire que s'il en allait ainsi, nous ne pourrions jamais expliquer les intervalles de « santé » qui succèdent fréquemment, chez les malades, aux épisodes de folie. L'argument sous-entendu ici, qui sera repris sous plusieurs formes, est que pour être une *cause* au sens strict d'un dérangement mental, les mouvements ou les lésions physiques devraient produire constamment les mêmes effets. C'est pourquoi il considère qu'il est « plus simple » [3] d'attribuer la *cause* véritable de ces phénomènes à l'imagination elle-même, quitte à devoir faire face à la question de savoir comment l'imagination en vient à se dérégler et à engendrer de tels effets.

Les objections de Beausobre contre l'explication de la folie par des causes physiques s'ordonnent sur deux plans : d'une part, il souligne les limites des connaissances expérimentales sur lesquelles prétendent s'appuyer les anatomistes ; d'autre part, il fait valoir un argument métaphysique sur les rapports entre l'âme et le corps, en défendant une version du système de l'harmonie préétablie de l'âme et du corps contre l'hypothèse – jugée tout aussi monstrueuse que celle des matérialistes – de l'influx physique. Cela lui permet de se réclamer à la fois d'une hypothèse métaphysique et de l'expérience pour éclairer la nature des rapports entre les causes physiques et les causes morales. L'intention de Beausobre est de prouver que les vices des parties du corps ne sont pas la raison *première* des maladies de l'esprit [4] et que la folie *peut* naître sans aucune altération préalable du corps, par une cause endogène à l'esprit, comme l'attestent certaines passions, en premier lieu la colère, qui agissent comme des « folies passagères », et supposent toujours l'antécédence d'une

1. *Ibid.*
2. *Ibid.*, « mémoire I », HAR 1759 [1766], p. 397.
3. *Ibid.*
4. *Ibid.*, « mémoire IV », HAR 1760 [1769], p. 302.

représentation. C'est encore plus vrai de certaines maladies de la tête, comme la mélancolie, dont on peut rendre compte par l'action de l'imagination dans la considération prolongée de certaines idées particulières liées au chagrin ou à la douleur. Le raisonnement est le suivant : puisque

> la folie *naît souvent* sans que le corps puisse être, en aucune manière, même une cause éloignée de ce changement extraordinaire, [...] ce n'est donc alors que dans l'âme même qu'il faut chercher la raison de la folie : et *l'y trouver pour un seul cas, c'est l'y trouver pour tous* [1].

En vertu de l'hypothèse de l'harmonie préétablie, Beausobre reconnaît que la folie peut être *accompagnée* de certains dérangements dans le corps. Non seulement de tels dérangements « peuvent être des suites naturelles de la folie, mais [...] ils peuvent *l'occasionner* et en devenir des causes *médiates* et *secondaires* » [2]. Toutefois, du fait « qu'il y a dans le corps certains mouvements qui accompagnent ou qui suivent les représentations de l'âme, et dans l'âme certaines représentations qui accompagnent ou qui suivent les mouvements du corps » [3], il ne s'ensuit pas que l'âme exerce à proprement parler une *action immédiate* sur le corps, ni le corps sur l'âme. La relation entre l'âme et le corps ne doit pas être comprise dans les termes de l'hypothèse de l'influx physique. Beausobre reconnaît ainsi que des « causes physiques peuvent *occasionner* la folie sans jamais en être la *cause efficiente* » [4]. Les dérangements du corps pourront donc être des « causes éloignées » [5] ou des « causes médiates » [6] de la folie. Et encore ne le sont-elles pas toujours, puisque « les mêmes dérangements ne produiront pas toujours les mêmes effets dans les différents sujets » [7]. Tout dépend de l'imagination, qui diffère chez chacun. On trouve ici une théorie de l'imagination comprise comme une disposition acquise par le sujet; c'est la différence de ces dispositions qui explique la différence des effets de certaines causes médiates. Dans plusieurs cas, comme on l'a vu, l'imagination suffit à expliquer la genèse de la folie, sans qu'une cause physique, même sous forme de cause « éloignée » ou « médiate », ne puisse être repérée.

Le cinquième mémoire est consacré en grande partie à la classification des maladies et aux perspectives thérapeutiques qu'on est en droit d'espérer. La théorie unifiée de la folie tend à relativiser les différences

1. L. Beausobre, « Réflexions sur la folie », « mémoire IV », HAR 1760 [1769], p. 311 (je souligne).

2. *Ibid.*, p. 304 (je souligne).

3. *Ibid.*, p. 310.

4. *Ibid.*, « mémoire V », HAR 1760 [1769], p. 314.

5. *Ibid.*

6. *Ibid.*, p. 315.

7. *Ibid.*

marquées entre les espèces de folie et à brouiller les catégories que la nosologie médicale essayait d'établir. Soumises à un seul principe, les catégories tendent à passer l'une dans l'autre. Le troisième Mémoire souligne que les distinctions fréquentes entre les délires généraux et les délires portant sur un seul objet[1], ou entre la « folie » calme et la manie, qui s'accompagne d'agitation et de fureur[2], ne désignent plus des pathologies distinctes, mais des modifications et des degrés d'une même maladie : « [...] ce ne sont là que différents degrés d'un mal, qui peut être plus ou moins violent, des modifications d'un état qui peut être modifié d'une infinité de manières »[3]. Cela permet à Beausobre de décrire la mélancolie comme le « premier degré de la folie »[4]. La considération constante d'un même objet ou d'une même idée triste par l'imagination entraîne toute une série de modifications qui ont pour effet progressif de limiter les idées distinctes et d'éclipser les sensations actuelles du monde extérieur. Ainsi, un homme en deuil, affligé par sa perte, n'occupe son esprit qu'à réfléchir à cette perte ; il laisse ainsi « à son imagination plus d'empire qu'il n'en faut ; on le verra passer insensiblement de la tristesse à la mélancolie, et de la mélancolie à la folie »[5]. La mélancolie est le paradigme d'une folie endogène à l'âme par l'action de l'imagination.

L'analyse du rôle des causes physiques dans la folie permet à Beausobre de dégager deux types de maladies : celles qui ont des causes purement morales et les états qui sont *occasionnés* par des dérangements du corps. Toutes les folies ont des conséquences physiques, mais certaines maladies reposent en quelque sorte sur des causes physiques « médiates » ou « éloignées ». Les premières comprennent surtout la folie calme (délire généralisé sans fureur), la mélancolie (le « début » de la folie, où seulement une partie de la raison est atteinte), la manie (délire généralisé accompagné de fureur) ; les secondes englobent plutôt des dérangements comme la rage, la phrénésie, la fièvre chaude, l'hypocondrie, l'hystérie (la fureur utérine) – « où les opérations de l'âme paraissent altérées ou supprimées, parce que le corps ne fait pas ses fonctions, ou ne les fait pas comme il devrait »[6]. En conséquence, on doit élaborer des thérapies qui sont soit *médicales*, soit *psychologiques*. Le médecin ne peut guérir que les dérèglements physiques qui ont affecté indirectement l'imagination, en tant que causes médiates. Mais même s'il y parvient, ce qui ne va pas de soi, il est possible que l'esprit

1. *Ibid.*, « mémoire III », HAR 1759 [1766], p. 428.
2. *Ibid.*, p. 429.
3. *Ibid.*, « mémoire V », HAR 1760 [1769], p. 317.
4. *Ibid.*, « mémoire III », HAR 1759 [1766], p. 431.
5. *Ibid.*, « mémoire V », HAR 1760 [1769], p. 315.
6. *Ibid.*, p. 318.

reste sous l'empire des représentations qui ont causé le délire. La thérapie psychologique est encore plus incertaine. C'est néanmoins l'originalité de Beausobre, à cette époque, que d'élaborer les prémices de ce qui pourra devenir la psychothérapie. En insistant sur la folie psychogène, la stratégie de l'auteur consiste à remonter à l'origine du mal, tout en s'efforçant de connaître le caractère de celui qu'on veut guérir. La difficulté est d'identifier l'idée qui a marqué l'imagination d'un fou, qui peut parfois être difficile à découvrir, d'autant plus qu'il arrive que les malades ne se la rappellent pas dans leurs moments de lucidité. La thérapie de la folie s'ouvre à la psychologie des idées obscures, souvent profondément enfouies dans l'histoire du malade. On comprend toutefois les difficultés de la guérison, et le ton généralement pessimiste de Beausobre : la thérapie médicale ne soigne pas les causes réelles de la folie, mais seulement les causes occasionnelles ou les répercussions physiques de la folie, tandis que la thérapie psychologique doit constater l'inutilité du raisonnement avec le patient et se heurte à l'opiniâtreté de l'imagination dépravée du malade et à l'oubli des causes qui ont engendré la maladie.

Daniel DUMOUCHEL

BEAUSOBRE

RÉFLEXIONS SUR LA NATURE ET LES CAUSES DE LA FOLIE

PREMIER ET SECOND MÉMOIRES

PREMIER MÉMOIRE

On oppose la folie à ce qu'on appelle raison : la raison sous ce point de vue est la faculté de voir distinctement la liaison d'une idée avec une autre. Ces définitions admises il faudrait entendre par fou, un homme qui ne pourrait voir distinctement la liaison de ses idées. Mais, pour ne point mettre en principe ce qu'il s'agit de prouver, et ce qui peut-être est tout autrement qu'on ne se l'imagine, il est à propos de commencer par voir quels sont les hommes, qu'on a coutume d'appeler fous.

Lorsqu'un homme paraît avoir des sensations que n'ont aucun de ceux qui se trouvent placés dans les mêmes circonstances; lorsqu'un homme raisonne ou agit d'une manière opposée à celle que demanderaient les sensations, que nous avons droit de lui supposer; lorsqu'un homme se persuade une erreur qu'il est aisé de reconnaître, qui sauterait aux yeux de tout autre et qui ne l'aurait pas trompé lui-même, avant que d'être dans l'état où il se trouve[1] : dans tous ces cas, on dit qu'il est fou, soit que son dérangement soit accompagné d'actes de fureur, de mouvements convulsifs, de pleurs, de cris, soit qu'il soit dans un état calme.

1. La folie est donc provisoirement divisée en trois espèces : la première implique un *dérangement des sensations*; la seconde concerne le *dérangement du raisonnement ou de la faculté d'agir* sur la base de sensations; la troisième indique une *dépravation du jugement*.

Ces différentes modifications peuvent être essentielles pour le médecin : elles ne le sont guère pour le métaphysicien [1].

Par rapport au premier cas, c'est-à-dire, à celui où l'on entend par fou,
391 un homme qui croit, ou qui paraît avoir des sensations que | n'a aucun autre homme placé dans les mêmes circonstances, tandis qu'il ne croit pas ou ne paraît pas avoir celles qu'il est naturel de lui supposer dans les circonstances où il se trouve ; je remarque que, les sensations n'étant autre chose que les représentations de notre état présent, un fou sera pour lors un homme qui ne se représentera pas son état présent tel qu'il est, ou tel que tout autre homme à sa place se le serait représenté, ou bien ce sera un homme dont l'état est effectivement différent, de ce qu'il devrait être selon le cours ordinaire de la nature. Il faudra donc supposer, ou des représentations fausses, ou des représentations très analogues à l'état présent, mais à un état dérangé, ou enfin une absence de représentations, soit qu'elles ne se trouvent pas effectivement dans l'âme de celui qui est en délire, soit qu'elles ne s'y trouvent que fort obscurément [2]. Si l'on veut que ce soient des représentations fausses, qui expliquent le premier cas dont nous parlons, il sera nécessaire de convenir auparavant de ce qu'on entend par représentations vraies ; mais il est peut-être impossible de déterminer ce qui est vrai dans nos perceptions, et ce qui ne l'est pas : c'est-à-dire, de savoir, si les représentations de notre âme sont conformes aux objets dont elles sont les images, ou si elles n'ont avec ces mêmes objets qu'un rapport quelconque. Sans parler ici du peu de fond qu'on a raison de faire, sur tout ce qu'on ne connaît que par les sens, on ne saurait nier que non seulement des organes autrement disposés que les nôtres, mais encore des organes dont la structure ne différerait que très peu de la structure ordinaire, ne produisissent des représentations bien différentes de celles que nous avons, puisque les organes changeraient alors considérablement l'action des objets extérieurs, et par conséquent les sensations, qui sont les effets de cette action. Serions-nous en droit d'appeler fausses des représentations très analogues à des organes un peu autrement disposés que les nôtres ? Pas plus sans doute, qu'il ne serait jamais permis à des hommes autrement organisés que nous, d'appeler fausses les représentations que nous avons en vertu de notre organisation. Les objets sont autres qu'ils ne nous
392 paraissent, il y a une aberration entre l'image entièrement | semblable à

1. Pour le métaphysicien, c'est-à-dire, en l'occurrence, pour le psychologue.

2. L'analyse de la première forme de folie appelle trois suppositions : l'individu estimé « fou » sur la base d'un dérèglement des sensations peut l'être en raison de la fausseté de ses représentations, d'un dérangement de son état représentatif ou d'une absence de représentations sensibles. C'est la première supposition qui joue un rôle paradigmatique dans la compréhension de la folie.

l'objet, et l'image que nous nous en faisons : Quel est le terme de cette aberration ? Quelle est l'aberration qui pourrait nous engager à appeler fausses certaines représentations ? Cependant il y en peut avoir qui le soient : ce seraient celles qui pourraient être démenties par le témoignage de plusieurs sens, et qui renfermeraient quelque contradiction sensible. Cela posé, on appellerait fou un homme qui, étant éveillé et jouissant de l'usage de ses sens, aurait des représentations qui pourraient être démenties par le témoignage de plusieurs sens, ou qui impliqueraient contradiction, et qu'il croirait pourtant analogues à des objets extérieurs ; c'est-à-dire, un homme qui prendrait pour des sensations les images que son imagination lui présenterait, sans que les raisons qu'on lui alléguerait, et les concours de tous ses sens pussent le détromper.

Si l'on voulait entendre par représentations fausses, des représentations différentes de celles qu'ont les autres hommes placés dans les mêmes circonstances, ou différentes de celles que le même homme a eues jusqu'ici ; je demanderais si, le plus souvent, on est bien assuré de l'uniformité des représentations, lorsqu'on l'est de l'uniformité du langage : si l'on est assuré, que dans le courant de la vie, il n'y a point pour le même homme de variation à cet égard ? Je demanderais encore, dans la supposition, que l'uniformité de langage supposât l'uniformité de sensation, jusqu'à quel point il faut que cette différence soit poussée, pour qu'on soit fou ? Comme il n'y a sans doute personne, qui ne convienne que les effets physiques, produits par un même objet dans différents sujets, ne soient différents : on ne saurait aussi nier que les représentations de ces effets ne diffèrent. Mais ce que nous avons dit des représentations fausses en elles-mêmes, peut se dire de celles qui diffèrent des représentations des autres hommes : lorsque la différence est trop considérable et qu'elle devient sensible par les actions et par les paroles ; les représentations de celui qui se sépare ainsi de tous les autres hommes, supposent assurément un dérangement porté à un certain degré : et nous verrons plus bas quel peut être ce degré.

|Pour expliquer le premier cas dont il est ici question, on peut aussi **393**
supposer les représentations d'un fou toutes aussi vraies que celles des autres hommes, mais variées par de certaines circonstances : et cela n'est pas difficile à comprendre. Qui ne sait que, par le grand principe de l'association des idées, le même objet, produisant à peu près les mêmes effets physiques sur les organes de différentes personnes, en est envisagé bien différemment ? Ce n'est ni l'image autrement peinte sur la rétine de l'œil, ni le cours dérangé du fluide subtil porté au cerveau, ni la représentation de cet objet qui cause ici des différences souvent marquées ; ce sont des idées que cet objet rappelle, et ces idées plus ou moins vives, tristes ou gaies, ordinaires ou extraordinaires, donnent la clef de ce mystère. Deux hommes

aperçoivent une belle femme : l'un ayant eu le malheur d'être attaqué par une femme furieuse, et n'ayant échappé qu'avec peine au danger, est devenu craintif : il est bouleversé à la vue inopinée de cette femme, il croit voir le poignard qui l'a menacé, il crie, il se sauve, on ne peut le faire revenir de son erreur : l'autre avec beaucoup de faible pour le sexe est tout épris de cette femme, il entre dans des transports qu'il ne saurait modérer, il croit déjà jouir de cette beauté, il lui semble revoir des instants semblables à ceux qu'il a déjà connus, rien ne peut l'arrêter ; quel est le fou ? Ou le seraient-ils tous les deux ? Le monde a décidé contre le premier, peut-être parce que le monde est vicieux. Cet exemple n'est que pour éclaircir mon idée : ici la représentation est analogue à l'objet, mais l'association des idées produit des images étrangères à l'objet, on si l'on veut, altère l'image principale, en la colorant [1]. Lorsque par le moyen de l'association des idées, il entre dans l'âme des représentations, qui supposent dans les objets aperçus, ce qui ne saurait s'y trouver, et qu'on prend pour sensation le total, sans pouvoir être détrompé par la voie des sens et du raisonnement, on est fou.

J'ai dit en second lieu, qu'on pouvait supposer des représentations très analogues à l'état présent, mais à un état dérangé. Nos sensations
394 dépendent de la structure de nos organes : or il est aisé d'y | supposer un changement assez considérable, pour que les sensations soient telles, que la conduite de celui qui les éprouve ne soit pas celle des autres hommes dans l'état ordinaire. Qu'un pareil dérangement ait jamais eu lieu, c'est ce que j'ai de la peine à croire ; quoi qu'il en soit, si l'on eut moins négligé les monstres, et s'il se fut trouvé des personnes assez intéressées à la perfection des connaissances humaines, pour veiller à leur conservation, peut-être que nous aurions sur cette matière des lumières bien propres à faire sentir que tous ces systèmes sur l'âme humaine dont se bercent les philosophes, ne sont au fond que quelques vérités mêlées à beaucoup d'erreurs. Mais, pour ne point m'écarter de mon sujet, je remarque qu'il serait nécessaire pour qu'un homme fût fou par le dérangement des organes, qu'il ignorât que ses organes fussent dérangés ; sans cela ce ne serait qu'un malade. Il est inutile, je pense, d'observer, que le dérangement des organes change l'état présent d'un homme, puisque cet état ne dépend pas seulement de la position des choses qui l'environnent, et de l'action des objets extérieurs, mais encore de l'action des organes agités par ces objets.

1. Beausobre utilise ici le principe d'association des idées d'une manière proche de celle de Locke et de Hutcheson, comme une sorte de facteur « arbitraire » externe qui vient s'ajouter à un état perceptif en lui-même neutre.

Enfin, j'ai dit qu'il était aussi possible de supposer, que les représentations vinssent à manquer, soit qu'elles n'existassent pas, soit qu'elles n'existassent qu'avec ce degré d'obscurité, qui empêche qu'elles ne soient aperçues[1]. Ce cas est précisément l'opposé de celui où l'imagination ajoute à la représentation par le moyen de l'association des idées. Je ne parle pas ici de ceux à qui il manquerait un sens, ou dont quelques-uns des sens seraient affaiblis. Si donc un homme ne se représentait pas son état présent, ou ne s'en représentait qu'une partie, de manière que ses actions prouvassent cette absence des représentations, que l'existence des objets et le bon état des organes produisent infailliblement, on dirait qu'il est fou. Il serait possible qu'un tel homme prît pour une imagination, ce qui réellement est une sensation, ou qu'il fût si vivement occupé de certaines idées, que ses sensations fussent comme éclipsées, ce qui est bien plus naturel, puisque cela arrive à tous les hommes sans exception.

|La seconde espèce de folie est celle d'un homme qui paraîtrait **395**
raisonner ou agir d'une manière opposée à celle que demanderaient les sensations que nous nous voyons obligés de lui supposer[2]. Cette espèce revient à la première, car comme il n'est pas possible, qu'un homme raisonne et agisse d'une manière contradictoire à ce qu'il éprouve : il faut nécessairement qu'un homme dans cet état ait des sensations bien différentes de celles des autres hommes, ou que ces sensations lui paraissent autres qu'elles ne sont; on sait que, pour les hommes, croire éprouver ou éprouver est effectivement la même chose. On ne peut juger des sensations d'un homme que par celles qu'on a, ou par le témoignage de cet homme ou par ses actions : mais le premier moyen n'est tout au plus praticable, que vis-à-vis de ceux qui conviennent en tout avec nous, le second ne l'est pas toujours, et le troisième n'est fondé que sur des conjectures. Il est donc plus naturel de penser, que lorsqu'un homme nous paraît agir de manière à nous faire croire que ses actions ne s'accordent pas avec ses sensations, il n'a pas les sensations que nous lui supposons, ou du moins que celles qu'il s'imagine avoir, ne sont pas celles que nous lui prêtons.

1. Dans la psychologie d'origine leibnizienne que défend Beausobre, on doit supposer l'existence de représentations obscures, lesquelles, étant sous le seuil de la clarté, ne font pas l'objet d'une aperception.

2. On pourra trouver que la réfutation de l'hypothèse du dérèglement du raisonnement ou de l'action pour rendre compte de la folie d'un individu (comprise comme une contradiction entre son raisonnement ou son action et les sensations que *nous* devons lui prêter) ne fait pas l'objet d'une démonstration suffisante. Le « nous » qui est supposé ici, qui agit comme une sorte d'instance intersubjective normative, n'est jamais clairement thématisé par Beausobre.

La troisième espèce de folie, dont nous avons fait mention, est celle d'un homme qui se persuade une erreur, qu'il est non seulement facile de reconnaître pour telle, mais qu'il a en effet toujours reconnue pour en être une [1]. Ce cas me paraît embarrassant : en effet quelles sont les erreurs qu'on ne puisse sans être fou prendre pour des vérités indubitables ? Seront-ce celles qui choquent le sens commun, les premières notions de la raison ? Mais quel est l'homme qui n'adopte quelque erreur de cette espèce ? Des nations entières sont tombées dans ce travers. Seront-ce des erreurs qui combattent le témoignage de nos sens ? Mais combien de ces erreurs dans les têtes les plus raisonnables ? Seront-ce celles qui, après avoir été réputées ce qu'elles sont pendant tout le cours de la vie, viennent tout à coup être rangées parmi le nombre des vérités les plus certaines ? Mais qui n'a vu et ne voit encore tous les jours les erreurs les plus grossières s'accréditer dans
396 l'esprit même de ceux qui les ont combattues avec le | plus de chaleur ? Ne voyons-nous pas des gens, qui, après s'être moqués des spectres et des sortilèges, changent quelquefois d'idées et deviennent enfants sur cet article ? Cependant, quand on n'approfondit rien, on convient que tel homme est fou, tandis qu'on soutient de tel autre qu'il ne l'est pas, quoique les erreurs de l'un soient aussi extravagantes que celles de l'autre. Pour moi, il me semble pouvoir ramener cette troisième espèce de folie à la première, et couper ainsi court à toutes les difficultés. Je trouve une différence qui décide de la folie, elle dépend de la cause qui produit l'erreur : si cette erreur est née de ce qu'une imagination a été prise pour une sensation, si l'on a transporté ses rêveries dans le monde physique, on est fou ; on ne l'est point, si sachant fort bien que ce qu'on imagine n'est point fondé sur le rapport des sens, on admet une erreur, parce qu'on raisonne mal, ou qu'on raisonne sur des faits incertains, ou sur des principes faux. Nous voyons que l'opiniâtreté des fous est bien plus forte, que celle de tout autre homme trop entier dans ses idées : et cela doit être ainsi ; de quoi est-on plus sûr que de ce qu'on croit avoir appris par l'usage de ses sens ? J'ai connu une dame respectable par ses mœurs et par son caractère, fort occupée des soins de son ménage, d'une grande douceur, et d'une santé bien affermie, qui eut le malheur de tomber dans un état bien extraordinaire. Elle était allée dîner chez un médecin, qui logeait à une petite lieue de la campagne où elle demeurait, elle y parut gaie comme à son ordinaire, et personne ne

1. Cette troisième espèce de folie peut sembler difficile à distinguer de la seconde, dans la mesure où elle paraît également impliquer une perturbation du raisonnement. Mais dans la seconde catégorie, Beausobre vise, chez l'individu que l'on dit « fou », la contradiction entre le raisonnement et la sensation actuelle. Cette troisième sorte de folie paraît plutôt viser la perversion dans la capacité de reconnaître des vérités déjà disponibles.

s'aperçut d'aucune espèce de changement; de retour chez elle on la vit régler ses affaires, et se coucher fort tranquillement: le lendemain en se levant, elle dit à son mari, qu'elle était bien surprise, que ce médecin ne se fût pas aperçu d'une chose qui l'aurait dû frapper, qu'il ne lui avait pas dit un mot de ce qu'elle avait laissé sur la cheminée la moitié de sa tête et de sa gorge. Le mari, fort surpris de ce discours, vit bientôt le dérangement d'esprit de sa femme, et ce qu'il y eut de bien plus extraordinaire encore, c'est que ce dérangement ne fut accompagné d'aucun autre symptôme de folie ou de maladie: elle eut soin de son ménage, elle parla de tout comme elle avait | accoutumé de le faire, et il n'y eut en elle d'étrange que cette 397
imagination, que les soins du médecin lui firent passer: au bout de quelques mois il n'en fut plus question. J'ignore ce qui lui est arrivé depuis.

Pour expliquer ce phénomène, je supposerais volontiers que cette dame sentant peut-être quelque engourdissement d'un côté, se représentant une différence quelconque entre un côté de sa tête et l'autre, eut l'imagination assez vive pour se peindre l'état où elle serait, si elle venait à perdre une partie de sa tête et de sa gorge, et qu'ensuite prenant pour sensation, l'image que son imagination lui présentait, elle se persuada qu'effectivement elle était privée d'une partie de son corps. N'en serait-il pas de même de cet homme, qui se croyait Dieu le Père? S'étant fait sans doute de la Divinité les idées les plus grossières, il aura échauffé son imagination à force de se représenter quelques fantômes, et il aura enfin pris pour sensation ces images présentées à son esprit, et se les sera appliquées.

Chercher la raison de ces idées extravagantes dans le dérangement des organes, ce serait accumuler les difficultés[1]; il ne serait plus possible d'expliquer après cela comment les bons intervalles viennent s'entremêler aux accès de folie; puisqu'il n'est guère possible que les organes passent tour à tour d'un état extraordinaire à un état ordinaire. Il est plus simple d'attribuer la cause de ces phénomènes à la vivacité des images, que l'imagination se forme: comme les sensations ne se distinguent des effets de l'imagination que par le degré de clarté, il n'est pas difficile de concevoir comment un rêve peut être pris pour une réalité. J'avoue cependant qu'alors il y a quelque difficulté à déterminer exactement les bornes qui sépareront le fou, de l'homme qui ne l'est point. L'imagination agit toujours, elle ajoute et retranche sans cesse quelque chose à nos sensations, notre état présent ne nous est jamais représenté tel qu'il est: quel sera donc le point de passage de la raison à la folie? Je réponds que, quoiqu'il soit vrai

1. Beausobre revient un peu plus loin sur les causes physiques de la folie (L. Beausobre, « Réflexions sur la folie, mémoire I » HAR 1759 [1766], p. 400-403) et il développe cette position en détail dans son quatrième mémoire.

que tout ce que nous croyons éprouver immédiatement par les sens n'entre point par cette voie dans notre esprit, mais qu'une partie est suppléée par l'imagination, en sorte que les deux causes de la représentation qui est dans
398 notre | âme, agissant en même temps, confondent leurs effets; on peut pourtant assigner un degré de force et une manière d'agir, où l'imagination produit la folie: et ce point sera celui où l'imagination commencera à dénaturer l'objet, à lui prêter des propriétés, ou contradictoires entres elles, ou en opposition avec celles qui sont aperçues, bien entendu que ces effets de l'imagination seront pris comme faisant partie de la sensation.

La folie serait donc, à l'envisager comme nous venons de faire, la rêverie d'un homme éveillé [1] : pour rêver lorsque des objets extérieurs agissent sur nos organes, il faut en premier lieu que l'on ne s'aperçoive point de cette action des objets extérieurs, soit que les mouvements destinés à accompagner ces perceptions s'affaiblissent ou s'arrêtent comme dans le sommeil, soit que l'esprit occupé, obscurcisse ces perceptions par des perceptions plus vives, soit qu'un dérangement trop considérable dans les organes nous approche de l'état du sommeil. Il faut en second lieu, que celui qui rêve ait des représentations d'objets qui n'existent point, ou qui n'existent point ainsi qu'il les aperçoit, ou qui n'existent point dans la sphère de ses sensations. Ces représentations déplacées sont plus ou moins vives, selon que les passions s'y mêlent plus ou moins. On n'a qu'à faire réflexion à la bizarrerie des rêves, pour se faire une idée de ce qui peut entrer dans la tête d'un fou. Qui est-ce qui n'a pas éprouvé que nos songes sont souvent accompagnés des mouvements les plus violents; les passions y jouent leur rôle, et tout est semblable à ce qui se passe pendant la veille. Ce ne sont pas les rêves seulement qui nous donnent une idée bien simple de la folie; l'état des hommes, lorsqu'ils sont agités de quelque passion, nous en donne une autre tout aussi naturelle: qu'arrive-t-il à un homme que la colère emporte, que l'amour ou la haine anime? Que l'on compare l'homme dans cet état, au même homme dans un état tranquille, on verra qu'il a tout autrement entendu, tout autrement vu. Les objets ont-ils changé de nature; la structure des organes a-t-elle changé? Point du tout, l'imagination est venue altérer les objets, les sensations ont été colorées, et l'imagination a été assez vive dans ses
399 |peintures pour confondre ses fantômes avec la réalité. C'est là la mécanique qui explique ces phénomènes du monde moral, où un voile vient couvrir les yeux de l'entendement. Dites à un fou qu'il se trompe, à un furieux que son ennemi a raison, à un amoureux que sa belle est un monstre

1. La question des songes a été traitée par Beausobre dans son mémoire de 1762: L. Beausobre, « Réflexions philosophiques sur les songes », publié dans ce volume.

de laideur; vous n'en serez point crû, et comment le seriez-vous ? Ils vous opposent le témoignage de leurs sens[1], et ce témoignage est plus fort que tous les raisonnements : il s'agirait de leur faire comprendre, que leurs sens ne rendent point ce témoignage; mais quel moyen de leur faire entendre cette vérité ?

Dans la folie les sensations sont donc altérées, et cette altération consiste, ou à prêter aux objets ce qu'ils n'ont point, ou à leur ôter ce qu'ils ont nécessairement, sans qu'il faille supposer que les objets agissent sur nos organes d'une manière extraordinaire, puisqu'il suffit d'admettre le ministère de l'imagination pour expliquer tous ces changements. Il nous arrive même assez souvent, et de ne pas voir ce qui est peint sur la rétine de notre œil, et de voir ce qui n'y est pas; ce qui n'existe point, ou ce qui n'existe pas comme nous croyons le voir. Malebranche[2] a montré avec une grande sagacité combien l'imagination influe sur toutes nos perceptions, il a fait voir que nos sens ne nous paraissent des instruments infidèles que parce que l'imagination ajoute toujours quelque chose aux sensations, sans parler du jugement que nous nous hâtons de porter, et que nous supposons mal à propos être une sensation.

Mais comment expliquer les effets de l'imagination; et à quoi attribuer ce degré d'activité, qui vient troubler le repos et les opérations de l'âme ? Le système des matérialistes est un système bien commode; il n'a qu'une difficulté, celle-là étant digérée, toutes les autres s'évanouissent, et tous les phénomènes qui regardent l'homme sont expliqués. Mais comme la commodité d'un système, qu'on me passe cette expression, n'en prouve pas la vérité, et qu'une difficulté en vaut souvent mille, laissons à des philosophes paresseux le plaisir de croire, que la nature de l'homme n'a rien de mystérieux, et contentons-nous de quelques probabilités, au défaut de lumières plus | certaines[3]. Je commencerai par quelques réflexions sur les **400**
causes physiques de la folie.

Lorsque j'ai dit, qu'il n'était pas nécessaire, pour expliquer les phénomènes de la folie, d'avoir recours à des dérangements physiques, je n'ai pas prétendu exclure ces causes, mais seulement établir que des effets

1. La structure commune au fou, à l'individu passionné et au rêveur (endormi ou éveillé) est le fait de prendre les fantômes de l'imagination pour la « réalité ».

2. Voir Malebranche, *Recherche de la vérité*, *op. cit.*, Livre II : « De l'imagination ».

3. Beausobre, auteur du *Pyrrhonisme raisonnable* (1755), se méfie des hypothèses métaphysiques; le matérialisme commet à ses yeux la double faute de se présenter comme une hypothèse philosophique arrogante et de remettre en cause l'expérience de la spiritualité de l'esprit. Au-delà de cette critique affirmée du matérialisme, on peut souligner la réticence de Beausobre à l'endroit des « systèmes » philosophiques et des raisonnements hypothétiques en philosophie expérimentale.

semblables pouvaient avoir lieu sans elles; et j'insisterai là-dessus dans la suite.

Il suffit d'avoir observé la liaison intime des mouvements du corps avec les perceptions de l'âme, pour juger que les changements arrivés dans l'un doivent en produire d'analogues dans l'autre, quelle que soit l'espèce de lien qui les unisse. S'il est fâcheux que le corps influe jusqu'à ce point sur les opérations de l'âme, cela est compensé par d'autres avantages; le même moyen employé à troubler notre âme, sert à l'éclairer; c'est dans l'équilibre parfait de l'action du corps et de l'action de l'âme que gît l'état parfait d'un être fini. Nous voyons que le vin échauffe notre imagination en fouettant notre sang, que certaines maladies produisent des délires, qu'une trop grande quantité de nourriture, après avoir chargé notre estomac, nous fait rêver pendant la nuit: ce sont là des faits qui déposent en faveur de l'influence du corps sur les opérations de l'âme. Mais comment le corps agit-il dans le cas où l'homme devient fou? Serait-ce ce fluide subtil, dont les anatomistes parlent tant et qu'ils connaissent si peu, ce fluide qui doit se trouver dans les nerfs, et qui doit être poussé vers le cerveau, qu'il faudra accuser du dérangement qu'on aperçoit? Serait-ce parce qu'il surabonde, ou parce qu'il est trop appauvri, ou parce qu'il est autrement mû qu'il ne devrait être, qu'il faudrait lui attribuer la cause de ce dérangement? Ou bien serait-ce dans quelque mouvement irrégulier, né dans le cerveau par une cause étrangère, mouvement qui troublera l'action des fluides et des esprits qui s'y trouvent? Serait-ce dans les organes mêmes, dans les nerfs, qu'il conviendrait de chercher ou de supposer la cause du dérangement dont il est ici question? Assurément ce n'est point dans les organes; car pour peu
401 qu'ils souffrent dans les parties | essentielles, ils ne sont plus d'aucun usage; d'ailleurs, si cela était, les intervalles de tranquillité et de raison seraient nécessairement inexplicables. J'ai de la peine à croire que ce fluide subtil, qui doit tout animer, puisse être la cause de la folie; car, comme il doit nécessairement tirer son origine des autres liqueurs du corps humain, comment se fait-il que des hommes, dont la masse du sang et des humeurs est fort corrompue, dont l'affaiblissement est si considérable, jouissent sans altération de toutes les facultés de l'âme? D'où vient qu'un homme qui perd ses yeux, n'a plus de perceptions semblables à celles d'un homme qui jouit encore de l'organe de la vue, puisque par la destruction de cet organe, le fluide subtil qui se trouve dans les nerfs, situés entre le cerveau et la partie qui a souffert, n'est pas détruit, et qu'il doit être encore agité? On sait que ceux à qui on a coupé un membre, éprouvent des douleurs qu'ils supposent dans les parties du membre dont ils ont été privés; il leur arrive même d'avoir une sensation, qui semble leur prouver l'existence de ce membre, et qui la leur persuaderait si le témoignage de leurs autres sens ne

leur apprenait pas le contraire. Pour ce qui regarde les dérangements dans les parties internes du cerveau, pourrait-on croire qu'il pût y en arriver, sans qu'il en coutât aussitôt la vie à celui qui les éprouverait? Ces dérangements assoupissent, et par-là ne semblent pas propres à augmenter l'activité de l'imagination: si l'on veut supposer que ces dérangements ne sont pas produits par des mouvements plus forts que ceux qui ont ordinairement lieu dans le cerveau, on aura de la peine à comprendre, comment il y a si peu de fous, puisqu'il n'est guère d'instant dans la vie, où il ne faille supposer quelques mouvements extraordinaires dans le cerveau : la chaleur, le froid, la fièvre, les fumées du vin, etc., en produisent tous les jours. Les nerfs seraient-ils enfin les coupables? Mais d'où vient qu'un homme, à qui l'on a fait une amputation, conserve toute sa raison? Peut-on cependant imaginer dans les nerfs un mouvement plus extraordinaire, un changement plus considérable, que celui qui naît de l'amputation? D'ailleurs les | maladies 402
des nerfs sont communes, et on ne les a point trouvées suivies d'aucune espèce d'indice de folie [1]. Quoi qu'il en soit (car ce n'est point mon dessein de combattre ou d'appuyer aucune hypothèse,) il est à souhaiter qu'un habile anatomiste non content de disséquer des cadavres, s'occupe du soin de chercher la véritable cause de la folie, qui pourrait naître d'un dérangement survenu dans la machine du corps humain [2]. Je pense qu'il importe de distinguer le cadavre du corps animé, quoique les parties bien sensibles soient à peu près les mêmes : il n'en est pas ainsi des parties presque insensibles, auxquelles la cessation du mouvement vital peut faire changer entièrement de forme, et qu'elle peut même faire disparaître; les microscopes peuvent tromper, et il y a bien des choses qui peuvent échapper à la curiosité du plus habile : il faudrait aussi qu'un anatomiste occupé de cette recherche, n'eût point négligé l'étude d'une saine psychologie, et ne crût pas tout dit lorsqu'on suppose du mouvement et de la matière. On demandera s'il veut assigner des causes physiques capables de rendre un homme fou, que ces causes soient telles qu'elles produisent toujours le même effet, et qu'elles soient bien déterminées et non pas rendues en termes vagues

1. Il ressort de tout ce qui précède que s'il est difficile de remettre en cause l'influence du corps sur les opérations de l'âme, il n'en reste pas moins que les anatomistes nous éclairent très peu sur la manière dont cette action est censée se produire dans le cas de la folie.

2. « *Le célèbre Mr. Meckel a rempli depuis mes désirs, et l'excellente dissertation que le public a pu trouver dans les mémoires de l'académie de l'année 1764 me rendrait ma faible production bien précieuse, si elle avait engagé ce célèbre anatomiste à rechercher les causes physiques de la folie* » [Note originale]. Voir J. F. Meckel, « Recherches anatomico-physiologiques sur les causes de la folie qui viennent du vice des parties internes du corps humain », HAR 1764 [1766], p. 65-88. Meckel livre plusieurs observations tirées de dissections du cerveau d'aliénés, tentant d'associer les différents types de folie à des lésions ou des altérations du cerveau.

comme il n'arrive que trop souvent : cette découverte mériterait les plus grands éloges et la plus grande récompense. Une question qu'il faudrait commencer par examiner, ce serait celle qui regarde les mouvements du cerveau, qu'on suppose analogues aux perceptions de notre âme. Si toutes nos idées, les idées distinctes comme les idées confuses, les idées claires comme les idées obscures, doivent avoir dans le cerveau des mouvements correspondants, quel chaos que le cerveau d'un homme ! Comment peut-il sans s'user durer pendant un si long espace de temps ? Qu'on se représente
403 le nombre de nos idées, le degré de leur | vivacité, le long espace de temps employé souvent à n'en considérer qu'une seule ; et on aura bien de la peine à comprendre comment un homme peut vivre après une heure de méditation. Si la méditation fatigue plus que la contemplation d'une infinité d'objets à la fois, ne semble-t-il pas que le cerveau souffre bien plus d'un seul mouvement que de mille ? Outre cela, qu'arrive-t-il lorsqu'on considère la même chose, qu'on fixe un même objet ? Est-ce un même mouvement reproduit aussi longtemps que la méditation dure ? Est-ce un mouvement qui dure pendant toute la méditation ? L'un et l'autre sont également inintelligibles [1].

Que dira-t-on après cela de la supposition de quelques physiciens, qui font mouvoir le cerveau de la façon du monde la plus étrange. J'ai entendu de la bouche d'un habile professeur en médecine, que la réunion de deux mouvements accompagnait les représentations et les propositions affirmatives, et que la division d'un mouvement en deux autres accompagnait les représentations et les propositions négatives : c'est là où conduit une hypothèse, qui pourtant paraît la seule propre à expliquer les phénomènes de l'union du corps et de l'âme.

SECOND MÉMOIRE

404 | Dans un mémoire précédent j'ai considéré trois espèces de folie, et l'on a pu voir par l'analyse que j'en ai faite, qu'au fond toutes les trois n'étaient que la même espèce considérée sous différents points de vue : j'ai fait voir que la folie est toujours une altération de quelques sensations, causée par l'imagination, c'est-à-dire un état où l'imagination altère la

1. Beausobre ridiculise la plupart des hypothèses médicales avancées pour rendre compte de cette causalité corporelle des phénomènes spirituels. Au fil des mémoires, il en souligne les difficultés, qui pointent toutes vers le même constat des limites de l'anatomie et du danger qu'il y a à se laisser conduire, dans le domaine de l'expérience, par des « hypothèses » et des suppositions étranges.

représentation de notre état présent. Dans le mémoire que je vais lire, j'examinerai comment la folie donne lieu de supposer un dérangement dans les opérations de l'âme; la plupart des hommes ont là-dessus les idées les plus grossières et les plus confuses : il les faut développer pour s'assurer de ce qui s'y trouve de vrai.

L'âme est une force représentative de l'univers limitée par sa nature, et déterminée par le corps qu'elle anime [1] : l'âme se représente donc diverses parties de l'univers, avec plus ou moins de clarté, selon que son corps se trouve ou s'est trouvé plus ou moins à portée de ces parties : l'exercice des facultés de l'âme suppose donc le ministère du corps, et il est naturel de croire qu'un corps autrement organisé que le nôtre, quoique lié à une âme de la même nature que la nôtre, produirait cependant un homme bien différent de ceux que nous appelons ainsi : de même que des hommes, placés à la portée d'objets tout différents de ceux que nous apercevons, seraient bien différents de ce que nous sommes. Cette variété, qui naîtrait de ce qui est étranger à notre âme, pourrait fournir la matière à de longs raisonnements | et à des conjectures, toujours utiles lorsqu'on ne les prend **405**
que pour ce qu'elles valent; mais je ne fais que l'indiquer, pour faire apercevoir quel est le fil qui m'a conduit dans l'examen d'un sujet qui mérite bien d'être approfondi.

Lorsque l'homme se représente son état présent, il a des sensations, il sent. On sait qu'il peut arriver que les organes, ou les différentes parties destinées à en faciliter l'action, soient incapables de rendre leur service ordinaire, soit entièrement, soit en partie. Nous avons dit que, dans le cas où l'action des organes serait entièrement supprimée, ce ne serait qu'un sens qui manquerait, ce qui ne pourrait dans aucune supposition faire naître la folie : que dans celui où les organes ne rendraient leur service qu'imparfaitement ou qu'infidèlement, ce ne serait qu'un sens altéré pour quelque temps; altération qui ne pourrait pas plus que l'autre causer par elle-même ce que nous appelons folie : mais nous avons ajouté par rapport à ce second cas, qu'il pouvait plus aisément que l'autre l'occasionner [2], et cela toutes les fois que le malade ne s'apercevrait pas de cette altération. Si l'homme ne s'en aperçoit pas, l'âme qui doit être en harmonie avec le corps, se représente un autre monde, très différent de celui qu'elle devrait se représenter. Cependant on aurait tort de conclure de là, qu'il y ait une folie qui naisse de

1. La conception de l'âme comme force représentative, qui constitue l'assise de la psychologie de Beausobre, pourrait remonter à la *Monadologie* de Leibniz, par le truchement de Wolff.

2. Beausobre distingue ici, à propos de l'effet psychologique de l'altération des organes, entre *causer* et *occasionner*.

l'altération des organes, sans le secours de l'imagination, et que par conséquent je me sois trompé en mettant toutes les espèces de folies dans une même classe : il ne faut pour répondre à cette objection, que faire attention à ce qui doit arriver pour que nous soyons dupes de cette altération. Pour cet effet, il est nécessaire que nous pensions et que nous agissions en vertu de plusieurs représentations démenties par le témoignage de quelques-uns de nos sens, et opposées aux premières notions de la raison : dans toute espèce d'altération non aperçue, il faut recourir au ministère de l'imagination, qui, si j'ose ainsi parler, éclipse le témoignage des autres sens, et étouffe la voix de la raison. Comment le malade se persuaderait-il que les choses sont telles qu'il les croit apercevoir? Comment surmonterait-il les difficultés qui s'opposent à ces erreurs?
406 | Comment serait-il si vivement frappé de ces nouvelles représentations, si son imagination n'était frappée au point de concilier les contradictions et les absurdités les plus palpables ?

L'âme représente le passé, elle combine différentes représentations qu'elle a emmagasinées, et ces matériaux sont ce dont elle se sert pour bâtir ses chimères : cette faculté est ce qu'on appelle imagination. Il n'est point d'instants où l'âme ne s'occupe que du présent, où elle n'ait que des sensations : les représentations de notre état passé, ou en général de ce que nous avons aperçu par le passé, viennent se mêler à celles de l'état présent; tous les hommes font usage de cette faculté dans tous les moments de leur existence, et il n'y a à cet égard de différence entre le fou, et celui qui ne l'est pas, que dans le degré de vivacité qu'à l'imagination, et dans la connaissance qu'on a de l'état où l'on se trouve. Il peut donc arriver :

1° que les perceptions produites par l'imagination soient si claires et si vives qu'on les prenne pour des perceptions analogues à l'état actuel, ou si l'on veut, pour des représentations de l'état présent; il peut aussi arriver :

2° que l'imagination ajoute considérablement aux sensations, et cela avec tant de vivacité, qu'il ne soit plus possible à l'âme de distinguer la fiction du vrai.

Dans le premier cas, l'imagination est assez active, pour rendre non seulement les perceptions qu'elle produit bien plus vives que les sensations, mais encore pour éclipser les dernières : les sensations deviennent des représentations obscures, et ce que l'imagination y a substitué en a pris tous les caractères : c'est le rebours de l'état ordinaire.

Je ne dissimulerai point les difficultés qu'on peut me faire; je les mettrai même dans tout leur jour, pour éclaircir davantage ce qui me paraît vrai. Je conviens qu'il n'est point d'état de pure sensation, je conviens qu'il

nous est impossible de distinguer dans nos représentations, ce qui n'est que l'image de notre état présent, de ce que | l'imagination y ajoute au moyen de 407
l'association des idées ; je conviens qu'on se persuade devoir aux sens bien plus qu'on ne leur doit, et à l'imagination bien moins qu'on ne lui doit : de même qu'il y a des objets, qui agissent sur nos organes, sans que nous les apercevions, de même il y a aussi dans les perceptions des traits, qui n'y sont que par l'empire qu'exerce sur nous l'imagination. Toutes nos sensations, dans le corps, ne sont que des nerfs ébranlés, quelque peu de rapport qu'il semble y avoir entre la vue et le goût : tout se réduit donc à des mouvements causés ou occasionnés par les objets extérieurs : après cela il est impossible de ne pas voir que l'imagination agit nécessairement, puisque, sans cette supposition, il serait bien difficile d'expliquer la variété des jugements, des goûts, des passions dans différentes personnes, et dans les mêmes personnes en différents temps. Ce qu'on appelle disposition est essentiellement subordonné à l'imagination ; et la chercher dans le corps, c'est avoir recours aux vertus occultes et au jargon de l'École. Mais, si on voulait conclure de là, que tous les hommes seraient fous dans mon hypothèse, ou ce qui reviendrait au même, qu'il n'y aurait point de caractère distinctif dans les idées que je me suis faites des hommes qui sont fous, et des hommes qui ne le sont pas, on se tromperait. Il m'en restera toujours un, quelque voisin que paraisse le fou de celui qui fait un libre usage de sa raison et des sens. Il est nécessaire qu'il y ait une ressemblance entre ces deux espèces d'hommes, afin de concevoir le passage de la folie à la raison, et de celle-ci à celle-là ; il n'y a point de saut dans la nature, tout y est lié : celui qui a les organes assez délicats, suit plus loin qu'un autre la chaîne physique, et s'aperçoit par exemple plus aisément de l'accroissement insensible de quelque odeur, qui ne frappe un autre que lorsqu'il est près de l'endroit d'où elle se répand : dans le monde intellectuel, cette chaîne, cette liaison échappe bien plus aisément : tout ce qu'il nous reste à faire, c'est de la supposer, parce qu'elle y est nécessairement, et d'assigner les points où nous nous apercevons d'un changement marqué. Or, pour en revenir à mon sujet, le caractère distinctif auquel on peut reconnaître le fou, c'est-à-dire,
| le point où la chaîne des égarements liée à celle des raisonnements 408
commence, est celui où l'imagination suppose des objets, qui n'existent point dans la sphère des sensations, ou prête aux objets qui s'y trouvent, ce qui est démenti par le témoignage des autres sens, et ce qui est opposé aux premières notions de la raison [1]. L'homme raisonnable, comme le fou, peut

1. Dans toute la théorie de l'imagination qui précède, et que Beausobre poursuivra dans la suite, il n'est pas possible de marquer une frontière nette entre le « normal » et le « pathologique » ; entre le « fou » et l'individu raisonnable, tout est affaire de degrés. Il faut bien

imaginer mille chimères et se les représenter : voilà en quoi ils sont semblables. L'imagination peut peindre ces chimères avec des couleurs si vives, que non seulement il n'y ait plus de différence entre elles et les sensations, mais que ces dernières soient encore éclipsées : alors l'acte d'y ajouter foi, qui n'est plus volontaire, est le premier pas vers la folie. Ainsi les perceptions dans le délire, sont liées aux perceptions de l'état raisonnable qui a précédé. Un poète fait usage de la faculté d'imaginer sans confondre la réalité avec les fantômes qu'il se forme, et sans supposer l'existence de ces fantômes : on le voit cependant plein de ses idées sentir tous les mouvements que la présence de ces objets chimériques peut causer, ou plutôt qu'elle accompagne ordinairement : cet état ne prouve qu'une imagination fort vive, qui n'a pas besoin qu'un objet soit présent pour le représenter avec toutes ses couleurs : ce qui semble prouver qu'il n'est pas nécessaire d'admettre que les objets extérieurs agissent réellement sur notre âme, pour expliquer comment elle agit en vertu de sa liaison avec le corps. Ce n'est pas tout, les poètes et tous ceux qui font usage de la faculté de feindre et d'imaginer [1], ont de ces instants où non seulement les sensations sont éclipsées (ce qu'ils ont de commun avec ceux qui méditent, c'est-à-dire, qui ne s'occupent que des idées les plus distinctes,) mais où leurs représentations ont encore toute la vivacité que les représentations de l'état actuel peuvent avoir : il ne leur resterait plus pour être fous qu'à croire qu'ils éprouvent par les sens, ce qu'ils imaginent, c'est-à-dire, qu'à confondre les effets de ces deux causes des représentations présentes. De cette manière il sera aisé d'expliquer toutes ces histoires de spectres, sans recourir à un moyen toujours odieux, je veux dire sans révoquer en
409 doute la bonne foi de ceux, qui les ont rapportées. Ces | esprits faibles ne se distinguent des fous, qu'en un seul point, c'est que trop timides pour s'assurer de la vérité des faits par le témoignage de leurs autres sens, on ne

toutefois que l'auteur puisse indiquer un « critère distinctif » entre les deux états. La « folie » consistant en un trouble de la « croyance », dans la mesure où l'individu « fou » est celui qui est conduit à confondre les effets de l'imagination avec ceux de la sensation (c'est-à-dire de la représentation de notre état présent), Beausobre semble ici tenté de chercher ce critère distinctif dans le témoignage convergent des différents sens et dans la conformité aux « premières notions de la raison ».

1. La production de représentations fictives à partir des représentations passées fait partie des qualités du poète ; la *facultas fingendi* relève de l'imagination poétique. Le génie poétique requiert donc une forme « d'enthousiasme », qui consiste à se sentir pour ainsi dire devant les choses dont il produit l'image. Cette « imagination fort vive » consiste à produire des représentations qui sont des quasi-sensations. On a là certes un « premier pas vers la folie », sans que pour autant, du moins chez la plupart des poètes, la frontière ne soit franchie. Si tous les individus, en raison de l'activité potentiellement chimérique de leur imagination, sont en partie semblables aux fous, le génie poétique augmente encore cette proximité. Les « esprits faibles », qui croient aux spectres et aux êtres surnaturels, s'en rapprochent encore davantage.

peut pas dire qu'ils prennent un effet de leur imagination pour une sensation : encore moins qu'ils le fassent malgré l'opposition des premières notions de la raison, parce que la philosophie n'a point encore démontré l'impossibilité absolue des fantômes ; du moins cette impossibilité n'est-elle pas démontrée pour le commun des hommes. Si ces gens timides s'approchaient de ces prétendus spectres, et se persuadaient après cela de leur existence malgré le témoignage de leurs sens, parce que la vivacité de l'imagination, ayant éclipsé en eux la sensation présente, a rendu tout examen inutile, on ne pourrait s'empêcher de dire qu'ils sont fous.

Il est à propos de remarquer ici, que l'activité de l'imagination ne consiste pas seulement dans la facilité de se représenter un grand nombre d'images différentes, mais encore dans la facilité de se représenter longtemps la même image : c'est pourquoi l'homme le plus stupide peut avoir l'imagination active. Je sais bien que communément on ne donne pas beaucoup d'imagination aux stupides ; mais, quand il s'agit de philosophie et de vérités, il ne faut pas avoir égard aux abus du langage.

Tout dépend donc de l'idée que nous nous faisons de notre état présent, c'est-à-dire, du degré d'assentiment que nous donnons aux représentations suggérées par l'imagination. On demandera sans doute ce qui nous fait donner ou refuser cet assentiment, et c'est ce qu'il s'agit d'éclaircir. Nous avons deux moyens de nous connaître, et de connaître ce qui est hors de nous, les sens et la raison : nous ne saurions nous empêcher d'ajouter foi à ce qui est attesté par nos sens, et nous n'avons d'autre caractère pour connaître que telle représentation est une sensation que le degré de clarté de cette même représentation ; l'imagination peut le donner à ses fantômes, et alors il ne nous reste d'autre ressource, que d'en appeler au témoignage des autres sens et à ceux du raisonnement. Si ces secours sont inutiles, **410**
| l'homme est fou, parce que son imagination a pris trop d'empire sur lui. Dieu a créé l'homme avec tout ce dont il a besoin pour se tirer d'embarras, mais il est un état où ces secours ne servent pas, soit parce qu'ils ne peuvent pas être employés, soit parce qu'ils ne le sont pas. C'est donc avec la plus grande attention, qu'on doit tâcher de brider son imagination de bonne heure : devenue effrénée elle donnerait le même caractère à nos passions et les porterait jusqu'à la fureur.

La prévision est cette faculté de l'âme par le moyen de laquelle nous nous représentons l'avenir. Il est de fait, que l'âme combine le présent et le passé, et que par cette combinaison elle juge de ce qui peut arriver : qu'après cela l'âme, qui est une force représentative de l'univers, ait des représentations obscures de l'avenir, représentations que quelques circonstances peuvent rendre claires, c'est ce qu'on ne saurait nier, dès qu'admettant la notion que les leibniziens et même tous les philosophes

modernes donnent de l'âme, on veut raisonner conséquemment : la différence de clarté entre les représentations du présent ou du passé et celles de l'avenir, ne porte avec elle que la différence de certitude que nous avons de leur existence. Je conviens que, quelque distance qu'il y ait entre le moment présent et des événements passés, et quelque proximité qu'on suppose entre ce même moment et des événements à venir, le passé est toujours plus présent à l'âme que l'avenir, parce qu'il lui est en quelque façon présent par le moyen de la mémoire et de la réminiscence : mais il ne s'ensuit pas qu'il n'y ait point dans l'âme une représentation obscure de l'avenir. Quoi qu'il en soit, il me suffit que l'âme puisse avoir des représentations, qu'elle envisage comme un type de sensations futures. Dans cet état, c'est encore l'imagination qui peint un événement futur composé des parties de quelques événements passés : si ces représentations sont bien vives, elles éclipseront aisément le passé et même le présent : l'homme se trouvera dans une extase, où, comme transporté hors de lui-même, il lui semblera que le temps à venir est un temps présent. On peut appliquer à
411 cette espèce de folie tout ce que nous avons dit | de l'imagination, la différence ne consiste que dans quelques circonstances qui ne sont rien moins qu'essentielles. Si dans quelques-uns de ces instants de délire cet homme à extases transporte au moment présent le prétendu avenir, il est semblable en tout à un fou[1]; mais s'il sait toujours que ce prétendu avenir n'existe point, si jamais il ne se trouve dans un état où il s'imagine le connaître par son expérience actuelle, et s'il se borne à le regarder comme un avenir certain, ce n'est qu'un homme dont l'imagination est fort vive ; ce ne sera qu'un homme que la singularité de ses erreurs pourra rendre ridicule. Il est naturel de penser ici, qu'il peut y avoir un cas où il sera difficile de dire s'il y a de la folie, ou s'il n'y en a point : c'est lorsque l'on imagine un avenir qui répugne aux premières notions de la raison. Je commence par distinguer deux cas, l'un où il s'agit d'un avenir qui doit être une suite de l'état présent, et se trouve lié aux événements de ce monde, et l'autre où il s'agit d'un avenir où l'on fait intervenir la puissance de Dieu : par rapport à celui-ci, comme on concilie toujours les premières notions de la raison avec les actes de la toute-puissance, quelque idée qu'on se fasse de cet avenir, on ne peut pas dire qu'il renverse ces notions, parce que les hommes qui ont cette idée conviennent en même temps de la certitude de ces premières notions quant à l'état présent de ce monde : et alors ils n'admettent pas de propositions réellement contradictoires. Pour ce qui regarde un avenir prochain et lié aux événements de ce monde, lorsqu'il répugne aux notions

1. Beausobre revient sur ces questions dans ses « Réflexions sur le pressentiment », HAR 1766 [1768], p. 401-410.

communes, il est nécessaire qu'il soit une suite de la folie, parce que, pour le regarder comme possible, et comme un événement futur qui sera actuel, il faut que l'imagination soit assez active pour éclipser ces notions communes, et pour en faire méconnaître la certitude. Bien entendu que les contradictions que renferme cet avenir soient palpables, et ne puissent être l'effet de quelque méprise.

L'âme par le moyen de l'imagination en se représentant en général le passé, reproduit souvent les mêmes perceptions ; si l'âme reconnaît ces perceptions reproduites, c'est-à-dire, si elle s'aperçoit | que ses perceptions **412**
présentes soient les mêmes que celles qu'elle a déjà eues, on dit qu'elle se les rappelle, et la faculté qu'elle a de se les rappeler est ce qu'on nomme mémoire. Lorsque, pour se les rappeler, ou pour les reconnaître, l'âme a recours à d'autres perceptions que ramène l'association des idées, elle se ressouvient de ce qu'elle avait oublié, et cette ressouvenance est ce qu'on appelle réminiscence. Il y a donc deux actes à considérer ici, celui de reproduire, ouvrage de l'imagination, et celui de reconnaître qui est l'opération de la mémoire. Comme la reproduction des perceptions passées est un acte de l'imagination, il n'est pas nécessaire de nous y arrêter ; ce que nous venons de dire, et ce que nous avons dit dans notre premier mémoire, suffit pour faire sentir ce que la mémoire souffrira de la reproduction irrégulière des perceptions passées.

Parmi les perceptions présentes, ou parmi celles qui sont clairement aperçues, l'âme par le moyen de l'imagination se représente mille fantômes, elle a une foule de représentations obscures, entre lesquelles il doit y en avoir qui aient du rapport à la perception présente. Si, parmi ces représentations, il en est une qui soit semblable à la perception présente, la comparaison est bientôt faite, car elle se fait par intuition, et l'âme s'aperçoit que ce qu'elle se représente actuellement, est la même chose que cette représentation du passé. L'acte de reconnaître est donc une suite de l'acte de reproduire ; et la réminiscence n'est qu'une reproduction tardive, facilitée par l'association des représentations analogues.

La mémoire ne consiste pas simplement dans la reproduction de perceptions qu'on a déjà eues : cette perception reproduite n'est qu'une perception présente, qui paraîtra toute nouvelle, si l'imagination parmi le nombre des fantômes qu'elle présente à la fois, ne représente en même temps avec un certain degré de clarté la même idée, ou l'image de la même sensation modifiée par quelques-unes des circonstances qui l'ont accompagnée, lorsqu'elle a été actuelle. Il ne suffit pas non plus que l'imagination peigne avec un certain degré de | clarté la perception passée ; il faut **413**
encore que l'âme aperçoive la ressemblance : et c'est cette dernière perception qui s'appelle reconnaissance.

L'âme est un être qui joint aux représentations de son état présent, à ses perceptions actuelles, une foule de représentations obscures du passé, du présent, de l'avenir : lorsqu'elle tire de ce magasin quelqu'une de ces représentations obscures du passé, et se la représente avec un certain degré de clarté, cette représentation devient une perception présente et aperçue. Si tout se borne à cela, il n'arrive à l'âme autre chose que d'avoir de nouveau une perception qu'elle a déjà eue, mais si avec celle-ci il y en a une autre moins claire qu'on puisse lui comparer, et que la comparaison se fasse, l'âme se rappelle cette perception passée. Se rappeler le passé, c'est donc rendre claire une représentation qui était obscure, pour s'apercevoir qu'elle est la même que la perception présente. Qu'arrivera-t-il donc aux fous ? La réponse est facile à trouver. Les fous n'ont dirigé toute l'activité de leur imagination que vers un objet; tout ce qui est donc dans l'âme de représentations étrangères à cet objet ne parviendra jamais au degré de clarté, où il faut qu'il soit pour être aperçu. La grande activité de l'imagination fixée sur un objet produira une lumière qui éclipsera tout le reste.

L'égarement des fous explique ou confirme plutôt ce que je viens de dire. On en voit qui assurent que telle chose leur est arrivée, quelque impossible que cela soit : pourquoi ? Parce que la perception, ou la représentation actuelle de cette extravagance, ne se trouve pas pour la première fois dans leur imagination, elle s'y est déjà trouvée et y a été peinte avec des couleurs si vives, qu'elle a été prise alors pour une sensation; et même il n'est pas nécessaire qu'elle ait été prise pour cela, il suffira que l'impression qu'elle a faite ait été assez vive, pour ressembler à l'impression que les sensations font ordinairement; l'âme alors trouvant parmi les fantômes que produit l'imagination, l'extravagance qu'elle s'est représentée plus d'une fois, s'apercevra de la ressemblance, et croira avoir éprouvé ce qu'elle n'a fait qu'imaginer. Cela arrive à ceux qui ont eu des rêves fort agités;
414 le | lendemain ils croient que la perception qu'ils ont, et que l'imagination a ramenée, est l'image de ce qui leur est arrivé, et il faut qu'ils aient recours au raisonnement pour se détromper.

On ne peut pas dire que les fous n'aient point de mémoire, mais ils n'en ont guère que pour ce qui les affecte : tellement que si certaines idées, certaines sensations, la vue de certains objets les ont affectés, ils rentrent dans leur accès toutes les fois que les mêmes choses reparaissent.

Pour parler avec précision, il ne faut pas dire que les fous perdent la mémoire : ce ne sont que des obstacles accidentels qui en empêchent l'exercice. Les fous oublient tout ce qui n'a point de rapport aux idées qui les occupent, parce que leur imagination n'est déterminée par quoi que ce soit à la reproduction de ces perceptions passées. On a vu un danseur de corde, qui était devenu fou, prendre pour des cordes une ligne tracée sur la

muraille, et l'interstice entre une planche et une autre : l'idée de l'étendue, celle de la hauteur et du mouvement, étaient pour lors les seules que son imagination lui représentait : il vit une partie d'étendue distinguée par quelque signe sensible, aussitôt l'idée de corde trop vivement retracée, pour permettre que la représentation de la muraille et celle des planches fussent clairement aperçues, ne lui laissa aucun doute, qu'il ne se trouvât dans les mêmes circonstances, où il s'était déjà trouvé tant de fois : on le vit s'élancer vers cette prétendue corde, et comme il ne put y reposer son pied, mais qu'il tomba, il changea de couleur et fut dans l'état où est un danseur de corde qui a fait un faux pas. Si ce fou se rappela encore l'idée de chute, sa mémoire lui rendit tous les services qu'il pouvait en attendre. On voit donc que les mêmes raisons qui présentent perpétuellement aux fous les mêmes idées, qui leur retracent les mêmes images, écartent la reproduction claire de certaines perceptions passées, parce qu'elles en anéantissent les causes. Il en est bien autrement des vieillards et des imbéciles ; chez eux c'est l'inactivité de l'imagination qui est cause de la perte de mémoire : on | voit **415**
les vieillards se rappeler aisément ce qu'ils ont fait dans leur jeune âge, et oublier ce qu'ils ont fait il y a une heure : qui ne voit que l'imagination, pliée depuis tant d'années à rendre claires de très anciennes perceptions, les fait reparaître sans peine ; au lieu que trop faible pour rendre clair ce qui lui est nouveau, elle ne le représente qu'avec un certain degré d'obscurité : il faut ajouter à cela, que le vieillard ne porte qu'une légère attention à mille circonstances, qui servent à déterminer un fait, un événement, une idée, au lieu que pour un jeune homme tout le frappe : aussi celui-ci oublie-t-il ce qu'il ne fait qu'envisager légèrement, le vieillard fait le jeune homme, mais par des raisons bien différentes : le jeune homme occupe son imagination d'idées étrangères à l'objet, le vieillard ne l'occupe point de ce qui sert à cette imagination à peindre les objets.

La mémoire a besoin d'un certain nombre de signes, qui servent à faire apercevoir la ressemblance que des objets différents ont entre eux ; le vieillard y fait peu d'attention, l'imagination ne les peint pas assez vivement : quelquefois le jeune homme n'y fait aucune attention ; et le fou ne s'en aperçoit qu'autant que ces signes ont quelque conformité sensible avec les idées qui l'occupent.

Pour se ressouvenir facilement de quelque chose, il est nécessaire que cette chose ait été la seule qui nous ait occupés lorsque nous l'avons considérée : des distractions au moment où l'on considère un objet sont autant de nuages qui vont l'envelopper peut-être pour toujours ; qu'arrivera-t-il donc aux fous par rapport aux objets qu'ils aperçoivent ou qu'ils croient apercevoir durant leur folie ? Jusqu'ici nous n'avons parlé que du degré de mémoire qu'ils peuvent avoir pendant le temps de leur délire, par rapport

aux perceptions antérieures à cet état. Distinguons d'abord deux cas, celui
du délire même, et celui du temps qui le suit : que ce soient des intervalles,
ou bien un état de santé, qui pourrait succéder à l'égarement, cela revient à
peu près au même. Dans le délire l'imagination du fou, tantôt plus et tantôt
416 moins vive, considérant toujours les mêmes idées, passera sans | doute dans
des états, où certaines perceptions lui paraîtront les mêmes que celles qu'il
a eues ; et ces perceptions ne seront que celles qui auront un rapport sensible
avec les images, et les idées dont il est occupé. Dans les intervalles de
repos, sa mémoire sera dans un état proportionné à ses sensations : si son
état présent lui est fidèlement représenté, son imagination rendra claires
des perceptions passées, analogues à des sensations actuelles ; il aura même
quelque idée confuse de son délire passé, et les sensations, qui ont repris
leur droit, serviront à leur tour à éclipser la représentation de cet état passé.
La lassitude, qui accompagne ordinairement ces intervalles, laissera l'imagination dans une espèce d'inactivité, et l'état du fou ressemblera alors à
l'état d'un homme éveillé en sursaut, qui ne se rappelle que très
confusément le rêve de la nuit. Pour se rappeler quelque chose, il faut que
quelque chose y donne lieu, l'imagination est devenue tranquille, si
quelque sensation ne vient pas la remettre dans la voie qu'elle a quittée, ou
si les réflexions et les idées qui ont été la première cause du délire ne sont
pas rappelées, cet intervalle de repos pourra durer. Le fou pourra fort bien
n'avoir aucune idée des actions qu'il aura faites, et des paroles qu'il aura
dites pendant son délire, parce que ce ne sont ni ses actions ni ses paroles
dont son imagination s'est occupée ; il s'est déterminé à agir et à parler par
des motifs qui n'étaient que fort obscurément dans son âme, c'est l'objet en
lui-même qui a absorbé toute l'activité de son imagination. Il y a plus : de
même que les hommes qui sont dans leur bon sens n'ont pas toujours toutes
les idées intéressantes présentes à l'esprit, et qu'ils peuvent oublier pour
quelque temps les chagrins les plus vifs, de même aussi les fous peuvent
avoir des instants où les idées, qui sont cause de leur folie, ne leur soient
point présentes, avec cette différence que dans les premiers cela est plus
volontaire, parce qu'ils sont moins esclaves de leur imagination, c'est-à-dire, pour parler avec précision, parce que leur imagination a moins pris
l'habitude de retracer les mêmes objets. Pour ce qui regarde l'homme qui
serait guéri de sa folie, il serait d'abord dans le même état où est celui qui a
un intervalle de repos. Après cela, il faudrait de ces trois choses l'une, ou
417 | que l'imagination perdît son activité, ou qu'elle cessât de reproduire les
mêmes objets, ou que l'indifférence à leur égard eût succédé à l'intérêt que
la personne y prenait auparavant. Pour lors la représentation de l'état
présent succédant à la représentation d'idées extravagantes, toutes les

facultés de l'âme feraient leur fonction ordinaire. Combien une pareille guérison laisse de crainte, c'est ce que je verrai ailleurs [1].

On évite de parler à un fou dans le temps des bons intervalles, et après la guérison, de l'état où il a été, et cela avec raison. Si on lui en parlait, ou son imagination s'échaufferait au point de lui représenter ce qu'on lui dit, et il retournerait à son premier état, ou son imagination moins active, le laisserait dans le doute de la vérité de ce qu'on lui dit: se rappeler parfaitement son état passé, c'est y être plongé de nouveau. On dira sans doute que pour reproduire une perception passée, il ne faut pas une imagination aussi vive que pour la produire une première fois, et je répondrai à cette objection, que quand cela serait vrai par rapport à l'état ordinaire des hommes, cela ne le serait pas pour des perceptions qui ont demandé un grand degré d'activité de l'imagination : mais, quand même l'imagination serait dans le temps du ressouvenir moins active, elle le serait toujours assez pour ramener la folie. Nous nous rappelons ce que nous avons fait et pensé étant de sens rassis, parce que nous concevons la possibilité de ces faits et de ces idées, parce que nous les trouvons possibles et vraies dans la liaison de nos idées actuelles: mais les extravagances de l'homme fou cessent d'être vraies et possibles dans la liaison des idées de l'homme raisonnable. Tous les jours nous voyons les hommes passionnés disconvenir de ce qu'ils ont fait, non pas parce qu'ils en ont regret, mais parce qu'ils ne se le rappellent pas : nouvelle preuve, que l'état des hommes agités par les passions, n'est pas fort éloigné de celui des hommes que nous appelons fous. Il en est de même de l'ivresse. Une autre raison pourquoi la mémoire refuse heureusement son service à l'homme qui a cessé d'être fou, c'est que, pour se rappeler certaines perceptions d'un état passé, il faut avoir été dans le temps de ces | perceptions dans un état où le *conscium sui* [2] **418**
n'ai pas été fort obscur, où l'on se soit clairement aperçu, non seulement de l'existence de ces perceptions, mais encore de l'état où l'on était lors de ces perceptions. Il y a dans notre âme différents degrés d'aperception, je veux dire que notre âme ne connaît pas toujours son état avec le même degré de

1. Beausobre y revient dans le cinquième mémoire.

2. L'expression *conscience de soi* ne s'était pas encore imposée au sens qu'elle possède maintenant. Chez Formey (« De la conscience », 1750 [1753]), le terme *conscience* désigne encore la conscience morale. Mérian, en 1749, parlait d'aperception de sa propre existence. C'est bien de cette conscience de soi-même qu'il s'agit ici. Sulzer (« De l'aperception et de son influence sur nos jugements », 1756 [1766]), divisait l'aperception en aperception de soi-même et en aperception de quelque chose (en tant qu'objet de la pensée). Cette aperception de soi-même, selon lui, était susceptible de plusieurs degrés, que l'enquête psychologique a pour but d'éclairer. C'est peut-être à Sulzer que Beausobre emprunte l'idée selon laquelle « notre âme ne connaît pas toujours son état avec le même degré de clarté ».

clarté ; il est un *conscium* aussi passager que différentes idées qui occupent un homme en même temps, ce sont des ombres fugitives qui ne laissent aucune trace après elles. Combien de fois ne nous arrive-t-il pas de n'apercevoir que faiblement ce qui se présente à notre esprit ? Autant d'idées destinées à l'oubli. L'homme en délire n'a point d'idées de son état présent, c'est-à-dire, de la plus grande partie de ses sensations, et n'en a quelquefois d'aucune. Tout ce qui se passe est comme le bruit sourd d'une conversation, qui échappe à un homme qui médite ; il n'en entend que quelques mots. Le fou n'aperçoit que les images que son imagination lui présente, tout le reste de ce qui appartient à son état présent est comme éclipsé. Or comme cet accompagnement, si j'ose ainsi parler, sert à conserver le souvenir des perceptions lorsqu'elles sont passées, on voit ce qui empêche l'homme hors du délire de se rappeler l'état du délire. Dans les fous le *conscium sui* se borne aux seules idées qui les occupent, et peut-être encore est-il fort obscur ; ce qui paraît être prouvé par ce qui arrive dans les rêves.

Il ne s'est agi jusqu'ici que de la mémoire sensitive : celle qu'on appelle intellectuelle, et qui suppose des représentations non seulement claires, mais distinctes, ne saurait être examinée que nous n'ayons préalablement traité le point le plus important de toute cette matière, je veux dire que nous n'ayons vu, si les fous jugent et raisonnent : ce qui sera le sujet du mémoire suivant.

RÉFLEXIONS PHILOSOPHIQUES SUR LES SONGES [1]

PREMIER MÉMOIRE

PRÉSENTATION

Parmi les mémoires consacrés à la description des phénomènes de l'âme, ceux de Beausobre occupent une place tout à fait remarquable. À la différence des contributions de Sulzer ou d'Ancillon, ils abordent des phénomènes psychologiques censés être extraordinaires : en plus des songes, on note la folie, les idées obscures, le pressentiment et l'enthousiasme. L'approche des songes s'avère particulièrement représentative des buts et de la méthode de l'auteur, qui en plus d'avoir Wolff comme modèle principal, se ressentent sans doute de l'influence de Baumgarten [2]. Les songes se démarquent comme phénomène privilégié : envisagés à l'aune de l'expérience et de la raison, ils permettent de montrer de façon efficace que tout est lié dans la vie de l'esprit, aussi bien que dans la nature. Plus exactement, l'expérience psychologique, ou l'introspection, est complétée et rectifiée par l'application du principe de raison suffisante [3].

1. HAR 1762 [1769], p. 429-440.

2. Beausobre avait suivi les cours de Baumgarten et commencé à lire Wolff sous l'égide de Formey, comme nous l'apprend sa correspondance avec Formey lui-même. Voir notamment *Beausobre à Formey*, 29 avril 1749, cité par A. Baillot, « Pyrrhonismus und Politik an der Akademie der Wissenschaften um 1750 », *in* A. Busch, N. Hengelhaupt, A. Winter (Hrsg.), *Französisch-deutsche Kulturräume. Bildungsnetzwerke – Vermittlerpersönlichkeiten – Wissenstransfer*, Berlin, BWV, 2012, p. 25-42. On trouvera d'autres informations importantes sur la relation entre Beausobre et Formey dans cet article.

3. Une telle stratégie de correction de l'expérience de la vie de l'âme est déjà à l'œuvre dans l'ouvrage intitulé *Le Pyrrhonisme raisonnable* : « La plupart de nos expériences ne sont que des jugements sur certains faits. Combien de personnes disent qu'elles sont certaines, grâce à l'expérience, de ne pas penser pendant leur sommeil, alors qu'elles devraient se limiter

Beausobre cherche à prouver que, malgré les lacunes causées dans la mémoire par des idées obscures, il n'y a pas de solution de continuité dans la suite des représentations de l'âme : les rêves font par conséquent partie de cette chaîne, même si on ne s'en souvient pas. S'il y a de l'obscurité du côté de la sensation, ce qui est la condition du sommeil, il peut y avoir néanmoins de la clarté du côté de l'imagination, ce qui fait qu'on peut se souvenir des songes au réveil. Une fois supposé que ce qui se passe dans les rêves n'est pas sans raison suffisante, on accordera aisément que ces phénomènes dépendent des lois communes de l'imagination, qu'ils entretiennent des rapports avec les autres représentations, autrement dit qu'ils tirent leur origine de l'activité ordinaire de l'âme.

Le rôle que joue ici le principe de raison suffisante apparaît aussi décisif qu'il l'était chez Wolff [1]. Ce dernier avait soutenu que, si l'on considère les rêves subjectivement, c'est-à-dire par rapport aux fantasmes qui coexistent ou se succèdent dans l'âme, alors les règles de l'imagination expliquent à la fois la loi de la coexistence et le mécanisme de succession, en sorte qu'il y aura une raison suffisante de ces changements. Si, cependant, on considère les rêves objectivement, c'est-à-dire par rapport aux mutations qui concernent les objets représentés, celles-ci demeurent sans raison suffisante [2]. Dans son travail sur les songes, Beausobre était donc justifié de recourir au principe de raison suffisante, même si ce principe était traditionnellement utilisé pour marquer la différence, du point de vue objectif, entre le rêve et la réalité. C'est ce que l'on constate par exemple chez Formey que Beausobre considère comme très proche personnellement et philosophiquement, mais par rapport auquel il n'hésite pas à prendre ses distances sur des questions particulières. À cet effet, il semble opportun de comparer la contribution de Beausobre avec l'« Essai sur les songes » que Formey avait publié dans les *Mémoires* de 1746 et dont une version abrégée allait constituer l'article « Songe » de l'*Encyclopédie* [3]. D'une part, Beausobre ne considère pas les corrélats corporels de l'activité onirique – puisque selon lui tout s'explique à l'intérieur de la vie de l'âme, comme pour la folie – [4] alors que Formey n'hésite pas à prendre en compte cet

à dire qu'elles ne se souviennent pas avoir pensé pendant leur sommeil ! » (L. de Beausobre, *Le Pyrrhonisme raisonnable*, § CXLIII, Berlin, Chez Étienne de Bordeaux, 1755, p. 189).

1. Wolff est considéré comme un novateur par les historiens du domaine. Voir G. W. Pigman III, *Conceptions of Dreaming from Homer to 1800*, London-New York, Anthem Press, 2019, en particulier le chapitre intitulé « Wolff's innovations », p. 168-178.

2. C. Wolff, *Psychologia empirica*, § 128, [1738], GW II, 5, p. 82-83.

3. J. H. S. Formey, « Songe [métaphysique-physiologie] », Enc. XV, 1765, p. 354-357.

4. Voir L. de Beausobre, « Réflexions sur la nature et les causes de la folie. Premier, second et troisième mémoire », HAR 1759 [1766], p. 390-432.

aspect, comme il le fera aussi à propos de l'imagination[1]. D'autre part, quant à l'usage du principe de raison suffisante pour marquer la distinction entre la veille et le sommeil, Formey reste plutôt fidèle à la tradition, en sorte que sa définition du songe ne s'accorde pas avec celle de Beausobre :

> L'état de la veille se distingue de celui du sommeil, parce que dans le premier rien n'arrive sans cause ou raison suffisante, les événements sont liés entre eux d'une manière naturelle et intelligible, au lieu que dans les songes tout est décousu[2].

Beausobre ne mentionne jamais Formey, mais il discute de façon développée certains passages des *Méditations* de Descartes, où l'absence de liaison dans les songes permet justement de distinguer la veille du sommeil[3]. Il s'agit par ailleurs d'une critique qui pourrait également s'appliquer à Leibniz, selon qui les songes ne souscrivent pas à la congruence[4]. Si Beausobre a donc le mérite d'innover du point de vue théorique et interprétatif, on pourrait cependant se demander quel est son apport à la lutte contre le spectre du pyrrhonisme qui préoccupe plusieurs membres de l'Académie à la même époque[5]. En effet, laisser tomber le critère qui permet de distinguer le sommeil de la veille ne revient-il pas à miner l'un des remparts contre le scepticisme qu'avaient érigés Descartes et Leibniz ? La question semble d'autant plus pertinente dans le cas de Beausobre, qui avait déjà participé activement au débat avec son *Pyrrhonisme raisonnable* de 1755[6]. Un tel risque ne semble pourtant pas l'inquiéter, alors qu'il se montre bien conscient des difficultés que son hypothèse sur la prévisibilité des songes – formulée dans le mémoire comme une sorte de corollaire de la thèse principale sur la chaîne continue des représentations de l'âme – pourrait soulever pour fonder la liberté de l'âme. Bien que l'auteur n'ait pas l'intention de résoudre ce problème épineux, il apparaît tout sauf étranger aux grandes discussions

1. Voir J. H. S. Formey, « De l'étendue de l'imagination », HAR 1754 [1756], p. 365-382.
2. J. H. S Formey, « Essai sur les songes », HAR 1746 [1748], p. 333.
3. Voir Descartes, *Sixième méditation*, AT IX, p. 71 : « Car à présent j'y rencontre une très notable différence, en ce que notre mémoire ne peut jamais lier et joindre nos songes les uns aux autres, et avec toute la suite de notre vie, ainsi qu'elle a de coutume de joindre les choses qui nous arrivent étant éveillés ».
4. Voir Leibniz, *De modo distinguendi phænomena realia ab imaginariis* [1683-1685], A VI, 4, p. 1501.
5. Voir S. Charles, « Lumières allemandes et scepticisme. Le cas de l'Académie de Berlin », dans M.-H. Quéval (éd.), *Orthodoxie et hétérodoxie. Libertinage et religion en Europe au temps des Lumières*, Saint-Étienne, Publications de l'Université de Saint-Étienne, 2010, p. 139-149.
6. Une première version de ce texte a été publiée par l'auteur un an plus tôt (1754), sous le titre *Le pyrrhonisme du sage*.

philosophiques de son temps. Il s'agit d'une impression qui trouve sa confirmation sans doute la plus probante dans le choix même du sujet du mémoire, le songe, thème qui est souvent abordé de façon innovante à l'âge des Lumières[1]. Beausobre se dit justement redevable de l'approche moderne de ce phénomène, visant à décrire plutôt qu'à interpréter, et il critique ouvertement les erreurs de la littérature ancienne. Une raison de plus pour affirmer que le mémoire de Beausobre, auquel l'article « Songe » de l'*Encyclopédie* d'Yverdon sert de complément[2], ne présente pas moins de motifs d'intérêt que d'autres textes contemporains plus fortunés, tels l'*Essai* de Formey et les ouvrages de Dufresnoy et de Richard[3]. Cet oubli est d'autant plus regrettable que le texte de Beausobre est manifestement porteur d'un effort de naturalisation du songe et que, de manière générale, il participe d'un processus de normalisation des phénomènes les plus singuliers, voire pathologiques, de la vie de l'âme.

Angela FERRARO

1. Sur le sujet, on peut voir L. G. Crocker, « L'analyse des rêves au XVIIIe siècle », *Studies on Voltaire and the 18th Century*, 1963, p. 271-310; M. Tavera, « Le rêve naturel : Physiologie de l'onirisme au XVIIIe siècle », *Gesnerus*, 57, 2000, p. 5-26; G. Garnier, « Le songe n'est que mensonge. Le discours sur le songe au XVIIIe siècle », *Sociétés et représentations*, 23/1, 2007, p. 105-124.

2. L'article « Songe [critique sacrée] » de l'*Encyclopédie* « protestante » d'Yverdon date de 1775 et est signé MDB (Monsieur de Beausobre). Il remplace la notice correspondante dans l'*Encyclopédie* de Paris, écrite par de Jaucourt.

3. En 1751-1752, Nicolas Lenglet Dufresnoy publie un *Recueil de dissertations anciennes et nouvelles sur les apparitions, les visions et les songes* et en 1766 Jérôme Richard fait paraître sa *Théorie des songes*.

BEAUSOBRE

RÉFLEXIONS PHILOSOPHIQUES SUR LES SONGES

PREMIER MÉMOIRE

| La constitution du corps humain est telle que sa conservation demande **429**
qu'il s'y fasse alternativement une dépense et une réparation de forces : sa faiblesse a exigé que le repos succédât à l'action, et il a fallu que près d'un tiers de la vie se passât dans l'inaction, afin que les deux autres pussent être employés. Heureux encore les hommes qui jouissent de ces deux tiers de réveil, et dont la vie n'est pas un sommeil perpétuel !

Le corps fatigué pendant le jour a une tendance naturelle vers le repos ou l'inaction : les mouvements vitaux se ralentissent insensiblement ; les mouvements volontaires, après être devenus moins fréquents, cessent tout à fait ; il faut se faire violence pour résister à l'assoupissement, et ce combat dure quelquefois aussi longtemps que notre âme se représente clairement quelques objets ou quelques idées : quand une fois les idées obscures ont pris la place des idées claires, le sommeil est complet. C'est ainsi que l'homme qui s'endort tous les jours a tous les jours sous ses yeux une vive image de la mort [1].

Pendant tout le temps que dure le sommeil, l'âme paraît ne point avoir de sensations ; elle en a cependant, mais de très faibles ; ainsi qu'il nous arrive dans la veille d'avoir des moments où nous croyons que nous n'avons pensé à rien, quoique nous ayons eu réellement des

1. Le topos de la continuité entre le sommeil et la mort est évoqué aussi par Baumgarten, toujours dans un contexte de psychologie d'inspiration leibniziano-wolfienne. Voir A. G. Baumgarten, *Métaphysique*, III, III, § 556, trad. fr. L. Langlois *et al.*, Paris, Vrin, 2019, p. 218.

430 | représentations qui ont fixé notre attention plus ou moins, de même il nous arrive aussi de n'avoir souvent pendant le sommeil que des représentations obscures, dont l'âme ne s'aperçoit que faiblement, et que par conséquent elle ne se rappelle pas au réveil. Quand on réfléchit sur soi-même, on se persuade aisément qu'il y a dans notre âme une infinité de représentations qui y sont, si j'ose ainsi parler, à notre insu.

L'âme étant une force représentative de l'univers relativement à la sphère des sensations, elle se représente pendant le sommeil comme pendant le réveil son état actuel : pendant le sommeil elle se le représente obscurément[1]. Ce qu'il y a alors de clair dans les représentations de l'âme, c'est ce que lui suggère l'imagination, qui reproduit différentes représentations : l'ensemble de ces représentations clairement aperçues est ce qu'on appelle songe, dès qu'on peut se les rappeler au réveil.

Ce n'est que par le degré de clarté des représentations de notre âme, que nous jugeons que les objets représentés sont présents, et que nous les distinguons de ceux qui n'étant pas présents nous sont représentés par l'imagination. Ce degré de clarté est donc relatif, nous apprenons à en juger par l'expérience ; il est donc tout naturel que ce qui nous est représenté clairement dans le sommeil, nous y soit représenté comme présent. Ici l'on trouvera un rapport sensible entre un homme qui rêve et un fou ; celui-ci confond les sensations avec les fantômes de l'imagination, et ne distingue plus par conséquent le présent de ce qui ne l'est pas ; dans le sommeil les sensations n'étant que très faibles, (car on ne peut appeler autrement les représentations obscures de l'action des objets extérieurs), tout ce que l'imagination représente paraît d'autant plus clair qu'aucune autre clarté ne lui est comparée ; en faut-il davantage pour que ces productions de l'imagination soient prises pour autant d'objets actuels et existants ? Il ne reste à l'âme aucun moyen pour se détromper, elle est la dupe de ce degré de clarté que l'imagination donne à ses fantômes. C'est surtout lorsque le sommeil

1. Il s'agit d'une définition d'origine leibnizienne que l'on trouve aussi chez Wolff. Voir C. Wolff, *Psychologia rationalis* [1740], I, I, § 62, GW II, 6, 1972, p. 40-42. Elle revient souvent sous la plume de Beausobre. Dans son mémoire « Réflexions sur la nature et la nécessité des idées obscures », qui comporte une sorte de théorie générale, ou du moins un résumé des idées qui sont à la base des contributions de l'auteur, nous trouvons un approfondissement de cette définition, faisant le point sur les pouvoirs et les limites de l'introspection, c'est-à-dire sur la capacité descriptive de l'âme qui s'observe elle-même : « L'âme est une force représentative de l'univers : toutes les idées qu'elle peut avoir sont actuellement en elle ; mais comme elle est une force finie, toutes ces idées ne peuvent pas y être avec un degré égal de clarté : il y en a même peu qui parviennent à être clairement aperçues, et il y en a toujours une qui l'est plus que toutes les autres ; la lumière de l'une éclipse les autres. Notre âme ressemble à nos yeux, on ne peut pas tout voir, et ce qu'on ne voit pas, on doit le soupçonner » (HAR 1768 [1770], p. 412).

n'est pas bien profond que l'âme s'arrête aux objets que lui présente l'imagination, parce qu'alors | la disposition du corps facilite le travail de l'ima- 431
gination, et que l'impression plus sensible des objets extérieurs la rend plus active.

L'âme d'un homme qui s'assoupit et s'endort, conserve sûrement une suite de représentations quelconques, mais il ne se les rappelle pas toujours au réveil : l'action d'un objet extérieur, ou un changement quelconque dans le corps, peut faire naître pendant le sommeil une représentation moins obscure que les autres, et celle-ci amène d'autres représentations à la faveur de l'association des idées; il ne s'agit plus d'autre chose, si ce n'est que l'âme se rappelle ces représentations au réveil. Si le rapport qui se trouve entre les représentations produites par la loi de l'imagination n'a rien d'essentiel, le songe sera un amas confus où il n'y aura en apparence ni ordre ni liaison; si au contraire ce rapport renferme des choses essentielles, qui sont prises dans la nature même des objets représentés, le songe sera une suite d'événements naturels.

Que nous ayons au reste des sensations pendant le sommeil, c'est ce qu'on ne saurait nier: c'est à la faveur des sensations devenues plus fortes que le sommeil s'interrompt, et qu'on s'éveille. Aussi a-t-on remarqué que les songes sont plus fréquents et plus clairs vers le matin; c'est ce qui a fait croire que ce qu'on rêvait dans ce temps-là annonçait l'avenir. Horace a dit :

Vetuit me tali voce Quirinus
Post mediam noctem visus, cum somnia vera[1].

On a cru que l'estomac étant déchargé de ce qui s'y trouvait, l'âme était plus libre, et par conséquent plus en état d'entrevoir l'avenir et de se représenter le présent : ce qu'il y a de vrai, c'est que les sensations étant plus vives lorsque les nerfs sont plus tendus, et les mouvements vitaux plus forts, il est naturel que les sensations soient plus vives vers le matin qu'immédiatement après l'assoupissement, et que les songes | amenés par 432
de semblables sensations soient plus clairs, que ceux qui arrivent dans des circonstances opposées.

Si l'on dit qu'on rêve ordinairement de ce dont on a beaucoup parlé la veille, que les songes sont plus fréquents dans le temps des événements extraordinaires, et lorsque l'âme est fort occupée, soit de sujets qui lui inspirent beaucoup de joie ou de tristesse, soit de sujets qui l'affectent

1. L. I. Sat. 10 [note originale]. Voir Horace, *Satires*, I, X, éd. F. Villeneuve et O. Ricoux, Paris, Les Belles Lettres, 2011, p. 108-109 : « Quirinus vint me l'interdire en ces termes, m'étant apparu dans la seconde moitié de la nuit, à l'heure des songes véridiques ».

autrement, je ne vois là rien qui ne s'accorde avec ce que je viens de dire. En effet, les objets qui occupent l'âme ou longtemps ou fortement, se trouvant liés à une infinité de choses, l'âme ne peut se représenter quoi que ce soit qui n'ait avec eux quelque rapport, et ce rapport, quelque étranger qu'il leur soit, suffit pour que l'imagination les ramène dans le sommeil comme dans la veille.

Les malades et les personnes d'une constitution faible rêvent plus souvent que les gens qui se portent bien et qui sont robustes : cela arrive parce que les premiers ont un sommeil plus léger, et que les objets extérieurs qui agissent sur eux trouvent un corps plus sensible : les sensations sont par conséquent plus fortes, et plus vivement aperçues.

Si donc les maladies, les indigestions, les échauffements produits par le vin, les grands chagrins, les grands sujets de joie sont accompagnés d'un état où l'on rêve plus fréquemment, ce ne sont pas à proprement parler ces dispositions du corps ou de l'âme qui font rêver, mais c'est que le sommeil est alors inquiet et faible ; c'est un état presque mitoyen entre la veille et le sommeil, où il est naturel que les objets extérieurs agissent sur le corps avec plus d'effet. Un état irrégulier ou extraordinaire dérange le sommeil, une partie de cet état est représentée obscurément à l'âme, l'imagination devient active, et elle le devient d'autant plus aisément que cet état extraordinaire l'a beaucoup exercée pendant la veille.

Aussi y a-t-il lieu de croire que les hommes qui ont le plus d'ima-
433 gination, qui l'exercent le plus, rêvent aussi le plus souvent. Ces | hommes accoutumés à considérer dans les objets et dans les événements tout ce qui n'y est pas essentiel, mais qui est susceptible d'être représenté sous des images sensibles, comme le lieu, la manière d'être, etc., ces hommes, dis-je, ont une facilité étonnante de trouver des rapports fort peu réels ; leurs songes doivent être aussi variés que fréquents. Supposé deux hommes qui quittent un cercle de femmes ; que l'un ait pris garde aux habits, à la parure, à la figure, aux pompons, à tous les propos, à tout ce qui se trouvait dans la chambre ; tandis que l'autre n'a fait qu'une légère attention à tous ces objets, et s'est contenté de suivre tranquillement une conversation honnête et qui n'avait rien d'extraordinaire ; n'arrivera-t-il pas naturellement à ces deux hommes, que l'un rêvera, tandis que l'autre aura peut-être le sommeil le plus profond ? Il ne faut au premier qu'une étincelle pour donner à son imagination une activité étonnante : le magasin des fantômes est rempli, il ne faut qu'un rien pour les faire paraître.

Je conclus de là que, s'il était vrai qu'il pût y avoir des gens doués du talent de se procurer des songes amusants et agréables [1], ce ne pourrait être qu'à la faveur de la malheureuse habitude qu'auraient contractée ces personnes, d'occuper beaucoup leur imagination, et de la tourner continuellement vers certaines images. C'est encore ce qui explique les rêves des animaux : un lévrier aboie en dormant : Lucrèce a dit des chevaux :

Quippe videbis equos fortes, cum membra jacebunt,
In somnis sudare tamen, spirareque saepe [2].

Il est tout naturel que les animaux, n'ayant qu'un très petit nombre de représentations, en aient de bien vives qui reviennent | fréquemment, et se 434
retrouvent pendant le sommeil. Mais si les animaux ont des rêves, ils n'ont pas des songes : ils ne sont pas en état de distinguer les représentations de leur âme pendant le sommeil de celles qui s'y trouvent pendant la veille [3]. Les hommes eux-mêmes ont souvent des songes si clairs et si suivis qu'il leur est bien difficile de les distinguer de la réalité : combien de fois n'arrive-t-il pas que la clarté des représentations est si grande qu'elle nous éveille : quelquefois il arrive qu'on est la dupe de cette clarté, on croit avoir éprouvé ce qu'on n'a fait que rêver. Aussi Descartes désespérait-il de trouver une marque caractéristique qui servît à distinguer les songes de la réalité : « *Quæ dum cogito*, dit-il dans ses Méditations, P. I., p. 6, *attentius, tum plane video, numquam certis indiciis vigiliam a somno posse distingui* » [4].

1. On a cru qu'il y avait des moyens propres à faire rêver : telle devait être la vertu de la corne d'Ammon. Pline parle, au livre XXXVII, chapitre 12 de son Hist. Natur. d'une pierre, appelée eumetris, qui étant mise sous le chevet avait la vertu de procurer des songes qui dévoilaient l'avenir [note originale]. Voir Pline l'Ancien, *Histoire naturelle*, XXXVII, éd. É. de Saint-Denis, Paris, Les Belles Lettres, 1972 : « La corne d'Hammon est parmi les pierres les plus sacrées d'Éthiopie ; elle a la couleur de l'or ; elle représente une corne de bélier ; on assure qu'elle procure en songe des visions prophétiques » (X, 60, p. 108) ; « L'*eumécès* vient en Bactriane ; elle ressemble au silex et, placée sous la tête, elle procure des visions nocturnes jouant le rôle d'oracles » (X, 58, p. 105).

2. Lucrèce, *De rerum natura*, IV v. 986-990, éd. A. Ernout, rev. et corr. C. Rambaux, Paris, Les Belles Lettres, 2007, II, p. 40 : « Ainsi tu verras des chevaux ardents, mêmes couchés et endormis, se couvrir de sueur pendant le rêve, souffler sans relâche ».

3. Sur l'usage des mots songes et rêve, voir G. Garnier, « Le songe n'est que mensonge », art. cit., n. 2, p. 105-106 : « *Songer* est le terme le plus ancien et qui, jusqu'au XVIIe siècle, recouvre trois sens principaux : rêve de nuit, laisser-aller de la pensée et surtout, penser. L'expression du délire en est exclue, réservée au verbe *rêver*, du XVe au XVIIe siècle, voire jusqu'au XVIIIe siècle. C'est à partir du XVIIe siècle que *songer* est remplacé par *rêver* pour signifier l'activité pendant le sommeil, alors que *rêver* (exprimant auparavant le fait de délirer) est relayé par le verbe *délirer* ».

4. Descartes, *Première méditation*, AT IX, p. 15 « En m'arrêtant sur cette pensée, je vois si manifestement qu'il n'y a pas d'indices concluants, ni de marques assez certaines par où l'on puisse distinguer la veille d'avec le sommeil ».

Mais, pour en revenir au pouvoir que les hommes peuvent avoir sur leurs songes, c'est-à-dire sur leur imagination dans le temps du sommeil, il est bien clair que ce pouvoir n'est qu'indirect : ce n'est qu'après l'avoir bridée pendant la veille, et s'être fait une heureuse habitude de la contenir dans de justes bornes, qu'on peut espérer que pendant le sommeil elle n'extravaguera pas si aisément[1]. Tous les hommes ne trouvent pas à cet égard les mêmes facilités : la nature de leur tempérament, les circonstances où ils vivent, la santé, l'éducation, la société, tout cela influe sur l'imagination et sur l'empire auquel on voudrait la soumettre. De là il s'ensuit qu'on peut juger avec quelque probabilité du caractère et des mœurs d'un homme, en examinant la nature de ses songes (de quoi peuvent nous parler les songes) : non qu'on puisse dire sans restriction, comme Pythagore et Zénon, que les songes dévoilent les vices et les vertus des hommes ; car, si une suite de songes peut servir à en découvrir quelque chose, ce n'est pas avec une certitude complète. Combien de tempéraments ardents, qui ont bien de la peine à se vaincre ! Combien de gens vertueux, qui ne peuvent combattre les mouvements de la nature sans salir leur imagination ! Combien de personnes, qui vivant dans le monde sont obligées de voir ce qui remue les passions, d'écouter ce qui donne à l'imagination plus d'empire qu'on ne voudrait lui en laisser !

435 | Descartes a cru qu'il y avait entre les représentations de l'âme dans le temps du sommeil, et celles que nous avons pendant la veille, cette différence remarquable, que les songes comme isolés et sans liaison se rappellent difficilement à notre mémoire[2]. Mais Descartes convenant qu'il y a des songes si frappants, et dont le souvenir nous reste si longtemps, qu'il y en a de si vivement représentés, qu'il arrive à ceux qui en ont de semblables, non seulement de se les rappeler jusqu'à la fin de leur vie, mais encore de les confondre avec ce qui peut leur être arrivé pendant la veille[3] ; Descartes, dis-je, convenant de ce fait, convenait par-là même, que les songes appartiennent à la chaîne des représentations de notre âme ; comment pourrait-on sans cela se les rappeler au réveil ? Il y a plus : on conclut mal en supposant que la difficulté de se rappeler un rêve est une preuve de ce manque de liaison : ne nous arrive-t-il pas pendant la veille,

1. Descartes, sur ce point, semble aller dans la même direction que Beausobre : « Toutefois l'expérience fait voir que, si on a eu souvent quelque pensée, pendant qu'on a eu l'esprit en liberté, elle revient encore après, quelque indisposition qu'ait le corps ; ainsi je puis dire que mes songes ne me représentent jamais rien de fâcheux, et sans doute qu'on a grand avantage de s'être dès longtemps accoutumé à n'avoir point de tristes pensées » (*Descartes à Élisabeth*, 1er septembre 1645, AT IV, p. 282).

2. Voir Descartes, *Sixième méditation*, AT IX, p. 71.

3. Voir Descartes, *Première méditation*, AT IX, p. 14.

qu'il se présente à notre esprit des idées, dont nous ne nous souvenons plus un instant après, et qui étaient cependant liées aux représentations que notre âme avait alors ? Si l'on dit que, même pendant la veille nous avons des représentations qui semblent n'avoir aucune liaison avec l'état actuel de notre âme, je réponds que cela paraît ainsi parce que dans la chaîne des représentations il y en a d'obscures et de claires. Une idée obscure devient claire ; le passage de l'obscurité à la clarté nous paraît brusque, parce que nous ne voyons pas parfaitement par quelle association d'idées, en partie claire en partie obscure, cette nouvelle idée a été produite. Tout est lié dans la nature, mais tout ne l'est pas de façon que la liaison ne nous échappe jamais. Comme il n'y a rien sans raison suffisante, quelque étranges que nous paraissent certains événements, ils sont tout aussi naturels que ceux qui nous paraissent les plus conformes aux lois ordinaires : ils ne diffèrent de ces derniers que par notre manière de voir : les raisons qui expliquent ce qu'ils sont et comment ils le sont, ne nous sont pas aussi connues que celles qui expliquent ces événements qui n'ont rien de frappant pour nous : ici nous sommes plus éclairés, là plus ignorants ; voilà la différence. Quand on ne peut regarder les objets que d'un point de vue, il doit nécessairement | y **436**
avoir des choses moins bien vues que d'autres. Tout ce que l'âme se représente pendant le sommeil est une suite de l'état où elle se trouve : quelque profond que soit le sommeil, on ne saurait en exclure une action quelconque des objets extérieurs, une activité quelconque de l'âme, et cela suffit pour prouver cette liaison que Descartes voulait nier.

Comme toutes les représentations de l'âme sont liées les unes aux autres suivant un certain ordre, il serait possible de savoir d'avance le songe qu'un tel homme aura, si l'on pouvait connaître toutes les représentations qu'a eues son âme, toutes celles qu'elle a au moment où le sommeil commence, et toutes les sensations qui auront lieu pendant ce temps-là. Ce problème serait ainsi énoncé : toutes les représentations passées, et toutes les représentations actuelles d'une âme, dans le moment où commence le sommeil, étant données, les objets extérieurs et leur action étant connus, l'état du corps étant déterminé, découvrir quel sera le rêve de cet homme-là.

On dira sans doute qu'en supposant possible la solution de ce problème, il semble qu'on envisage l'âme comme une machine, qui ne s'écarte jamais de la route que ses ressorts lui font tenir. Mais, sans entrer dans la question épineuse de la liberté, je me contenterai de remarquer, qu'il s'agit ici seulement des idées obscures qui deviennent claires à la faveur des sensations, dont l'âme ne saurait être maître. D'ailleurs, quand l'âme serait un esclave pendant que le corps repose, elle pourrait toujours être libre pendant le temps de la veille : et c'est tout ce qu'il faut.

On a voulu distinguer les songes en naturels, en extraordinaires, et en surnaturels[1]; et on a entendu par extraordinaires, ceux à la production desquels concourt une cause finie et étrangère; et par surnaturels, ceux où intervient l'action de l'être infini. Mais, si un songe est extraordinaire dès que l'on peut supposer le concours d'une cause étrangère et finie, tous les songes le sont, ou l'on ne sait ce que l'on dit : tous les songes, comme toutes
437 les représentations de l'âme, doivent | leur origine aux sensations, l'imagination fait le reste. Si au contraire on soutenait que quelqu'autre cause étrangère et finie, qui ne serait point une sensation, pût agir sur l'âme de celui qui rêve, on avancerait une absurdité qui ne mérite aucune réfutation. Quand il se trouverait dans les songes des représentations qui sembleraient ne pouvoir être ni la suite d'une sensation, ni le résultat d'autres représentations, ce serait notre manière de voir qu'il faudrait accuser de cette erreur. Dès qu'on ne regarde pas l'âme pendant le sommeil comme un être inactif, dès qu'on se représente l'âme avec une foule d'idées plus ou moins obscures, on ne se fait point des songes des idées aussi fausses. Quant aux songes miraculeux ou surnaturels, ce n'est pas ici le lieu d'examiner comment un être infini peut donner à l'âme pendant le sommeil une suite de représentations claires : les conjectures de la philosophie cessent là où l'on commence à supposer l'action d'une puissance infinie.

Il nous arrive pendant la veille quelque chose de bien semblable aux songes, et qui mérite qu'on y fasse attention. On voit des hommes, qui tout à coup rentrant en eux-mêmes n'éprouvent plus aucune sensation : les représentations de leur âme les occupent à un point que leur état ressemble en quelque façon à celui du sommeil. Deux espèces d'états très différents se rangent sous la même classe : un mathématicien, comme un autre Archimède, absorbé dans ses calculs, n'a que des représentations distinctes, avec une foule de représentations obscures qu'il n'aperçoit pas : un homme, livré à ses passions et s'en occupant sans cesse, se transporte dans un palais enchanté, et n'a que des représentations claires avec une foule de représentations obscures qu'il n'aperçoit pas plus que le premier. Pendant le sommeil, celui qui rêve a quelques représentations claires : il ressemble aux deux autres en ce que les sensations sont réputées nulles, et avec le dernier il a de plus la conformité de croire présent ce qui n'est que dans son imagination. Mais ce qui ressemble encore plus aux songes ce sont les visions, ou les représentations vives et claires de quelque chose qui n'existe que dans l'imagination. Malheur à ceux qui pourraient en avoir

1. On retrouve cette classification des songes dans l'article de L. de Beausobre, « Songe (Critique sacr.) », *Encyclopédie,* éd. Yverdon, XXXIX, 1775, p. 44.

facilement : la folie n'est que le triste | talent de donner aux fantômes de 438
l'imagination les apparences de la réalité.

J'ai dit que, si l'on ne se rappelait pas toujours au réveil les représentations qu'on a eues pendant le sommeil, ce n'était pas une preuve qu'on n'en ait pas eu. Comme il nous arrive d'oublier souvent ce qui nous a été clairement représenté pendant la veille, la même chose ne nous arriverait-elle pas pour les représentations qui ont été claires pendant le sommeil ? Mais, sans entrer ici dans des discussions subtiles, je ne veux pour preuve de la vérité de ce que j'avance, que ce qui arrive aux noctambules. Nous savons qu'il y a des gens capables pendant le sommeil d'une adresse bien supérieure à celle qu'ils peuvent avoir pendant la veille. Une suite d'actions visiblement conséquentes et relatives à un but; des actions qui reviennent à point nommé ; une ignorance totale de ce qu'on a fait, voilà ce qu'on voit dans les noctambules. Irons-nous avec quelques philosophes chercher dans la lune la raison de ces phénomènes, et croirons-nous que les phases de cet astre influent sur le corps humain au point de donner à un homme, plongé dans le sommeil, une adresse qu'il n'a point lorsqu'il veille ? On a appelé à cause de cela les noctambules des lunatiques ; je ne sais pas trop pourquoi ce nom leur est resté depuis qu'on a laissé aux jardiniers et aux charlatans, gens toujours portés à en appeler à l'expérience et à en abuser, ces préjugés qu'aucune ombre de raison ne peut colorer. Si la lune pouvait produire de pareils effets, elle en produirait plus souvent, et n'agirait certainement pas par prédilection sur quelques individus.

Croira-t-on qu'un mouvement irrégulier du sang, que des humeurs, des obstructions, en un mot un état extraordinaire du corps soient cause de ces effets singuliers ? Que des vapeurs, semblables à celles qui étourdissent les gens ivres, et leur font entreprendre des choses très périlleuses, montent au cerveau des noctambules, et les guident ? Renverrons-nous ces noctambules aux incurables, puisque la médecine n'a pas encore trouvé de remède
bien sûr pour les | rétablir ? Non, nous ferons mieux d'envisager ce qui se 439
passe en eux comme l'ouvrage de l'imagination, qui peignant avec beaucoup de vivacité et de clarté ce qu'il faut faire pour exécuter ces actions difficiles, entraîne ces malheureux à les entreprendre [1]. Il est assez naturel de croire, que ces gens ayant considéré pendant le jour des chemins difficiles à pratiquer, se les représentant pendant le sommeil, les entreprennent, et évitent les dangers qu'ils ne voient et ne se représentent pas : il suffit sans doute qu'ils se représentent vivement les actions qu'il faut

1. Baumgarten avait déjà considéré non seulement le somnambulisme mais aussi le délire, évoqué plus haut par Beausobre, comme des effets extrêmes de l'imagination. Voir A. G. Baumgarten, *Métaphysique*, III, VII, § 594, *op. cit.*, p. 230.

faire, pour que le corps fasse les mouvements analogues à ces représentations. Cela paraîtra d'autant plus vrai, qu'on a guéri plusieurs personnes attaquées de ce mal, en les fouettant au retour de leurs courses.

Je conclus de tout ce que je viens de dire, qu'on ne peut pas juger de ce qui a été dans l'âme par le souvenir de ce qui nous en reste : on ne juge pas même de ce qui s'y trouve par les représentations actuelles. Les idées obscures sont dans l'âme, quoiqu'elles ne soient point aperçues. Cela nous servira à répondre à ceux qui pourraient demander pourquoi il y a des gens qui ne rêvent jamais, et d'autres qui ne rêvent que rarement; nous leur ferons remarquer d'abord qu'il ne peut s'agir ici que des songes, ou des représentations que l'âme se rappelle au réveil : nous dirons en second lieu, que si effectivement il y a des hommes qui n'ont jamais eu à leur réveil aucun souvenir de ce qu'ils ont rêvé, on ne peut en chercher la raison que dans le double avantage, dont ces hommes ont toujours joui, d'avoir un sommeil bien profond, et de n'avoir pas l'imagination assez active pour qu'elle soit réveillée aux plus faibles sensations.

Quelques-uns ont cru, que comme dans le sommeil le corps regagnait les forces perdues pendant le jour, l'âme de même inactive pendant le sommeil réparait ses pertes. De là ils se sont imaginés, que les songes étaient quelque chose qui sortait de la règle, et qui était dû à des causes particulières. Infatués des augures et des présages, ils ont religieusement écouté ces interprètes des songes, qui comme autant d'oracles, n'ont trouvé que trop de dupes. D'autres ont cru que les sens étant assoupis, l'esprit était
440 plus dégagé de la matière, plus propre | à pénétrer l'avenir et à démêler la vérité, que l'âme s'exaltait et lisait dans l'avenir.

Philon prétendait que Dieu inspirait les songes[1], et Tertullien en accusait les démons[2]. On a attribué au prophète Daniel un ouvrage sur l'interprétation des songes; et il y a bien apparence que les hommes ajouteront toujours foi aux règles de cet art futile, qu'on a appelé *Onirologie*[3]. Les exemples que l'on tire de l'Écriture sainte ne prouvent pas que cet art soit possible; il n'y a point d'analogie entre le miraculeux et le naturel.

1. D'après Philon, il existe trois types de songes. Le premier, analysé dans le livre I (aujourd'hui perdu) du *De somniis*, est celle dans laquelle Dieu s'exprime. Voir M. Petit, « Les songes dans l'œuvre de Philon d'Alexandrie », *Mélanges d'histoire des religions offerts à Henri-Charles Puech*, Paris, P.U.F., 1974, p. 151-159; S. Torallas Tovar, « Philo of Alexandria on Sleep », *in* T. Wiedemann, K. Dowden (eds.), *Sleep*, Bari, Levante Editori, 2003, p. 41-52.

2. Dans son *De Anima*, § XLVII, Tertullien distingue entre des rêves prophétiques envoyés par Dieu et des rêves (la plupart) envoyés plutôt par les démons.

3. Le mot *onirisme* ne semble pas avoir été courant à l'époque : selon les dictionnaires de la langue française, son apparition daterait plutôt du XIXe siècle. Voir https://www.cnrtl.fr/definition/onirologie.

L'interprétation des songes est ordinairement fondée sur deux principes, l'un que l'on peut appeler induction, et par lequel on juge que ce qui a suivi plusieurs fois un même songe, doit en être la suite constante : l'autre qu'on peut appeler analogie, et par lequel on juge que ce qui ressemble au songe, ou ce qui lui est directement opposé, est précisément ce qu'il annonce. De très habiles gens ont donné à cet égard dans de grands travers : Hippocrate [1] et Galien [2] ont hasardé les plus frivoles conjectures; parmi cette foule d'erreurs on a été jusqu'à croire, comme Cardan [3], que les songes qui précèdent le lever du soleil se rapportent au passé, que ceux qui viennent avec le lever du soleil se rapportent au présent, et enfin que ceux qui viennent après ce temps regardent l'avenir : on a cru même que les songes sont des signes plus certains de l'été que l'hiver, le printemps que l'automne; que dans le temps des fêtes mobiles les songes ne méritent que peu d'attention, mais qu'ils en méritent beaucoup dans le temps des fêtes fixes. Socrate paraît avoir cru à l'interprétation des songes : on sait qu'ayant entendu en songe un vers d'Homère, qui signifie, *dans trois jours vous arriverez dans la fertile Phthie* [4], il se crut assuré de mourir dans trois jours [5]. Aristote crut sagement devoir rester en suspens, et méprisa les préjugés populaires; il ne crut pas avoir assez de preuves solides pour en rejeter jusqu'au moindre fondement [6]. C'est à la philosophie moderne qu'on doit sur toutes ces matières le jour qui y est répandu.

1. Voir Hippocrate, *Du régime*, livre IV (*Des songes*).

2. Parmi les ouvrages attribués à Galien, il y a en effet un traité consacré au diagnostic par les rêves, intitulé *De dignotione ex insomniis*. Voir V. Boudon-Millot « Le *De dignotione ex insomniis* (Kühn VI, 832-835) est-il un traité authentique de Galien ? », *Revue des Études Grecques*, 122/2, 2009, p. 617-634.

3. Sur Cardan, voir J.-Y. Boriaud, « Le *Traité des songes* de Cardan », *Bulletin de l'Association Guillaume Budé*, 54, 1995, p. 319-330.

4. Ἤματι κε τριτάτῳ Φθίην ἐρίβωλον ἱκοίμην. Iliade, l. 363 [note originale] : « Et si l'illustre Ébranleur de la terre nous accorde bonne traversée, trois jours après je puis être dans la Phthie fertile » (Homère, *Iliade*, IX, 363-364, éd. P. Mazon et C. Noirot, Paris, Les Belles Lettres, 2019, p. 222).

5. Voir Platon, *Criton*, 44a-44b.

6. Sur Aristote, on peut consulter B. Hubert, « Veille, sommeil et rêve chez Aristote », *Revue de Philosophie Ancienne*, 17/1, 1999, p. 75-111, notamment p. 106.

OBSERVATIONS SUR QUELQUES DIMENSIONS DU MONDE INTELLECTUEL [1]

PRÉSENTATION

Lambert publia peu de mémoires de philosophie spéculative, l'essentiel de sa production à Berlin concernant plutôt la physique expérimentale et les mathématiques. Il faut rappeler qu'il est au départ connu et recruté à l'Académie pour ses travaux en théorie de la perspective et en optique, mais aussi pour un traité de cosmologie physique, ses *Cosmologische Briefe über die Einrichtung des Weltbaues* (*Lettres cosmologiques sur l'organisation de l'univers*) de 1761, qui constituent une contribution importante à l'étude de l'origine de l'univers durant cette période, s'ajoutant à celles de Wright et de Kant. En même temps, il souhaite s'imposer comme philosophe et logicien par la publication du *Neues Organon* en 1764 et de l'*Anlage zur Architectonic* en 1771. On connaît maintenant d'ailleurs son intérêt pour les problèmes de type spéculatif mis aux concours à Berlin, notamment par le manuscrit d'une réponse à la question de 1763 sur les évidences mathématiques et métaphysiques [2]. Outre le mémoire que nous publions ici, Lambert fait toutefois paraître seulement deux mémoires sur la théorie mathématique et logique de l'ordre (1770-1772) et un mémoire sur le rapport entre superstition et calcul des probabilités (1771).

1. HAR 1763 [1770], p. 421-438.

2. *Über die Methode, die Metaphysik, Theologie und Moral richtiger zu beweisen*, PS X-2, p. 493-529. Sur ce manuscrit, voir C. Leduc, « Métaphysique et mathématique chez Lambert : une réponse à la *Preisfrage* de 1763 », dans *Les métaphysiques des Lumières*, *op. cit.*, p. 207-226.

Il est étonnant que les *Observations sur quelques dimensions du monde intellectuel*, le plus connu de ses mémoires, portent sur un sujet d'esthétique, plus précisément sur le sublime. Dans le corpus de Lambert, ce type de questionnement n'est à l'évidence pas central [1]. Notons qu'il existe dans les faits peu de mémoires proprement d'esthétique à Berlin durant les années 1750 et 1760, et qui se proposeraient de faire le pont entre la philosophie spéculative et les belles-lettres, en traitant de sujets comme la perception du beau ou la critique du goût. Le terme d'esthétique n'était d'ailleurs pas encore généralisé dans l'usage à cette époque, mais des mémoires portent à l'évidence sur des sujets qui s'y rapportent. Parmi ceux-ci, il faut certes compter celui de Formey sur le goût [2], mais surtout plusieurs contributions de Sulzer [3]. De la même manière, les *Observations* appartiennent à la classe de philosophie spéculative, mais les allusions aux beaux-arts et à la littérature permettent de les mettre en relation avec les belles-lettres. La motivation première aurait été la lecture du traité *Du sublime*, à l'époque encore attribué à Longin. Cet ouvrage avait suscité un regain d'intérêt depuis la traduction et le commentaire de Nicolas Boileau, édition que Lambert semble avoir consultée. La question du sublime reste d'actualité au milieu du XVIIIe siècle, même si Lambert fait peu de cas des débats qui ont cours : en 1757, Burke publie sa célèbre *Philosophical Enquiry into the Origin of Our Ideas of the Sublime and Beautiful*. En Allemagne, Mendelssohn et Kant font paraître des contributions importantes ; les *Observations sur le sentiment du beau et du sublime* de 1764 sont notamment incontournables pour comprendre l'évolution de l'esthétique kantienne jusqu'à la *Critique de la faculté de juger* [4].

La lecture du mémoire montre cependant que le sublime est analysé à partir d'outils méthodologiques qu'on retrouve examinés ailleurs chez Lambert, en particulier dans le *Neues Organon* qui paraît en 1764, l'année suivant celle de la lecture du présent mémoire en assemblée. Autrement dit, même s'il s'agit d'un sujet que Lambert n'a pas traité jusqu'alors, l'approche qu'il en propose est celle qu'il présentera dans ses travaux de

1. Soulignons néanmoins que parmi les manuscrits de Lambert récemment publiés se trouvent quelques contributions d'esthétique philosophique, dont un traité sur le beau : J. H. Lambert, *De pulchritudine*, PS X-3, p. 1037-1142.

2. J. H. S. Formey, « Analyse de la notion du goût », HAR 1760 [1767], p. 287-301.

3. J. G. Sulzer, « Recherches sur l'origine des sentiments agréables et désagréables », mémoire II : « Théorie des plaisirs intellectuels », HAR 1751 [1753] p. 76-100 et mémoire III : « Des plaisirs des sens », HAR 1752 [1754], p. 350-372 ; « De l'énergie dans les ouvrages des beaux-arts », HAR 1765 [1767], p. 475-492.

4. À ce sujet, voir D. Dumouchel, *Kant et la genèse de la subjectivité esthétique*, Paris, Vrin, 1999, p. 67-108.

logique philosophique et de métaphysique. Trois points semblent ici d'importance pour en comprendre les éléments méthodologiques. 1) Dès le départ, il est question de la définition du sublime. Lambert reste insatisfait des définitions classiques de ce concept ou remarque tout simplement l'absence de définition chez certains auteurs. La première tâche à accomplir consiste ainsi à en trouver une définition adéquate. Cette approche n'est pas nouvelle à l'époque et renvoie à une tradition, principalement inspirée par Leibniz et complétée par Wolff, qui affirme qu'une méthode juste et efficace débute avec l'établissement de définitions adéquates. Plus précisément, pour ces auteurs, il faut pouvoir se donner en philosophie et en sciences des définitions réelles, et non seulement des définitions nominales qu'on pourrait en fin de compte forger de manière arbitraire. Chez Leibniz et Wolff, la définition réelle est celle qui exprime la possibilité de la chose, soit de manière démonstrative, soit par l'expérience actuelle [1]. Cette conception n'est pas exactement reprise par Lambert, mais on doit certainement inscrire sa recherche de définitions adéquates et réelles dans le prolongement du leibnizianisme et du wolffisme. 2) Le point central de la méthodologie de Lambert, mis également en application dans le mémoire, concerne les conditions de l'analyse conceptuelle. Pour élaborer une définition du sublime, il faut aussi mettre en œuvre une analyse suffisante des concepts et des propositions. En l'occurrence, il s'agit de s'attarder aux termes liés à la représentation du sublime, tels l'élevé, l'éloigné, le profond et le vaste, longuement étudiés dans le mémoire. Or, cette analyse doit mener à terme à des éléments primitifs, lesquels feront par la suite l'objet de synthèses démonstratives. En ce qui concerne les concepts simples, la manière de les rechercher se situe toujours dans le cadre d'une méthodologie formelle. De la sorte, l'approche empirique qu'en donne Locke, citée par Lambert, ne saurait convenir. À cet effet, l'*Anlage zu Architectonic* dressera par la suite une liste complète de concepts primitifs sur lesquels se baseraient toutes les sciences. Leur combinaison permettrait du reste de comprendre la complexité des théories et leurs objets respectifs : par exemple, la science dynamique nécessite la durée et la force, mais a essentiellement pour fondement premier le concept simple de mouvement [2]. L'analyse conceptuelle jusqu'aux simples rend possible l'approfondissement d'un sujet, ce qui veut dire le passage d'une connaissance commune ou historique, comme celle de l'empirisme lockien encore une fois, à une connaissance

1. Leibniz, *Meditationes de cognitione, veritate, et ideis*, A VI, 4, 589 ; C. Wolff, *Deutsche Logik*, GW I, 1, p. 140-141.

2. J. H. Lambert, *Anlage*, PS III, p. 46.

scientifique et formelle. Le mémoire vise un traitement scientifique du sublime qui serait dès lors inédit et en constituerait l'originalité. 3) L'établissement de définitions et la découverte des concepts simples doivent se compléter d'autres éléments méthodologiques que Lambert emprunte à nouveau à la géométrie euclidienne, qui fournit d'après lui le modèle de déduction par excellence. Plus précisément, il est nécessaire de dégager des axiomes et des demandes ou postulats pour rendre la démonstration praticable. Dans le présent mémoire, on remarque que Lambert identifie une série de demandes, en particulier pour permettre aux termes de comparaison de faire l'objet de rapports conceptuels. Par exemple, il faut postuler des affinités et des différences afin d'identifier ce qui appartient respectivement aux mondes intellectuel et physique, mais aussi afin d'associer les termes qui possèdent des ressemblances de famille. C'est d'ailleurs l'une des grandes critiques que Lambert adresse à Wolff : ce dernier aurait essentiellement fondé sa méthode de démonstration sur un enchaînement de définitions, quand un tel enchaînement n'est possible, d'après Lambert, qu'en se donnant également d'autres types de propositions, en particulier des postulats [1]. Le mémoire sur le sublime mobilise somme toute des éléments méthodologiques de la pensée de Lambert et constitue d'une certaine manière un échantillon qui en illustre l'exactitude et la fécondité [2].

Christian LEDUC

1. J. H. Lambert, *Anlage*, PS III, p. 8-10.

2. Il est à noter que des mémoires de Lambert, dont celui-ci, ont déjà fait l'objet d'une édition sous la direction de Frédéric de Buzon dans les *Cahiers philosophiques de Strasbourg*, 44, 2018, p. 149-211.

LAMBERT

OBSERVATIONS SUR QUELQUES DIMENSIONS DU MONDE INTELLECTUEL

Pour indiquer le sujet de ce Mémoire, je commencerai par rapporter ce qui m'en a fourni l'occasion. C'est la lecture de Longin et la comparaison de ce qu'il dit sur le Sublime avec ce que d'autres auteurs en ont dit [1]. Longin commence par faire souvenir son ami Terentianus du petit traité de Cæcilius, qui roule sur la même matière, et du peu de satisfaction que leur a causée la lecture de cet ouvrage. Il taxe le style de Cæcilius de bassesse et de répondre assez mal à la dignité de son sujet. Il l'accuse encore de n'avoir pas touché les points principaux de cette matière: «Cæcilius, dit-il, s'efforce de montrer par une infinité de paroles ce que c'est que le grand et le sublime, comme si c'était un point fort ignoré: mais il ne dit rien des moyens qui peuvent porter l'esprit à ce grand et à ce sublime. Il passe cela, je ne sais pourquoi, comme une chose absolument inutile, etc.» [2].

Comme le petit traité de Cæcilius ne nous est point parvenu [3], il semble qu'il faille nous en tenir au jugement de Longin. Cependant il y aurait eu des raisons à y opposer. D'abord Longin semble insinuer que pour écrire

1. Au XVIIIe siècle, on considère toujours que Longin est l'auteur de ce traité. C'est seulement au début du XIXe qu'on émet des doutes quant à cette attribution. Bien que Lambert ait peut-être lu la version originale, il semble qu'il ait aussi consulté l'une des éditions de la traduction française de Boileau puisqu'il en tire une citation et fait référence au *Horace* de Corneille comme Boileau le fait dans l'édition de 1701 de ses œuvres: N. Boileau, *Traité du sublime, Œuvres de Boileau-Despréaux. Texte de 1701*, éd. A. Pauly, Paris, Lemerre, 1894, II, p. 161-326.

2. *Ibid.*, p. 179-180.

3. Le traité est effectivement perdu et il ne reste que des fragments de l'œuvre de Cæcilius.

sur le sublime il faut employer un style sublime, ce qui peut être *bon* sans cependant être *nécessaire*, parce que le style didactique doit être simple et
422 clair. Ensuite Cæcilius est | blâmé d'avoir employé beaucoup de paroles pour dire ce que c'est que le *grand* et le *sublime*. À la vérité je le blâmerais aussi, non pas de cette infinité de paroles, mais parce qu'il est très vraisemblable qu'avec tout ce verbiage il n'a rien dit de satisfaisant. Car si Cæcilius avait bien dit « ce que c'est » que le sublime, Longin n'aurait pas eu sujet de le condamner sur ce qu'il n'a pas indiqué « les moyens d'y parvenir », puisque ces moyens se trouvent comme d'eux-mêmes, quand le sublime est bien connu. Et si Longin prétend que ce n'est pas là « un point fort ignoré », je doute qu'on en tombe d'accord. Il est vrai qu'on peut alléguer un grand nombre d'exemples, où le sublime brille trop pour être méconnu. Mais tous ces exemples ne font que nous le *montrer*, sans nous l'*expliquer*, sans nous en donner une définition qui soit adéquate et qui puisse servir de base dans la théorie et dans la pratique [1]. C'est ainsi que la lumière se fait voir à tous, mais la *voir* et la *connaître intimement* ce sont deux choses fort différentes. Si donc Cæcilius s'est donné beaucoup de peine pour examiner ce que c'est que le sublime, ce n'est pas de quoi Longin devait le blâmer : et s'il n'y a point réussi, Longin pouvait se borner à louer la bonne intention que Cæcilius avait eue.

Mais Longin a-t-il mieux réussi, et après avoir lu son traité est-on plus instruit de la nature et de l'essence du sublime ? Quant à moi je ne pourrais le dire, et je connais de grands critiques, qui doutent que Longin se soit entendu lui-même ; du moins trouve-t-il de la peine à s'expliquer assez nettement. La plupart de ceux qui, après lui, ont écrit sur les beaux-arts et sur les belles-lettres, se sont fait un devoir de chercher une définition plus adéquate, et chacun d'eux trouvait des successeurs, qui croyaient devoir faire encore de nouvelles recherches. Les uns expliquaient le sublime par des *expressions*, qui n'étaient que *grammaticalement équivalentes* ; les autres voulaient le faire connaître par ses *effets* ; d'autres par les *occasions* où il faut l'employer, et d'autres enfin par des *termes*, qui avaient encore plus besoin d'être définis, que le *sublime* même. On en trouve aussi,
423 qui | voulaient le faire connaître en faisant une *énumération des espèces*. Et si, chez tous ces auteurs, on trouve par-ci par-là quelque trait qui paraît toucher à ce qui est essentiel, ils ne s'y arrêtent pas, mais ils se perdent d'abord dans des idées qui ne sont qu'*accessoires*, ou qui éloignent de

1. La définition (*Erklärung*), avec l'analyse notionnelle et propositionnelle, est à la base de la méthode telle que présentée dans le *Neues Organon* : PS, I, p. 33-34. L'*Abhandlung vom criterium veritatis*, rédigé en 1761 mais que Lambert ne publie pas, comprend déjà plusieurs éléments à ce sujet : PS X-2, p. 423-492.

nouveau du but qu'il fallait se proposer. Il semble donc que tant d'essais manqués devraient retenir quiconque voudrait remanier ce sujet pour le mettre une fois pour toutes dans son jour. Aussi trouve-t-on des auteurs qui renonçant à ces recherches avancent que le sublime doit être senti et non défini; ce qui serait très vrai, si le sublime était une perception simple [1].

Pour voir ce qu'il y aurait encore à dire là-dessus, et pour procéder méthodiquement, commençons par établir l'état de la question et les cas qu'elle renferme. Pour cet effet il ne suffit pas de dire qu'il s'agit de définir le sublime, ou d'expliquer en quoi il consiste. Car il s'en faut de beaucoup que toutes les définitions se trouvent de la même manière. Quelquefois la chose elle-même est si connaissable et présente toutes ses parties d'une façon si distincte, qu'on n'a qu'à les nommer pour en faire une définition adéquate et complète [2]. D'autres fois un terme doit être défini parce qu'il est vague et ambigu, et il faut en tirer la définition d'un grand nombre de phrases où il est employé. Ces cas diffèrent de celui dont il est ici question. Tâchons donc de le rendre plus connaissable [3].

D'abord je remarque que le terme sublime, lorsqu'il est employé dans les belles-lettres, est un terme métaphorique, transporté du *monde physique* dans le *monde intellectuel* [4]. Il appartient donc à la seconde de ces classes, dont je fais l'énumération dans le 10e chapitre de ma *Sémiotique*; et la règle que je donne pour les termes de cette classe, c'est qu'il faut commencer par exposer ce qu'on appelle le *tertium comparationis* [5].

1. Les critiques auxquels Lambert fait référence sont difficiles à identifier, ce qui permet simplement de présumer certaines sources. Il semble que Lambert reformule des définitions qui lui seraient contemporaines. Parmi celles-ci, se trouvent probablement celles de John Baillie (*An Essay on the Sublime*, London, Dodsley, 1747) et de E. Burke (*A Philosophical Enquiry into the Origin of our Ideas of the Sublime and Beautiful*, London, Dodsley, 1757, 1759). En Allemagne, Burke est notamment connu par Mendelssohn qui en parle dans sa *Rhapsodie* (*Philosophische Schriften*, Berlin, Voss, 1761, II, p. 17-18), mais qui avait auparavant lui-même publié un texte sur le sujet (M. Mendelssohn, *Über das Erhabene und Naive in den schönen Wissenchaften* [1758], *ibid.*, p. 123-186).

2. J. H. Lambert, *Neues Organon*, PS I, p. 8.

3. Il est intéressant de noter que Lambert propose une analyse similaire du beau dans l'*Anlage zu Architectonic*, notamment en distinguant les différentes manières d'attribuer la beauté aux choses, par composition, imitation, etc. : PS III, p. 368-376.

4. Cette idée se trouve explicitée dans la sémiotique du *Neues Organon*. Lambert y distingue trois classes de mots, dont la deuxième repose sur la similarité des expressions se rapportant aux mondes intellectuel et physique et pouvant donc faire l'objet d'un usage métaphorique : PS II, p. 205-206.

5. Lambert y mentionne d'ailleurs une série de termes de comparaison qu'on peut utiliser dans la méthode de découverte et qui proviennent au départ de la perception sensible : « Auf diese Art sind z. E. in der Erfindungskunst die Begriffe Rückweg, Umweg, Abweg, Spur, Leitfaden, Lücke, Fragment, etc. von sinnlichen Dingen hergenommen, und sehr brauchbar und bestimmt, wenn man die Vergleichungsstücke dabei entwickelt und die Allegorie

En second lieu, pour satisfaire à une autre règle, qui pour le cas présent
424 demande encore d'autres données, j'observe que le terme *sublime* | se trouve avoir quelque *affinité* avec un certain nombre d'autres termes, qu'il conviendra de passer en revue pour fixer d'autant mieux les *différences* et les *nuances*, par lesquelles ils se rapprochent les uns des autres dans l'usage qu'on en fait ou qu'on en doit faire[1]. Tous ces termes sont une espèce de *famille* en ce qu'ils tiennent les uns aux autres; et il s'agira de voir, si tous ceux qui s'en rapportent dans le *monde physique*, y appartiennent encore lorsqu'on en fait usage dans le *monde intellectuel*? Commençons par le monde physique.

Ce qu'on y appelle *haut* et *élevé* approche le plus de ce qu'on nomme *sublime*[2]. La différence qu'il y a, c'est que l'idée du *haut* renferme celle de l'étendue ou de toute la longueur verticale d'un objet. C'est ainsi que nous disons une haute montagne, un arbre fort haut etc. Le terme *élevé* veut dire placé à une certaine hauteur. Ce terme renferme donc l'idée de la hauteur de l'objet, qui sert d'appui à ce qui est élevé. Au contraire, ce qu'on appelle *sublime* ne renferme ni la mesure de la hauteur ni l'idée de l'appui. Il s'y trouve quelque chose d'absolu, et ce qui est *sublime* est considéré comme flottant au-dessus de tout ce qu'on nommerait simplement *haut* ou *élevé*. Enfin le *sublime* diffère encore de ce qu'on nomme *éminent*, en ce que ce qui est *éminent* se rapporte encore à l'objet *haut* ou *élevé* au-dessus duquel il *émine*.

Voilà donc les différences que j'ai cru devoir faire. Je n'ignore pas que, chez les auteurs latins, le terme *sublimis* ne se prend pas toujours dans un sens aussi absolu que je viens de le faire[3]. Mais j'ai choisi cette

fortsetzt » (J. H. Lambert, *Neues Organon*, PS II, p. 209). La comparaison entre le monde physique et le monde intellectuel, nécessitant des propriétés communes, est rappelée dans la préface à l'*Anlage zu Architectonic :* PS III, p. XI.

1. Après la théorie des concepts et des définitions, Lambert aborde dans le *Neues Organon* la question du classement méréologique des genres et des espèces à laquelle ce passage ferait référence : I, p. 50-76.

2. L'ensemble des considérations relatives à la grandeur et au positionnement des choses dans le monde physique est certainement à mettre en relation avec la quatrième et dernière partie de l'*Anlage zu Architectonic* qui traite des concepts de limite, de dimension, de figure et d'infini. Il est à noter que Lambert ne s'attarde pas à la différence du grec et du latin : le grec dit « élevé » (*hypsos*), tandis que le latin emploie le terme *sublimis* dont l'étymologie est moins nette.

3. Dans le *Traité du sublime*, le sublime est considéré comme une élévation qui nous rapproche des dieux, et non effectivement comme un absolu : N. Boileau, *Traité du sublime* p. 287. Il est à noter que Kant conservera cette caractérisation absolue du sublime, notamment dans sa définition nominale du sublime mathématique : Kant, *Critique de la faculté de juger*, AA V, p. 248.

signification, parce que c'est celle qu'on a transportée dans le monde intellectuel.

Après ces termes, qui se rapprochent beaucoup les uns des autres, je passerai à ceux qui en diffèrent davantage, ou qui même sont totalement opposés. Tels sont les termes *bas*, *profond*, *abaissé*, *enfoncé*. Ces termes se rapportent encore à la direction *verticale*. Mais il y en a d'autres qui se rapportent à une direction plus ou moins *horizontale*, | tels que sont par **425**
exemple les termes *éloigné*, *reculé*. Enfin, il s'en trouve qui ne se bornent pas à une dimension, comme par exemple les termes *grand*, *vaste*, *ample*, *étendu* etc.

Or, pour transporter ces termes du monde physique dans le monde intellectuel, il s'agira de bien saisir le *tertium comparationis* qui doit servir comme de pont de communication. Pour cet effet je choisis d'entre ces termes les trois suivants :

sublime, éloigné, profond.

Ces trois termes partent d'un point commun. Car, soit qu'on *s'élève*, ou qu'on *s'éloigne*, ou qu'on *s'enfonce*, on part de l'endroit où on s'est trouvé, et que l'on considère comme *présent* ou *proche*. Ainsi ce qu'on appelle *proche* se trouve être également en opposition avec ce qu'on appelle *sublime*, *éloigné*, *profond*. Il n'y a d'autre différence que celle de la *direction*. On voit aussi que ces termes, dans le monde physique, sont employés à exprimer *les différentes dimensions de l'espace* [1]. Et comme le point qu'on regarde comme fixe et duquel on part, est celui où nous sommes, je veux dire, un point de la surface de la Terre, c'est aussi à ce point que nous rapportons communément ce que nous appelons *sublime*, *éloigné*, *profond*.

Voilà donc le *tertium comparationis* établi. Transportons-nous maintenant dans le monde intellectuel, et nous y retrouverons tous ces termes changés en métaphores. Remarquons pour cet effet que le monde intellectuel comprend les différents objets des *facultés de l'âme*, c'est-à-dire ceux de l'*entendement* et de la *volonté*. Or, à l'égard des uns et des autres, le *tertium comparationis* exige que nous commencions par ce qui est considéré comme *proche*, afin de partir de là comme d'un point fixe vers ce qui devra être considéré comme *sublime*, *éloigné*, *profond*. Appliquons d'abord cette façon de procéder aux objets de l'entendement proprement tels, je veux dire, sans avoir égard aux Belles-lettres.

1. *Anlage zu Architectonic*, PS IV, p. 344-361.

426 | Ici il est clair que ce qu'on peut appeler *proche*, c'est la *connaissance commune*, j'entends celle qui est à la portée de tout le monde, qui ne demande pour être acquise, que l'usage des sens et de l'imagination, sans qu'il s'y joigne beaucoup d'attention ni de réflexion, ni aucune étude particulière[1].

Ce qui étant établi, on voit aisément que ce qu'on peut appeler *éloigné*, ou reculé au-delà des bornes de cette connaissance commune, comprend tout ce qui, pour être connu, demande *une suite plus ou moins longue de raisonnements*. La phrase : *pousser fort loin ses recherches*, indique à peu près la même chose. La connaissance commune nous offre un grand nombre d'idées et de propositions, dont nous avons une *connaissance historique*, en ce que nous les devons, soit à notre propre expérience, soit à celle des autres. Un peu d'attention nous fait voir, qu'en comparant ces propositions ensemble, il s'en trouve qui peuvent se lier en ce qu'elles servent de prémisses dont il découle quelque conclusion. À mesure que ces conclusions se lient à d'autres prémisses, le fil du raisonnement *s'allonge* et on parvient à des conclusions plus *éloignées* du premier point où on avait commencé. Le grand nombre de propositions que la connaissance commune fournit, fait entrevoir que ces sortes de liaisons et de recherches peuvent *être poussées fort loin*. Et comme les nouvelles prémisses dont on a besoin ne se présentent pas toujours d'elles-mêmes, et que pour les trouver il faut, pour ainsi dire, passer en revue toutes celles que nous présente la connaissance commune, on voit pourquoi on dit qu'elles demandent d'être *recherchées*, ou qu'il faut *pousser ses recherches plus loin*.

En tout ceci il n'entre encore rien de *sublime* ni rien de *profond*. La connaissance commune est considérée comme un *champ vaste et étendu*, et tout ce qui en découle est placé d'autant plus loin, qu'il faut un raisonnement plus long pour y parvenir. Ce n'est pas cependant que cette longueur du raisonnement soit toujours la mesure exacte de l'éloignement
427 ou de la distance. Il y a dans ce champ *intellectuel* | des chemins obliques et des détours comme dans les *champs physiques*. On ne parvient souvent d'une proposition à une autre que par une longue suite de termes moyens, quoiqu'on y pût parvenir comme en ligne droite, si on choisissait les prémisses qui y conduisent directement. On pourra voir là-dessus le 5e et le 6e chapitre[s] de ma *Dianoiologie*, où j'ai fait le dénombrement de ces

1. La connaissance commune et historique fait l'objet d'une longue analyse dans le *Neues Organon* et doit être distinguée de la connaissance scientifique à laquelle Lambert fera allusion ultérieurement dans le mémoire : J. H. Lambert, *Neues Organon*, PS I, p. 386-393.

sortes de routes et de détours[1]. Je me borne ici à remarquer que ce *champ* est considéré comme *une simple surface*. Et c'est aussi pourquoi la connaissance commune, de même que ce qu'on appelle *Littérature*, et *Érudition*, et tout ce qui en découle par une simple combinaison des propositions qu'elle fournit, est regardée comme une connaissance *purement superficielle*, quelque *vaste*, *ample*, *diffuse* etc. qu'elle soit d'ailleurs[2].

Voyons maintenant ce qui se trouve *au-dessus et au-dessous de cette surface*, je veux dire ce qu'on appelle *sublime* et *profond*. Ici il ne s'agit plus des images des choses, ou des propositions que les sens nous fournissent. Il s'agit des idées plus réelles et plus réfléchies que nous devons nous en former. Et on voit aisément que ce qu'on doit appeler *profond* concerne *l'intérieur des choses ou de leurs idées*, je veux dire, leurs *parties constitutives*, les *ingrédients* dont elles sont composées et dont les sens ne nous présentent que le mélange confus. Ainsi ce n'est pas dans les *idées simples* qu'il faut chercher ce qui est *profond*, mais ces idées elles-mêmes peuvent se trouver fort *enfoncées* et fort *cachées* dans d'autres qui en sont *composées*[3]. À moins qu'on ne soit parvenu à *démêler* toutes les idées simples dont une idée est composée, on ne peut pas dire qu'on les ait absolument *approfondies*. C'est ainsi qu'on n'approfondit pas l'intérieur de la Terre, à moins qu'on ne connaisse ce qui s'y trouve depuis la surface jusqu'à son centre. Aussi, à cet égard, toute idée composée ressemble à la Terre. D'entre les idées simples qui la composent, il s'en trouve toujours une qu'on peut regarder comme le *centre* auquel toutes les autres se rapportent. Pour les approfondir, il ne suffit pas d'en donner une *définition nominale*. Ces sortes de définitions font encore parties de la *connaissance commune*, | en ce qu'elles ne font qu'indiquer une chose par son *rapport* à **428**
quelque autre qu'on regarde comme plus connue. C'est peu de chose que de dire que l'homme est animal raisonnable. Pour l'*approfondir*, il s'agit

1. Il s'agit du cheminement argumentatif qui peut être plus ou moins long selon l'application des règles de la démonstration. Voir en particulier : J. H. Lambert, *Neues Organon*, PS I, p. 191-195 et 207-208.

2. À comparer avec ce que dit Lambert dans son *Discours de réception* à l'Académie sur le rapport entre la physique expérimentale et les belles-lettres : HAR 1765 [1767], p. 512-513.

3. Lambert applique ici un procédé central de sa méthode qui consiste à décomposer les contenus en idées ou concepts simples. L'approche n'est pas sans rappeler celle de Locke, à laquelle Lambert fait effectivement référence, mais vise à la dépasser pour structurer la découverte des premiers concepts à l'aide de la méthode géométrique (*Discours de réception*, HAR 1765 [1767], p. 511). Les principales œuvres de Lambert reviennent sur ces aspects, mais notons les propos bien connus qu'il transmet à Kant sur ce sujet : Lettre de Lambert à Kant, 3 février 1766, AA X, p. 65-66.

de connaître tout le mécanisme de son corps, le mécanisme intellectuel de son esprit et les abîmes de son cœur. Voilà de quoi *creuser* éternellement [1].

Mais, pour approfondir une idée, il ne suffit pas de la résoudre en ses parties constitutives, qui sont des idées simples. On voit bien qu'il faut encore découvrir les différents *rapports* qui lient ces idées [2]. De là on tirera des *propositions*, qui, concernant *l'intérieur* des choses, sont encore nommées *profondes*. Il s'agit de plus de lier ces propositions en sorte qu'elles puissent former une *théorie complète* de l'objet qu'on veut approfondir, et ce n'est qu'alors qu'on pourra dire qu'on l'a approfondi en effet. Un homme qui s'est rendu capable d'approfondir les choses, du moins celles qui font l'objet de ses recherches, est appelé *profond*. On voit bien que cela demande une *attention*, une *sagacité* et une *pénétration* plus que médiocres. Il en est tout autrement de l'*homme superficiel*, dont il ne sera pas difficile de tracer l'image que voici. L'*homme superficiel* ne connaît que les noms et les attributs sensibles des choses, il en ignore les liaisons, il ne pénètre pas à l'essence, il s'attache aux images, il s'en rapporte aux ouï-dire, à l'historique, aux titres. L'attention l'abandonne, et s'il se donne quelque peine, c'est pour gagner en surface, et pour s'en remettre à la mémoire. Quand il prétend rapprocher les objets, il néglige les racines, il coupe l'herbe, et elle flétrit et sèche. Il évite le détail, et ne parvient guère aux dernières applications. Il n'est ni *commençant*, ni *ignorant*, mais il serait mieux d'être l'un ou l'autre, afin d'éviter de se donner les airs de juge compétent et de servir de risée à ceux qui approfondissent mieux les choses. Il décide indéfiniment, il connaît des rapports sans savoir jusqu'où ils s'étendent. Il applique au tout ce qui ne convient qu'à la partie. Il n'est pas nécessaire de le pénétrer, il suffit de l'effleurer. Il échappe quand on prétend
429 | l'arrêter ; et c'est peine perdue que de lui montrer l'intérieur des choses etc.

Ajoutons que, d'entre plusieurs esprits qui approfondissent un sujet, celui qui est *moins profond* peut savoir que d'autres ont *pénétré plus avant*, mais il ne sait pas de combien ; il ignore encore s'ils ne se sont pas *engagés dans quelque spéculation creuse*, qui ne leur offre rien de *solide*. Il n'y a que le plus profond qui puisse donner des mesures pour ceux qui le sont moins. Cette même remarque a lieu à l'égard de ce qui est *éloigné* et *sublime*. Ainsi je ne la répéterai pas particulièrement pour ces deux autres dimensions du monde intellectuel. J'observe seulement qu'il n'y a encore que dans les Mathématiques des mesures bien décidées pour les différents

1. Autrement dit, il faut parvenir à des définitions réelles ou de la chose, et non seulement en rester à des définitions nominales et souvent arbitraires : J. H. Lambert, *Neues Organon*, PS I, p. 40-41.

2. *Ibid.*, p. 38-40.

progrès qu'on fait. C'est ainsi que tout le monde sait, qu'en Arithmétique la numération, l'addition, la soustraction, la multiplication etc. se suivent dans cet ordre, et qu'aussi loin qu'on puisse aller, tous les pas sont comptés, et pour ainsi dire numérotés [1]. Il n'en est pas de même des autres connaissances abstraites, parce que pour bien saisir la force des définitions et des propositions qui s'y trouvent, il faut avoir rencontré dans un grand nombre d'exemples et de phrases particulières les idées qu'elles renferment. De là vient qu'il faut être Métaphysicien, Moraliste etc. avant que de lire les traités systématiques de ces Sciences, et qu'ensuite on n'y trouve que ce qu'on a su depuis longtemps, et qu'il n'y a tout au plus que les hypothèses qu'on n'a pas su d'avance. Avec tout cela, un système, quoique médiocre, est toujours préférable à cette connaissance confuse à laquelle les personnes non lettrées peuvent parvenir peu à peu et sans dessein prémédité [2]. J'excepterai encore la Logique, qui, surtout dans la théorie du raisonnement, ne le cède en rien à la Géométrie, et où les pas qu'il faut faire sont également comptés.

Passons encore à ce qui se trouve au-dessus du champ de la connaissance commune et superficielle. Ici nous trouverons d'abord des élévations de terrain, des montagnes, je veux dire, des *idées rapprochées*, *entassées*, *accumulées*, non pas pour en faire | des amas informes, mais pour en former **430**
des *classes* et pour réunir toutes celles qui font partie d'un même Système. On voit aisément que je parle de la *dépendance* et de la *subordination* des idées, qui fait qu'on regarde une idée comme d'autant plus *élevée*, qu'elle est plus *générale*. De là les termes de *genre supérieur*, d'*espèces inférieures*, d'*idées subalternes* etc. En montant davantage, nous nous trouverons dans les régions aériennes, car c'est ainsi qu'on pourra nommer les idées qui, pour être *abstraites*, ne paraissent plus avoir des corps. Il ne reste plus qu'à franchir ces régions pour nous trouver dans des contrées dont un poète dit :

Candidus insuet[*um*] *miratur limen olympi* [3],

je veux dire dans la région des *idées transcendantes* [4], qu'on a toujours considérées comme ce qu'il y a de plus *sublime* dans les connaissances

1. Dans deux mémoires publiés ultérieurement, Lambert propose une théorie générale de l'ordre qu'il nomme taxéométrie et qui vise notamment à dépasser la conception qu'en donnait Wolff : J. H. Lambert, *Essai de taxéométrie ou sur la mesure de l'ordre*, NMAR 1770 [1772], p. 327-342 ; *Second Essai de taxéométrie*, NMAR 1773 [1775], p. 347-368.

2. Sur la systématicité chez Lambert : *Neues Organon*, PS I, p. 537-538.

3. Virgile, *Bucoliques*, V, l. 56 (« Le seuil inconnu de l'Olympe, radieux », trad. fr. H. Casanova-Robin, Paris, Les Belles Lettres, 2014, p. 119).

4. Le concept transcendant est défini par Lambert comme étant celui qui renvoie à des choses similaires mais appartenant respectivement aux mondes physique et intellectuel : J. H. Lambert, *Neues Organon*, PS I, p. 484-485.

philosophiques et mathématiques. Il est bien vrai que pour y parvenir on fait souvent un vol d'Icare qui se termine par une chute fatale. Il est bien vrai aussi qu'en fait de Morale et de Politique, on se figure quelquefois je ne sais quelles sublimes perfections, qui, pour être au-dessus des forces humaines, n'aboutissent qu'à une spéculation creuse et sans usage pour la pratique. Enfin, il est bien vrai aussi qu'à moins que les idées abstraites et transcendantes ne puissent être ramenées à celles où il faut les appliquer, on perd ce qu'elles peuvent avoir d'utile, et on risque de s'égarer dans ces espaces intermédiaires, qui les séparent des idées plus individuelles. C'est ainsi que la *Cosmologie transcendante*, quelque sublime qu'elle puisse être, paraît encore séparée par un intervalle immense de cette *Cosmologie empirique*, que l'Astronomie et la Physique expérimentale nous font connaître [1]. Un semblable intervalle se trouve encore entre la *Dynamique transcendante* et celle qui nous est connue par l'expérience. On en trouvera un autre non moins grand entre la *Chimie* et cette *Théorie abstraite des corps*, qui n'est encore que trop brièvement exposée dans les traités de physique générale et dans ceux de Métaphysique.

431 | Tout ce que je viens de dire sur ce qui, dans le monde intellectuel, s'appelle *éloigné*, *profond*, *sublime*, ne regarde encore que les objets de l'entendement proprement tel, ou les connaissances solides et exactes. Avant que d'en venir à ce qui, dans les Belles-lettres, peut être désigné par ces termes, il convient de passer à la seconde partie du monde intellectuel, qui comprend les objets de la volonté [2]. Ces objets sont le *bien*, et généralement l'*estimation*, la *valeur*, le *prix* des choses, et les règles, les *maximes*, les *préceptes* qui s'en déduisent et qui règlent les *actions* et la *conduite*, soit pour le *moral*, soit pour la *vie privée*, soit enfin pour le rôle d'un *personnage public*.

Commençons encore ici par ce qui est *proche*, puisque c'est de là qu'il faudra partir. Il est clair que ce sont *ces biens communs et généraux, que la Nature a donnés en partage à tous les hommes*, tels que sont la vie, la santé, la subsistance, la connaissance commune, la parenté etc. Et quoique ce qui est un bien, doive l'être plutôt dans ses conséquences qu'en soi-même, néanmoins, en ne considérant que ce qui doit être appelé *proche*, il faudra faire abstraction de ces conséquences, et ne considérer que ce qui en soi-même peut être regardé comme un bien, sans faire attention s'il continue de

1. Allusion critique à la cosmologie métaphysique de Wolff qui s'établit *a priori* sur la base des principes de l'ontologie : C. Wolff, *Cosmologia generalis*, GW II, 4. Rappelons que Lambert est l'auteur d'un ouvrage de cosmologie expérimentale : *Cosmologische Briefe über die Einrichtung des Weltbaues*, Augsburg, Klett, 1761.

2. Sur la volonté et le bien chez Lambert : *Anlage zu Architectonic,* PS *Schriften* IV, p. 81-82.

l'être dans ses conséquences, ou s'il l'est en comparaison d'un autre bien plus grand et plus nécessaire. Et encore ici il faudra en rester à la *surface* ou à l'*apparence extérieure*. Voilà donc le point fixe dont il faut partir. Voyons comment.

D'abord, il est clair que ce qu'on peut appeler *éloigné*, se retrouve encore dans les *conséquences*, soit qu'il faille faire une combinaison des biens présents afin de fixer son choix par une *suite de conclusions*, ou qu'il faille estimer ce qui est bien par les *effets* qu'il peut produire *successivement*.

Il en est tout autrement de ce qu'on peut appeler *profond*. Souvent ce qui paraît être très bien et en très bon état, ne l'est qu'en | apparence. Il faut **432**
voir l'intérieur pour juger si on peut s'y fier. Il en est comme d'une maison blanchie qui paraît pouvoir subsister pendant des siècles, tandis que ses murs pourris en dedans par l'humidité corrosive de l'air menacent ruine; et comme d'un marchand qui craignant de faire banqueroute emploie le reste de sa caisse à faire de grosses dépenses, afin de soutenir, s'il est possible, son crédit chancelant, par l'illusion qu'il fait au public et à ses créanciers.

Enfin, quant au *sublime*, il faudra encore le trouver dans l'*accumulation* et dans la *comparaison* des biens. Il y a longtemps qu'on est accoutumé à considérer comme *verticale*, cette échelle qui sert à mesurer le bien. C'est ainsi qu'on dit un *bas prix*, *hausser*, *baisser* la valeur ou le prix d'une chose etc. Observons cependant qu'il y a des choses, dont les prix non seulement sont d'une nature hétérogène, et par là même incommensurable, de sorte que ces choses tout comme leurs prix diffèrent en espèce; mais que parmi ces espèces, il y en a qui sont transcendantes les unes vis-à-vis des autres. C'est dans ces prix transcendants qu'il faut chercher le sublime. Les prix ou les biens de différente[s] espèce[s] ne laissent pas d'être subordonnés les uns aux autres. Ils diffèrent en *dimension*. L'un n'aura qu'une dimension linéaire, tandis qu'un autre a une dimension d'un degré supérieur. Donnons-en un exemple, en comparant ensemble l'amour paternel et l'amour de la patrie. On n'a qu'à se souvenir du :

Qu'il mourût[1] !

que prononce le vieil Horace, pour voir combien il rangeait *plus haut* l'amour de la patrie que celui qu'il avait pour ses trois fils. S'il regarde ses fils comme un bien *terrestre*, il compare sa patrie au *ciel*; et tout rempli de cette haute idée, il prononce sans balancer, sans songer à comparer ces deux biens. Et c'est là en quoi consiste ce qu'il y a de *sublime* dans ce

1. Corneille, *Horace*, acte III, scène VI.

célèbre passage de Corneille[1]. Horace y paraît comme une de ces âmes
433 *élevées*, qui ne s'arrêtent qu'aux *idées* et aux *biens de* | *la plus haute dimension, et qui n'ont d'autres maximes que celles qui s'y rapportent.*

Maintenant il ne sera pas difficile de nous tourner du côté des Belles-lettres. D'abord on sait qu'elles s'arrêtent presque entièrement à la *surface*. Et encore ce qui chez le philosophe s'y trouve comme *éloigné*, paraîtrait chez le poète comme *trop recherché*. Ce n'est pas à lui à faire des *excursions*, il faut qu'il trouve ses objets *l'un près de l'autre*; et s'il les rapproche, il doit le faire avec art pour éviter l'apparence ou le défaut de tout ce qui serait recherché, bigarré, guindé, précieux, etc. S'il *pénètre* bien avant dans le cœur de l'homme, ce n'est pas en philosophe qu'il produit ses découvertes, il peint des *effets sensibles* des *ressorts cachés* qu'il a vu jouer. Il donne du corps aux idées abstraites et transcendantes, pour les rapprocher de la surface; et réciproquement il anime les choses destituées de sentiments, toutes les fois que l'exigent les passions qu'il doit exprimer.

Quant à ce qui, dans les objets de la volonté, est plus ou moins *élevé* et *sublime*, le poète peut y réussir d'autant mieux, que tout ce qui existe et même tout ce qui est possible se trouve déjà réduit en classes à l'égard des différentes valeurs et de leurs dimensions. Il serait même très possible de donner les échelles pour chaque classe, avec les degrés correspondants de chacune. C'est ainsi par exemple qu'on connaît les degrés successivement plus élevés où l'on place le berger, le bourgeois, le Héros, les Anges, la Divinité. On sait qu'il y en a de semblables, qui montent de l'agneau au Lion, de l'Hysope au Cèdre, de la pierre de taille au diamant, de la cabane couverte de chaume au palais d'un Roi, du colibri à l'aigle, du champ du laboureur à un Empire, etc. Il y a longtemps qu'on a donné la règle, que dans un même poème il ne faut associer des objets de ces différentes classes, qu'en tant qu'ils se trouvent rangés à des degrés également élevés, et comme de niveau.

434 | *Sibi convenientia finge, etc.*[2].
Intererit multum Diuosne loquatur an heros ? etc.[3].
Descriptas servare vices, operumque colores. etc.[4].

1. Lambert reprend le jugement de Boileau sur le même passage du *Horace* de Corneille : N. Boileau, *Traité du sublime*, *op. cit.*, p. 176-177.

2. Passage complet : « Aut faman sequere aut sibi convenientia finge scriptor » (Horace, *Art poétique*, l. 119-120 ; trad. fr. F. Villeneuve, Paris, Les Belles Lettres, 1955, p. 208 : « Suivez, en écrivant, la tradition, ou bien composez des caractères qui se tiennent ».

3. *Ibid.*, l. 114 : « Il sera très important d'observer si c'est un dieu qui parle ou un héros » (trad. cit., p. 208).

4. Passage complet : « Descriptas servare vices operumque colores cur ego, si nequeo ignoroque, poeta salutor ? », *ibid.*, l. 86-87 ; « Pourquoi, si je ne puis, faute de talent et de

Servetur ad imum
Qualis ab incepto processerit et sibi constet. etc. [1].
Primo ne medium, medio ne discrepet imum. etc. [2].

Tous ces préceptes d'Horace se rapportent également bien aux *qualités*, aux *quantités*, aux *degrés*, et aux *prix* des choses. Faire de Junon une bonne ménagère, qui apprend à ses nymphes à coudre, à filer etc. comme à des filles de province ou à des bourgeoises, c'est là ce que Scarron appelle travestir Virgile. L'un et l'autre de ces poètes savaient bien, que dans l'Olympe il était question de toute autre chose :

Sunt mihi bis septem praestanti corpore Nymphæ
Quarum quæ forma pulcherrima [*Deiopea*] *etc.* [3].

Le Sublime regarde toujours la façon de penser et d'agir, et j'ai déjà dit qu'il demande des objets de la plus haute dimension. Ces dimensions doivent être la base des maximes, auxquelles la façon sublime de penser et d'agir se conforme de telle sorte, que la pratique de ces maximes paraisse être une habitude naturelle. C'est ainsi par exemple que, quoique les divinités de l'ancienne Grèce et de Rome soient décrites comme ayant des défauts, des faiblesses, des passions humaines, Horace ne laisse pas d'exiger à bon droit

Nec Deus intersit, nisi dignus vindice nodus, inciderit [4].

Il aurait pu ajouter, que la façon même de résoudre ou de trancher le nœud doit présenter quelque chose de divin. Mais il semble qu'il | ne s'y **435**
trouvait pas assez autorisé par la Mythologie de son temps, qui offrait quantité d'exemples contraires à cette règle.

Longin remarque qu'il en est tout autrement du passage qu'il cite de la *Genèse*. Faut-il que le monde soit éclairé ? Dieu ne va pas chercher dans le chaos les parcelles éparses de lumière pour les réunir une à une. *Il dit, que la*

savoir, respecter le rôle et le ton assignés à chaque œuvre, me laisser saluer poète ? » (trad. cit., p. 207).

1. Passage complet : « Siquid inexpertum scanæ committis et audes personam formare novam, servetur ad imum qualis ab incepto processerit et sibi constet », *ibid.*, l. 125-27 ; « Si vous risquez sur la scène un sujet vierge et osez modeler un personnage nouveau, qu'il demeure jusqu'au bout tel qu'il s'est montré dès le début et reste d'accord avec lui-même », (trad. cit., p. 209).

2. *Ibid.*, l. 152 ; « [...] que le milieu est en harmonie avec le commencement, et la fin avec le milieu » (trad. cit., p. 210).

3. Virgile, *Énéide*, I, l. 71-72 ; trad. fr. P. Veyne, Paris, Les Belles Lettres, 2013, p. 27 : « J'ai à moi deux fois sept nymphes parfaitement bien faites ; la plus belle, Déiopée ».

4. *Ibid.*, l. 191-192 ; « Qu'un dieu n'intervienne pas, à moins qu'il ne se présente un nœud digne d'un pareil libérateur [...] (trad. cit., p. 212).

lumière se fasse, et elle se fait[1]. Façon d'agir transcendante au-delà de tout ce que nous pouvons nous figurer. Aussi le sublime absolu n'a-t-il lieu qu'à l'égard de la Divinité. Tous les autres objets n'admettent qu'un sublime relatif, où il n'y entre rien d'infini. Quelque surprenantes que soient les connaissances et les forces des Anges, le poète se voit obligé de leur donner des bornes, et de ne les présenter que comme limitées. Il est encore plus restreint à l'égard des dimensions du sublime qu'il attribue à ceux qui sont distingués parmi les hommes, et qui se réduisent à un petit nombre de Classes. Ces Classes sont : 1° le *Sage*, qui se propose, même en son particulier, le souverain bien ; 2° le *Savant*, qui comme Newton éclaire le monde par ses sublimes découvertes ; 3° le *Héros*, qui défend la patrie au prix de son repos et de sa vie ; 4° le *Législateur* qui, placé au timon des affaires, procure le bonheur des peuples. C'est à ces quatre Classes que se borne le sublime qui se rapporte au genre humain. Le *Sage*, qui fait la première de ces Classes, est chez le poète, presque toujours un être idéal et transcendant, proposé comme un modèle absolu et achevé ; et jusque-là le poète le charge de tout ce qu'il connaît de plus sublime en fait de sagesse humaine. Et s'il en fait l'application à quelque individu, cet individu doit avoir une connaissance plus que médiocre du souverain bien, et agir par principes. Qu'un berger soit sage tant que l'on voudra, il l'est plutôt par une disposition naturelle et par la simplicité de son genre de vie, que par des méditations sublimes sur le souverain bien, ou parce qu'il trouve de grands obstacles à surmonter.

436 | Quant aux trois autres classes, il arrive également que le poète fait du *Savant*, du *Héros* et du *Législateur*, un être idéal, orné de tout ce qu'il trouve de plus sublime. J'observe cependant que la plupart des poètes s'attachent plus à exalter et à étaler l'idéal du *Sage* que celui du *Savant*, par la même raison pour laquelle ils se tournent plutôt du côté de la Morale que du côté des connaissances en général. Cependant la morale exige un esprit éclairé ; et le bonheur temporel, qu'elle doit avoir également pour but, demande tout ce qui peut rendre la vie moins pénible et plus aisée, et par-là même la découverte de tous les moyens qui y contribuent. Si la Morale veut qu'on ait soin de sa vie et de sa santé, les différentes parties de la Médecine y sont de mise : et Boerhaave mérite un panégyrique bien sublime. Si la Morale exige qu'on connaisse, qu'on respecte et qu'on adore Dieu, la Physique et l'Astronomie y contribuent efficacement, et les découvertes de Newton ne seront point de vaines spéculations[2]. Il [en] est de même des autres connaissances. Toutes se rapportent à la Morale, tout au moins en

1. N. Boileau, *Traité du sublime*, *op. cit.*, p. 173.
2. J. H. Lambert, « Discours de réception », HAR 1765 [1767], p. 514.

tant que la vérité s'y rapporte. Si la Cabalistique, l'Astrologie judiciaire etc. sont bannies, c'est qu'on les a trouvées frivoles et destituées de fondement. La Morale les aurait exigées, parce qu'il importe de prévoir l'avenir pour s'y conformer avec prudence. N'allons donc point opposer le *vrai* au *bon*, jusqu'à insister sur l'un aux dépens de l'autre. Il n'est guère de vérités abstraites et générales, que le genre humain puisse ignorer impunément, je veux dire, sans payer son ignorance par quelque perte réelle. Entreprenons donc d'élever l'idéal de l'homme savant et éclairé au niveau de celui du Sage.

Il me semble aussi que les poètes chantent le *Héros* préférablement au *Législateur*. Il est vrai que les actions du Héros frappent les sens, au lieu que celles du Législateur sont plus transcendantes et appartiennent en grande partie au monde intellectuel. C'est ainsi qu'en temps de guerre les gazettes ont le plus de débit. Mais faut-il | mettre en parallèle le poète et le **437**
gazetier; ou le poète ne doit-il pas avoir assez de feu et assez de ressources dans l'imagination, pour donner du corps aux choses invisibles, qui constituent le Contrat social et ces ressorts cachés, dont l'action fait le bonheur des peuples? Peut-être faut-il pour cela plus de connaissances et de connaissances sublimes que les poètes n'en ont ordinairement. Et à entendre quelques-uns, ils ne hasardent pas de produire l'idéal qu'ils s'en forment, soit par la raison qu'il est trop transcendant pour le monde où nous sommes, ou parce qu'il est trop défectueux et trop révoltant pour ne pas être sacrifié à des flammes accompagnées d'infamie.

J'ai dit que le sublime qui regarde ces quatre classes n'est que relatif, parce que pour être resserré dans des bornes finies, il n'est pas absolu. Il y en a encore une autre raison. Qu'un poète décrive la façon de penser ou d'agir d'un Héros avec toute la sublimité convenable, ce Héros, en lisant la description du poète, non seulement n'y trouvera rien de surprenant, mais comme c'est là sa façon ordinaire et habituelle de penser et d'agir, il est possible qu'il ne s'avise pas même d'y trouver du sublime. Il n'y en trouvera que lorsque le poète aura décrit un Héros d'un genre supérieur. Réciproquement, il fera peu de cas de la description, dès qu'elle n'atteint pas à sa façon de penser et d'agir et ne l'épuise pas, quelque sublime que la description puisse paraître au poète ou à d'autres personnes d'une dimension inférieure. Ainsi on peut dire que c'est être peu affermi dans l'habitude du sublime que d'en être surpris lorsqu'il se présente. Aussi, si le poète n'est lui-même d'une ou de plus d'une des quatre classes dont je viens de parler, il ne réussira guère dans le sublime. S'il le rencontre c'est par hasard, ou par ouï-dire, ou par une imitation servile.

Enfin le sublime est relatif à l'égard de toute une nation qui se cultive. Elle admire d'abord ce qui ensuite lui paraît fort médiocre; et à force de
438 raffiner, elle substitue au véritable sublime | des pointes d'esprit alambiquées et le faux merveilleux. C'est ainsi qu'une nation vient à faire des progrès, presque toujours fort rapides, pour retomber dans une seconde barbarie. C'est un aloès qui reste cent ans en herbe, pour fleurir et fructifier pendant peu de jours. La raison en est, comme je l'ai déjà remarqué, que le sublime qui est tombé en partage au genre humain, est circonscrit de limites,

quos ultra citraque etc. [1].

Chacune des Nations qui ont cultivé les Belles-lettres, a eu [sa] période fatal[e] [2]; et celles qui les cultiveront dans la suite auront également [la] leur. Il n'y a que les Mathématiques qui de siècle en siècle ont fait des progrès. La Philosophie en fit par intervalles; mais elle peut en faire, parce que s'étendant sans bornes on peut toujours poursuivre davantage ce qu'il y a d'*éloigné*, de *sublime* et de *profond*.

1. Passage complet: « Est modus in rebus, sunt certi denique fines, quos ultra citraque nequit consistere rectum », *Satires*, I, 1, l. 106-107 ; trad. fr. F. Villeneuve, Paris, Les Belles Lettres, 1951, p. 36 : « Il est en toutes choses un milieu, des limites déterminées enfin, au-delà et en deçà desquelles ne peut se trouver le bien ».

2. Nous avons féminisé le terme « période » que Lambert emploie au masculin, selon l'usage classique. L'expression « période fatal » référait à l'époque à l'ultime phase d'une évolution.

INDEX DES NOMS

ADAMS, Robert, 27
ALCIBIADE, 362
ALEMBERT, Jean Le Rond d', 16, 58, 69-71, 262
ANCILLON, Frédéric, 17, 459
ARCHIMÈDE, 264, 337, 393, 470
ARCY, Patrice d', 280, 291
ARIOSTE, 259
ARISTOTE, 222, 223, 225, 283, 335, 473
AUMONT, Arnulphe d', 429

BACON, Francis, 11, 18
BARTHOLMÈSS, Christian, 9, 83
BAUMGARTEN, Alexander Gottlieb, 21, 23, 459
BEAUSOBRE, Louis de, 24, 32, 302, 303, 427-434, 459-462
BÉGUELIN, Nicolas, 10, 13, 19, 24, 32, 241-244, 261-263, 279-282
BERKELEY, George, 84, 95, 109
BERNOULLI, Daniel, 236
BERNOULLI, Johann, 28, 221
BOERHAAVE, Herman, 492
BOILEAU DESPRÉAUX, Nicolas, 287, 476
BOYLE, Robert, 11, 18
BRUCKER, Johann Jakob, 20
BURIDAN, Jean, 290
BURKE, Edmund, 476

CÆCILIUS DE CALÉ ACTÉ, 479, 480
CANZ, Israel Gottlieb, 345
CAVENDISH, Margaret, 18
CARDAN, Jérôme, 473
CATON LE JEUNE, 109
CHARLEMAGNE, 69
CHÂTELET, Émilie du, 28, 30, 205
CICÉRON, 330, 335
CLARKE, Samuel, 26, 113, 205, 207, 295
COLLINS, Anthony, 87
CONDILLAC, Étienne Bonnot de, 10, 13, 15, 19, 21, 24, 27, 206, 301, 302, 321
COPERNIC, Nicolas, 74, 258
CORNEILLE, Pierre, 490
COTES, Roger, 18
CROUSAZ, Jean-Pierre de, 350
CRUSIUS, Christian August, 31-33
CULLEN, William, 428

DAMAGÈTE, 416
DANIEL (prophète), 472
DÉMOCRITE, 335, 416
DESCARTES, René, 10, 18, 58, 70, 76, 96, 167, 182, 186-188, 190, 192, 193, 196, 197, 200, 220,

223, 226-229, 283, 323-325, 329, 331, 332, 336-339, 358, 363, 393, 411, 461, 467-469
DES MAIZEAUX, Pierre, 205
DIDEROT, Denis, 13, 16, 71, 113
DIOGÈNE LAËRCE, 334
DUFRESNOY, Nicolas Lenglet, 462

EBERHARD, Johann August, 14
ENGELHARD, Nicolaus, 233, 234
ÉPICTÈTE, 307, 380
ESQUIROL, Jean-Étienne, 428
EUCLIDE, 361
EULER, Leonhard, 10, 13, 19, 20, 24-26, 28-30, 58, 198, 205-208, 219-222, 263, 280, 288, 290, 291
EUSÈBE DE CÉSARÉE, 335

FERMAT, Pierre de, 221, 222, 227-229, 232
FICHTE, Johann Gottlieb, 22
FONCENEX, François Daviet de, 262, 268, 269
FONTENELLE, Bernard Le Bouyer de, 13, 57, 70, 77
FORMEY, Samuel, 10, 13, 19, 20, 24-26, 32, 33, 57, 69-72, 301-304, 460-462, 476
FRÉDÉRIC Ier, 12
FRÉDÉRIC II, 11, 12, 14, 17, 26, 30, 61, 62, 68, 80, 162

GALIEN, 473
GALILÉE, 198
GARBER, Daniel, 27
GARVE, Christian, 72
GASSENDI, Pierre, 287
GORGIAS, 335, 336
GUERICKE, Otto von, 208

HAMILTON, William Rowan, 30
HEGEL, Georg Wilhelm Friedrich, 10, 22
HENZI, Samuel, 29
HERDER, Johann Gottfried, 10, 14, 15
HERMANN, Jakob, 29, 30, 219, 221, 222, 246
HIPPARQUE, 292
HIPPOCRATE, 416, 473
HISSMANN, Michael, 321
HOMÈRE, 310, 473
HOOKE, Robert, 18
HORACE, 465, 491
HUMBOLDT, Wilhelm von, 18
HUME, David, 24, 111, 112, 185, 324
HUTCHESON, Francis, 350
HUYGENS, Christiann, 167, 181, 183, 192, 196, 197, 199

JUSTI, Johann Heinrich Gottlob, 26, 206, 207

KANT, Immanuel, 10, 14, 15, 20, 22, 23, 32, 33, 205, 206, 321, 388, 475, 476
KEILL, John, 205
KEPLER, Johannes, 190
KÖNIG, Samuel, 28-31, 219-224, 232-238

LAGRANGE, Joseph-Louis, 13, 30
LAMBERT, Jean Henri (Johann Heinrich), 10, 13, 20, 23, 261, 475-478
LA METTRIE, Julien Offray de, 13, 113
LEIBNIZ, Gottfried Wilhelm, 10-12, 16, 25-30, 77, 86, 95, 96, 105, 111, 113, 120, 122-124, 126, 131, 136, 162, 167, 168, 182,

192-196, 198, 200, 205-207, 219-223, 225, 228-232, 242-244, 264-266, 277, 279, 281-283, 285-287, 293-295, 297, 321, 325, 342, 376, 388, 411, 461, 477
LELARGE DE LIGNAC, Joseph-Adrien, 323
LESSING, Gotthold Ephraim, 16
LOCKE, John, 10, 19, 21, 24, 87, 112, 166, 167, 175, 206, 208, 301, 323, 324, 327, 342, 477
LONGIN, 476, 479, 480, 491
LUCRÈCE, 287, 467

MAINE DE BIRAN, Pierre, 10, 17, 86
MALEBRANCHE, Nicolas, 10, 95, 167, 182, 223, 225, 302, 305, 443
MARC-AURÈLE, 380
MARIOTTE, Edme, 199
MAUPERTUIS, Pierre Louis Moreau de, 10, 13, 19, 24-26, 28-33, 57-59, 70, 84-86, 104, 165-168, 207, 219-222, 224, 225, 230, 232, 233, 235, 237-239, 262, 263, 301
MACLAURIN, Colin, 190
MECKEL, Johann Friedrich, 429
MEIER, Georg Friedrich, 21
MENDELSSOHN, Moses, 10, 14-16, 20, 32, 476
MÉNURET, Jean-Joseph, 429
MÉRIAN, Jean Bernard, 9, 10, 13, 19, 20, 23, 24, 26, 27, 32, 83-87, 111-114, 301, 321-325, 403, 404
MÉTRODORE DE CHIOS, 335
MOLIÈRE, 257
MOLYNEUX, William, 9, 20, 111
MONTAIGNE, Michel de, 374
MUSSCHENBROEK, Pieter van, 293

NEWTON, Isaac, 10, 18, 74, 77, 98, 162, 167, 186-194, 197, 198, 205, 207, 208, 279, 281, 283, 285-288, 290, 294, 297, 492
NICOLAI, Friedrich, 16

OVIDE, 339

PEMBERTON, Henry, 190
PHILON D'ALEXANDRIE, 472
PINEL, Philippe, 428
PLATNER, Ernst, 406
PLATON, 283, 345
PLOUCQUET, Gottfried, 207
POIRET, Pierre, 339
PRÉMONTVAL, Pierre Le Guay de, 23, 24, 32, 84, 135-138, 243
PTOLÉMÉE, 226, 230, 258
PYRRHON, 333
PYTHAGORE, 468

RAPHSON, Joseph, 205
RICHARD, Jérôme, 462
ROUSSEAU, Jean-Jacques, 322

SCARRON, Paul, 491
SCHLEIERMACHER, Friedrich, 17
SÉNÈQUE, 334, 374
SEXTUS EMPIRICUS, 336
'SGRAVESANDE, Joseph, 221, 223, 225, 233-234
SOCRATE, 473
SOPHIE DE HANOVRE, 122
SAUVAGES, François Boissier de, 428, 429
SPINOZA, Baruch, 102, 332
SULZER, Johann Georg, 10, 13, 19, 24, 31, 32, 84, 347-350, 367-

369, 387-389. 403-407, 427, 459, 476

TETENS, Johann Nikolaus, 22, 321
TERENTIANUS, 479
TERTULLIEN, 472
THOMAS D'AQUIN, 106
THOMASIUS, Christian, 20
TORRICELLI, Evangelista, 208
TOUSSAINT, François-Vincent, 20

VIRGILE, 491
VOLTAIRE, 28, 30, 222

WALLIS, John, 167, 181, 183, 199
WOLFF, Christian, 10, 13, 20, 23, 25-28, 31-33, 86, 95, 111, 113, 120, 126, 130, 205-207, 223, 225, 232, 243, 244, 247, 253-256, 301-305, 322, 324, 348, 350, 354, 358, 388, 459, 460, 477, 478
WREN, Christopher, 167, 181, 199
WRIGHT, Thomas, 475

XÉNOPHANE, 335

ZÉNON DE KITION, 468

INDEX DES MATIÈRES

Abstraction, 63, 64, 130, 172-174, 285, 340
Académie, 9-33, 57, 58, 60-74, 76, 78-80
Action (quantité d'), 29, 165, 200, 230, 231
Affection, 349, 350, 356, 358-368, 378, 379, 388, 390, 418
Algèbre, 13, 267, 268
Âme, 15, 102, 136, 145, 146, 148, 248, 314-316, 318, 319, 342, 343, 347-350, 352-384, 387-402, 404-413, 418-423, 432, 436, 444, 447, 448, 451-454, 457, 458, 460-470, 472
Analyse, 13, 33, 136, 166-168, 241, 259, 264, 267, 477
Aperception, 117, 321-330, 332, 339-346
Arithmétique, 19, 58, 179, 180-183, 196, 199, 487
Aséité, 137, 138, 157-160
Astronomie, 19, 488, 492
Athéisme, 156, 161, 162
Attraction, 189, 190, 220, 221, 289, 290

Beau, 134, 175, 258, 259, 271, 278, 308, 348, 350, 354, 360, 398, 476
Belles-lettres, 11, 13, 17, 20, 66, 67, 476
Bonheur, 156, 347, 351-353, 356, 386
Botanique, 19, 71, 75

Causalité, 136, 185, 304, 369
Cerveau, 304, 306, 309, 312, 314, 380-382, 437, 444-446, 471
Chaos, 134
Chimie, 12, 19, 488
Certitude, 31, 33, 65, 162, 166-169, 171, 178-183, 239, 243, 244, 246, 251, 260, 269, 277, 279, 329, 331, 337, 338, 383, 452, 453
Coexistence, 89, 205, 207, 281, 307, 460
Communauté savante, 58, 70, 71
Composition des forces, 262, 263, 268, 274-276
Concept (ou idée) simple, 131, 175, 176, 183, 381, 477, 478, 485, 486
Concours, 9, 10, 14, 15, 17, 20, 22, 25-28, 31-33, 206, 207
Conscience. 322-325, 328, 329, 339-341, 345, 403, 457, 458
Conservation du mouvement, 196, 198, 200, 215, 220
Conservation de la force, 105, 193-196, 220
Contemplation, 388, 389, 395-399, 446

Contingence, 106, 107, 137, 138, 150, 166, 180, 181, 242, 245, 264, 266, 275, 277, 340, 341
Continuité (principe de), 195
Controverse, 15, 25-32, 88, 219, 222, 225, 228
Corps, 19, 24-29, 58, 59, 62-65, 84, 92-99, 104, 105, 108, 114, 121, 125, 131, 136, 145, 147, 148, 160, 166-168, 170-201, 208-217, 220, 221, 227, 228, 233-238, 244, 248-250, 253-258, 262-282, 285-296, 302, 305-307, 331, 349, 374, 395, 406, 407, 410-412, 419, 423, 429, 431-433, 444-450, 463-466, 469-472, 486
Cosmologie, 21, 23, 24, 113, 133, 134, 261, 262, 475, 488
Création, 25, 98, 99, 101, 127, 136, 137, 150, 153, 154, 257, 281

Définition, 58, 70, 71, 86, 87, 103, 106, 117, 130, 137, 159, 241, 286, 293, 302, 303, 430, 461, 477, 480, 481, 486
Demi-savoir, 70, 71, 74-79
Démonstration, 33, 111, 113, 133, 138, 141, 144, 153, 154, 157, 169, 170, 183, 188, 221, 235, 242, 243, 263, 265, 268, 269, 274-277, 331, 337, 338, 478
Dictionnaire, 71, 77, 114
Dieu, 23-25, 58, 59, 86, 87, 93-102, 105, 120, 126, 127, 134, 137-139, 152-158, 162-171, 183, 187, 188, 220, 222, 242, 243, 247, 262, 265-267, 272, 274, 278, 290, 295, 296, 304, 308-312, 317, 318, 344, 451, 452, 472, 491, 492
Dogmatisme, 70, 206, 333
Droit naturel, 75, 178
Dynamique, 28, 30, 166-168, 179, 180, 185, 192, 193, 198, 237, 238, 477, 488

Éclectisme, 10, 282, 321
Économie, 170, 222, 263, 265
Égalité, 130, 131, 215-217, 276, 277
Élasticité, 105, 167, 168, 196-200, 220, 221, 234-237, 244, 288
Élément, 26, 27, 113, 131, 142, 146, 166, 238, 244, 255, 271, 273, 279-282, 295, 310, 311, 326, 477
Empirisme, 15, 29, 33, 85, 111, 112, 167, 206, 301, 321, 477, 478
Entéléchie, 192, 193, 200
Entendement, 117, 214, 336
Épargne, 222, 224, 225, 265, 273, 278, 297
Épicurisme, 351, 352, 375
Équilibre, 235-238, 267, 276, 277, 333
Espace, 19, 21, 24, 29, 92, 98, 113, 160, 165, 178, 189, 200, 205-217, 230, 235, 238, 271, 277-286, 291-296, 307, 446, 483
Espèce, 141, 142, 214, 285, 342, 413
Esprit, 20-24, 58, 59, 65, 84, 86, 92, 95-97, 105, 111, 114, 117, 118, 125, 126, 131, 171-174, 215-217, 247, 248, 302-304, 322, 324, 342, 354, 360, 363-366, 370, 377, 380-388, 392-398, 400-402, 407-410, 414, 416, 419, 421-425, 428-434, 441, 442, 444, 456, 458, 459, 469, 472, 486
Esprit philosophique, 78, 309
Esthétique, 11, 13, 17, 206, 476
Étendue, 63, 166, 167, 172-178, 181, 182, 186, 187, 190-192,

200, 206, 214, 215, 254, 267, 268, 271, 274, 286, 455, 482
Éternité, 138, 157-159, 162, 331
Éther, 280, 288, 290, 291
Étoile, 213
Être simple, 135-138, 140-147, 149, 150, 154, 157, 306
Être composé, 135, 136, 140, 141, 143, 149
Être pensant, 145, 146, 342
Évanouissement, 375, 405, 411-413, 419
Évidence, 31, 32, 52, 53, 65, 66, 108, 133, 144, 169, 171-173, 178-182, 184, 187, 191, 196, 241, 267, 287, 329-331, 338, 400, 475, 476
Existence, 24, 25, 28, 68, 87, 90, 98-100, 106, 118, 120, 131-133, 135, 137, 138, 140, 141, 146, 151-153, 156-158, 160-163, 165, 169-171, 176, 183, 195, 220, 241, 243, 244, 247-255, 258-262, 265, 266, 278, 281, 282, 285, 286, 289, 290, 293-295, 302, 306, 312, 314, 321, 322, 324, 327-342, 345, 346, 387, 403, 410, 412, 423, 424, 439, 444, 445, 450-452, 457
Expérience, 10, 19, 33, 59, 62-64, 85, 86, 102, 113, 118, 120-129, 133, 135-138, 149, 150, 162, 167, 173, 181, 186-188, 190-200, 212, 227-230, 242, 244, 245, 250-253, 262, 267-269, 271, 275, 280, 284, 287, 291, 304, 305, 314, 316, 326-328, 343, 344, 351, 352, 355, 358, 360, 363, 364, 368, 369, 372, 378, 394, 396, 404, 405, 411, 415, 431, 452, 459, 464, 471, 477, 484, 488
Expertise, 71
Faculté, 15, 23, 24, 59, 84, 103-105, 108, 160, 176, 181, 301-309, 312, 316, 323, 326, 327, 337-341, 344, 348, 352-360, 368, 372, 377, 387-392, 399, 404, 413, 416, 419, 435, 444, 447-457, 483
Fiction, 207, 244, 245, 258, 277, 448
Finalité, voir téléologie
Folie, 24, 405, 416, 427-460, 464
Force, 24, 26, 28, 86, 92, 103-105, 109, 121, 166-168, 178, 179, 184-186, 189-196, 209-212, 224, 235-238, 246, 262, 263, 267, 278, 286, 287, 290, 291, 295, 297, 308, 314, 348-350, 353-365, 368-370, 376, 378-386, 389, 393, 401, 406, 407, 411, 412, 418-420, 447, 451, 463, 464, 472, 477
Force vive, 15, 28-31, 105, 167, 193, 194, 196, 200, 220, 221, 234

Genre, voir espèce
Géométrie, 18, 19, 58, 63, 64, 75, 130, 172, 179-182, 196, 199, 232, 264, 267, 268, 277, 288, 293, 478, 487
Goût, 15, 71, 79, 80, 116, 352, 354-356, 361-366, 383, 449, 476

Harmonie préétablie, 248, 249
Hasard, 242, 243, 260-262, 375
Histoire, 12, 17, 20, 62, 66, 162, 183
Hypothèse, 18, 31, 97, 114, 131, 133-138, 153, 166, 167, 178, 183, 184, 196-198, 200, 227, 242-245, 280, 281, 284, 322, 323, 429, 431, 432, 445, 446, 449, 461, 487

Idéalisme, 27, 95, 96, 125, 244, 248-250
Idée, 34, 84-86, 89-92, 96, 98, 104, 108-119, 122-128, 131, 133, 149, 152-156, 158, 161, 166, 171-178, 180-194, 200, 206, 207-216, 228, 238-239, 267-271, 274, 276, 286, 294, 302-318, 322, 325, 328, 340, 344, 346, 348-350, 354-369, 377-385, 392, 394-398 400, 407-423, 427, 430-441, 446, 447, 450-460, 463, 465, 469-472, 480-490
Idéologie, 16
Identité, 99, 111, 113, 121, 122, 127-133, 215, 262, 263, 303, 305, 323
Ignorance, 73, 74, 78, 249, 304, 424
Illusion, 75, 106, 123, 127, 190, 316, 317, 383, 384, 422-424
Imagination, 24, 119, 120, 207, 211-217, 255, 287, 301-317, 328, 329, 341, 343, 348, 350, 354, 360, 384, 386, 422, 424, 428, 430-434, 437-461, 464-472, 484, 493
Immatérialisme, 248
Immortalité, 59, 77
Impénétrabilité, 98, 131, 132, 175, 190-192, 200, 201, 206, 262, 263, 267-272, 274
Influence physique, 83, 97, 114
Indiscernables (principe des), 111-113, 120-127, 130, 133, 134, 215, 243, 244, 256, 310
Individu, 23, 113, 131, 135, 136, 141, 142, 149, 159, 253, 254, 342, 343, 413, 414
Inertie, 167, 190-194, 200, 201, 206, 212, 213, 221, 262, 263, 268-276
Infini, 87, 97, 98, 137-139, 142, 146, 150, 152-165, 254, 266, 268, 271, 274, 285, 289, 295, 307-314, 317, 470, 492
Influence réelle, 248, 249
Introspection, 86, 303, 324, 459
Intuition, 206, 312, 326, 328, 334, 401, 453

Journal, 71, 77
Jugement, 24, 74, 84, 85, 116, 134, 145, 146, 259, 303, 306, 316, 317, 340, 352, 356, 367-371, 375-378, 383, 384, 389, 402, 403, 408-414, 443, 449

Kantisme, 10, 14-16, 20, 22, 23, 32, 33, 205, 206, 321, 388, 475, 476

Langage, 15, 33, 59, 83-85, 91-95, 107-109, 115, 127, 130, 156, 336, 409, 437, 451
Langue universelle, 59
Liberté, 83, 84, 86-89, 105-109, 137, 138, 153, 359, 371, 372, 375, 401, 402, 461, 469
Lieu, 211-215, 236, 270, 281, 295, 307, 466
Littérature, 13, 62, 66, 476, 485
Logique, 17, 18, 22, 132, 180, 196, 235, 326, 336, 423, 475-477, 487
Lumière, 64, 89, 124, 221, 222, 226-232, 250, 280, 281, 290-293, 377, 391, 392, 394

Maladie, 408, 409, 418, 428-434, 441, 444, 445, 466
Manichéisme, 33
Masse, 29, 74, 165, 185, 188, 191-196, 235, 238, 263, 270-273, 276, 277, 280, 296, 297, 314, 411, 412
Matérialisme, 95, 113, 114, 248, 305, 406, 429, 431, 443

Matière, 24-27, 98, 99, 103-105, 108, 113, 134, 172, 186-190, 194, 200, 254, 255, 263, 265-274, 280, 285-297, 307, 349, 411, 412, 445, 472
Mathématiques, 10-13, 17-20, 24, 26, 28, 31-33, 58, 59, 62-65, 85, 116, 138, 153, 158-160, 166, 168, 172, 173, 178-183, 188, 192, 197-200, 206, 207, 212-214, 219, 222, 241, 268, 273-275, 279-282, 293, 360, 475, 486-488, 494
Mathesis, 31
Microscope, 89, 90, 113, 123, 124, 445
Mécanique, 12, 18, 24, 26, 31, 85, 92, 105, 109, 198, 206-215, 220, 222, 237, 239, 246, 252, 262, 263, 267-270, 273, 274, 277, 305
Médecine, 337, 338, 408, 409, 428, 429, 433, 434, 446, 471, 492
Méditation, 381, 387-389, 392-400, 405, 423, 446
Mémoire, 116, 149, 303, 304, 308-312, 315, 316, 328, 340-343, 384, 423-425, 453-460, 468, 486
Métaphysique, 10, 17-26, 28-33, 58, 59, 71, 75, 83, 85, 92, 107-116, 120, 121, 135-138, 151-153, 168, 178, 182, 192, 195, 196, 205-213, 216, 219, 222, 235, 241, 246, 260, 262, 264, 270, 279-287, 293-296, 323, 347, 353, 354, 406, 408, 429, 431, 475-477, 488
Méthode, 9-15, 19-22, 31-33, 65, 70, 83, 85, 86, 229, 235-238, 244, 249, 321, 338, 385, 404-407, 459, 476-478
Moi, 24, 137, 141, 145-152, 322-325, 345, 416
Moindre action (principe de la), 15, 28-31, 58, 165, 219-222, 230-234, 238, 239, 262, 263
Monade, 15, 21, 25-28, 30, 112, 113, 131, 135, 206-208, 216, 295
Monde extérieur, 84, 85, 125, 126, 131, 433
Morale, 18, 20, 22, 31, 32, 59, 75, 99, 100, 107, 120, 133, 134, 137, 151, 178, 242-247, 251, 260, 261, 279, 347, 351, 352, 369-371, 386, 389, 402, 408, 409, 431, 433, 442, 488, 492, 493
Mouvement (loi du), 166, 170, 171, 181-188, 191, 192, 200, 201, 217, 262, 265, 266, 270-274, 277, 278

Nature (loi de la), 74, 166-168, 180, 227, 233, 290
Nécessité, 68, 87, 98, 101-107, 134, 153, 154, 157, 158, 160, 166-168, 170, 180-183, 186, 192, 195-201, 208, 242, 243, 260-278, 290, 295, 296, 314, 337, 340, 341, 344, 366, 399, 402

Occasionnalisme, 114
Objet, 19-23, 58, 62, 64, 65, 89, 96, 107, 108, 112, 114, 118, 121-129, 171-184, 214, 255, 258, 284, 285, 291, 302, 305, 306, 308-310, 322, 326-328, 340-346, 350, 352-357, 359-366, 372, 377, 378, 383, 391-401, 410-412, 416, 419, 422-424, 430, 433, 436-439, 442-443, 446-450, 454-456, 460, 464-466, 469, 482, 483, 486, 488, 490
Œil, 63, 89, 96, 127, 291, 292, 295, 324, 327, 341, 342, 377, 381,

391, 392, 394, 398, 437, 443, 444
Omnitude, 138, 160, 162
Ontologie, 22-24, 27, 33, 72, 76, 86, 88, 113-116, 206, 281, 404
Optimisme, 30
Optique, 19, 96, 125, 221, 230, 383, 391, 475

Passion, 79, 83, 86, 89-96, 99-103, 105, 108, 109, 309, 313, 315, 348, 356, 358, 360, 362-364, 367-369, 372-380, 384, 389, 400-402, 405, 408, 412, 418-421, 425, 431, 432, 442, 449, 451, 457, 468, 470, 490, 491
Particule, 91, 212, 237, 238, 244, 253-255, 280, 286, 289, 290
Pensée, 10, 66-68, 87, 95, 115-117, 119, 122, 136, 145, 147-149, 154, 312, 314, 322-328, 334, 339-343, 349, 354, 357, 366, 381, 406, 409, 413, 423, 424
Perception, 17, 21-24, 27, 58, 65, 85, 112-127, 136, 171-173, 206, 207, 242, 244, 247-250, 280, 323, 326, 328, 339, 342, 349, 350, 353, 367-369, 372, 376-383, 391-397, 400, 401, 407, 410-413, 417-425, 431, 436, 442-450, 453-458, 476, 481
Perception obscure, 382
Phénomène, 11, 25-27, 58, 59, 62-64, 73, 85, 86, 90, 109, 121, 165, 166, 181, 184, 185, 190-195, 208, 217, 220-222, 225-228, 230-235, 244, 257, 258, 281, 295, 301, 302, 324, 325, 348, 353, 369, 376, 387, 388, 397, 405-407, 427-431, 441-443, 446, 459-462, 471
Phénoménisme, 111, 112, 167, 324
Philosophie expérimentale, 11-13, 18, 19, 62, 65, 241
Philosophie spéculative, 9, 11-26, 31, 57-59, 65, 68, 72, 107, 170, 205, 219, 241, 301, 347, 404, 427, 429, 475, 476
Phoronomie, 238
Physico-théologie, 165
Plaisir, 145, 347-369, 379, 388, 395, 396
Politique, 12, 15, 30, 75, 136, 178, 354, 488
Positivisme, 16
Probabilité, 65, 166, 242, 245, 260-262, 291, 443, 468, 475
Psychologie, 10, 11, 23, 24, 59, 83, 114, 120, 242, 303, 305, 323, 347, 348, 367-369, 376, 387-390, 395, 399, 403-409, 418, 427-434, 445, 459
Puissance, 83, 86-89, 98, 103-106, 109, 137-139, 153, 154, 160-162, 168, 170, 190, 200, 276, 308, 452, 470
Pyrrhonisme, 333-338, 461

Qualité occulte, 74

Raison suffisante (principe de), 27, 113, 134, 136, 206, 241-247, 249-264, 272-277, 280, 282, 459-461, 469
Rationalisme, 368, 388
Rayon, 64, 96, 123, 226-232, 280, 291-293, 313
Réflexion (faculté), 121, 137, 142, 144, 149, 175, 176, 206, 214, 318, 322, 324, 328-332, 339-344, 349, 387, 484 ; — (optique), 58, 64, 89, 96, 124, 226, 227
Réfraction, 58, 64, 227, 228, 231, 232
Religion, 25, 68, 79, 163, 333
Repos, 99, 181, 184-191, 197-199, 209-213, 234, 237, 254-257, 263, 268-272, 277, 463, 469

Représentation, 98, 112, 117, 125, 126, 185, 206, 207, 242, 262, 279-282, 304-306, 349, 350, 367-369, 380-382, 405, 406, 430-439, 442, 446-461, 464-472, 477
Reproduction, 453, 455
Résistance, 185, 189-191, 228-231, 273, 286-289, 292, 296, 411
Ressemblance, 111-135, 142, 304, 306, 313, 342, 423, 430, 453-455, 478

Sagesse, 68, 78, 102, 119, 133, 134, 137, 154, 155, 163, 165, 168, 170, 183, 200, 265-268, 271-274, 277-278, 295, 297, 316, 385, 402, 424, 492, 493
Scepticisme, 84, 85, 112, 133, 324, 332-337, 461
Scolastique, 70, 74, 79, 106, 143, 153, 293, 449
Sémiotique, 481
Sensation, 19, 120, 171-177, 206, 208, 295, 306, 322, 328, 341, 349, 379, 380, 383, 392-395, 411-413, 417-425, 430-456, 458, 460, 463-466, 469, 470, 472
Sentiment, 24, 61, 86, 104, 136, 137, 144-149, 152-155, 176, 178, 184, 312, 318, 319, 322-326, 329, 338-343, 347-350, 353, 356, 358-363, 366-370, 376, 378-389, 392-402, 405, 407, 419, 476, 490
Série (loi de), 267
Société, 11, 12, 60-62, 68, 75, 76, 119, 149, 155, 156, 199, 303, 304, 308, 309, 314, 316, 362, 468
Songe, 24, 34, 302, 303, 427, 442, 459-473
Spiritualisme, 16
Statique, 28, 264, 265
Sublime, 23, 476-494
Substance, 27, 86, 88, 90, 92-107, 121, 127-128, 157, 158, 171, 205, 207, 208, 281-283, 293, 324, 325, 341, 342, 348, 353, 354, 412
Système, 23, 24, 27, 61, 62, 74, 87-89, 92, 93, 105-107, 117, 120, 122, 125-127, 133-136, 138, 153, 158, 162, 171, 172, 206, 207, 242, 258, 279, 282, 284, 290, 291, 295, 301, 304, 307, 312, 317, 346, 375, 408-412, 429, 431, 438, 443, 487

Temps, 24, 29, 92, 113, 178, 185, 205-211, 215-217, 221, 227, 228, 231, 232, 238, 271, 280, 291-293, 307, 315, 344, 394-395, 423, 446, 452
Téléologie, 58, 222, 225-228, 263
Terre (figure de la), 28, 58
Théologie, 22-25, 31, 32, 127, 135-163, 243, 312, 318
Transcendantal, 22, 85, 109, 206

Université, 18, 69

Vérité, — contingente, 166, 242, 261-268, 273-276 ; — éternelle, 93, 171, 242, 264 ; —mathématique, 31, 166, 199 ; — métaphysique, 31, 205 ; — nécessaire, 166, 168, 180-183, 198, 199, 261-268, 274-277
Vide, 21, 92, 207, 208, 244, 253, 254, 279-297, 307
Vitesse, 29, 165, 178-181, 185, 188, 190, 193-200, 209, 216, 221, 227-235, 238, 263, 269, 270, 274-277, 280, 287, 289
Volonté, 24, 87, 89, 137, 138, 154, 248, 266, 313, 367, 376, 379, 389, 392, 405, 483, 488, 490

Wolffisme, 10-13, 16, 19-21, 23-28, 31-33, 86, 95, 111, 113, 120, 126, 127, 130, 135, 205-207, 223, 225, 232, 243, 244, 247, 253-256, 301-305, 322, 324, 348, 350, 354, 358, 388, 389, 429, 459, 460, 477, 478

TABLE DES MATIÈRES

ABRÉVIATIONS 7

INTRODUCTION par François DUCHESNEAU, Daniel DUMOUCHEL, Angela FERRARO et Christian LEDUC 9

PREMIÈRE PARTIE
ACADÉMIE, SCIENCES ET PHILOSOPHIE

Des devoirs de l'académicien (1753)
par P. L. M. DE MAUPERTUIS
Présentation par Christian LEDUC 57
Texte 60

Considérations sur ce qu'on peut regarder aujourd'hui comme le but principal des académies et comme leur effet le plus avantageux. Second discours (1768)
par J. H. S. FORMEY
Présentation par Christian LEDUC 69
Texte 73

DEUXIÈME PARTIE
ONTOLOGIE OU PHILOSOPHIE PREMIÈRE

Dissertation ontologique sur l'action, la puissance et la liberté (1750)
par J. B. MÉRIAN
Présentation par Angela FERRARO 83
Texte 88

Réflexions philosophiques sur la ressemblance (1751)
par J. B. MÉRIAN
Présentation par Christian LEDUC 111
Texte 115

La théologie de l'Être, chaîne d'idées de l'Être jusqu'à Dieu (1755)
par A. P. L. G. DE PRÉMONTVAL
Présentation par François DUCHESNEAU 135
Texte 140

Examen philosophique de la preuve de l'existence de Dieu (1756)
par P. L. M. DE MAUPERTUIS
Présentation par François DUCHESNEAU 165
Texte 169

TROISIÈME PARTIE
MÉTAPHYSIQUE DE LA NATURE

Réflexions sur l'espace et le temps (1748)
par L. EULER
Présentation par Christian LEDUC 205
Texte 209

Sur le principe de la moindre action (1751)
par L. EULER
Présentation par Christian LEDUC 219
Texte 223

Troisième mémoire sur les principes métaphysiques de l'usage légitime du principe de raison suffisante (1761)
par N. BÉGUELIN
Présentation par François DUCHESNEAU 241
Texte 246

Cinquième mémoire sur les principes métaphysiques. De l'usage du principe de raison suffisante dans les lois générales de la mécanique (1768)
par N. BÉGUELIN
Présentation par François DUCHESNEAU 261
Texte 264

Conciliation des idées de Newton et de Leibniz sur l'espace et le vide (1769)
par N. BÉGUELIN
Présentation par François DUCHESNEAU 279
Texte 283

QUATRIÈME PARTIE
PSYCHOLOGIE

De l'étendue de l'imagination (1754)
par J. H. S. FORMEY
Présentation par Angela FERRARO 301
Texte 305

Sur l'aperception de sa propre existence (1749)
par J. B. MÉRIAN
Présentation par Angela FERRARO 321
Texte 326

Recherches sur l'origine des sentiments agréables et désagréables. Première partie, théorie générale du plaisir (1751)
par J. G. SULZER
Présentation par Daniel DUMOUCHEL 347
Texte 351

Explication d'un paradoxe psychologique (1759)
par J. G. SULZER
Présentation par Daniel DUMOUCHEL 367
Texte 371

Observation sur les divers états où l'âme se trouve en exerçant ses facultés primitives, celle d'apercevoir et celle de sentir (1763)
par J. G. SULZER
Présentation par Daniel DUMOUCHEL 387
Texte 390

Sur l'aperception, et son influence sur nos jugements (1764)
par J. G. SULZER
Présentation par Daniel DUMOUCHEL 403
Texte 408

Réflexions sur la nature et les causes de la folie. Premier et second mémoires (1759)
par L. DE BEAUSOBRE

Présentation par Daniel DUMOUCHEL 427
Texte 435

Réflexions philosophiques sur les songes. Premier mémoire (1762)
par L. DE BEAUSOBRE

Présentation par Angela FERRARO 459
Texte 463

Observations sur quelques dimensions du monde intellectuel (1763)
par J. H. LAMBERT

Présentation par Christian LEDUC 475
Texte 479

INDEX DES NOMS 495

INDEX DES MATIÈRES 499

TABLE DES MATIÈRES 507

Achevé d'imprimer en novembre 2022
sur les presses de

La Manufacture - *Imprimeur* – 52200 Langres – Tél. : (33) 325 845 892
Imprimé en France – N° : 221008 – Dépôt légal : novembre 2022